中华传世藏书

图文珍藏版

续资治通鉴

［清］ 毕沅◎著

线装書局

图书在版编目（CIP）数据

续资治通鉴／（清）毕沅著 .-- 北京：线装书局，
2009.11（2022.3）
ISBN 978-7-5120-0028-5

Ⅰ.①续… Ⅱ.①毕… Ⅲ.①中国—古代史—辽宋金
元时代－编年体 Ⅳ.① K204.3

中国版本图书馆 CIP 数据核字（2009）第 203489 号

续资治通鉴

作　　者：[清] 毕　沅
责任编辑：崔建伟　赵　鹰
出版发行：线裝書局
　　　　　地　址：北京市丰台区方庄日月天地大厦B座17层（100078）
　　　　　电　话：010-58077126（发行部）010-58076938（总编室）
　　　　　网　址：www.zgxzsj.com
经　　销：新华书店
印　　制：北京彩虹伟业印刷有限公司
开　　本：787×1092 毫米　1/16
印　　张：336
字　　数：4651 千字
版　　次：2022 年 3 月第 1 版第 2 次印刷
印　　数：1001-7000 套

线装书局官方微信

定　　价：4680.00 元（全十二卷）

毕沅（1730～1797）字秋帆，又字纕蘅，自号"灵岩山人"，镇洋（今江苏太仓）人，清经史学家、文学家。乾隆二十五年（1760）进士，官至湖广总督。乾隆三十七年（1772）开始编纂《续资治通鉴》。毕沅仕宦，功名不终，死后没有谥号，被抄家，革世职。但在学问上，却是流芳百世。

———《续资治通鉴》书影———

《续资治通鉴》上与《资治通鉴》相衔接，即起于宋太祖建隆元年（公元960年），下迄元顺帝至正二十八年（公元1368年），共四百零八年，是仿《资治通鉴》体例编写的一部较完备的宋辽金元编年史，全书共220卷。编者毕沅以徐乾学《资治通鉴后编》为基础，并从宋、辽、金、元四史、《续资治通鉴长编》、《建炎以来系年要录》等一百多种书中取材，凡四易稿，历二十年而成。其中北宋部分较精，元代部分较为简略。

　　宋太祖赵匡胤（927～976），原为后周殿前都检点，在"陈桥兵变"中被拥立为帝，建立宋朝定都开封。在位16年，病死，终年50岁，葬于永昌陵（今河南省巩义市坞罗河南侧、西村镇北的龙洼）。

　　宋太祖即位后，接受赵普建议，解除武将兵权，以免重蹈晚唐五代灭亡之覆辙。建隆二年（961），太祖召侍卫马步军都指挥使石守信、殿前都指挥使王审琦等宿将饮酒，劝谕他们释去兵权。

　　宋代皇帝卤簿就是宋代皇帝出行的仪仗。卤指大循，簿指著之簿籍。古代皇帝的仪仗统称为卤簿，意指披甲执盾、随侍皇帝出入的人，前后有序，要记录在簿。战国时，诸侯侍从车队9乘。秦汉时，皇帝大驾侍从车队81乘。唐时皇帝卤簿威武雄壮，前后排列120个方阵，宋时威势更盛，仪仗队伍超过2万人，为历史最高记录。

岳飞（1103～1142），字鹏举，相州汤阴（今属河南）人。南宋军事家，中国历史上著名的抗金名将。其精忠报国的精神深受中国各族人民的敬佩。他所率领的军队被称为"岳家军"，流传着"撼山易，撼岳家军难"的名句。

"杨门女将"歌颂了以佘太君、穆桂英为代表的杨家妇女英雄的群体形象，佘太君以百岁高龄毅然亲自挂帅，率领一门十二寡妇及曾孙文广出征，将士们英勇作战，一举击败西夏，班师回朝。

宫女出宫还家图。图中所绘，是一代明君宋仁宗释放数百名宫女出宫，让她们同家人团聚，宫女们感激涕零的情景。

辽太祖耶律阿保机（872～926）。契丹族的民族英雄。他以超群的谋略和卓越的政治军事才能，完成了中国北方地区的统一，为北方少数民族的发展作出了重大贡献。

述律皇后（879～953）简重果断，有雄略。后临朝称制，摄军国事，稳定了统治。不计较个人得失，接受了贵族耶律屋质的建议，承认兀欲即位，维护了契丹族的统一。

散乐图。河北省宣化下八里张世卿辽墓东壁壁画。长2.5米，宽1.8米。散乐由12人组成，是一支完整的表演队伍。乐队呈两排，前排第三人下，有一低矮的舞蹈者，随着节拍翩翩起舞。每个人手中持一种乐器，场面极为壮观。

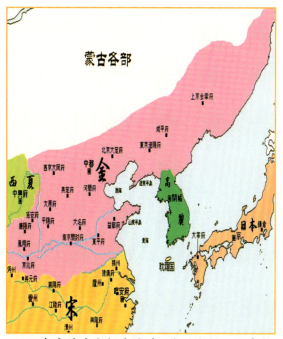

金代的地方行政区划，大致与辽、北宋相同。实行路、府（州）、县三级管理，共设有五京共十九路，路为一级行政区，是金代地方最高最大的行政区，相当于现代的省。府后来都发展成区域中心城市。

金太祖完颜阿骨打（1068～1123）。女真族完颜部首领。举兵灭辽，攻陷燕京，从一个部落酋长而跃成为大金皇帝，废除同姓通婚习俗，重视发展生产，创制女真文字，在北返金上京途中病死。

文姬归汉图（金·张瑀）吉林博物馆藏。此卷画描绘的是东汉末年文学家蔡邕之女文姬归汉的故事。重点突出归汉的行旅场面，不加配景。人骑疏密错落，互相呼应，真切描绘出长途跋涉的气氛和朔风凛冽的塞外环境，并以众人护面避风之态与文姬挺立的身躯与坚定的面容相对比，衬托出她急切的心理状态和坚强的性格。

元太祖成吉思汗（1162～1227），名铁木真。蒙古民族杰出政治家、军事家。公元1206年，统一蒙古各部落。在位期间，多次发动征服战争，征服地域西达黑海海滨，东括几乎整个东亚，建立了蒙古帝国。

蒙古包是蒙古族牧民居住的一种房子。古称"穹庐""毡包"或"毡帐"。呈圆形，由架木、苫毡、绳带三大部分组成，分移动式和固定式两种。易拆装，冬暖夏凉，适合转场放牧人居住。

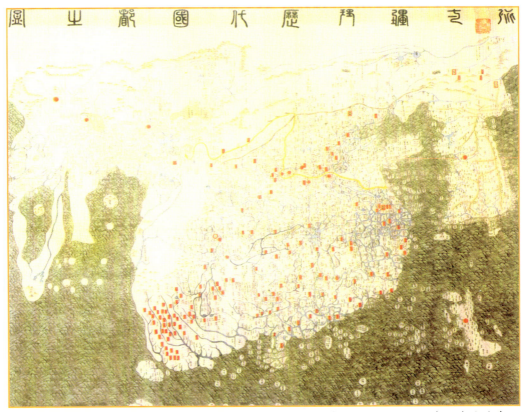

元朝版图是中国历史上最大的版图，疆域超越历代。它北至阴山以北，南至南海诸岛，东北到今库页岛，西北达新疆、中亚地区。今天的新疆、西藏、云南、东北地区、台湾及南海诸岛都在元朝统治的范围之内。同时，元朝也是中国历史上第一个少数民族建立的大一统朝代。

前　言

　　读中国历史,不可不读《资治通鉴》;读《资治通鉴》又不可不读《续资治通鉴》。

　　《续资治通鉴》为清代著名学者毕沅所著。鸿篇巨制,有功学林。全书上承《资治通鉴》,起自宋太祖建隆元年(公元 960 年),迄于元顺帝至正二十八年(公元 1368 年),以编年体形式,贯穿宋、辽、金、元四朝,共四百零八年之史事。

　　毕沅(1730—1797),字秋帆,一字纕蘅,自号灵岩山人,江苏镇洋(今属太仓)人,清经史学家、文学家。随着乾隆初叶清廷对文化政策的调整,以及惠栋诸儒对古学的倡复,经史考证之趋向,愈益受到重视,学术风气因之发生转向。上自帝王、儒臣,下至在野学者,无不注目于经义古学的倡导与研讨。风向所趋,一时成为士林之潮流,经史考证风尚遂趋于学术主流。继卢见曾之后,身任地方大吏的毕沅,实为奖掖学术之翘楚。

　　毕沅以其独特的学术识见,延揽人才,集思广益,颇倾力于诸子、小学、金石、地理之学的校辑考订,《经训堂丛书》即其卓然成果;更广泛网罗官私文献,发凡起例,苦心经营,而成巨制《续资治通鉴》,因其"网罗宏富,体大思精",以及于"名物训诂,浩博奥衍",皆有资于治道,故不仅被推崇于当时,而且深为后世所效法。

　　乾隆年间,原已亡佚之《续资治通鉴长编》及《建炎以来系年要录》等书得以从《永乐大典》中辑出。毕沅以徐乾学《资治通鉴后编》和宋、辽、金、元史为基础,并参以《续资治通鉴长编》及《建炎以来系年要录》等书,在邵晋涵、章学诚等人的共同协助下,历时四十余载,撰成《续资治通鉴》。嘉庆六年(公元 1801 年)全部刊出。对经史之学的发展,做出了值得称道的贡献。

　　关于毕沅《续资治通鉴》纂辑刊刻的过程,冯集梧序该书称:

　　经营三十余年,延致一时轶才达学之士,参订成稿;复经余姚邵二云学士核定体例付刻,又经嘉定钱竹汀詹事逐加校阅。然刻未及半,仅百三卷止。集梧于去岁买得原稿全部及不全板片,惜其未底于成,乃为补刻百十七卷,而二百二十卷之书居然完好。缘系毕氏定本,故稍为整理,不复再加考订。其翻译人、地、官名,亦依原书遵四库馆通行条例改定……嘉庆六年三月日,桐乡后学冯集梧识。

　　钱庆曾续编钱大昕年谱,于嘉庆二年(公元 1797 年)条称:

　　是年为两湖制军毕公沅校刊《续资治通鉴》……先经邵学士晋涵、严侍读长明、孙观察星衍、洪编修亮吉及族祖十兰先生佐毕公分纂成书。阅数年,又属公复勘,增补考异,未蒇事而毕公卒,以其本归公子。

　　又史善长撰《毕沅年谱》于嘉庆二年(公元 1797 年)条称:

　　公自为诸生时,读涑水《资治通鉴》,辄有志续成之。凡宋元以来事迹之散逸者,网罗搜

1

绍,贯串丛残,虽久典封圻,而簿领余闲,编摩弗辍,为《续通鉴》二百二十卷。始自建隆,讫于至正,阅四十余年而后卒业。复为凡例二卷、序文一首,毕生精力尽于此书。至是乃付剞劂,艺林鸿宝,海内争欲先睹为快。

《续资治通鉴》二百二十卷中,包括宋纪一百八十二卷,元纪三十八卷,辽、金虽不见目录,但记事与宋并重。该书叙事详而不芜,取舍得宜。后世多将其与《通鉴》合刻,称为《正续资治通鉴》。

司马光的《资治通鉴》,长于封建政治史的论述,于经济、文化部分为弱,其目的是为封建王朝提供历代治乱兴亡的历史经验教训。而毕沅的《续资治通鉴》,虽然仍以政事部分为多,但必要的经济、文化以及对外关系也都一一记录,可以说是宋元时代一部真正的中国编年史。

在时间上,《续资治通鉴》承接《资治通鉴》,体例上则借鉴《资治通鉴》,故得名。虽然《续资治通鉴》不及《资治通鉴》跨越年代久远,但宋、元两朝是中国历史上极重要的时期。宋朝把中国人的精神从唐的渊源博大,局限到了"生死小,失节大"的极端,把中国知识分子封闭到即便亡国也夜郎自大的畸形。而元朝是首度入主中华天下的纯正异族建立的朝代,汉族士大夫的思维变化更值得玩味。有志上溯历史,看透今天中国发展阻力所在的人,不可不详查宋之一代;有志辨析元朝异族统治下汉人心态,拔除衍传到今天的旧道德、旧思维的人,不可不周考元之一代。于此,考宋、元两代,就不得不遍览《续资治通鉴》。

对于个人来说,读史可以怡情养志,增多阅历,提高观察和分析问题的能力;对于一个社会来说,读史可以清明风气,促进和谐;对于一个国家来说,借鉴历史可以兴盛发达,富国强兵;对于一个民族来说,只有重视历史,它才能取得高度和广泛的认同,具有清晰的自我发展意识,胸怀广阔地面向世界,揽括宇内,屹立于世界。此为刊行《续资治通鉴》之目的和宗旨所在。

目　录

中华传世藏书

續資治通鑒

中华传世藏书

續資治通鑑

中华传世藏书

續資治通鑒

中华传世藏书

續資治通鑒

中华传世藏书

續資治通鑒

续资治通鉴卷第一

【原文】

宋纪一　起上章涒滩【庚申】正月,尽十二月,凡一年。

太祖启运立极英武睿文　神德圣功至明大孝皇帝

帝讳匡胤,姓赵氏,涿郡人。高祖朓,唐幽都令;曾祖珽,唐御史中丞;祖敬,涿州刺史;考弘殷,周检校司徒、天水县男,赠太尉;母杜氏。后唐天成二年,帝生于洛阳夹马营,赤光绕室,异香经月不散。既长,容貌雄伟,器度豁如,识者知非常人。事周世宗,累官殿前都点检;恭帝即位,改宋州节度使,进封开国侯,依前都点检。

建隆元年　辽应历十年【庚申,960】　春,正月,乙巳,周归德军节度使、检校太尉、殿前都点检赵匡胤称帝。

先是辛丑朔,周群臣方贺正旦,镇、定二州驰奏,辽师南下,与北汉合兵,周帝命匡胤率宿卫诸将御之。匡胤掌军政六年,得士卒心,数从世宗征伐,屡著功绩,为人望所归。至是主少国疑,将士阴谋推戴。

壬寅,殿前副点检、镇宁军节度使太原慕容延钊将前军先发;癸卯,大军继之。时京师多聚语云:“策点检为天子。”军中知星者河中苗训,见日下复有一日,黑光摩荡,指谓匡胤亲吏楚昭辅曰:“此天命也。”

是夕,次陈桥驿,将士相与谋曰:“主上幼弱,我辈出死力破敌,谁则知之!不如先立点检为天子,然后北征。”都押衙李处耘,具以其事白匡胤弟内殿祗候供奉官都知匡义及归德节度掌书记蓟人赵普,语未竟,诸将露刃突入,大言曰:“军中定议,欲策太尉为天子。”匡义因晓之曰:“兴王异姓,虽云天命,实系人心。汝等各能严饬军士,勿令剽掠,都城人心安,则四方自定,汝等亦可共保富贵矣。”众许诺,乃共部分。夜遣衙队军使郭延赟驰告殿前都指挥使石守信、殿前都虞候王审琦,守信、审琦皆素归心匡胤者。将士环列待旦。

宋太祖赵匡胤像

匡胤醉卧,初不省。甲辰,迟明,诸将擐甲执兵,直叩寝门曰:“诸将无主,愿策太尉为天子。”匡胤惊起,未及应,即被以黄袍,罗拜,呼万岁,掖乘马南

1

行。匡胤度不能免，乃揽辔誓诸将曰："汝等贪富贵，立我为天子，我有号令，汝等能禀乎？"众下马曰："唯命。"匡胤曰："太后、主上，吾北面事之；朝廷大臣，皆我之比肩也。汝等不得惊犯宫阙、侵凌朝贵及犯府库。用命有厚赉，违则孥戮。"皆应曰："诺。"乃整军自仁和门入，秋毫无所犯。翼日，先遣客省使大名潘美见执政喻意，又遣楚昭辅慰安家人。

时宰相大名范质、太原王溥，早朝未退，闻变，质下殿执溥手曰："仓卒遣将，吾辈之罪也。"爪入溥手几出血。溥噤不能对。

天平节度使、同平章事、侍卫马步军副都指挥使太原韩通，自内庭惶遽奔归，将率众备御。散员都指挥使洛阳王彦升遇通于路，跃马逐之，驰入其第，杀通及其妻子。

诸将翼匡胤登明德门，匡胤令甲士还营，退归公署，释黄袍。有顷，诸将拥范质等至，匡胤呜咽流涕曰："吾受世宗厚恩，为六军所迫，一旦至此，惭负天地，将若之何？"质等未及对，散指挥使都虞候太原罗彦瑰按剑厉声曰："我辈无主，今日须得天子！"质等相顾不知所为；王溥降阶先拜，质不得已亦拜。

遂请匡胤诣崇元殿行禅代礼。召文武百僚，至晡，班定，翰林学士承旨新平陶谷，袖中出周帝禅诏，宣徽使高唐昝居润，引匡胤就龙墀北面拜受。宰相掖升崇元殿，服衮冕，即皇帝位。群臣拜贺。奉周帝为郑王，符太后为周太后，迁居西宫。诏定有天下之号曰宋，因所领节度州名也。改元，大赦。内外马步军士等第优给。命官分告天地、社稷。遣中使乘传赍诏谕天下；其诸道节度使，别以诏赐焉。华山隐士陈抟闻帝代周，曰："天下自此定矣！"

汴都仰给漕运，河渠最为急务。先是岁调丁夫开浚淤浅，糇粮皆民自备；丁未，诏悉从官给，遂著为令。又以河北岁稔谷贱，命高其价以籴之。

戊申，赠周韩通为中书令，以礼葬之。初，通与帝同掌宿卫，军政多决于通。通性刚而寡谋，言多忤物，人谓韩瞠眼。其子颇有志略，见帝得人望，劝通早为之所，通不听，卒及于难。帝怒王彦升专杀，以开国初，隐忍不及罪。

赐南唐主诏书。先是，南唐中书舍人北海韩熙载使于周，及归，南唐主历问周之将帅，熙载曰："赵点检顾视非常，殆难测也。"至是，人服其识。

辛亥，论翊戴功，以周义成节度使、殿前都指挥使石守信为归德节度使、侍卫马步军副都指挥使，以宁江节度使、马（步）军都指挥使常山高怀德为义成节度使、殿前副都点检，以武信节度使、步军都指挥使厌次张令铎为镇安节度使、马步军都虞候，以殿前都虞候、睦州防御使王审琦为泰宁节度使、殿前都指挥使，以虎捷左厢都指挥使、嘉州防御使辽人张光翰为宁江节度使、马军都指挥使，以虎捷右厢都指挥使、岳州防御使安喜赵彦徽为武信节度使、步军都指挥使，馀领军者并进爵。

癸丑，放周显德中江南降将周成等三十四人归于南唐。

乙卯，遣使分赈诸州。

丁巳，命周宗正少卿郭玘祀周庙及嵩、庆二陵，因著令，以时朝拜。

先是，周侍卫马步军都虞候、武安韩令坤领兵巡北边，慕容延钊复率前军至真定。帝既自立，遣使谕延钊、令坤各以便宜从事，两人皆听命。己未，加延钊殿前都点检、昭化军节度使、同中书门下二品，令坤侍卫马步军都指挥使、天平节度使、同平章事。

宰相表请以二月十六日为长春节，帝生日也。

壬戌，以赵普为右谏议大夫、枢密直学士。初，帝领宋镇，普为书记，与节度判官宁陵刘熙古、观察判官安次吕馀庆、摄推官太康沈义伦皆在幕府。至是普以佐命功迁，乃召熙古为左谏议大夫,馀庆为给事中、端明殿学士,义伦为户部郎中。

癸亥,以天雄节度使宛丘符彦卿守太师,雄武节度使掖人王景守太保,封太原郡王,定难节度使西平王李彝殷守太尉,荆南节度使高保融守太傅,余领节镇者普进爵。

甲子,皇弟匡义加睦州防御使,赐名光义。

幸国子监。

将立宗庙,诏百官集议。己巳,兵部尚书濮阳张昭等奏曰:"尧、舜、禹皆立五庙,盖二昭二穆与其始祖也。有商改国,始立六庙,盖昭穆之外祀契与汤也。周立七庙,盖亲庙之外,祀太祖及文王、武王也。汉初立庙,悉不如礼。魏、晋始复七庙之制,江左相承不改;然七庙之中,犹虚太祖之室。隋文但立高、曾、祖、祢四庙而已。唐因隋制,立四亲庙,梁氏而下,不易其法,稽古之道,斯为折中。伏请追尊高、曾、祖、祢四代号谥,崇建庙室。"制可。于是定宗庙之制,岁以四孟月及季冬凡五享,朔、望荐食、荐新。三年一祫,以孟冬;五年一禘,以孟夏。皆兵部侍郎渔阳窦仪所定也。

镇州报辽及北汉兵自退。

北汉户部侍郎平章事荥阳赵华罢为左仆射。

南唐主遣使诛钟谟于饶州,诘之曰:"卿与孙晟同使北,晟死而卿还,何也?"谟顿首伏罪。缢杀之,并诛张峦于宣州。

二月,乙亥,尊母南阳郡夫人杜氏为皇太后。后,安喜人。陈桥之变,后闻之曰:"吾儿素有大志,今果然矣。"及尊为皇太后,帝拜于殿上,群臣称贺,太后愀然不乐。左右进曰:"臣闻母以子贵,今子为天子,胡为不乐?"太后曰:"吾闻为君难。天子置身兆庶之上,若治得其道,则此位诚尊;苟或失驭,求为匹夫而不可得,是吾所忧也。"帝再拜曰:"谨受教。"

加宰相范质、王溥、魏仁浦等官。仁浦,汲郡人也。帝待周三相,并以优礼:质自司徒、平章事、昭文馆大学士、参知枢密院事,加侍中;溥自右仆射、平章事、监修国史、参知枢密院事,加司空;仁浦自枢密使、中书侍郎、平章事、集贤殿大学士,加右仆射。自唐以来,三大馆职皆宰相兼之,首相昭文,次监修,次集贤,宋因之。质、溥寻皆罢参知枢密。又命枢密使太原吴廷祚仍加同中书门下二品。

旧制,凡大政事,必命宰臣坐议,常从容赐茶乃退。唐及五代,犹遵此制。及质等为相,自以周室旧臣,内存形迹,又惮帝英睿,乃请每事具札子进呈取旨,帝从之。由是坐论之礼遂废。

己卯,以天下兵马都元帅吴越国王钱俶为天下兵马大元帅。俶名上一字犯宋讳,故去之。

丙戌,长春节,赐群臣衣各一袭。宰相率百官上寿,赐宴相国寺。

中书舍人安次扈蒙权知贡举,庚寅,奏进士合格者京兆杨砺等十九人。自是岁以为常。

辛卯,大宴于广德殿。凡诞节后择日大宴自此始。

三月,乙巳,改天下郡县之犯御名、庙讳者。

丙辰,南唐主遣使来贺登极。

南汉宦者陈延寿言于南汉主曰:"陛下所以得立,由先帝尽杀群弟故也。"南汉主以为然,丁巳,杀其弟桂王璇兴。

吴越王俶遣使来贺登极。南唐主复遣使来贺长春节。

宿州火,燔民庐舍万余区,遣中使安抚之。

3

壬戌,追尊祖考为皇帝,妣为皇后。谥高祖朓曰文献,庙号僖祖,陵曰钦陵;妣崔曰文懿。谥曾祖珽曰惠元,庙号顺祖,陵曰康陵;妣桑曰惠明。谥皇祖敬曰简恭,庙号翼祖,陵曰定陵;妣刘曰简穆。谥皇考弘殷曰昭武,庙号宣祖,陵曰安陵。

定国运受周木德,因以火德王,色尚赤,腊用戌。

癸亥,命武胜节度使洛阳宋延渥领舟师巡抚江徼,舒州团练使元城司超副之,仍赍书南唐主谕意。

己巳,以皇弟光美为嘉州防御使。

先是,北汉诱代北诸部侵掠河西,诏诸镇会兵以御之。是月,定难节度使李彝兴,言遣都将李彝玉进援麟州,北汉引众去。彝兴,即彝殷也,避宣祖讳,改为兴。

夏,四月,癸酉,兼判太常寺窦俨请改周乐文舞崇德之舞为文德之舞,武舞象成之舞为武功之舞,改乐章十二顺为十二安,盖取"治世之音安以乐"之意;诏行之。俨,仪之弟也。

铁骑左厢都指挥使王彦升,夜抵宰相王溥私第,溥惊悸而出。既坐,乃曰:"巡警而困甚,聊就公一醉耳。"然彦升意在求货,溥佯不悟,置酒数行而罢。翌日,溥密奏其事,帝益恶之,丁丑,出彦升为唐州团练使。唐本刺史州,于是始改焉。

辽人侵棣州,刺史河南何继筠追破其众于固安,获马四百匹。

帝加周昭义军节度使太原李筠中书令。使者至潞州,筠即欲拒命。左右切谏,乃延使者,置酒张乐,旋取周祖画像悬厅壁,涕泣不已。宾佐惶惧,告使者曰:"令公被酒失常,幸毋怪。"北汉主钧闻之,乃以蜡书结筠同举兵,筠长子守节泣谏,筠不听。

帝手诏慰抚,且召守节为皇城使。筠遂遣守节入朝伺动静,帝迎谓曰:"太子,汝何故来?"守节矍然,头击地曰:"陛下何言?此必有谗人间臣父也。"帝曰:"吾闻汝数谏,汝父不听,故遣汝来,欲吾杀汝耳。汝归语汝父:我未为天子时,任自为之;我既为天子,汝独不能小让我邪?"守节驰归告筠,筠遂令幕府为檄数帝罪,癸未,执监军周光逊等,遣牙将刘继冲等送北汉纳款求援,又遣兵袭泽州,杀刺史张福,据其城。

从事闾丘仲卿说筠曰:"公孤军举事,其势甚危,虽倚河东之援,恐亦不得其力。大梁兵甲精锐,难与争锋。不如西下太行,直抵怀、孟,塞虎牢,据洛邑,东向而争天下,计之上也。"筠曰:"吾周朝宿将,与世宗义同兄弟,禁卫之士,皆吾旧人,闻吾至,必倒戈归我,何患不济乎!"不用其计。

丙戌,昭义变闻。枢密使吴廷祚言于帝曰:"潞州岩险,贼若固守,未可以岁月破。然李筠素骄易无谋,宜速引兵击之。"戊子,遣石守信、高怀德率前军进讨,帝敕守信等曰:"勿纵筠下太行,急引兵扼其隘,破之必矣。"

帝召三司使清河张美调兵食,美言:"怀州刺史大名马令琮,度李筠必反,日夜储偫以待王师。"帝亟令授令琮团练使。宰相范质曰:"大军北伐,藉令琮供亿,不可移他郡。"遂升怀州为团练,以令琮充使。

五月,己亥朔,日有食之。

庚子,命宣徽南院使昝居润赴澶州巡检;殿前都点检、镇宁节度使慕容延钊,彰德军留后太原王全斌,率兵由东路与石守信、高怀德会。

辛丑,以洺州团练使博野郭进为本州防御使,兼西山巡检,备北汉也。

北汉主遣内园使李弼以诏书、金帛、善马赐李筠,筠复遣刘继冲诣晋阳,请北汉主举军南下,己为前导。北汉主遣使请兵于辽,辽师未集,继冲述筠意,请无用契丹兵。北汉主即日大阅,倾国自将出团柏谷。群臣饯之汾水,左仆射赵华谏曰:"李筠举事轻易,事必无成,陛下扫境内赴之,臣未见其可也。"北汉主不听。

行至太平驿,筠身率官属迎谒,北汉主命筠赞拜不名,坐于宰相卫融之上,封西平王。筠见北汉主仪卫寡弱,内甚悔之,又自言受周氏恩不忍负。而北汉主与周世仇,闻筠言,亦不悦。筠将还,北汉主遣宣徽使卢赞监其军,筠心益不平。赞尝见筠计事,筠不应,赞怒,拂衣起。北汉主闻赞与筠有隙,遣卫融诣军中和解之。

筠留其长子守节守上党,而自率众三万南出。癸卯,石守信等破之于长平,又攻拔其大会寨。

甲辰,诏夺李筠官爵。

乙巳,辽主谒怀陵,太宗陵也。

己酉,西京作周六庙成,遣光禄卿郭玘奉迁神主。

乙卯,忠正节度使兼侍中杨承信来朝,设宴于广政殿。自是为例。

丁巳,诏亲征。以枢密使吴廷祚为东京留守,知开封府吕馀庆副之,皇弟光义为大内都点检。遣韩令坤率兵屯河阳。

己未,帝发大梁;壬戌,次荥阳。西京留守河内向拱劝帝:"济河,逾太行,乘贼未集而击之。稽留浃旬,则其锋益炽矣。"枢密直学士赵普亦言:"贼意国家新造,未能出征;若倍道兼行,掩其不备,可一战而克。"帝纳其言。丁卯,石守信、高怀德破李筠军三万馀于泽州南,获北汉河阳节度使范守图,杀卢赞。筠遁入泽州,婴城自固。

是月,永安节度使云中折德扆破北汉沙石寨,斩首五百级。德扆,从阮之子也。

六月,己巳朔,帝至泽州,督军攻城,逾旬不下。帝召控鹤左厢都指挥使蓟人马全义问计,全义请并力急攻,遂率敢死士先登,飞矢贯臂,全义拔镞进战,帝亲率卫兵继之。辛巳,克其城。李筠赴火死。获卫融。

甲申,免泽州今年田租。

乙酉,进攻潞州;丁亥,筠子守节以城降,赦之。升单州为团练,用守节为使。是日,帝入潞州,宴从官于行宫。

辛卯,大赦。免附潞三十里今年田租,录阵殁将校子孙,丁夫给复三年。

李筠性虽暴,事母甚孝。每怒,将杀人,母屏风后呼筠,筠即趋至,母曰:"闻将杀人,可免乎?为吾曹增福耳。"筠遽释之。

北汉主闻筠败,自太平驿遁还晋阳,谓赵华曰:"李筠无状,卒如卿言,吾幸全师以归,但恨失卫融、卢赞耳!"华旋请老,使食禄终身。北汉主以翰林学士承旨、兵部尚书蓟人赵弘为中书侍郎,兼兵部尚书、平章事。

辽师闻潞州破,不果出。

癸巳,安国节度使元城李继勋来朝;乙未,命为昭义节度使。

丁酉,帝发潞州;秋,七月,戊申,至京师。

初,卫融被执,帝诘融曰:"汝教刘钧助李筠反,何也?"融对曰:"犬吠非其主,臣诚不忍负刘氏。"且云:"陛下纵不杀臣,臣必不为陛下用。"帝怒,命左右以铁挝击其首,流血被面。融呼曰:"臣得死所矣!"帝曰:"忠臣也,释之。"以良药敷其疮,因使致书北汉主,求周光逊等,纳款,归融太原;北汉主不报。辛亥,以融为太府卿。

前司空赵国公汝阴李谷,初归洛阳,李筠以谷周朝名相,遗钱五十万,它物称是,谷受之。

及筠叛,谷忧恚发病,乙卯卒。帝为废朝二日,赠侍中。谷雅善议论,辞气明畅,尤能知人,汲引寒士,多至显位。

戊午,宴韩令坤等于礼贤讲武殿,赏平泽潞功也。

辛酉,辽政事令耶律寿远、太保库阿布等谋反,伏诛。

辽主以酒脯祀天地于黑山。

初,成德节度使金城郭崇,闻帝自立,追忆周室恩遇,时或涕泣。监军陈思诲密奏其状,且言常山近边,宜谨备之,帝曰:"我素知崇笃于恩义,此盖有所激发耳。"遣使觇之。崇忧懑失据,观察判官孝义辛仲甫曰:"公首效诚节,且军民处置,率循常度,朝廷虽欲加罪,何以为辞!使者至,但率官吏郊迎,尽礼致恭。淹留伺察,当自辨明矣。"崇如其言。使者归,奏崇无它,帝喜曰:"我固知崇不反也。"

以旮居润权知镇州。初以知州易方镇也。

乙丑,〔南〕唐主景进白金,贺平泽潞。

诏殿前、侍卫二司各阅所掌兵,简其骁勇者升为上军,而命诸州长吏选所部兵送都下,以补禁旅之阙。又选强壮卒定为兵样,分送诸道召募教习,俟其精练,即送阙下。由是犷悍之士皆隶禁籍矣。又惩唐以来藩镇之弊,立更戍法,分遣禁旅戍守边城,使往来道路,以习勤苦,均劳逸。自是将不得专其兵,而士卒不至于骄惰,皆赵普之谋也。

八月,戊辰朔,御崇元殿,设仗卫,行入阁仪,置待制、候对官,赐廊下食。

庚午,宴近臣于广德殿,江南、吴越朝贡使皆预焉。

壬申,复升贝州为永清军节度。

保义节度使河东袁彦,闻帝自立,日夜缮甲治兵。帝虑其为变,命潘美往监其军。美单骑入城,谕令朝觐,彦即治装上道。帝喜,谓左右曰:"潘美不杀袁彦,成吾志矣。"丙子,徙彦为彰信军节度使。

忠正节度使杨承信为护国军节度使。承信至河中,或言其谋反,帝遣作坊副使相州魏丕赐承信生辰礼物,因察之,还,言承信无反状。承信因是获殁于镇。

忠武节度使兼侍中阳曲张永德徙武胜节度使,入觐,从游玉津园。时帝将有事于北汉,密访策略,永德曰:"太原兵少而悍,加以契丹为援,未可仓卒取也。臣以为每岁多设游兵,扰其田事,仍发间使谍辽,先绝其援,然后可图。"帝曰:"善!"

壬午,以皇弟殿前都虞候、睦州防御使光义领泰宁军节度使。

甲申,立琅邪郡夫人王氏为皇后。后,华池人,彰德节度使饶之女也。

丙戌,作新权衡,颁于天下,禁私造者。

戊子,以赵普为兵部侍郎,充枢密使。帝之征泽潞也,普请行,帝笑曰:"普岂胜甲胄乎?"至是师还论功,帝曰:"普宜在优等。"遂迁是职。

荆南节度使、守太傅兼中书令南平王高保融寝疾,以其子继冲幼弱,未堪承嗣,命其弟行军司马保勖总判内外军马事。甲午,保融薨。事闻,赐赗,赠太尉,谥贞懿。保勖性迂缓,御军治民皆无法,高氏始衰。

乙未,南唐主遣使来贺帝还京。

是月,辽主如秋山,遂如怀州。辽主嗜杀,以镇茵石狻猊击杀近侍古格。以后内侍、饔人及鹿人、雉人、狼人、麂人,多有以非罪死者。

九月,壬寅,昭义节度使李继勋焚北汉平遥县。

丙午，御崇元殿，备礼册四亲庙。

己酉，中书舍人怀戎赵行逢，坐从征避难，贬房州司户参军。帝之亲征泽潞也，山程狭隘多石，帝自取数石于马上抱之，群臣六军皆争负石开道。行逢惮涉险，伪伤伤足，留怀州不行。及师还，行逢当入直，又称疾，请于私第草制；帝怒，下御史府劾其罪而黜之。

周检校太尉、淮南节度使沧人李重进，周太祖甥也，始与帝俱事世宗，分掌兵柄，以帝英武，心惮之。恭帝嗣位，重进出镇扬州。及帝自立，命韩令坤代重进。重进请入朝，帝赐诏止之，重进愈不自安。

李筠举兵泽潞，重进遣其亲吏翟守珣间行与筠相结。守珣潜求见帝，言重进阴怀异志。帝厚赐守珣，使说重进稍缓其谋，无令二凶并作。守珣归，劝重进未可轻发，重进信之。

帝既平泽潞，随欲经略淮南，徙重进为平卢节度使，又遣六宅使陈思诲赍铁券往赐，以慰安之。重进自以周室懿亲，恐不得全，遂拘思诲，治城缮兵。遣人求援于南唐，南唐主不敢纳。帝闻重进举兵，命石守信为扬州行营都部署，兼知扬州行府事，王审琦为副，李处耘为都监，宋延渥为都排阵使，帅禁兵讨之。

宁国军节度使吴延福，吴越王俶之舅也。或告延福有异图，庚申，俶遣内牙指挥使薛温以兵围其第，收延福兄弟五人。睦州刺史延遇，恐惧自杀。众欲杀延福兄弟，俶流涕曰："先夫人之同气也，吾安忍置法！"皆除名，徙诸州，卒全母氏之族。

癸亥，诏削夺李重进官爵。

诏："文武常参官请病告过三日，有司以名闻，遣太医诊视。"

是月，吴越始榷酒酤。

初，李筠举兵，遣使邀建雄节度使真定杨廷璋。廷璋之妹，故周祖妃也，帝疑其有异志，命郑州防御使信都荆罕儒为晋州兵马钤辖，使伺察之。罕儒欲图廷璋，每见，必怀刃；廷璋接以至诚，罕儒不敢发。会有诏召廷璋赴阙，廷璋即日单车就道。冬，十月，己巳，徙廷璋为静难节度使。

壬申，河决棣州厌次县，又决滑州灵河县。

丙子，辽主从弟赵王喜衮谋反，词连其父鲁呼及详衮韩匡嗣。鲁呼，太祖第三子也，性残酷，舒噜太后笃爱之，太宗时，立为皇太弟，兼天下兵马大元帅。太宗崩于栾城，永康王即位镇阳，是为世宗，太后遣鲁呼将兵击之。兵败，大臣耶律乌珍，面数鲁呼酷暴失人心，太后无以应，兵遂解。世宗徙鲁呼祖州，禁其出入，至是以喜衮词逮，囚死狱中。匡嗣以善医直长乐宫，皇后视之犹子，置不问。

乙酉，晋州言："兵马钤辖荆罕儒领千馀骑抵北汉汾州城下，焚其草市而还。夕次京土原，北汉主遣大将郝贵超领万众来袭。黎明，及之，罕儒遣都监阎彦进分兵以御。罕儒锦袍裹甲，据胡床飨士，方割羊臂臑以食，闻彦进小却，即上马，麾兵径犯其锋。北汉人横戈春之，罕儒坠马被获，犹格斗，手杀十馀人，乃遇害。北汉主素畏其勇，欲生至罕儒，及闻其死，求杀罕儒者戮之。"帝闻罕儒战殁，痛悼不已，擢其子守勋为西京武德副使；责将校不用命者，黜二人，斩二十九人。罕儒轻财好施，在泰州，有煮盐之利，岁入钜万，诏听十收其八，用犹不足。家财入有籍，出不问其数。勇而善战，常欲削平太原，志未果而及于败，人皆惜之。

帝问赵普以扬州事宜，普曰："李重进凭恃长淮，缮修孤垒，外绝救援，内乏资粮，宜速取之。"帝是其言。丁亥，下诏亲征，以光义为大内都部署，吴廷祚权东京留守，吕馀庆副之。

庚寅，帝发京师，百官六军并乘舟东下。甲辰，次泗州，舍舟登陆，命诸将鼓行而前。十一月,丁未,次扬州城下,即日拔之。初,城将陷,左右劝杀陈思海,重进曰:"吾今举族将赴火死,杀此何益!"即纵火自焚,思海亦为其党所害。帝入城,戮同谋者数百人。重进兄重兴,初闻其拒命即自杀,弟重赞及其子延福,并死于市。帝购得翟守珣,补殿直,俄迁供奉官。己酉,赈扬州城中民,人米一斛,十岁以下半之。胁隶为军者,赐衣屦遣还。庚戌,诏重进家属、部曲并释罪。

乙卯,南唐主遣左仆射江都严续来犒师,庚申,复遣其子蒋国公从鉴、户部尚书新安冯延鲁来买宴,帝厉色谓延鲁曰:"汝国主何故与吾叛臣交通?"延鲁曰:"陛下徒知其交通,不知预其谋反。"帝诘其故,延鲁曰:"重进使者馆于臣家,国主令人语之曰:'大丈夫失意而反,世亦有之,但时不可耳。方中朝受禅之初,人心未定,上党作乱,君不以此时反,今人心已定,乃欲以数千乌合之众抗天下精兵,借使韩、白复生,必无成理;虽有兵食,不敢相资。'重进卒以失援而败。"帝曰:"虽然,诸将皆劝吾乘胜济江,何如?"延鲁曰:"重进自谓雄杰无与敌者,神武一临,败不旋踵。况小国,其能抗天威乎!然亦有可虑者,本国侍卫数万,皆先主亲兵,誓同生死,陛下能弃数万之众与之血战,则可矣。且大江天堑,风涛不测,苟进未克城,退乏粮道,事亦可虞。"帝笑曰:"聊戏卿耳,岂听卿游说邪!"

帝使诸军习战于迎銮,南唐主惧甚;其小臣杜著、薛良来奔,且献平南策,帝恶其不忠,命斩著于下蜀市,良配隶庐州牙校,南唐主乃少安;终以国境蹙弱,遂决迁都之计。

乙丑,命宣徽北院使李处耘权知扬州。时扬州兵火之余,阖境凋敝,处耘勤于抚绥,轻徭薄赋,扬州遂安。

十二月,己巳,帝发扬州;丁亥,至京师。

辛卯,唐清源节度使永春留从效称藩。

帝初即位,欲阴察群情向背,颇微行。或以为谏,帝笑曰:"帝王之兴,自有天命。周世宗见诸将方面大耳者杀之,我终日侍侧,不能害我。"既而微行愈数,曰:"有天命者任自为之,不汝禁也。"

帝一日罢朝,坐便殿,不乐者久之。左右请其故,帝曰:"尔谓天子容易邪?属乘快指挥一事而误,故不乐耳。"尝弹雀于后苑,或称有急事请见,帝亟见之,其所奏乃常事耳。帝怒,诘之,对曰:"臣以为尚急于弹雀。"帝愈怒,举斧柄撞其口,堕两齿。其人徐拾齿置怀中,帝骂曰:"汝怀齿,欲讼我乎?"对曰:"臣不能讼陛下,自当有史官书之。"帝悦,赐金帛慰劳之。

初作受命宝。铸宋通元宝钱。

是岁,北汉以郭无为为谏议大夫,参议中书事。无为,安乐人。方颡乌喙,杂学多闻,善谈辩。尝衣褐为道士,居武当山。周太祖讨李守贞于河中,无为诣军门上谒,询以当世之务,甚奇之。或谓周祖曰:"公为汉大臣,握重兵居外,而延纵横之士,非所以防微虑远之道也。"无为拂衣去,隐抱犊山。枢密使段恒识之,荐其才,北汉主召与语,大悦,因授以政,复命恒及侍卫亲军使太原蔚进皆同平章事。

辽主弟太平王谤萨噶,太宗第二子也,世宗时,诏许其与晋主往复以昆弟礼。至是见辽主耽酒嗜杀,阴怀异志;辽主不悟,委以国政,唯日事游畋,穷冬盛夏,不废驰骋。侍臣有追咎师败于周、三关失地为非计者,辽主曰:"三关本汉地,今复还之,何失之有!"其不恤国事如此。

【译文】

宋纪一　起庚申年(公元960年)正月,止十二月,共一年。

宋太祖名匡胤,姓赵,涿郡人。高祖赵朓,后唐任幽都令;曾祖赵珽,任后唐御史中丞;祖父赵敬,任涿州刺史;父亲赵弘殷,后周任检校司徒、封天水县男,追赠太尉;母亲杜氏。后唐天成二年(公元927年),太祖生于洛阳夹马营,时赤光绕室,异香延续一个多月。长大之后,容貌刚健雄伟,器度大方,认识他的人都知道他不是等闲之辈。侍奉后周世宗,步步高升,官至殿前都点检;周恭帝即位后,转调为宋州节度使,受封为开封侯,仍旧为殿前都点检。

建隆元年　辽应历十年(公元960年)。

春季,正月,乙巳(初五),后周归德军节度使、检校太尉、殿前都点检赵匡胤称帝。

先是辛丑(初一),后周朝廷群臣正在庆贺元旦,镇、定二州使者飞驰朝廷奏报,辽军南下,与北汉会师南侵,后周恭帝命令赵匡胤率领宫城禁卫的众将去抵御。赵匡胤执掌军政六年,深得将士之心,多次随周世宗征战讨伐,屡著功绩,已为众望所归,到此时君主年少,举国动荡,将士们密谋推戴赵匡胤为帝。

壬寅(初二),殿前副点检、镇宁军节度使太原慕容延钊带领先头部队首先出发;癸卯(初三),大军进发。当时京师有许多人聚在一起议论说:"将要策立点检为天子。"军中通晓星相的河中人苗训,见太阳下面又有一个太阳,黑光冲天激荡,便指着对赵匡胤的亲信楚昭辅说:"这是天命啊。"

当晚,驻扎在陈桥驿,将士们相互谋划说:"主上年幼体弱,我等出生入死奋力破敌,有谁知道! 不如先拥立点检为天子,然后挥师北上。"都押衙李处耘把密谋之事全部告诉赵匡胤之弟内殿祇候供奉官都知赵匡义和归德军节度使掌书记的蓟人赵普,话没说完,众将拔剑抽戈冲进来,大声说:"军中已经商定,想策立太尉为天子。"赵匡义乘机晓谕众将说:"兴立异姓为王,虽说是天命,但实际上是人心所向,你们如果能各自严格整饬军士,不让他们剽掠,京都人心安定,那么四方自然稳定,你们也可以共保富贵了。"众将答应,于是共同部署安排。深夜派遣衙队军使郭延赟飞马告诉殿前都指挥使石守信、殿前都虞候王审琦,石守信、王审琦历来都是归服赵匡胤的人。将士们环绕陈桥驿列阵等待着天亮。

赵匡胤醉酒躺下,一点也不知道。甲辰(初四),黎明,众将身披铠甲手执兵器,直接敲打寝室门扉说:"众将无主,愿意策立太尉为天子!"赵匡胤大惊而起,还没等答应,立即被披上了黄袍,众将围着跪拜,高呼万岁,搀扶赵匡胤上马南行。赵匡胤觉得无法推托,便勒住缰绳诫谕众将说:"你们贪求富贵,立我为天子,但我有号令,你们能奉行吗?"众将下马说:"唯命是从。"赵匡胤说:"太后、主上,我以臣节侍奉他们;朝廷大臣,都是我的并肩同僚。你们不得惊扰冒犯皇宫禁地、侵夺欺凌朝中权贵以及闯入内府仓库。奉行命令者有重赏,违者就满门抄斩。"众将都答应说:"是。"于是整治军队从仁和门入城,将士秋毫无犯。第二天,先派遣客省使大名人潘美会见朝廷执政大臣说明来意,又派遣楚昭辅安抚平民百姓。

当时宰相大名人范质、太原人王溥,上早朝还没退下,听说事变,范质走下宫殿抓住王溥的手说:"仓促间派遣将帅,是我们的罪过啊。"指甲掐入王溥手掌几乎出血。王溥目瞪口呆无法回答。

天平节度使、同平章事、侍卫马步军副都指挥使太原人韩通,从宫内仓惶急奔回家,打算率领军队准备抵抗。散员都指挥使洛阳人王彦升在路上碰见韩通,就快马加鞭追逐他,冲入

9

他的住宅,杀死韩通和他的妻子儿女。

众将搀扶赵匡胤登上明德门,赵匡胤命令武装士兵返还军营,自己退归办公署所,脱下黄袍。一会儿,众将簇拥范质等到达,赵匡胤低声哭泣说:"我蒙受世宗巨大恩德,但被各军将士所逼迫,竟然达到如此地步,愧对天地,我将怎么办?"范质等还没来得及回答,散指挥都虞候太原人罗彦瓌按剑厉声说:"我们没有君主,今日必须得到个天子!"范质等人面面相觑,不知所措。王溥走下台阶先行拜礼,范质不得已也行拜礼。

于是请赵匡胤前往崇元殿举行禅代称帝之礼。召集文武百官,直到太阳偏西,才排定班列次序。翰林学士承旨新平人陶谷,从衣袖内取出后周恭帝的禅让诏书,宣徽使高唐人昝居润引导赵匡胤到雕龙阶,向北拜受诏书。宰相扶持赵匡胤登上崇元殿,穿上龙袍皇冕,正式就皇帝位。群臣跪拜庆贺。事奉后周恭帝为郑王、符太后为周太后,移居西宫。诏令确定据有天下的国号为宋,依据原有节度的州名。改年号,大赦天下。京城内外骑、步兵军士按级别都给予优厚供养。命有关官员分头祭祀天地、社稷之神。派遣朝廷使者乘坐驿传车马携带诏书告谕全国,其余节度使,另用诏书赐告。华山隐士陈抟听到太祖取代周帝,说:"天下从此就安定了!"

汴都依凭水道供运粮食,故河渠治理成为当务之急。先是每年征调民夫开挖疏通淤泥浅滩,干粮全都由百姓自备,丁未(初七),诏令都从官府领取配给,于是定为法令。又因河北地区当年丰产,谷价低廉,下令提高价格来收购粮食。

戊申(初八),追赠后周韩通为中书令,按相应礼节安葬。当初,韩通与太祖共同掌管京城值宿警卫,军政大事大多由韩通决定。韩通性格刚强但缺少谋略,言语经常得罪他人,人称"韩瞠眼"。他的儿子颇有志向谋略,看到太祖已得人望,劝说韩通趁早为之做好安排,韩通不听,最后遭及杀身之难。太祖恼怒王彦升擅自杀人,但因是开国之初,便忍住没有加罪。

太祖赐给南唐主李璟诏书。在此之前,南唐派中书舍人北海人韩熙载出使到后周,归国后,南唐主逐一询问后周的将帅,韩熙载说:"赵点检回头看人的样子不同寻常,日后恐难预测。"到这时,人们叹服韩熙载的见识。

辛亥(十一日),评定众将拥戴之功,以后周义成节度使、殿前都指挥使石守信为归德节度使、侍卫马步军副都指挥使。以宁江节度使、马军都指挥使常山人高怀德为义成节度使、殿前副都点检,以武信节度使、步军都指挥使厌次人张令铎为镇安节度使、马步军都虞候,以殿前都虞候、睦州防御使王审琦为泰宁节度使、殿前都指挥使,以虎捷左厢都指挥使、嘉州防御使辽人张光翰为宁江节度使、马军都指挥使,以虎捷右厢都指挥使、岳州防御使安喜人赵彦徽为武信节度使、步军都指挥使,其余领军将帅都加官晋爵。

癸丑(十三日),释放后周显德年间江南降将周成等三十四人回归南唐。

乙卯(十五日),派遣使者分别赈济各州。

丁巳(十七日),命令后周宗正少卿郭玘祭祀后周宗庙和嵩、庆两座陵墓,将此定为法令,按时举行朝拜。

在此之前,后周侍卫马步军都虞候武安人韩令坤领兵巡察北部边界,慕容延钊又率领前头部队到达真定。太祖自立皇帝后,派遣使者告谕慕容延钊、韩令坤各自相机行使军政事务,两人表示听从命令。己未(十九日),诏令慕容延钊加官殿前都点检、昭化军节度使、同中书门下二品,韩令坤加官侍卫马步军都指挥使、天平节度使、同平章事。

宰相上表请求以二月十六日为长春节。这天是太祖的生日。

壬戌(二十二日)，以赵普为右谏议大夫、枢密直学士。当初，太祖在宋州统领各镇，赵普任书记，与节度判官宁陵人刘熙古、观察判官安次人吕余庆、摄推官太康人沈义伦都在幕府供职。到这时，赵普因辅佐太祖承天命称帝之功而升官，于是召来刘熙古为左谏议大夫，吕余庆为给事中、端明殿学士，沈义伦为户部郎中。

癸亥(二十三日)，以天雄节度使符彦卿为太师，雄武节度使掖人王景为太保，晋爵为太原郡王，定难节度使西平王李彝殷为太尉，荆南节度使高保融为太傅，其余各镇节度使普遍晋升爵位。

甲子(二十四日)，皇弟赵匡义加官睦州防御史，太祖赐名叫光义。

太祖巡视国子监。

太祖将要建立宗庙，诏令文武百官集会商议。己巳(二十九日)，兵部尚书濮阳人张昭等陈奏说："尧、舜、禹等都设立五座宗庙，即二昭二穆和他的始祖庙。商代立国，开始设立六座宗庙，即二昭二穆之外再祭祀契和汤。周代建立七座宗庙，即二昭二穆四庙之外，再祭祀太祖和文王、武王。西汉初年设立宗庙，全不按照旧礼。魏、晋开始恢复七庙的建制，南朝各代相互承袭不做更改；然而七庙之中，还空着太祖一室。隋文帝只立高祖、曾祖、祖父、父亲四庙而已。唐代因袭隋代制度，建立四亲庙，梁朝以下，不改此法，考究上古之道，这算是适中妥当的。恳请追尊高祖、曾祖、祖父、父亲四代的庙号、谥号，敬建祖宗庙室。"太祖下制准许。于是制定宗庙制度，每年以四季的首月和冬季末月共举行五次祭祀，每月初一、十五进献食物或时令供品；三年举行一次合祭，选在冬季首月；五年举行一次大祭，选在夏季首月。这都是兵部侍郎渔阳人窦仪所制定的。

镇州报告辽国与北汉联军自行退去。

北汉户部侍郎、平章事荥阳人赵华罢相为左仆射。

南唐主派遣使者到饶州诛杀钟谟，盘问他说："你和孙晟同时出使北国，孙晟死去而你生还，是什么缘故？"钟谟叩头认罪，下令绞杀，并在宣州诛杀张峦。

二月，乙亥(初五)，太祖尊母亲南阳郡夫人杜氏为皇太后。太后是安喜人。陈桥驿兵变，太后听到后说："我儿一向胸怀大志，今日果然实现了。"等到尊奉为皇太后，太祖在大殿上行拜礼，群臣朝见祝贺。太后忧惧而不高兴，左右侍从进言说："臣下听说母以子贵，如今儿子为天子，为何还不快乐？"太后说："我听说君主难做。天子置身于亿万民众之上；倘若治理得道，这地位确实尊贵；如果有时失控，就连请求做个平民都办不到，这是我忧愁的原因。"太祖两次行拜礼说："敬受教诲。"

为宰相范质、王溥、魏仁浦等人加官。魏仁浦是汲郡人。太祖对后周三位宰相都给予优厚礼遇：范质从司徒、平章事、昭文馆大学士、参知枢密院事，加官侍中；王溥从右仆射、平章事、监修国史、参知枢密院事，加官司空；魏仁浦从枢密使、中书侍郎、平章事、集贤殿大学士，加官右仆射。从唐代以来，昭文、史馆、集贤三大馆都由宰相兼任。首相兼昭文馆大学士，次相监修国史，末相兼集贤殿大学士，宋代因袭此制。范质、王溥不久都被罢去参知枢密。又下令枢密使太原人吴延祚再加官同中书门下二品。

先朝旧制，凡遇重大政事，必定命令宰相大臣集中商议，常常到事毕空闲赐茶以后才退朝。唐朝到五代，仍然遵守此制。到范质等人为宰相，自以为是后周旧臣，注意收敛行迹，又畏惧太祖的英明智慧，便请求每件政事写成札子进呈，以听取圣旨，太祖对此同意。于是宰相坐议军政大事之礼便被废除。

己卯(初九),以天下兵马都元帅吴越国王钱俶为天下兵马大元帅。钱俶原名有一字犯宋太祖父亲名讳,所以去掉。

丙戌(十六日),长春节,太祖赏赐群臣衣服各一套。宰相率文武百官上朝祝寿,在相国寺赐群臣宴饮。

中书舍人安次人扈蒙暂且执掌贡举,庚寅(二十日),奏报进士合格者京兆人杨砺等十九人。从这年起成为常例。

辛卯(二十一日),在广德殿举行盛大宴会。凡是皇帝生日后选择日子大宴群臣从此开始。

三月,乙巳(初六),更改天下郡县中有冲犯皇帝名讳、庙讳的名称。

丙辰(十七日),南唐主派遣使者前来祝贺太祖登上帝位。

南汉宦官陈延寿对南汉主刘铱说:"陛下之所以能立为皇帝,是由于先帝全部杀死其兄弟的缘故。"南汉主认为是这样,丁巳(十八日),杀死他的弟弟桂王刘璇兴。

吴越王钱俶派遣使者前来祝贺太祖登上帝位。南唐主再次派遣使者前来祝贺长春节。

宿州发生火灾,焚烧居民房屋一万多所,太祖派宫中使者去安抚灾民。

钱镠文状　五代

壬戌(二十三日),宋太祖追尊先祖为皇帝,先祖配偶为皇后,高祖赵朓谥号为文献,庙号为僖祖,陵名为钦陵;配偶崔氏谥号为文懿。曾祖赵珽谥号为惠元,庙号为顺祖,陵名为康陵;配偶桑氏谥号为惠明。祖父赵敬谥号为简恭,庙号为翼祖,陵名为定陵;配偶刘氏谥号为简穆。父亲赵弘殷谥号为昭武,庙号为宣祖,陵名为安陵。

推定国运承接后周木德,因此以火德兴立王业,颜色崇尚赤色,腊日选用戌日。

癸亥(二十四日),太祖命令武胜节度使洛阳人宋延渥率领水师巡视安抚长江边境;舒州团练使元城人司超为副手,并给南唐主书信宣喻旨意。

己巳(三十日),太祖命皇弟赵光美为嘉州防御使。

以前,北汉引诱代地北方各部族入侵抢掠河西地区,太祖诏令各镇集合军队进行抵抗。本月,定难节度使李彝兴奏报说派遣都将李彝玉领兵援助麟州,北汉将领率部离去。李彝兴就是李彝殷,因避宣祖名讳,改殷字为兴。

夏季,四月,癸酉(初四),兼判太常寺窦俨,请求将后周礼乐中的文舞《崇德之舞》改为《文德之舞》,武舞《象成之舞》改为《武功之舞》;将乐章十二顺改为十二安,是取"治世之音安以乐"一语的意思;诏令照此实行。窦俨是窦仪的弟弟。

铁骑左厢都指挥使王彦升夜间抵达宰相王溥私人住宅,王溥惊悸而出迎。坐下后,王彦升就说:"巡逻警戒之事十分困乏,暂且到您府上饮酒求一醉。"其实王彦升的意思在于索求财货,王溥假装不知,设置酒席,饮酒数巡就作罢。第二天,王溥就此事密奏太祖,太祖更加厌恶他,丁丑(初八),诏令王彦升调离京城任唐州团练使。唐原来是刺史州,从此便改为团练使州。

辽军入侵棣州,州刺史河南人何继筠在固安击破辽军,俘获马四百匹。

太祖诏令后周昭义军节度使太原人李筠加官中书令。使者到达潞州,李筠当即打算拒绝诏命,左右亲信恳切劝谏,才请进使者,设置酒宴奏起音乐,立即取出周太祖画像悬挂在厅堂墙壁上,泪流不止。宾客幕僚惊惶恐惧,对使者说:"令公醉酒有失常态,请不要见怪。"北汉主刘钧听说此事后,就用蜡封密信交结李筠同时起兵,李筠长子李守节哭泣劝谏,李筠不听。

太祖用亲笔诏书抚慰,并召李守节进京为皇城使。李筠便派遣李守节入都观察动静,太祖迎面就对李守节说:"太子,你为什么缘故前来?"李守节惶恐不安,用头碰地说:"陛下怎么说这话? 这必定有说坏话的人在离间臣父与陛下的关系。"太祖说:"我听说你多次劝谏,但你父亲不听,所以他派遣你来,想让我杀你。你回去告诉你父亲,我没有做天子的时候,听任你自己作为;我既然做了天子,你难道不能稍微让我一点吗?"李守节驱马飞快回去报告李筠,李筠于是命令幕府起草檄文,列数太祖罪状。癸未(十四日),逮捕监军周光逊等人,派遣手下牙将刘继冲等押送到北汉表示归附,要求援助,又派遣军队袭击泽州,杀死州刺史张福,占据州城。

从事间丘仲卿劝李筠说:"您孤军起兵举事,形势非常危险,虽然表面上倚仗河东的支援,恐怕实际上也得不到他们的有力援助。大梁军队武备精良锐利,难以同他们争锋相较。不如西下太行山,直抵怀、孟二州,堵塞虎牢关,占据洛阳,然后向东去争夺天下,这是上策之计啊。"李筠说:"我是周朝老将,和周世宗情义如同兄弟,宫禁防卫将士都是我的故旧,只要听说我到了,必定会倒戈投附我,怕什么不成功呢!"没有采用间丘仲卿的计谋。

丙戌(十七日),昭义兵变奏报。枢密使吴廷祚向太祖献言说:"潞州悬崖险峻,贼军若固守此地的话,就不能用一年半载的时间攻破。然而,李筠一向骄傲轻敌,没有谋略,应当迅速发兵攻击他。"戊子(十九日),派遣石守信、高怀德率领先头部队进军讨伐,太祖敕令石守信等说:"不要让李筠西下太行山,火速领兵把守要塞,必定会击败李筠的。"

太祖召集三司使清河人张美征调军队和粮草,张美说:"怀州刺史大名人马令琮,估计李筠必定会谋反,日夜储备粮草来等待王师。"太祖连忙命令马令琮为团练使。宰相范质说:"大军北伐,依凭马令琮按需要供应,不可再转移到其他州郡。"就升怀州为团练使州,让马令琮充任团练使。

五月,己亥朔(初一),出现日食。

庚子(初二),太祖命宣徽南院使昝居润赴澶州巡视检查;殿前都点检、镇宁节度使慕容延钊,彰德军留后太原人王全斌等率领大军从东路与石守信、高怀德会师。

辛丑(初三),以洺州团练使博野人郭进为本州防御使,兼任西山巡检,防备北汉。

北汉主派遣内园使李弼将诏书、金银绢帛及好马赐给李筠,李筠又派遣刘继冲前往晋阳,请求北汉主举兵南下,自己作为前导。北汉主派遣使者向辽国请求援兵,辽军还没集结,刘继冲陈述李筠的意思,请求不用契丹兵。北汉主当天举行军队大检阅,自己统帅倾国之兵从团柏谷出发,群臣在汾水岸边为之饯行,左仆射赵华劝谏说:"李筠举兵轻率仓促,事情必定无成,陛下尽国内之兵赶赴征战,臣下看不出此事可行。"北汉主没有听从。

北汉大军行到太平驿,李筠亲自率领官员僚佐前来相迎谒见,北汉主命令李筠朝拜时赞礼人不唱其名,坐列在宰相卫融之上,封为西平王。李筠见北汉主仪仗卫队又少又弱,心里很后悔,又自言蒙受周朝的恩宠不忍心辜负。但北汉主同后周世代结仇,听了李筠的话,心里也不高兴。李筠将要返回,北汉主派遣宣徽使卢赞来监视他的军队,李筠心里更加不平,卢赞曾经会见李筠商议事务,李筠没反应,激怒了卢赞,拂袖起身。北汉主听说卢赞与李筠有矛盾,派遣卫融到军中进行和解。

李筠留下长子李守节据守上党,而自己率领兵马三万向南进发。癸卯(初五),石守信等部在长平击败了李筠,又攻克他的大会寨。

甲辰(初六),太祖诏令削夺李筠的官职爵位。

乙巳(初七),辽主拜谒怀陵,那是辽太宗的陵墓。

己酉(十一日),建于西京的后周六庙落成,太祖派遣光禄卿郭玘护卫迁送神主。

乙卯(十七日),忠正节度使兼侍中杨承信前来朝见,太祖在广政殿设宴,从此成为常例。

丁巳(十九日),太祖诏令亲自出征。以枢密使吴廷祚为东京留守,开封知府吕余庆为副留守,皇弟赵光义为大内都点检。派遣韩令坤率军驻扎河阳。

己未(二十一日),太祖从大梁出发,壬戌(二十四日),在荥阳停留。西京留守河内人向拱劝说太祖:"渡过黄河,越过太行山,乘贼军没有集结就攻打它。倘若滞留拖延十天,那贼军的势头就更加猛烈了。"枢密直学士赵普也说:"贼人认为我国新建,不能出兵讨伐;倘若日夜兼程,攻其不备,可以一战而胜。"太祖采纳了他们的建议。丁卯(二十九日),石守信、高怀德在泽州南面打败李筠军队三万余人,俘获北汉河阳节度使范守图,杀死卢赞。李筠逃往泽州,环城固守。

当月,永安节度使云中人折德扆攻破北汉沙石寨,斩敌首级五百。折德扆是折从阮的儿子。

六月,己巳朔(初一),太祖到达泽州,督令大军攻打州城,十来天没攻下。太祖召见控鹤左厢都指挥使蓟人马全义询问计策,马全义请求全力火速进攻,就率领敢死军士首先登城,流矢穿透手臂,马全义拔出箭头奋勇进击,太祖亲自带领警卫部队接踵而至。辛巳(十三日),攻克泽州城。李筠投火焚死。俘获了卫融。

甲申(十六日),免除泽州今年田租。

乙酉(十七日),进军攻打潞州城;丁亥(十九日),李筠儿子李守节以城降附,太祖赦免他。将单州升为团练州,以李守节为团练使。当天,太祖进入潞州,在行宫宴请随从官员。

辛卯(二十三日),诏布大赦,免除潞州附近三十里内的今年田租,录用阵亡将校的子孙,民夫免除徭役三年。

李筠生性虽然暴躁,但侍奉母亲很孝顺。每次发怒准备杀人时,母亲在屏风后呼唤李筠,李筠随即快步赶去,母亲说:"听说你将要杀人,可以赦免吗?好为我们积点福啊。"李筠就马上释放待杀的人。

北汉主听到李筠战败,便从太平驿逃回晋阳,对赵华说:"李筠成不了气候,果真如爱卿所言,我侥幸保全军队而归,只是悔恨丧失了卫融、卢赞而已!"赵华不久告老请求去职,北汉主便让他终身享受任职时的俸禄。北汉主以翰林学士承旨、兵部尚书蓟人赵弘为中书侍郎,兼兵部尚书、平章事。

辽军听到潞州攻破,果然没出兵。

癸巳(二十五日),安国节度使元城人李继勋前来朝见。乙未(二十七日),被任命为昭义节度使。

丁酉(二十九日),太祖从潞州出发;秋季,七月,戊申(十日),到达京师。

当初,卫融被俘,太祖盘问卫融说:"你唆使刘钧帮助李筠反叛,是为什么?"卫融回答说:"狗见了不是主人就吠,臣下实在不忍辜负刘氏。"并且说:"陛下假使不杀臣下,臣下也必定不为陛下效力。"太祖发怒,下令左右侍卫用铁杖打他的头,血流满面。卫融呼喊道:"臣下死得其所了!"太祖说:"这是忠臣啊,放了他。"用良药敷贴他的伤口,并让他写书信送给北汉主,要求归还周光逊等人,以示诚意,将卫融送归太原,北汉主不予回报。辛亥(十三日),北汉以卫融为太府卿。

前司空赵国公汝阴人李谷,当初返归洛阳时,李筠因李谷为周朝有名的宰相,送钱五十万,其他物品与此相当,李谷接受馈赠。等到李筠反叛,李谷就忧愤发病,乙卯(十七日)去世。太祖为之停止两天的朝会,赠授侍中。

李谷擅长于议论,言辞意气明晰流畅,尤其能够知人善任,网罗引进贫寒之士,许多人官至显位。

戊午(二十日),在礼贤讲武殿宴请韩令坤等人,奖赏平定泽、潞二州的功劳。

辛酉(二十三日),辽国政事令耶律寿远、太保库阿布等人谋划反叛,伏法诛杀。

辽主用酒、肉干在黑山祭祀天地。

起初,成德节度使金城郭崇听说太祖自立为帝,追忆周室对自己的恩宠礼遇,时常流泪哭泣,监马陈思海将这一情况密报朝廷,并且说常山靠边界,应该谨慎地防备他。太祖说:"我一向知道郭崇很重恩德情义,这仅是有感而发而已。"派遣使者去察看。郭崇忧虑愤懑不知所措,观察判官孝义人辛仲甫说:"您首先表示诚意,且对军政民事的处理,全部依循常规法度,朝廷若想要加罪,能用什么作为托词!使者来了,您只管率领官吏在郊外迎接,尽礼节、示恭敬,让使者留下观察,定会自己辨明实情了。"郭崇按照他的话做。使者回到京城,奏报郭崇没有二心,太祖高兴地说:"我本来就知道郭崇不会谋反的。"

宋太祖以眘居润为临时镇州知州。这是开始用知州来取代方镇节度使。

乙丑(二十七日),南唐主李璟进贡白银和黄金,祝贺平定泽、潞二州。

宋太祖诏令殿前、侍卫二司各自检阅所统管的士兵,挑选骁健勇猛者提升为上军,同时命令各州长官选拔所辖士兵送往京师,来补充禁军的缺额,又选拔强壮的士兵为兵样,分送到各州招募操练新兵,使之精明干练,便立即送往京师。从此勇猛强悍之兵全部隶属禁军编制了。又鉴于唐以来藩镇自大的弊端,设立更戍法,分批派遣禁军戍守边关重镇,同时让他们往来于路途,以习惯勤劳辛苦,平均劳逸。从此将领不得专有他的军队,士兵不至于骄横懒惰,这都是赵普的谋划。

八月,戊辰朔(初一),太祖登崇元殿,设置仪仗卫队,举行入阁仪式,设立待制、候对官,赐朝会官员廊下食。

庚午(初三),太祖在广德殿宴请亲信大臣,江南、吴越前来朝贡的使者也参加宴会。

壬申(初五),又将贝州升为永清军节度。

保义节度使河东人袁彦,听说太祖自立为帝,便日夜修缮武装、整治军队。太祖忧虑袁彦会发动兵变,命令潘美前往监视军队,潘美单枪匹马入城,晓谕袁彦入朝觐见,袁彦当即整治行装上路。太祖十分高兴,对左右的人说:"潘美不杀袁彦,实现了我的心愿。"丙子(初九），调袁彦为彰信军节度使。

忠正节度使杨承信调任护国军节度使。杨承信到了河中，有人说他想反叛，太祖派遣作坊副使相州人魏丕赏赐杨承信生日礼物，乘机观察他。魏丕回到京师，说杨承信没有谋反的迹象。杨承信因得以在镇终其天年。

忠武节度使兼侍中阳曲人张永德改任武胜节度使，入朝谒见，随太祖游览玉津园。当时太祖准备对北汉采取军事行动，秘密询问计策谋略，张永德说："太原军队小而强悍，加之有契丹为后援，不可能一下子攻取。臣下认为每年多派流动部队，扰乱他们的农事，同时出动密探侦察辽军动静，事先断绝他的后援。然后可以图谋攻打北汉。"太祖说："好！"

壬午（十五日），任命皇弟殿前都虞候、睦州防御使赵光义兼领泰宁军节度使。

甲申（十七日），册立琅邪郡夫人王氏为皇后。王皇后是华池人，彰德节度使王饶的女儿。

丙戌（十九日），制造新的度量衡标准器，颁发天下，禁止私人制造。

戊子（二十一日），以赵普为兵部侍郎，充任枢密使。太祖出征泽、潞二州时，赵普请求从行，太祖笑道："赵普你能够顶盔贯甲吗？"到这次大军班师回朝评定功劳，太祖说："赵普应列在优等。"于是迁升这个职位。

荆南节度使、太傅兼中书令南平王高保融卧病不起，因其子高继冲年幼弱小，不能继承王位，便命令他的弟弟行军司马高保勖总领内外军政事务。甲午（二十七日），高保融去世。丧讯奏报，太祖赐给治丧财物，赠官太尉，谥号为贞懿。高保融生性迂讷迟钝，统军治民不得其法，高氏因此开始衰败。

乙未（二十八日），南唐主派遣使者前来祝贺太祖返回京师。

当月，辽主举行秋山游猎，接着前往怀州。辽主喜欢杀人，用镇席的石狮子砸死身边侍卫古格，以后内侍、饔人和鹿人、雉人、狼人、獐人，经常有无罪而被杀死的。

九月，壬寅（初五）昭义节度使李继勋焚烧北汉平遥县。

丙午（初九），太祖登崇元殿。举行典礼册立四代先祖的谥号、庙号。

己酉（十二日），中书舍人怀戎人赵行逢，因随从出征躲避艰难，贬官为房州司户参军。太祖亲征泽、潞二州时，山路狭窄险峻，石头很多，太祖自己拾取几块石头在马上抱着，群臣百官及六军将士都争相负石开路。赵行逢怕走险路，伪装伤了脚，留在怀州不走了。等到大军回师，赵行逢理当入宫值班，又称说生病，请求在自己家中起草制书，太祖大怒，下令御史府弹劾他的罪状而罢黜所任官职。

后周检校太尉、淮南节度使沧人李重进是后周太祖的外甥。当初与太祖一起事奉后周世宗。分别掌握兵权，因宋太祖英勇威武，李重进从心里害怕他。后周恭帝继位，李重进出外镇守扬州。直到宋太祖自立为帝，命令韩令坤代替李重进之职。李重进请求进京入朝，宋太祖赐给诏书阻止他，李重进更加不能自安。

李筠在泽、潞二州起兵，李重进派遣他身边的官吏翟守珣秘密出行与李筠相互勾结。翟守珣暗暗地求见太祖，陈说李重进私怀二心。太祖重赏翟守珣，让他劝说李重进稍微推迟他的计划，不让二凶同时作乱。翟守珣回来后，劝说李重进不可轻举妄动，李重进听信了他的话。

太祖平定泽、潞二州后，随即打算经略淮南，调李重进为平卢节度使，又派遣六宅使陈思诲带着铁券前往赏赐，以此慰藉安抚他。李重进因为自己是后周宗室的近亲，担心不能保全,就扣留了陈思海,修治城池、修缮武备。派人到南唐求援,南唐主不敢接受。太祖听说李重进起兵,命石守信为扬州行营都部署,兼管扬州行府事务,王审琦为副都部署,李处耘为都监,宋延渥为都排阵使,率领禁军去讨伐他。

宁国军节度使吴廷福是吴越王钱俶的舅舅,有人告发吴廷福有不轨行迹,庚申(二十三日),钱俶派遣内牙指挥使薛温领兵包围吴家宅第,逮捕吴廷福兄弟五人。睦州刺史吴延遇,因恐惧而自杀。众人想要杀死吴廷福兄弟,钱俶流泪说:"都是先夫人的同胞骨肉,我怎么能忍心绳之以法。"便全部削除在官名籍,迁徙到各州,最终保全了母氏家族。

癸亥(二十六日),宋太祖下令削夺李重进的官职爵位。

下诏:"文武常参官请病假超过三天,主管部门将其姓名报告,派遣太医前去诊断病情。"

这月,吴越开始实行酒类专卖。

当初,李筠起兵,派遣使者邀请建雄节度使真定人杨廷璋,杨廷璋的妹妹是先朝太祖的妃子,宋太祖猜疑杨廷璋有异志,命令郑州防御使信都人荆罕儒任晋州兵马钤辖,让他监视杨廷璋。荆罕儒每次见到杨廷璋,必定怀中揣刀;而杨廷璋接待极为诚恳,荆罕儒不敢发作。正好有诏书召杨廷璋赶赴京城,杨廷璋当天就乘着一辆马车上路。冬季,十月,己巳(初三),调杨廷璋为静难节度使。

壬申(初六),黄河在棣州厌次县决口,又在滑州灵河县决口。

丙子(十日),辽主堂弟赵王耶律喜衮密谋反叛,供词牵涉到他的父亲耶律鲁呼和详衮韩匡嗣。耶律鲁呼是辽太祖的第三个儿子,生性残忍,舒噜太后真心喜爱他,辽太宗时,被立为皇太弟,兼任天下兵马大元帅。辽太宗在栾城驾崩,永康王在镇阳即位,这就是辽世宗,太后派遣耶律鲁呼领兵攻打辽世宗。出师失利,大臣耶律乌珍当面历数耶律鲁呼残忍暴虐丧失人心。太后无言以对,于是军队解散。辽世宗将耶律鲁呼迁到祖州,禁止他自行出入,到这时因喜衮供词连及,囚禁并死于狱中。韩匡嗣因为善于医术在长乐宫值宿,皇后待他如同儿子,便放过不加追究。

乙酉(十九日),晋州奏报说:"兵马钤辖荆罕儒率领一千多骑兵直抵北汉汾州城下,焚烧北汉的草市而归。晚上在京土原驻扎,北汉主派遣大将郝贵超率军一万前来袭击,黎明之际,追上荆罕儒,荆罕儒派遣都监阎彦进分出兵力予以抵抗。荆罕儒身穿锦袍内实铠甲,坐在绳床上款待将士,正切割羊腿来吃,听说阎彦进稍有退却,立即上马,指挥部队直接冲向敌人前锋。北汉兵横戈倒刺,荆罕儒落马被抓,但仍然徒手格斗,亲手杀死十几人,于是遇害。北汉主一向畏惧他的勇敢,打算活捉荆罕儒,等听到他被杀,找出了杀死荆罕儒的人斩首。"宋太祖听到荆罕儒阵亡,痛心悼念不止,提升他儿子荆守勋为西京武德副使;责罚将校不拼命效力的,贬黜二人,斩首二十九人。

荆罕儒看轻财物,喜欢施舍,在泰州的时候,有煮盐的专利,每年收入数万,诏令准许他获取十分之八,但费用仍不够;家中钱财进入有登记,支出便不问数目。勇敢善战,总是想着扫平太原,志愿没实现却先战败身死,人们都对此感到惋惜。

宋太祖向赵普问有关扬州的情况,赵普说:"李重进依仗着长江淮河,修筑孤堡,外面断绝救援,内部缺乏物资粮草,应该火速攻取他。"太祖听从了他的话。丁亥(二十一日),太祖发下诏令亲自出征,以赵光义为大内都部署,吴廷祚为临时东京留守,吕余庆为副留守。

庚寅(二十四日),宋太祖从京师出发,文武百官及六军将士一起乘船东下。甲辰(初八),到了泗州,舍弃船只登上陆地,命令众将鸣鼓前进。十一月,丁未(十一日),到达扬州城下,当日攻克。当初,城将陷落,身边的人劝说杀死陈思诲,李重进说:"我今天全族将赴灭而死,杀他又有何用!"当即放火自焚,陈思诲也被他的同党杀死。太祖进入扬州城中,斩杀同谋者几百人。李重进的兄长李重兴,当初听说其弟拒绝诏命就自杀了。弟弟李重赞和其子李延福,都在街市上斩首。太祖悬赏找到翟守珣,补为殿直,不久升为供奉官。己酉(十三日),赈济扬州城中百姓,每人一斛米,十岁以下给半斛。因胁迫而隶从当兵的,赐给衣服鞋子遣送回家。庚戌(十四日),诏令李重进的家属、部曲全部赦免罪过。

乙卯(十九日),南唐主派遣左仆射江都人严续前来犒劳王师;庚申(二十四日),又派他的儿子蒋国公李从鉴、户部尚书新安人冯延鲁前来献纳买宴的钱帛,宋太祖声色严厉地对冯延鲁说:"你的国主为何缘故与我的叛臣勾结?"冯延鲁说:"陛下只知道勾结,不知道预防他谋反。"太祖追问此中缘由,冯延鲁:"李重进的使臣在我家住宿,国主命人对他说:'大丈夫因不得志而谋反,历代都有,只是眼下时机不可而已。当中原朝廷接受禅让之初,人心不稳,上党发动叛乱,君不乘那时造反,如今人心已稳定,却想用几千乌合之众来抗拒天下精兵,即使韩信、白起再生,必定没有成功的道理。我虽然有军队粮草,但不敢资助。'李重进终于因失去支援而失败。"太祖说:"尽管这样,可众将都劝我乘胜渡江南下,怎么样?"冯延鲁说:"李重进自以为是英雄豪杰,无可匹敌,但陛下一到,他旋即失败,何况我们小国,岂敢抗拒天威呢!然而还有值得考虑的,我国有军队数万,都是先主的亲兵,发誓同生共死,陛下能舍弃数万部众同它血战,那就可以了。况且有长江作为天堑,风浪不可预测,如果前进而不能攻取城池,后退缺乏运粮通道,这事情也值得考虑。"太祖笑道:"随便跟你开个玩笑而已,岂是听你来游说呢!"

宋太祖让各路军队作迎銮的演习战,南唐主十分恐惧,他的小臣杜著、薛良前来投奔,并且进献平定江南的策略,太祖憎恨他们为臣不忠,命令在下蜀市将杜著斩首,薛良发配隶属庐州牙校,南唐主这才稍稍心安;终究因为国土局促弱小,于是决定迁都的计划。

乙丑(二十九日),宋太祖命令宣徽北院使李处耘临时主持扬州军政。当时扬州正处于战火之后。全境凋零凋敝,李处耘致力于安抚善后,减轻徭役赋税,扬州于是安定。

十二月,己巳(初四),太祖从扬州启程。丁亥(二十三日),到达京师。

辛卯(二十六日),南唐清源节度使永春人留从效称臣。

宋太祖即位之初,想暗中察访人情向背,多次私下出行,有人对此予以劝谏,太祖笑着说:"帝王之兴,自然有天命。周世宗见到众将中有方面大耳的便除杀,但我整天在旁侍奉他,却不能加害于我。"以后私下出行愈加频繁,说:"有天命的人,任其所为,我不阻止他。"

太祖有一天下朝,坐在便殿上,长时间心里都不痛快。身边的人请问其中缘由,太祖说;"你认为做天子容易吗?刚才因乘兴致决定一件事而失误,所以不痛快。"太祖曾在后宫苑囿中用弹弓打麻雀,有人称有事请求谒见,太祖立刻召见他,但他所奏请的只是平常事。太祖发怒,责问他,那人回答说:"臣下还是以为比用弹弓打麻雀重要。"太祖更加恼怒,拿起斧柄捅他的嘴,掉落两颗牙齿。那人慢慢地捡起牙齿揣在怀里。太祖怒骂道:"你怀揣牙齿,想同我打官司吗?"回答说:"臣下没法跟陛下打官司,但自然会有史官记下此事。"太祖高兴了,赏赐金银绢帛慰劳他。

开始制作受命宝玺,铸造大宋通元宝钱。

这年,北汉主以郭无为为谏议大夫,参与商议中书事务。郭无为是安乐人。方方的额头,鸟嘴巴,博学多闻,善于谈论。曾经披着麻布衣当道士,居住武当山。周太祖在河中讨伐李守贞时,郭无为前往军营大门请求谒见,周太祖向他询问当代事务,深以为是个奇才。有人对周太祖说:"您身为汉家大臣,掌握重兵在外,而去延请这纵横游说之士。这不符合防微杜渐、深谋远虑的原则。"郭无为听后拂袖离去,隐居在抱犊山。枢密使段恒认识他,荐举他的才能,北汉主召见并和他交谈,大为欢喜,因而授予朝政,又任命段恒和侍卫亲军使太原人蔚进都为同平章事。

辽主的弟弟太平王耶律萨噶是辽太宗的第二个儿子。辽世宗在位时,诏令准许他和后晋国主以兄弟之礼交往。到这时看见辽主酗酒好杀,他便暗中怀有反叛异志;而辽主没有觉察到,将国家政事委交给他,自己只是每天专事游乐打猎。即使是寒冬盛夏,也不停止骑马驰骋。侍从大臣有的要追究兵败后周、丧失三关的谋事失误者,辽主说:"三关原本是汉人土地,如今又归还汉人,有何失策!"辽主就是这样不顾惜国事。

续资治通鉴卷第二

【原文】

宋纪二　起重光作噩【辛酉】正月,尽玄黓阉茂【壬戌】十二月,凡二年。

太祖启运立极英武睿文　神德圣功至明大孝皇帝

建隆二年　辽应历十一年【辛酉,961】　春,正月,丙申朔,御崇元殿受朝,退,群臣诣皇太后宫门称贺。

壬寅,幸新造船务观习水战。

戊申,太仆少卿王承哲坐举官失实,责授殿中丞。

己酉,帝御明德门观灯,宴从臣,南唐、吴越使皆与焉。

壬子,商州鼠食苗,诏免其赋。

周显德末,遣官度民田,多为民所诉。至是,帝谓宰臣曰:"度田本欲勤恤下民,近多邀功滋弊,当慎选其人,以副朕意。"丁巳,分遣常参官诣诸州度民田。

诏浚蔡渠,通淮右之漕也,命右领军卫上将军陈承昭督其役。

己未,遣郭玘飨周庙。

甲子,斩泽州刺史张崇诂,以其党李重进也。

监修王溥等上《唐会要》一百卷,诏藏史馆。

遣使赐吴越王战马、橐驼。

二月,丙寅,幸飞山军营阅炮车。

辽主释赵王喜衮于狱。喜衮雄伟,善骑射,性轻僄无恒,谋反有迹,辽主以亲释之。未几,复谋反,仍下狱。

南唐主定计迁都南昌,立吴王从嘉为太子,留金陵监国。以右仆射严续知枢密院事,汤悦佐之。舟行过当涂,大宴。至宋家洑,暴风飘御舰几至北岸。翌日,从官皆乘轻舟奔问。

壬申,命给事中范阳刘载浚五丈渠,通东方之漕。帝谓侍臣曰:"烦民奉己之事,朕必不为。开导沟洫以济京邑,盖不获已耳。"

癸酉,权知贡举窦仪奏进士张去华等合格者十一人。

荆南高保勖进黄金什器。

丁丑,南唐主遣使来贺长春节。己卯,命通事舍人王守贞使江南,劳南唐主迁都。

先是藩镇率遣亲吏视民租入,概量增溢,公取馀羡;符彦卿在天雄军,取民尤悉。帝于是遣常参官分主其事,乃出公粟赐彦卿以愧其心。

禁民二月至九月无得采捕弹射,著为令。

令："文武官及百姓,自今长春节及它庆贺,不得辄有贡献。"

三月,南唐主至南昌。城邑迫隘,宫府营廨,十不容一二,力役虽烦,无所施巧,群臣日夜思归。南唐主北望金陵,郁郁不乐,欲诛始谋者,澄心堂承旨秦承裕,常引屏风障之。枢密副使、给事中唐镐惭惧,发疡卒。

丙申,内酒坊火。坊与三司接,火作之夕,役夫突入省署盗官物。帝以酒坊使左承规等纵其为盗,斩役夫三十八人,承规等皆弃市。

李煜像

辛亥,以雄武节度使兼中书令太原郡王王景为凤翔节度使,充西面沿边都部署。景起兵伍,性谦退,每朝廷使至,虽卑位皆尽礼。或言:"王位崇,不宜自损抑。"景曰:"人臣重君命,固当如此,我唯恐不谨耳。"至是自秦州来朝,帝优待之,宴赐加等,复遣镇凤翔。

北汉侵麟州,防御使杨重勋击走之。重勋,本名重训,避周帝讳,改今名。

辽司徒乌哩哩质子迭喇格,诬告其父谋反,复诈乘传及杀行人;以其父请,杖而释之。

癸亥,帝步自明德门,幸作坊宴射,酒酣,顾前凤翔节度使临清王彦超曰:"卿曩在复州,朕往依卿,卿何不纳我?"彦超降阶顿首曰:"当时臣一刺史耳,勺水岂可容神龙乎!使臣纳陛下,陛下安有今日!"帝大笑而罢。闰月,甲子朔,彦超上表待罪,帝遣使慰抚之,因谓侍臣曰:"沉湎于酒,何以为人!朕或因宴会至醉,经宿未尝不悔也。"侍臣皆再拜。

殿前都点检、镇宁军节度使慕容延钊〔罢〕为山南西道节度使,侍卫亲军都指挥使韩令坤罢为成德节度使。自是殿前都点检遂不复除授。

辽主如潢河。

丁丑,金、商、房三州民饥,遣使赈之。

是春,令长吏课民种植,每县定民籍为五等。第一种杂木百,每岁减二十为差;桑、枣半之。男女十岁以上,人种韭一畦,阔一步,长十步。无井者,邻伍为凿之。令佐以春秋巡视其数;秩满赴调,有司第其课而为之殿最。又诏:"自今民有逃亡者,本州具户籍顷亩以闻,即检视之,勿使亲邻代输其租。"

夏,四月,癸巳朔,日有食之。

甲午,诏检田使、给事中常准夺两官。先是,馆陶民郭贽,诣阙诉检田不均,诏令它县官案视,所隐顷亩皆实。帝怒,责准;本县令程迪,决杖流海岛。

壬寅,诏:"先代帝王陵寝,令所属州府遣近户守视;前贤冢墓堕坏者,即加修葺。"

己未,商河县令李瑶,坐赃杖死;左赞善大夫申文纬,奉使案田,不能举察,除籍。帝深恶赃吏,以后内外官赃罪,多至弃市。

汉初,犯私曲者弃市;周令至五斤死。帝以其法尚峻,庚申,诏:"民犯私曲十五斤,以私酒入城至三斗者,始处极典,其馀罪有差。"又以前朝盐法太峻,定令:"官盐阑入禁地贸易至十斤,煮碱至三斤者,乃坐死。民所受蚕盐入城市,三十斤以上者,奏裁。"

是月,辽主射鹿,不视朝。

五月,癸亥朔,帝御崇元殿受朝。以皇太后疾,赦杂犯死罪以下。

乙丑,诏司天少监洛阳王处讷等重核《钦天历》。先是《钦天历》成,处讷私谓王朴曰:

"此历不久即差。"亦指其当差处以示朴,朴深然之。

初,周世宗命国子司业兼太常博士洛阳聂崇义详定郊庙礼器,崇义因取三礼旧图,考正同异,列为新图二十卷,至是来上,诏加褒赏,仍命太子詹事汝阴尹拙集儒臣参议。拙多所驳难,崇义复引经解释,乃悉以下工部尚书窦仪,裁处至当,颁行。

甲戌,令殿前、侍卫司及诸州长吏阅所部兵骁勇者,升其籍,老弱怯懦者去之。初置剩员,以处退兵。

乙亥,辽司天王白、李正等进历。先是晋天福中,司天监马重绩奏上乙未元历,号《调元历》。及太宗灭晋入汴,收百司僚属、技术、历象,迁于中京,辽始有历。白等所进,即《调元历》也。白,蓟州人,明天文,善卜筮,晋司天少监,太宗入汴得之。

丁丑,诏以安邑、解县两池盐给徐、宿、郓、济之民。先是数郡皆食海盐,溯流而上,其费倍多,故厘革之。

己卯,罢常参官序迁法。旧制皆以岁月序迁,帝谓宰相曰:"是非循名责实之道。"会监门卫将军魏仁涤等治市征有羡利,并诏增秩,自是不以序迁矣。

庚寅,供奉官李继昭坐盗卖官船弃市。

诏:"诸州勿复调民给传置,悉代以军卒。"

五代以来,州郡牧守多武人,任狱吏,恣意用法。时金州民有马汉惠者,杀人无赖,闾里患之,其父母及弟共杀汉惠;防御使仇超、判官左扶悉按诛之。帝怒超等持法深刻,并除名,流扶海岛。自是人知奉法。

六月,甲午,皇太后杜氏崩于滋德殿。后聪明有智度,每与帝参决大政,犹呼赵普为书记,尝劳抚之曰:"赵书记且为尽心,吾儿未更事也。"尤爱光义,每出,辄戒之曰:"必与赵书记偕行。"疾革,召普入受遗命。后问帝曰:"汝自知所以得天下乎?"帝呜咽不能对。后曰:"吾方语汝以大事,而但哭邪?"问之如初。帝曰:"此皆祖考及太后馀庆也。"后曰:"不然。正由柴氏使幼儿主天下,群心不附故耳。汝与光义皆吾所生,汝後当传位汝弟。四海至广,能立长君,社稷之福也。"帝顿首泣曰:"敢不如太后教!"因谓普曰:"汝同记吾言,不可违也。"普即就榻前为誓书,于纸尾署曰"臣普记"。藏之金匮,命谨密宫人掌之。

己亥,群臣请听政,从之。庚子,以太后丧,权停时享。辛丑,见百官于紫宸殿。庚申,帝释服。

是日,南唐主景殂。先期,自书遗令,留葬南都之西山,累土数尺为坟,且曰:"违吾言,非忠臣孝子。"南唐主多才艺,好读书,在位慈俭,有君人之度。然自附为唐室苗裔,诛于斥大境土之说,及福州、湖南再丧师,知攻取之难,始议弭兵务农。尝曰:"兵可终身不用。"会周师大举,寄任多非其人,折北不支,至于蹙国降号,忧悔而殂。

壬戌,以太后殡,不受朝。

先是辽南京留守萧思温,以老人星现,乞行赦宥,辽主许之。草赦既成,留数月不出。翰林学士河间刘景曰:"唐制,赦书日行五百里,今稽期弗发,非也。"辽主亦不报。至是月,始赦。

秋,七月,南唐主丧归金陵。有司议梓宫不宜复入大内,太子从嘉不可,乃殡于正寝。从嘉即位,改名煜,尊母钟氏为太后。后父名泰章,易其号曰圣尊后。立妃周氏为国后。大赦境内。罢诸道屯田务,归本州县。先是南唐主用尚书员外郎李德明议,兴复旷土,为屯田,以广兵食,所使典掌者多非其人,侵扰州县,豪夺民利,大为时患。至是悉罢使职,委所属县令

22

佐与常赋俱征,随所租入,十分赐一以为禄廪,民稍休息。

初,帝既克李筠及李重进,一日,召赵普问曰:"自唐季以来数十年,帝王凡易八姓,战斗不息,生民涂地,其故何也? 吾欲息天下之兵,为国家计长久,其道何如?"普曰:"陛下言及此,天地人神之福也。此非它故,方镇太重,君弱臣强而已。今欲治之,惟稍夺其权,制其钱粮,收其精兵,则天下自安矣。"

时石守信、王审琦皆帝故人,各典禁卫。普数言于帝,请授以它职,帝曰:"彼等必不吾叛,卿何忧?"普曰:"臣亦不忧其叛也。然熟观数人者,皆非统御才,恐不能制伏其下。万一军伍作孽,彼亦不得自由耳。"帝悟,于是召守信等饮,酒酣,屏左右谓曰:"我非尔曹力,不及此。然天子亦大艰难,殊不若为节度使之乐,吾终夕未尝高枕卧也。"守信等请其故,帝曰:"是不难知,居此位者,谁不欲为之!"守信等顿首曰:"陛下何为出此言? 今天下已定,谁敢复有异心!"帝曰:"卿等固然,设麾下有欲富贵者,一旦以黄袍加汝身,汝虽欲不为,其可得乎?"守信等顿首涕泣曰:"臣等愚,不及此,惟陛下哀矜,指示可生之途。"帝曰:"人生如白驹过隙,所为好富贵者,不过欲多积金钱,厚自娱乐,使子孙无贫乏耳。卿等何不释去兵权,出守大藩,择便好田宅市之,为子孙立永远之业,多致歌儿舞女,日饮酒相欢,以终其天年! 朕且与卿等约为婚姻,君臣之间,两无猜疑,上下相安,不亦善乎!"皆拜谢曰:"陛下念臣等至此,所谓生死而肉骨也。"明日,皆称疾请罢。帝从之,赏赉甚厚。庚午,以石守信为天平节度使,高怀德为归德节度使,王审琦为忠正节度使,张令铎为镇宁节度使,皆罢军职;独守信兼侍卫〔都〕指挥使如故,其实兵权不在也。殿前副点检自是亦不复除云。

壬申,以光义行开封尹、同平章事,廷美为山南西道节度使。先是范质奏疏言:"光义、廷美皆品位未崇,典礼犹阙,乞并加封册,或列于公台,或委之方镇;皇子、皇女虽襁褓者,乞下有司,许行恩制。"故有是命。

质又言:"宰相者,以举贤为职,以掩善为不忠。窃见端明殿学士吕馀庆、枢密副使赵普,精通治道,经事霸府,历年滋深,皆公忠可倚任,乞授以台司,俾申大用。"帝嘉纳之。

是月,陈承昭塞隶、滑决河役成,赐钱三十万。

吴越自五月不雨至七月。

八月,甲辰,南唐桂阳郡公徐邈奉其主景遗表来上。嗣主煜请追复帝号,许之。旋谥景为明道崇德文宣孝皇帝,庙号元宗。

义武节度使、同平章事清苑孙行友,代兄方简镇易定逾八年,而狼山妖尼深意党益盛。帝初即位,行友不自安,累表乞解官归山,帝不许。行友惧,乃缮治甲兵,将弃其孥,还据山寨以叛。兵马都监叶继能密表其事,帝遣阁门使武怀节驰骑会镇、赵之兵,伪称巡边,直入定州。行友不之觉,既而出诏示之。令举族归朝,行友仓皇听命。既至,命侍御史李维岳即讯,得实,己酉,制削夺行友官爵,禁锢私第;取深意尸,焚之都城西北隅。

女真国遣使贡名马。女真之先,居古肃慎地,元魏时号勿吉,至隋,改号靺鞨,唐初,有黑水、粟末两部,后粟末盛强,号渤海国,黑水因役属之。五代时,辽尽取渤海之地,黑水部民居混同江之南者,系籍于辽,号熟女真;居江之北者,不系籍于辽,号生女真。至是以马入贡。诏蠲登州沙门岛居民租赋,令专治舟船渡所贡马。

诏:"缘边诸寨有犯大辟者,送所属州军鞫之,无得辄斩。"

国子博士洛阳郭忠恕,被酒与太子中舍符昭文喧竞于朝堂,御史弹奏,忠恕叱台吏,夺其奏毁之。己未,责忠恕乾州司户参军,昭文免所居官。

庚申,《周世宗实录》成,四十卷,赐监修国史王溥、修撰官扈蒙器币有差。

南唐主煜遣中书侍郎冯谧来进金银缯彩。谧,即延鲁也。且表自陈绍袭之意,帝优诏以答。初,周世宗既取江北,贻书江南,如唐与回鹘可汗之式,但呼国主而已。于是始改书称诏。

九月,甲子,以高保勖为荆南节度使。保勖淫恣,好营造台榭,穷土木之功,军民咸怨,记室孙光宪谏,不听。

辽谐里来降。

高保勖遣其弟保寅来朝。先是,保融于城北潴江水七里以阁行者,及保寅归,谕令决去,使道路无阻。保寅还,言于保勖曰:"区宇将一,宜首奉土归朝,无为它人取富贵。保勖不听。"

戊子,遣鞍辔库使梁义如江南吊祭,帝召见,面赐约束。因谓左右曰:"朕每遣使四方,常谕以谨饬,颇闻鲜克由礼,远人何观焉!自今出使四方,要当审择其人。"

诏罢大宴,以皇太后丧故也。

冬,十月,癸巳,南唐主遣户部侍郎韩熙载、太府卿曲霖助葬皇太后山陵。

丙申,命枢密承旨方城王仁赡使江南,贺南唐主新立。

戊戌,敕:"沿边诸州,禁民无得出(寨)〔塞〕侵盗戎马,前所盗者,悉令还之。"

丙午,祔葬明宪皇太后于安陵。

是月,命知制诰河南卢多逊看详进策献书人文字升降以闻。

十一月,甲子,皇太后祔庙。

己巳,幸相国寺,遂幸国子监。

以恩州团练使云中李汉超为齐州防御使,寻命兼关南兵马都监。汉超任关南,力修政治,吏民爱之。

濠、楚民饥,诏令长吏开仓赈贷。

西山巡检使郭进败北汉军于汾西,获马、牛、驴数千计。进威令严肃,帝每遣戍卒,必谕之曰:"汝辈谨奉法,我犹贷汝,郭进杀汝矣。"尝有军校诬讼进不法事,帝诘知其情,送进,令杀之。会北汉来寇,进语其人曰:"汝敢论吾,信有胆气。今贳汝罪,汝能掩杀敌兵,当即荐汝。"其人踊跃赴战,大捷,进具其事送之于朝,请赏以官,帝曰:"尔诬害我忠良,此才可赎罪耳。"命以其人还之。进复请曰:"使臣失信,则不能用人矣。"帝乃从之。

十二月,乙未,昭义节度使李继勋奏败北汉军千馀人,斩首百馀级,获辽州刺史傅廷彦弟勋以献。

代州刺史折仁理,党项蕃部之大姓也,世居河西,帝以其有扞边功,召令入见,复命归领刺史如故。

周广顺初,镇州诸县,十户取才勇者一人为弓箭手,馀九户资以器甲刍粮。是岁,诏释之,凡一千四百人。

始置藏冰务,常以孟夏命官用币,以黑牲祭玄冥之神,乃开冰,祭于太庙。

初,南汉女巫樊胡子,自言玉皇降其身,因宦者陈延寿以见其主铱。铱于内殿设幄帐,陈宝器,胡子冠远游,衣紫袍,坐帐中宣祸福,呼铱为太子皇帝,国事皆决于胡子,内太师龚澄枢、女侍中卢琼仙等附之。是岁,芝菌生宫中,野兽触寝门,苑中羊吐珠,井旁石自起,行百馀步乃仆;胡子以为符瑞,讽群臣入贺。

三年　辽应历十二年【壬戌，962】　春，正月，庚申朔，以丧不受朝贺。

己巳，命淮南道官吏发仓廪以赈饥民。初，户部郎中沈义伦使吴越归，言："扬、泗饥民多死。郡中军储尚百馀万，可贷民，至秋，乃收新粟。"沮之者曰："若岁荐饥，将无所取偿，孰执其咎？"帝以诘义伦，对曰："国家以廪粟济民，自宜感召和气，立致丰稔，宁复忧水旱邪！"帝悦，故有是命。

甲戌，广皇城，命有司画洛阳宫殿，按图修治。

令诸州长吏劝农课桑。自后岁首必下此诏。

诏州县不得役侨居民。

癸未，幸国子监。

丁亥，以监察御史刘湛为膳部郎中。湛榷茶蕲春，岁入增倍，迁拜越级，非旧典也。

辽诸王多坐事系狱，辽主以御史大夫萧护斯有才干，诏穷治，称旨。二月，己丑朔，迁护斯为北院枢密使，赐对衣、鞍马，仍命世预宰相选。护斯辞曰："臣子孙贤否未可知，得一省使足矣。"从之。辽主嗜酒，用刑多滥，护斯居要地，断断自保，未尝一言匡救，议者以是少之。

庚寅，令："翰林学士、文班常参官曾任幕职、州县者，各举堪为宾佐、令录者一人；异时贪浊畏懦、职事旷废者，举主坐之。"

甲午，诏："翰林学士、文班常参官每五日内殿起居，以次转对，并须指陈时政得失，朝廷急务，刑狱冤滥，百姓疾苦，不得将闲慢事应诏。关急切者许非时上章，无以触讳为惧。"

己亥，更定窃盗律，赃满五千足陌者乃处死。

蜀主以秦王玄喆为皇太子，令起居、前导者皆呼殿下，毋得斥言太子；宰相成都李昊疏其不可，乃止。

壬寅，帝谓侍臣曰："朕欲武臣尽令读书，俾知为治之道。"左右皆莫对。

丁未，诏："宰相、枢密使带平章事兼侍中、中书令、节度使者纳礼钱，宰相、枢密使三百千，藩镇五百千，充中书门下公用。"依唐制也。

甲寅，北汉侵潞、晋二州，守将击走之。

丙辰，幸国子监；遂幸迎春苑，宴从官。

三月，戊午朔，控鹤右厢都指挥使浚仪尹勋，配隶许州为教练使。勋督浚五丈渠，陈留丁夫夜溃，勋擅斩其队长十馀人，又追获亡者七十馀人，皆劓其左耳。有诣阙伸冤者，兵部尚书京兆李涛，卧病家居，力疾草奏，乞斩勋以谢百姓。涛家人曰："公久病，宜自爱。朝廷事，姑置之。"涛愤然曰："死者人之常，吾岂能免！但我掌兵柄，军校无辜杀人，岂得不论！"帝览其奏，嘉之，然念勋忠勇，止薄责焉。

甲子，诏沂州民饥，赐以种食。

帝谓宰臣曰："五代诸侯跋扈，多枉法杀人，朝廷置而不问，刑部之职几废。自今决大辟者，录案闻奏，委刑部详覆。"

丙子，权知贡举单父王著奏进士马适等合格者十五人。

丁丑，女真来贡。

己卯，封丘县令苏允元，坐申雨降不实免官。

丁亥，徙北汉降民于邢、洺州，计口赋粟。

禁民火葬。

初，泉州节度使留从效卒，兄从愿之子绍镃嗣领军务。未几，衙将临淮陈洪进，诬绍镃谋附钱氏,执送于南唐,推统军副使张汉思为留后。

夏,四月,乙未,延、宁二州大雨雪,沟洫冰。

丙申,以赵赞为彰武节度使,别受密旨,许便宜行事。赞将至延州,乃分置步骑,前后络绎,林莽之中,远见旌旗,羌、浑迎者,莫测其数,无不畏服。赞,延寿子也。帝注意谋帅,既命赞屯延州,又命董遵诲守环州,王彦升守原州,冯继业镇灵武,以备西夏。李汉超屯关南,马仁瑀守瀛州,韩令坤镇常山,贺惟忠守易州,何继筠领棣州,以拒契丹。又以郭进控西山,武守琪戍晋州,李谦溥守隰州,李继勋镇昭义,以御太原。诸臣家族在京者,抚之甚厚;郡中管榷之利悉与之,恣其图回贸易,免所过征租。由是边臣皆富于财,得以养募死士,使为间谍,洞知敌情,每入边,必能先知预备,设伏掩击。自此累年无西北之虞,得以尽力东南,取荆、湖、川、广、吴越之地。

邢州言北汉民四百馀人来降。

己巳,赠兄光济为邕王,弟光赞为夔王;追册会稽郡夫人贺氏为皇后。

戊申,北汉攻麟州,防御使杨重勋击走之。

定难节度使李彝兴,遣使贡马三百匹。帝方命玉工治带,召其使,问彝兴腹围几何,使言彝兴大腰腹,帝曰:"汝帅真福人。"即遣使以带赐之,彝兴感服。

五月,甲子,幸相国寺祷雨。时辽亦旱,庚午,辽主命左右以水相决,顷之果雨。

乙亥,发潞州民开太行道,通馈运。

丙子,以河北诸州旱,遣使乘传检旱苗。

甲申,复幸相国寺祷雨;乙酉,诏撤乐,大官进蔬食。

是月,大治宫阙,仿西京制,命殿前都指挥使武安韩重赟董其役。

六月,癸巳,以枢密使吴廷祚为雄武节度使,知秦州。州西北夕阳镇,古伏羌县地,西北接大薮,材植所出,戎人久擅其利。及尚书左丞寿阳高防知秦州,建议置采造务,取其材以给京师。蕃部尚巴约帅众来争,帝不欲边境生事,乃遣廷祚代之。先一日,谓之曰:"卿年高,久掌枢务,今与卿秦州,庶均劳逸。明日制出,恐卿以离朕左右,不能无忧,故先告卿也。"

甲午,辽主祀木叶山及潢河。

先是周世宗之二年,始营国子监,置学舍。帝既即位,即命增葺祠宇,塑绘先圣、先师之像。帝自赞孔、颜,命宰臣、两制以下分撰馀赞,车驾屡临幸焉。于是左谏议大夫河南崔颂判监事,始聚生徒讲书,帝闻而嘉之。乙未,遣中使遍赐酒果。寻又诏用一品礼,立十六戟于文宣王庙门。

丁酉,右补阙袁凤,坐检田不实,责授曲阜县令。

己亥,以旱故,减京畿及河北诸州死罪以下。

壬寅,京师雨。

丁未,命吴廷祚赍诏赴秦州,赦尚巴约等罪,所系戎俘并释遣之;遂罢采造务。

秋,七月,己未,禁诸州中元张灯。

壬戌,放南唐降卒弱者数千人归国。

乙丑,知舒州、左谏议大夫历城冯瓒言:"州界有菰蒲鱼鳖之利,居民旧以自给。前防御使司超增收为市征,渔夺苛细,疲俗告病,宜蠲除其税。"从之。

文思使常岑子勋诈称供奉官,为泗州长吏所觉,捕送阙下;乙亥,斩勋于东市。

先是云捷军士有伪刻侍卫司印信者,捕得,斩之。帝曰:"诸军比加简练,尚知此不逞邪!"命搜索,悉配沙门岛。于是奸猾敛迹。

己卯,北汉捉生指挥使路贵来降。

辛巳,遣给事中刘钺等按行河北旱田。

诏:"朝臣出使,还日,具所见民生利病以闻。"

右卫率府率薛勋掌常盈仓,受民租,概量重;诏免勋官,配隶沂州,仓吏弃市。

八月,丙戌朔,敕大理卿范阳剧可久为光禄卿,致仕。可久年逾七十,无请老意,帝特命之。

庚寅,以镇海、镇东节度副使钱惟濬为建武节度使。惟濬,吴越王俶子也。俶请授以岭南旌钺,帝从之。

癸巳,蔡河务纲官王训等四人,坐以糠土杂军粮,磔于市。

是日,遣引进使郭永迁会秦州吴廷祚率兵往尚书寨,驱蕃族归本部。

乙未,左拾遗、知制诰河中高锡上言:"近廷臣承诏各举所知,或有因行赂获荐者。请自今许近亲、奴婢、邻里告诉,加以重赏。"又请注授法官及职官,各宜问书法十条,以代试判。皆施行之。

九月,丙辰朔,以昭宪太后之兄杜审琼为左龙武大将军,其弟审(璧)〔肇〕为左神武大将军,审进为左武卫大将军,并致仕,赐第京师。

诏:"及第举人不得呼知举官为恩门、师门及自称门生。"

戊午,天平节度使、侍卫马步军都指挥使、同平章事石守信表解军职,许之,特加爵邑。

庚午,吐蕃尚巴约献伏羌县地。

壬申,修武成王庙。

癸酉,以百官次对章奏下尚书省,集丞、郎以上及御史中丞、两省五品以上参详,其有裨政治者以闻。

丙子,禁民伐桑枣为薪。又诏黄、汴河两岸,每岁委所在长吏课民多栽榆柳,以防河决。

癸未,复置书判拔萃科。

甲申,武平节度使兼中书令周行逢疾革,召将吏属其子保权曰:"衡州刺史张文表,与吾同起陇亩,以不得行军司马,志常怏怏,吾死,必为乱,当令杨师璠讨之。"行逢薨,保权领军务,时年十一。

是月,辽主如黑山、赤山射鹿。

冬,十月,丙戌,幸造船务观习水战。

戊子,以棣州团练使何继筠为关南兵马都监。

癸巳,班《循资格》及《长定格》《编敕格》各一卷。

己亥,幸岳台,命诸军习骑射。

广济县令李守中,坐赃,决杖配沙门岛。

辛丑,以枢密副使、兵部侍郎赵普为检校太保,充枢密使。枢密使不带正官自普始。

张文表闻周保权立,怒曰:"我与行逢俱起微贱,立功名,安能北面事小儿乎!"会保权遣兵更戍永州,路出衡阳,文表遂驱以叛,伪缟素,若将奔丧武陵者。过潭州时,行军司马廖简知留后,素轻文表,不为之备。方宴饮,外白文表兵至,简殊不介意,谓四座曰:"文表至则成擒,何足虑也!"饮笑如故。俄而文表率众径入府中,简不能执弓,但箕踞大骂,遂遇害。文表取其印绶,自称权留后,具表以闻。保权即命杨师璠悉众讨文表,告以先人之言,感激泣下。

师璠亦泣,顾谓其众曰:"汝见郎君乎,未成人而贤若此!"军士皆奋。保权又乞师荆南,且来求援。文表亦上疏自理。

十一月,癸亥,诏:"县令考课,以户口增减为黜陟。"

甲子,大阅于西郊。帝谓近臣曰:"晋、汉以来,卫士不下数十万,然可用者极寡。朕顷按籍阅之,去其冗弱,亲校其击刺骑射之艺,今悉为精锐矣。"

南唐遣水部郎中顾彝来贡。

刑部尚书蓟人边归谠请老,授户部尚书,致仕。

荆南节度使高保勖寝疾,召牙内都指挥使京兆梁延嗣曰:"我疾将不起,孰可付后事者?"延嗣曰:"先主舍其子继冲,以军府付公,今继冲长矣。"保勖曰:"子言是也。"即以继冲权判内外军马事。甲戌,保勖薨。

壬午,始颁历于南唐。

十二月,丙戌,左赞善大夫段昭裔坐检视民田失实,责授海州司法参军。

丁亥,以武平节度使副使、权知郎州周保权为武平节度使。

旧制,强盗赃满十匹者,绞;庚寅,诏改为钱三千足陌者处死。

癸巳,诏:"县复置尉一员,在主簿下,凡盗贼、斗讼,先委镇将者,命令与尉领其事;自万户至千户,各置弓手有差。"五代以来,节度使补署亲随为镇将,与县令抗礼,凡公事专达于州,县吏失职。至是还统于县,镇将所主,不及乡村,但郭内而已。从枢密使赵普言也。

戊戌,蒲、晋、慈、隰、相、卫六州饥,诏所在发廪赈之。

庚子,班捕盗令:"给以三限,限各二十日。第一限内获者,令、尉各减一选;获逾半者,减两选。第二限内获者,各超一资;逾半,超两资。第三限内获者,令、尉各加一阶;逾半,加两阶。过三限不获,尉罚一月俸,令半之。尉三罚,令四罚,皆殿一选;三殿,停官。令、尉与贼斗而尽获者,并赐绯,尉除令,仍超两资,令别加升擢。"

甲辰,遣中使赵璲等赍诏宣谕潭、朗,听张文表归阙;且命荆南发兵助周保权。

帝以西鄙羌戎屡为寇,改虢州刺史卢龙姚内斌为庆州刺史。

是岁,迁周郑王于房州。

河北、陕西、京东诸州旱、蝗,悉蠲其租。

辽国舅帐郎君萧延之奴海哩,强凌苏拉图里年未及之女,以法无文,加之宫刑,仍付图里以为奴。著为令。

蜀主命官追督四镇、十六州逋税,龙游令田淳上疏谏曰:"今甲子欲交,阴阳变动,天运人事,合有改更。如采厚敛之末议,必乱经国之大伦。"又言:"四海财货,尽属至尊,百姓足则君莫不足。今务夺百姓,专赡六军,非本计也。"蜀主不能用。淳谓所亲曰:"吾观僭伪纷纷改制,妃后妻妾,卿相僚佐,何如常称成都尹,乃无灭族之祸乎!"或劝淳逊词抑节以取贵仕,淳曰:"吾安能附狗鼠求进哉?"盖指枢密使王昭远辈也。

南汉许彦真既杀钟允章,益恣横,恶龚澄枢等居己上,颇侵其权,澄枢怒。会有告彦真与先主李丽妃私通者,澄枢发其事。彦真惧,与其子谋杀澄枢。澄枢使人告彦真谋反,下狱,族诛。

南汉主纳李托二女,长为贵妃,次为美人,皆有宠。拜托为内太师,政事必先禀托而后行。

【译文】

宋纪二　起辛酉年(公元961年)正月,止壬戌年(公元962年)十二月,共二年。

建隆二年　辽应历十一年(公元961年)

春季,正月,丙申朔(初一),宋太祖登崇元殿接受朝贺,退朝后,文武百官到太后宫门称贺。

壬寅(初七),宋太祖到新造船务观看水战表演。

戊申(十三日),太仆少卿王承哲因荐举官吏不合实情获罪,责问后贬为殿中丞。

己酉(十四日),宋太祖登明德门观灯会,宴请随从群臣。南唐、吴越使者都参加宴会。

壬子(十七日),商州老鼠啃吃麦苗,太祖下诏免除商州田赋。

后周显德末年,派遣官员丈量百姓田地,很多官员被百姓起诉。到这时,宋太祖对宰辅大臣说:"丈量土地本意是要体察爱惜下民,近来许多官吏为邀功请赏而滋生弊端,应当慎重挑选人员,以符合朕的意愿。"丁巳(二十二日),分别遣派常参官前往各州丈量百姓田地。

宋太祖诏令疏通蔡渠,打通淮右的运粮河道,命令右领军卫上将军陈承昭督领这项工程。

己未(二十四日),宋太祖派遣郭玘祭祀后周宗庙。

甲子(二十九日),宋太祖下令斩杀泽州刺史张崇诂。因为他和李重进勾结。

监修王溥等人献上《唐会要》一百卷,宋太祖诏令藏入史馆。

宋太祖派遣使者赏赐吴越王以战马、骆驼。

二月,丙寅(初二),宋太祖到飞山军营检阅炮车。

辽主将赵王耶律喜衮从监狱中释放出来。耶律喜衮雄武魁伟,善于骑马射箭,生性轻浮无常,谋划造反已有迹象,辽主因为近亲而释放他。不久,又谋划造反,再次下狱。

南唐主确定计划迁都南昌,封立吴王李从嘉为太子,留在金陵监守旧都。以右仆射严续主持枢密院事务,汤悦辅佐他。船行过当涂后,举行盛大宴会。到宋家洑时,暴风狂作,南唐主的船被风刮得几乎到达北岸。第二天,随从官员都乘小船奔赴问候。

壬申(初八),宋太祖命令给事中范阳人刘载负责疏通五丈渠,打通东方的运粮河道。太祖对侍从大臣说:"麻烦百姓来供奉自己的事情,朕一定不做。开挖疏导沟渠来救济京师,也是迫不得已的。"

癸酉(初九),权知贡举窦仪奏报进士张去华等合格者十一人。

荆南高保勖进贡黄金制作的什物器具。

丁丑(十三日),南唐主派遣使者前来祝贺长春节。己卯(十五日),宋太祖命令通事舍人王守贞出使江南,慰劳南唐主迁都。

原先的藩镇节度使通常派遣身边官吏监督百姓交租,将粮食溢出斗斛,公开刮走平斗斛后多余的粮食。符彦卿在天雄军时,拿取百姓多余的租粮尤其厉害。宋太祖便派遣常参官分头主管此事,并拿出公家粮食赐给符彦卿来羞辱他的贪心。

宋太祖下禁令,百姓在二月至九月不得采捕虫鱼、弹射飞鸟,并定为法令。

又诏令:"文武百官和百姓,从今年开始,长春节以及其他庆贺,不得动辄进贡物品。"

三月,南唐主到达南昌。城邑局促狭窄,宫殿府库及军营官署还容不下原来的十分之一二,劳役虽然繁多,但没有地方施展技艺,文武百官日夜思念归返。南唐主向北遥望金陵,心中闷闷不乐,想要诛杀首先出主意的人,澄心堂承旨秦承裕常常用屏风遮挡。枢密副使、给事中唐镐惭愧恐惧,痈疮发作而死。

丙申(初二),宫中酒坊失火。酒坊同三司房屋相接,火灾发生的晚上,工匠徒役闯入三司官署盗窃官府器物。宋太祖因为酒坊使左承规等人放纵工匠徒役进行盗窃,斩杀工匠徒役三十八人,左承规等人都处以弃市之刑。

辛亥(十七日),宋太祖以雄武节度使兼中书令太原郡王王景为凤翔节度使,充任西面沿边都部署。王景行伍出身,生性谦让,每次朝廷使者到达,即使职位卑下也都尽到礼节。有人说:"您地位尊崇,不应该自我贬低。"王景说:"人臣尊重君主命令,本当如此,我唯恐还不恭谨罢了。"到这时从秦州前来朝见,宋

江西省庐山李煜读书台

太祖厚礼优待,宴请赏赐提高档次,又派遣他镇守凤翔。

北汉军队入侵麟州,防御使杨重勋击退来敌。杨重勋原名杨重训,因避后周恭帝名讳,改为今名。

辽国司徒乌哩质的儿子迭喇格,诬陷告发他的父亲谋反,又诈骗乘坐驿站车马和杀死行人;因为他的父亲请求,施以杖刑后释放了他。

癸亥(二十九日),宋太祖从明德门步行,走到作坊宴饮射箭,酒喝到痛快时,回头对前凤翔节度使临清人王彦超说:"爱卿过去在复州时,朕前往依附爱卿,爱卿为什么不接纳我?"王彦超走下台阶叩头说:"当时臣下只是一个刺史而已,一勺水岂能容纳神龙!假使臣下接纳了陛下,陛下哪里会有今日!"太祖大笑而作罢。闰月,甲子朔(初一),王彦超呈上表章等待定罪,太祖派遣使者安慰他,因此对侍从大臣说:"沉湎于饮酒,还怎么做人!朕有时因宴会喝得大醉,经过一夜醒酒后没有不后悔的。"侍从大臣都叩头再拜。

殿前都点检、镇宁军节度使慕容彦钊罢免原职为山南西道节度使,侍卫亲军都指挥使韩令坤罢免原职为成德节度使。从此殿前都点检不再授人。

辽主前往潢河。

丁丑(十四日),金州、商州、房州三地百姓出现饥荒,宋太祖派遣使者赈济饥民。

这年春天,宋太祖诏令州县长官督促百姓种菜植树,每县评定百姓户籍分为五等。第一等种植杂树一百株,每年递减二十株;桑树、枣树的种植数量减半。男女至十岁以上,每人种韭菜一畦,宽一步,长十步。没有水井的,邻居同伍帮助挖凿。县令官佐于春季、秋季巡视检查实种数目;任职期满调任他官前,有关部门根据他的政绩来评定出优劣。又下诏令:"从今开始百姓有逃亡的,所在州记录具体的户籍田亩来奏报,当即检查核实,不要让亲戚邻居代交他的田租。"

夏季,四月,癸巳朔(初一),出现日食。

甲午(二日),宋太祖诏令检田使、给事中常准削夺两任官资。在此之前馆陶百姓郭赘,到京师来控告检括田亩不平均,太祖诏令其他县的官吏来检查核对,所揭发隐瞒田亩都属实。太祖大怒,责罚常准。本县县令程迪判决杖刑后流放海岛。

壬寅(十日),宋太祖诏令:"先代帝王的陵墓,命令所属州府派遣附近住户看守;以前贤士坟墓崩塌毁坏的,立刻加以补修。"

己未(二十七日),商河县令李瑶犯贪污罪受杖刑而死;左赞善大夫申文纬奉命出使核实田亩,不能检举、调查,削去官籍。宋太祖非常憎恶贪官污吏,此后京师内外官员中有犯贪污罪的,大多处以弃市之刑。

西汉初年,犯私制酒曲罪的人判处弃市之刑;后周命令放宽到私制酒曲五斤处死。宋太祖以为这些法令还是严厉,庚申(二十八日),诏令:"百姓犯有私制酒曲达十五斤,带私人酿酒入城数量达三斗者,才处以极刑,其余定罪各有差别。"又认为前朝的盐法太严,制定法令:"官盐进入有盐禁地区买卖数量达十斤,煮煎碱达三斤者,才判处死刑。百姓所接受的蚕盐进入城里,数量在三十斤以上,则奏报裁决。"

这月,辽主外出射鹿,不理朝政。

五月,癸亥朔(初一),宋太祖登崇元殿接受群臣朝拜,因为皇太后患病,赦免死罪以下各种囚犯。

乙丑(初三),宋太祖下诏令司天少监洛阳人王处讷等人重新核实《钦天历》。先是在《钦天历》草成时,王处讷私下对王朴说:"这历法不久就会有误差。"并指出其中会有误差的地方给王朴看,王朴深表赞同。

当初,周世宗命令国子司业兼太常博士洛阳人聂崇义详细制定郊祀宗庙的礼器,聂崇义便取出《三礼》旧图,考辨校正其不同之处,编为新图二十卷,到这里来呈上,宋太祖诏令加以褒奖赏赐,并且命令太子詹事汝阴人尹拙召集儒臣参与评议。尹拙提出了许多反驳问难,聂崇义又引用经典予以解释,于是全部交由工部尚书窦仪,裁决处理达到恰当,颁布实行。

甲戌(十二日),宋太祖命令殿前、侍卫二司以及各州长官检阅所辖士兵中骁健勇猛者,将他们升录军籍,老弱胆怯的裁去。开始设置剩员,用以处理退回的士兵。

乙亥(十三日),辽国司天王白、李正等人进献历法。先是在后晋天福年间,司天监马重绩进奉呈上《乙未元历》,号称《调元历》。到辽太宗灭后晋进入汴京,没收后晋宫中百官的部僚属员、技艺方术以及历法天象,迁移到中京,辽国才开始有历法。王白等人所进献的,就是《调元历》。王白是苏州人,明晓天文,善于占卜算卦,是后晋的司天少监,辽太宗攻入汴京时得到他。

丁丑(十五日),宋太祖诏令将安邑、解县两地池盐供应徐州、宿州、郓州、济州百姓。先前这几个州郡都食用海盐,逆流而上运输,费用加倍,故整治革除旧规。

己卯(十七日),宋太祖废除常参官按年序升迁的办法。原来的制度都是按任职时间长短顺序迁升,宋太祖对宰相说:"这不是循名责实的办法。"正好监门卫将军魏仁涤等人治理市场征税有多余利润,一并诏令提升级别,从此不依照时间长短顺序来提拔官员了。

庚寅(二十八日),供奉官李继昭因盗卖官船判处弃市之刑。

宋太祖下诏:"各州不再征调百姓到驿站服役,全部由军人代替。"

五代以来,州郡的长官多数为武人,任用的执法官吏随意使用法令。当时金州有一游民叫马汉惠,是个杀人无赖,街坊邻居很怕他。他的父母和弟弟共同杀死马汉惠;而防御使仇超、判官左扶,全部查办斩杀他们。宋太祖恼怒仇超等人执法深重苛刻,一并削除官职名籍,把左扶流入海岛。从此人们才知道遵奉法令。

六月,甲午(初二),皇太后杜氏在滋德殿驾崩。太后聪明有智慧度量,每次同太祖参议决定重大政事,仍然称呼赵普为书记,曾经慰劳安抚他说:"赵书记暂且为之竭尽心智,我儿子经历事情不多啊。"尤其宠爱赵光义,每次出行,总是告诫他说:"一定要和赵书记同行。"病情危急,召赵普入宫接受遗命。太后问太祖说:"你自己知道取得天下的原因吗?"太祖呜咽流泪无法回答。太后说:"我正要对你说大事,而你只会哭吗?"又问了刚才的话。太祖说:"这都是祖宗和太后的余荫啊。"太后说:"不是这样。正是因为柴氏让幼子做天下之主,众心不附的缘故而已。你和光义都是我生的,你死后应将皇位传给你弟弟。天下如此广大,能够册立年长君主,是社稷的福分啊。"太祖叩头流泪说:"岂敢不执行太后教诲!"因而对赵普说:"你一同记下我的话,不可违背啊。"赵普立刻到太后榻前写下誓书,在纸的末尾签上:"臣普记。"藏入金匮,命令谨慎细密的宫人掌管它。

己亥(初七),文武百官请求上朝听政,宋太祖准从。庚子(初八),因为皇太后的丧事,暂且停止宗庙的季节性祭祀。辛丑(初九),宋太祖在紫宸殿接见文武百官。庚申(二十八日),太祖除下丧服。

庚申这一天,南唐主李璟去世。去世之前,自己写下遗书,留葬在南都的西山,堆积黄土几尺作为坟头,并且说:"违背我的话,不是忠臣孝子。"南唐主李璟多才多艺,好读诗书,在位期间慈善节俭,有国君的大度。然而将自己附会为唐朝宗室的后裔,被开疆扩土的说法所诱惑,等到在福州、湖南两度损兵折将,才知道攻取征战的难处,开始商议停止用兵致力农业。曾经说:"军队可以终身不用。"正遇上后周军队大举进攻,南唐主李璟委任将帅大多不是合适人选,受挫败北不能支持,最终到了国土紧蹙,君号贬降的地步,忧虑悔恨交加中去世。

壬戌(三十日),宋太祖因为皇太后殡而未葬,不接受文武百官朝见。

原来辽国南京留守萧思温因为老人星的出现,请求实行大赦,辽主准许所请。大赦文书起草完成后,滞留几个月不发出。翰林学士河间人刘景说:"唐代制度,大赦文书日行五百里,如今过期未发,不合规定。"辽主也不予回答。到了这个月,才开始大赦。

秋季,七月,南唐主李璟的灵柩运归金陵,有关部门商议灵柩不宜再进入皇宫大内,太子李从嘉不答应,于是在正寝停灵。李从嘉即皇帝位,改名为煜,尊奉母亲钟氏为皇太后。因为太后父亲名叫章,所以将"太后"之号改为"圣尊后"。册立妃子周氏为皇后。在国境内实行大赦,撤销各地的屯田务,归属当地州县。先前南唐主李璟采用尚书员外郎李德明的建议,开发恢复荒废土地,实行屯田,以拓宽军队粮源,而所委任的主管者大多不是合格人选,侵夺骚扰州县,大肆掠夺百姓利益,成为当时的一大隐患。到此时全部撤销屯田使之职,委任所属县令佐与普遍赋税一起征收,随所征收田租的收入,将十分之一作为官吏俸禄,百姓才稍稍得以休养生息。

当初,宋太祖平定李筠和李重进之后,有一天,召见赵普询问道:"自唐末以来几十年了,帝王总共八次改姓,征战不息,生灵涂炭,那是什么缘故呢?我想息止天下的战争,为国家长治久安作打算,有什么办法呢?"赵普说:"陛下说到此事,这是天地人神的福分啊。这不是其他缘故,只是因为方镇兵权太重,君主弱小臣子强大而已。现在想要治理它,只有逐步削夺方镇的权力,控制他们的钱粮,收回他们的精兵,那么天下就自然平安了。"

当时石守信、王审琦都是太祖的故交,各自典掌禁军卫士。赵普多次向太祖进言,请求授给他们别的职务。太祖说:"他们必定不会背叛我,爱卿忧虑什么?"赵普说:"臣下也不是忧虑他们会反叛。然而仔细观察这几个人,都不是统御军队的人才,恐怕不能制伏他们的部下。万一军队中有人谋反作乱,他们也会身不由己啊!"太祖醒悟,于是召集石守信等人宴饮,酒喝到痛快时,太祖屏退左右侍卫对他们说:"我没有你们的力量,不会有今天,然而做天子也太艰难。完全不像做节度使那样快乐,我整夜都不能高枕无忧啊。"石守信等人请问其中缘故。太祖说:"这不难明白,对于处在这个位子的人,有哪个不想取而代之!"石守信等人叩头说:"陛下为何口出此言? 如今天下已经安定,谁还敢再生二心!"太祖说:"爱卿等固然如此,但假使部下中有想大富大贵的人,一旦将黄袍加在你身上,你即使想不干,还能行吗?"石守信等人叩头流泪说:"臣下愚昧,想不到这一点,希望陛下哀怜我,指示可以养生的途径。"太祖说:"人生犹如白驹过隙那样短暂,所要追求荣华富贵的人,不过是多积累金银钱币,增加自身娱乐快活,使子孙后代永无贫穷困乏而已。爱卿等为什么不放弃兵权,出去镇守大的藩镇,选择上好的田地宅第买下,为子孙建立永久的基业,多多罗致歌儿舞女,每天饮酒相伴作乐,以终养天年! 朕将同众爱卿相约结为婚姻亲家,君臣之间,两小无猜,上下相安无事,不也很好吗?"群臣都跪拜感激地说:"陛下考虑臣下到了这个程度,真可谓是起死回生而枯骨生肉啊!"第二天,他们都奏报称有病而请求免职。太祖准从,赏赐十分丰厚。庚午(初九),以石守信为天平节度使,高怀德为归德节度使,王审琦为忠正节度使,张令铎为镇宁节度使,全都免去军职;唯独石守信照旧兼任侍卫都指挥使,其余兵权已不在他手里。殿前副点检从此再也不授人了。

壬申(十一日),宋太祖以赵光义行开封尹、同平章事,赵廷美为山南西道节度使。在此之前,范质上奏疏说:"赵光义、赵廷美官品爵位都不太尊崇,从典制礼仪上说还有欠缺,乞求一并加封册命,或者位列于三公宰相,或者委任以方镇,皇子、皇女即使还在襁褓之中,也乞求交付有关部门办理,准许施行封爵赏赐。"所以才有这个任命。

范质又说:"宰相,以举荐贤才为己任,以掩埋善良为不忠。臣下看到端明殿学士吕余庆、枢密副使赵普精通治国之道,并在陛下昔日藩镇府邸经营事务。资历年月很深,都公正忠诚可以倚仗委任,请求授予宰相之职,使他们施展才能大有用场。"太祖嘉奖并采纳他的请求。

这月,陈承昭堵塞棣州、滑州的黄河缺口工程完成,赏赐金钱三十万。

吴越从五月到七月没下过雨。

八月,甲辰(十三日),南唐国桂阳郡公徐邈奉他国主李璟遗嘱前来献上表章。继位国主李煜请求追命恢复帝号,宋太祖准许。旋即赐李璟谥号为明道崇德文宣孝皇帝,庙号为元宗。

义武节度使、同平章事清苑人孙行友,代替哥哥孙方简镇守易定历时八年,而狼山妖尼深意的党羽更加强盛。太祖刚刚即皇帝位时,孙行友自感不安。多次上表请求解除官职返归山林,太祖没允许。孙行友恐惧。就修缮整理武器装备,准备抛弃妻儿子女,归返并据山寨反叛。兵马都监叶继能秘密上表奏陈其事,太祖派遣阁门使武怀节骑马飞快地会合镇州、赵州的军队,假称巡视边境,直接进入定州。孙行友没有觉察来意,不久武怀节拿出诏书给他看,命令他全族回归京师,孙行友慌慌张张地听从诏令。到京师后,太祖命令侍御史李维岳立即审讯,得到实情。己酉(十八日),制令削夺孙行友的官职爵位,禁锢在自己宅第;获取

33

深意的尸体,在都城的西北角焚烧。

女真国派遣使者进贡名马。女真人的祖先居住在古肃慎之地,元魏时称为勿吉,到了隋代,改称为靺鞨。唐朝初年,分有黑水、粟末两个部落,后来粟末部强盛,号称渤海国,黑水部因此被役使归属它。五代时,辽国全部夺取了渤海国的地盘。黑水部百姓居住在混同江南岸的,属籍于辽国,号称为熟女真;居在混同江北岸的,不归属于辽国,号称为生女真。到这时以马匹向宋进贡。太祖下诏免除登州沙门岛居民的田租赋税,命令他们专门修造船只来运渡女真国所进贡的马匹。

宋太祖下诏:"沿边境各山寨有犯大辟罪的,应解送到所属州军审讯,不得立即行斩。"

国子博士洛阳人郭忠恕,喝酒后与太子中舍符昭文在朝廷大堂上喧闹争吵,御史弹劾上奏,郭忠恕呵斥御史台官员,夺取他们的奏折当即撕毁。己未(二十八日),宋太祖贬降郭忠恕为乾州司户参军,免除符昭文所任官职。

庚申(二十九日),《周世宗实录》撰成,四十卷。赏赐监修国史王溥、修撰官扈蒙器物钱币各有不同。

南唐主李煜派遣中书侍郎冯谧前来进贡金银缯帛彩绸。冯谧就是冯延鲁。并且上表自己继承君位的本意,宋太祖用优抚诏作答。当初,周世宗已经攻取长江以北之地后,给江南写信,如同唐代给回鹘可汗的模式,只称号国主而已。从这里开始将书改为诏。

九月,甲子(初二),宋太祖以高保勖为荆南节度使。高保勖淫乱放纵,爱好营造楼台亭阁,大兴土木工程,军民都怀怨愤,记室孙光宪劝谏,而高保勖不听。

辽国谐里前来归降。

高保勖派遣他的弟弟高保寅前来朝见。原来高保融在城北修陂蓄长江水长七里来阻隔通行,等到高保寅回去,下令决口放水,使水道路途没有阻隔。高保寅回去后,对高保勖进言说:"天下将要统一,应该首先奉献土地归顺朝廷,不要被别人夺取富贵。"高保勖又不听。

戊子(二十七日),宋太祖派遣鞍辔库使梁义前往江南吊唁祭奠,太祖召见梁义,当面给予训诫。于是对左右大臣说:"朕每次派遣使臣出使四方,总要晓喻他们谨慎整饬,但常听说极少能够遵守礼法的,远方之人对此做何观感呢!从今以后出使四方,主要的是应当谨慎挑选合适的人。"

宋太祖诏令停止盛大宴请,因为皇太后丧事的缘故。

冬季,十月,癸巳(初三),南唐主李煜派遣户部侍郎韩熙载、太府卿曲霖前来协助安葬皇太后于山陵。

丙申(初六),太祖命令枢密承旨方城人王仁赡出使江南,祝贺南唐主李煜新立为君。

戊戌(初八),宋太祖敕令:"沿边界各州,禁止百姓越出关塞侵夺盗窃戎人马匹,以前所盗窃的马匹,全部命令归还。"

丙午(十六日),将明宪皇太后合葬在安陵。

这月,宋太祖命令知制诰河南人卢多逊详细审阅进呈方略和奉献书表人的文字,分出优劣等次奏报。

十一月,甲子(初四),将皇太后神主迁入宗庙。

己巳(初九),宋太祖到相国寺,接着又到国子监。

以恩州团练使云中人李汉超为齐州防御使,不久命令兼任关南兵马都监。李汉超任职关南,努力修整政治,官吏百姓爱戴他。

濠州、楚州百姓闹饥荒，宋太祖下诏命令当地长官开仓赈济借贷。

西山巡检使郭进在汾西击败北汉军队，缴获牛、马、驴数以千计。郭进军法严肃，太祖每次派遣守边士卒时，必定告诫说："你们要谨慎地奉行法令，不然的话，我倒会宽恕你们，郭进就要杀你们了。"曾经有名军校诬告郭进有不法事情，太祖查问后知道实情，将那军校送交郭进，让郭进杀他。恰逢北汉军队前来侵犯。郭进对那人说："你敢告我，确实有胆量勇气，今天宽恕你的罪过，你能袭击杀退敌军，必当立刻举荐你。"那人踊跃出战，大获全胜。郭进具陈事迹送他到朝廷，请求赏赐官职。太祖说："你诬告陷害我的忠臣良将，这次仅可赎罪而已。"命令将那人送与郭进。郭进再次请求说："让臣下丧失信用，就无法用人了。"太祖这才准从。

十二月，乙未(初六)，昭义节度使李继勋奏报击败北汉军队一千人，斩敌首级一百多，俘获辽州刺史傅廷彦的弟弟傅勋前来献上。

代州刺史折仁理，是党项蕃部的大姓，世代居住在河西地区，太祖因为他有捍卫边疆的大功，征召命令他入朝观见，又命令他返归代州仍旧担任刺史。

后周广顺初年，镇州所属各县，每十户中选有勇有才的一人为弓箭手，其余九户供应武器铠甲、粮食柴草。这一年，宋太祖下令取消，被取消的弓箭手共一千四百人。

开始设置藏冰务，通常以夏季首月命令官员使用钱币，用黑色牲口祭祀玄冥水神，于是开启藏冰，向太庙供祭。

起初，南汉国女巫樊胡子，自己说玉皇附降她身上。凭借宦官陈延寿来谒见南汉国主刘铱。刘铱在宫廷内殿设置帷帐，陈设宝器，樊胡子头戴远游冠，身穿大紫袍，坐在帷帐中宣扬福祸吉凶，称呼刘铱为太子皇帝，国家大事都由樊胡子决定，内太师龚澄枢、女侍中卢琼仙等人依附她。这年，宫中长出灵芝，野兽头撞宫寝大门，苑囿中的羊口吐珍珠，井边的石头自己立起来，行一百多步后扑倒。樊胡子认为是祥瑞吉兆，讽喻文武群臣入朝庆贺。

建隆三年 辽应历十二年(公元962年)

春季，正月，庚申朔(初一)，宋太祖因皇太后之丧不接受文武百官新年朝贺。

己巳(十日)，太祖命令淮南道官吏开发仓库粮食来赈济饥民。当初，户部郎中沈义伦出使吴越国回来，说："扬州、泗州饥民有许多人饿死，州郡中军粮储备还有一百多万，可以借贷给饥民，到了秋天，就收回新粮。"反对的人说："如果今年连续闹饥荒，将无处收回借贷粮食，由谁来承担责任？"太祖因此追问沈义伦，沈义伦回答说："国家用仓库粮食赈济百姓，自然应该召感来和顺气候，立刻会获得丰收，怎能再忧虑水旱灾害呢？"太祖喜悦，所以才有这命令。

甲戌(十五日)，扩建皇城，太祖命令有关官吏画出洛阳宫殿图纸，按图来修理建造。

宋太祖命令各州郡长官鼓励督促农耕养蚕。从此每年岁首必定颁发这类诏书。

宋太祖下诏各州县不得役使侨居百姓。

癸未(二十四日)，宋太祖亲临国子监。

丁亥(二十八日)，宋太祖以监察御史刘湛为膳部郎中。刘湛在蕲春实行茶叶专卖，每年收入成倍增加，越级迁官拜职，不是旧有的典章制度。

辽国诸王中有许多人因犯罪被关押在牢内，辽国主认为御史大夫萧护斯有才干，下诏让他彻底处治这事，结果符合国君的旨意。二月，己丑(初一)，提升萧护斯为北院枢密使，赏赐对衣、鞍马。同时命令世代参与宰相人选。萧护斯推辞说："臣下子孙好坏还无法知道，能得到一个客省使就足够了。"辽主听从了他的要求。辽国主嗜好饮酒，大多滥用刑法，萧护斯官

35

居显要位置,小心翼翼以保全自己,从不曾说一句话以匡正补救,议论者因此而看轻他。

庚寅(初二),宋太祖下诏:"翰林学士、文班常参官中曾经当过幕府职官、州县官吏的人,每人举荐能够担任宾佐、令录者一名。以后被举荐者若有贪污浊秽畏缩懦怯、职务政事旷废毁败的话,举荐人同受牵连。"

甲午(初六),宋太祖下诏:"翰林学士、文班常参官每五天在内殿起居,依次轮流对答,并且必须指示陈述当今政治得失、朝廷的当务之急,刑法监狱方面的冤假错泛滥,百姓的疾苦,不准拿无关紧要的慢事情来应诏。有关紧急迫切的事准许不照规定时间呈上奏章,不要因为触犯忌讳而恐惧。"

己亥(十一日),宋太祖更改制定窃盗律,赃物超过五千钱的才处以死刑。

蜀国主以秦王孟玄喆为皇太子,命令进见问安、开路前导者都称呼殿下。不得直呼太子;宰相成都人李昊上疏说这样不行,才停止。

壬寅(十四),宋太祖对侍从大臣说:"朕打算让武官全部读书。使他们知晓治国之道。"左右的人都不回答。

丁未(十九日),宋太祖下诏:"宰相、枢密使带平章事兼任侍中、中书令、节度使者献纳礼钱,宰相、枢密使交纳三百千,各藩镇节度使交纳五百千,充作中书门下公共费用。"这是依照唐代制度。

甲寅(二十六日),北汉军入侵潞、晋二州,守卫将领击退来敌。

丙辰(二十八日),宋太祖巡视国子监,接着又往迎春苑,宴请随从官员。

三月,戊午朔(初一),控鹤右厢都指挥使浚仪人尹勋,发配隶属许州为教练使。尹勋监督疏通五丈渠的工程,陈留县的民夫夜晚逃溃,尹勋擅自斩杀民夫队长十多人,又追拿逃亡民工七十多人,全部割去他们的左耳。有人前往朝廷申诉冤屈的,兵部尚书京兆人李涛,在家养病,勉强支撑病体草就奏章,请求斩杀尹勋以告谢老百姓。李涛的家里人说:"您长久患病,应该自我爱惜。朝廷政事,姑且放一下再说。"李涛愤怒地说:"死是人之常事,我岂能免过! 只是我掌握兵权,军校无辜杀人,岂能不定他的罪!"太祖阅览他的奏章,嘉奖他,然而考虑尹勋忠诚勇敢,仅从轻发落。

甲子(初七),宋太祖下诏,沂州百姓闹饥荒,赐给种子粮食。

宋太祖对宰相大臣说:"五代时诸侯专横跋扈,大多违法杀人,朝廷却置之不问,刑部的职权几乎废弃。从今以后,凡判决大辟之刑的人,登录案状奏报,委托刑部详细审核。"

丙子(十九日),权知贡举单父人王著奏报进士马适等合格者十五人。

丁丑(二十日),女真国前来进贡。

己卯(二十二日),封丘县令苏允元,因申报降雨不实触犯刑律而免除官职。

丁亥(三十日),迁徙北汉归降百姓到邢州、洺州,按照人口给予粮食。

禁止百姓火葬。

当初,泉州节度使留从效去世,其兄长留从愿的儿子留绍镃继承统领军务。不久,衙将临淮人陈洪进,诬告留绍镃密谋归附吴越国钱氏,将他逮捕押送到南唐国,推举统军副使张汉思为留后。

夏季,四月,乙未(初八),延、宁二州下大雨雪,沟渠结冰。

丙申(初九)宋太祖以赵赞为彰武节度使,赵赞另外接受秘密圣旨,允许依情况而自行处理政事。赵赞即将到延州,就分别部署步兵、骑兵,前前后后络绎不断,森林草莽之中,远远便可望见旌旗，前来迎接的羌人和吐谷浑人，无法猜测军队的数量，没有不畏惧折服的。赵赞是赵延寿的儿子。太祖注意谋求军事将领，任命赵赞驻屯延州后，又任命董遵诲守卫环州，王彦升驻守原州，冯继业镇守灵武，以防备西夏。李汉超屯守关南，马仁瑀据守瀛洲，韩令坤镇守常山，贺惟忠守卫易州，何继筠统领棣州，以抵御契丹。又任命郭进控制西山，武守琪戍守晋州，李谦溥驻守隰州，李继勋镇守昭义，以防御太原。各位大臣家族在京师住的，待遇十分丰厚；各地郡中国家统管专卖的税利全部给主帅。听凭他们使用公款来从事商业贸易活动，免除货物所过之处征收的租税。从此封疆大臣都富有财产，得以供养招募敢死士兵，让他们充当间谍。洞察知晓敌军情况，敌军每次入侵边境，必定能够预先知道加以防备，埋伏军队进行袭击。从此年年没有西北边境的忧患，能够全力用兵东南，夺取荆南、湖南、川蜀、广东及吴越之地。

邢州报告说北汉百姓四百多人前来投降。

己巳（十六日），宋太祖赠授哥哥赵光济为邕王，弟弟赵光赞为夔王；追封册命会稽郡夫人贺氏为皇后。

戊申（二十一日），北汉军进攻麟州。州防御使杨重勋击退来敌。

定难节度使李彝兴，派遣使者进贡名马三百匹。太祖正在命令玉工制作腰带，便召见那使者，询问李彝兴腰围有多大，使者说李彝兴腰粗腹大，太祖说："你的主帅真是个福人。"立即派遣使臣将玉带赐给他，李彝兴感激折服。

五月，甲子（初八），宋太祖前往相国寺求雨。当时辽国也干旱，庚午（十四），辽国主命令左右的人用水相浇以求雨，过了一会儿果然下雨。

乙亥（十九日），宋太祖征发潞州百姓开凿太行山的通道，打通粮运。

丙子（二十四日），因为黄河以北各州郡干旱，宋太祖派遣使者乘坐驿站车马检查旱地禾苗。

甲申（二十八日），宋太祖再次到相国寺求雨；乙酉（二十九日），太祖下诏撤去音乐，御膳房大官只进素食。

这月，大兴土木修治宫殿，仿照西京的体制，命令殿前都指挥使武安人韩重赟管制这一工程。

六月，癸巳（初七），宋太祖以枢密使吴廷祚为雄武节度使，知秦州。秦州西北面的夕阳镇，是古代的伏羌县域，西北连接大沼泽，出产木材。戎人长期独揽砍伐之利。等到尚书左丞寿阳人高防为秦州知州，向朝廷建议设置采造务，砍伐那里的木材供给京师。蕃部尚巴约率领部众前来争夺，太祖不想边境生事，就派遣吴廷祚去接待他。上任前一天，太祖对吴廷祚说："爱卿年事已高，长期掌管枢密院事务，今天给爱卿知秦州，差不多可以均衡一下劳逸。明天制令一出，恐怕爱卿因为离开朕身边，不能没有忧愁，所以预先告诉爱卿。"

甲午（初八），辽国主祭祀木叶山及潢河。

先前后周世宗即位的第二年，开始营造国子监，设置学舍。宋太祖即位后，立刻命令增修祠堂庙宇，塑造描绘先圣、先师的像。太祖亲自撰写孔子、颜回的赞词，命令宰相执政、知制诰以下大臣分别撰写其余的赞词，太祖多次光临国子监。于是左谏议大夫河南人崔颂判国子监事务，开始聚集学员讲解经书，太祖听说后嘉奖他。乙未（初九），太祖派遣宫中使者到国子监普遍赏赐美酒水果。不久又下诏使用一品的礼仪。在文宣王庙门前竖立十六杆戟。

丁酉（十一日），右补阙袁凤，因为检核田亩不实，责过而授予曲阜县令。

己亥（十三日），因为干旱的缘故，宋太祖下诏减免京师附近及河北各州死罪以下囚犯的刑期。

壬寅(十六日),京师下大雨。

丁未(二十一日),宋太祖命令吴廷祚携带诏书赶赴秦州,赦免尚巴约等人罪过,所有关押的戎人俘虏全部释放遣送,于是撤去采造务。

秋季,七月,己未(初四),禁止各州在中元节张灯结彩。

壬戌(初七),释放南唐国投降士兵中羸弱者数千人回国。

乙丑(十日),舒州知州、左谏议大夫历城人冯瓒说:"舒州边界有茭白蒲草、鱼虾鳖蚌之利,当地居民往日以此自己享用。前任防御使司超设立市场征税来增加收入,侵夺百姓之利苛刻琐碎。疲倦的万姓叫苦不已,应当取消免除征税。"宋太祖准从所请。

文思使常岑的儿子常勋假称自己是朝廷供奉官。被泗州长官所觉察,逮捕押送到京师。乙亥(二十日),将常勋在东市斩首。

在此之前云捷军士有伪造私刻侍卫司印章的,被追捕抓获,斩首。宋太祖说:"各军连续加以精选训练,还会有如此不逞之徒啊!"下令进行搜查,全部发配沙门岛。就这样奸诈狡猾之徒销声匿迹。

己卯(二十四日),北汉国捉生指挥使路贵前来归降。

辛巳(二十六日),宋太祖派遣给事中刘铖等人巡视黄河以北地区旱田。

宋太祖下诏:"朝廷大臣奉命出使,返回之日,全部将所见有关老百姓生活利害的情况奏报朝廷。"

右卫率府率薛勋掌管常盈仓,接受百姓租粮,斗斛满溢的量过多,宋太祖下诏免去薛勋的官职,发配隶属于沂州,仓场官吏判处弃市之刑。

八月,丙戌朔(初一),宋太祖敕令大理卿范阳人剧可久为光禄卿,退休。剧可久年纪已过七十岁,没有请求告老的意思,太祖特意下诏令。

庚寅(初五),宋太祖以镇海、镇东节度副使钱惟濬为建武节度使。钱惟濬是吴越国王钱俶的儿子。钱俶请求授予岭南节度使之职,太祖准从。

癸巳(初八),蔡河务纲官王训等四人,因为用糠麸泥土搀进军粮中,在街市上处以磔刑。

这天,宋太祖派遣引进使郭永迁会同秦州知州吴廷祚率领军队前往尚书寨,驱赶蕃族人马回归原来部落。

乙未(十日),左拾遗、知制诰河中人高锡向朝廷进言:"近来朝廷大臣承接诏令各自举荐所熟悉的人才,有的因为施行贿赂而获得举荐。请求从今以后准许亲戚、奴婢、邻居告发上诉,并加以重赏。"又请求在授予司法官和职事官之前,各自应当考问他文书法规十条,用以代替考试判断,太祖都准从实施。

九月,丙辰朔(初一),宋太祖以昭宪皇太后的哥哥杜审琼为左龙武大将军,他的弟弟杜审璧为左神武大将军,杜审进为左武卫大将军,同时退休,赐给京师的宅第。

宋太祖下诏:"考中的举人不得喊知举官为恩门、师门以及自称门生。"

戊午(初三),天平节度使、侍卫马步军都指挥使、同平章事石守信上表请求解除军职,宋太祖准许,特意加赐爵位采邑。

庚午(十五日),吐蕃尚巴约献出伏羌县地。

壬申(十七日),修建武成王庙。

癸酉(十八日),宋太祖将文武百官依次应对奏章交付给尚书省,召集左丞、右丞、侍郎以上和御史中丞、门下中书两省五品以上官员仔细审阅,对其中有益于政治者取出奏报。

丙子(二十八日),禁止百姓砍伐桑树、枣树当作薪柴,又下诏令黄河、汴河两岸,每年委托当地州县长官督促百姓多多栽种榆树和柳树,以预防河道决口。

癸未(二十六日),宋朝恢复设置书判拔萃科。

甲申(二十八日),武平节度使兼中书令周行逢病危。召集将领官员嘱咐他的儿子周保权说:"衡州刺史张文表,与我同在垄亩田耕中起兵,因为没有得到行军司马官职,神智总是快快不乐,我死后,必定作乱,应当命令杨师璠去讨伐他。"周行逢去世。周保权统领军务,当时年纪仅十一岁。

这月,辽国主到黑山、赤山去射鹿。

冬季,十月,丙戌(初二),宋太祖前往造船务,观看水师演习。

戊子(初四),宋太祖以棣州团练使何继筠为关南兵马都监。

癸巳(初九),宋朝颁布《循资格》以及《长定格》《编敕格》各一卷。

己亥(十五日),宋太祖前往岳台,命令各军进行骑马射箭演习。

广济县令李守中,因贪污钱财,判决杖刑后发配沙门岛。

辛丑(十七日),宋太祖以枢密副使、兵部侍郎赵普为检校太保,充任枢密使。枢密使不带正官从赵普开始。

张文表听说周保权继立,愤怒地说:"我同周行逢同起贱微,共立功名,我怎么能向北站立去侍奉小孩呢?"适逢周保权派遣军队到永州换防,路过衡阳,张文表就驱使那支军队反叛,假装穿上白色丧服,好像准备到武陵奔丧的样子。经过潭州时,行军司马廖简担任潭州留后,他一向轻视张文表,不为之作防备。正在设宴饮酒,外面来禀报张文表的军队已到达,廖简一点都不介意,对周围在座的人说:"张文表来的话就成俘虏,有什么值得忧虑的呢!"照旧饮酒谈笑。过了一会儿张文表率领部众径直闯入府中,廖简无法拿弓,只好两脚伸开坐着大骂,于是遇害。张文表取走廖简的印章绶带,自称临时留后,具陈表章来奏报。周保权立即命令杨师璠集合全体将士讨伐张文表,将先父的遗言告诉大家,感慨激动地流下了热泪。杨师璠也流泪,回头对他的部众说:"你们看见郎君了吧,还没长大成人就如此贤能!"军队将士全部为之感奋。周保权又向荆南乞求出兵,并且派人前来宋朝求援。张文表也上表疏为自己说理。

十一月,癸亥(初九),宋太祖下诏:"对县令的考核,要依据户口的增减来作为贬谪提升的标准。"

甲子(十日),宋太祖在西郊举行盛大阅兵。太祖对身边大臣说:"晋、汉以来,禁卫士兵都不下数十万,然而可以派上用场的极少。朕前不久审查兵籍检阅将士,去掉其中冗杂孱弱的,亲自考校他们攻击刺杀、骑马射箭的技艺,如今全部都变成精锐士卒了。"

南唐国派遣水部郎中顾彝前来进贡。

刑部尚书蓟人边归谠请求告老,授予户部尚书,退休。

荆南节度使高保勖生病卧床,召见牙内都指挥使京兆人梁廷嗣说:"我的病将无法好转了,谁是可以托付后事的人?"梁廷嗣说:"先主放弃他的儿子高继冲,而把军府交付给您,现在高继冲已长大了。"高保勖说:"你的话很对。"立即以高继冲权判内外军马事务。甲戌(二十日),高保勖去世。

壬午(二十八日),宋太祖开始向南唐颁行历法。

十二月，丙戌（初二），左赞善大夫段昭裔因检校百姓田亩失实，贬责授予海州司法参军。

丁亥（初三），宋太祖以武平节度副使、代理郎州知州周保权为武平节度使。

先前法制规定，强盗赃物达到绢帛十匹的处以绞刑；庚寅（初六），宋太祖下诏改为实足三千钱的处以死刑。

癸巳（初九），宋太祖下诏："每县再设置县尉一名，级别在主簿之下，凡是强盗窃贼，斗殴诉讼，在交付镇将以前，命县令与县尉主管其事，从一万户到一千户的县，各自设置弓手，数额不等。"五代以来，节度使补任亲信随从作为镇将，与县令分庭抗礼，凡是公事直接向州府通报，县级官吏失去职能，此时将职权归还县统管，镇将所主管的，不再波及农村，仅仅是城内而已。这是听从枢密使赵普的话。

戊戌（十四日），蒲、晋、慈、隰、相、卫六州发生饥荒，宋太祖下诏所在州县开仓赈济饥民。

庚子（十六日），颁布捕盗令："给予三个期限，每个期限各二十天，在第一个期限抓获盗贼的，县令、县尉分别奖励减少一选，捉拿盗贼只有半个期限的，奖励减少二选。第二个期限内拿获盗贼的，分别奖励超迁一资；超过一个半期限的，超迁二资；在第三个期限内抓获的，县令、县尉每人加赏一阶，只有半个期限的，加赏两阶；超过了三个期限而没有抓获盗贼的，县尉罚一个月俸禄，县令罚半个月俸禄，县尉受罚三次，县令受罚四次，都停格一选；三次停格一选的，停止做官。县令、县尉与盗贼搏斗而全部抓获的，同时赏赐红袍，县尉提升县令，仍然超迁二资，县令另外加以破格提拔升迁。"

甲辰（二十日），宋太祖派遣宫中使者赵璲等人携带诏书到潭州、朗州宣布晓谕，准许张文表回归京师；并且命令荆南发兵援助周保权。

宋太祖因西部边境羌人、戎人频繁地进行侵扰，将赣州刺史卢龙人姚内斌改任为庆州刺史。

这一年，将周郑王迁移到房州。

河北、陕西、京东各州发生旱灾、蝗灾，宋太祖全部免除灾区田租。

辽主国舅帐郎君萧延之的奴仆海哩，强奸了苏拉图里的还未长大成人的女儿，因为法律上没有相关条文，就施加宫刑，同时交给图里作为奴仆，将此定为法令。

后蜀国主命令官员督促追回四镇、十六州所欠的赋税，龙游县令田淳上奏疏劝谏说："如今年岁即将交替，阴阳变化运动，天数命运与人间世道，会有所更改。如果采取加重征收的下策，必定会搅乱治理国家的大纲。"又说："天下的财货，全部归属于最尊贵的您，百姓富足那么国君就不会不富足。如今致力于掠夺百姓，专门满足六军，这不是根本大计啊。"后蜀国主不能采用。田淳对他的亲友说："我观察僭越称帝纷纷改变典制。将妻妾改为妃后，将僚佐改为卿相，怎么比得上照常称成都尹，就没有灭族之祸了！"有人劝田淳说话谦逊，抑制行为以博取显贵官职，田淳说："我怎么能依附狗鼠之辈以贪求进身呢？"这是指枢密使王昭远之流。

南汉许彦真杀死钟允章后，更加恣意横行，厌恶龚澄枢等人位居自己之上，逐渐侵夺他们的权力，龚澄枢发怒。正好有告发许彦真与先主的李丽妃通奸的，龚澄枢揭发这件事，许彦真惧怕，和他的儿子密谋刺杀龚澄枢。龚澄枢派人诬告许彦真密谋造反，逮捕入狱，诛斩全族。

南汉后主娶纳李托的两个女儿，长女封为贵妃，次女封为美人，都受到宠爱。后主拜授李托为内太师，国政大事必定首先禀告李托然后实行。

续资治通鉴卷第三

【原文】

宋纪三　起昭阳大渊献【癸亥】正月,尽阏逢困敦【甲子】三月,凡一年有奇。

太祖启运立极英武睿文　神德圣功至明大孝皇帝

乾德元年　辽应历十三年【癸亥,963】　春,正月,甲寅朔,不御殿。

丁巳,发近甸丁夫数万,修筑畿内河堤。

戊午,遣酒坊副使河间卢怀忠、毡毯使洛阳张勋、染院副使康延泽等率步骑数千人赴襄州。延泽,福之子也。

庚申,以山南东道节度使兼侍中慕容延钊为湖南道行营都部署,枢密副使李处耘为都监,发兵会襄阳以讨张文表。先是卢怀忠使荆南,帝谓曰:“江陵人情去就,山川向背,吾尽欲知之。”怀忠使还,报曰:“继冲控弦之士不过三万;年谷虽登,民困于暴敛,其势日不暇给,取之易耳。”于是帝召宰相范质等谓曰:“江陵四分五裂之国,今假道出师,因而下之,蔑不济矣。”遂以成算授处耘等。

癸亥,命太常卿阳曲边光范权知襄州,户部判官滕白为南面军前水陆转运使。

乙丑,幸造船务观造战船。

丙寅,以张勋为南面行营马军都监,卢怀忠为步军都监。

时议城益津关,辽人知之。南京留守高勋上书,请假巡徼扰其境,辽主然其奏,命勋及统军使崔廷勋以兵扰之,乃不果城。

丙子,诏荆南发水兵三千人赴潭州。

庚辰,以荆南节度副使、权知军府事高继冲为荆南节度使。

武士跪射图壁画

杨师璠之讨张文表也,兵稍失利。相持既久,文表出战,师璠大败之,遂取潭州,执文表。初,文表闻宋师来伐,潜送款于赵璲,具言奔丧朗州,为廖简所薄,因即私斗,实无反心。璲自以奉诏谕文表,得其归顺,甚喜,即遣使抚慰之。师璠兵既入城,纵火大掠,而璲亦继至。明日,享将吏于庭,指挥使高超语其众曰:"观中使之意,必活文表。若文表至阙,图害朗州,吾辈无遗类矣。"乃斩文表于市,脔其肉。及宴罢,璲召文表,超曰:"文表谋为乱,已斩之矣。"璲太息久之。

初命文臣知州事。

帝惩五代藩镇强盛之弊,时异姓王及带相印者不下数十人,至是用赵普谋,渐削其权,或因其卒,或因迁徙、致仕,或遥领它职,皆以文臣代之。

二月,甲申朔,翰林学士、中书舍人王著,责授比部员外郎。著不拘细行,尝乘醉宿娼家,为巡吏所执,既知而释之,密以事闻,帝置不问。于是宿直禁中,夜,叩滋德殿求见;帝令中使引升殿,近烛视著,著大醉,垂发被面,帝怒,发前事,黜之。御史中丞洛阳刘温叟等,并坐失于弹劾,夺两月俸。

丙戌,天雄节度使符彦卿来朝,帝欲使典兵,赵普以为彦卿名位已盛,不可复委以兵柄,屡谏,不听。宣已出,普复怀之请见曰:"惟陛下深思利害,勿复悔。"帝曰:"卿苦疑彦卿,何也?朕待彦卿至厚,彦卿岂能负朕?"普曰:"陛下何以能负周世宗?"帝默然,事遂中止。

高继冲自以年幼未能民事,刑政、赋役委节度判官孙光宪,军旅、调度委衙内指挥使梁延嗣,谓曰:"使事事得中,人无间言,吾何忧也!"

李处耘至襄州,先遣阁门使临洺丁德裕谕继冲以假道之意,请薪水给军。继冲与其僚佐谋,以民庶恐惧为词,愿供刍饩百里外。处耘又遣德裕往,光宪及延嗣请许之。兵马副使李景威说继冲曰:"王师虽假道以收湖、湘,恐因而袭我。愿假兵三千设伏荆门险隘处,候其夜行,发伏攻其上将,王师必自退却,回军收张文表以献于朝廷,则公之功业大矣。不然,且有摇尾乞食之祸。"继冲不听,曰:"吾家累岁奉朝廷,必无此事。"孙光宪曰:"景威,峡江一民耳,安识胜败!且中国自周世宗时已有混一天下之志,宋兴,凡所措置,规模益弘远,今伐文表,如以山压卵尔。湖、湘既平,岂有复假道而去邪!不若早以疆土归朝廷,则荆楚免祸,公亦不失富贵。"继冲以为然。景威知计不行而叹曰:"大事去矣,何用生为!"因扼吭而死。景威,归州人也。继冲遣延嗣与其叔父保寅奉牛酒来犒师,且觇师之所为。

壬辰,师至荆门,处耘见延嗣等,待之有加。延嗣喜,驰使报继冲以无虞。荆门距江陵百馀里,是夕,延钊召延嗣等宴,饮于其帐,处耘密遣轻骑数千倍道前进。继冲但俟保寅、延嗣之还,遽闻宋师奄至,即惶恐出迎,遇处耘于江陵北十五里。处耘揖继冲,令待延钊,而率亲兵先入,登北门。比继冲与延钊俱还,宋师已分据冲要,布列街巷矣。继冲大惧,遂尽籍其三州,十七县,十四万二千三百户,奉表来归。

癸巳,李处耘等益发兵,日夜趋朗州。周保权惧,召观察判官临桂李观象谋之,观象曰:"文表已诛而王师不还,必将尽取湖、湘之地。今高氏束手听命,唇齿既亡,朗州势不独全。莫若幅巾归朝,幸不失富贵。"保权将从之,指挥使张崇富等不可,乃相与为拒守计。

庚子,荆南表至,帝复命高继冲为荆南节度使,遣枢密承旨王仁赡赴荆南巡检。帝闻李景威之谋,曰:"忠臣也。"命仁赡厚恤其家。

帝遣使谕周保权及将校,言:"大军既拯尔难,何为反拒王师,自取涂炭!"保权不答,遂进讨之。慕容延钊大破其军于三江口,遂取岳州。

是月,权知贡举浚仪薛居正奏进士苏德祥等合格者八人。

辽主如潢河,观群臣射,赐物有差。

三月,张崇富等出军澧州南,与宋师遇,未及战,望风先溃。李处耘逐北至敖山寨,贼弃寨走，俘获甚众。处耘择所俘体肥者数十人，令左右啖之，黥其少壮者，纵归武陵。武陵人闻擒者为宋师脔食，俱大恐，纵火焚州城，奔窜山谷。

壬戌，慕容延钊等入朗州，擒崇富于西山下，枭其首。大将汪端劫周保权匿江南岸僧舍，处耘遣麾下将田守奇捕之，端弃保权走，守奇获保权以归。湖南平，凡得州十四，监一，县六十六，户九万七千二百八十八。庚午，命户部侍郎吕馀庆权知潭州。

癸酉，吏部尚书张昭等详定五刑之制，凡流刑四，徒、杖、笞刑各五。

令州县复置义仓，官所收二税，每石别输一斗贮之，以备凶俭。

夏，四月，甲申，减荆南、潭、朗州死罪囚，流以下释之，配役人放还；蠲三年以前逋税及场院课利。

乙酉，始置诸州通判，凡军民之政，皆统治之，事得专达，与长吏均礼。大州或置二员。又令节镇所领支郡皆直隶京师，得自奏事，不属诸藩，于是节度使之权益轻。用赵普之言也。

遣给事中饶阳李昉祭南岳，寻命权知衡州。

丁亥，幸国子监，遂幸武成王庙，宴射玉津园。

庚寅，出内府钱，募诸军子弟数千人凿池于朱明门外，引蔡水注之，造楼船百艘，选卒，号水虎捷，习战池中。

辛卯，王处讷上新定建隆应天历，帝制序，颁行之。

丙申，兵部郎中、监泰州税曹匪躬弃市，海陵、盐城两监屯田副使张蔼除名，并坐令人赍轻货往江南、两浙贩易故也。

戊戌，符彦卿辞归镇。

庚子，以华州团练使大城张晖为凤州团练使兼西面行营巡检壕寨使。晖前在华州，治有善状。帝既诛李筠，将事河东，召晖入觐，问以策。晖曰："泽潞疮痍未起，军旅荐兴，民不堪命，当俟富庶后图之。"帝慰劳遣还。于是始谋伐蜀，乃徙晖凤州。晖尽得其山川险易，密疏进取之计；帝览之，甚悦。

清源留后张汉思，年老不能治军务，事皆决于副使陈洪进。汉思患其专，乃设宴，伏甲，将杀之。酒数行，地忽大震，同谋者惧，以告洪进。洪进亟出，甲士皆散，汉思由是严兵备洪进。癸卯，洪进袖大锁，常服安步入府中，叱去直兵，汉思方处内阁，洪进即锁其门，谓之曰："军吏以公耄荒，请洪进知留务，众情不可违，当以印见授。"汉思错愕不知所为，乃自门扇间投印与之。洪进遽召将吏告之曰："汉思不能为政，授吾印矣。"将吏皆贺。即日，遣汉思外舍，以兵守之，遣使请命于南唐，南唐即授以节钺。洪进又遣牙将魏仁济间道奉表来告，且请制命。汉思退居数年，以寿终。

慕容延钊言辰、锦、溪、叙等州各奉牌印请命。

甲辰，诏重凿砥柱三门。

禁泾、原、邠、庆州不得补蕃人为沿边镇将。

乙巳，幸玉津园，阅诸军骑射。

丙午，以枢密直学士、户部侍郎薛居正权知朗州。

辛亥，令诸州造轻车以给馈运。

五月，壬子朔，慕容延钊言南唐主遣使以牛酒来犒师。

己未，凤翔节度使王景卒，赠太傅，谥元靖。

辛酉，命枢密直学士、尚书左丞高防权知凤翔府。

甲子,高继冲籍伶官一百四十三人来献,诏悉分赐诸大臣。

乙丑,命铁骑都将李怀义、内班都知赵仁璲增修宫阙,既成,帝坐寝殿中,令洞开诸门,皆端正通豁,谓左右曰:"此如我心,小有邪曲,人皆见之。"

戊辰,以工部侍郎须城艾颖为户部侍郎,致仕。帝命执政择廷臣督在京诸仓,颖与焉。颖自以清望官,不宜亲浊务,辞不肯为,帝曰:"惟致仕乃可免耳。"颖遂请老。

蜀宰相李昊言于蜀主曰:"臣观宋氏启运,不类汉、周;天厌乱久矣,一统海内,其在此乎!若通职贡,亦保安三蜀之长策也。"蜀主将发使,知枢密院事王昭远固止之。乃以文思使景处瑭等率兵屯峡路,又遣使往涪、泸、戎等州阅棹手,增置水军。

六月,乙酉,诏免潭州诸县无名配敛。

壬辰,以大暑,罢京城营造,赐工匠衫履。

辽主诏诸路录囚。

初,帝幸武成王庙,历观两廊所画名将,以杖指白起曰:"起杀已降,不武之甚,何为受享于此?"命去之。左拾遗知制诰高锡因上疏论王僧辩不克善终,不宜在配享之列。乃诏吏部尚书张昭、工部尚书窦仪与锡别加裁定,取功业始终无瑕者。癸巳,昭等议升汉灌婴、后汉耿纯、王霸、祭遵、班超、晋王浑、周访、宋沈庆之、后魏李崇、傅永、北齐段韶、后周李弼、唐秦叔宝、张公谨、唐休璟、浑瑊、裴度、李光颜、李愬、郑畋、梁葛从周、后唐周德威、符存审二十三人;退魏吴起、齐孙膑、赵廉颇、汉韩信、彭越、周亚夫、后汉段纪明、魏邓艾、晋陶侃、蜀关羽、张飞、晋杜元凯、北齐慕容绍宗、梁王僧辩、陈吴明彻、隋杨素、贺若弼、史万岁、唐李光弼、王孝杰、张齐丘、郭元振二十二人。诏塑齐相管仲像于堂,画魏西河太守吴起于庑下,馀如昭等议。乙未,秘书郎直史馆管城梁周翰上言曰:"凡名将悉皆人雄,苟欲指瑕,谁当无累!一旦除去神位,吹毛求异代之非,投袂忿古人之恶,似非允当。臣心惑焉。"不报。

诏:"荆南兵愿归农者听,官为葺舍,给赐耕牛、种食。"

丙申,令有司二岁一举先代帝王祀典,各以功臣配享。高辛、尧、舜、禹、汤、文、武、汉高祖皆因其故庙。又别建汉世祖庙于南阳,唐太宗庙于醴泉;世祖以邓禹、吴汉、贾复、耿弇配,太宗以长孙无忌、房玄龄、杜如晦、魏徵、李靖配,并画像庙壁。

丁酉,命王仁赡权知荆南军府事。先是帝命典军列校遥领湘南诸郡,不逾岁,果得其地。辛丑,复以龙捷左厢都指挥使、岳州防御使夏津马仁瑀等为汉、彭等州防御使。

己酉,命镇国节度使宋延渥率禁旅数千习战于新池,帝数临观焉。

庚戌,命大理正奚屿知馆陶县,监察御史王祐知魏县、杨应梦知永济县、屯田员外郎于继徽知临济县。常参官知县,自屿等始也。祐,大名人。时符彦卿久镇大名,专恣不法,属邑颇不治,故特选强壮者往莅之。其后右赞善大夫周渭亦知永济,彦卿郊迎,渭揖于马上,就馆,始与彦卿相见,略不降屈。县有盗伤人而逸,渭捕获,暴其罪,斩之,不以送府。渭先为白马主簿,县大吏犯法,渭即斩之。帝奇其才,故擢右赞善大夫。

秋,七月,甲寅,以湖南死事靳彦朗男承勋等三十人补殿直。

监修国史王溥上新修梁、后唐、晋、汉、周《五代会要》三十卷。

安国节度使王全斌与洺州防御使郭进、赵州刺史陈万通、登州刺史高行本、客省使曹彬等率兵攻北汉,丁巳,以俘获来献,诏释之。彬,灵寿人,从母为周太祖贵妃,帝典宿卫,尤器重彬。彬非公事未尝造门,平居燕会亦罕与。帝即位,自晋州都监召入见,谓曰:"畴昔我亲汝,何故疏我?"彬顿首谢曰:"臣周室近亲,列职禁庭,敢交结尊贵!"帝益嘉奖焉。

戊午，颁量衡于澧、朗诸州，惩割据厚敛之弊也。

唐、邓之俗，家有病者，虽父母亦弃去，故病者辄死。武胜军节度使张永德以为言，己未，诏禁之。

丁卯，幸武成王庙，遂幸新池，观习水战。

己巳，权知朗州薛居正，言汪端以数万人寇州城，都监尹重睿击走之。

赐荆南管内民今年夏租之半。

甲戌，周保权诣阙待罪，诏释之，以为右千牛卫上将军。

乙亥，命增筑朗州城，浚其壕，赐管内民今年夏租。

己卯，判大理寺事窦仪等上《重定刑统》等书，诏刊板摹印颁天下。仪等参酌轻重，时称详允。

北汉宿卫殿直行首王隐、刘昭、赵銮等谋叛，事觉，被诛，词连枢密使段恒。初，北汉主嬖郭姬，将立为妃，恒以其所出微，谏止之，又抑其昆弟亲戚不用。姬怨恒不助己，潜成其罪，出为汾州刺史，寻缢杀之。恒有干才，勤于其职，死不以罪，辽主闻之，为之不平。

北汉以赵弘为枢密使，以郭无为为左仆射兼中书侍郎、平章事。无为与弘不协，旋出弘为汾州刺史，无为兼枢密使，军国之务，一以委焉。无为又谮弘在汾州不治，徙岚州。

八月，庚辰朔，诏以冬至有事于南郊。既而有司言冬至乃十一月晦前一日，皇帝始郊，不应近晦，请改用十六日甲子，诏可。

壬午，殿前都虞候、嘉州防御使馆陶张琼自杀。时军校史珪、石汉卿等方得幸，琼数轻侮之，汉卿因谮琼养部曲百馀人，自作威福，且毁皇弟光义为殿前都虞候时事。帝召琼，面讯之，琼不伏。帝怒，令击之，汉卿即奋铁杖击其首，气垂绝，乃曳出，下御史府案鞫，琼自杀。帝旋闻其家无馀财，止有奴三人，甚悔之，责汉卿曰："汝言琼部曲百人，今安在？"汉卿曰："琼所养者一敌百耳。"帝亟命优恤琼家，然亦不罪汉卿。

先是，龙捷左厢都指挥使马仁瑀常私以士属知贡举薛居正，居正实不许而阳诺之，榜出，无其人。及闻喜宴日，仁瑀乘醉携所属士嫚骂居正，御史中丞刘温叟劾奏仁瑀，帝曲为容忍。

龙捷左厢都指挥使王继勋，皇后母弟也，挟势骄倨，多陵蔑将帅。仁瑀独与抗，相忿争，辄攘臂欲殴继勋。继勋惮其勇，颇为屈，而怨隙愈深。于是受诏都试郊外，两人因欲相图，阴勒所部兵，私市白梃。帝微闻其事，即诏罢讲武。甲申，出仁瑀为密州防御使，置继勋不问。

以泰州团练使潘美为潭州防御使。南汉人数寇桂阳及江华，美击走之。溪洞蛮獠，自唐末之乱不供王赋，颇恣侵掠，为居民患。美帅兵深入，穷其巢穴，斩首百馀级，馀党散溃。美悉令招诱，贷其罪，以己俸市牛酒宴犒，赐金帛抚慰之，夷落遂定。

甲申，辽主以生日，纵五坊鹰鹘。

先是北汉遣使告于辽，欲巡边徼，乞张声援。丁亥，王全斌复与郭进、曹彬等帅师攻北汉乐平县，降其拱卫指挥使王超等。北汉将蔚进、郝贵超悉蕃、汉兵来救，三战，皆败之，遂下乐平，即建为平晋军。

壬辰，诏："《九经》举人落第者，宜依诸科举人例许再试。"

癸巳，女真遣使贡名马。

丙申，北汉静阳等十八寨首领相帅来降。

泉州陈洪进遣使来贡。

齐州河决。

戊戌,辽主如近山,呼鹿射之,旬有七日而后返。

己亥,辽幽州岐沟关使柴庭翰等来降。

丁未,户部侍郎吕馀庆丁母忧。时馀庆权知襄州,诏遣中使护丧,官给葬具,寻起复。

诏蠲登州沙门岛居民租赋,令专治舟渡女真所贡马。

是月,南唐以吏部尚书建安游简言知尚书省事,寻迁右仆射。

九月,庚戌朔,户部判官、水陆转运使滕白免官,以军储损败也。

辽主以青牛、白马祭天地,饮于野次,终夕乃罢。翼日,以酒脯祭天地,复终夜酣饮。

甲寅,群臣三上表请加尊号曰应天广运圣文神武,从之。

高丽国王王昭遣使时赞等入贡,涉海,值大风,溺死者九十馀人,赞仅而获免,诏劳恤之。

诏:"开封府选乐工八百三十人,权隶太常寺习乐。"将行郊祀礼也。

诏:"诸州府长吏禁以仆从人干预政事。"

丙寅,大宴广政殿,始用乐。

丁卯,宣徽南院使兼枢密副使李处耘,责授淄州刺史。处耘以近臣护军,临事专断,与慕容延钊不协,更相论奏。帝以延钊宿将,赦其过,止罪处耘,处耘亦恐惧不敢自明。

戊辰,女真复贡名马。

丙子,诏:"朝臣无得公荐贡举人。"故事,每岁知贡举官将赴贡院,台阁近臣得荐抱才艺者,号曰公荐,然去取不能无所私,至是禁之。

慕容延钊获汪端,磔于朗州市。端初攻州城,不克,与其党聚山泽为盗。监军使疑城中僧千馀人谋应端,悉捕系,欲诛之,薛居正以计缓其事;及端被擒,诘之,僧无与谋者,皆得全活。

是月,北汉主诱辽兵攻平晋军,郭进、张彦进、曹彬、陈万通领步骑往救之,未至一舍,北汉引兵去。

冬,十月,癸未,令襄州尽索湖南行营诸军所掠生口,遣吏分送其家;放潭、邵州乡兵数千人归农;减江陵府民旧租之半。

丁未,吴越王遣其子惟濬入贡,助南郊。

翰林学士、中书舍人扈蒙,以仆夫扈继远为从子,属之同年生淮南转运使仇华,使厘务。继远盗官盐,事发,戊申,蒙坐夺金紫,黜为左赞善大夫。

魏仁济以陈洪进表至。洪进自称清源节度副使,权知泉、南等州,听命于朝。帝遣通事舍人王班赍诏抚谕之。

十一月,丁巳,赐南唐主诏,具言所以纳洪进之意,且将授旄钺也。

癸亥,飨太庙。是夕,阴晦,至夜分,开霁。帝初诣太庙,乘玉辂。左谏议大夫崔颂摄太仆,问仪仗名物甚悉,颂应对详敏,帝大悦。甲子,合祭天地于南郊,以宣祖配。还,御明德门,大赦,改元乾德。群臣奉册上尊号于崇政殿。

先是帝谓大礼使范质曰:"中原多故,百有馀年,礼乐仪制,不绝如线,今幸时和岁丰,克举禋祀。报神资乎备物,卿与五使宜讲求遗逸,遵行典故,无或废坠,副朕寅恭之意。"于是质与陶谷、张昭等讨寻故事,详定新制,曰《南郊行礼图》,又令司天监定《从祀星辰图》,上之。又言:"享庙郊天,从祀群臣合前七日受誓戒于尚书省,今并于一日受之,有亏诚悫,望令分日各誓百官。"并从之。将升坛,有司具黄褥为道,帝曰:"朕洁诚事天,不必如此。"命撤之。还宫,将驾金辂,顾左右曰:"于典故,可乘辇。"

初，有司议配享，请以僖祖升配，张昭献议曰："隋、唐以前，虽追立四庙，或立七庙，而无遍加帝号之文。梁、陈南郊祀天，皆配以皇考。北齐圜丘祀昊天，以神武升配。隋祀昊天于圜丘，以皇考配。唐贞观初，以高祖配圜丘。梁太祖郊天，以皇考烈祖配。恭惟宣祖积累勋伐，肇基王业，伏请奉以配享。"从之。

丙寅，南唐主遣使来助祭南郊及贺册尊号。

丁卯，诏："防御、团练、刺史州旧有都督府号者并停，仍为上州。"

庚午，辽主出猎，饮于虞人之家，凡四日。

壬申，以南郊礼成，大宴广德殿，号曰饮福宴。自是为例。

帝谓宰相曰："北门深严，当择审重士处之。"范质曰："窦仪清介谨厚，然在前朝已自翰林迁端明，今又为兵部尚书，难于复召。"帝曰："禁中非此人不可，卿当谕朕意，勉再赴职。"癸酉，复命仪为翰林学士。

帝尝召仪草制，至苑门，仪见帝岸帻跣足坐，却立不进，帝为之冠带而后召入。仪曰："陛下创业垂统，宜以礼示天下。"帝改容谢之。自是对近臣未尝不冠带。

十二月，庚辰，殿前散祗候李璘，以父仇杀寮员陈友于市。璘自首，帝壮而释之。

辛巳，进群臣阶、勋、爵、邑有差。司徒兼侍中萧国公范质，改封鲁国公。

荆南节度使高继冲表乞陪祀，许之，因举族归朝。癸未，改命继冲为武宁节度使。

甲申，皇后王氏崩。翰林医官王守愚，坐进药不精审，减死，流海岛。

戊子，辽主射野鹿，赐虞人物有差。

己亥，以殿（前）〔中〕侍御史郑起为西河令。显德末，起为殿中侍御史，见帝握禁兵，有人望，乃贻书范质，极言其事，质不听。尝遇帝于路，横绝前导而过，帝初不问。于是出掌泗州市征，时刺史张延范官检校司徒，（起）〔吏〕辄呼以太保。起贫，常乘骡，一日，从延范出近郊，延范揖起行马，起曰："此骡也，安用过呼！"延范深衔之，密奏起嗜酒废职，遂左迁。右拾遗浦城杨徽之，亦尝言于世宗，以帝有人望，不宜典禁兵。帝即位，将因事诛之，光义曰："此周室忠臣也，不宜深罪。"于是亦出为天兴令。

庚子，尚书左丞高防卒于凤翔，帝甚悼惜之，遣供奉官陈彦珣部署归葬西洛，凡所费用，并从官给。防性淳厚，守礼法，所践历，皆有能名。

乙巳，南唐主上表乞呼名，诏不允。

禁道州调民取朱砂，除衡、岳州二税外所赋米，并毋得发民烹铜矿及作炭。

遣内客省使曹彬、通事舍人王继筠分诣晋、潞州，与节度使赵彦徽、李继勋会兵入北汉境，收其边邑及辽、石州。

闰月，乙卯，山南东道节度使慕容延钊卒，赠中书令，追封河南郡王。

帝雅与延钊善，常兄事之，及即位，犹呼为兄。延钊寝疾，帝自封药以赐；闻其卒，哭之恸。礼官言为近臣发哀，哭声宜有常，帝曰："吾不知哀之所从出也。"

龙捷军校王明诣阙献阵图，请讨幽州。帝嘉之，赐以锦袍、银带、钱十万。或言帝将北征，大发民馈运，河南民相惊逃亡者四万家，帝忧之。丙寅，命枢密直学士薛居正驰传招集，逾旬乃复故。

初，宣祖葬安陵，在京城东南隅。辛未，命司天监浚仪赵修己、内客省使王仁赡等改卜安陵于西京巩县之邓封乡。

乙亥，诏乘舆所服冠冕去珠玉之饰。

永安节度使折德扆败北汉军数千人于府州城下,获其卫州刺史杨璘。

国子博士聂崇义上言:"皇家以火德上承正统,请奉赤帝为感生帝,每岁正月别尊而祭之,为坛于南郊,奉宣祖升配,常以正月上辛奉祀。"

初,北汉主嗣位,所以事辽者多略,不如旧时。于是辽主遣使责之曰:"尔不禀我命,其罪三:擅改年号,一也;助李筠有所觊觎,二也;杀段恒,三也。"北汉主恐惧,遣从子刘继文往谢曰:"父为子隐,愿赦之。"辽执其使而不报。北汉地狭产薄,又岁输于辽,故国用日削,乃拜五台僧继容为鸿胪卿。继容,故燕王刘守光之孽子,为浮屠,居五台山,能讲《华严经》,四方供施,多积蓄以佐国用。五台近辽界,常得其马以献,号添都马,岁率数百匹。又于柏谷置银冶,募民凿山取矿烹银,北汉取其银以输辽,岁千斤,因即其冶建宝兴军。

二年　辽应历十四年【甲子,964】　春,正月,辛巳,大雨雪,震(雹)〔电〕。

诏诸州长吏劝课农田。

甲申,帝以选人食贫者众,诏吏部流内铨听四时参选,仍命翰林学士承旨陶谷等与本司官重详定循资格及四时参选条。

宰相范质、王溥、魏仁浦等再表求退,戊子,以质为太子太傅,溥为太子太保,仁浦为左仆射,皆罢政事。质在相位,下制敕未尝破律;命刺史、县令,必以户口版籍为急;使者按民田及狱讼,皆召见,为述天子忧勤之意,乃遣之。时号贤相。

庚寅,以枢密使赵普为门下侍郎、平章事、集贤院大学士,宣徽北院使、判三司上党李崇矩为检校太尉,充枢密使。

帝既除普及崇矩,乃无宰相署敕,帝时在资福殿,普因入奏其事,帝曰:"卿但进敕,朕为卿署字,可乎?"普曰:"此有司所行,非帝王事也。"乃使问翰林学士求故实。陶谷建议,以为:"自古辅相未尝虚位,惟唐大和中甘露事后数日无宰相,时左仆射令狐楚等奉行制书。今尚书亦南省长官,可以署敕。"窦仪曰:"谷所陈非承平令典,不足援据。今皇弟开封尹、同平章事,即宰相任也。"帝从仪言。

壬辰,诏曰:"先所置贤良方正能直言极谏、经学优深可为师法、详娴吏理达于教化等三科,并委州府解送吏部,试论三道,限三千字以上。而自囊及今未有应者,得非抱倜傥者耻肩于常调,怀谠直者难效于有司,必欲兴自朕躬乎?继今不限内外职官、前资见任、布衣黄衣,并许诣阁门进状,朕亲试焉。"

己亥,以枢密承旨王仁赡为左卫大将军,充枢密副使。

庚子,改清源军为平海军,命陈洪进为节度使。洪进每岁贡奉,多厚敛于民,又籍民资百万以上者令入钱,补协律、奉礼郎,而蠲其丁役。子弟亲戚,交通贿赂,二州之民甚苦之。

壬寅,敕赵普监修国史。

丁未,诏:"县令、簿、尉,非公事毋至村落。"

李继勋等攻北汉辽州,北汉告急于辽。二月,戊申朔,辽州刺史杜延韬举城降。壬子,辽主遣西南面招讨使耶律达里率六万骑援北汉,败继勋兵于石州。达里用兵,赏罚信明,得士卒心。河东单弱,不遽见吞并者,达里有力焉。先是辽主知达里沈厚多智,有任重才,即位初,即擢南院大王。达里在治所,不修边幅,均赋役,劝耕稼,户口丰殖。时耶律乌珍为北院大王,与达里俱有政迹,朝议以为"富民大王",故辽主虽暴虐而境内粗安。

癸丑,遣使赈陕州饥。

命右〔神〕武统军陈承昭帅丁夫数千凿渠,自长社引溵水至京,合闵河。渠成,民无水患,闵河之漕益通流焉。

吏部尚书张昭与翰林学士陶谷同掌选,谷与给事中李昉有隙,乃诬奏左谏议大夫崔颂以所亲属昉,求为东畿令,引昭为证。帝召昭质之,昭不直谷所为,遽免冠,抗声言谷罔上,帝不悦。三月,丁丑朔,昉责授彰武行军司马,颂为保大行军司马。昭遂三上章请老,乙酉,听其致仕。

权知贡举陶谷奏进士李景阳等合格者八人。

乙未,北汉耀州团练使周审玉等来降。审玉赐名承瑨,以为左千牛卫大将军,领汾州团练使。

辛丑,改上明宪皇太后谥曰昭宪;谥皇后贺氏曰孝惠,王氏曰孝明。

初,南唐废永通大钱,更用韩熙载之议,铸当二铁钱。熙载由中书舍人迁户部侍郎,充铸钱使。宰相严续数言铁钱不便,熙载争于朝堂,声色俱厉,左迁秘书监,不逾年,复拜吏部侍郎。是月,始用铁铸,擢熙载兵部尚书、勤政殿学士。民间多藏匿旧钱,旧钱益少,商贾出境,辄以铁钱十易铜钱一,官不能禁,因从其便。官吏皆增俸,而以铁钱兼之,由是物价益贵。熙载颇亦自悔。

【译文】

宋纪三　起癸亥年(公元 963 年)正月,止甲子年(公元 964 年)三月,共一年有余。

乾德元年　辽应历十三年(公元 963 年)

春季,正月,甲寅朔(初一),宋太祖不上殿接受朝贺。

丁巳(初四),征发京师近郊民夫数万人,修筑京师管辖区内的河堤。

戊午(初五),宋太祖派遣酒坊副使河间人卢怀忠、毡毯使洛阳人张勋、染院副使康延泽等人率领骑兵、步兵数千人开赴襄州。康延泽是康福的儿子。

庚申(初七),宋太祖以山南东道节度使兼侍中慕容延钊为湖南道行营都部署,枢密院副使李处耘为都监,发兵会师襄阳以征讨张文表。先前卢怀忠出使荆南,太祖对他说:"江陵的人心向背情况,及山川河流的走向地形,我全部都想知道它。"卢怀忠出使回来,奏报说:"高继冲控弦之士不够三万人,粮食收成虽然丰登,而人民困于横征暴敛,那形势是朝不保夕,攻取江陵是件很容易的事而已。"于是太祖征召宰相范质等人对他们说:"江陵是个四分五裂的小国,今天我们借道出兵,并乘机而攻下它,没有不会成功的了。"于是将既定计划授托给李处耘等人。

癸亥(十日),宋太祖命令太常卿阳曲人边光范暂时代理襄州知州,户部判官滕白为南面军前水陆转运使。

乙丑(十二日),宋太祖到造船务去观看制造战船。

丙寅(十三日),宋太祖以张勋为南面行营马军都监,卢怀忠为步军都监。

当时朝议在益津关筑城,辽国人知道这消息。南京留守高勋上书,请求假借巡视边界来侵扰益津关地区。辽国主赞同他的陈奏。命令高勋及统军使崔廷勋率领士兵骚扰益津关,结果没有能筑城。

丙子(二十三日),宋太祖下诏令荆南调发水师三千人赶赴潭州。

庚辰(二十七日),宋太祖以荆南节度副使、权知军府事高继冲为荆南节度使。

杨师璠率军讨伐张文表,进兵稍有失利。两军相持已久,张文表出城挑战,杨师璠大败张文表,于是攻取潭州,抓住张文表。当初,张文表听说宋朝军队前往讨伐,暗中派人向赵璘表示忠诚,具体申述到朗州奔丧,被廖简所鄙视,因而当即展开私人格斗,实在没有反叛之心。赵璘自己认为奉太祖诏书晓谕张文表,得到他的归顺,十分喜欢,立即派遣使者去安抚慰问他。杨师璘的军队已经入城,纵火大肆抢掠,而赵璘也接着到达。第二天,赵璘在军营中宴请将领官员,指挥使高超对他的部众说:"观察朝中使者的意思,必定让张文表活命。如果张文表到了京师,图谋祸害朗州,我们这些人就会一个不留了。"于是在街市上斩杀张文表,乱割他身上的肉,等到宴会结束,赵璘召见张文表,高超说:"张文表图谋作乱,已经将他斩首了。"赵璘叹息了好久。

青瓷刻花宝相体　唐

开始任命文官主持各州军政大事。

太祖鉴于五代以来藩镇强盛的弊病,当时异姓王以及带相印的不少于几十人,到这时采纳赵普的谋略,逐渐削夺藩镇的兵权,有的因为死亡,有的因为调离、退休,有的遥领其他官职,全都用文官来取代他们。

二月,甲申朔(初一),翰林学士、中书舍人王著,贬责授予比部员外郎。王著不拘小节细行,曾经因醉酒在娼妓家过夜,被巡逻的官吏抓获,知道身份后又释放了他,秘密地将这件事奏报。宋太祖置而不问。到这时王著在宫中住宿值班。夜里,叩滋德殿门请求拜见;太祖命令宫中使者牵引登上大殿,拿近蜡烛审视王著。王著喝得大醉,披头散发,太祖大怒,想到前面之事,就贬黜他的官职。御史中丞洛阳人刘温叟等人,都因为没有弹劾,削夺两个月的俸禄。

丙戌(初三),天雄节度使符彦卿前来京师朝见,宋太祖打算让他典掌禁军,赵普认为符彦卿名声官位已经很高,不可再将兵权委交给他,屡次劝谏,太祖都不听。诏书已经颁布出去,赵普又怀中揣着诏书请求拜见说:"希望陛下深入思考利害关系,不要再后悔。"太祖说:"爱卿好像怀疑符彦卿,为什么呢?朕对待符彦卿十分优厚,符彦卿岂能辜负朕?"赵普说:"陛下为何能辜负周世宗呢?"太祖听后缄默无语,任命之事就中止了。

高继冲自己认为年纪幼小不能治理民事政务,刑法政令、赋税徭役委交节度判官孙光宪,军旅征战、调发指挥委任衙内指挥使梁廷嗣,对他们说:"假使每件事情处理得当适中,别人没有闲话,我有什么可忧虑的呢?"

李处耘到达襄州,首先派遣阁门使临洺人丁德裕晓谕高继冲说明借路的意思,请求给士兵供应柴草饮食。高继冲同他的僚佐谋议,用百姓恐惧作为托词。希望在百里之外提供粮草,李处耘又派遣丁德裕前往,孙光宪和梁廷嗣请求允许他。兵马副使李景威劝说高继冲说:"朝廷军队虽然是借路来收回湖南,但恐怕乘机袭击我。希望给我三千士兵在荆门险要狭隘处设下埋伏。等他们夜间行进,调发伏兵进攻他们的上将,朝廷军队必定自行退却,然后回师逮捕张文表献给朝廷,那么您的功劳业绩就伟大了。否则,将会有摇尾乞食受制于人的祸患。"高继冲没听从,说:"我高家多年事奉朝廷,必定不会有这等事。"孙光宪说:"你李景威,只是峡江一介小民而已。哪里懂得胜败!况且中原从后周世宗时就有统一天下的大志,宋代兴立,所有一切措施,规模更加弘大深远,如今朝廷军队去讨伐张文表,犹如大山压卵之势。湖、湘平定之后，岂能有再假道回去的啊！不如趁早将疆土奉归朝廷。那么荆楚免除祸患，您也不会失去富贵了。"高继冲认为是这样。李景威知道自己的计划不能实行而叹息说："大事完了，还活着干什么！"因而自己掐脖子而死。李景威是归州人。高继冲派遣梁延嗣同他的叔父高保寅送上牛肉美酒去犒劳朝廷军队，并且察看军队的所作所为。

壬辰(初九)，军队到达荆门，李处耘接见梁延嗣等人，接待他们礼遇有加，梁延嗣心中欢喜，飞快派人报告高继冲没有危险。荆门隔江陵有百多里，这天晚上，慕容延钊召见梁延嗣等人在他的营帐中饮酒，李处耘便悄悄地派遣轻骑数千人兼程前进。高继冲只等高保寅、梁延嗣等人回来，突然听到宋朝军队赶到，立刻惶惶不安地出城迎接，在江陵城北五十里外与李处耘相遇。李处耘向高继冲作揖，使他等待慕容延钊，而自己率领身边亲兵首先入城，登上北门城楼。等待高继冲与慕容延钊一起回城时，宋朝军队已经分别占据了路口要道，列阵大街小巷了。高继冲大为恐惧，于是全部登记他的三州、十七县、十四万二千三百户，奉持表章前来归附。

癸巳(十日)，李处耘等人增派士兵，日夜兼程赶赴朗州。周保权恐惧，召见观察判官临桂人李观象谋划此事，李观象说："张文表已被斩杀而朝廷军队不回去，必将全部攻取湖、湘之地。如今高氏已俯首听命，唇亡齿寒，朗州势必无法独自保全。倒不如免冠归附朝廷，侥幸不会丧失富贵。"周保权将要听从他的，指挥使张崇富等人认为不可，于是相互筹谋抵抗防守的计策。

庚子(十七日)，荆南表章到京师，宋太祖又任命高继冲为荆南节度使，派遣枢密承旨王仁赡赶赴荆南巡视检阅。太祖听说了李景威的计谋后，说："这是忠臣啊。"命令王仁赡对他的家属厚加抚恤。

宋太祖派遣使者晓谕周保权及其将领军校，说："大军已经拯救你们的危难，为什么反过来抗拒朝廷军队，自取生灵涂炭！"周保权不做答复。于是进兵讨伐他。慕容延钊在三江口大破周氏军队，于是攻克了岳州。

这月，权知贡举浚仪人薛居正奏报进士苏德祥等合格者八人。

辽国主到潢河，观看群臣射箭，赏赐财物各有不同。

三月，张崇富等人出兵到澧州南面，与宋朝军队相遇，还没有等到交战，便望风披靡自行溃逃。李处耘追逐败兵到达敖山寨。贼军放弃山寨逃走，俘虏缴获很多。李处耘选择俘虏中身体肥胖的几十人，让左右的将士宰食他们，对年少力壮的施以黥刑，放他们回归武陵。武陵人听说被抓获的人被宋朝军队切块生吃，都大为恐惧，放火焚烧州城，逃窜山谷。

壬戌(十日)，慕容延钊等人进入朗州，在西山之下擒获张崇富，将他斩首示众。大将汪端劫持周保权隐藏在长江南岸的僧人住处，李处耘派遣部下将领田守奇去搜捕。汪端扔下周保权逃跑，田守奇抓获周保权而返回。湖南平定，共得州十四个，一监、六十六县、九万七千二百八十八户。庚午(十八日)，宋太祖任命户部侍郎吕余庆为权知潭州。

癸酉(二十一日)，吏部尚书张昭等人详细制定五刑制度，共有流刑四等，徒刑、杖刑、笞刑各五等。

宋太祖命令各州县再次设立义仓，官府所征收的夏秋两税，每石之外另交纳一斗以贮存，以防备凶荒歉收。

夏季，四月，甲申(初三)，减免荆南、潭州、朗州的死罪囚犯一等，流刑以下罪犯全部免罪释放，发配服役的人放还，免除三年以前拖欠的赋税以及场院所征收的税利。

乙酉(初四),宋太祖开始设置各州通判,所有军队百姓的政务,都统领管理,事务允许专门直达朝廷,和各州郡长官同等礼遇。大州有的设置二名通判。又命令节度使所统领支配的郡都直辖京师,可以自己陈奏事务,不再隶属于各藩镇,于是节度使的权力更加减轻。这是采用了赵普的意见。

宋太祖派遣给事中饶阳人李昉祭祀南岳,不久任命为权知衡州。

丁亥(初六),宋太祖临驾国子监,接着又前往武成王庙,在玉津园设宴射箭。

庚寅(初九),调出内府钱款,招募各军子弟数千人在朱明门外开凿水池,引蔡水来灌注,制造楼船一百艘,精选士卒,号称为水虎捷,在水池中演习水战。

辛卯(十日),王处讷呈上《新定建隆应天历》,宋太祖亲自作序,颁布实行。

丙申(十五日),兵部郎中、监泰州税曹匪躬处以弃市之刑,海陵、盐城两监屯田副使张蔼削除官籍,都因为使人携带轻软货物前往江南、两浙地区贩卖交易的缘故。

戊戌(十七日),符彦卿辞别京师归还镇所。

庚子(十九日),宋太祖以华州团练使大城人张晖为凤州团练使兼西面行营巡检壕寨使。张晖在华州任职时,治理有好功绩。太祖在诛杀李筠后,将要对河东用兵,征召张晖入朝觐见,询问对策。张晖说:"泽州、潞州战争创伤还没有痊愈,军旅之务多次兴发,百姓不堪忍受。无法生存,应该等他们富庶之后再谋划河东。"太祖慰劳后遣送回去。于是开始谋划征讨后蜀,就将张晖调往凤州。张晖全部获知后蜀的山川地势,秘密地上疏进军攻取的计策,太祖阅览奏疏后,十分高兴。

清源留后张汉思,年纪老不能治理军务,事情都由副使陈洪进决定。张汉思担心他专权,于是设下宴席,埋伏武装士兵,准备杀死他。饮酒数巡之后,地忽然大震,同谋的人为之恐惧,将险情告诉了陈洪进,陈洪进听后立即出来。埋伏的武装士兵全都散去,张汉思从此严密警卫以防备陈洪进。癸卯(二十二日),陈洪进袖中藏着大锁,穿着平常衣服慢步走入军府中,喝退值卫的士兵,张汉思正在内室,陈洪进立刻锁上门,对他说:"军校官吏因为您年老昏聩,请求让我陈洪进为留后处理政务,众人之情不可违抗,应当将大印交给我。"张汉思惊愕万分,不知所措,于是从门缝里投出大印给他。陈洪进连忙召集将领官吏对他们说:"张汉思不能治理政务,将大印授给了我。"将领官吏全都向他祝贺。当天,将张汉思遣送到外面房舍,用兵看守他,派遣使臣到南唐请求任命。南唐立即授予节度使官职。陈洪进又派遣牙将魏仁济从小道奉持表章前来宋朝报告,并且请求下制令任命。张汉思隐退了几年,寿终正寝。

慕容延钊进言辰、锦、溪、叙等州各自奉纳令牌印信请求归顺。

甲辰(二十三日),宋太祖诏令重新开凿砥柱三门。

宋太祖下禁令,泾、原、邠、庆州不得补选蕃人担任边界镇将。

乙巳(二十四日),宋太祖驾临玉津园。检阅各军骑马射箭。

丙午(二十五日),宋太祖以枢密直学士、户部侍郎薛居正权知朗州。

辛亥(三十日),宋太祖诏令各州制造轻便车辆以供运送粮食。

五月,壬子朔(初一),慕容延钊进言说南唐后主派遣使臣用牛酒来犒劳军队。

己未(初八),凤翔节度使王景去世,追赠太傅,谥号为元靖。

辛酉(十日),宋太祖任命枢密直学士、尚书左丞高防权知凤翔府。

甲子(十三日),高继冲将登记造册的乐官一百四十三人前来进献,宋太祖下诏全部分赏给各位大臣。

乙丑（十四日），宋太祖命令铁骑都将李怀义、内班都知赵仁璲扩修宫殿，修成后，太祖坐在寝殿中央，命令敞开殿中各门，全部都端正通达豁朗，对左右大臣说："这好像我的心，稍有歪邪曲折，别人都能看见。"

戊辰（十七日），宋太祖以工部侍郎须城人艾颖为户部侍郎，退休。太祖命令执政大臣选择朝廷大臣督管在京师各仓库，艾颖在其中。艾颖自己认为是朝廷清望官，不宜亲理杂务，推辞不肯干，太祖说："只有退休方可免除这项任命。"艾颖于是请求告老。

后蜀宰相向后蜀后主进言说："臣下观察宋朝奉天承运气象不凡，不像汉、周那样，天下厌恶分裂战乱很久了，统一天下，将在这宋朝啊！如果向宋朝臣服进贡，也可保全安定三蜀的长久之计。"后蜀后主将要派出使者，而知枢密院事王昭远坚决阻止。于是后主以文思使景处瑭等人统率军队驻扎峡路，又派遣使者到涪州、泸州、戎州等地挑选水手，增设水师。

六月，乙酉（初五），宋太祖下诏免除潭州各县无名目的摊派征收。

壬辰（十二日），宋太祖因为夏季酷暑，停止京城的营建修造，赐给工匠衣衫鞋子。

辽国主下诏命令各路清查审理囚犯。

当初，宋太祖到武成王庙，逐一观看两边廊上所画的历代名将。用手杖指着白起说："白起坑杀已经投降的士卒，很不合乎武德，为什么在此接受享祭？"命令去掉，左拾遗知制诰高锡因此上疏论说王僧辩不能善终，不应该列入配享之内。宋太祖便诏令吏部尚书张昭、工部尚书窦仪与高锡分别加以裁定，选取功业自始至终没有污点的。癸巳（十三日），张昭等人奏议升西汉灌婴，东汉耿纯、王霸、祭遵、班超，晋王浑、周访，宋沈庆之，后魏李崇、傅永，北齐段韶，北周寺弼，唐秦叔宝、张公瑾、唐休璟、浑瑊、裴度、李光颜、李愬、郑畋，后梁葛从周，后唐周德威、符存审共二十三人，去掉魏吴起，齐孙膑、赵廉颇，西汉韩信、彭越、周亚夫，东汉段纪明，魏邓艾，晋陶侃，蜀关羽、张飞，晋杜元凯，北齐慕容绍宗，梁王僧辩，陈吴明彻，隋杨素、贺若弼、史万岁，唐李光弼、王孝杰、张齐丘、郭元振二十二人。太祖下诏在堂前塑造齐相管仲的像，在廊檐下画上魏西河太守吴起的像，其余依照张昭等人所议定的。乙未（十五日），秘书郎直史馆管城人梁周翰上书说："凡是名将全部都是人中雄杰，如果想要挑剔毛病，谁能没有过失！一旦除去他们配享的神位，吹毛求疵寻找前人的不是之处，奋臂投袂埋怨古人的错误，似乎不是公允妥当。臣下对此心中疑惑不已。"太祖没有答复。

宋太祖下诏："荆南士兵愿意回家务农的一律准许，官府为他们修建房舍，赐给耕牛、种子、粮食。"

丙申（十六日），宋太祖下令有关部门每二年举行一次祭祀先代帝王的典礼，各自以功臣来配享。高辛帝、尧、舜、禹、汤、文、武、汉高祖都因袭他们原来的庙宇。又另外在南阳建立汉世祖庙，在醴泉建立唐太宗庙；汉世祖庙以邓禹、吴汉、贾复、耿弇配享，唐太宗庙以长孙无忌、房玄龄、杜如晦、魏征、李靖等人配享，并在庙壁上画上他们的像。

丁酉（十七日），宋太祖任命王仁赡为权知荆南军府事。先前太祖任命带兵各将校遥领湖南各郡之职。没过一年，果真夺取那些地方。辛丑（二十一日），太祖又以龙捷左厢都指挥使、岳州防御使夏津人马仁瑀等人为汉州、彭州等州防御使。

己酉（二十九日），宋太祖命令镇国节度使宋延渥率领禁军数千人在新开凿的水池中演习水战，太祖多次驾临观看。

庚戌（三十日），宋太祖任命大理正奚屿为馆陶县知县，监察御史王祐为魏县知县，杨应梦为永济县知县,屯田员外郎于继徽为临济县知县。以常参官出任知县,从奚屿等人开始。王祐是大名人。当时符彦卿长期镇守大名,专横恣意横行不法,所属城邑没有治理什么,所以太祖特别挑选强干力壮的官员前往任职。此后右赞善大夫周渭也担任永济县知县。符彦卿到郊外迎接,周渭在马上作揖,住到馆舍后,才开始同符彦卿相见,一点都不卑躬屈膝,县里有一盗贼伤人后逃跑,周渭追捕抓获,宣布他的罪状,将他斩首,没有将他交给军府。周渭原来为白马县主簿,县中大官员触犯刑法,周渭立即斩杀他。太祖对他的才能感到惊奇,所以提升为右赞善大夫。

秋季,七月,甲寅(初四),宋太祖诏令将湖南战事中死亡的靳彦朗之子靳承勋等三千人补为殿直。

监修国史王溥上奏新修的梁、后唐、晋、汉、周《五代会要》三十卷。

安国节度使王全斌与洺州防御使郭进、赵州刺史陈万通、登州刺史高行本、客省使曹彬等人率领军队进攻北汉,丁巳(初七),以所获俘虏前来进献,宋太祖下诏释放他们。曹彬是灵寿人,姨妈是后周太祖的贵妃,宋太祖典掌宫禁警卫时,特别器重曹彬。而曹彬不是因公事未尝登门,平时闲居宴会也很少参与。宋太祖即位以后,将他从晋州都监征召入宫见面。对他说:"从前我亲近你,而你为何疏远我呢?"曹彬叩头谢罪说:"臣下是周室近亲,在宫殿上列位任职,怎敢交结尊臣权贵!"宋太祖更加嘉奖他。

戊午(初八),向朗、澧二州颁布统一的量器衡器,是鉴于割据纷争横征暴敛的弊端。

唐州和邓州的习俗,家中有患病的,就是父亲、母亲也抛弃离去,所以患病的总是死亡。武胜军节度使张永德将这一习俗上书,己未(初九),宋太祖诏令禁止。

丁卯(十七日),宋太祖到武成王庙,接着到了新凿的水池,观看水军演习。

己巳(十九日),代理朗州知州薛居正奏报汪端率领数万人侵扰朗州城,被都监尹重睿率军击退。

宋太祖诏令免征荆南境内百姓今年夏租的一半。

甲戌(二十四日),周保权前往京师等待判罪,宋太祖下诏免罪开释,任命为右千牛卫上将军。

乙亥(二十五日),宋太祖命令扩筑朗州城,疏通护城河,赏赐境内百姓免交今年夏租。

己卯(二十九日),判大理寺事窦仪等人呈上《重定刑统》等书。宋太祖下诏刻板印刷颁布天下。窦仪等人权衡轻重利弊,当时人称赞它详细公允。

北汉国宿卫殿直行首王隐、刘昭、赵峦等人密谋反叛,事情被发觉,全部被杀,供词中牵连到枢密使段恒。当初,北汉国主宠幸郭姬,打算册立她为妃,段恒认为她出身低贱,劝谏阻止此事,同时又压抑她的兄弟亲属不加以任用。郭姬怨恨段恒没有帮助自己,进谗言定他的罪状,把他调出京师去担任汾州刺史,不久又绞杀了他。段恒有才干,勤于职守,不是因有罪而死,辽国主听说此事,为他抱不平。

北汉主以赵弘为枢密使,以郭无为为左仆射兼中书侍郎、平章事。郭无为与赵弘不和,不久又调出赵弘为汾州刺史,郭无为兼任枢密使,军政事务全部交付给他。郭无为又进谗言说赵弘没能治理好汾州,改任为岚州刺史。

八月,庚辰朔(初一),宋太祖下诏于冬至日到南郊祭天。后来有关部门陈奏说冬至是在十一月底的前一天,而皇帝开始郊祀,不应该靠近月底,请求改在十六日甲子那天,太祖下诏准从。

壬午(初三)，殿前都虞候，嘉州防御使馆陶人张琼自杀。当时军校史珪、石汉卿等人刚得到太祖的宠幸，张琼多次轻视侮辱他们。石汉卿因此进谗言说张琼私养部曲百多人，擅自作威作福，并且又诋毁皇弟赵光义担任殿前都虞候时的事情。太祖召见张琼，当面审讯他，张琼不伏罪。太祖大怒，命令拷打他，石汉卿立即拿起铁杖击打他的头。气息奄奄，于是拖出去，交给御史府调查审讯，张琼自杀。太祖不久又听说他家里没有多余的财产，仅有奴仆三人，十分后悔，责备石汉卿说："你说张琼有部曲百人，今天到哪里去了?"石汉卿说："张琼所收养的奴仆一个顶一百个啊!"太祖立即命令优厚抚恤张琼的家属，然而也不责怪石汉卿。

先前，龙捷左厢指挥使马仁瑀经常私下将士人嘱咐知贡举薛居正，薛居正实际不许而假装答应他。金榜贴出，榜上没有那些人。到了闻喜宴那天，马仁瑀乘着醉酒携带他所托付的士人谩骂薛居正，御史中丞刘温叟上奏弹劾马仁瑀，而太祖曲意宽容。

龙捷左厢都指挥使王继勋是皇后的同母胞弟，依仗权势骄横傲慢，多次凌辱蔑视其他将帅。马仁瑀独自与他抗衡，互相怨怼争执。动辄卷袖露臂要殴打王继勋。王继勋害怕他的勇猛，稍做委屈忍让，但怨恨冲突愈来愈深。在这时接受诏令在郊外比武考试，两人想乘机算计对方，秘密地率领自己的军队，私自购买白木棍棒。太祖暗中打听到此事，立即诏令撤销比武演习。甲申(初五)，调马仁瑀出外任密州防御使。放过王继勋不予追究。

宋太祖以泰州团练使潘美为潭州防御使。南汉国士兵多次骚扰桂阳和江华，潘美击退他们。山溪洞穴的蛮獠部民，从唐朝末年的战乱后没有向朝廷贡奉赋税，并经常恣意侵扰掠夺，成为居民的祸患。潘美统率大军深入其地，一直到他们的巢穴，斩获首级一百多，剩余党羽离散溃逃。潘美全都下令招抚诱降，宽恕他们的罪过，以自己的俸禄买来牛酒设宴犒劳，赐给金银布帛安抚慰问他们，夷人部族便安定了。

甲申(初五)，辽国主因为自己的生日，下令放走五坊中饲养的猎鹰。

先前北汉国派遣使者向辽国报告，打算巡视边境，请求大张声势援助。丁亥(初八)，王全斌再次同郭进、曹彬等人统率军队攻打北汉国的乐平县，降服北汉国拱卫指挥使王超等人。北汉国将领蔚进、郝贵超调集全部蕃、汉士兵前来救援，三次交战，都被打败，于是攻下乐平县，当即建立平晋军。

壬辰(十三日)，宋太祖下诏："《九经》举人落第的，应当依照各科举人之例允许再考。"

癸巳(十四日)，女真国派遣使臣进贡名马。

丙申(十七日)，北汉国静阳等十八寨的首领相继率领所部前来投降。

泉州陈洪进派遣使者前来进贡。

齐州黄河决口。

戊戌(十九日)，辽国主到附近山林，呼喊赶鹿而射猎，十七天以后才返回。

己亥(二十日)，辽国幽州岐沟关使柴庭翰等人前来归降。

丁未(二十八日)，户部侍郎吕余庆的母亲去世。当时吕余庆为代理襄州知州，宋太祖下诏派遣朝廷使者料理丧事，官府供给丧葬用具，不久又起用复职。

宋太祖下诏免除登州沙门岛百姓的田租赋税，命令他们专门造船运渡女真国所进贡的马匹。

这月，南唐国以吏部尚书建安人游简言主持尚书省事务，不久提升为右仆射。

九月，庚戌朔(初一)，户部判官、水陆转运使滕白免除官职，因为军备物资损失毁坏。

辽国主用青牛、白马祭祀天地，在野外宿处饮酒，到天黑才作罢。第二天，以美酒肉脯祭祀天地,又是整夜狂饮。

甲寅(初五),文武百官三次呈上表章请求加授尊号为应天广运圣文神武,宋太祖准许。

高丽国王王昭派遣使臣时赞等人入朝进贡,漂渡大海时,碰上大风,淹死九十多人,时赞仅仅免于死,宋太祖下诏慰劳抚恤他。

宋太祖下诏:"开封府挑选乐工八百三十人,暂且隶属太常寺演习奏乐。"将要进行郊外祭祀的典礼。

宋太祖下诏:"各州府长官禁止用仆役随从之人干预政事。"

丙寅(十七日),宋太祖在广政殿举行盛大宴会,开始使用音乐。

丁卯(十八日),宣徽南院使兼枢密副使李处耘,贬责授任淄州刺史。李处耘以太祖亲近大臣主持军务,遇事专制独断,与慕容延钊不和,并相互论难奏报。宋太祖以慕容延钊是老将,赦免他的过错,仅怪罪李处耘,李处耘也恐惧不敢为自己申述。

戊辰(十九日),女真国又进贡名马。

丙子(二十七日),宋太祖下诏:"朝廷大臣不得公荐参加贡举考试的人。"旧例,每年主持贡举考试的官员即将赴入贡院,京师台阁近臣可以举荐身怀才艺的人,称为公荐,然而取舍之间难免有偏心的,到这时禁止公荐。

慕容延钊抓获汪端,在朗州街市将他处以磔刑。汪端第一次攻打州城,没能攻下,同他的党羽占据山林湖泽作为强盗。监军使怀疑州城中僧人一千多人密谋接应汪端。统统被捕关押,想诛杀他们,薛居正用计谋延缓此事,等汪端被擒获后,审讯他,僧人中没有同他密谋的,才都得以保全性命。

这月,北汉国主诱使辽国军队攻打平晋军,郭进、张彦进、曹彬、陈万通率领步兵、骑兵前往救援,还没进至三十里,北汉便退兵离去。

冬季,十月,癸未(初五),宋太祖命令襄州全部找出湖南行营各军所抢掠的人口,派遣官吏分别送他们回家;释放潭州、邵州乡兵数千人回家务农;减免江陵府百姓旧租的一半。

丁未(二十九日),吴越国王派遣他的儿子钱惟濬入朝进贡,襄助南郊祭天。

翰林学士、中书舍人扈蒙,因为车夫扈继远是他的侄子,托付给同榜考中的淮南转运使仇华,使他厘定事务。扈继远盗窃官府食盐,事情被揭发,戊申(三十日),扈蒙因牵连剥夺金紫袍服,贬职为左赞善大夫。

魏仁济把陈洪进的表章带到京师。陈洪进自称为清源节度副使,暂且管理泉州、南州等地,听从朝廷命令。宋太祖派遣通事舍人王班携带诏书去安抚晓谕他。

十一月,丁巳(初九),宋太祖赏赐南唐后主诏书,具体说明之所以接纳陈洪进的本意,并且将要授予节度使的职务。

癸亥(十五日),祭祀太庙。这天晚上,天阴月暗,到半夜,天晴月明。宋太祖初次到太庙,乘坐玉制的车,左谏议大夫崔颂代理太仆,太祖询问仪仗的名称物品十分详细,崔颂应对详尽敏捷,太祖大为高兴。甲子(十六日),在南郊一起祭祀天地,用宋宣祖配祭。回来后,宋太祖登上明德门,大赦天下,改年号为乾德。文武百官在崇政殿奉玉册上尊号。

原先太祖对大礼使范质说:"中原多变故,百多年来,礼乐仪仗制度虽未断绝,已如游丝细线,如今幸而时世祥和,年成丰收,能够举行祭祀大典,报答神主借助于众物备齐,爱卿和大礼五使应当讲论寻求失传的礼仪,遵照执行典故旧制。不要让它荒废失落,以符合朕的虔诚心意。"于是范质同陶谷、张昭等人研讨寻求前代旧制。详细制定新的礼乐制度,叫《南郊行礼图》，又命令司天监制定《从祀星辰图》，上奏朝廷。范质等又上奏说："祭祀太庙和天地，随从祭祀的文武百官应该在七天前到尚书省集合接受训诫，如今都在一天内接受训诫，缺乏虔诚之意，希望下令分开日期逐一训诫百官。"太祖一并准从。准备登升祭坛，有关部门铺设黄褥垫道，太祖说："朕洁净虔诚事奉上天，不必这样。"命令撤除。回到宫中时，准备乘坐饰金的车子，太祖环顾左右侍臣说："按照典故，也可以乘坐辇车。"

当初，有关官员议论配享先祖时，请求以宋僖祖的神位升坛配享，张昭进献建议说："隋、唐以前，虽然有追尊祖宗四庙，或者追立七庙，但没有普遍追尊帝号的条文成法。梁、陈等在南郊祭祀天地，都以皇帝父亲神位配享。北齐在圜丘祭祀上天，以高祖神武帝升坛配享，隋朝在圜丘祭祀上天，用皇帝的父亲升坛配享。唐观贞初年，用唐高祖在圜丘祭天时配享。后梁太祖祭祀上天于南郊，以皇父烈祖配享。臣下恭敬地思念宣祖积累功勋，开创王业的基础。俯伏请求奉宣祖来配享。"太祖准从。

丙寅（十八日），南唐后主派遣使臣前来协助在南郊祭祀天地以及祝贺册上宋太祖的尊号。

丁卯（十九日），宋太祖下诏："防御使、团练使、刺史所领各州旧有的都督府号一并停止使用，都作为上州。"

庚午（二十二日），辽国主出外打猎，在虞人家中饮酒，总共有四天。

壬申（二十四日），因为南郊祭天典礼完成，宋太祖在广德殿举行盛大宴会，宴请群臣，号称饮福宴，从此成为惯例。

宋太祖对宰相说："北门翰林学士职责深重庄严，应当选择谨慎稳重之士担任。"范质说："窦仪清廉公正、严谨厚道。然而在前期已从翰林学士迁升为端明殿学士，如今又为兵部尚书，难以再次召回翰林院。"太祖说："宫禁之中非此人不可，爱卿应当去说明朕的意思，勉励他再赴此职。"癸酉（二十五日），再次任命窦仪为翰林学士。

宋太祖曾经征召窦仪起草制令，刚到苑门，窦仪看到太祖堆起头巾露出前额，光着脚坐在那里，赶忙退却站立不进，太祖为之戴冠系带然后召他进入。窦仪说："陛下创建王业垂示法统，应该用礼法来宣示天下。"太祖面色庄重地向他道歉。从此宋太祖面见亲近大臣没有不衣冠整齐的。

十二月，庚辰（初二），殿前散祗候李璘，因为报父仇在街市上杀死同僚官员陈友。李璘前来自首，宋太祖认为他有壮士气概而释放了他。

辛巳（初三），宋太祖进升文武百官的官阶、勋级、爵位、食邑各有不同，司徒兼侍中萧国公范质，改封为鲁国公。

荆南节度使高继冲上表请求陪位助祭，宋太祖答应他所求，因而他带领全族归顺朝廷。癸未（初五），太祖改任高继冲为武宁节度使。

甲申（初六），皇后王氏驾崩，翰林医官王守愚因进药没有精心仔细而获罪，减免死刑，流放海岛。

戊子（初十），辽国主射猎野鹿，赏赐陪从虞人的物品各有不习。

己亥（二十一日），宋太祖以殿前侍御史郑起为西河县令。后周显德末年，郑起为殿中侍御史，看到宋太祖掌握禁军，颇孚众望，便写书信给范质，极力陈说此事，而范质不听。曾经在路上与太祖相遇，而他横穿前导队伍而过去，太祖当初不加追究。到这时让他出外掌管泗州市税征收，当时泗州刺史张延范加官为检校司徒，而郑起总是喊他为太保。郑起贫穷，经常乘坐骡子,有一天,随从张延范出城到附近郊区,张延范打揖请郑起上马,郑起说:"这是骡子,何必称呼过实!"张延范对此深怀怨恨,秘密上奏说郑起嗜好饮酒荒废职守,于是被贬官。右拾遗浦城人杨徽之,也曾经向后周世宗进言,认为宋太祖深孚众望,不应该让他典领禁军。宋太祖即位后,打算借事诛杀他,而赵光义说:"这是后周王室的忠臣,不应该深究罪责。"于是也调出为天兴县令。

庚子(二十二日),尚书左丞高防在凤翔去世,宋太祖十分悼念痛惜他,派遣供奉官陈彦珣安排部署送回西洛安葬,凡所需费用,都从官府支取供给。高防生性淳朴厚道,遵守礼法,在他所担任的官职时,都享有能干的美名。

乙巳(二十七日),南唐后主上表章请求直呼其名,宋太祖下诏不允许。

禁止道州征调百姓采集朱砂,免除衡州、岳州二税以外所征收的米,同时不得调发百姓冶炼铜矿和烧炭。

宋太祖派遣内客省使曹彬、通事舍人王继筠分别前往晋州、潞州,同两州节度使赵彦徽和李继勋会师攻入北汉国境内,收复那里的边塞城邑及辽州、石州。

闰月,乙卯(初七),山南东道节度使慕容延钊去世,赠授中书令,追封为河南郡王。

宋太祖素来和慕容延钊亲密,常常把他当兄长一样侍奉,等到即帝位后,仍然称他为兄。慕容延钊重病在床,太祖亲自封好药剂赐给他;听到他去世,哭得十分悲痛。礼官进言为亲近大臣表示悲哀,哭声应该有正常节制,太祖说:"我不知道悲哀从哪里来的。"

龙捷军校王明前往朝廷进献用兵布阵图,请求征讨幽州。宋太祖嘉奖他,赏赐锦袍、银带、铜钱十万。有人传言太祖打算北征,大大调发百姓运送粮草,河南百姓相继因惊恐而逃亡的有四万家,太祖对此忧虑。丙寅(十八日),命令枢密直学士薛居正乘坐侍车飞驰前去招抚安集,十天以后才恢复正常。

当初,宣帝安葬在安陵,位于京城东南角。辛未(二十三日),宋太祖命令司天监浚仪人赵修己、内客省使王仁赡等人重新占卜,将陵迁到西京巩县的邓封乡。

乙亥(二十七日),宋太祖下诏,皇帝所乘坐车辆及所佩戴的冠冕去掉珍珠美玉的装饰。

永安节度使折德扆在府州城下打败北汉军队数千人,俘获北汉国卫州刺史杨璘。

国子博士聂崇义上言:"皇帝家族用火德从上天承接正统,请求尊奉赤帝为感生帝,每年正月单独尊奉而祭祀他,在南郊设坛,奉持宣帝神主升坛配享,通常在正月第一个辛日举行祭祀。"

当初,北汉主继位,所用事奉辽国的礼节多有疏漏,不像从前那样。到此时辽国主派遣使臣前来责备他说:"你不接受我的命令,有三条罪状:擅自更改年号,是第一条;帮助李筠另有图谋,这是第二条;杀害段恒,是第三条。"北汉国主恐惧。派遣侄子刘继文前往谢罪说:"做父亲的为儿子隐瞒罪过,希望恕罪。"辽国拘留北汉的使臣而不答复。北汉国土地狭小物产稀少,又每年向辽国纳贡,所以国家财力日益削弱,于是授予五台山僧人刘继容为鸿胪卿。刘继容是原燕王刘守光的庶子,出家为僧;居住在五台山,能够宣讲《华严经》,四面八方的供给布施,他大多积蓄起来以帮助国家费用。五台山靠近辽国地界,经常获得辽人的马匹来进献。号称添都马,每年大概有几百匹。又在柏谷设置银冶,招募百姓凿山取矿采炼白银,北汉拿他所炼出的银子向辽国纳贡,每年一千斤,因而就在柏谷银冶设立宝兴军。

乾德二年　辽应历十四年(公元964年)

春季,正月,辛巳(初四),下大雪,打雷闪电。

宋太祖下诏各州长官劝勉督课农耕田作。

甲申（初七），宋太祖因为选人衣食贫困的众多，下诏吏部流内铨准许选人一年四季参加铨选。并且任命翰林学士承旨陶谷等人与本司官员重新详细制定《循资格》和《四时参选条》。

宰相范质、王溥、魏仁浦等人再次上表请求退职，戊子（十一日），宋太祖任命范质为太子太傅，王溥为太子太保，魏仁浦为尚书左仆射，都免除行政职务。范质在任宰相期间，所颁下的制敕文书从未曾破坏律令，任命州刺史、县令，必定以人口户籍作为急务；使者出外核实百姓田亩和刑法诉讼，都要召见，为他们述说天子忧患勤奋的本意，于是才派遣出，当时号称为贤相。

庚寅（十三日），宋太祖以枢密使赵普为门下侍郎、平章事、集贤院大学士，宣徽北院使、判三司上党人李崇矩为检校太尉，充任枢密使。

太祖任命赵普与李崇矩后，仍没有宰相在敕书后署名，太祖当时在资福殿，赵普因而入殿陈奏这件事，太祖说："爱卿只管进呈敕书，朕为爱卿画押署名，可以吗？"赵普说："这是官吏所做的，不是帝王的事情。"于是派人向翰林学士询问以寻求过去的事实。陶谷提出建议，认为："宰相自古以来从没有空过位子，仅唐朝太和年间甘露事件以后，有几天没有宰相，当时由尚书左仆射令狐楚等人奉行制书画押署名。如今尚书也是尚书省的长官，可以署名画押。"窦仪说："陶谷所陈奏的不是太平时代的好故事，不足以援例依凭。如今皇弟为开封尹，同平章事，就是宰相的职位。"太祖准从窦仪的建议。

壬辰（十五日），宋太祖下诏："先前所置的贤良方正能直言极谏，经学优深可以为师法，详娴吏理达于教化等三科，同时委托州府将应试人士解送吏部，考试论题三道、篇幅在三千字以上为限。但从那时直到今天没有应试的，是不是抱有倜傥超群、绝伦才能的人耻于与老调重弹者为伍，怀有谠言直谏的人难于向有关官员呈献，一定要由朕亲自调收征集呢？从今不论朝廷内外供职官员、前朝旧官、当今现任、布衣寒士、黄衣贵胄，一同准许到宫禁阁门递进状文，朕亲自考试。"

己亥（二十二日），宋太祖以枢密承旨王仁赡为左卫大将军，充任枢密副使。

庚子（二十三日），改清源军为平海军，命令陈洪进为节度使。陈洪进每年进贡奉献，大多是向百姓重征赋税，又登记百姓中家资在百万钱以上的让他们缴纳钱币，补为协律郎、奉礼郎，从而免除他家男丁的徭役。他的子弟亲属之间相互勾结贿赂，二州的百姓生活十分痛苦。

壬寅（二十五日），宋太祖敕令赵普监修国史。

丁未（三十日），宋太祖下诏："各县县令、主簿、县尉，不是公事不得随便到乡村。"

李继勋等人进攻北汉的辽州，北汉主向辽国告急。二月，戊申朔（初一），辽州刺史杜延韬举州城投降。壬子（初五），辽国主派遣西南面招讨使耶律达里统率六万骑兵援救北汉，在石州打败李继勋的军队。耶律达里用兵，赏罚分明，深得将士之心，河东势单力弱，没有马上被人吞并，耶律达里出了力。先前辽国主知道耶律达里深沉厚道且多智谋，有担当重任的才能，即位之初，立即提拔他为南院大王。耶律达里在管辖区内，不讲求衣着仪表，平均赋税徭役。劝勉农耕稼穑，百姓户口增多。当时耶律乌珍为北院大王，与耶律达里都有好的政绩，朝中议论认为是"富民大王"，所以辽国主虽然自己残暴酷虐而国境内大致安定。

癸丑（初六），宋太祖派遣使者到陕州赈济饥民。

宋太祖命令右神武统军陈承昭率领民夫数千人开凿河渠,从长社引潩水到京师,与闵河合流。河渠修成后,百姓没有水患,闵河的运粮河道增添新的交通支流。

吏部尚书张昭与翰林学士陶谷同时掌管选举,陶谷与给事中李昉有矛盾,于是上奏诬告左谏议大夫崔颂将他所亲近的人托付给李昉,要求担任东畿县县令,并拉张昭做证人。宋太祖召见张昭对质,张昭认为陶谷的行为不正直,立即脱下官帽,大声喊陶谷欺骗皇上,太祖不高兴。三月,丁丑朔(初一),李昉责贬授予彰武行军司马,崔颂为保大行军司马。张昭便三次上表章请求告老还乡,乙酉(初九),太祖准许张昭退休。

权知贡举陶谷奏报进士李景阳等合格者共八人。

乙未(十九日),北汉国耀州团练使周审玉等人前来归降,宋太祖赐周审玉名为承瑨,任命为左千牛卫大将军,兼领汾州团练使。

辛丑(二十五日),将明宪皇太后改谥号为昭宪;皇后贺氏谥号孝惠,王氏谥号为孝明。

当初,南唐国废去永通大钱,另外采用韩熙载的建议,铸造当二铁钱。韩熙载从中书舍人提升为户部侍郎,充任铸钱使。宰相严续多次上书铁钱使用不方便,韩熙载同他在朝堂上争辩,声色俱厉,被降职为秘书监,不到一年,又授官为吏部侍郎。这月,开始使用铁铸,将韩熙载提升为兵部尚书、勤政殿学士。民间许多人收藏旧铜钱,旧铜钱更加稀少,商人出境外经商。总是以十个铁钱交换一个铜钱,官府不能禁止,因而顺从他们的方便。官吏都增加俸禄,而且用铁钱加倍支付,从此物价日益腾贵。韩熙载也很后悔。

续资治通鉴卷第四

【原文】

宋纪四　起阏逢困敦【甲子】四月,尽柔兆摄提格【丙寅】十二月,凡二年有奇。

太祖启运立极英武睿文　神德圣功至明大孝皇帝

乾德二年　辽应历十四年【甲子,964】　夏,四月,丁未朔,以前博州军事判官颖贽为著作佐郎。贽应贤良方正能直言极谏科,策试称旨故也。

戊申,赈河中饥。

己酉,免诸道今年夏税之无苗者。

乙卯,改葬宣祖昭武皇帝、昭宪皇后于安陵,孝惠皇后贺氏、孝明皇后王氏祔焉。

帝欲为赵普置副而难其名称,召翰林学士承旨陶谷问曰:"下丞相一等者何官?"对曰:"唐有参知机务、参知政事。"乙丑,以兵部侍郎薛居正、吕馀庆并本官参知政事,不宣制,不押班,不知印,不升政事堂,止令就宣徽使厅上事,殿庭别设砖位于宰相后,敕尾署衔降宰相数字,月俸杂给皆半之,盖帝意未欲令居正等与普齐也。

壬申,徙永州诸县民之畜蛊者三百二十六家于县之僻处,不得复齿于乡。

以秦再雄为辰州刺史。再雄,辰州徭人,武健有奇略,素为蛮党畏服。帝召至汴,察其可任,擢为刺史,使自辟吏,予以租赋。再雄至州,日训士兵,得三千人,能披甲渡水,历水飞堑;又遣人分赐诸蛮,传朝廷怀徕之意,降附日众。自是荆、襄无复边患。

五月,己卯,知制诰高锡,坐受藩镇赂,贬莱州司马。

辛巳,宗正卿赵砺,坐赃,杖除籍。

辽主射舐碱鹿于白鹰山,至于浃旬;六月,丙午朔,猎于玉山,竟月忘返。

御史台、太常礼院奏:"东宫三师官一品、仆射二品,若百官上表,未知所先。"诏两制议之。戊辰,翰林学士窦仪等奏:"仆射师长百僚,东宫三师臣子之官,当以仆射为表首。"从之。

契丹战刀　辽

己酉,以光义为中书令,光美同中书门下平章事,子德昭贵州防御使。故事,皇子出阁即封王,帝以德昭未冠,特杀其礼。

秋,七月,诏曰:"惟彼铨衡,止凭资历,虑有英俊沈于下僚。自今常调赴集选人,委吏部南曹取历任中多课绩而无阙失者,当与量材甄叙。"

辛卯,诏陶谷等四十三人各于见任幕职、京官及州县中举堪为藩郡通判者一人,职任乖方事状连坐。

甲午,令藩镇无以初官为掌书记,须历两任有文学者乃许奏辟。

八月,戊申,辽主以生日值天赦,不受贺,曲赦京师囚;乙酉,录囚。

九月,甲戌朔,《周易》博士奚屿,责乾州司户,库部员外郎王贻孙,责左赞善大夫,并坐试任子不公也。

辛丑,太子太傅鲁国公范质卒。质寝疾,帝数幸其第临视,又令内夫人问讯。质家迎奉器皿不具,内夫人奏之,帝即命翰林司赐以果床、酒器,复幸其第,谓曰:"卿为宰相,何自苦如此?"质对曰:"臣曩在中书,门无私谒,所与饮酌,皆贫贱时亲戚,安用器皿!因循不置,非力不及也。"质性卞急,以廉介自持,好面折人过。尝谓同列曰:"人能鼻吸三斗醋,斯可为宰相矣。"五代宰相多取给于方镇,质始绝之。所得禄赐,遍及孤遗。疾革,戒其子旻毋请谥,毋刻墓碑。及卒,帝甚悼惜之,赠中书令,赙赍甚厚。后因讲求辅弼,谓左右曰:"朕闻范质居第之外不殖资产,真宰相也!"

壬寅,潘美等克郴州。

冬,十月,丙辰,辽主以掌鹿矧思为闸撒狨,赐金带、金盏,银二百两,所隶死罪以下得专之。

初,南汉内常侍邵廷琄言于其主曰:"汉承唐乱,居此五十馀年,幸中国多故,干戈不及,而吾亦骄于无事。今兵不识旗鼓,人主不知存亡,请饬兵备,且通好于宋。"铱不能用。至是始惧,以廷琄为招讨使。

帝素谋伐蜀。会蜀山南节度判官张廷伟说知枢密院事王昭远曰:"公素无勋业,一旦位至枢密,不自建立大功,何以塞时论!莫若通好并门,令发兵南下,我自黄花、子午谷出兵应之,使中原表里受敌,则关右之地可抚而有也。"昭远然其言,劝蜀主遣孙遇、赵彦韬、杨蠲等以蜡丸帛书间行遗北汉主,言已于褒、汉增兵,约北汉济河同举。遇等至都下,彦韬潜取其书以献。彦韬,兴州人也。

有穆昭嗣者,初以方伎事高氏,于是为翰林医官,帝数召问蜀中地理,昭嗣曰:"荆南即西川、江南、广南都会也。今已克此,则水陆皆可趋蜀。"帝大悦。后数日,得彦韬所献书,笑曰:"吾西讨有名矣!"并赦遇、蠲,使指陈山川形势、戍守处所、道里远近,画图以进。

十一月,甲戌,命忠武节度使王全斌为西川行营凤州路都部署,武信节度使大名崔彦进副之,枢密副使王仁赡为都监,宁江节度使范阳刘光义为归州路副都部署,枢密承旨曹彬为都监,合步骑六万分路进讨,给事中沈义伦为随军转运使,均州刺史大名曹翰为西南面转运使。帝谕行营:"所至毋得焚荡庐舍,驱略吏民,开发丘坟,翦伐桑柘,违者以军法从事。"命将作司度右掖门,南临汴水,为蜀主治第,以待其至。乙亥,全斌等辞,宴于崇德殿,帝出画图授全斌等,因谓曰:"凡克城寨,止籍其器甲、刍粮,悉以钱帛分给战士,吾所欲得者,其土地耳。"

辽主游畋无度,壬午,日南至,宴饮达旦;自是昼寝夜饮。

蜀主闻有北师,命王昭远为西南行营都统,赵崇韬为都监,韩保正为招讨使,李进为副招讨使,帅兵拒战。蜀主谓昭远曰:"今日之师,卿所召也,勉为朕立功!"昭远颇以方略自任,始发成都,蜀主命宰相李昊等饯之城外。昭远手执铁如意,指挥军事,自方诸葛亮。酒酣,攘臂谓昊曰:"吾此行何止克敌,当领此二三万雕面恶少儿,取中原如反掌耳!"

十二月，辛酉，王全斌等攻拔乾渠渡、万仞、燕子等寨，遂取兴州，败蜀兵七千人，获军粮四十余万斛，蜀刺史蓝思绾退保西县。全斌又攻石圌、鱼关、白水阁二十馀寨，皆拔之。

蜀韩保正闻兴州破，遂弃山南，退保西县。马军都指挥使史延德以先锋至，保正懦惧不敢出，遣兵数万人，依山背城，结阵自固，延德击走之，追擒保正及其副李进，获其粮三十馀万斛。崔彦进与马军都监康延泽等逐北过三泉山，遂至嘉州，杀虏甚众。蜀军烧绝栈道，退保葭萌。

刘光义等入峡路，连破松木、三会、巫山等寨，杀其将南光海等，死者五千馀人，生擒战棹都指挥使袁德弘等，夺战舰二百馀艘，又斩获水军六十馀众。初，蜀于夔州锁江为浮梁，上设敌栅三重，夹江列炮具。光义等行，帝出地图，指其处谓光义曰："溯江至此，切勿以舟师争战，当先遣步骑潜击之，俟其稍却，乃以战棹夹攻，可必取也。"光义等至夔，距锁江三十里许，舍舟，先夺浮梁，复引舟而上，遂破州城，顿兵白帝城西。

蜀宁江节度使太原高彦俦，谓副使赵崇济、监军武守谦曰："北军涉险远来，利在速战，宜坚壁待之。"守谦曰："寇据城下而不击，又何待也？"戊辰，守谦独领麾下千馀人以出，光义遣马军都指挥使陵川张廷翰等引兵与守谦等战于猪头铺，守谦败走，廷翰等乘胜登其城，拔之。彦俦力战不胜，身被十馀枪，左右皆散去。彦俦奔归府第，整衣冠，望西北再拜，登楼，纵火自焚。后数日，光义等得其骨于灰烬中，以礼葬之。

王全斌以蜀人断栈，大军不得进，议取罗川路入蜀。康延泽潜谓崔彦进曰："罗川路险，众难并济，不如分兵修栈，约会大军于深渡可也。"彦进遣白全斌，全斌许之。不数日，阁道成，遂进击金山寨，又破小漫天寨，而全斌亦以大军由罗川至深渡。与彦进会。蜀人依江而阵，彦进遣步军都指挥使张万友等击之，夺其桥。会暮夜，蜀人退保大漫天寨。明日，彦进、延泽、万友分兵三道击之，蜀人悉其精锐来拒，又大破之，乘胜拔其寨，擒寨主义州刺史王审超、监军赵崇渥及三泉监军刘延祚。大将王昭远、赵崇韬引兵来战，三战三败，追奔至利州北，昭远等遁去，渡桔柏津，焚浮梁，退保剑门。壬申晦，全斌等入利州。获军粮八十万斛。

是月，京师大雪，帝设毡帐于讲武殿，衣紫貂裘帽视事。忽谓左右曰："我被服如此，体尚觉寒，念西征将帅冲犯霜霰，何以堪此！"即解裘、帽，遣中黄门驰驿赍赐全斌，且谕旨诸将以不能遍及也。全斌拜赐感泣。

初，辽太祖威服漠北，分设部帐官。突吕不、室韦部者，本名大、小二黄室韦，太祖以计降之，置为二部，隶北府节度使。乌库部者列于外十部，不能成国，附庸于辽，时修职贡。至是以辽主失政，黄室韦掠马牛叛去。统军楚固质邀战，败之，降其众。未几，乌库部叛，掠居民财畜，详衮藏引与战，败绩，藏引死之。

南唐主酷信浮屠法，出禁中金钱募人为僧，时都下僧及万人，皆仰给县官。南唐主退朝，与后服僧衣，诵佛书，拜跪手足成赘；僧有罪，命礼佛而释之。帝闻其惑，乃选少年有口辩者，南渡见南唐主，论性命之说，南唐主信之，谓之一佛出世，由是不复以治国守边为意。

诏江北许诸州民及诸监盐亭户缘江采捕及过江贸易。先是江北置榷场，禁商人渡江及百姓缘江采樵，是岁，以江南荐饥，特弛其禁。

三年 辽应历十五年【乙丑，965】 春，正月，蜀主闻王昭远等败，甚惧，乃益募兵守剑门，命太子元喆为元帅，侍中太原李廷珪、同平章事张惠安副之，带甲万馀。旗帜悉用文绣，绸其杠以锦，将发而雨，元喆虑其沾湿，悉令解去。俄雨止，复饰之，则皆倒悬杠上。元喆又辇其姬妾及伶人数十以从，见者莫不窃笑。王全斌等自利州趋剑门，次益光，以剑门天险，会议进取之策。侍卫军头向韬曰:"得降卒言,益光江东越大山数重,有狭径,名来苏,蜀人于江西置栅,对岸可渡。自此出剑门南二十里,至青强店,与官道合,若大军行此路,则剑门之险不足恃也。"全斌等即欲卷甲赴之,康延泽曰:"蜀人数战数败,胆气夺矣,可急攻而下也。且来苏狭径,主帅不宜自行,但可遣一偏将往耳。若抵青强,北与大军夹击剑门,昭远等必成擒矣。"全斌等然之,命史延德分兵趋来苏,跨江为浮梁以济,蜀人见之,弃寨而遁。延德遂至青强,王昭远引兵退驻汉原坡,留其偏将守剑门,全斌等以锐兵奋击,破之。及汉原,赵崇韬布阵,策马先登,昭远据胡床不能起。崇韬战败,犹手斩数人,乃被执,昭远免胄弃甲而逃。甲戌,全斌等遂取剑州,杀蜀军万馀人。昭远投东川,匿民舍,为追骑所获。

乙亥,诏瘗征蜀战死士卒,被伤者给缯帛。

蜀太子元喆与李廷珪等日夜嬉游,不恤军政,至绵州,闻剑门已破,将退保东川;翼日,弃军西奔,所过尽焚其庐舍、仓廪乃去。蜀主知剑州已破,元喆亦奔还,惶骇不知所为,问左右:"计将安出?"有老将石奉颁者对曰:"东兵远来,势不能久,请聚兵坚守以弊之。"蜀主叹曰:"吾父子以丰衣美食养士四十年,一旦遇敌,不能为吾东向发一矢,今虽欲闭壁,谁肯效死者!"司空、平章事李昊劝蜀主封府库以请降,蜀主从之,因命昊草表。己卯,遣通奏太原伊审征奉降表诣军前。初,前蜀之亡也,降表亦昊所为,蜀人夜书其门曰"世修降表李家"。

辽主以枢密使雅里克斯为行军都统,虎军详衮克苏为行军都监,益以图鲁卜部军三百,合诸部兵讨乌库部。乌库之叛也,布达齐独不叛,诏褒之。未几,乌库部杀其酋长来降;既而复叛。

乙酉,王全斌等次魏城,伊审征以蜀主降表至。全斌受之,遣通事舍人汝阴田钦祚乘驿入奏,又遣康延泽趋成都见蜀主,谕以恩信,慰抚军民。初,刘光义等发夔州,万、施、开、忠、遂等州刺史皆迎降。光义入城,尽以府库钱帛给军士。诸将所过,咸欲屠戮,独曹彬禁之,乃止,故峡路兵始终秋毫无犯。帝闻之,喜曰:"吾任得其人矣!"赐彬诏褒之。

戊子,吏部郎中邓守中试诸司吏书判不当,帝命覆试,黜数人,责守中本曹员外郎。

辛卯,王全斌至升仙桥,蜀主备亡国之礼,见于军门;全斌承制释之。蜀主复遣其弟雅王仁贽奉表求哀。

丙申,田钦祚至自西川,孟昶降表以其先人坟墓及老母为请,帝优诏答之,并谕西川将吏、百姓,使皆安堵。

丁酉,赦蜀管内,蠲乾德二年逋租,赐今年夏税之半,除无名科役及增益赋调,减盐价,赈乏食,还掳获生口。

自全斌等发京师至昶降,才六十六日,凡得州四十六,县二百四十,户五十三万四千二十九。全斌既平蜀,欲乘势取云南,以图献。帝鉴唐天宝之祸起于南诏,以玉斧画大渡河以西曰:"此外非吾有也。"

全斌等入成都后数日,刘光义等始至,孟昶馈遗光义等,及犒师之礼并如初。已而诏书颁赏诸军,亦无差降,两路将士争功,始相疾矣。先是全斌受诏,每制置必与诸将佥议,因是虽小事亦各为异同,不能即决。全斌及崔彦进、王仁赡等日夜宴饮,不恤军务,纵部下掳掠子女货财,蜀人苦之。曹彬屡请旋师,全斌等不听。

二月,壬寅朔,日有食之。

癸卯,命参知政事吕馀庆权知成都府,枢密直学士冯瓒权知梓州。馀庆至成都,时盗四起,将士犹恃功骄恣,王全斌等不能禁。一日,药市始集,街吏驰报有军校被酒持刃,夺贾人物,馀庆立命捕斩之以徇,军中畏服,民乃宁居。瓒至梓州,视事才数日,会伪蜀军校上官进啸聚亡命三千馀众,劫村民数万,夜攻州城。瓒曰:"此乌合之众,乘夜奄至,必无固志,宜持重以镇之,且自溃矣。"城中兵止三百,分守诸门,瓒坐城楼,密令促其更筹,未夜分,击五鼓,贼惊,遁去。因纵兵追之,擒进,斩于市,招降千馀人,并释其罪,州境遂安。

以蜀兴州马步军都指挥使赵彦韬为兴州刺史,酬其乡导功也。

丙午,以西师所过,民有调发供亿之劳,赐秦、凤、陇、成、阶、襄、荆南、房、均等州今年夏租之半;安、复、郢、邓州、光化、汉阳军十之二;居坊郭者勿输半年屋税。

丁巳,权知贡举卢多逊奏进士刘察等合格者七人。

庚申,孟仁贽至自成都。孟昶所上表有"自量过咎,尚切忧疑"等语,诏答之,略曰:"既自求于多福,当尽涤其前非。朕不食言,尔无过虑。"诏仍不名,又呼昶母为国母。

三月,孟昶与其官属皆挈族归朝,由峡州而下。

初,诏发蜀兵赴阙,并优给装钱,王全斌等擅减其数,仍纵部曲侵挠之。蜀兵愤怨,行至绵州,遂作乱,劫属县以叛,推蜀旧将全师雄为帅,众至十余万,号兴国军。全斌遣马军都监朱光绪往招抚之,光绪尽灭师雄之族,纳其爱女及橐装,师雄怒,遂无归志,引众急攻绵州,不克,攻破彭州,入据之,成都十县皆起兵应师雄。师雄自号兴蜀大王,开幕府,置节度二十余人,分据要害。崔彦进、高彦晖等分道攻讨,为师雄所败,彦晖战死,贼众益炽。师雄分兵断剑阁,缘江置寨,声言欲攻成都。自是随师雄为乱者一十七州,邮传不通,全斌等大惧。

自唐天宝以来,方镇屯重兵,多以赋入自赡,名曰留使、留州,其上供殊鲜。五代方镇益强,率令部曲主场院,厚敛以自利。其属三司者,补大吏临之,输额之外辄入己;或私纳货贿,名曰贡奉,用冀恩赏。帝始即位,犹循前制,牧守来朝,皆有贡奉。及赵普为相,劝革去其弊,申命诸州,度支经费外,凡金帛以助军实,悉送都下,无得占留。又,方镇阙帅,稍命文臣权知,所在场院,间遣京朝官廷臣监临,复置转运使,为之条禁文簿,渐为精密,由是利归公上而外权削矣。建隆初,贡赋悉入左藏库,及取荆、湖,下西蜀,储积充足,帝顾左右曰:"军旅饥馑,当预为之备,不可临事厚敛于民。"乃于讲武殿后别为内库,以贮金帛,号曰封桩库,凡岁终用度赢馀之数皆入焉。

丁丑,辽部帐大室韦酋长寅尼吉叛。癸未,五坊人四十户叛入乌库部。辽主好畋,喜怒无恒,司鹰者小失意辄死,或加炮烙、铁梳之刑,故五坊人叛。

夏,四月,乙巳,小黄室韦叛。雅里克斯、克苏击之,为室韦所败,遣使诘让。乙卯,以图里代雅里克斯为都统,以尼古为监军,率轻骑进讨,仍令岱马寻支里持诏招谕。

癸亥,导五丈河贯宫城,历后院,内庭池沼,水皆至焉。

初,王全斌虑蜀降兵为乱,徙置成都夹城中,至是,诸将欲尽杀之。康延泽请简老幼疾病七千人释之,馀以兵卫还,浮江而下,贼若来攻夺,杀之未晚;诸将不从。死者共二万七千馀人。

先是,帝遣使以御府供帐迓孟昶于江陵,且命有司为昶官属治第,又遣使至江陵,分给鞍马车乘。五月,乙酉,昶至近郊,开封尹光义劳之玉津园。丙戌,大陈诸军于阙前。昶与弟仁贽、子元喆、元珏、宰相李昊等三十三人素服待罪明德门外,诏释罪,赐昶等袭衣、冠带。帝御崇元殿,备礼见之。礼毕。御明德门,观诸军按部还营。遂宴昶等于大明殿,赐物有差。

六月,甲辰,以孟昶为开府仪同三司、检校太师兼中书令、秦国公。庚戌,昶卒,帝为辍五日朝,赠尚书令,追封楚王,谥恭孝,赙布帛千匹,葬事官给。初,昶母李氏随昶至京师,帝数命肩舆入宫,谓之曰:"国母善自爱无戚,若怀乡土,异日当送母归。"李氏曰:"使妾安往?"帝曰:"归蜀耳。"李氏曰:"妾家本太原,倘获归老并门,妾之愿也。"时帝已有北征意,闻其言,喜曰:"俟平刘钧,即如母所愿。"因厚加赍赐。及昶卒,李氏不哭,举酒酹地曰:"汝不能死社稷,贪生至今日。吾所以忍死者,为汝在耳;今汝既死,吾安用生!"因不食数日而死。

辽主之遣谕室韦也,欲抚降之,及寻里至,谕之,不从,仍命雅里克斯率群牧兵追讨,战于柴河,不利。室韦酋长寅尼吉,亡入德呼勒部。德呼勒部者,辽国外十部之一也。是月,德呼勒部来降,室韦平,乃专讨乌库部。

刘光义、曹彬等屡破全师雄,贼锋稍衄。未几,虎捷指挥使吕翰又以嘉州叛,与师雄伪署将刘泽合,众至五万,杀逐刺史、通判。曹彬率兵会仁赡等围翰于嘉州,翰弃城走,追袭,大破之,杀戮数万人,翰走保雅州。

秋,七月,帝闻西川行营有大校割民妻乳而杀之者,亟召至阙,斩之都市。近臣营救颇切,帝因流涕曰:"兴师吊伐,妇人何罪,而残忍至此! 当速置法以偿其冤。"

南汉主钅其杀其招讨使邵廷琄。廷琄屯洭口,招辑亡叛,训士卒,修战备,国人赖以少安。或谮廷琄将图不轨,钅其信之,赐廷琄死。

珍州刺史田景迁内附。

甲戌,辽雅里克斯奏乌库部至河德泺,遣伊勒希巴、常斯等击之。丁丑,乌库部掠上京北榆林峪居民,遣林牙萧干、郎君耶律贤适讨之。庚辰,雅里克斯等与乌库部战,不利。

八月,己酉,诏以西川兵马都监康延泽为普州刺史。延泽诣王全斌请兵护送,全斌才给以百人。延泽至简州,招集逃亡,凡得千馀人,教习战阵,拥以去。及贼境,揭示威信,所招集又得三千人,遂破刘泽三万馀众,贼势稍沮。

辛酉,以左散骑常侍华阳欧阳炯为翰林学士。炯性坦率,无检束,雅喜长笛,帝问召至便殿奏曲。御史中丞刘温叟闻之,叩殿门求见,谏曰:"禁署之职,典司诰命,不可作伶人事。"帝曰:"孟昶君臣溺于声乐,炯至宰相,尚习此伎,故为我所擒。所以召炯,欲验言者之不诬耳。"温叟谢曰:"臣愚,不识陛下鉴戒之微。"自是遂不复召。温叟常晚过明德门西阙前,帝方与中黄门数人登楼,骑者潜知之,以白温叟,温叟令传呼依常而过。翼日,请对,且言:"人主非时登楼,则近侍咸望恩宥,辇下诸军亦希赏给;臣所以呵导而过者,欲示众以陛下非时不登楼也。"帝善之。

九月,己巳,帝御讲武殿,阅诸道兵,得万馀人,名马军曰骁雄,步军曰雄武,并属侍卫司。

冬,十月,丁未,辽常斯进讨乌库部,大败之。乌库部旋平。

十一月,丁卯朔,康延泽入普州。先是州城悉被焚荡,乃依山设栅,且行且战,取粮于遂州,复城普州。既而刘泽领众来降,诏以延泽兼东川七州招安巡检使。

秘书监、判大理寺尹拙等言:"后唐刘岳《书仪》,称妇为舅姑服三年,与律不同,然亦准敕行用,请别裁定之。"诏百官集议,左仆射魏仁浦等奏议曰:"谨按《礼·内则》云:'妇事舅姑,如事父母。'舅姑与父母一也。古礼有期年之说,虽于义可稽;《书仪》著三年之文,实在礼为当。盖五服制度,前代增益已多。只如嫂叔无服,唐太宗令服小功;曾祖父母旧服三月,增为五月;嫡子妇大功,增为期;众子妇小功,增为大功;父在为母服期,高宗增为三年,妇人为夫之姨舅无服,明皇令从夫而服;又增姨舅同服缌麻,又堂姨舅服袒免。讫今遵行,遂为典制。况三年之内,几筵尚存,岂可夫衣衰粗,妇袭纨绮?夫妇齐体,哀乐不同,求之人情,实伤至治。况妇人为夫有三年之服,于舅姑而止服期,是尊夫而卑舅姑也。且昭宪皇太后丧,孝明皇后亲行三年之服,可以为万代法。"十二月,丁酉朔,始令妇为舅姑三年齐斩,一从其夫。

己亥,诏西川管内监军巡检毋预州县事。

是月,辽主驻黑山平淀。

四年 辽应历十六年【丙寅,966】 春,正月,丁卯朔,辽主被酒,不受贺。

甲申,辽主微行市中,赐酒家银绢。

丁亥,以客省使丁德裕为西川都巡检使,与引进副使王班、内班都知张屿同率兵赴西川。

是月,辽人侵易州,监军任德义击却之。

二月,安国节度使罗彦瑰等败北汉兵于静阳,擒其将鹿英。

权知贡举王祐言进士合格者六人,诸科合格者九人。帝恐有遗才,辛酉,令于下第选人内取其优长者,试而升之。

甲子,免西川今年夏租及诸征之半,田不得耕者尽除之。

三月,己巳,辽主东狩,旋以获鹅,辄酣饮达旦。

癸酉,罢义仓。

夏,四月,壬子,罢光州贡鹰鹞。

丁巳,辽天德军节度使于延超之子来降。

是月,诏曰:"出纳之吝,谓之有司。倘规致于羡馀,必深务于掊克。知光化军张全操上言,三司令诸处场院主吏,有羡馀粟及万石、刍五万束以上者,上其名,请行赏典。此苟非倍纳民租,私减军食,何以致之! 宜追寝其事,勿复颁行。除官所定耗外,严加止绝。"

初,帝遣右拾遗孙逢吉至成都收蜀图书、法物。五月,乙亥,逢吉还,所上法物皆不中度,悉命焚毁;图书付史馆。

孟昶服用奢僭,至于溺器亦装以七宝,帝遽命碎之,曰:"自奉如此,欲无亡,得乎?"帝躬履俭约,常衣浣濯之衣,乘舆服用,皆尚质素,寝殿设青布缘苇帘,宫闱帟幕,无文采之饰。尝出麻缕布裘赐左右曰:"此吾旧所服用也。"开封尹光义因侍宴禁中,从容言陛下服用太草率,帝正色曰:"尔不记居夹马营中时邪?"

初,帝改今元,命宰相撰前世所无年号以进。既平蜀,蜀宫人有入掖庭者,帝阅其奁具,得旧鉴,其背有"乾德四年铸"字,帝大惊,出鉴以示宰相,皆不能答。乃召学士陶谷、窦仪问之,仪曰:"此必蜀物。昔伪蜀王衍有此号,当是其岁所铸也。"帝乃叹曰:"宰相须用读书人。"由是益重儒臣。赵普初以吏道闻,寡学术,帝每劝以读书,普遂手不释卷。

甲申,辽主以岁旱,泛舟于池,祷雨;不雨,舍舟立水中,俄顷乃雨。

庚寅,帝亲试制科举人姜涉等于紫云楼下。涉等文理疏略,不应策问,并赐酒食,遣之。

六月,诏:"人臣家不得私养宦者。内侍年三十以上,方许养一子。士庶敢有阉童男者不赦。"

王全斌破贼帅全师雄于灌口寨,擒其党二千人,师雄以众趋金堂。

秋,七月,丙寅,以岁穰,诏州县长吏劝民储积节俭,无游惰,及禁民蒲博。

禁将帅取军中精卒为牙兵。

戊辰,西南夷首领董暠等内附。

甲戌,以前永州刺史晋阳安守忠为汉州刺史。守忠初护屯田兵于河阴,及师克蜀,帝召守忠,谓曰:"远俗苛虐,南郑走集之地,卿为朕抚治之。"即遣守忠权知兴元。于是移守汉州,时大兵来还,供亿倍费,公帑不足,守忠助以私钱。帝每遣使,必戒之曰:"安守忠在蜀,能自

67

律己,汝行见之,当效其为人。"

壬午,辽主谕有司:"先期行幸顿次,必高立标识,令民勿犯。此闻低置其标于深草中,利民误入,因之取财。自今有复然者,以死论。"

是月,以孔子四十四世孙宜为曲阜县主簿。宜举进士不中,因上书述其家世,特命之。

八月,辛丑,召宰相、枢密使、开封尹、翰林学士窦仪、知制诰王祐等宴紫云楼下,因论及民事,帝谓宰相赵普等曰:"下愚之民,虽不分菽麦,如藩侯不为抚养,务行苛刻,朕断不容之。"普对曰:"陛下爱民如此,乃尧、舜之用心也。"

庚戌,枢密直学士冯瓒,绫锦副使李美,殿中侍御史李楲,为宰相赵普陷赃论死,会赦,流沙门岛,逢恩不还。

丙辰,河决滑州,坏灵河县大堤,发士卒丁夫数万人治之,被泛者蠲其秋租。

闰月,诏求亡书:"凡吏民有以书籍来献者,令史馆视其篇目,馆中所无则收之。献书人送学士院试问吏理,堪仕职官者以闻。"是岁,《三礼》涉弼,《三传》彭干,学究朱载,皆应诏献书,命分置书府,赐弼等科名。

甲子,以灌口镇为永康军。

王全斌言破贼帅吕翰,克雅州。

乙丑,河溢入南华县。

辽主观野鹿入驯鹿,立马饮至晡。

乙亥,诏:"民能树艺桑枣、垦开荒田者,不加征;令佐能劝来者受赏。"

九月,壬辰朔,虎捷指挥使孙进、龙卫指挥使吴环等二十七人,坐党吕翰乱伏诛,族进家。

庚子,辽主以重九宴饮,夜以继日,旬余乃罢。

丙午,诏吴越立禹庙于会稽。

西(戎)〔川〕戍卒多亡命在贼党中,或请案诛其妻子。帝语枢密使李崇矩曰:"朕虑其间有被贼驱胁者,非本心也。"乃尽释勿诛。

冬,十月,辛酉朔,诏太常寺,自今大朝会复用二舞。先是中原多故,礼乐之器浸废,帝始命判太常寺浚仪和岘讲求修复之,别营宫悬三十六簴设于庭,登歌两架设于殿,又置鼓吹十二案,及舞人所执旌纛、干戚、籥翟等与其服,皆如旧制。帝以雅乐声高,近于哀思,命和岘讨论。岘上疏谓:"西京铜望臬可校古法,即今司天台影表上石尺是也。取王朴所定尺校之,短于石尺四分。乐声之高盖由此。"帝乃令依古法别造新尺,并黄钟九寸之管,使工人校其声,果下于朴所定管一律。又内出上党羊头山秬黍累尺校律,亦相契合,遂重造十二律管以取声。由是雅乐音始和畅。

癸亥,诏诸郡立古帝王陵庙,置户有差。

庚辰,辽以北汉主有母丧,遣使赙吊。

十一月,癸巳,日南至,帝御乾元殿受朝毕,常服御大明殿,群臣上寿,初用雅乐登歌及文德、武功二舞。

诸州所置通判,多与长吏忿争,常曰:"我监州也,朝廷使我来监汝!"长吏举动多为所制。或言其太甚,宜抑损之,乙未,诏:"诸州通判无得怙权徇私,须与长吏连署文移,方许行下。"

癸丑,翰林学士、礼部尚书窦仪卒。帝以仪在滁州时弗与亲吏绢,每嘉其有执守,屡对大臣言,欲用为相。及赵普专政,帝患之,欲闻其过,召仪,语及普多不法,且誉仪早负才望。仪盛言普开国元勋,公忠亮直,帝不悦。仪归,语诸弟曰:"我必不能作宰相,然亦不诣朱崖,吾门可保矣。"普素忌仪刚直,引薛居正、吕馀庆参知政事,陶谷、赵逢、高锡等又相党附,共排仪,帝意中辍。至是卒,帝悯然曰:"天何夺我窦仪之速也!"赠右仆射。

庚申,妖人张龙儿等二十四人伏诛,族龙儿、李玉、杨密、聂赟家。

十二月,甲子,辽主幸殿前都点检耶律伊赖哈家,饮宴连日。伊赖哈,检校太师合鲁之子也,初以父任入侍,辽主引为布衣交,与谋机密。辽主酗酒,数以细故杀人。有监雉者,因伤雉而亡,获之,欲诛,伊赖哈谏曰:"是罪不应死。"辽主竟杀之,以尸付伊赖哈曰:"收汝故人。"伊赖哈不为止。复有监鹿详衮亡一鹿,下狱,当死,伊赖哈又谏曰:"人命至重,岂可为一兽杀之?"良久,得免。辽主虽不尽从伊赖哈之言,然爱之特甚。尝从秋狝,善为鹿鸣者呼一麞至。辽法,麞岐角者,惟天子得射。辽主命伊赖哈射之,应弦而麞踣,辽主大悦,赐赍优渥。及是,宴欢甚,复赐金盂、细锦及孕马百匹,左右授官者甚众。

丁德裕同西川兵马都监张延通帅师破贼,擒其伪都统康祚,磔于市。延通,潞城人也。

康延泽既城普州,王可僚复合数州兵来攻,延泽击走之,追奔至合州。全师雄病死金堂,德裕及王全斌等分往招辑,贼众悉平。

是月,北汉复取辽州。

达勒达入贡。达勒达,本东北靺鞨之别种,唐元和后徙阴山,至是来贡。

【译文】

宋纪四 起甲子年(公元 964 年)四月,止丙寅年(公元 966 年)十二月,共二年有余。

乾德二年 辽应历十四年(公元 964 年)

夏季,四月,丁未朔(初一),宋太祖以前任博州军事判官颖贽为著作佐郎。颖贽应考贤良方正能直言极谏科,因对策应试符合太祖旨意的缘故而得授此官。

戊申(初二),宋太祖诏令赈济河中饥民。

己酉(初三),宋太祖诏令免除各州今年因灾害而没有长出禾苗地区的夏税。

乙卯(初九),将宣祖昭武皇帝、昭宪皇后改葬在安陵,孝惠皇后贺氏、孝明皇后王氏附葬安陵。

宋太祖想要为赵普设置副职而对副职名称叫什么感到为难,召见翰林学士承旨陶谷询问道:"比丞相低一等的叫什么官?"陶谷回答说:"唐代有参知机务、参知政事。"乙丑(十九日),太祖任命兵部侍郎薛居正、吕余庆都以原来官阶为参知政事,不宣读制书,朝会不领班,不掌管印章,不登升政事堂,只让他们到宣徽使大厅上奏事务。大殿庭中另设置砖位在宰相后面,敕书末尾所署名官衔比宰相少几个字。每月俸禄及其他供给都减半,因为太祖的本意是不想让薛居正等人与赵普齐位。

壬申(二十六日),将永州各县百姓中培养毒虫的三百二十六家迁徙到各县的偏僻地方,不得再编入正式里。

宋太祖以秦再雄为辰州刺史。秦再雄是辰州徭人,英武刚健又有奇谋武略,一向受到蛮夷部众的敬畏折服。太祖将他召入汴京,观察他可以委任,提升为刺史,让他自己聘任官员,给他当地租税。秦再雄到达辰州后,每日训练土著士兵,最后发展到三千人,都能身披铠甲泅渡江河,涉历水泽,飞越沟堑,又派遣部众分头赏赐各蛮夷部落,宣传朝廷关怀招徕的旨意,归降依附的渐渐增多,从此荆州、襄州不再有边境祸患了。

五月,己卯(初四),知制诰高锡,因为接受藩镇贿赂而贬官为莱州司马。

白玉云龙纹带

辛巳(初六),宗正卿赵砺因贪赃枉法,处以杖刑后免除官籍。

辽国主在白鹰山射猎舔食碱土的鹿,竟长达十天;六月,丙午朔(初一),在玉山打猎,到了月底仍乐而忘返。

御史台、太常礼院上奏:"东宫的太师、太傅、太保官阶为一品,仆射官阶为二品,如果文武百官上奏表章,不知谁排在前面。"宋太祖下诏令知制诰讨论此事。戊辰(二十二日),翰林学士窦仪等人上奏说:"仆射是各个部门的长官,东宫三师是臣事皇太子的官员,应当将仆射排在表章的首位。"太祖准从所奏。

己酉(初三),宋太祖以赵光义为中书令,赵光美为同中书门下平章事,皇子赵德昭为贵州防御使。按旧例,皇子出宫马上封王,太祖以赵德昭没到行冠礼的年龄,特意减降册封的礼节。

秋季,七月,宋太祖下诏说:"只有那铨选考定授任官职,仅仅凭资历,担心有英才俊杰被埋没在下层僚属之中,从今开始对正常调任赴京师会集的选人,委派吏部南曹挑选历任官职中多有政绩而无失职误事的人,应该衡量才能甄别叙用。"

辛卯(十八日),宋太祖下诏陶谷等四十三人各从现任幕职官、京师官和州县官中举荐能够胜任藩镇州郡通判的一人,如果任职办事不合标准,根据罪过大小连坐举荐人。

甲午(二十一日),宋太祖诏令各藩镇不要以初次任官者为书记,必须经历两任又有文才学识的才允许上奏征召。

八月,戊申(初五),辽国主自己生日正值天赦日,不接受大臣朝贺,特加赦免京师的囚犯;乙卯(十二日),登录囚犯的罪状。

九月,甲戌朔(初一),《周易》博士奚屿,被责贬官为乾州司户,库部员外郎王贻孙,受责贬官为左赞善大夫,都是因为考评大臣保举的儿子不公正。

辛丑(二十八日),太子太傅鲁国公范质去世。范质生病卧床,宋太祖多次到他的宅第探望,又命令内夫人询问情况。范质家里的迎送供奉的盛物器皿不齐全,内夫人奏报,太祖当即命令翰林司将果床、酒器赐给范质。又到他的宅第,对他说:"爱卿身为宰相,自己何必如此艰苦?"范质回答说:"臣下过去在中书门下,家门没有私人请谒,能在一起斟酒宴饮的,都是贫贱时的亲戚,怎么用得上供奉物品的器皿!一直沿用下来没有添置,不是因财力不及啊!"范质生性急躁,以廉洁刚直自持,喜欢当面指责别人的过失。曾经对同僚说:"人能够用鼻子吸下三斗醋,就可以当宰相了。"五代的宰相大多向方镇索取供给,到范质时开始杜绝。他所获得的俸禄和赏赐物,都施舍给孤儿遗孀。范质病情恶化,告诫他儿子范旻不要向朝廷请求谥号,不要镌刻墓碑。到去世后,宋太祖十分悼念痛惜,赠授中书令,赐给丰厚的财物。后来谈论寻求辅佐大臣时,对左右大臣说:"朕听说范质除居住宅第之外不添置家产,是真正的宰相啊!"

壬寅(二十九日),潘美等率部攻克郴州。

冬季,十月,丙辰(十四日),辽国主以掌鹿刿思为闸撒狨,赏赐金带、金盏、白银二百两,所隶属部众中死罪以下的刑罚可以自己决定。

当初,南汉国内常侍邵廷琄对他的国主说:"我汉朝承接唐代大乱,在此居处五十多年了,幸亏中原多事,战争没有波及,而我朝也因无事而骄傲懈怠。如今士兵不认识军旗战鼓,君主不知道生死存亡,请求整饬军队防备,并且与宋朝交流和好。"南汉后主刘铼未采纳。到此时开始惧怕,以邵廷琄为招讨使。

宋太祖历来谋划讨伐后蜀。正好后蜀山南节度判官张廷伟劝说知枢密院事王昭远说:"您一向没有功勋业绩,有朝一日官位至枢密使,如果不自己建立大功劳,凭什么堵塞时人的议论!倒不如同并门交通友好,让他发兵南下,我们从黄花、子午谷出兵接应他,使中原王朝背腹受敌,那么关中之地可以安抚而占有了。"王昭远赞同他的建议,劝说后蜀后主派遣孙遇、赵彦韬、杨蠾等人携藏有帛书的蜡丸秘密出行送给北汉国主,说已经在褒州、汉州增派军队,约定与北汉军队渡过黄河同时举兵。孙遇等人到达京师之下,赵彦韬悄悄地取出书信来进献。赵彦韬是兴州人。

有个叫穆昭嗣的人,当初凭医药养生之术事奉高氏,到这时任翰林医官,宋太祖多次召见他询问蜀国的地理形势,穆昭嗣说:"荆南即就是西川、江南、广南的交汇之地。如今已攻克该地,那么水路、陆路都可以直通蜀国了。"太祖听后大为欢喜。几天以后,又获得赵彦韬进献的书信,笑着说:"我向西征讨师出有名了!"同时赦免孙遇、杨蠾,让他们指明陈说后蜀的山川形势、戍守地点、道路远近,画成地图进呈。

十一月,甲戌(初二),宋太祖任命忠武节度使王全斌为西川行营凤州路都部署,武信节度使大名人崔彦进为副部署,枢密副使王仁赡为都监,宁江节度使范阳人刘光义为归州路副都部署,枢密承旨曹彬为都监,会合步兵、骑兵共六万人分路进攻征讨,给事中沈义伦为随军转运使,均州刺史大名人曹翰为西南面转运使。太祖晓谕出行各军:"所到之处不得焚烧毁坏房屋,驱赶掳掠官吏百姓,开土挖掘陵墓坟地,砍伐桑树和柘树,违令者以军法处置。"命令将作司测量右掖门,南临汴水,为后蜀后主营造宅第,以等待他的到来。乙亥(初三),王全斌等人辞行,太祖在崇德殿设宴,太祖拿出地图交给王全斌等人,并对他们说:"凡是攻克的城池寨堡,只登记没收那里的武器铠甲、粮草,将钱币布帛全部分给作战的士兵,我所想要得到的是后蜀的土地而已。"

辽国主游玩打猎没有节制,壬午(十日),冬至日,设宴狂饮直到天亮,从此就白天睡觉晚上喝酒。

后蜀后主听到有北面宋朝军队南下。任命王昭远为西南行营都统,赵崇韬为都监,韩保正为招讨使,李进为副招讨使,率领军队抵抗作战,后主对王昭远说:"今天的军队,是爱卿招来的,努力为朕建立功业吧!"王昭远颇以自己的谋略而自负,开始从成都出发。后蜀后主命令宰相李昊等人在城外为他饯行。王昭远手持铁如意指挥军队,自比诸葛亮。酒喝到痛快时,挽起袖伸臂对李昊说:"我此行何止是战胜敌人。还会率领这二三万黥面恶少年,夺取中原易如反掌而已。"

十二月,辛酉(十九日),王全斌等人攻下乾渠渡、万仞、燕子等寨,于是夺取兴州,打败后蜀军队七千人,缴获军粮四十余万斛。后蜀刺史蓝思绾后退保守西县。王全斌又攻打石圌、

71

鱼关、白水阁等二十多寨，全都攻克。

后蜀韩保正听到兴州被攻破。就放弃了山南，后退保守西县。马军都指挥使史延德率领先锋部队到达。韩保正懦弱恐惧不敢出战，派遣军队数万人，依傍山地背靠县城，结成阵势自己固守，史延德出击将他们打跑，追击抓获韩保正及他的副手李进，缴获他的军粮三十多万斛。崔彦进与马军都监康延泽等追逐败兵翻过三泉山，于是达到嘉州，杀伤俘虏很多，后蜀军队烧毁断绝栈道，后退保守葭萌。

刘光义等人率军进入峡路，连续攻破松木、三会、巫山等寨，杀死后蜀将领南光海等人，歼敌五千余人，活捉战棹都指挥使袁德宏等人，夺得战舰二百余艘，又斩杀俘虏水军六十多人。当初，后蜀在夔州架设浮桥封锁长江，桥上设置御敌栅栏三道，在长江两岸列出石炮战具。刘光义等人出行时，太祖拿出地图，指着这地方对刘光义说："沿着长江而上到此处，切勿使用舟船水师同他们作战，应当首先派遣步兵、骑兵偷袭，等他们稍微后退，便用战船水陆夹攻，必定可以攻取了。"刘光义等人达到夔州，隔封锁长江的浮桥还有三十里左右，舍弃舟船，首先夺取浮桥，再驾驶战船溯江而上，于是攻破夔州城，在白帝城西面驻扎军队。

后蜀宁江节度使太原人高彦俦，对节度副使赵崇济、监军武守谦说："北面军队跋涉山川之险远道而来，有利于速战速决，我们应该坚守壁垒来对付他们。"而武守谦说："敌寇占据城下而不出击，又有什么可以等待的呢？"戊辰（二十六日），武守谦单独率领部下一千多人出战，刘光义派马军都指挥使陵川人张廷翰等人领兵与武守谦等在猪头铺交战，武守谦战败逃跑，张廷翰等人乘胜登上了城墙，攻克夔州城，高彦俦奋力战斗不能取胜，身上受伤十多处，身边的将士都已溃散而去。高彦俦逃回州府宅第，整好衣冠，朝西北处拜了两拜后，登上城楼，纵火自焚。几天之后，刘光义等人从灰烬中拣取他的尸骨，按照礼节安葬了他。

王全斌因为后蜀军队断绝栈道，大军不能前进，商议夺取罗川路以进入后蜀。康延泽秘密地对崔彦进说："罗川道路险峻，各部难以同时通过，不如分散兵力修筑栈道，约定在深渡会合大部队就可以了。"崔彦进派人告诉王全斌，王全斌同意了。没有几天，栈道修成，于是进军攻打金山寨，又攻破小漫天寨，而王全斌也率大军从罗川到达深渡，与崔彦进会合了。后蜀人依傍长江而结阵，崔彦进派遣步军都指挥使张万友等率军攻打后蜀军阵，夺取桥梁。到了夜晚，后蜀军队退守大漫天寨。第二天，崔彦进、康延泽、张万友分兵三路出击，后蜀军用全部精锐部队来进行抵抗，宋军又大败后蜀军，乘胜攻克大漫天寨，擒获寨主义州刺史王审超、监军赵崇渥以及三泉监军刘延祚。大将王昭远、赵崇韬领军前来交战，三战三败，追逐到利州北面，王昭远等人逃走，渡过桔柏津，焚毁浮桥，退守剑门。壬申晦（三十日），王全斌等人进入利州。缴获军粮八十万斛。

这月，京师下大雪，宋太祖在讲武殿设置毡子做的帷帐，穿着紫貂皮衣皮帽处理政事。忽然对左右大臣说："我穿着这样多服装，还觉得身上冷，想及西征将帅在外顶霜冒雪，怎么受得了！"立即脱下皮衣、皮帽，派遣中黄门携带着，乘坐驿站车马飞驰前往赏赐给王全斌，并且向众将宣谕旨意。因为不能普遍赐给每个人，王全斌拜谢太祖的赏赐，感动得流下了眼泪。

当初，辽太祖以武力征服漠北地区，分别设置各部帐落官。突吕不、室韦部，本来叫作大、小二黄室韦，辽太祖用计策降服它们，设置两个部，隶属北府节度使。乌库部的人列为外面十个部，不能成立国家，附庸于辽国，按时履行贡奉。到这时因为辽国主统治失策，黄室韦部抢掠马牛背叛离去。辽统军楚固质拦截作战，击败叛军，降服黄室韦部众。不久，乌库部反叛,抢掠居民财产牲畜,详衮藏引与乌库部交战,惨败,详衮藏引战死。

南唐后主十分相信佛教,拿出宫中的金银钱币招募他人为僧侣,当时都城里僧侣达到万人,都仰仗县官们的供给。南唐后主退朝以后,与皇后穿上僧侣衣服,诵读佛教书籍,下跪行拜,连手上脚下都长出了肉茧;僧侣有罪,命令向佛祖行礼而释放他。宋太祖听说后主迷惑于佛教,便挑选年少而又有口才的人,南下渡江谒见南唐后主,谈论性命之说,南唐后主相信了,称之为一佛出世,从此不再把治理国家、守卫边疆放在心上。

宋太祖下诏长江以北准许各州百姓以及各监盐亭户沿着长江打柴捕鱼和过江去做生意。先前在江北地区设置榷场,禁止商人渡过长江以及百姓沿江打柴,这一年,因为江南各地连续发生饥荒,特意放松了有关禁令。

乾德三年　辽应历十五年(公元 965 年)

春季,正月,后蜀国主听说王昭远等人战败,十分恐惧,于是增加募集军队坚守剑门,命令太子孟元喆为元帅,侍中太原人李廷珪、同平章事张惠安为副元帅,带领全副武装的士兵一万多人。战旗全部用有纹饰刺绣的绢帛做成,在旗杆上缠着织锦,将要出发而下起大雨,孟元喆担心战旗淋湿,统统命令解下去。不久雨停了,又挂上去,却都倒挂在旗杆上,孟元喆又用辇车载着他的姬妾和乐师几十人从行,观看的人没有不暗自发笑的。王全斌等人从利州直趋剑门,驻扎在益光,因为剑门为天然险要之地,便集中商议攻取的计策。侍卫军头向韬说:"抓来的投降士兵说,在益光长江以东翻越几座大山,有一条狭窄小道,名叫来苏,后蜀人只在长江西边设置栅栏,对面东岸可以渡过。从这里出剑门南二十里,到青强店,同官修大道汇合,如果大部队走这条路,那剑门的天险就没法依靠了。"王全斌等人想立即领兵席卷来苏。康延泽说:"后蜀军队屡战屡败,胆量和气势已经丧失了,可以急攻而下。况且来苏是条狭窄小道,主军元帅不宜亲自行走,只需派一名偏将前往就够了。如果抵达青强店,向北与大军夹攻剑门,王昭远等人必定成为俘虏了。"王全斌等人认为有道理,命令史延德分兵赶赴来苏,跨过长江架起浮桥渡江,后蜀军队看见后,抛弃营寨逃窜。史延德于是到达了青强店,王昭远率军后退驻守汉原坡。留下他的偏将坚守剑门,王全斌等人以精锐部队奋勇攻击,大破后蜀守军。宋军到达汉原坡,赵崇韬布列军阵,扬鞭驱马首先登上阵地。王昭远吓得靠着胡床不能起来,赵崇韬交战失败,还亲手砍杀多人,才被抓住,王昭远却丢盔弃甲而逃跑。甲戌(初二),王全斌等人攻取了剑州,斩杀后蜀军队一万多人。王昭远逃奔东川,藏匿在百姓家里,被追赶的骑兵抓获。

乙亥(初三),宋太祖诏令埋葬征讨后蜀战死的士兵,受伤的士兵赐给绢帛。

后蜀太子孟元喆与李廷珪等人日日夜夜嬉戏游玩,不理军国政事,到绵州后,听说剑门已被攻破,打算退守东川;第二天,抛弃军队向西逃奔,所经过之处将那里的房屋、粮仓全部烧毁才离开。后蜀国主知道剑门已被攻破,孟元喆也逃奔回来,惶恐惊骇而不知所措,询问左右大臣说:"还有什么计策可想?"有位叫石奉颢的老将对后主说:"东边军队远道而来,势必不能持久下去,请求集合军队坚守城池来挫败他们。"后蜀国主叹息道:"我父子用丰衣美食供养士人四十年,今日忽然遇敌,竟不能为我向东发射一箭,如今即使打算闭关清壁,还有谁肯效命拼死啊!"司空、平章事李昊劝说后蜀国主封好官府仓库向宋军请求投降,后蜀国主听从他的话,因而命令李昊起草降表。己卯(初七),后蜀派遣通奏使太原人伊审征捧着投降表前往宋朝军营前。当初,前蜀国灭亡时,投降表也是李昊起草的,后蜀人夜晚在他家门上写道"世修降表李家"。

辽国主以枢密使雅里克斯为行军都统,虎军详衮克苏为行军都监,增加图鲁卜部军队三百,会合各部士兵共同讨伐乌库部。乌库部反叛时,只有布达齐不反叛,辽国主下诏褒奖他。不久,乌库部杀死他们的酋长前来投降,事后不久再次反叛。

乙酉(十三日),王全斌等人率领军队驻扎在魏城,伊审征将后蜀后主的投降表章送来,王全斌接受投降表章,派遣通事舍人汝阴人田钦祚乘坐驿站车马入朝奏报,又派遣康延泽赶赴成都接见后蜀国主,晓谕宋太祖的恩德信誉,慰问安抚军民。当初,刘光义等人从夔州出发,万州、施州、开州、忠州、遂州等各州刺史都相继投降。刘光义入州城后,将官府仓库中钱币布帛全部分给军队将士。各将领所到之处,都想大肆屠杀,唯独曹彬禁止杀人,于是止住,所以峡路军队始终秋毫无犯。宋太祖听说此事,欢快地说:"我的任命适得其人了!"特意赐曹彬诏书褒奖他。

戊子(十六日),吏部郎中邓守中主持各司官吏文书判事的考试不当,宋太祖命令再次加试,废黜数人,贬谪邓守中为本曹员外郎。

辛卯(十九日),王全斌到达升仙桥,后蜀后主准备好亡国的礼物,在军门前接见;王全斌承受制命免去此礼。后主再次派遣他的弟弟雅王孟仁赞持奉着表章请求宋太祖哀怜。

丙申(二十四日),田钦祚从西川到达京师,孟昶投降表章中提出保护先人坟墓和年迈母亲作为请求,宋太祖下优抚诏答复他,并晓谕西川将领官吏、黎民百姓,使他们全都安居平静。

丁酉(二十五日),宋太祖下诏在后蜀辖区大赦,免除乾德二年所欠的田租,将今年夏税的一半赐给百姓,免除不合理的徭役以及额外增加的赋税调发,减低食盐价格,赈济缺粮百姓,归还被掳掠的人口。

从王全斌等人率兵从京师出发到孟昶归降,总共才六十六日,共获得州四十六个,县二百四十个,人户为五十三万四千零二十九户。王全斌平定后蜀后,打算乘势攻取云南,将地图献上。宋太祖鉴于唐朝天宝年间的祸乱起于南诏,便用玉斧在地图的大渡河以西地区画了一下说:"这外面的地方不是我所有的。"

王全斌等率军进入成都后几天,刘光义等部开始到达,孟昶馈赠刘光义等人,以及他犒劳军队的礼节都像前面的王全斌等部一样。不久宋太祖下诏书颁发赏赐各军,也没有什么差别,两路将士争夺功劳,开始互相忌恨了。先前王全斌接受诏书,每项制定的措施或计划必定要与各部将领共同商议,因此即使一些小事也持不同态度,无法立即决定。王全斌与崔彦进、王二赡等人日夜饮酒设宴,不顾军务,放纵部下抢掠百姓的子女和财物,蜀人感到很痛苦。曹彬多次请求回师返京。但王全斌等人不听。

二月,壬寅朔(初一),发生日食。

癸卯(初二),宋太祖任命参知政事吕余庆暂时代理成都府知府,枢密直学士冯瓒暂时为梓州知州。吕余庆到达成都,当时盗贼四起,将士们还依仗军功骄横恣肆,王全斌等人不能禁止。一天,药材市场刚开集,街市官吏飞驰来报有军校酗酒持刀,抢夺商人财物,吕余庆立刻命令逮捕斩首示众,军中将士畏惧服从,百姓才得以安宁。冯瓒刚到梓州,处理政事才几天,适逢伪蜀国军校上官进呼啸聚集亡命之徒三千多人,洗劫村民数万家,在晚上进攻梓州城,冯瓒说:"这是些乌合之众,乘着黑夜突然到达,必定没有坚定的斗志,应当持重来镇住他们,天亮就自然溃散了。"时州城内士兵仅有三百人,分头把守各方城门,冯瓒坐在城楼上,秘密命令加快打更报时,还没到半夜就打五更的鼓,贼军惊恐,逃遁而去。冯瓒乘此放手士兵去追逐,擒获了上官进,在街市将他斩首示众,招降了一千多人,一并释免他们的罪过,州境得以平安。

宋太祖以后蜀兴州马步军都指挥使赵彦韬为兴州刺史,酬谢他作为向导引路的功劳。

丙午(初五),宋太祖因西征军队所过之处,百姓有调派征发供给粮草的劳役,下诏赐给秦州、凤州、陇州、成州、阶州、襄州、荆南、房州、均州等地今年夏税的一半,安州、复州、郢州、邓州、光化军、汉阳军百姓赐给夏税的十分之二,住在城郭街坊的百姓免交半年房税。

丁巳(十六日),权知贡举卢多逊奏报进士刘察等合格者七人。

庚申(十九日),孟仁赟从成都到达京师。孟昶所上的表章中说"自己揣量罪过深重,尚且深切忧虑疑惑"等话。宋太祖下诏书答复他,大概说:"既然自己寻求多福,应当彻底洗刷前日之非。朕决不食言。你不必过多忧虑。"诏书仍然不称孟昶之名,又称孟昶的母亲为国母。

三月,孟昶同他的官属都携带家族归附朝廷,从峡州乘船而下。

当初,宋太祖下诏征发后蜀军队赶赴京城,一并从优发给装饰钱饷,王全斌等人擅自削减发放的数额,仍然放纵部属侵夺欺侮他们。后蜀士兵愤怒怨恨,行军到绵州就发生叛乱,洗劫绵州各县反叛,推戴后蜀旧将全师雄为统帅,部众达到十多万人,号称兴国军。王全斌派遣马军都监朱光绪前往招降安抚他们,朱光绪将全师雄整个家族全部杀灭,纳娶他的爱女和细软物品,全师雄很愤怒,就没有归降之志,率领叛军迅速攻打绵州,没攻克,攻破了彭州,进入占据了州城,成都附近十个县都起兵响应全师雄。全师雄自称为兴蜀大王,开设幕府,设置节度使二十多人,分头据守险要关塞。崔彦进、高彦晖等率部分道攻战讨伐,被全师雄打败,高彦晖战败身死,叛军更加炽盛。全师雄分头派兵断绝剑阁,沿江设置寨堡,扬言将要攻打成都。从此跟随全师雄叛乱的有十七个州,成都到京师邮路中断,王全斌等人大为恐惧。

自从唐代天宝以来,方镇屯驻重兵,大多用国家赋税收入来赡养自己,名叫留使、留州,其中上供朝廷的特别稀少。到五代方镇更加强大,大抵命令部下主管场院,加重搜刮以使自己获利。那隶属于三司的场院,补任大吏临抚,交纳定额之外就都归入自己;有的人私自交纳财物,名叫贡奉,用此希望得到皇上的恩泽和赏赐。宋太祖开始即帝位,仍然因循以前制度,州郡长官前来朝见,都有贡奉。到了赵普担任宰相,劝说太祖革除这些弊端,向各州发出命令,除了规定开支的经费,所有金银布帛以资助军费,全部送到京师,不得自己占有扣留。同时,方镇空缺主帅,逐渐任命文官临时代理各地所在的场院。间或派遣京朝官和宫廷大臣监临,再设置转运使,为之规定条例禁令,文书簿籍逐渐趋于精细严密,从此利益归于朝廷而地方的权力削弱了。建隆初年,贡奉赋税全部藏入左藏库,等到攻取荆南、湖南,攻下后蜀,国库储蓄开始充实富足,宋太祖环视左右的侍臣说:"用兵征战和灾荒饥饿,应当预先为之做准备,不可以事到临头向百姓加重搜刮。"于是在讲武殿后面另外设置内库,用以贮藏金银钱帛,号称为封桩库。所有年终开支费用的盈余全部存入。

丁丑(初六),辽国部帐大室韦酋长寅尼吉叛乱。癸未(十二日),饲养狩猎鹰犬的五坊人四十户反叛投入乌库部。辽国主爱好打猎,喜怒无常,管理猎鹰的稍有不如意就处死。有的施加炮烙、铁梳之类的酷刑,所以五坊人反叛。

夏季,四月,乙巳(初五),小黄室韦反叛。雅里克斯、克苏领兵出击,被小黄室韦打败,辽国主派遣使者追查。乙卯(十五日),以图里代替雅里克斯担任都统,以尼古担任监军,率领

75

轻骑兵进发攻讨,并命令岱玛寻支里持奉诏书招降晓谕。

癸亥(二十九日),疏导五丈河贯通宫城墙,经过后宫院落,宫内庭院中的水池,河水都能引到。

当初,王全斌忧虑后蜀投降军队发动叛乱,将他们迁徙安置在成都的夹城中间,到这时,各位将领想要全部杀死他们。康延泽请求挑出老弱病残的七千人释放回家,其余的用军队护送到京师,乘船浮江而下,叛军如果来进攻抢夺,再杀他们也不晚;但各位将领不听从。杀死后蜀投降士兵共二万七千余人。

在此之前,宋太祖派遣使者带着皇宫御府的供具帷帐在江陵迎接孟昶,并且命令有关部门为孟昶的官属修治宅第,又派遣使者到江陵,分别赐给鞍马和车辆。五月,乙酉(十五日),孟昶到达京师近郊,开封尹赵光义在玉津园慰劳他们。丙戌(十六日),在宫殿前盛列各部军队。孟昶与弟弟孟仁赘,儿子孟元喆、孟元珏,宰相李昊等三十三人穿着白色衣服在明德门等待治罪,宋太祖下诏释免处罪,赐给孟昶等人衣冠腰带。宋太祖登上崇元殿,礼仪完备地接见他。行礼完毕,登上明德门,观看各部军队依次整队返回营地。于是在大明殿设宴招待孟昶等人,赏赐物品各有不同。

六月,甲辰(初五),宋太祖任命孟昶为开府仪同三司、检校太保兼中书令,封为秦国公。庚戌(十七日),孟昶去世,宋太祖为之停止五天上朝,赠授尚书令,追封为楚王,谥号为恭孝,赐助丧布帛一千匹,丧事费用由官府供给。当初,孟昶的母亲李氏随孟昶到达京师,宋太祖多次下令用轿子把他母亲抬入皇宫,对她说:"国母善自珍爱不必忧伤,倘若怀念家乡故园,他日一定送国母归还老家。"李氏说:"让妾往哪里去?"太祖说:"归还蜀地啊。"李氏说:"贱妾老家本是在太原。如果能够获得归还并门养老,是贱妾的愿望啊。"当时太祖已经有了北征的意思,听到这话,欢喜地说:"等到平定刘钧,立即能使国母如愿以偿。"因而大加赏赐,到孟昶去世,李氏不哭,举起酒杯将酒洒地而祭,说:"你不能为社稷而死,苟且求生到今天。我之所以忍耐不死。是因为你还在而已;如今你已经死了。我还怎么活呢!"因此不进食,几天后死去。

辽国主派遣使臣晓谕小黄室韦部。是想要抚慰劝降他们,到了寻支里抵达,向他们宣晓辽国主的诏书,小黄室韦部不服从,于是依然命令雅里克斯率领群牧军队追剿讨伐,在柴河交战,失利。小黄室韦部长寅尼吉,逃亡进入德呼勒部。德呼勒部是辽国外面十部之一。这月,德呼勒部前来归降,小黄室韦部平定,于是专门讨伐乌库部。

刘光义、曹彬等部多次击破全师雄,叛军势头逐渐受挫。不久,虎捷指挥使吕翰又在嘉州反叛。同全师雄僭伪任命的将领刘泽会合,部众达到五万人,斩杀驱逐刺史、通判。曹彬率领大军与王仁赡等部会合,在嘉州包围吕翰叛军,吕翰弃城逃走,宋军追逐袭击,大破叛军,杀死数万人,吕翰逃入雅州固守。

秋季,七月,宋太祖听说西川行营有个大校割下老百姓妻子的乳房而后杀死她,急忙把他召到朝廷,在都市斩首。朝廷大臣颇为极力营救说情,太祖因而流泪说:"兴师西征吊民伐罪,妇人有什么罪,进而残忍到这个地步!应当迅速绳之以法来偿清那妇人的冤死。"

南汉后主刘铢杀死他的节度使邵廷琄。邵廷琄驻扎在洸口,招集安抚逃亡反叛之人,训练军队,整修武器装备,南汉国百姓因而才有稍微安定。有人进谗言说邵廷琄将要图谋不轨,刘铢听信此言,下令赐邵廷琄自杀。

珍州刺史田景迁归附宋朝。

甲戌(初六),辽国雅里克斯奏报乌库部到达河德泺,辽国主派遣勒希巴、常斯等率军出击。丁丑(初九),乌库部抢掠上京北面榆林峪的居民,辽国主派遣林牙萧斡、郎君耶律贤适率部讨伐。庚辰(十二日),雅里克斯等部与乌库部交战,失利。

八月,己酉(十二日),宋太祖下诏以西川兵马都监康延泽为普州刺史。康延泽前往王全斌处请求以军队护送。王全斌仅给他一百名士兵。康延泽到达简州,招抚召集逃亡反叛之人,共得千多人,训练演习作战布阵,然后带着离开。到达叛贼地界,康延泽向百姓揭榜公布军威恩信,又招抚集结得士兵三千人,于是打败刘泽部众三万多人,叛军势头逐渐沮丧。

辛酉(二十四日),宋太祖以左散骑常侍华阳人欧阳炯为翰林学士。欧阳炯性格坦率,无拘无束,特意喜欢长笛,太祖抽空召见他到便殿吹奏乐曲。御史中丞刘温叟听说此事,叩开殿门请求召见,劝谏说:"他在禁中官署之职,掌管起草诰命,不可再作乐工之事了。"太祖说:"孟昶君臣沉溺于声色音乐之中,欧阳炯官至宰相,还练习吹笛技巧,所以被我所擒获。之所以召见欧阳炯,是想验证传言的不假罢了。"刘温叟谢罪说:"臣下愚劣,不能通晓陛下引以为鉴的隐衷。"从此太祖便不再召见欧阳炯吹笛了。刘温叟常常晚归,经过明德门西宫阙前,太祖正在同中黄门几个人登上门楼,车夫暗中探听此事,告诉了刘温叟,刘温叟下令传呼开道按照往常而通过。第二天,刘温叟请求召见应对,并且说:"人主不按规定的时间登上门楼,身边的近臣侍从就都会企望得到赏赐恩典,京城各军也会期待得到赏赐,臣下之所以呼喝开道而通过的原因,是想向众人表示陛下不在特定的时间不会随便登楼。"太祖认为他说得好。

九月,己巳(初二),宋太祖登讲武殿,检阅各路军队,挑选出一万多人,称骑军为骁雄,步军为雄武,全都隶属于侍卫司。

冬季,十月,丁未(十一日),辽国将领常斯进军攻讨乌库部,大败乌库部。乌库部旋即平定。

十一月,丁卯朔(初一),康延泽进入普州。先前普州城全部遭受焚毁扫荡,于是康延泽沿着山脚设立栅栏,一边行军一边作战,向遂州获取粮食,重新修筑普州州城。不久刘泽率领部众前来归降,宋太祖下诏以康延泽兼任东川七州安巡检使。

秘书监、判大理寺尹拙等人进言:"后唐刘岳的《书仪》,说媳妇为公婆服丧三年,与律令不同,然而也准从敕令实行施用。请求另加裁决。"宋太祖诏令文武百官集中商议,左仆射魏仁浦等人陈奏建议说:"谨按《礼·内则》说:'媳妇事奉公婆,如同侍奉父母。'公婆和父母是一样的。古代丧礼中有丧服周年的说法,虽然从礼义上有案可查,但《书仪》所记丧服三年的文字,实在是适合礼的。关于五服制度,前代增添的很多。例如嫂叔以前没有丧服,唐太宗诏令服丧期五月的小功;为曾祖父、曾祖母过去是服三月的缌麻,增加到五个月的小功;为嫡长子之妻过去是服九个月的大功,增加到一年;为众子之妻过去是服五个月的小功,增加到九个月的大功;父亲在世为母亲过去服一年,唐高宗时增加到三年,妻子为丈夫的姨妈、舅舅原来无服,唐玄宗诏令依从丈夫服丧;又增改为姨妈、舅舅同服三个月的缌麻,又增加为堂姨、堂舅服袒免之丧。直到今天仍然遵守实行,于是便成为典章制度。况且三年之内,用以供神的几筵还在堂上。岂能丈夫穿着斩衰孝服,而妻子却穿绸缎绫罗!丈夫妻子合为一体,悲哀欢乐如此不同,从人情上去考究,实在有伤治国大体,何况妻子为丈夫有三年的丧服,而对公婆却只服丧一年。这是尊重丈夫而鄙视公婆。况且昭宪皇太后之丧,孝明皇后亲自实行三年丧服,可以作为千秋万代的楷模。"十二月,丁酉朔(初一),开始诏令媳妇为公婆服三年的齐衰斩衰,一律依从她的丈夫。

己亥(初三),宋太祖下诏西川各管区内监军、巡检不得干预当地州、县事务。

这月,辽国主驻扎在黑山平淀。

乾德四年　辽应历十六年(公元966年)

春季,正月,丁卯朔(初一),辽国主因醉酒,不接受群臣朝贺。

甲申(十八日),辽国主穿着便服到市场上行走,赏赐酒家银两绢帛。

丁亥(二十二日),宋太祖以客省使丁德裕为西川都巡检使,与引进副使王班、内班都知张屿一同率领大军赶赴西川。

这个月,辽国军队侵入易州,易州监军任德义打退来敌。

二月,安国节度使罗彦瑰等率部在静阳打败北汉军队,擒获其将领鹿英。

权知贡举王祐奏报进士合格者六人,其他各科合格者九人。宋太祖担心有遗漏的人才,辛酉(二十六日),诏令在落第士人中挑选成绩优秀者,再次考试而进升。

甲子(二十九日),宋太祖下令免除川西今年的夏税以及各种征发税收的一半,田地没有耕作的全部免除。

三月,己巳(初四),辽国主东行打猎,不久因为获得野鹅,便开怀畅饮通宵达旦。

癸酉(初八),宋太祖诏令撤销义仓。

夏季,四月,壬子(十七日),宋太祖诏令取消光州进贡鹰鹞。

丁巳(二十二日),辽国天德军节度使于延超的儿子前来归降。

这月,宋太祖下诏:"掌管支出纳入吝惜,就叫作官吏,倘若只图划取得额外的租税,就必须加倍致力于克扣。光化军知军张全操上奏说,三司向各处场院下达命令,有谁能上缴额外租税粮食达到一万石、刍藁五万束以上者,上报他的名字,请求实行赏赐恩典。这如果不是加倍收纳百姓田租,私下克扣军用粮食,怎么可以达到!应该追查制止这些事,不再颁布实行。除去官府所规定的损耗之外,对加收租税的应严加制止杜绝。"

当初,宋太祖派遣右拾遗孙逢吉到成都收缴后蜀地图书籍、仪仗器物。五月,乙亥(十一日),孙逢吉回到京师,所送上的仪仗器物都不合法度,下令全部焚毁,地图书籍交付给史馆。

孟昶使用服饰用品奢侈过度,甚至连溺便器也用七宝来装饰,宋太祖连忙命令击碎它,说:"自己奉养到这个地步,想要不亡国,能行吗?"宋太祖俭朴节约,身体力行,经常穿洗了又洗的衣服,车辆用具都崇尚质朴素雅,停止在宫殿内设用青布缝边的芦苇帘子,宫殿内廷的帐幕,没有花纹彩绘的装饰。曾经拿出麻布衣裳赐给左右近臣说:"这是我从前穿过的衣服。"开封尹赵光义趁着在宫中陪侍宴饮,闲谈中说陛下的服饰用器太草率简陋。太祖正色地说:"你不记得居住在夹马营中的时候了吗?"

当初,宋太祖改定乾德的年号,命任宰相撰写前代所没有的年号来进奏。平定蜀国后,后蜀宫人有进入后宫的,太祖查看她的梳妆用具,得到一面旧铜镜,镜背有"乾德四年铸"的字,太祖大为惊讶,把铜镜拿出给宰相看,都没有应对。于是征召学士陶谷、窦仪询问他们,窦仪说:"这必定是蜀国的用物。过去伪蜀国主王衍有这个年号,应是王衍在位时所铸造的。"太祖于是叹息说:"宰相必须任用读书人。"从此更加注重儒学出身的大臣。赵普起初只是以精通为吏之道闻名,缺乏学问经术,太祖每次用读书来劝勉他。赵普于是手不释卷。

甲申(二十日),辽国主因为天旱,在水池中坐船漂浮,祈求下雨,雨没下;辽国主弃船站立在水中,一会儿便下起了大雨。

庚寅(二十六日),宋太祖亲自在紫云楼下对参加制科的举人姜涉等人进行考试。姜涉等人的文章，论理很疏略，不能应对策论问题，便全部赏赐御酒膳食，送回原地。

六月，宋太祖下诏："各大臣家中不准私自养用阉人，宫内大监年纪在三十岁以上的，方允许收养一个儿子，士人庶民胆敢有阉割童男的，罪在不赦。"

王全斌在灌口寨击败叛军统帅全师雄，擒获叛党二千人，全师雄率领余党奔赴金堂。

秋季，七月，丙寅（初三），因为年成丰收，宋太祖下诏各州县长官鼓励百姓储存余粮、节约俭朴，不要游手好闲，以及禁止百姓赌博。

宋太祖禁止将帅私取军中精兵为牙兵。

戊辰（初五），西南夷部落首领董暠等人归附宋朝。

甲戌（十一日），宋太祖以前永州刺史晋阳人安守忠为汉州刺史。安守忠最初在河阴典领屯田兵，到了宋军攻克后蜀，太祖召见安守忠，对他说："远方习俗苛刻暴虐，南郑是四方交汇之地，爱卿为朕安抚治理它。"立刻派遣安守忠暂任兴元知府。到此时调任汉州刺史，当时大部队来往不断，供养军需费用加倍，国家财物不充足，安守忠用自己的钱财去资助。太祖每次派遣使者时，一定告诫他们说："安守忠在蜀地，能够严于律己，你此行去接见他，应该学学他的为人。"

壬午（十九日），辽国主晓谕有关官吏："在规定期限前于出行停留之地，必须高高竖立起标志，不让百姓打扰。这里听说将标志很低地安置在深草丛中，以便利百姓误入禁区，乘机索取财物。从今以后再有这样的，按死罪论处。"

这月，宋太祖任命孔子第四十四代孙孔宜为曲阜县主簿，孔宜考进士不中，就上书陈述他的家世，所以太祖特意任命他。

八月，辛丑（初九），宋太祖召集宰相、枢密使、开封尹、翰林学士窦仪、知制诰王祐等人在紫云楼下宴饮，因为议论到政事，太祖对宰相赵普等人说："愚昧低下的百姓，即使分不清大豆麦子，如果藩镇王侯不好好地安抚养育，专门实行苛刻暴政，朕也断然不会宽恕他。"赵普说："陛下如此爱民，真是有唐尧和虞舜的用心啊。"

庚戌（十八日），枢密直学士冯瓒，绫锦副使李美，殿中侍御史李楲，被宰相赵普诬陷贪污罪判以死刑，正逢大赦，流放沙门岛，今后即使遇到恩赦也不准返回。

丙辰（二十四日），黄河在滑州决口，冲坏灵河县的护防大堤，征发士兵民工数万人修堤，洪水冲击区的百姓免除当年的秋季租税。

闰月，宋太祖下诏寻找遗失的书籍："凡是官吏百姓有把书籍前来进献者，命令史馆查视书籍的篇章目录，史馆中所没有的就收进。献书人送到学士院考问为史之道，将有能担任官职的奏报。"这年，《三礼》科的涉弼，《三传》科的彭干，学究科的朱载，都响应诏令献书，太祖命令分别安置书府，赐给涉弼等人诸科及第。

甲子（初三），将灌口镇改为永康军。

王全斌奏报攻破叛军将领吕翰，攻克雅州。

乙丑（初四），黄河水泛滥进入南华县。

辽国主观看野鹿进入驯鹿群中，在马上饮酒直到傍晚。

乙亥（十四日），宋太祖下诏："百姓中有能种植桑树、枣树，开垦荒田的，不加征租税；县令官吏中有能鼓励招徕农耕的加以赏赐。"

九月，壬辰朔（初一），虎捷指挥使孙进、龙卫指挥使吴环等二十七人，因伙同吕翰叛乱伏罪诛杀，孙进整个家族杀死。

庚子(初九),辽国主因为九月九日设宴饮酒,夜以继日,十几天后才作罢。

丙午(十五日),宋太祖诏令吴越王在会稽修立大禹庙。

西川士兵多有逃亡到叛军之中的。有人请求查究诛杀他们的妻子儿女,宋太祖对枢密使李崇矩说:"朕考虑他们当中有被叛军驱使胁迫的,不是出于本心。"就全部释免不加诛杀。

冬季,十月,辛酉朔(初一),宋太祖下诏太常寺,从今开始举行重大朝会再使用《文德》《武功》二舞。先前是中原多事,礼乐器物逐渐废弃,太祖开始命令判太常寺浚仪人和岘研究探求修复礼仪乐器,另外营造挂宫悬的架子三十六座摆设在殿庭,登堂奏曲的两座架子设置在殿堂,又设置鼓吹乐器十二张案床,以及跳舞人所拿的旌旗羽蘥、盾牌斧子、舞龠雉羽等和他们的服饰,全部按照旧制。太祖因为雅乐声调很高,近于悲哀伤感,命令和岘加以探讨论证。和岘上奏疏说:"西京的铜制望臬可以校定古代乐律之法,就是如今司天台测量日影表上的石尺,用王朴所制定的石尺来校它,比如今石尺短四分。雅乐声调高大概是这个原因。"太祖就下令依照古代制造法另外制造新的石尺,连同黄钟九寸律管,让乐工校正它的声音。果然比王朴所定的乐管低一个音阶,又从内府取出上党羊头山的秬黍累尺来核校新定律管,也互相吻合,于是重新制造十二律管来取定乐器音调,从此雅乐音调开始和谐流畅。

癸亥(初三),宋太祖下诏各郡建立古代帝王的陵墓和神庙,设置守陵民户各有不同。

庚辰(二十日),辽国主因为北汉国主有母丧,派遣使臣赐送钱物助葬吊唁。

十一月,癸巳(初三),冬至日,宋太祖登上乾元殿接受群臣朝贺后,穿上日常服装登上大明殿,群臣百官上前祝寿,第一次使用雅乐登堂演奏以及《文德》《武功》二舞。

各州所设置的通判,大多同各州知州互相怨恨争执,经常说:"我是监州,朝廷派我来监视你!"知州的一举一动经常受通判的牵制,有人上书通判权势太大,应当抑制减少他们的权力。乙未(初五),宋太祖下诏:"各州通判不得以权谋私,徇情枉法,必须同知州连同署名,公文才可颁发下去。"

癸丑(二十三日),翰林学士、礼部尚书窦仪去世。宋太祖因为窦仪从前在滁州时不给自己亲吏库藏封存的绢帛,经常夸奖他有节操,屡次对大臣说,打算任用为宰相。到了赵普专擅朝政,太祖厌恨他,想要打听他的过失,便召见窦仪,话语中谈及赵普多有不法之事,并且称赞窦仪早已享有才能出众的名望。窦仪却盛称赵普是开国元勋,正大忠诚光明磊落,太祖不高兴。窦仪回到家中,对几个弟弟说:"我一定不能做宰相,但也不会流放到朱崖,我窦家一门可以保全了。"赵普一向忌恨窦仪刚强正直,便引举薛居正、吕余庆为参加政事,陶谷、赵逢、高锡等人又相互结党依附,共同排挤窦仪,太祖任用窦仪为宰相的主意便打消。到这时窦仪去世,太祖哀怜地说:"上天为何这么快夺去我的窦仪啊!"赠授右仆射。

庚申(三十日),妖人张龙儿等二十四人伏法诛杀,并杀灭张龙儿、李玉、杨密、聂赟全家。

十二月,甲子(初四),辽国主前往殿前都点检耶律伊赖哈家中,设宴饮酒接连几天。耶律伊赖哈是检校太师耶律合鲁的儿子,当初因父亲而保任入宫侍奉,辽国主引他作为布衣之交,让他参与谋划国家机密。辽国主酗酒,数次因小事杀人。有个监理野鸡的下人,因为伤了野鸡而逃亡,被抓获后,将要杀死他,耶律伊赖哈劝谏说:"这个罪不应该处死。"辽国主竟然把他杀了,把尸体交付给耶律伊赖哈说:"收好你的老相识。"耶律伊赖哈并不为此停止劝谏。又有一个管理野鹿的详衮,因走失一头鹿,打下牢狱,定为死刑,耶律伊赖哈又劝谏说:"人命关天,岂可因为一头野兽而杀人?"好久,才得以释免。辽国主虽然不全听从耶律伊赖哈的话,但对他特别喜爱。耶律伊赖哈曾经跟从秋季打猎,善于学鹿叫的人召唤一头公鹿到来。辽国法律规定,公鹿头上有分叉角的,只有天子才能射猎。辽国主命令耶律伊赖哈射箭,公鹿应弦而倒,辽国主大为高兴,赏赐十分丰厚。到了这时,宴饮得十分欢快,又赏赐金盂、细锦和怀胎的母马一百匹,左右侍臣授予职官的很多。

丁德裕与西川兵马都监张延通统帅大军大破贼军,擒获叛军伪都统康祚,在街市斩杀分尸。张延通是潞城人。

康延泽筑好普州城墙后,王可僚又会合几个州的军队前来进攻,康延泽打退他们,并追逐奔赶到合州。全师雄在金堂病死,丁德裕与王全斌等部分头前往招降安抚,叛军余部全部平定。

这月,北汉国又攻取辽州。

达勒达部入朝进贡。达勒达部,原来是东北靺鞨人的一个分支,唐朝元和以后迁徙到阴山,到这时前来朝贡。

续资治通鉴卷第五

【原文】

宋纪五　起强圉单阏【丁卯】正月,尽屠维大荒落【己巳】六月,凡二年有奇。

太祖启运立极英武睿文　神德圣功至明大孝皇帝

乾德五年　辽应历十七年【丁卯,967】　春,正月,庚寅朔,御乾元殿受朝,升节度使班在龙墀内,金吾将军上。故事节度使不带平章事者,皆位在卿监下,于是特改焉。

辽林牙萧干、郎君耶律贤适讨乌库部还,辽主执其手,赐卮酒;以雅里斯、楚思、霞里三人无功,赐醨酒辱之;授贤适右皮室详衮。贤适嗜学,有大志,时朝臣多以言获谴,贤适乐于静退,游猎自娱,与亲朋言,不及时事,至是始见擢用。

辛丑,赐西川诸州民今年夏租之半。

诏以时平年丰,增上元张灯为五夜。

蜀臣民诣阙讼王全斌、王仁赡、崔彦进等破蜀时诸不法事,于是诸将同时召还。仁赡先入见,帝诘之,仁赡历诋诸将过失,冀自解免。帝曰:"纳李廷珪妓女,开丰德库取金贝,此岂诸将所为邪?"仁赡惶恐,不能对。帝以全斌等新有功,不欲付吏,令中书门下追仁赡及全斌、彦进与讼者质证,凡所取受隐没共钱六十四万六千八百馀贯,而蜀宫珍宝及外府它藏不著籍者不与焉。并按以擅克削兵士装钱,杀降致寇之由,全斌、仁赡、彦进皆具伏。壬子,令御史台集百官于朝堂,议全斌等罪。癸丑,百官言三人法当死,帝特赦之。甲寅,置崇义军于随州,昭化军于金州,以全斌为崇义留后,彦进为昭化留后。仁赡罢枢密副使,为右卫大将军。诸将士有受者,一切不问。

白瓷象形烛台

丁巳,以曹彬为宣徽南院使,领义成节度使,刘光义改领镇安节度使,张廷翰为侍卫马军都虞候,领彰国节度使,李进卿为步军都虞候,领保顺节度使。廷翰与进卿从光义平蜀,军政不扰,故赏之。

初,王仁赡历诋诸将,独曰:"清廉畏谨,不负陛下任使者,惟曹彬一人耳。"帝于是赏彬特优。彬入辞曰:"诸将俱获罪,臣独受赏,何以自安!"帝曰:"卿有功无过,又不自矜伐。苟负纤芥之累,仁赡岂为卿隐邪?惩劝国之常典,可无辞也。"

帝以河堤屡决,分遣使行视,发畿甸丁夫缮治。自是岁以为常,皆以正月首事,季春而毕。又诏开封、大名府、郓、澶、滑、孟、濮、齐、淄、沧、棣、滨、德、博、怀、卫、郑等州长吏并兼本州河堤使。

二月,甲子,辽南京留守高勋,请以偏师扰益津关,从之。

乙丑,以西川转运使沈义伦为户部侍郎,充枢密副使。初,义伦随军入成都,独居佛寺蔬食,蜀群臣有以珍异奇巧之物献者,皆却之;东归,箧中所有,图书数卷而已。帝尝从容问曹彬官吏善否,彬曰:"臣止监军旅,至于采察官吏,非所知也。"固问之,曰:"义伦可任。"帝亦闻义伦清节过人,因擢用之。

壬申,权知贡举卢多逊奏进士李肃等合格者十人。复诏参知政事薛居正于中书复试,皆合格,乃赐及第。

左监门卫大将军、权判三司赵玭,性狂躁讦直,多忤旨,帝每优容之。又与宰相赵普不协,因称足疾,求解职。甲戌,玭守本官,罢判。

时有谮殿前都指挥使韩重赟私取亲兵为腹心者,帝怒,欲诛之。赵普谏曰:"若重赟以谗诛,即人人惧罪,谁敢为陛下将亲兵者?"帝乃止,出重赟为彰德节度使。重赟闻普救己,他日,诣普谢,普拒弗见。

三月,戊戌,以前安国节度使张美为横海节度使。美至沧州,久之,有告其强取民女为妾,又略民钱四千馀缗者,帝召告者,诘之曰:"张美未至,沧州安否?"对曰:"不安。""既至,何如?"曰:"无复兵寇。"帝曰:"然则美之有造于沧州大矣。朕不难黜美,但念汝沧州百姓耳。"因命官为给直,还其女。复赐美母钱万缗,使谓美曰:"乏钱,当从朕求,勿取于民也!"美惶恐,折节为廉谨,未几,以政绩闻。

甲辰,诏:"翰林学士、常参官于幕职、州县及京官内各举堪任常参官者一人,不当者连坐。"

乙巳,诏诸道举部内官吏才德优异者。

丙午,门下侍郎、平章事赵普,加左仆射,充昭文馆大学士。

丙辰,北汉石盆寨招收巡检使阎章以寨来降。

是月,五星如连珠,聚降娄之次。初,窦俨善推步星历,周显德中为谏官,谓同列卢多逊、杨徽之曰:"丁卯岁五星聚奎,自此天下太平,二拾遗见之,俨不与也。"卒如其言。

南唐命两省侍郎、谏议、给事中、中书舍人、集贤、勤政殿学士更直光政殿,召对咨访,率至夜分。南唐主事佛甚谨,中书舍人全椒张洎,每见辄谈佛法,由是骤有宠。当时大臣亦多蔬食持戒以奉佛,中书舍人会稽徐铉独否,然绝好鬼神之说。

夏,四月,丙子,辽主射柳祈雨,复以水沃群臣。

给事中开封马士元谒枢密副使沈义伦,适有吏白事,义伦与语,忘顾士元。士元遽辞出,归,语家人曰:"我为台省近臣,不为执政所礼,可以去矣。"己卯,遂致仕。

陵州有陵井,蜀置监,岁炼盐八十万斤。广政二十三年,井口摧圮,毒气上如烟雾,炼匠入者皆死。后井益塞,民艰食。通判真定贾琰,始建议开浚,刺史王奇谓浚之犯井龙,役夫不肯进,琏亲执锸兴役,逾年而至泉脉,初炼盐日三百斤,稍增日三千六百斤。琏上其事,即诏琏知州事。琏后卒于官,州人画像祠之。

五月,壬辰,辽北府丞相萧哈哩卒。哈哩貌魁伟,膂力过人,辽主嘉其勤笃,命总知军国事。初,诸王多坐反逆,哈哩廉谨达政体,命案狱,多得其情,人无冤者。北汉主钧每遣使入贡于辽,别致币物,诏许哈哩受之。卒,年五十。辽主愍悼,辍朝三日,罢重五之宴。

乙巳,北汉鸠唐寨招收指挥使樊晖以寨来归。

六月,戊午朔,日有食之。

辽主驻袤潭,好长夜之饮,因怒滥刑,醒亦悔之,谕大臣切谏。萧思温等畏懦,鲜能匡救,间有谏者,多不见听。己未,支解鹿人寿格念古,命有司尽取鹿人之在系者六十五人,斩所犯重者四十四人,馀悉痛杖之。中有欲置死者,赖王子必摄等谏,得免。

诸道铜铸佛像,先是悉辇赴京毁之。秋,七月,丁酉,诏勿复毁,仍令所在崇奉,但毋更铸。

八月,辛酉,辽主生日,以大臣有病殟者,不受贺。

是月,河溢入卫州城,民溺死者数百。

九月,丙戌朔,辽主猎于黑山、赤山,自是连猎者两月。

庚子,定难节度使西平王李彝兴卒,追封夏王,以其子行军司马光叡权知州事。

乙巳,太子少傅致仕柴守礼卒,周世宗之本生父也,命中使护其丧事。

冬,十月,癸酉,度支判官侯陟言:"三司凡二十四案,盐铁主其六,户部主其四,馀皆度支主之。自荆、湖、西蜀之平,事务益众,欲令三司均主其入。"诏三司推官张纯分判度支案事。

十一月,乙酉朔,工部侍郎毋守素,坐居丧娶妾免。

庚子,辽司天奏月当食不亏,辽主以为祥,欢饮达旦。

十二月,丙辰,禁诸州轻小恶钱及铁镴钱。又命纰疏布帛毋鬻于市,及涂粉入药者,捕之置罪。

戊辰,以权知夏州李光叡为定难节度使。

己巳,置建宁军于麟州;庚午,以防御使杨重勋为留后。

宰相赵普丁母忧,丙子,起复。

赐西川来岁夏租之半。

是冬,辽主驻黑河平淀。

开宝元年 辽应历十八年【戊辰,968】 春,正月,乙酉朔,辽主宴于宫中,不受贺。

甲午,城京师。

丁酉,以陕、绛、怀等州饥,赈之。

己亥,辽主观灯于市,以银百两市酒,命群臣亦市酒,纵饮三夕。

乙巳,北汉偏城寨招收指挥使任守恩等来降。

二月,册宋氏为皇后,忠武节度使延渥长女也。延渥寻改名偓。

三月,甲申朔,辽主如潢河;乙酉,获驾鹅,祭天地。辽主命造大酒器,刻为鹿文,名曰鹿瓿,贮酒以祭天。

庚寅,增修县令、尉捕贼功过令,颁行之。

权知贡举王祐擢进士合格者十人。陶谷子邴,名在第六,翌日,谷入致谢。帝谓左右曰:"闻谷不能训子,邴安得登第?"遽命中书覆试,而邴复登第。因下诏曰:"造士之选,匪树私恩;世禄之家,宜敦素业。如闻党与,颇容窃吹,文衡公器,岂宜私滥!自今举人,凡关食禄之家,委中书覆试。"

南汉西北面招讨使潘崇彻以飞语见疑,南汉主遣内侍番禺郭崇岳觇其军,戒之曰:"崇彻果有异志,即诛之。"崇岳至桂州,崇彻严兵见之,崇岳不敢发,还报曰:"崇彻日事饮乐,不恤军政,非有反谋也。"会崇彻单骑自归,南汉主释不问,但夺其兵权而已。

戊申,南唐以枢密使、右仆射汤悦为左仆射兼门下侍郎、平章事。悦素称清辉学士张洎之才。洎能伺人主颜色,善构同列短长,密奏悦非经纶才,南唐主以悦文学旧臣,罢洎学士,俄复故。

夏,四月,戊午,成德节度使兼侍中韩令坤卒。令坤有才略,识治道,镇常山凡七年,北边以宁。帝闻其丧,悼惜之,追封南康郡王。

己巳,辽主诏:"左右从班有才器干局者不次擢用,老耄者增俸以休于家。"

丙子,户部员外郎、知制诰卢多逊,充史馆修撰,判馆事。多逊喜任数,善为巧发奇中。帝好读书,每遣使取书史馆,多逊预戒吏,令遽白所读。上果引问书中事,多逊应答无滞,同列皆伏,帝益宠异之。

北汉军校翟洪贵等来降。

五月,丁亥,重五,辽主以饮酒,不受贺。

以盛暑,诏诸州恤刑。帝谓侍御史冯柄曰:"朕每读《汉书》,张释之、于定国治狱,天下无冤民,此所望于卿也。"

乙未,诏:"诸道当辇送上供钱帛等舟车,并从官给,勿以扰民。"

丁酉,辽主与政事令萧巴雅尔、南京留守高勋等酣饮连日夜,旋命勋知南院枢密使。

丙午,建雄军节度使赵彦徽卒。帝微时,兄事彦徽,及即位,擢领旄钺,宠顾甚厚,卒,赠侍中。继闻其专务聚敛,始薄其为人。

丁未,赐南唐米十万斛,饥故也。南唐以勤政殿学士承旨韩熙载为中书侍郎、百胜节度使兼中书令。熙载上疏论刑政之要,古今之势,灾异之变,及献所撰格言,南唐主手诏褒答而有是命。

六月,癸丑朔,诏:"民田为霖雨、河水坏者,免今年夏税及它征物。"

己未,辽主令殿前都点检耶律伊赖哈置神帐,曲赦京畿囚。

癸亥,诏:"荆、湖民祖父母、父母在者,子孙不得别财异居。"

辛巳,以右补阙辛仲甫权知彭州。帝谓之曰:"蜀土始平,轻佻之俗未革,尔有文武才,是用命尔。"仲甫既至,州卒燕环诱屯戍军,谋以长春节燕集日为乱,仲甫擒斩之。

秋,七月,乙未,中元张灯,帝御东华门,赐从官饮。

以殿前都虞候涿人董遵海为通远军使。遵海父宗本,仕汉为随州刺史,帝微时尝往依之。遵海凭藉父势,多所陵忽,尝论兵战事,遵海理屈,即拂衣起,帝乃辞宗本去。及帝即位,遵海累迁至骁武指挥使。一日,便殿召见,遵海伏地请死,帝令左右扶起,慰之。俄而部下军卒有击登闻鼓诉其不法十馀事,遵海惶恐待罪,帝曰:"朕方赦过赏功,岂念旧恶邪!汝可勿复忧,吾将录用汝。"遵海再拜感泣。帝问遵海母所在,遵海曰:"母在幽州,遭难暌隔。"帝因令人重赂边民,窃迎其母,送于遵海,仍加优赐。至是帝以西蕃近边,命遵海守通远军。遵海既至,召诸族酋长,谕以朝廷威德,刲羊酾酒,厚加宴犒,众皆悦服。后数月,复入寇,遵海率兵深入,击走之,俘斩甚众,获牛马数万,戎落以定。帝嘉其功,就拜罗州刺史,使如故。遵海

85

尝遣其外弟刘综来贡马,及还,帝解所服真珠盘龙衣,使赍赐之,综曰:"遵海人臣,岂敢当此赐!"帝曰:"吾委遵海方面,不以此为嫌也。"

丙午,北汉乌王寨使胡遇等来降。

帝自即位,数出微行,或过功臣家。赵普退朝,不敢脱衣冠。一夕,大雪,向夜,普闻叩门声甚急,出,则帝立雪中,普惶恐迎拜。帝曰:"已约吾弟矣。"已而开封尹光义至,即普堂中,设重裍地坐,炽炭烧肉,普妻行酒,帝以嫂呼之。普从容问曰:"夜久寒甚,陛下何以出?"帝曰:"吾睡不能着,一榻之外,皆它人家也,故来见卿。"普曰:"陛下小天下邪?南征北伐,今其时也。愿闻成算所向。"帝曰:"吾欲取太原。"普默然良久,曰:"非臣所能知也。"帝问其故,普曰:"太原当西北二边,使一举而下,则边患我独当之,何不姑留?俟削平诸国,彼弹丸黑子,将何所逃!"帝笑曰:"吾意政尔,故试卿耳。"因谓普曰:"王全斌平蜀多杀人,吾今思之犹耿耿,不可用也。"普荐曹彬、潘美可用,后悉从其言。

帝尝因北汉界上谍者谓北汉主曰:"君家与周氏世仇,宜其不屈。今我与尔无所间,何为困此一方人也?若有志中国,宜下太行以决胜负。"北汉主遣谍者复命曰:"河东土地甲兵,不足当中国之十一,区区守此,盖惧汉室之不血食也。"帝哀其言,笑谓谍者曰:"为我语刘钧,开尔一路以为生。"故终其世,不以大军北伐。

初,北汉世祖女为晋护圣营卒薛钊妻,生子继恩。钊死,妻改适何氏,生子继元,而何与妻皆卒。世祖以北汉主钧无子,使养继恩及继元,皆冒姓刘氏。继恩事主尽恭,昏定晨省,礼无违者。及为太原尹,选软不治,北汉主忧之,尝谓宰相郭无为曰:"继恩纯孝,然非济世才,恐不能了我家事,奈何?"无为不对。是月,北汉主卧疾,召无为,执其手,以后事付之。

继恩始监国,无为与侍卫亲军使蔚进不协,因出进守代州,又建议渐斥去公族,命继恩弟继忠守忻州。继忠,亦孝和养子也,自称尝使契丹,得冷痼病,定襄地寒,愿留养晋阳;继恩责其观望,趣令就道。继忠颇出怨语,或以白继恩,寻缢杀之。

戊申,北汉主殂,继恩遣使告终称嗣于辽,辽主许之,然后即位,上谥曰孝和皇帝,庙号睿宗。辽遣使吊祭。

是月,令诸州察民有饥者,即发廪贷之。

左监门卫大将军赵玭,既罢三司,累上密疏,皆留中不出,尝疑赵普中伤之,乃诣阁门纳所受诰命。八月,庚申,诏勒归私第。玭请退居郓州,不许。

丙寅,命客省使卢怀忠等二十二人领兵屯洺州,将有事于北汉也。

戊辰,命昭义节度使、同平章事李继勋为河东行营前军都部署,侍卫步军都指挥使党进副之,宣徽南院使曹彬为都监;棣州防御使何继筠为先锋部署,怀州防御使康延沼为都监;建雄节度使赵赞为汾州路部署,绛州防御使司超副之,隰州刺史李谦溥为都监。

九月,癸未,监察御史杨士达,坐鞫狱滥杀弃市。

己丑,辽主登小山,祭天地。

戊戌,辽主知宋欲袭河东,谕西南面都统、南院大王塔尔预为之备。

北汉主继恩,恶郭无为专政,欲逐之而未果,是月,加无为守司空,外示优礼,内实疏远之。继恩服衰裳视事,寝处皆居勤政阁,其左右亲信悉留太原府廨,或请召入令翊卫,继恩弗听。于是文武百官皆进秩,继恩置酒宴诸大臣及宗子,饮罢,卧阁中,供奉官侯霸荣以刃摭其胸,杀之。无为遣兵以梯登屋入,杀霸荣并其党,迎立继恩弟太原尹继元。继恩立才六十馀日。霸荣者,邢州人,多力善射,走及奔马,尝为散指挥使,戍乐平,旋降于王全斌,补内殿直,未几,复奔北汉,为供奉官。于是杀继恩,谋南归,卒为无为所杀。或谓无为实使霸荣作乱,亟诛霸荣以灭口,故人无知者。

继元始立,宋师已入其境,乃亟遣使上表于辽,且请兵为援。又遣侍卫都虞候刘继业、马进珂领军扼团柏谷,以将作监马峰为枢密使,监其军。峰至洞过河,与李继勋等遇,何继筠以先锋击破之,斩首二千馀级,擒其将张环、石斌,遂夺汾河桥,傅太原城下,焚延夏门。继元遣殿直都知郭守斌领内直兵出战,又败,守斌中流矢,退入城中。

丁未,北汉(在)〔佐〕胜军使李琼来降。

初,潘美克郴州,获南汉内品十馀人。有余延业者,自言为扈驾弓官,授以弓,不能张,帝笑。问其国政,延业具言奢侈残酷状,帝惊骇曰:“吾当救此一方民。”于是道州刺史王继勋言:“刘𬬮昏暴,民被其毒,又数出寇边,请王师南伐。”帝犹未欲加兵,乃命南唐主谕意,令南汉主先以湖南旧地来献。〔南〕唐主遣使致书,南汉主不从。

建隆中,缘旧制,祭东岳泰山于兖州、西岳华山于华州、北岳常山于定州、中岳嵩山于河南府。于是有司言:“祠官所奉止四岳。今按祭典,请祭南岳衡山于衡州;东镇沂山于沂州、南镇稽山于越州、西镇吴山于陇州、中镇霍山于晋州;东海于莱州,南海于广州,西海、河渎并于河中府,北海、济渎并于孟州,淮渎于唐州;其江渎准显德五年敕,祭于扬州扬子江口,今请祭于成都;北镇医巫闾山在营州界,未行祭享。”从之。其后望祭北镇于定州岳祠,既而五镇之祭复阙。

辽以伊赖哈兼政事令,仍以黑山东默珍之地数十里赐之。

是秋,辽主猎于西京诸山。

冬,十月,甲戌,屯田员外郎同州雷德骧,责受商州司户参军。德骧判大理寺,其官属与堂吏,附会宰相,擅增减刑名,德骧愤懑求见,欲面白其事,未及引对,即直诣讲武殿奏之,辞气俱厉;并言赵普强市人第宅,聚敛财赂。帝怒,叱之曰:“鼎铛犹有耳,汝不闻赵普吾之社稷臣乎?”引柱斧击折其上腭二齿,命左右曳出,诏宰相处以极刑。既而怒解,止以阑入之罪黜之。

丙子,吴越王俶遣其子建武节度使惟濬来朝贡,命知制诰卢多逊迎劳之。

是月,帝遣使赍诏至太原,谕北汉主继元令降,约以平卢节度使授之。又别赐郭无为、马峰等诏四十馀道,许授无为安国节度使,峰以下并与藩镇。无为得诏色动,但出继元一诏,馀皆匿之,自是始有贰志,劝继元纳款,继元不从。

初,帝使谍者惠璘伪称殿前指挥使,负罪奔北汉,无为知其谋,使为供奉官。及宋兵入北汉境,璘即奔逃至岚谷,候吏获送太原,北汉主使无为鞫之,无为释不问。有李超者,知璘状,上告;无为怒,并超杀之以灭口。

十一月,辛巳,诏曰:“盗贼渐息,减诸县弓手有差,令、尉辄占留者,重置其罪。”

先是,帝入太庙,见其所陈簜豆簠簋,问曰:“此何等物也?”左右以礼器对。帝曰:“吾祖宗宁识此!”亟命撤去,进常膳如平生。既而曰:“古礼亦不可废也。”命复设之。于是判太常寺和岘言:“按唐天宝中享太庙,礼料外每室(如)〔加〕常食一牙盘,五代以来,遂废其礼,今请如唐故事。”诏:“自今亲享太庙,别设牙盘食,禘祫、时享皆同之。”岘又言:“乾德初,郊祀上帝,就望燎位,而燎坛稍远,有司不闻告柴燎之声。臣时为礼官,职当赞道,亲闻德音,令举烛相应。按《史记·封禅书》,秦常以十月郊见,通(权)〔爟〕火,状若桔槔,欲令光明远照,通于祀所。望敕有司率循前制。”从之。

壬寅,亲享太庙。

癸卯,日南至,合祭天地于南郊,改元开宝,大赦,蠲乾德五年以前逋租。御乾元殿,宰相赵普等奉玉册宝,上尊号曰应天广运圣文神武明道至德仁孝皇帝。

是日,辽主以饮酒,不受贺。

是月,辽南院大王塔尔为兵马总管,统诸道兵援北汉,李继勋等皆引归,北汉因进掠晋、绛二州之境。

北汉主刘继元弒其母郭氏。

南唐主纳后周氏,昭惠后之妹也,美姿容,先已得幸于唐主。昭惠疾甚,忽见后入,顾问:"妹几时进宫?"后幼未有知,以实对曰:"数日矣。"昭惠怒,遂转乡而卧,不复顾。既殂,常出入禁中,至是纳以为后。其夕,燕群臣,韩熙载等皆赋诗以风,南唐主亦不之谴也。

南唐主颇留情乐府,监察御史张宪上疏曰:"道路皆言以户部侍郎孟拱宸宅与教坊使袁承进。昔高祖欲拜舞人安叱奴为散骑侍郎,举朝皆笑。今虽不拜承进为侍郎,而赐以侍郎居宅,事亦相类矣。"南唐主赐帛旌其敢言,然终不能改。

是冬,辽主驻黑山东川。

辽太平王谐萨噶,久预国政,遂谋乱。时司天魏璘善卜,因诣璘卜僭立之日。事觉,辽主贬谐萨噶西北边戍,流璘于乌库部。

二年 辽应历十九年,二月改保宁元年【己巳,969】 春,正月,己卯朔,以出师,不御殿。

辽主宴宫中,不受贺。

己亥,以钱惟濬为镇海、镇东节度使。惟濬奉其父命来助祭,将还,特诏增秩。

壬寅,遣殿中侍御史洛阳李莹等分往诸州,调发军储赴太原。丙午,又遣使发诸道兵,屯于潞、晋、磁等州。

南唐枢密使、左仆射、平章事汤悦,罢为镇海节度使。悦不乐居藩,上章求解。于是改授太子太傅,监修国史,仍领镇海节度使。

二月,乙卯,命曹彬、党进等各领兵先赴太原。

戊午,诏亲征。己未,以开封尹光义为东京留守,枢密副使沈义伦为大内部署;昭义节度使李继勋为河东行营前军都部署,建雄节度使赵赞为马步军都虞候,先赴太原。甲子,车驾发京师;丁卯,次王桥顿。彰德节度使韩重赟来朝,帝谓之曰:"契丹知我是行,必率众来援,彼意镇、定无备,将由此路入,卿可为朕领兵倍道兼行,出其不意破之。"乃以重赟为北面都部署,义武节度使郭延义副之。

初,辽主惑女巫肖衮言,取人胆合延年药,杀人颇众。继悟其诈,以鸣镝丛射骑践杀之。自是嗜酒好杀,五坊掌兽及近侍给事诸人,或以细故,或奏对少失旨,或因迁怒,辄加炮烙、铁梳之刑,甚者至于无算,或以手刃刺之,斩击射燎,断手足,折腰胫,划口破齿,弃尸于野,且命筑封于其地,死者至百馀人,京师署百尺牢以处系囚。季年,暴虐益甚,尝谓太尉华哈曰:"朕醉中有处决不当者,醒当覆奏。"徒能言之,竟无悛意。是月,己巳,春蒐怀州。辽主射熊而中,侍中萧思温与伊勒希巴牙哩斯等进酒上寿,辽主醉,还行宫,夜,为近侍霄格、盥人华格、庖人锡衮等所弒。年三十九,庙号穆宗。庚午,思温与南院枢密使高勋、飞龙使尼哩等奉世宗第二子贤,率铁骑千人驰赴行在。贤恸哭,群臣劝进,遂即皇帝位于枢前,百官上尊号曰天赞皇帝,大赦,改元保宁。以殿前都点检耶律伊赖哈、右皮室详衮萧乌哩济宿卫不严,斩之。以尼哩为行宫都部署,加政事令。

权知贡举赵逢奏进士安德裕等合格者七人。

乙亥,车驾次潞州,以霖雨驻跸。时诸州馈饷毕集城中,车乘塞路。帝闻之,以为非理稽留,将罪转运使。赵普曰:"六师方至而转运使获罪,敌人闻之,必谓储偫寺不充,非所以威远之道,但当择治剧者莅此州耳。"丙子,命户部员外郎、知制诰王祐权知潞州。祐即发遣车乘,行路无阻。以枢密直学士赵逢为随驾转运使,仍铸印赐之。

北汉刘继业、冯进珂屯于团柏谷,遣衙队指挥使陈廷山领数百骑来侦逻。会李继勋等前军至,廷山即以所部降。继业、进珂知众寡不敌,亦奔还晋阳,北汉主怒,罢其兵柄。继勋等遂围城。

时辽使内侍韩知范册命北汉主为帝,北汉主夜开门纳之。明日,置宴,群臣皆预,宰相郭无为哭于庭中,拔佩剑自刺,北汉主遽降阶,持其手引之升坐,无为曰:"奈何以孤城抗百万之师乎!"盖无为欲以此摇众心也。

三月,丙戌,辽主次上京。以定策功,进萧思温为北院枢密使,旋兼北府宰相;封高勋为秦王,尼哩加守太尉。

时承穆宗失德之后,中外翕然望治。辽主数召翰林学士南京室昉,问古今治乱得失,奏对称旨。思温荐耶律色珍有经国才,辽主曰:"朕知之;第佚荡,岂可羁屈!"思温曰:"外虽佚荡,中未可量。"乃召问以时政,指陈剀切,辽主器重之,旋命节制西南面诸军,援河东。时南院大王耶律塔尔加兼政事令,致仕,以色珍代之。

辽谙萨噶闻辽主立,大惧,亡入沙陀。辽主以伊勒希巴讷穆衮阴附谙萨噶,诛之。旋召谙萨噶还,释其罪。

帝驻跸潞州凡十有八日,获北汉谍者,问之,对曰:"城中民罢毒久矣,日夜望车驾,恨其迟耳。"帝笑,给衣服纵之。壬辰,发潞州;戊戌,次太原;庚子,观兵于城南,始命筑长连城。辛丑,临汾河作新桥。以兵部员外郎知制诰卢多逊知太原行府事。

壬寅,遣使发太原诸县民数万赴城下。

癸卯,北汉宪州判官史昭文以州城来降,即命昭文为刺史。

乙巳,帝至城东南,命筑长堤壅汾水。先是有欲增兵攻城者,左神武统军陈承昭进曰:"陛下自有数千万兵在左右,何不用也?"帝未悟,承昭以马策指汾水,帝大笑,因使承昭董其役。丙午,决晋祠水灌城。

丁未,命李继勋军于城南,赵赞军于西,曹彬军于北,党进军于东,为四寨以逼之。北汉人乘晦突门,潜犯西寨,赵赞率众与战,弩矢贯赞足,未退。时党进遣东寨都监李谦溥伐木西山以给军用,谦溥闻鼓声,即引所部兵赴之,北汉人乃退。帝遽至战所,怪赴援者非精甲,问之,则谦溥也,甚悦。刘继业复以突骑数百犯东寨,党进挺身逐继业,麾下数人随之,继业走匿壕中,北汉兵出援之,继业缘缒入城,获免。

南唐右仆射、判省事游简言,躬亲簿领,督责稽缓,僚吏畏之;然暗于大体,不为士大夫所重。数以疾辞,南唐主不许。是月,命简言兼门下侍郎、平章事。

夏,四月,戊申朔,帝临城东观筑堤。

辛亥,遣海州刺史孙万进领军数千人围汾州。

壬子,帝复至城东,赐群臣及诸军时服,宴从臣。

初,棣州防御使何继筠为石岭关部署,屯阳曲。帝闻辽兵分道来援北汉,其一自石岭关入,乃驿召继筠诣行在所,授以方略,并给精兵数千,使往拒之,且谓继筠曰:"翌日亭午,俟卿捷奏至也!"时已盛暑,帝命太官设麻浆粉赐继筠,食讫,辞去,战于阳曲县北,大败辽兵,擒其武州刺史王彦符,斩首千馀级。己未,继筠遣子承睿来献捷。承睿未至,帝登北台以俟,见一骑自北来,逆问之,乃承睿也。北汉阴恃辽援,城久不下,帝以所献首级示之,城中人气夺。

辽主监穆宗暴虐,务行宽政。赵王喜衮久系狱,闻之,自去其械而朝。辽主怒曰:"汝罪人,何得离禁所!"复执之。既而躬录囚徒,悉召而释之。

是月,进封太平王谔萨噶为齐王,改封喜衮为宋王,封隆先为平王,稍为吴王,道隐为蜀王,必摄为越王,异里为冀王,宛为卫王。初,辽主弟质睦性敏给,通契丹、汉字,能诗,穆宗末年,质睦与宫人私,穆宗怒,榜掠数百,刺一目而宫之,系狱,将弃市。辽主即位,即释之,赐以所私宫人,封宁王。未几,以隆先兼政事令,留守东京,道隐留守上京。隆先、道隐、稍,皆世宗之弟也。

五月,戊寅,辽分兵由定州来侵,韩重赟陈于嘉山以待之。辽人见旗帜,大骇,欲遁去;重赟奋击之,大破其众。癸未,使来告捷,帝大喜,手诏褒之。

甲申,帝临城北,引汾水入新堤,灌其城。戊子,临城东南,命水军乘小舟载强弩进攻其城,内外马步军都军头王廷义亲鼓之,免胄先登,流矢中其脑而颠。庚寅,廷义卒。辛卯,殿前都指挥使都虞候石汉卿亦中流矢,溺死。癸巳,赠廷义建武节度使,汉卿袁州防御使。

丁酉,帝幸城西,命诸军攻其西门。

遣偏师围岚州,赵宏危蹙,请降。戊戌,宏来见,以避宣祖讳,赐名文度。

己亥,以右千牛卫将军周承瑶为岚州团练使。

庚子,宴赵文度于行宫,后授重国节度使。

太原围急,郭无为谋出奔,因请自将出击。北汉主信之。选精甲千人,命刘继业、郭守斌为之副,北汉主登延夏门自送之,且待其反。会夜雨晦冥,无为行至北桥,驻马召诸将,继业以马伤足,先收所部兵入城,守斌迷失道,呼之不获;无为不能独前,乃与麾下数千人亦还。

帝以暑气方盛,深念缧绁之苦,乃诏:"西京诸州令长吏督掌狱掾五日一至狱户,检视洒扫,洗涤杻械,贫困者给饭食,病者给药,轻系小罪即时决遣。"自是每岁仲夏,必申明是诏以戒官吏。

辽立贵妃萧氏为皇后。后,北府宰相思温女也,早慧。思温尝观诸女洒扫,唯后斓洁,喜曰:"此女必成家。"及立为后,能参决朝政,辽主敬礼之。

闰月,戊申,太原南城为汾水所陷,水穿外城,注城中,城中大惊扰。帝临长堤观焉。水口渐阔,北汉人缘城设障,为宋师所射,障不得施。俄有积草自城中飘出,直抵水口而止,宋师弩矢不能彻,北汉人因以施功,水口遂塞。

郭无为复劝北汉主出降,北汉主不听。阉人卫德贵,极言无为反状明白,不可赦,北汉主杀之以徇,城中稍定。

北汉人俄自西长连城潜出,将焚攻战之具,宋师击走之,斩首万馀级。夜半,忽传呼壁外云:"北汉主降。"帝令卫士环甲,将开壁门,八作使赵璲曰:"受降如受敌,讵可夜半轻诺乎!"帝使问之,果谍者诈为也。

己酉,帝临城南,命水军乘轻舟焚其门。

右仆射魏仁浦卒。先是仁浦侍春宴,因前上寿,帝密谓曰:"朕欲亲征太原,如何?"仁浦曰:"欲速则不达,惟陛下审思。"帝嘉其对。宴罢,就第,赐上尊酒十石,御膳羊百口。既而从行,中途遇疾,还,卒于梁侯驿。赠侍中,谥宣懿。

太原城久不下,东西班都指挥使李怀忠率众攻之,战不利,中流矢,几死。殿前指挥使都虞候赵廷翰,率诸班卫士叩头,愿先登急击以尽死力。帝曰:"汝曹皆吾所训练,无不一当百,所以备肘腋,同休戚也。我宁不得太原,岂忍驱汝曹冒锋刃,蹈必死之地乎!"众皆感泣。

时大军顿甘草地中,会暑雨,多(破)〔被〕腹病。会辽遣北院大王乌珍自白马岭率劲卒夜出,问道疾驰,驻太原西,鸣鼓举火,北汉赖以自固。太常博士李光赞言于帝曰:"陛下战无不胜,谋无不臧,四方恃险之邦、僭窃帝王之号者,昔与中国为邻,今与陛下为臣矣。蕞尔晋阳,岂须亲讨!重劳飞挽,取怨黔黎,得之未足为多,失之未足为辱。国家贵静,天道恶盈,所虑向来恃险之邦,闻是役也,竭府库之财,尽生民之力,忠心踊跃,各有窥觎。传曰:'邻之厚,君之薄也。'岂若回銮复都,屯兵上党?使夏取其麦,秋取其禾,既宽力役之征,便是荡平之策。惟陛下裁之!"帝览奏,甚喜,复问赵普,普亦以为然,因使普召光赞慰抚之。

癸丑,移驻城东罕山之南,始议班师。

己未,徙太原民万馀家于山东、河南,给粟;庚申,分命使者十七人发禁军护送之,因屯于镇、潞等州,用绛人薛化光策也。化光言:"伐木先去枝叶,后取根柢。今河东外有契丹之助,内有人户赋输,窃恐岁月间未能下。宜于太原北石岭山及河北界西山东静阳村、乐平镇、黄泽关、百井社,各建城寨,扼契丹援兵,起其部内人户,于西京、襄、邓、唐、汝州给闲田,使自耕种,绝其供馈,如此,不数年间,自可平定。"帝嘉纳之。

壬戌,车驾发太原。时军士陷敌者百人,帝遣骁雄副指挥使孔守正领骑军往救,守正奋击,尽夺以还。

北汉主籍所弃军储,得粟三十万,茶、绢各数万,丧败馨竭,赖此少济。

戊辰,次镇州,召道士苏澄入见,谓曰:"朕作建隆观,思得有道之士居之,师岂有意乎?"对曰:"京师浩穰,非所安也。"壬申,幸其所居,谓曰:"师年逾八十而容貌甚少,盍以养生之术教朕!"对曰:"臣养生,不过精思练气耳;帝王养生,则异于是。《老子》曰:'我无为而民自化,我无欲而民自正。'无为无欲,凝神太和,昔黄帝、唐尧享国永年,用此道也。"帝悦,厚赐之。

辽有司请以辽主生日为天清节,从之。

是月,南唐右仆射兼门下侍郎、平章事游简言卒。

六月,己卯,以仪銮使知易州贺惟忠为易州刺史,兼易、祁、定等州巡检使。惟忠捍边数有功,故迁其秩而不易其任。

庚辰,诏:"车驾所过,民无出今年秋租。"

癸未,以右补阙大名王明为荆湖转运使,以用兵于岭南也。

己丑,次滑州。

南唐主遣其弟从谦来贡,辛卯,见于胙城县。唐水部员外郎查元方掌从谦笺奏,帝命知制诰卢多逊燕从谦于馆。多逊弈棋次,谓元方曰:"江南竟如何?"元方敛衽对曰:"江南事大朝十馀年,极尽君臣之礼。不知其它。"多逊愧谢曰:"孰谓江南无人!"元方,文徽子也。

癸巳,车驾至自太原,曲赦京城系囚。

是月,北汉主决城下水,注之台骀泽,水已落而城多摧圮。辽使者韩知范犹在太原,叹曰:"宋师之引水浸城也,知其一而不知其二。若知先浸而后涸,则并人无类矣。"

时辽南院大王耶律色珍率援师屯于太原城下,刘继业言于北汉主曰:"契丹贪利弃信,它日必破吾国。今救兵骄而无备,愿袭取之,获马数万,因藉河东之地以归中国,使晋人免于涂炭,陛下长享富贵,不亦可乎!"北汉主不从。数日,色珍北还,赠遗甚厚。

其后北汉主复致币于北院大王乌珍,乌珍以闻,辽主命受之。

【译文】

宋纪五 起丁卯年(公元967年)正月,止己巳年(公元969年)六月,共二年有余。

乾德五年 辽应历十七年(公元967年) 春季,正月。庚寅朔(初一),宋太祖登上乾元殿接受文武百官朝贺,将节度使班位升到雕龙台阶以内的金吾将军之上。按旧例,节度使不带平章事的班位在各卿寺、监长官之下,到这时特意改过来。

辽国林牙萧干、郎君耶律贤适征伐乌库部返回,辽国主握着他们的手,赏赐大杯美酒;因为雅里斯、楚思、霞里三人没有功劳,赏给淡酒以羞辱他们。授耶律贤适为右室详衮。耶律贤适爱好学问,有远大志向,当时朝中大臣大多因为说话受到谴责。耶律贤适乐于恬静退让,游赏打猎自得其乐,与亲戚朋友交谈,从不涉及当时政事,到这时才开始得到提升重用。

辛丑(十二日),宋太祖赏赐西川各州百姓今年夏季租税的一半。

宋太祖下诏因时势太平年成丰收,增加上元节张灯结彩时间为五个夜晚。

后蜀官吏百姓前往京师诉讼王全斌、王仁赡、崔彦进等人攻破蜀地时许多不法事情,于是宋太祖将各位将领同时征召返回。王仁赡最先入殿朝见,宋太祖追问他,王仁赡逐一诋毁各位将领的过失,希望开脱自己。太祖说:"纳取李廷珪的妓女,打开丰德库取走金贝,这些难道是其他将领所做的吗?"王仁赡惶恐不安,没有回答。太祖因王全斌等人新立战功,不想将他们交给司法官吏审理,命令中书门下召回王仁赡以及王全斌、崔彦进同诉讼的人对质验证。总共所收取隐瞒没有登记簿册的钱六十四万八千百多贯,而蜀国官中珍宝和外地府库其他收藏没登记还不在其

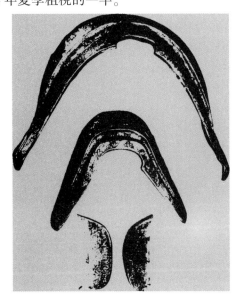

鎏金铁马鞍饰件

中。同时调查擅自克扣士兵的行装钱,屠杀归降士兵导致叛乱等事由,王全斌、王仁赡、崔彦进都全部认罪行。壬子(二十三日),太祖诏令御史台召集文武百官到朝廷大堂,议定王全斌等人的罪。癸丑(二十四日),文武百官说三人依法当处以死刑,宋太祖特意赦免他们。甲寅(二十五日),在随州设置崇义军,金州设置昭化军,以王全斌担任崇义军留后,崔彦进担任昭化军留后。王仁赡免去枢密副使,任右卫大将军。其他将领中有收取财物的,一律不予追究。

丁巳(二十八日),宋太祖以曹彬为宣徽南院使,兼领义成节度使,刘光义改任镇安节度使,张廷翰为侍卫马军都虞候,兼任彰国节度使,李进卿为步军都虞候,兼任保顺节度使。张廷翰与李进卿随从刘光义平定后蜀,军政不乱,所以奖赏他们。

当初,王仁赡逐一诋毁各个将领,唯独说:"清白廉洁、敬畏严谨,没有辜负陛下授予使命的,只有曹彬一人。"宋太祖到这后赏赐曹彬特别优厚。曹彬入朝推辞说:"各位将领都获罪,

而臣下独自受赏,凭什么心安啊!"太祖说:"爱卿有功劳而无过错,又不居功自夸。如果真有丝毫的过错,王仁赡难道会为爱卿隐瞒吗?奖赏惩办,是国家的永恒法典,可不必推辞啊。"

宋太祖因为黄河大堤屡次决口,分别派遣使者进行巡视,征发京师的民夫修筑河堤。从此成为每年常规,都从正月开始动工,到春天结束。又下诏开封府、大名府、郓州、澶州、滑州、孟州、濮州、齐州、淄州、沧州、棣州、滨州、德州、博州、怀州、卫州、郑州等地长官同时兼任本州河堤使。

二月,甲子(初五),辽国南京留守高勋,请求派出一少部分军队侵扰益津关。辽国主准从。

乙丑(初六),宋太祖以西川转运使沈义伦为户部侍郎,充任枢密副使。当初,沈义伦随大军进入成都,独自居住在佛教寺庙中吃素,后蜀群臣有拿着珍异奇巧的物品进献的,都被回绝;东归京师时,箱中所有的,仅有几卷图书而已。太祖曾经从从容容地询问曹彬官吏中的好坏,曹彬说:"臣下只监管军队,至于采访考察官吏,不是臣下所知道的。"太祖再三问他,曹彬说:"沈义伦可以重用。"太祖也听说沈义伦清廉守节超过常人,因而提拔重用他。

壬申(十三日),权知贡举卢多逊上奏进士李肃等合格者十人。宋太祖再次诏令参知政事薛居正在中书省复试,全部合格,才赐予进士及第。

左监门卫大将军,权判三司赵玭,生性狂妄急躁,揭发隐私毫不忌讳,多次违背皇上的旨意,太祖每次都优待容忍他。赵玭又同宰相赵普不和,称脚有病,请求解除官职。甲戌(十五日),赵玭保留原有官阶,免去权判三司。

当时有人诬陷殿前都指挥使韩重赟私下选取亲兵作为自己的心腹,宋太祖听后大怒,想要杀他。赵普劝谏说:"倘若韩重赟因为谗言而诛杀,那么会人人自危,还有谁胆敢为陛下带领亲兵呢?"太祖才没杀他。调韩重赟为彰德节度使。韩重赟听说是赵普救了自己,有一天,前往赵普宅第道谢,赵普拒绝不见。

三月,戊戌(初九),宋太祖以前安国节度使张美为横海节度使。张美到达沧州,时间久了,有人控告张美强抢纳取民女为妾,又掠夺百姓钱币四千多缗,太祖召见了控告人,反问他说:"张美没达到之前,沧州是否安定?"控告人回答说:"不安定。""到达以后,怎么样呢?"说:"不再有军队侵略。"太祖说:"这样看来张美造福于沧州很大啊。朕不废黜张美,只是考虑你们沧州百姓罢了。"因而命令官府替张美给他钱,并归还他的女儿。太祖又赏赐张美的母亲钱万缗,派人对张美说:"你缺钱的话,当从朕这里索取,不要向老百姓索取啊!"张美惶恐不安,改过自新,变得廉洁严谨,没过多久,以政绩而闻名。

甲辰(十五日),宋太祖下诏:"翰林学士、常参官从幕职官、州县官以及京官中各自荐举可以胜任常参官的一人,荐举不当的要牵连同罪。"

乙巳(十六日),宋太祖下诏各道长官荐部属中德才兼备的官吏。

丙午(十七日),门下侍郎、平章事赵普,加官为右仆射,充任昭文馆大学士。

丙辰(二十七日),北汉国石盆寨招收率寨前来归降的巡检使阎章。

这月,金、木、水、火、土五星如同串联的珠子。聚集在降娄星的旁边。当初,窦俨擅长于推算星象历法,后周显德年间担任谏官,对同僚卢多逊、杨徽之说:"丁卯年金、木、水、火、土五星聚集在奎宿,从此以后天下太平。二位拾遗能见到这天象,而我窦俨不能见到了。"结果正如他所说。

南唐后主命令中书、门下两省侍郎、谏议、给事中、中书舍人以及集贤殿、勤政殿学士轮流在光政殿值宿，随时召见应对咨询，大多直到半夜。南唐后主十分信奉佛教，中书舍人全椒人张泊，每次召见总是谈论佛法，由此突然受到宠幸。当时各位大臣也大多吃素遵守戒律信仰佛教，只有中书舍人会稽人徐锴一人不信，反而十分喜爱谈论鬼神之说。

夏季，四月。丙子（十八日），辽国主射柳以祈求下雨，又用水浇文武百官。

给事中开封人马士元拜见枢密副使沈义伦，正好有位官吏禀告事情，沈义伦同他谈话，忘记顾及马士元。马士元连忙告辞离去，回到家中，对家里人说："我为朝廷台省近臣，没被执政官所礼遇，可以去职了。"己卯（二十一日），马士元就退休了。

陵州有陵井，后蜀在此设监，每年提炼八十万斤食盐。后蜀广政二十三年，井口坍塌，毒气上升如同烟雾，煮炼的工匠中入井的全部被熏死。后来陵井更加堵塞，百姓吃盐艰难。通判真定人贾璘，开始建议开凿疏通。刺史王奇认为疏通陵井冲犯了井田的龙脉，服劳役的民夫不敢进井，贾璘亲自拿着铁锹动工。一年以后就挖到了地下泉脉。开始每天可煮炼三百斤，后来逐渐增加到每天三千六百斤。贾璘上奏这件事，宋太祖立即下诏令任命贾璘为知州。贾璘最后死于任上，陵州人画了他的像来祭祀他。

五月，壬辰（初四），辽国北府丞相萧哈哩去世。萧哈哩容貌魁伟，膂力过人，辽国主嘉奖他勤奋忠厚，任命他执掌军政事务。当初，诸王大多因谋反叛逆犯罪，萧哈哩廉洁谨慎，通达治政大体，辽国主命令他调查案件，大多获得其中实情，没有人受到冤屈。北汉国主刘钧每年派遣使臣向辽国纳贡，另外送致钱物，辽国主下诏特许萧哈哩接受，死的时候，年仅五十岁。辽国主痛惜哀悼，停理三天朝政，取消五月初五的宴会。

乙巳（十七日），北汉国鸩唐寨招收举寨前来归顺的指挥使樊晖。

六月，戊午朔（初一），出现日食。

辽国主在袞潭驻扎，喜欢彻夜饮酒，因为发怒而滥施刑罚，酒醒之后也后悔，晓谕大臣可以直言劝谏。萧思温等人畏缩懦弱，很少能够匡救扶持，间或有进谏的人，大多不被听从。己未（初二），肢解鹿人寿格念古，命令有关官吏全部提取被关押的鹿人六十五名，将其中犯重罪的四十四人斩首，其余的全都用刑杖毒打。中间又要处置一批人死刑，因王子耶律必摄等人劝谏，得以幸免。

各道用铜铸造的佛像，先前全部用车送到京师销毁。秋季，七月，丁酉（十日），宋太祖下诏不得再予毁坏，仍旧让所在之处供奉，只是不准另外铸造。

八月，辛酉（初五），辽国主生日，因为有大臣病危，不接受群臣朝贺。

这月，黄河水泛滥冲入卫州城，百姓淹死的达几百人。

九月，丙戌朔（初一），辽国主在黑山、赤山打猎，从此连续打猎两个月。

庚子（十五日），定难节度使西平王李彝兴去世，追封为夏王，任命他的儿子行军司马李光叡代理夏州知州。

乙巳（二十日），太子少傅致仕柴守礼去世。柴守礼是周世宗的亲生父亲，宋太祖命令宫中使者主办他的丧事。

冬季，十月，癸酉（十八日），度支判官侯陟上书说："三司总共管二十四案，盐铁司主管其中六案，户部司主管其中四案，其余的都由度支所主管。自从平定荆南、湖南、西蜀以来，事务更加繁多，希望让三司各部平均主管这二十四案。"宋太祖下诏令三司推官张纯分理度支若干案事。

十一月，乙酉朔（初一），工部侍郎毋守素，因在守丧期间另娶小妾被罢官。

庚子(十六日),辽国司天监奏报应当出现月食但月亮不缺,辽国主认为是吉祥,欢乐畅饮通宵达旦。

十二月,丙辰(初二),宋太祖诏令禁止各州使用轻而又小的劣质钱和掺杂铅锡的铁钱;又诏令纹理粗疏的布帛不得在市场上出售,将泥土粉末搀入药中的,逮捕判罪。

戊辰(十四日),宋太祖以代理夏州知州李光叡为定难节度使。

己巳(十五日),在麟州设置建宁军;庚午(十六日),宋太祖以防御使杨重勋为建宁军留后。

宰相赵普的母亲去世,丙子(二十二日),丧期未满而起用复职。

宋太祖赏赐西川百姓明年夏租的一半。

这年冬天,辽国主驻黑河平淀。

开宝元年 辽应历十八年(公元968年) 春季,正月,乙酉朔(初一),辽国主在宫殿中设宴饮酒,不接受群臣朝贺。

甲午(十日),宋朝修筑京师城墙。

丁酉(十三日),因为陕州、绛州、怀州等地发生饥荒,宋太祖下诏赈济饥民。

己亥(十五日),辽国主在街市观看灯会,用百两银子买酒,命令文武百官也买酒,狂饮三个晚上。

乙巳(二十六日),北汉国偏城寨招收指挥使任守恩等前来归顺的人。

二月,宋太祖册封宋氏为皇后,宋氏是忠武节度使宋延渥的大女儿。宋延渥不久改名为宋偓。

三月,甲申朔(初一),辽国主到潢河;乙酉(初二),捕获野鹅,祭祀天地。辽国主命令制造大酒器,刻上鹿的纹饰,取名为鹿瓻,盛酒来祭天地。

庚寅(初七),宋朝修改县令、县尉捕捉盗贼功过的法令,颁布执行。

权知贡举王祐选报进士合格者十人。陶谷的儿子陶邴,名列第六,第二天,陶谷入朝答谢。宋太祖对左右侍臣说:"听说陶谷不能教子,陶邴怎么能考中?"连忙命令中书门下进行复试,但陶邴再次考中。因此太祖下诏说:"学而有成之士的选拔,不是为了树立私人恩惠;世代官宦之家,应当敦促自己的清白大业。如果听说有结党相助,多加宽容或暗中吹捧,评判文章、任授官位爵禄,岂不是滥用私情啊!"从今以后举荐人才,凡是关系到官宦人家的,都委交中书门下进行复试考核。

南汉国西北面招讨使潘崇彻因流言蜚语而被猜疑。南汉国主派遣内侍番禺人郭崇岳查看他的军队,告诫他说:"潘崇彻如果真有二心,立即诛杀他。"郭崇岳到达桂林,潘崇彻以重兵迎接他,郭崇岳不敢动手,回来后报告说:"潘崇彻每天只知道饮酒作乐,不管军政,没有反叛的阴谋。"正好潘崇彻单人匹马自己回来,南汉国主不予追究,只是削夺他的兵权而已。

戊申(二十五日),南唐后主以枢密使、右仆射汤悦为左仆射兼门下侍郎、平章事。汤悦一向称赞清辉殿学士张洎的才能。张洎能够察看人主的脸色,善于搬弄同僚们的是非长短,秘密奏报汤悦不是治理国家的人才。南唐后主因汤悦是文学旧臣,罢免了张洎的清辉殿学士,但不久官复原职。

夏季,四月,戊午(初六),成德节度使兼侍中韩令坤去世。韩令坤有才能谋略,通晓治国之道,镇守常山一共七年,北部边境得以安宁。宋太祖听到他的死讯,哀悼痛惜,追封他为南康郡王。

95

己巳(十七日),辽国主下诏:"左右随从班列中有才干器度办事干练的,可以不按资历次序提拔重用,年纪老迈者增加俸禄退休回家养老。"

丙子(二十四日),户部员外郎、知制诰卢多逊,充任史馆修撰,兼判史馆事务。卢多逊喜欢利用数术,善于制造巧对发言多次应验。宋太祖爱好读书,每次派遣使者到史馆取书,卢多逊预先告诫官吏,让他们立即告诉皇上所读之书。皇上果然提问书中的事情,卢多逊应对回答没有停滞,同僚们都佩服,太祖对他更加宠爱器重。

北汉国军校翟洪贵等人前来归顺。

五月,丁亥(初五),是五月初五,辽国主因为饮酒,不接受群臣朝贺。

因为盛夏酷暑,宋太祖诏令各州慎用刑法。太祖对侍御史冯柄说:"朕每次读《汉书》,张释之、于定国治理刑狱,天下没有受冤屈的百姓,这就是朕所期望于爱卿的。"

乙未(十三日),宋太祖下诏:"各道应该运送供朝廷使用的钱币绢帛等物品所需车辆船只,一律听从官府提供,不得骚扰百姓。"

丁酉(十五日),辽国主与政事令萧巴雅尔,南京留守高勋等人开怀畅饮,夜以继日,不久任命高勋为南院枢密使。

丙午(二十九日),建雄军节度使赵彦徽去世。宋太祖在称帝前,以兄长之礼事奉赵彦徽,即位时,提拔他兼领一方藩镇,宠幸照顾十分优厚。去世后,追赠侍中。后来听说他专门致力于聚敛钱财,才开始看轻他的为人。

丁未(二十五日),宋太祖因为发生饥荒的缘故,赏赐南唐国大米十万斛。南唐后主以勤政殿学士承旨韩熙载为中书侍郎、百胜节度使兼中书令。韩熙载上奏疏综论刑法政令的关键、自古至今的形势、灾害怪异的变化,还进献他所撰写的格言,南唐后主用亲笔诏书答复褒奖,因而有此任命。

六月,癸丑朔(初一),宋太祖下诏:"百姓有农田被连绵大雨或河水冲坏的,免除今年的夏税及其他一切征调物。"

己未(初七),辽国主命令殿前都点检耶律伊赖哈设置神帐,特意赦免京城地区的囚犯。

癸亥(十一日),宋太祖下诏:"荆南、湖南百姓中祖父、祖母、父亲、母亲在世的,子孙不得分家产另外居住。

辛巳(二十九日),宋太祖任命右补阙辛仲甫代理彭州知州。太祖对他说:"蜀地刚刚平定,轻浮奢侈的风俗没有革除。你有文才武略,因而才任命你。"辛仲甫到彭州后,州兵燕环引诱驻屯戍守的军队,密谋在长春节宴饮聚会那天发动叛乱,辛仲甫擒获他并予斩首。

秋季,七月,乙未(十四日),中元节张灯结彩,宋太祖登上东华门,赏赐随从的官员宴饮。

宋太祖以殿前都虞候涿人董遵海为通远军使。董遵海的父亲董宗本,在后汉做随州刺史,太祖在称帝前曾经前往依附他,而董遵海凭借父亲的权势,多次对太祖欺凌怠慢,曾经辩论用兵作战之事,董遵海理屈词穷,立即拂袖起身,太祖便辞别董宗本。到了太祖即位,董遵海累次升官到骁武指挥使。有一天,太祖在便殿召见,董遵海伏在地上请求治罪,太祖命令左右侍臣将他扶起来,安慰他。不久他的部下军士有人击打登闻鼓,控告他的不法之事十几件。董遵海惶恐不安等待治罪。太祖说:"朕正在赦免罪过,奖赏功劳,岂能再念及往日旧恶呢!你可以不必再忧虑,我将要任用你。"董遵海再次下拜,感动得流泪。太祖询问董遵海的母亲所在地,董遵海说:"母亲在幽州,落难分离。"太祖因此命令他人用重金贿赂边民,暗中接出他母亲,送到董遵海那里,并加以优厚的赏赐。到这时,太祖因为西蕃逼近边境,任命董遵海驻守通远军。董遵海到任后,召集各部族首领,向他们宣谕朝廷的文德武功,杀羊滤酒,大加犒劳。西蕃各部都心悦诚服。几个月以后,西蕃部族再次入侵,董遵海率领军队长驱直入,击退来敌,俘虏斩杀很多人。缴获牛马数万头,西戎各部得以安定。太祖嘉奖他的功劳,就地授予罗州刺史,仍旧兼通远军使。董遵海曾经派遣他的外弟刘综前来进贡马匹,到返回时,太祖解下所穿的真珠盘龙衣,让刘综带去赐给董遵海。刘综说:"董遵海是臣子,岂敢接受如此赏赐!"太祖说:"我委任董遵海为掌管一方大员,不必以此事为忌讳。"

丙午(二十五日),北汉国乌王寨使胡遇等人前来归顺。

宋太祖自从即皇帝位以来,多次出宫便装私行,间或过访功臣的宅第。因此赵普退朝回家后,不敢脱下衣冠。有天晚上,天下着大雪,接近深夜,赵普听到敲门声音很急,出去,见太祖站立在雪地中,赵普惶恐不安地迎接拜见。太祖说:"已经跟我弟弟约好了。"不一会儿开封尹赵光义到达,就在赵普厅堂中间,铺设多层垫褥席地而坐,加旺炭火烤肉,赵普妻子斟酒,太祖以嫂子叫她。赵普从从容容地问道:"夜深寒冷,陛下为何出宫?"太祖说:"我睡不着,除一榻之地以外,都是别人家,所以前来看看你。"赵普说:"陛下觉得天下还小吗? 南征北战,现在正是时候了。希望恭听您用兵的方向。"太祖说:"我打算攻取太原。"赵普沉默了很久,说:"这不是臣下所能知道的。"太祖询问其中的缘故。赵普说:"太原面对西北两面边界,假使能够一举攻下,那边境外患就由我们独立承当,何不暂且保留它呢? 等到削平其他各国,那个弹丸黑子之地,将往哪里去逃!"太祖笑着说:"我的意思正是如此,姑且试探爱卿而已。"因而对赵普说:"王全斌平定后蜀杀人太多,我如今想起来仍然耿耿于怀,不可重用他。"赵普推荐曹彬、潘美,后来全都按照他所说的任用。

宋太祖曾经通过北汉边界上的探子对北汉国主说:"你家同后周世代怨仇,不应该屈服,如今我和你没有什么隔阂,为什么困扰这一地区的人民呢? 倘若有志入主中原,应该南下太行山决一胜负。"北汉国主派遣间谍回复诏命说:"河东的土地兵力,不及中原的十分之一,守这区区弹丸之地,是怕刘室祖宗神庙不能祭祀了。"太祖可怜他的话,笑着对探子说:"帮我告诉刘钧,给你一条路让你活下去。"所以直到刘钧这一代,没有派大军北上征伐。

当初,北汉世祖的女儿为后晋护圣营士兵薛钊的妻子,生了一个儿子名叫薛继恩。薛钊去世后,妻子改嫁给何氏,生了一个儿子名叫何继元。而后何氏与妻子都去世。北汉世祖因为刘钧没有儿子,让他收养薛继恩和何继元,都改姓刘氏。刘继恩事奉北汉国主极为恭谨。朝夕侍候问安,从来没有违反礼节。等到他担任太原尹,胆小怕事,不能处理政务。北汉国主忧虑他,曾经对宰相郭无为说:"刘继恩纯朴孝顺,然而不是经国济世的材料,恐怕不能继承我的家业,怎么办呢?"郭无为无言以对。这月,北汉国主重病在床,召见郭无为,握着他的手,将后事托付给他。

刘继恩开始监理国政,郭无为与侍卫亲军使蔚进不和,因而调蔚进去驻守代州。郭无为又建议逐渐排斥公族,任命刘继恩的弟弟刘继忠驻守忻州。刘继忠也是北汉国主刘钧的养子,自称他曾经出使契丹,因为定襄地区气候寒冷,得了怕冷的病根,希望留在晋阳养病;刘继恩责备他观望拖延,急忙命令上路。刘继忠口出怨言,就有人告诉刘继恩,不久将他绞杀。

戊申(二十七日),北汉国主刘钧去世。刘继恩派遣使臣向辽国报告丧讯宣称继位,辽国主准许,然后刘继恩即位,奉刘钧谥号为孝和皇帝,庙号为睿宗。辽国主派遣使者前来吊唁祭祀。

这月,宋太祖诏令各州发现百姓有挨饿的,立即开仓借贷。

左监门卫大将军赵玭,罢免三司之职后,多次上奏秘密疏状,都被留在宫中不见回音,他曾怀疑是赵普从中伤害他,就前往阁门送交所受太祖诰命。八月,庚申(初九),宋太祖下诏勒令他回到自己的宅第。赵玭请求引退居住郓州,太祖不准。

丙寅(十五日),宋太祖命令客省使卢怀忠等二十二人率领士兵驻扎在洺州,将要对北汉采取军事行动。

戊辰(十七日),宋太祖任命昭义节度使、同平章事李继勋为河东行营前军都部署,侍卫步军都指挥使党进为副部署,宣徽南院使曹彬为都监;棣州防御使何继筠为先锋部署,怀州防御使康延沼为都监;建雄节度使赵赞为汾州路部署,绛州防御使司超为副部署,隰州刺史李谦溥为都监。

九月,癸未(初三),监察御史杨士达,因审理案件时滥杀无辜被判处弃市之刑。

己丑(初九),辽国主登上小山,祭祀天地。

戊戌(十八日),辽国主得知宋朝将要袭取河东,晓谕西南面都统、南院大王耶律塔尔预先做好防备。

北汉国主刘继恩,厌恶郭无为专擅朝政,想要驱逐他而没有得逞。这月,给郭无为加官守司空,表面上显示优待礼遇,实际上是疏远他。刘继恩穿着丧服视理朝政,起居地都在勤政阁,他的左右亲信都留在太原府官署,有人请求召入宫中使他们辅佐护卫,刘继恩不听。到此时,文武百官都加官晋级,刘继恩设置酒席宴请各大臣和宗室子弟,宴饮结束后,睡在勤政阁中,供奉官侯霸荣用刀尖刺中他的胸膛,杀死刘继恩。郭无为派遣军队架起梯子登上屋顶进入阁中,杀死侯霸荣及他的同党,迎接拥立刘继恩的弟弟太原尹刘继元。刘继恩即位才六十多天。侯霸荣是邢州人,很有力气,善于射箭,跑起来能够赶上奔驰的马,曾经担任过散指挥使,戍守乐平,旋即向王全斌投降,补任为内殿直,不久,再次奔还北汉,担任供奉官。后刺杀刘继恩,密谋南归宋朝,最后被郭无为所杀。有人说实际上是郭无为指使侯霸荣发动叛乱,又连忙诛杀侯霸荣灭口,所以无人知道真相。

刘继元刚刚即位,宋朝大军已经进入他的国境,于是急忙派遣使臣向辽国送上表章,并且请求出兵援助。又派遣侍卫都虞候刘继业、马进珂率领军队扼守团柏谷,以将作监马峰为枢密使,监察团柏谷的守军。马峰率军到达洞过河,与李继勋等军相遇,何继筠率领先锋部队击破马峰部,斩首二千余人,擒获其将领张环、石斌,于是夺取了汾河桥,逼近到太原城下,焚毁延厦门。刘继元派遣殿直都知郭守斌率领宫中宿卫军队出城迎战,又战败了,郭守斌被流矢击中,退入太原城中。

丁未(二十七日),北汉国佐胜军使李琼前来归降。

当初,潘美攻克郴州,摘获南汉国宫中官吏十多人。有个名叫余延业的人,自称是护驾弓官,交给他一把弓,他竟拉不开,宋太祖笑他。询问他南汉国政,余延业具体陈说奢侈残暴严酷的情形,太祖惊骇地说:“我应当拯救这一方的老百姓。”此时道州刺史王继勋上书说:“刘𬬮昏庸残暴,百姓都遭受他的祸害,且又多次出兵进犯边界,请求中央军南下讨伐。”太祖仍没有打算加兵于南汉,就诏令南唐国后主宣谕旨意,命令南汉国后主首先将湖南旧地拿来进献。南唐后主派遣使臣致送书信,南汉后主不听从。

建隆年间,沿袭旧制,在兖州祭祀东岳泰山,在华州祭祀西岳华山,在定州祭祀北岳常山,在河南府祭祀中岳嵩山。到这时有关官员上书说:“祠官所侍奉的仅有四岳,今天查阅祭典,请求在衡州祭祀南岳衡山,在沂州祭祀东镇沂山,在越州祭祀南镇稽山,在陇州祭祀西镇吴山，在晋州祭祀中镇霍山；在莱州祭祀东海，在广州祭祀南海，在河中府祭祀西海、河渎，在孟州祭祀北海、济渎，在唐州祭祀淮渎；江渎准从后周显德五年的敕令，在扬州扬子江口祭祀，现在请求在成都祭祀；在营州界内祭祀北镇医巫闾山，没有举行祭祀。"宋太祖准从。之后在定州岳祠遥祭北镇医巫闾山，不久五镇的祭祀再次空缺。

辽国以耶律伊赖哈兼任政事令，并将黑山东面默珍之地几十里赏赐他。

这年秋天，辽国主在西京各山狩猎。

冬季，十月，甲戌（二十四日），屯田员外郎同州人雷德骧，被贬为商州司户参军。雷德骧为判大理寺，他的属官与政事堂官吏，依附迎合宰相，擅自增减刑法名例，雷德骧怨愤交加请求召见，打算当面奏报这件事。还没到引见应对的时候，他就立刻前往讲武殿呈奏，言辞语气十分严厉；并且说赵普强买他人宅第，聚敛财货。太祖大怒，大声呵斥他说："鼎铛炊器还有耳朵，难道你没长耳朵没听说过赵普是我的社稷大臣吗？"拿起柱斧打断了雷德骧上腭的两颗牙齿，命令左右侍臣拖出，下诏宰相对他处以极刑。不久怒气消失，只是以私自闯入的罪名贬黜了雷德骧。

丙子（二十六日），吴越国王钱俶派遣他的儿子建武节度使钱帷濬前来入朝纳贡，宋太祖命令知制诰卢多逊去迎接慰劳他。

这月，宋太祖派遣使者携带诏书到太原，宣谕北汉少主刘继元让他投降，约定将平卢节度使之职授给他。又另外赏赐郭无为、马峰等人诏书四十多道，应许授予郭无为为安国节度使，马峰以下大臣都授予节度使之职。郭无为得到诏书后为之动容，仅拿出给刘继元的一份诏书，其余都收藏起来，从此他开始有二心，劝说刘继元降服，刘继元不听从。

当初，宋太祖派遣探子惠璘伪称是殿前指挥使，戴罪逃奔北汉，郭无为知道其中的阴谋，就让他担任供奉官。到了宋朝军队进入北汉国境内，惠璘立刻逃奔到岚谷，负责巡逻的官吏将他擒获送往太原，北汉少主让郭无为审讯他，郭无为释放他不予问罪。有个叫李超的人，知道惠璘的情况，向朝廷告发，郭无为大怒，将惠璘和李超一起杀了灭口。

十一月，辛巳（初二），宋太祖下诏说："盗贼逐渐熄灭，减少各县的弓手各有不同，县令、县尉擅自占有多留的，加重其罪。"

先前，宋太祖到太庙中，看到庙堂陈列的笾豆簠簋，问道："这是什么东西？"左右侍臣回答是礼器，太祖说："我的祖宗怎么能认识这些东西！"立即命令撤掉，进奉日常用膳如同他们在生时一样。不久太祖又说："古礼也不可废啊。"又命令重新摆设礼器。于是判太常寺和岘说："按照唐朝天宝年间祭祀太庙，规定礼食之外每室增加日常用品一牙盘，五代以来，就废弃了这个礼，如今请求沿用唐朝旧例。"太祖下诏："从今开始亲自祭祀太庙，另外设置牙盘盛装食物，禘祫大祭，四时享祀都相同。"和岘又上言："乾德初年，在南郊祭祀上帝，皇帝就立望燎的位子，但隔燎坛较远，官吏听不见宣告开始点火烧柴的声音。臣下当时为礼官，职责是赞礼引导，亲自聆听皇帝的声音，让官吏举起火把相互呼应。案《史记·封禅书》，秦朝经常在十月到郊外祭天，点燃火炬。形状如同打水的桔槔，要让火炬的光照到远处，直到祭祀的地方。希望敕令官吏一律遵循从前制度。"太祖准从。

壬寅（二十三日），宋太祖亲自到太庙祭祀祖宗。

癸卯（二十四日），冬至日，在京师南郊合祭天地，改年号为开宝，大赦天下，免除乾德五年以前所欠的田租。宋太祖登上乾元殿，宰相赵普等人进奉玉册宝符，上太祖尊号为应天广运圣文神武明道至德仁孝皇帝。

这天,辽国主因为饮酒,不接受朝贺。

这月,辽国南院大王耶律塔尔为兵马总管,统帅各道军队援救北汉,李继勋等部都引军退回,北汉军队乘机进兵抢掠晋、绛二州边境地区。

北汉少主刘继元杀死他的母亲郭氏。

南唐后主纳娶皇后周氏,周氏是昭惠后的妹妹,姿质容貌美丽。在纳娶为皇后之前已受到后主的宠爱。昭惠后病势加重,忽然看见周氏进来,回头问:"妹妹进宫有了多久?"周氏年纪小不懂事理,据实回答说:"好几天了。"昭惠后很生气,于是转过身子躺下,不再看她。昭惠后去世后,周氏经常出入宫中,到这时被纳为皇后。这天晚上,宴请群臣,韩熙载等人都当场赋诗来讽劝,南唐后主也不谴责他们。

南唐后主十分流连忘情于乐府诗歌。监察御史张宪上奏疏说:"道路上都传言将户部侍郎孟拱宸的宅第给予教坊使袁承进。昔日唐高祖打算授予舞人安叱奴为散骑侍郎,朝廷上下都以为笑料。如今虽然没有授予袁承进为侍郎,而把户部侍郎所居的宅第赐给他,事情也是相类似的。"南唐后主赏赐绢帛,表彰他敢于直言,然而终究没有改变自己对乐府诗歌的偏爱。

这年冬天,辽国主驻扎在黑山东川。

辽国太平王耶律谙萨噶,长期干预国政,于是密谋叛乱。当时司天的魏璘善于占卜,耶律谙萨噶因此前往魏璘那里占卜僭越篡位的日子。事情被发现,辽国主将耶律谙萨噶贬到西北戍守边境,将魏璘流放到乌库部。

开宝二年 辽应历十九年(公元 969 年) 春季,正月,己卯朔(初一),宋太祖因为出兵,不登正殿接受朝贺。

辽国主在宫中宴饮,不接受群臣朝贺。

己亥(二十一日),宋太祖任命钱惟濬为镇海、镇东节度使。钱惟濬奉他父亲之命前来助祭,将要回去时,太祖特意赐诏令加官晋爵。

壬寅(二十四日),宋太祖派遣殿中侍御史洛阳人李莹等人分头前往各州,调发军用物资赶赴太原。丙午(二十八日),又派遣使者征发各道军队,屯集在潞、晋、磁等州。

南唐国枢密使、左仆射、平章事汤悦,罢相为镇海节度使。汤悦不乐意居在藩镇,上奏章请求解职。于是南唐后主改授为太子太傅,监修国史,仍旧兼领镇海节度使。

二月,乙卯(初八),宋太祖命令曹彬、党进等各自率领军队先行赶赴太原。

戊午(十一日),宋太祖下诏亲自出征。己未(十二日),任命开封尹赵光义为东京留守,枢密副使沈义伦为大内部署;昭义节度使李继勋为河东行营前军都部署,建雄节度使赵赞为马步军都虞候,先行开赴太原。甲子(十七日),太祖车驾从京师出发;丁卯(二十日),停留在王桥顿,彰德节度使韩重赟前来朝见。太祖对他说:"契丹知道我此次行动,必定率领军队前来援救北汉,他们认为镇州、定州没有防备,将会从这一路而入,爱卿可为朕带领军队日夜兼程,出其不意地打败它。"于是以韩重赟为北面都部署,义武节度使郭延义为副都部署。

当初,辽国主被女巫肖衮的话所迷惑,挖取人胆来配制延年益寿之药,杀人很多。后来发现她的欺诈,用响箭齐射、战马践踏杀死女巫。从此嗜酒如命,杀人如麻,五坊中掌管饲养野兽的以及身边侍卫近臣供事等各种人,有的因为小事,有的因为上奏应对稍不如意,有的因为迁怒泄气,动辄施加炮烙、铁梳一类刑罚,受重刑者多到无法计算,有时持刀刺人、劈斩、击杀、箭射、火烧、砍断手足、弄折腰腿、划破嘴巴、打碎牙齿,将尸体抛于野外,并且命令在抛尸之地筑起土堆，死者达一百多人，京城设置百尺牢来在押囚犯。晚年，残酷暴虐更加严重。辽国主曾经对太尉华哈说："朕酒醉时，若有处置不当的，等酒醒后应该重新上奏。"但只能口说，终究没有改变的诚意。这月，己巳(二十二日)，在怀州进行春猎。辽国主射熊而命中，侍中萧思温与伊勒希巴牙哩斯等人进酒祝贺。辽国主喝得大醉，回到行宫，夜里，被身边侍卫霄格、盥人华格、庖人锡衮等人所杀。年纪三十九岁，庙号为穆宗。庚午(二十三日)，萧思温与南院枢密使高勋、飞龙使尼哩等人奉迎拥立辽世宗的第二个儿子耶律贤，率领全副武装的铁甲骑兵一千多人奔驰赶赴辽穆宗所在行宫。耶律贤痛哭，文武百官劝奏称帝，于是在穆宗灵柩前就皇帝位，文武群臣进上尊号为天赞皇帝，大赦天下，改年号为保宁。因为殿前都点检耶律伊赖哈、右皮室详衮萧乌哩济值宿侍卫不严，将他们斩首。任命尼哩为行宫都部署，加官政事令。

权知贡举赵逢奏报进士安德裕等合格者七人。

乙亥(二十八日)，宋太祖的车马在潞州停留。因为连绵大雨而住下。当时各州运送的军饷全部集中在潞州城内，车马堵塞道路。太祖听说此事，以为是无理阻滞，将要加罪转运使。赵普说："各路军队刚到而转运使获罪，敌人听到此事，必定认为军需储备不足。没有那种威慑远方的办法，仅仅挑选能够处理繁杂困难事务的官员到此州就职而已。"丙子(二十九日)，任命户部员外郎、知州诰王祐暂时代理潞州知州，王祐立即调发遣散车辆，交通道路不再阻塞。任命枢密直学士赵逢为随驾转运使，并铸印赐给他。

北汉将领刘继业、冯进珂率部屯驻在团柏谷，派遣卫队指挥使陈廷山率领几百骑兵前来侦察巡逻，正逢李继勋等前头部队到达。陈廷山立即率所部投降。刘继山、冯进珂知道寡不敌众，也逃奔返回晋阳，北汉少主大怒，罢免他们的兵权。李继勋等部就围困了晋阳城。

当时辽国派遣内侍韩知范来册命北汉少主为皇帝。北汉少主在夜里打开城门迎接他。第二天，设置酒宴，文武群臣全部参加，宰相郭无为在殿庭中哭泣，拔出佩剑要刺自己，北汉少主急忙走下台阶，握着他的手拉他升殿入座，郭无为说："怎么能以一座孤城去抵抗百万大军呢！"郭无为是想以此来动摇军心。

三月，丙戌(初九)，辽国主到达上京。因为完成册立皇帝的功劳，晋升萧思温为北院枢密使，旋即又兼任北府宰相；封高勋为秦王，尼哩加官为守太尉。

当时辽国承接辽穆宗失去德政之后，朝野上下全都盼望治理。辽国主多次召见翰林学士南京人室昉，询问古往今来治乱的得失成败，室昉应对奏报符合辽国主的旨意。萧思温推荐耶律色珍有治理国政的才能，辽国主说："朕熟悉他，只是放荡不羁，岂能约束管制！"萧思温说："表面上虽然放荡不羁，但内心才能谋略不可估量。"于是召见询问时势国政，他指摘陈述切中时弊，辽国主器重他，旋即任命节制西南面诸军，援救河东。当时南院大王耶律塔尔加官兼政事令，退休，任命耶律色珍接替他。

辽国耶律谙萨噶听说辽国主即位，大为恐惧，逃亡进入沙陀部。辽国主因为伊勒希巴讷穆衮暗中依附耶律谙萨噶，诛杀了他。旋即征召耶律谙萨噶回来，释免他的罪过。

宋太祖停住在潞州已有了十八天，抓获北汉探子，审问他，回答说："城中百姓遭受祸害很久了，日夜盼望皇帝大驾，只恨来得太迟了。"太祖发笑，赐给衣服放他走。壬辰(十五日)，太祖从潞州进发；戊戌(二十一日)，到达太原。庚子(二十三日)，在太原城南面检阅军队，开始命令士兵修筑长连城，辛丑(二十四日)，太祖亲临汾河，修建新桥。任命兵部员外郎，知制诰卢多逊主持太原行府政务。

壬寅(二十五日),宋太祖派遣使者征发太原各县民夫几万人赶赴城下。

癸卯(二十六日),北汉宪州判官史昭文举州城前来归降,宋太祖立即任命史昭文为宪州刺史。

乙巳(二十八日),宋太祖到达太原城东南,命令修筑长堤堵塞汾水。原先有人要求增加军队攻打城墙,左神武统军陈承昭进策说:"陛下自己拥有几千万兵在自己身边,为什么不用呢?"太祖没有明白他的意思,陈承昭用马鞭指着汾水,太祖大笑,因而派陈承昭督管这一工程。丙午(二十九日),在晋祠决开口子用水灌太原城。

丁未(三十日),宋太祖命令李继勋在城南驻军。赵赞在城西驻军,曹彬在城北驻军,党进在城东驻军,安置四个营寨来逼困太原。北汉军队乘着天黑从小门而出,秘密偷袭城西营寨,赵赞率领部队与敌交战,弩箭穿透赵赞的脚,他仍不退却。当时党进派遣东寨都监李谦溥采伐西山的树木以供军用,李谦溥听到战鼓声,马上带领自己的士兵赶赴战场,北汉军队退却。太祖立刻赶到战场,奇怪前来救援的不是精锐部队,询问原因,才知是采伐木材的李谦溥部,很高兴。刘继业又率领突击骑兵数百人进犯城东营寨,党进挺身而出追逐刘继业,只有手下几人跟随,刘继业逃跑躲藏在壕沟中,北汉军队出来援救他,刘继业才攀着城上缒下的绳索入城,得以幸免。

南唐国右仆射判省事游简言,自己亲自负责查看簿籍文书,监督催促滞留拖延的事务,同僚官员畏惧他;然而他不明大体,不被士大夫所看重。游简言多次以病为由辞官,南唐后主不允许。这月,任命游简言兼任门下侍郎、平章事。

夏季,四月,戊申朔(初一),宋太祖亲临城东视察修筑堤防。

辛亥(初四),宋太祖派遣海州刺史孙万进率领军队数千人围攻汾州。

壬子(初五),宋太祖又亲临城东,赏赐文武百官和各军将士夏季服装,宴请随从的大臣。

当初,棣州防御使何继筠为石岭关部署,驻屯在阳曲。宋太祖听说辽国军队兵分几路前来援救北汉,其中一路从石岭关进入。于是通过驿站征召何继筠前来自己的行宫,面授机宜,还配给精兵数千人,派他前往抵御辽兵,并且对何继筠说:"明天中午,等待爱卿的捷报传来。"当时已是盛夏酷暑,太祖诏命太官调剂麻浆粉赏赐何继筠,何继筠吃完后,告辞而去,在阳曲县北面交战,大败辽兵,擒获辽国武州刺史王彦符,斩敌首级一千余。己未(十二日),何继筠派他儿子何承睿前来献上捷报。何承睿还没到达,太祖登上北边土台等待,看见一名骑士从北面而来,问他,正是何承睿。北汉暗中依仗辽国军队的救援,所以太原城久攻不下,太祖命将所献送的首级向他们示威,城中的士气大减。

辽国主鉴于辽穆宗残暴昏虐,致力于实行宽容政策。赵王耶律喜衮长期被关押在监狱,听说此事,便自己除去身上的枷锁去入朝。辽国主愤怒地说:"你是罪人,怎么能擅自离开禁闭的地方!"又把他抓起来。不久辽国主亲自登记囚犯,全部召见后释放他们。

这月,辽国主进封太平王耶律谙萨噶为齐王,改封耶律喜衮为宋王,封耶律隆先为平王,不久封为吴王,耶律道隐为蜀王;耶律必摄为越王,耶律异里为冀王,耶律宛为卫王。当初,辽国主弟弟耶律质睦天性聪敏能说会道,精通契丹文、汉文,能够赋诗。辽穆宗晚年,耶律质睦和宫女通奸,辽穆宗恼怒,鞭打几百下,刺瞎一只眼睛并施以宫刑,关入监狱,打算将他处以弃市之刑。辽国主即位,立刻将他释放,赐给他所通奸的宫女,封为宁王。不久,辽国主以耶律隆先兼任政事令,留守东京,耶律道隐留守上京。耶律隆先、耶律道隐、耶律稍,都是辽世宗的弟弟。

五月,戊寅(初二),辽国分兵从定州前来入侵,韩重赟在嘉山严阵以待。辽国军队看见宋军旗帜,大为惊骇,打算逃走;韩重赟连忙率军攻击,大破辽国军队。癸未(初七),使者前来报捷,宋太祖大为高兴,亲手书写诏书褒奖他。

甲申(初八),宋太祖亲临城北,将汾水引入新筑堤防,灌淹太原城。戊子(十二日),太祖亲临城东南面,命令水军乘小船载上强劲弓弩进攻太原城,内外马步军都军头王廷义亲自击鼓,脱下头盔首先登城,被飞箭射中他的脑袋而栽倒。庚寅(十四日),王廷义去世。辛卯(十五日),殿前都指挥使都虞候石汉卿也被飞箭射中,落水而死。癸巳(十七日),太祖追赠王廷义为建武节度使,石汉卿为袁州防御使。

丁酉(二十一日),宋太祖到达城西,命令各军攻打太原城西门。

宋太祖派遣一小股部队包围岚州。守将赵宏危急窘迫,请求投降。戊戌(二十二日),赵宏前来拜见,因为避宣帝的名讳,太祖赐名改为文度。

己亥(二十三日),宋太祖以右千牛卫将军周承瑨为岚州团练使。

庚子(二十四日),宋太祖在行宫宴请赵文度,然后授予重国节度使。

太原围困紧急,郭无为密谋出城逃走,因而请求自己率军出击。北汉少主相信他,挑选精兵千人,命令刘继业、郭守斌做他的副手,北汉少主登上延厦门亲自送行,并且等待他回来。正好这夜下雨天色昏暗,郭无为行进到北面桥上,立马召集各个将领,刘继业因为骑马伤了脚,先率部队进城,郭守斌迷失道路,叫他不应,郭无为不能单独前进,于是同将士几千人也返回。

宋太祖因为暑气正盛,深深挂念监狱囚犯的痛苦,于是下诏:"西京各州命令长官督促掌管监狱的属官五天到一次牢房,检查巡视打扫卫生,洗刷脚镣手铐,贫困之家的囚犯供给饮食,患病的囚犯供给药品,小罪轻刑的立刻判决遣送回去。"从此每年仲夏之月,必定申明这一诏令来告诫各级官吏。

辽国主册立贵妃萧氏为皇后。萧皇后是北府宰相萧思温的女儿,小时候聪慧。萧思温曾经观看每个女儿打扫卫生,只有皇后最整洁,便喜悦地说:"这个女儿必定能够持家。"到她册立为皇后,参与决断朝廷政事,辽国主对她敬重、礼待。

闰月,戊申(初二),太原南城被汾水冲陷,大水穿过外城,注入城中。城中大为惊恐骚扰。宋太祖亲临长堤观看,城墙决口渐渐加大,北汉人沿城墙设置障碍堵塞,被宋朝军队的弓箭所射,屏障没法施工。不久有成堆的草从城中飘浮出来,直到决口而停止。宋朝军队的弓弩发射的箭不能穿透,北汉人因此施工,水的决口就塞住了。

郭无为再次劝说北汉少主出城归降,北汉少主不听从。宦官卫德贵,极力陈述郭无为反叛状况十分明显,不可饶恕。北汉少主才杀死郭无为来示众。城中人心才稍微安定。

北汉士兵突然从西长连城悄悄出城,打算焚毁宋军的攻城作战的器具,宋军击退来敌,斩敌首级一万余。半夜,忽然从营壁外传来呼喊声;"北汉国主投降。"宋太祖命令卫士穿着铠甲,打算打开营门。八作使赵璲说:"受敌投降如同受敌攻进,岂可三更半夜轻易答应呢?"太祖使人询问此事,果然是探子欺诈行径。

己酉(初三),宋太祖亲临城南,命令水军乘坐轻舟焚烧太原城门。

右仆射魏仁浦去世。先前魏仁浦侍奉新春宴会,因而前去献上寿酒。宋太祖悄悄地对他说:"朕打算亲自出征太原,怎么样?"魏仁浦说:"欲速则不达,希望陛下慎重思考。"太祖嘉奖他的回答。宴会结束,回到宅第,太祖赏赐给他御用酒十石,御膳羊百头。不久随行,中途患病,返回,在梁侯驿病逝。追赠侍中,谥号为宣懿。

太原城久攻不下,东西班都指挥使李怀忠率领部众进攻太原城,失利,李怀忠被飞箭射中,几乎死去。殿前指挥使都虞候赵廷翰,率领各班卫士叩头,愿意首先登城急忙出击来竭尽全力。太祖说:"你们都是我训练出来的,无不以一当百,作为贴身卫士,休戚与共。我宁可不得太原,岂能忍心驱使你们冒着锋利的刀刃,踏必死之地呢!"部众都感激得流泪。

当时大军驻扎在甘草地中,正逢盛暑大雨,许多将士染上了腹泻病。适逢辽国派遣北院大王耶律乌珍从白马岭统帅健壮士兵趁夜出发,抄小道飞奔疾驰,驻扎在太原城西面,敲响战鼓举起火把,北汉军队凭此坚定自己固守的决心。太常博士李光赞对宋太祖进言说:"陛下战无不胜,谋无不成,四方依仗险要之地,僭越擅自称帝号的,往昔与中原为邻邦,如今成为陛下的臣子了。区区晋阳弹丸之地,哪里必须亲自出征!加重徭役火速运饷,反而导致百姓怨恨,得到它不值得夸耀,失去它不值得引以为耻辱。国家以静为贵,天道厌恶满盈,所忧虑的是原来恃险割据之邦,听说这场战争,用尽府库的财物,耗尽百姓的人力,以致人心浮动,各有非分之想。《传》说:"邻国的丰厚,就是国君的减薄。哪里比得上调转銮驾返回京师,在上党驻扎军队?让他们夏季收取北汉的麦子,秋天收取北汉人的稻子,既能宽免百姓徭役的征发,也是荡平晋阳的良策。希望陛下裁决此事!"太祖阅览奏疏,十分喜悦,又询问赵普,赵普也认为是这样,因而派赵普召见李光赞慰劳安抚他。

癸丑(初七),太祖移驻到太原城东的罕山南面,开始商议班师回朝。

己未(十三日),迁徙太原百姓一万多家往山东、河南地区,配给粮食;庚申(十四日),宋太祖分头命令使者十七人调发禁军护送移民,随之屯驻在镇、潞等州。这是运用绛人薛化光的计策,薛化光说:"砍伐树木首先去掉枝叶,然后刨取根柢。如今河东外面有契丹的援助,内有老百姓交纳赋税。我私下考虑,恐怕一年数月之间难以攻下。应当在太原以北的石岭山和河北边界西山东边的静阳树、乐平镇、黄泽关、百井社,各自建立城堡营寨,扼住契丹援兵,征发当地居民,在西京、襄州、邓州、唐州、汝州给予空闲田地,使他们自己耕作种植,断绝北汉的军粮供应。若这样,不出几年时间,太原自然可以平定。"宋太祖嘉奖并采纳他的建议。

壬戌(十六日),宋太祖车驾从太原出发。当时军队中陷入敌围的一百多人,太祖派遣骁雄副指挥使孔守正率领骑兵前往营救,孔守正奋起出击,全部夺回而归。

北汉少主登记宋朝军队所丢弃的军需物资,得到粮食三十万石,茶叶、绢帛各数万,北汉国力损失毁坏将要枯竭,依赖这些稍微得以补救。

戊辰(二十二日),宋太祖在镇州停留,征召道士苏澄入宫朝见,对他说:"朕营造建隆观,想得到有道之士的居住,大师是否有意呢?"苏澄回答说:"京师人多繁华,不是我安身之地。"壬申(二十六日),太祖前往他的住所,对他说:"大师年过八十而容貌很年轻,何不将养生之术传教给朕啊!"苏澄回答说:"臣下养生之术,只不过是聚精会神地修炼气功而已;帝王的养生之术,却与此不同。《老子》说:'我无所作为而百姓自然顺化,我无所欲望而百姓自然正直。'无为无欲,凝神固精,阴阳大和。昔日黄帝、唐尧享国永年,正是用的这种方法。"太祖喜悦,重重地赏赐他。

辽国官员请求将辽国主的生日作为天清节,辽国主准从。

这月,南唐国右仆射兼门下侍郎、平章事游简言去世。

六月,己卯(初四),宋太祖以仪銮使、易州知州贺惟忠为易州刺史,兼任易州、祁州、定州等地巡检使。贺惟忠捍卫边境屡建战功,所以提升他的品秩而不改变他的职务。

庚辰(初五),宋太祖下诏:"车驾所经过的地方,百姓不需要出今年的秋季田租。"

癸未(初八),宋太祖以右补阙大名人王明为荆湖转运使,因为准备对岭南用兵。

己丑(十四日),宋太祖到达滑州。

南唐后主派遣他的弟弟李从谦前来朝贡,辛卯(十六日),在胙城县朝见。南唐水部员外郎查元方掌管李从谦的笺书奏章,宋太祖命令知制诰卢多逊在客馆宴请李从谦。卢多逊在下棋时,对查元方说:"江南究竟怎么样?"查元方提起衣襟回答说:"江南事奉大朝十几年,极尽君臣之礼,不知道其他。"卢多逊惭愧地道歉说:"谁说江南没有人才!"查元方是查文徽的儿子。

癸巳(十八日),太祖车驾从太原返回京师,特赦京师的在押囚犯。

这月,北汉少主决开城墙排泄积水,流入到台骀泽,水位虽已降落而城墙大多坍塌。辽国使者韩知范仍在太原,叹息说:"宋朝军队引水淹城,只知其一而不知其二,如果知道先用水淹灌而后干涸,那太原人就没有活口了。"

当时辽国南院大王耶律色珍率领增援部队驻扎在太原城下。刘继业对北汉少主说:"契丹人贪图财利背信弃义,他日必定会破灭我国,如今救兵骄傲而无准备,希望袭击攻取辽军,可以缴获数万匹马。因而乘机凭借河东之地归附中原。让晋阳的百姓免于生灵涂炭,陛下可以永久享受富贵,不也可以吗?"北汉少主不听从。几天后,耶律色珍北上返归,北汉少主馈赠十分丰厚的礼物。

此后北汉少主又向北院大王耶律乌珍赠送财物,耶律乌珍将这情况奏报,辽国主命令他接受。

续资治通鉴卷第六

【原文】

宋纪六　起屠维大荒落【己巳】七月,尽重光协洽【辛未】九月,凡二年有奇。

太祖启运立极英武睿文　神德圣功至明大孝皇帝

开宝二年　辽保宁元年【己巳,969】　秋,七月,丙寅,以天雄军节度使符彦卿为凤翔节度使。彦卿镇大名十馀年,委任于牙校刘思遇。思遇贪而黠,军府久不治,于是始议择官代之。

戊辰,诏:"自今祀天地用太牢,馀当用牛者,代以羊豕。"

灵武节度使冯继业杀兄,代父领镇,颇骄恣,戎人不附;又抚士卒少恩,部下多携贰;继业虑其为变,请举族内徙。八月,庚辰,以继业为静难节度使。

以棣州防御使何继筠领建武节度使,判棣州。

己亥,户部员外郎、知制诰王祐,权知大名府。辞日,帝谓之曰:"大名,卿之故乡,古人所谓昼锦者也。"

西京留守向拱,专务饮乐,政府不治,群盗白日杀人于市。帝闻之,怒,庚子,徙拱为安远节度使。

九月,丁未,以左武卫大将军长社焦继勋知西京留守,谕之曰:"无复效向拱也!"继勋视事月馀,都下清肃。

朝议择可使代冯继业者,时考功郎中段思恭知泗州,帝以思恭常有功眉州,乃召赴阙,命知灵州,先诏之曰:"冯继业言灵州非蕃帅主之,戎人不服,虽卫、霍名将,必见逐矣。意谓非我,它人不能治也。汝能治之乎?"思恭曰:"谨奉诏。"帝壮之,又谓曰:"唐李靖、郭子仪,皆出儒生,立大功,岂我朝独无人邪!"厚赐遣之,仍以途涉诸戎,令别赍金帛以遗之。思恭既视事,矫继业之失,悉心绥抚,夷落安静,周访利病,多所条奏,甚得吏民之情。

庚申,以合州浓(泗)〔洄〕镇为广安军。

辽涿州刺史许周琼来降,以为右羽林将军,仍领涿州刺史。

是月,初令民典买田土者,输钱印契。

冬,十月,丁亥,诏曰:"昔西汉求吏民之明经术者,令与计偕,县次续食,盖优贤之道也。国家岁开贡部,敷求俊义,四方之士,无远弗届,而经途遐阻,资用或缺,朕甚愍焉!自今西川、山南、荆湖等道举人,往来给券。"

辛卯,诏归、峡州并直隶京师。

相、赵、深三州丁夫死太原城下者三百三十四人,诏复其家三年。

戊戌,辽右千牛卫将军王甲以丰州来降,即命其子廷美为丰州衙(门)〔内〕指挥使。

己亥,帝燕藩臣于后苑,酒酣,从容谓之曰:"卿等皆国家宿旧,久临剧镇,王事鞅掌,非朕所以优贤之意也。"前凤翔节度使兼中书令王彦超喻帝指,即前奏曰:"臣本无勋劳,久冒荣宠。今已衰朽,骸骨归丘园,臣之愿也。"前安远节度使兼中书令武行德,前护国节度使郭从义,前定国节度使白重赞,前保大节度使杨廷璋,竞自陈攻战阀阅及履历艰苦,帝曰:"此异代事,何足论也!"庚子,以行德为太子太傅,从义为左金吾卫上将军,彦超为右金吾卫上将军,重赞为左千牛卫上将军,廷璋为右千牛卫上将军。时节度与燕者,皆罢镇改官。

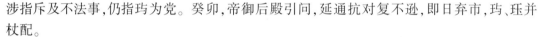

酱黄釉鸡冠壶

太子太傅王溥,迁太子太师。

初,丁德裕、王珪、张玙同领兵屯西川,德裕颇自专恣,以兵马都监张延通党于玙,嫉之。及归阙,德裕诬奏延通言涉指斥及不法事,仍指玙为党。癸卯,帝御后殿引问,延通抗对复不逊,即日弃市,玙、珪并杖配。

辽锡里、裕噜等十六族来归,授官有差。

是月,辽主如裒潭。

十一月,甲辰朔,辽主行柴册礼,祠木叶山,驻鹤谷。

乙巳,辽北院枢密使萧思温封魏王,北院大王乌珍加裕悦。

庚申,回鹘、于阗皆遣使来贡方物。回鹘使者道由灵州,交易于市,知州段思恭遣吏市硇砂,吏与使者争直忿竞,思恭释吏不问,械系使者,数日,始贷之。使者归,诉于其国,回鹘汗遣使赍牒诣灵州,询械系之由;思恭自知理屈,不敢报。自是数年,回鹘不复入贡。

戊辰,诏中书舍人李昉、兵部员外郎、知制诰卢多逊分直学士院。直学士院,自昉及多逊始也。先是堂吏以事至翰林,拜于堂下,学士略离席劳揖,事已即退,未尝与坐。昉前在翰林犹然,及是有白事者,遂拜堂上,更展叙中外,无复曩日之礼,昉愕然。询于同列,则云如此承袭数年矣,莫诘其故也。礼部尚书杨昭俭喜讥訾,因扬言昉谒堂吏,常获其刺字云。

是月,南唐主校猎于青龙山,还,至大理寺,亲录囚,多所原宥。中书侍郎韩熙载劾奏:"狱多由有司,囹圄之中,非车驾所宜至。请有司罚内帑钱三百万充军储。"

十二月,乙酉,以房州防御使王彦升为原州防御使。彦升善击剑,军中目曰王剑儿。性残忍,在原州凡五年,戎人有犯汉法者,彦升不加刑,召僚属饮宴,引所犯戎人于前,手捽其耳嚼之,下以卮酒,戎人流血被体,股栗不敢动。前后啖其耳者数百,戎人畏惧,不敢犯塞。

戊戌,以辛文悦知房州事。帝初从文悦肄业,及即位,召见,授太子中允,判太府寺。周郑王时在房州,帝谓文悦长者,故有是命。

丁德裕奏西川转运使、礼部郎中李铉尝醉酒指斥,帝驿召铉,下御史狱鞫之。因言德裕在蜀日屡以事请求,多拒之,皆有状。帝悟德裕之妄,止坐铉酒失。己亥,责铉为左赞善大夫。

右赞善大夫王昭文,以监大盈仓,其子与仓吏为奸,配隶汝州。

凤翔节度使符彦卿被病,舆赴西京,上言病亟,诏许就医洛阳。假满百日,受俸如故,为御史所纠。帝以彦卿姻旧，释之，但罢其节度。

辽以韩匡嗣为上京留守，用藩邸旧恩也。顷之，封燕王。匡嗣令其子德让入侍，辽主以为谨饬，加授东头供奉官，补枢密院通事。

三年　辽保宁二年【庚午，970】　春，正月，丁未，辽主如潢河。

癸丑，废海州东海监复为县。

辛酉，诏："诸州官吏审察民有孝悌彰闻、德行纯茂者，满五千户听举一人；或有奇材异行，不限此数。所举得实加赏，不如诏者罪之。"

镇宁军节度张令铎之罢军职也，帝令皇弟光美取令铎女为夫人。及令铎自镇来朝，被病，帝亲问之，赐赍甚厚。己巳，令铎卒，赠侍中。令铎性仁恕，尝语人曰："我从军三十馀年，大小四十馀战，多摧坚陷敌，然克捷之后，未尝妄杀一人也。"及其卒，人多惜之。

辽韩知范自太原归，言晋阳多梗，而刘继元无辅。南院枢密使高勋亦言于辽主曰："我与晋阳父子之国，岁尝遣使来觐，非其大臣即其子弟，先帝以一怒而尽拘其使，甚无谓也。"辽主乃尽索北汉使者十六人，厚礼而遣之，仍命刘继文为保义节度使，李弼为枢密使，俾辅继元。继文等久留辽，复受其命，归秉国政，左右皆谮毁之，北汉主乃出继文为代州刺史，弼为宪州刺史。辽主闻之，下诏责北汉主曰："朕以尔国连丧二主，僻处一隅，期于再安，必资共治。继文汝之令弟，李弼尔之旧臣，一则有同气之亲，一则有耆年之故，遂行并命，俾效纯诚，庶几辑宁，保成欢好。而席未暇暖，身已弃捐，将顺之心，于我何有！"北汉主得书，惶恐谢过，然继文卒不召还。

二月，壬申朔，以万州梁山县为军。

己卯，雄州刺史侯仁矩卒。帝特遣中使护丧，官给葬事。仁矩子延广，亦有勇略，仁矩在雄州日，方饮宴，辽数千骑入城，居民惊扰，延广引亲信数骑驰出，射杀部长一人，斩首数级，悉擒其馀党。仁矩喜，拊其背曰："兴吾门者必汝也！"事闻，诏赐锦袍、银带。

北汉主以礼部侍郎李恽为司空、同平章事，鸿胪卿刘继颙为太师兼中书令，领成德军节度，三司使高仲曦为枢密使，阉人卫德贵为大内都点检，嬖人范超为侍卫亲军都虞候。超及德贵实分掌机务，恽等备位而已。恽，阳武人，嗜酒耽弈，不恤政事。北汉主多内宠，继颙数献簪珥，北汉主弥重信之。

三月，壬寅朔，诏："礼部贡院阅进士诸科，十五举以上曾经终场者以名闻。"甲辰，得司马浦等六十三人。庚戌，得取十五举未经终场者四十三人，并赐出身。仍诏自今勿得为例。

忠武军节度使宋偓市邸店于所部，帝闻之，不悦，戊申，徙为静难节度使。

己酉，以忠正节度使王审琦为忠武节度使。审琦镇寿春凡八年，岁得租课，量入为用，未尝有所诛求，民颇安之。所部邑令以罪停其录事史，幕僚白令不先谘府，请按之，审琦曰："五代以来，诸侯强横，令宰不得专县事。今天下治平，我忝守藩维，而部内宰能斥去黠吏，诚可赏也，何按之有！"

辛亥，以处士酸枣王昭素为国子博士，致仕。昭素少笃学，有志行，帝闻其名，召见便殿。时年已七十馀，帝问曰："何以不仕？"昭素谢不能。令讲《乾卦》，至"九五飞龙在天"，敛容曰："此交正当陛下今日之事。"引援证据，因示风谏微旨。帝甚悦，问以治世养身之术，昭素曰："治世莫若爱民，养身莫若寡欲。"帝爱其语，书于屏风间。留月馀，数求归，故有是命。年八十九，卒于家。

夏，四月，辛未朔，日有食之。

乙亥，以内客省使丁德裕权知潞州，时昭义节度使李继勋徙为天雄节度使故也。

己卯，诏三司："诸路两税折科物，非土地所宜者，勿得抑配。"

是月，辽主如东京，致奠于让国皇帝及世宗庙。

初，萧思温以尚主，为群牧林牙，在军中龌龊修边幅，僚佐皆知其无将帅才。后为将，果无功，事穆宗，无所匡辅，士论不与。至是以后戚蒙宠，居显要，寻加尚书令，诸勋戚皆不平。五月，从辽主猎闾山，乙卯，盗杀思温于盘道岭。

六月，辽主还上京。

汴水决宁陵县，发丁夫塞之，又塞汴口以杀水势。

秋，七月，壬寅，诏："民诉水旱灾伤者，夏不得过四月，秋不得过七月。"

壬子，诏曰："吏员猥多，难以求治；俸禄鲜薄，未可责廉。与其冗员而重费，不若省官而益俸。西川管内州县官，宜以口数为率，差减其员，旧俸月增给五千。天下州县官宜依西川例省减员数。"

辽以耶律贤适为北院枢密使。贤适尝侍辽主于藩邸，穆宗暴虐，辽主与韩匡嗣、尼哩游，言涉讥刺，贤适劝以早宜疏绝，由是得免穆宗猜忌，贤适之力也。辽主初立，多疑诸王或萌非望，阴以贤适为腹心，故有是命。

丙寅，南唐中书侍郎韩熙载卒。

初，南唐主以熙载尽忠能直言，欲用为相，而熙载任情弃礼，妓妾纵恣，南唐主以此难之。俄被劾，左迁右庶子，分司南都。熙载尽斥诸妓，单车就道，且上表求哀。南唐主喜，留之，寻复其位。已而诸妓稍稍复还，南唐主曰："吾亦无如之何矣！"及卒，南唐主叹曰："吾终不能得熙载为相也！"乃手书赠熙载平章事。熙载家无馀财，棺椁衣衾，皆南唐主赐之。

八月，庚寅，以隰州刺史李谦溥为济州团练使。谦溥在隰州十年，敌人不敢犯其境。有招收将刘进者，勇力绝人，谦溥抚之甚厚，常往来境上，以少击众。北汉人患之，为蜡丸书以间进，佯遗其书道中，晋州节度使赵赞得之，以闻，帝令械进送阙下。谦溥召诘其事，进伏于庭，请死，谦溥曰："我以举宗四十口保汝矣。"即上言："进为北汉人所恶，此乃反间也。"奏至，帝悟，遽释之，赐以禁军都校戎帐服具；进感激，愿击贼自效。

帝尝命有司为洺州防御使郭进治第，凡庭堂悉用甋瓦。有司言："惟亲王、公主始得用此。"帝怒曰："郭进控扼西山逾十年，使我无北顾忧，我视进岂减儿女邪！亟往督役，勿妄言！"帝宠异将帅类此，故能得其死力。

南唐主复作书谕南汉主铱归款中同，遣给事中龚慎仪往使。铱得书，大怒，遂囚慎仪，驿书答南唐主，甚不逊。南唐主以其书来上，帝始决意伐之。

九月，己亥朔，以潭州防御使潘美为贺州道行营兵马都部署，朗州团练使郓人尹崇珂副之，道州刺史王继勋为行营马军都监，仍遣使发诸州兵赴贺州城下。

萧思温之死，辽主以后故，求盗甚急，辛丑，得国舅萧哈济及哈里谋杀思温状，皆伏诛，流其弟神睹于黄龙州，寻亦诛之。

甲辰，诏："西京、凤翔、雄、耀等州，周文、成、康三王，秦始皇，汉高、文、景、武、元、成、哀七帝，后魏孝文，西魏文帝，后周太祖，唐高祖、太宗、中宗、肃宗、代宗、德、顺、文、武、宣、懿、僖、昭诸帝凡二十七陵，尝被发者，令有司备法服、常服各一袭，具棺重葬，所在长吏致祭。"

潘美等克富州。

先是南汉旧将多以逸死，宗室翦灭殆尽，掌兵惟宦者数辈，城壁、壕隍，俱饰为宫馆、池沼、楼舰、器甲,辄腐败不治。及师次白霞,贺州刺史陈守忠遣使告急,内外震恐,南汉主遣龚澄枢驰驿往贺州宣慰。时士卒久在边,多贫乏,闻澄枢至,以为必加赏赉,而澄枢出空诏抚谕,众皆解体。宋师前锋至芳林,澄枢惶惧,乘轻舸遁归。癸丑,围贺州。

南汉主召大臣议,皆请以潘崇彻将兵御之。崇彻自罢兵柄,常怏怏,于是辞以目疾。南汉主怒曰:"何须崇彻,伍彦柔独无方略邪!"遂使彦柔将兵来援。戊午,宋师闻彦柔至,退二十里,潜以奇兵伏南乡岸。彦柔夜泊南乡,迟明,挟弹登岸,据胡床指挥,而伏兵猝起,彦柔众大乱,死者十七八。擒彦柔,斩之,枭其首以示城中,城中人犹坚守弗下。随军转运使王明言于潘美曰:"援兵将至,当急击之。"诸将颇犹豫,明乃率所部护送辎重卒百馀人,丁夫数千,奋锸皆作,堙其堑,直抵城门。城中人大惧,开门以纳,遂克贺州。

潘美等声言顺流趋广州,南汉主忧迫,计无所出,乃加潘崇彻为内太师、马步军都统,领众三万屯贺江。会宋师径趋昭州,崇彻但拥众自保而已。

冬,十月,辛卯,潘美等破南汉开建寨,杀数千人,擒其将靳晖。昭州刺史田行稠弃城遁,桂州刺史李承珪亦奔还,遂取昭州、桂州。

帝览桂阳监岁入白金数,谓宰相曰:"山泽之利虽多,颇闻采纳不易。"十一月,乙巳,诏减旧额三分之一,以宽民力。

初,辽聚六万骑攻定州,命判四方馆事田钦祚领兵三千御之,帝谓钦祚曰:"彼众我寡,但背城列阵以待之,敌至即战,勿与追逐。"

钦祚与辽战于满城,辽骑小却,乘胜至遂城。钦祚马中流矢而踣,骑士王超以马授钦祚,军复振,自旦至晡,杀伤甚众,夜,入保遂城,辽人围之。数日,钦祚度城中粮少,整兵,开南门,突围一角出;是夕,至保寨,军中不亡一矢。北边传言三千打六万。

癸亥,奏至,帝喜,谓左右曰:"契丹数入寇边,我以二十匹绢购一契丹人首,其精兵不过十万人,止费二百万绢,则敌尽矣。"自是益修边备。

是月,师克连州,南汉招讨使卢收率其众退保清远。南汉主闻之,谓左右曰:"昭、桂、连、贺,本属湖南,今北师取之足矣,其不复南也。"

十二月,庚午,翰林学士承旨、户部尚书陶谷卒,命中使监护葬事,赠右仆射。谷本姓唐,避晋祖讳,改焉。文翰冠绝一时,自以久次,意希大用。然为人倾侧很媚,初作翰林承旨,力排窦仪,仪以是不得相位。及魏仁浦在中书,谷自言出于魏氏,以舅事仁浦,每见,辄望尘下拜。帝素薄之,选置宰辅,未尝及谷。谷一日使其党因事风帝,言谷在词禁,宣力实多,帝笑曰:"我闻学士草制,皆检前人旧本稍改易之,此谚所谓依样画葫芦耳,何宣力之有!"谷因作诗题翰林壁,语颇怨望,帝遂决意不用。

潘美等长驱至韶州。南汉都统李承渥领兵十馀万屯莲华峰下,教象为阵,每象载十数人,皆执兵仗,战则置阵前以壮军威。美尽索军中劲弩射之,象奔蹂,乘者皆坠,反践承渥军,军大败,承渥仅以身免,遂取韶州,擒其刺史辛延渥及谏议大夫邹文远。延渥间道遣使劝南汉主迎降,观军器使李托深沮其议,国中震恐。南汉主始命堑东壕为拒守计,顾诸将无可使者,宫媪梁鸾真荐其养子郭崇岳可用,乃以为招讨使,与大将植廷晓统众六万屯马迳,列栅以抗宋师。崇岳无谋勇,惟日祷于鬼神而已。

是冬,南唐南都留守建安林仁肇密表言:"淮南诸州,戍兵各不过千人,宋朝前年灭蜀,今又取岭表,往返数千里,师旅罢敝。愿假臣兵数万,自寿春北渡,径据正阳,因思旧之民,可复江北旧境。彼纵来援,臣据淮对垒而御之,势不能敌。兵起之日,请以臣举兵外叛闻于宋朝。

事成,国家享其利,败则族臣家,明陛下无二心。"南唐主惧,不敢从。

初,宜春人卢绛诣枢密使陈乔献书,乔异之,擢沿江巡检,召募亡命,习水战,屡要吴越兵于海门,获舟舰数百。尝说南唐主曰:"吴越,仇雠也,它日必为北朝乡导,椅角攻我。当先灭之。"南唐主曰:"大朝附庸,安敢加兵!"绛曰:"臣请诈以宣、歙州叛,陛下声言讨伐,且乞兵于吴越,兵至拒击,臣蹑而攻之,其国必亡。"南唐主亦不能用。

是岁,德哷勒部叛,辽主命右伊勒希巴耶律希达讨之。

四年 辽保宁三年【辛未,971】 春,正月,戊戌朔,以出师,不视朝。

潘美克英、雄二州,南汉都统潘崇彻来降。

丙午,令:"诸道州县不得更差摄官,凡有阙员,即具闻,旋与注授;前所差摄官皆罢其职事,以见任官权管。"

辛亥,通判阆州、殿中侍御史路冲言:"本州职役户,负恃形势,输租违期,已别立版簿于通判厅,依限督责,欲望颁为条制。"诏:"诸州府并置形势版簿,令通判专掌其租。"

禁河东诸州民徙内郡者私蓄兵器。

甲寅,辽耶律希达遣人献德哷勒部之俘,辽主命赐有功将士。

庚申,辽置登闻院。辽主以穆宗废钟院,穷民冤无所诉,故诏复之,仍命铸钟勒词,著废置之意。

癸亥,辽兵侵易州,监军任得义战却之。

是月,潘美师次泷头,南汉主遣使请和,且求缓师。泷头山水险恶,潘美等疑有伏兵,乃挟其使而速度诸险。甲子,至栅口。乙丑,至马迳,屯双女山,直瞰郭崇岳栅。游骑数出挑战,崇岳不从,但坚壁自守而已。

南汉主取舶船十馀艘,载金宝、妃嫔,欲入海;未及发,宦官乐范与卫兵千馀盗舶船以走。南汉主惧,乃遣右仆射萧漼、中书舍人卓惟休奉表诣军门乞降,潘美即令部送赴阙。漼等不反,南汉主益惧,复令崇岳戒严。二月,丁卯朔,又遣其弟祯王保兴率国内兵来拒。

植廷晓谓崇岳曰:"北军乘席卷之势,其锋不可当,吾士旅虽众,然皆伤痍之馀,今不驱策而前,亦坐受其毙矣。"庚午,廷晓乃领前锋据水而陈,令崇岳殿后,御其奔冲。既而宋师济水,廷晓力战不胜,遂死之,崇岳奔还其栅。美谓王明曰:"彼编竹木为栅,若篝火焚之,必扰乱,因而夹击之,此万全之策也。"遂分遣丁夫,各持二炬,间道造其栅,及夜,万炬俱发。会天大风,烟埃垒起,南汉兵大败,崇岳死于乱兵,保兴逃归。

龚澄枢、李托与内侍中薛崇誉等谋曰:"北军之来,利吾国中珍宗耳,今尽焚之,使得空城,必不能久驻,当自还也。"乃纵火焚府库、宫殿,一夕皆尽。

辛未,师至白田,南汉主素服出降,潘美承制释之。遂入广州,俘其宗室、官属九十七人,与南汉主皆麇于龙德宫。保兴初匿民间,后乃获之。有阉人百馀辈盛服请见,美曰:"是椓人多矣,吾奉诏伐罪,正为此等。"命悉斩之。美以露布告捷,己丑,至京师。

庚寅,群臣称贺,遂赐宴。凡得州六十,县二百十四,户十七万二百六十三。

辛卯,赦广南管内州县常赦所不原者,伪署官并仍旧,无名赋敛咸蠲除之。

知制诰卢多逊权知贡举,奏进士合格者十人。

帝以令、尉捕贼,先定日限,其已被批罚者,或遂绝意追捕。乙未,诏:"自今虽限外获贼者,令有司备书于籍以除其罚,但不得叙为勤绩。其累经殿降法当停免者,不用此制。"

是月,辽主东狩,以青牛、白马祭天地。

111

三月，丙申，诏："岭南有买人男女为奴婢转利者，并放免；伪政有害于民者，除之。"

丁未，辽以飞龙使尼哩为契丹行宫都部署。

初，右监门卫将军赵玭，以罪勒归私第，不胜忿恚。一日，伺赵普入朝，于马前斥普短。帝闻之，召玭及普面质其事，玭大言诋普贩木规利。先是秦、陇大木，官禁私贩，普尝遣亲吏往市屋材，联巨筏至京师治第，吏因之窃于都下贸易，故玭以为言。帝怒，促阁门集百官，将下制逐普，诏问太子太师王溥等："普当得何罪？"溥附阁门使奏云："玭诬罔大臣。"帝意顿解，反诘责玭，命武士扺之。御史鞫于殿庭，普力营救，帝乃宽其罚。夏，四月，丙寅朔，责汝州牙校。

壬申，命潘美、尹崇珂同知广州，以儋、崖、振、万安等四州隶琼州，令广州择官分知州事。

己卯，辽主祠木叶山，行再生礼。丙戌，辽主还上京，以韩德让为上京皇城使，遥授彰德节度使。自是德让日见进用矣。

戊子，永兴军节度使、同中书门下二品吴廷祚来朝。遇疾，帝亲临问，遣中使王继恩监视之。庚寅卒，赠侍中。继恩，陕人也。

南唐主遣其弟吉王从谦来朝贡。

潘美遣使部送刘𬬮及其宗党、官属献于京师。𬬮至公安，邸吏庞师进谒，学士黄德昭侍𬬮。𬬮因问师进何人，德昭曰："本国人也。"𬬮曰："何为在此？"德昭曰："高皇帝居藩日，岁贡大朝，辎重皆历荆州，乃令师进置邸于此，造车乘以给馈运耳。"𬬮叹曰："我在位十四年，未尝闻此言，今日始知祖宗山河及大朝境土也。"因泣下久之。既至，舍玉津园，帝遣参知政事吕馀庆问反覆及焚府库之罪，𬬮归罪于龚澄枢、李托、薛崇誉。帝复遣使问澄枢等，皆俯首不对，伪谏议大夫王珪谓托曰："昔在广州，机务并尔辈所专，火又自内中起，今尚欲推过何人？"遂唾而批其颊，澄枢等乃引伏。

五月，乙未朔，有司以帛系𬬮及其官属，先献太庙、太社。帝御明德门，遣摄刑部尚书卢多逊宣诏责𬬮，𬬮对曰："臣年十六僭伪号，澄枢等皆先臣旧人，每事，臣不得自由，在国时，臣是臣下，澄枢是国主。"对讫，伏地待罪。帝命摄大理卿高继申引澄枢、托、崇誉，斩于千秋门外，释𬬮罪，并其弟保兴及官属各赐以冠带、器币、鞍马。寻以保兴为左监门卫率府率。

初，议献俘之礼，朝臣莫能知，乃遣使就问吏部尚书致仕张昭。昭卧病，口占以授使者，咸服其该博，遂用之。

丁酉，以潭州防御使潘美领山南东道节度使，朗州团练使尹崇珂领保信军节度使，同知广州如故。

以王明为秘书少监，领韶州刺史、广南诸州转运使。大兵南伐，明知转运使，岭道险绝，不通舟车，但以丁夫负荷粮粮数万，仰给无阙，每下郡邑，必先收其版籍，固守仓库，颇亦参预军画。帝嘉其功，故擢用焉。

初，〔帝〕使军器库使楚昭辅钩校左藏库金帛，数日而毕，条对称旨，至是授左骁卫大将军，权判三司。

辛丑，宴刘𬬮于崇德殿。

六月，辛未，命司农少卿李继芳祭南海。刘𬬮先尊海神为昭明帝。庙为聪正宫，其衣饰以龙凤，诏削去帝号及宫名，易以一品之服。

壬申，初置市舶司于广州。

丙子，诏御史中丞刘温叟、中书舍人李昉重定《开元礼》，以国朝沿革制度附属之。

丁丑，回鹘遣使贡于辽。

初，帝征晋阳，命密州防御使马仁瑀率众巡边，至上谷、渔阳，辽人素闻其名，不敢出，因纵兵大掠而还。明年，群盗周弼等起兖州，诏仁瑀掩击。仁瑀领帐下十数人入泰山擒弼，尽获其党。庚辰，徙仁瑀为瀛州防御使。仁瑀兄子因醉酒误杀平民，系狱当死，民家愿以过失伤论，仁瑀曰："我为长吏而兄子杀人，此乃恃势恣横，非过失也，岂敢以私亲而乱国法哉！"遂论如律。

壬午，以刘𬭶为右千牛卫大将军，员外置，封恩赦侯，俸外别给钱五万，米麦五十斛。

𬭶体质丰硕，眉目俱竦。性绝巧，有口辩，尝自以珠结鞍勒为戏龙之状以献，帝赏其精妙，给钱百五十万偿其直，因谓左右曰："𬭶好工巧，习以成性，倘能移于治国，岂至灭亡哉！"

𬭶在国时，多置鸩毒臣下。一日，从帝幸讲武池，从官未集，𬭶先至，诏赐卮酒，𬭶疑之，奉杯泣曰："臣承祖父基业，违拒朝廷，劳王师致讨，罪固当诛。陛下既待臣以不死，愿为大梁布衣，观太平之盛，未敢饮此酒。"帝笑曰："朕推心置人腹，安有此事！"命取𬭶酒自饮之，别酌以赐𬭶，𬭶大惭，顿首谢。

是月，岚州破北汉兵于古台村。

河决郑州原武县，汴水决宋州谷熟县。

帝既平广南，欲行报谢之礼，秋，七月，甲午朔，诏以冬至有事于南郊。

乙未，御史中丞刘温叟卒。温叟为中丞十二年，屡求解职，帝难其代，终不许。及被病，帝知其贫，遣中使就赐器币。温叟性重厚方正，好古执礼，事继母以孝闻，父名岳，非侍宴，终身不听乐。开封尹光义闻其清介，尝遣府吏赍钱五百千遗之，温叟不敢却，贮厅事西舍中，令府吏封识乃去。明年，重午，复送黍角、纨扇，所遣吏即前送钱者，视西舍封识宛然，还，以告。光义曰："我馈犹不受，况他人乎！"乃命辇归府中。它日，光义侍宴，论当世名节士，具道温叟辞钱事，帝叹赏久之。温叟既卒，帝难其继，曰："必得和厚如温叟者乃可。"乃命太子宾客边光范兼判御史台事，居半岁，始真为中丞。

辛丑，辽以耶律贤适为西北路兵马都部署。贤适忠介肤敏，推诚待人，虽燕息不忘政治，故百司庶职罔敢媮惰，累年滞狱悉决之。

丙申，诏："广南诸州受民租皆用省斗，每一石外别输二升为雀鼠耗。"先是刘𬭶私置大量，重敛于民，凡输一石乃为一石八斗。转运使王明上言，故革之。

内侍养子多争财起讼，戊午，诏："自今年满三十无养父者，始听养子，仍以其名上宣徽院，违者抵死。"

建武节度使、判棣州何继筠来朝，癸亥，卒于京师。帝亲临其丧，流涕谓左右曰："继筠捍边有功，朕不早授藩镇者，虑其数奇耳。今领旄钺未几，果至沦没，岂不哀哉！"即命中使护丧事，令以生平所佩剑及甲胄同葬。继筠深沈有智略，与士卒同甘苦，得其死力，居北边前后二十年，善揣知敌情，屡以少击众，辽人畏伏，多画像祠之。

平晋军使攻北汉孟园、乐义二寨，破之。

汴水决宋州宋城县。

八月，甲戌，辽主如秋山。

甲申，群臣奉表请加尊号曰兴化成功，至再，讫不允。

辛卯，辽主祭皇兄吼墓。吼，世宗之长子，早薨，墓号太子院，至是追册为皇太子，谥庄圣。

113

先是辽世宗为察克所弑,辽主时年四岁,或以毡裹之,匿于积薪下,得免。后养于永兴宫,为保傅者皆有恩。九月,乙巳,辽主赐傅父、保母等户口牛羊有差。又以潜邸给使者为塔玛部,置官主之。

壬子,辽主如归化州。甲寅,如南京。移上京留守韩匡嗣于南京,即以其子德让代为东京留守。

【译文】

宋纪六　起己巳年(公元 969 年)七月,止辛未年(公元 971 年)九月,共二年有余。

开宝二年　辽保宁元年(公元 969 年)　秋季,七月,丙寅(二十一日),宋太祖以天雄军节度使符彦卿为凤翔节度使。符彦卿镇守大名十几年。将军务委交给牙校刘思遇。而刘思遇贪婪而且狡诈,军府事务长期得不到治理,这时开始商议挑选合适官员去取代他。

戊辰(二十三日),宋太祖下诏:“从今以后祭祀天地用牛、羊、猪具备的太牢之外,其余应当用牛的,用羊、猪来代替。”

灵武节度使冯继业杀死他的哥哥,代替父亲统领藩镇,颇为骄横恣意,西戎部民不来归附;又安抚将士苛刻寡恩,部下大多怀有二心;冯继业顾虑他们可能发生政变,请求带领全族人内迁。八月,庚辰(初五),宋太祖以冯继业为静难节度使。

宋太祖以棣州防御使何继筠兼领建武节度使,仍主持棣州事务。

己亥(二十四日),户部员外郎、知制诰王祐,为大名府知府。告辞那天,宋太祖对王祐说:“大名府,是爱卿的故乡,此行可谓是古人所说的衣锦还乡啊!”

西京留守向拱,专心致力于饮酒作乐。不官府事务治理,群盗白天在街市上杀人。宋太祖听说此事,发怒,庚子(二十五日),调向拱为安远节度使。

九月,丁未(初三),宋太祖以左武卫大将军长社人焦继勋为知西京留守。晓谕他说:“不要再像向拱那样!”焦继勋处理事务一个多月,西京都城清明肃敬。

朝廷商议选择可以出任代替冯继业的人。当时考功郎中段思恭为泗州知州,宋太祖因为段思恭曾经对眉州有功劳,于是征召他赶赴京师,任命他为灵州知州,先诏谕他说:“冯继业说灵州除非以蕃人为帅主持,西戎部族就会不服,即使卫青、霍去病那样的名将,也必定会被驱逐。意思是说除我以外,其他人不能治理这个州。你是否能够治理灵州呢?”段思恭说:“谨奉诏命。”太祖认为他有壮志,又对他说:“唐代李靖、郭子仪,都是儒生出身,建立大功,难道唯独我朝就没有这样的人吗?”丰厚地赏赐遣送给他。并因为沿途经过各西戎地区,太祖命令携带黄金丝帛以馈赠给西戎酋长。段思恭处理事务后,矫正冯继业的失误,尽心思绥靖安抚,夷人各部落安稳平静,周全采访利害得失,经常向朝廷条陈奏疏,能获得百姓官吏的真实情况。

庚申(十六日),将合州的浓洄镇改为广安军。

辽国涿州刺史许周琼前来归降,宋太祖任命为右羽林将军,仍旧兼领涿州刺史。

这月,开始下令百姓有典买田地的,交纳印契钱。

冬季,十月,丁亥(十三日),宋太祖下诏说:“古代西汉在官吏中寻求通晓经典学术的人,让他们来朝廷与掌管计簿的官员同行,所经之县连续提供食宿,这是优待贤士的办法。国家每年开设礼部贡举,广泛征求俊杰雄才,四方的士人,无论再远没有不到的,但路途遥远艰险,旅途费用可能会有欠缺,朕很怜惜!从今以后西川、山南、荆湖等地的举人,往来发给证券。"

辛卯(十七日),宋太祖下诏归州、峡州一并直隶于京师。

相、赵、深三州民夫死在太原城下的有三百三十四人,宋太祖下诏免去死者家属三年的徭役。

戊戌(二十四日),辽国右千牛卫将军王甲率丰州前来归降,宋太祖立即任命他的儿子王廷美为丰州衙内指挥使。

己亥(二十五日),宋太祖在皇宫后苑宴请方镇大臣,饮酒畅快,闲聊中对他们说:"爱卿们都是国家的老臣宿将,长期临抚事务繁重的藩镇,为国之事十分辛苦,这不是朕用以优待贤臣的本意啊!"前凤翔节度使兼中书令王彦超领会了太祖的意思,立即上前奏报说:"臣下本来没有功劳,却久享荣华宠幸。如今已是年老力衰,将这把老骨头返归山丘园圃,这是臣下的愿望啊。"前安远节度使兼中书令武行德,前护国节度使郭从义,前定国节度使白重赞,前保大节度使杨廷璋,竞相陈述征战功绩和经历艰难,太祖说:"这是前代的事情,何足挂齿呢!"庚子(二十六日),任命武行德为太子太傅,郭从义为左金吾卫上将军,王彦超为右金吾卫上将军,白重赞为左千牛卫上将军,杨廷璋为右千牛卫上将军。当时参与宴请的其他节度使,都罢免节度使改任他官。

太子太傅王溥,提升为太子太师。

当初,丁德裕、王珪、张玮同时率领军队驻扎在西川,丁德裕颇为专横恣意,因为兵马都监张延通和张玮相好,怀恨在心。等到返回京师,丁德裕诬告张延通在言语中直呼宋太祖名讳,并有不法事件,还指出与张玮是同党。癸卯(二十九日),太祖登上后殿引见询问,张延通争辩时又出言不逊,当日处以弃市之刑,张玮、王珪一并处以杖刑后发配充军。

辽国锡里、裕噜等十六个部族前来归降,授予部落首领的官职各有不同。

这月,辽国主前往衷潭。

十一月,甲辰朔(初一),辽国主举行柴册礼,在木叶山祭祀天地驻扎在鹤谷。

乙巳(初二),辽国北院枢密使萧思温封为魏王,北院大王耶律乌珍为裕悦。

庚申(十七日),回鹘、于阗都派遣使臣前来贡献当地特产。回鹘使臣经过灵州时,在市场上交易,灵州知州段思恭派遣官吏购买硇砂,官吏与回鹘使臣为价钱争执愤怒。段思恭释免官吏不予追究,将使臣用手铐脚镣关押起来,几天后,才放了他。使臣回到回鹘,向他的国王诉讼委屈,回鹘可汗派遣使臣携带牒状前往灵州,询问关押使臣的缘由。段思恭自知理亏,不敢奏报。从这以后数年,回鹘不再入朝纳贡。

戊辰(二十五日),宋太祖诏命中书舍人李昉、兵部员外郎、知制诰卢多逊分别在翰林学士院值班。学士院值班,从李昉和卢多逊开始。先前政事堂官吏因有事到翰林学士院,在堂下拜见,学士们稍微离席慰劳作揖,事情完毕立即退去,从没有给予座位。李昉以前在翰林学士院仍然是这样。有禀告事情的,就在堂上拜见。另外更畅谈朝廷内外之事,不再有往常的礼节。李昉对此感到惊愕,向同僚询问,对方说如此已承袭多年了。没有人追问其中缘故。礼部尚书杨昭俭喜欢讥讽诋毁,因而扬言李昉私谒政事堂官吏,曾经获得过他的名刺字云。

这月,南唐后主在青龙山狩猎,返回,到大理寺,亲自登记囚犯,其中大部分给予宽恕原谅。中书侍郎韩熙载弹劾上奏:"刑狱案件应当由下面官吏处理。牢狱之中,不是皇上所应到的地方。请求官吏罚内库钱三百万充作军需储备。"

十二月，乙酉(十二日)，宋太祖以房州防御使王彦升为原州防御使。王彦升善于击剑，军队中称他为王剑儿。生性残忍，在原州总共五年，西戎人有违反汉人法令的，王彦升不施加刑罚，召集同僚部属来宴饮，将犯法的西戎人带到跟前，用手揪下他耳朵咀嚼，作为下酒的菜，戎人血流满身，双腿发抖不敢动弹。前后被吃耳朵的有几百人。戎人畏惧，不敢再侵犯边塞。

戊戌(二十五日)，宋太祖以辛文悦掌管房州事务。太祖当初跟从辛文悦修习学业，即位后，召见他，授予太子中允，判太府寺。周郑王当时在房州，太祖认为辛文悦是忠厚长者，所以才有此任命。

丁德裕奏报西川转运使、礼部郎中李铉曾经因醉酒而直呼宋太祖的名字，太祖用驿站车马征召李铉，下达给御史狱审讯。李铉因此揭发丁德裕在蜀时屡次以私事请求，但大多被拒绝，都有实状。宋太祖发觉是丁德裕在诬陷，便只定了李铉酒后失言。己亥(二十六日)，贬谪李铉为左赞善大夫。

右赞善大夫王昭文，因监管大盈仓，他的儿子与守仓胥吏狼狈为奸，被发配到汝州。

凤翔节度使符彦卿身患重病，坐轿赶赴西京，上书病重，宋太祖诏令准许到洛阳就医。假期已满一百天，接受俸禄照旧，被御史所纠弹。太祖因为符彦卿是姻亲故旧，释免他，只是罢免了他的节度使官职。

辽国主以韩匡嗣为上京留守，是辽主做藩王时的旧情。不久，又封他为燕王。韩匡嗣让他的儿子韩德让入宫服侍，辽国主认为这是恭敬有礼。加授韩德让为东头供奉官，候补枢密院通事。

开宝三年　辽保宁二年(公元970年)　春季，正月，丁未(初五)，辽国主到达潢河。

癸丑(十一日)，宋朝撤销海州东海监重新设县。

辛酉(十九日)，宋太祖下诏："各州官员审核考察百姓中有以孝悌闻名，德行纯正的，每满五千户的准许推荐一人；倘若有奇异才能或特别德行的，不受此数限制。所推举的名副其实者加以赏赐，名不符实的要加罪。"

镇宁军节度使张令铎被免除军队职务后，宋太祖让他的弟弟赵光美娶张令铎的女儿为夫人。到张令铎从镇所前来朝见，染上疾病，太祖亲自探问他，赏赐十分丰厚。己巳(二十七日)，张令铎去世，追赠侍中。张令铎生性仁慈宽恕，曾经对他人说："我从军三十多年，大小作战四十多次，大多是摧毁坚壁、攻陷敌阵。然而取得胜利后，从没有冤枉杀一个人。"到他去世，人们大多怜惜他。

辽国的韩知范从太原回辽，说晋阳政令多有阻梗，而刘继元没有辅佐。南院枢密使高勋也对辽国主说："我们与晋阳是父子之国，每年常常派遣使臣前来觐见，派遣的不是大臣就是刘氏子弟，先帝因为一时之怒而全部扣留他们的使臣，实在没有道理的。"辽国主于是全部找出北汉使臣十六人，厚礼相待而遣送回去，同时任命刘继文为保义节度使，李弼为枢密使，让他们辅佐刘继元。刘继文等人长期留在辽国，又接受他们的任命，回国后执掌北汉朝政。朝廷左右大臣都进谗言诋毁他，北汉少主于是调出刘继文为代州刺史，李弼为宪州刺史。辽国主听说这事后，下诏书指责北汉少主说："朕因为你们国家连接失去二位国主，地域偏僻，蹙于一角，期望重新安定，必定借助力量共同治理。刘继文是你的令弟，李弼是你的老臣，一方面有同气的血亲，一方面有长者的旧情，于是派出同时委命，使他们报效纯洁的忠诚，希望团结安定，保持守成交欢和好，但座席还没暖，身子已被抛弃。你打算归顺的心意，对我说来还有什么呢!"北汉少主得到诏书,惶恐不安地谢罪,然而刘继文最终没有征召还朝。

二月,壬申朔(初一),宋朝将万州梁山县改为梁山军。

已卯(初八),雄州刺史侯仁矩去世。宋太祖特意派遣宫中使者主持丧事,官府供给治丧费用。侯仁矩的儿子侯延广,也是有勇有谋,侯仁矩在雄州期间,有一天正在饮宴,辽国数千名骑兵进入州城,城中百姓惊恐骚扰,侯延广率领亲信骑兵数人飞奔而出,射杀辽军部长一人,斩杀首级数个,全部擒获他们的余党。侯仁矩欢喜,拍着侯延广的背说:"振兴我家的必定是你啊!"事情奏报,宋太祖下诏赏赐锦袍、银带。

北汉少主任命礼部侍郎李恽为司空、同平章事,鸿胪卿刘继颢为太师兼中书令,兼领成德节度使,三司使高仲曦为枢密使,宦官卫德贵为大内都点检,宠臣范超为侍卫亲兵都虞候。范超与卫德贵实际上分掌机要政务,李恽等人只是虚有其位而已。李恽是阳武人,嗜好喝酒沉湎下棋,不理政事。北汉少主有许多内宫宠姬,刘继颐多次进献玉簪耳环,北汉少主更加器重相信他。

三月,壬寅朔(初一),宋太祖下诏:"礼部贡院检阅进士及各科考生,赴考十五次以上,并经过最后一场考试的,将名字奏报上来。"甲辰(初三),得到司马浦等六十三人。庚戌(初九),得到十五次考试而未经最后一场考试的四十三人,一并赐予进士出身。并下诏从今以后不得沿用此例。

忠武军节度使宋渥在所辖地内购置市中店铺,宋太祖听说此事,不高兴,戊申(初七),调任静难节度使。

已酉(初八),宋太祖以忠正节度使王审琦为忠武军节度使。王审琦坐镇寿春总共八年,每年所得的田租赋税,量入为用,从未曾有所索求,百姓很安定。所属县令中有人因罪勒令其录事史停职,幕府僚属举告县令没有首先向军府咨询,请求查办,王审琦说:"五代以来,诸侯强大专横,县令不能专断本县事务。如今天下大治太平,我守任一方藩镇。而所辖内县令能够罢去狡诈官吏,实在应该赏赐,有什么可查办的呢?"

辛亥(十日),宋太祖以处士酸枣人王昭素为国子博士,退休。王昭素从小爱好学习,有志气德行,太祖听说他名声好,征召他在便殿朝见。当时年纪已经是七十多岁。太祖问他说:"怎么不做官?"王昭素告谢自己无能。太祖使他讲解《乾卦》,讲到"九五飞龙在天"时,脸色庄重地说:"这一爻辞讲的正合陛下今日的情况。"引经据典,从而陈示讽喻劝谏微言大义。太祖十分喜悦,向他询问治国养身之术,王昭素说:"治理国家没有比爱护百姓更重要的,养身没有比清心寡欲更重要的。"太祖喜爱这些话,写在屏风上,挽留一个多月,经过多次请求回去,太祖才有这个诏命。王昭素享年八十九岁,在家去世。

夏季,四月,辛未朔(初一),出现日食。

乙亥(初五),宋太祖以内客省使丁德裕代理潞州知州,由于昭文节度使李继勋调任为天雄节度使的缘故。

已卯(初九),宋太祖给三司下诏:"各路夏、秋两税中征收折变的实物,不是当地适宜的特产的,不得强行分配。"

这月,辽国主到达东京,让国皇帝庙和世宗庙祭奠。

当初,萧思温因为娶辽国公主为妻,担任群牧林牙,在军队中只拘小礼,讲究穿戴,同僚属官都知道他没有将帅之才。后来担任将领,果真没有功劳,侍奉辽穆宗,无所匡正辅佐,士人议论都不认可他。到此时是皇后亲戚蒙受宠幸,职位显要,不久加官为尚书令。各勋臣贵戚都愤愤不平。五月,萧思温跟从辽国主在闾山打猎,乙卯(十五日),被强盗在盘道杀死。

六月,辽国主回到上京。

汴水在宁陵县决口,征发民夫堵塞决口,又堵塞汴口来减弱水势。

秋季,七月,壬寅(初三),宋太祖下诏:"百姓诉说水灾和旱灾情况的,夏季不得超过四月,秋季不得超过七月。"

壬子(十三日),宋太祖下诏说:"官员繁杂众多,难以求得好的治理,俸禄少薄,不可以责求廉洁。与其人员繁杂众多加重费用,倒不如减少官员人数以增加官员的俸禄。西川管辖区内州县官员,应当以人口数为标准,按不同户口数削减官员人数,按照原有的俸禄每月增加五十钱。天下州县官员应按照西川之例削减官员人数。"

辽国主以耶律贤适为北院枢密使。耶律贤适曾经在辽国主为藩王时侍奉他。辽穆宗残暴昏虐,辽国主与韩匡嗣、尼哩游玩,言谈中涉及讥讽穆宗,耶律贤适劝说辽国主应尽早与之疏远绝交,因此辽国主幸免于辽穆宗的猜忌,全仗耶律贤适的力量。辽国主刚即位,常怀疑诸王之中有人萌生非分之想,暗暗地将耶律贤适引为心腹,所以才有这项任命。

丙寅(二十七日),南唐国中书侍郎韩熙载去世。

韩熙载夜宴图

当初,南唐后主因为韩熙载竭尽忠诚能直言敢说,准备任用为宰相,但韩熙载听任情欲抛弃礼教,妓妾成群,放荡不羁,南唐后主因此感到为难。不久被弹劾,贬官为右庶子,是南部分司之官。韩熙载就全部赶走歌妓,准备单人乘车上路,并且上表章请求哀怜,南唐后主大喜,留下他,不久恢复原来职务。以后那些歌妓渐渐重新返回,南唐后主说:"我也无可奈何了!"直到他去世,南唐后主叹息说:"我终究不能得到韩熙载为宰相啊!"于是亲笔书写诏书追赠韩熙载为平章事。韩熙载家中没有多余财产,棺材衣被,都是南唐后主赐给的。

八月,庚寅(二十一日),宋太祖以隰州刺史李谦溥为济州团练使。李谦溥在隰州十年,敌人不敢进犯边境。有个招收过来的将领叫刘进,勇力过人。李谦溥待他很好,刘进经常在边境上往来,以少击多。北汉人害怕他,编写蜡丸封藏的书信来离间刘进,假装将书信掉在路上,被晋州节度使赵赞拾得,奏报朝廷,太祖命令将刘进手铐脚镣送往京师,李谦溥召见刘进责问这件事,刘进匍匐在堂上,请求死罪。李谦溥说:"我以全家四十口人来为你担保。"立即上书:"刘进为北汉人所憎恨,这是反间计啊!"奏章送到京师,太祖醒悟,急忙释放刘进,将禁军都校的作战帐篷服饰用具赏赐给他,刘进感激,愿意抗击贼军来报效。

宋太祖曾经命令有关部门为洺州防御使郭进营造宅第,所有厅堂全部使用筒瓦。所掌官员说:"只有亲王、公主才可以使用这筒瓦。"太祖发怒说:"郭进控制扼守西山超过了十年,使我没有北顾之忧,我对待郭进岂能要比儿女低一等呢!赶紧去督促这工程,不要胡说八道。"宋太祖优待异姓将领多是如此,所以能赢得他们的拼死尽力。

南唐后主又写书信宣谕南汉后主刘𬬮劝他归降中原,派遣给事中龚慎仪前往出使。刘𬬮得到书信,大为恼怒,于是囚禁龚慎仪,用驿站马车送书信给南唐后主,语气极为不逊。南唐后主将刘𬬮的书信前来上奏,宋太祖开始决定讨伐南汉。

九月,己亥朔(初一),宋太祖以潭州防御使潘美为贺州道行营兵马都部署。朗州团练使郓人尹崇珂为副都部署,道州刺史王继勋为行营马军都监,并派遣使者调发各州军队赶赴到贺州城下。

萧思温被杀死,辽国主因为皇后的缘故,搜捕强盗十分紧急,辛丑(初三),得到国舅萧哈济和萧哈里密谋杀害萧思温的情况,全都服罪诛杀。流放他的弟弟萧神睹到黄龙州,不久也处死。

甲辰(初六),宋太祖下诏:"西京、凤翔府、雄、耀等州,周文王、成王、康王、秦始皇、汉高祖、文帝、景帝、武帝、元帝、成帝、哀帝七帝,后魏孝文帝,西魏文帝,后周太祖,唐高祖、太宗、中宗、肃宗、代宗、德宗、顺宗、文宗、武宗、宣宗、懿宗、僖宗、昭宗各帝总共二十七座陵墓,曾经有被盗发的,命令有关官员准备礼服、常服各一套,修造棺椁重新安葬,所在各地长官主持祭奠。"

潘美等部攻克富州。

先前南汉老将领大多因为谗言而死,刘氏宗室也翦灭杀尽,掌管军队的只有几个宦官,城墙、护城河,都修饰成为宫殿馆舍、水池沼泽,楼船战舰、兵器铠甲,腐烂败坏而不加修治。等到宋朝军队抵达白霞,贺州刺史陈守忠派遣使者报告紧急。南汉朝廷内外震惊恐慌,南汉后主派遣龚澄枢乘坐驿站车马兼程赶往贺州宣旨慰劳。当时士兵长久守卫边界,大多贫穷困乏,听说龚澄枢来了,以为必定施加赏赐,但龚澄枢只出示一纸诏书安抚宣谕,部众全都瓦解。宋朝军队的前锋到达芳林,龚澄枢惶恐畏惧,乘坐轻便小船逃遁回京。癸丑(十五日),宋军包围贺州。

南汉后主召集文武大臣谋划,全都请求任命潘崇彻统帅大军抵御宋军。潘崇彻自从免除兵权后,经常怏怏不乐,于是以患眼病推辞。南汉后主大怒地说:"为何必须用潘崇彻,难道伍彦柔就没有计策谋略吗!"就让伍彦柔领兵前来援救。戊午(二十日),宋朝军队听说伍彦柔到达,退却二十里,悄悄地在南乡岸边埋伏奇袭部队。伍彦柔领兵在晚上停泊南乡。黎明,挟着弹弓登上岸,靠着绳床指挥军队,而埋伏的宋军突然发起进攻,伍彦柔部众大乱,死去的有十分之七八。擒获伍彦柔,将他斩首,把伍彦柔的首级悬挂起来给城中的人看,城里的人还是坚守,不能攻下。随军转运使王明对潘美进言说:"援兵即将到达,应当加紧攻击。"

119

各位将领还在犹豫，王明便率领自己所领的护送军需物资的士兵一百多人、民夫数千人，拿着挖运泥土的工具全部出动，填平壕沟，直抵城门之下。城中人大为恐惧，打开城门以迎纳宋军，于是攻克贺州。

潘美等人扬言顺流而下直趋广州，南汉后主忧虑，毫无办法，于是给潘崇彻加官为内太师、马步军都统，率领军队三万人屯驻贺江。正好宋军直趋昭州，而潘崇彻仅聚集军队以图自保。

冬季，十月，辛卯(二十三日)，潘美等部攻破南汉的开建寨，杀死数千人，擒获南汉将领靳晖。昭州刺史田行稠弃城逃走，桂州刺史李承珪也逃奔回都，宋军攻取了昭州、桂州。

宋太祖阅览桂阳监每年缴入国库的白银数额，对宰相说："山林沼泽的收利虽然多，但常听说采纳不太容易。"十一月，乙巳(初七)，太祖下诏减免旧额的三分之一，用来放宽民力负担。

当初，辽国聚集六万骑兵进攻定州，宋太祖任命判四方馆事田钦祚率领士兵三千人抵御辽军，太祖对田钦祚说："敌众我寡，只有背靠城池布列军阵以等待他们，敌军一到立即交战，不要追逐驱赶。"

田钦祚与辽军在满城交战，辽国骑兵稍稍退却，宋军乘胜追到遂城。田钦祚坐骑被飞箭射中而倒地，骑士王超把自己的坐骑给田钦祚骑。军势重新振作，从早晨到太阳西斜，杀死击伤辽兵很多，夜里，入居遂城坚守，辽军包围了遂城。几天之后，田钦祚估计城中粮食少，便整顿军队，打开城墙南门，突破包围的一角而出城。这天晚上，到达保寨，军中没有失去一支箭。北部边境传言说宋兵三千攻打辽军六万。

癸亥(二十五日)，奏报到达，宋太祖喜悦，对左右侍臣说："契丹多次入侵边疆，我用二十匹绢购一个契丹人的首级，契丹的精兵不超过十万人，只花二百万匹绢，那么敌寇就消灭了。"从此更加重视修治边境防备。

这月，宋军攻克连州，南汉的招讨使卢收率领部众退保清远。南汉后主听到此事，对左右侍臣说："昭州、桂州、连州、贺州，原本属于湖南，如今北方军队攻取它们就足够了，将不会再南下了。"

十二月，庚午(初三)，翰林学士承旨、户部尚书陶谷去世，宋太祖命令宫中使者监督主持丧葬之事，赠官为右仆射。陶谷本来姓唐，因为避后晋石敬瑭的名讳，改姓为陶。他的文章辞赋冠冕一时，自己认为长期留滞，希望得到大用。然而他为人狡诈多变、嫉妒狠毒，当初任翰林学士承旨时，极力排斥窦仪，窦仪因此没有得到宰相的职位。到了魏仁浦在中书省时，陶谷自称是魏氏所生，将魏仁浦当作舅舅来事奉，每次看见他，总是隔老远就望风下拜。太祖历来鄙薄他，挑选设置宰辅大臣，不曾考虑陶谷。陶谷有一天让他的同党利用其他事情讽喻太祖，说陶谷身在翰林禁地，出力实在很多，太祖笑着说："我听说学士起草制书，都是捡拾前人的旧本稍做改动，这不过是谚语所说的依样画葫芦而已，有什么费力的呢!"陶谷因此作诗题在翰林院墙壁上，语句中常有怨恨，于是太祖决意不加重用。

潘美等部长驱直入韶州。南汉都统李承渥率领将士十多万人屯驻在蓬华峰下，训练大象布阵，每只象上驮载十几个士兵，都拿着武器仪仗，交战就设置在阵地前以壮军威。潘美将士兵中强力弓弩全部找来射象。象奔驰逃跑，乘坐的士兵从象背上摔下来。大象返回践踏李承渥的军队，南汉军队大败，李承渥仅仅自身幸免，于是宋军攻取韶州，擒获韶州刺史辛延渥以及谏议大夫邹文远。辛延渥从小路派遣使者劝说南汉后主出迎归降。观军器使李托

120

深深阻止和议,举国上下震惊恐惧。南汉后主才开始命令挖深东面的战壕作抵抗坚守的打算,环视各将领没有可以任用的。宫中老姐梁鸾真推荐她的养子郭崇岳可以重用,于是任命郭崇岳为招讨使,与大将植廷晓统帅大军六万人屯驻马径,布列栅栏以抵抗宋军。郭崇岳无勇气谋略,只是天天向鬼神祈祷而已。

这年冬天,南唐南都留使建安人林仁肇秘密上表说:"淮南各州,戍守的士兵每州不超过一千人,宋朝前几年灭亡后蜀,而今又攻取岭南,路程往返几千里,军队疲惫困乏。希望配给我几万军队,从寿春北渡淮水,直接攻取正阳。利用思念旧朝的百姓,可以收复长江以北的旧日国土。他们即使前来援救,臣下占据淮河与之对垒而抵御他们,他们势必不可能与我军抗衡。举兵之日,请求向宋朝通报说臣下领兵外逃叛变。事情一成功,国家享受好处,失败的话就诛杀臣下全家,以此表明陛下对宋朝无二心。"南唐后主畏惧,不敢听从。

当初,宜春人卢绛前往枢密使陈乔那里献书,陈乔认为他是奇才,破格提拔为沿江巡检,招收募集亡命之徒,练习水上作战,多次在海门拦截吴越军队,缴获轻船战舰几百艘。卢绛曾经对南唐后主说:"吴越是我们的仇敌。有朝一日必定会充当北朝的向导,结成犄角之势来夹击我们,当首先歼灭它。"南唐后主说:"吴越是大朝的附属之国,怎么敢向吴越用兵啊!"卢绛说:"臣下请求诈称率领宣州、歙州叛变,陛下扬言讨伐,并且向吴越国乞求出兵,吴越军队一到达就抵抗攻击他们,臣下也跟随其后而进攻,吴越国必定灭亡。"南唐后主也没有采用。

这年,德呼勒部落叛变,辽国主命令右伊勒希巴耶律希达讨伐它。

开宝四年 辽保宁三年(公元971年) 春季,正月,戊戌朔(初一),宋太祖因为出兵征讨,不上朝听政。

潘美部攻克英、雄二州,南汉国都统潘崇彻前来归降。

丙午(初九),宋太祖下令:"各道州县不得自行更换代理官吏。凡是有缺员情况,立即仔细奏报,马上予以注拟授官;以前所更换代理的官员都免除他们的职务,由现任官员代为管理。"

辛亥(十四日),通判阆州、殿中侍御史路冲进言说:"本州的职役户,依仗权势,交纳租税违反期限,现已在通判厅另外设立户册簿籍,按照规定期限督促责求,希望颁布正式的条例制度。"宋太祖下诏:"各州府一并设置形势户簿籍,任命通判专门掌管他们的租税。"

宋太祖诏令禁止河东各州百姓迁徙到内地各郡的私自收藏武器。

甲寅(十七日),辽国耶律希达派人进献德呼勒部落的俘虏,辽国主命令赏赐给有功的将士。

庚申(二十三日),辽国设置登闻院。辽国主因为辽穆宗废除钟院,使得穷苦的百姓有冤无处申诉,又下诏恢复,并命令铸造大钟刻有文字,说明废除重设的缘由。

癸亥(二十六日),辽国军队入侵易州,监军任得义出战击退辽军。

这月,潘美的军队进驻泷头。南汉后主派遣使臣请求议和,并且请求延缓进军。泷头山水地形险恶,潘美等人怀疑有伏兵,于是挟持南汉使臣迅速经过各处险地。甲子(二十七日),到达栅口,乙丑(二十八日),到达马径,屯驻双女山。直接俯瞰郭崇岳的营栅,宋朝的流动骑兵多次出阵挑战,郭崇岳都不应战,只是坚壁固守而已。

南汉后主挑选十几艘大船,装载金银珠宝以及后宫美女,打算入海逃走。还没有出发,宦官乐范同一千多名卫兵盗取大船逃跑,南汉后主恐惧,于是派遣右仆射萧灌、中书舍人卓惟休捧着表章前往宋军营地乞求投降,潘美马上命令部下将他们押送到京师。萧漼等人没有返回,南汉后主更加恐惧,又命令郭崇岳严加戒备。二月,丁卯朔(初一),南汉后主又派遣他的弟弟祯王刘保兴统率都内的军队前来抵抗。

植廷晓对郭崇岳说:"北方军队乘着席卷之势,他们的锋芒锐不可当,我们的军队虽然多,然而全部是受伤病残的剩余。如今不驱使向前,就只能坐以待毙了。"庚午(初四),植廷晓就率领前头部队凭据江水而布阵,让郭崇岳断后,防御军队的溃奔冲突。不久宋朝军队渡过水道,植廷晓全力作战不能取胜,就战死了,郭崇岳逃回他的营栅。潘美对王明说:"他们编制竹子、木材作为栅栏,如果用火焚烧,必定惊扰大乱,我们乘机夹击他们,这是万全之策啊。"于是分头派遣民夫,每人手持两把火炬,从暗道到达南汉营栅下,到了夜晚,万把火炬一齐点燃。正好天刮大风,烟火尘埃纷纷扬起,南汉军队大败,郭崇岳死于乱军之中,刘保兴逃回。

龚澄枢、李托与内侍中薛崇誉等人谋划说:"北方军队的到来,是贪图我们国家的珍宝,如今全部烧毁它,让他们得一座空城,必定不能够长久驻留,应当会自行回去的。"于是放火焚烧官府仓库、宫殿,一个晚上全都烧光了。

辛未(初五),宋朝军队到达白田,南汉后主穿着白色服装出城投降,潘美秉承太祖旨意释免他。于是进入广州城,俘获南汉的宗室、属官九十七人,同南汉后主一起幽禁在龙德宫。刘保兴开始躲藏在民间,后来也被捕获。有阉人一百多名盛装前来求见,潘美说:"这种受过宫刑的人太多了,我奉行诏令讨伐有罪,正是为了消灭这帮家伙。"下令全部斩死。潘美用露布告捷,己丑(二十三日),传到了京师。

庚寅(二十四日),文武百官称颂庆贺,宋太祖赏赐宴饮。共得六十个州,二百十四个县,十七万二百六十三户。

辛卯(二十五日),宋太祖赦免广南区域内各州县平常赦免所不原宥的罪犯,伪汉政府所设置的官吏一律照旧,额外的赋税征收全部免除。

知制诰卢多逊临时主持贡举,奏报进士合格者十人。

宋太祖因为县令、县尉搜捕盗贼,事先规定期限,那些已经过期受罚的人,有的就断绝了继续追捕的念头;乙未(二十九日),他就下诏:"从今以后即使在期限之外抓获盗贼的,也命令有关官吏在簿籍上注备并免除他的处罚,但不能评定为勤政劳绩。那些屡次评为末等而降职或依法应当停免职务的,不适用这个规定。"

这月,辽国主东行狩猎,用青牛、白马祭祀天地。

三月,丙申(疑误),宋太祖下诏:"岭南所有被变卖当作奴婢而辗转取利的他家男女,一律释放免为平民,伪汉政令有害于老百姓的,予以废除。"

丁未(十二日),辽国主以飞龙使尼哩为契丹行宫都部署。

当初,右监门卫将军赵批,因为获罪被勒令回归自己的宅第,不胜愤恨。有一天,伺机赵普入朝时,在马前斥责赵普的短处。宋太祖听说此事,征召赵批和赵普就此事当面对质,赵批大声抨击赵普贩卖木材谋利。先前秦州、陇州出产大木头,官府禁止私人贩卖,赵普曾经派遣亲信官吏前去购买房屋木材,用大木筏运到京师建造宅第,官吏乘机私下地在京师进行木材贸易,赵批以此为口实,太祖大怒,催促阁门使召集文武百官,将要下制书驱逐赵普,下诏询问太子太师王溥等人:"赵普应当判什么罪?"王溥附和阁门使上奏说:"这是赵批诬陷大臣。"太祖怒意顿时消解,反过来审问赵批,命令武士鞭打他。御史在殿庭上审讯赵批。赵普极力营救,太祖才放宽对赵砒的处罚。夏季,四月,丙寅朔(初一),贬赵砒为汝州牙校。

壬申(初七),宋太祖诏令潘美、尹崇珂同时为广州知州,将儋、崖、振、万安等四个州隶属于琼州,诏令广州自行选择官员分别治理各州事务。

己卯(十四日),辽国主祭祀木叶山,举行再生礼。丙戌(二十一日),辽国主回到上京,任命韩德让为上京皇城使,遥授彰德节度使,从此韩德让日益被重用。

戊子(二十三日),永兴军节度使、同中书门下二品吴廷祚前来朝见。得了疾病,宋太祖亲临探问,派遣宫中使者王继恩临视医治。庚寅(二十五日)去世,赠授侍中。王继恩是陕西人。

南唐后主派遣他的弟弟吉王李从谦前来朝见纳贡。

潘美派遣使者武装押送刘鋹以及他的宗族、属官进献给京师。刘鋹到达公安,府邸官员庞师进谒见,学士黄德昭侍奉刘鋹,刘鋹因而问庞师进是哪里人,黄德昭说:"是本国人啊。"刘鋹说:"为什么在这里?"黄德昭说:"高皇帝身居藩镇的时候,每年向中原王朝进贡,物资都要经过荆州,就命令庞师进在这里设置府邸,营造车辆来供给运输需要。"刘鋹叹息说:"我在位十四年,不曾听说此言,今天才知道祖宗的山河和中原朝廷的地界。"因而哭泣很久。到达京师后,刘鋹等人住在玉津园。宋太祖派遣参知政事吕余庆查问反复无常和焚烧府库的罪状,刘鋹将罪过归咎于龚澄枢、李托、薛崇誉三人。太祖又派遣使者审问龚澄枢等人,他们都低头不予回答,伪汉的谏议大夫王珪对李托说:"昔日在广州,机密政务一并由你们一伙所专断,大火又是从宫中烧起,如今还想把过失推给谁?"于是朝他唾吐痰沫并打他耳光,龚澄枢等人这才认罪。

五月,乙未朔(初一),有关官吏用绢帛捆绑刘鋹及其属官,先进献给太庙、太社。宋太祖登明德门,派遣代理刑部尚书卢多逊宣读诏书责问刘鋹,刘鋹回答说:"臣下年仅十六岁僭越伪称帝号,龚澄枢等人都是臣下先父的旧臣,每件大事,臣下不得自作主张,在原来的国家里,臣下是臣子,龚澄枢是国主。"回答完毕,匍匐在地上等待治罪。太祖命令代理大理卿高继申拉出龚澄枢、李托、薛崇誉,在千秋门外斩首,赦免刘鋹的罪过,连同他的弟弟刘保兴以及他的属官每人赏赐给冠服腰带、器物钱币、配鞍马匹。不久任命刘保兴为左监门卫率府率。

当初,商议献俘的礼节,朝中大臣没有一个人知道,于是派遣使者前去询问以吏部尚书退休的张昭,张昭生病在床,口述传授使者,大家都佩服他的学识渊博,于是采用了张昭说的礼仪。

丁酉(初三),宋太祖以潭州防御使潘美兼领山南东道节度使,朗州团练使尹崇珂兼领保信军节度使,共同主持广州政事照旧。

宋太祖任命王明为秘书少监,兼领韶州刺史、广南诸州转运使。宋大部队同南汉征战,王明担任转运使,岭南道路险恶绝壁,不能通行船和车辆,只能用民夫背负肩担干粮数万斤,众军依赖这种供给,没有缺乏。每次攻下州县,必定首先没收当地的户册版籍,严守粮仓府库,常常参与军事谋划。太祖嘉奖他的功劳,所以提拔任用他。

当初,宋太祖派军器库使楚昭辅查核左藏库的金银绢帛,几天就完毕,逐项条理应对,合乎旨意,到此时授予他为左骁卫大将军,权判三司。

辛丑(初七),宋太祖在崇德殿宴请刘鋹。

六月,辛未(初七),宋太祖命令司农少卿李继芳祭祀南海。刘鋹先前尊奉海神为昭明帝。庙称为聪正宫,海神的衣服饰物用龙凤图案,太祖下诏削去海神的帝号和宫名,改穿一品官服。

壬申(初八),宋朝开始在广州设置市舶司。

丙子(十二日),宋太祖下诏令御史中丞刘温叟、中书舍人李昉重新编定《开元礼》,将国朝的沿革制度附录于该书中。

丁丑(十三日),回鹘派遣使臣向辽国进贡。

当初,宋太祖亲自出征晋阳,命令密州防御使马仁瑀率领部众巡视边境,到达上谷、渔阳。辽国人一向听说他的威名,不敢出兵,因而放纵士兵大肆抢掠而返回。第二年,一群强盗周弼等人在兖州起兵,太祖下诏命马仁瑀率部袭击。马仁瑀率领手下十几人进入泰山擒获周弼,全部俘获他的同党。庚辰(十六日),调任马仁瑀为瀛洲防御使。马仁瑀哥哥的儿子因为醉酒而误杀平民,被关入监狱判以死刑。被害平民家愿意按过失伤人定罪,马仁瑀说:"我为一州长官而哥哥的儿子杀了人,这叫作依仗权势恣意横行,不是过失伤人,岂敢因为私人血亲而乱了国家法规啊!"于是按照法律论罪。

壬午(十八日),宋太祖以刘鋹为右千牛卫大将军,是正员之外的设置,封为恩赦侯,俸禄之外另外供给钱五万,米麦五十斛。

刘鋹体态丰满,眉清目秀。生性极为巧慧,有口才善辩,曾经自己用珠子结成马鞍形呈戏水游龙之状来进献,宋太祖欣赏他的精致巧妙,给钱一百五十万偿付它的价值,因而对左右侍臣说:"刘鋹爱好手工技巧,习惯而成了天性,倘若能转移到治理国家上,怎么会遭到国家灭亡呢?"

刘鋹为南汉国主时,经常设置毒酒用以毒杀臣下。有一天,跟从宋太祖来到讲武池,其他随从官员还没聚集,刘鋹最先到达,太祖下诏赏赐一大杯酒,刘鋹怀疑是毒酒,捧着酒杯哭泣说:"臣下继承祖辈父辈的基业,违抗朝廷,有劳王师讨伐,罪恶本该诛杀。陛下既然已经让臣下不死,希望成为大梁的一个平民百姓,观看太平盛世,不敢饮这杯酒。"太祖笑着说:"朕待人推心置腹,哪里会有这等事!"命令取过刘鋹手中的酒自己一饮而尽,另外斟酒以赐给刘鋹,刘鋹大为惭愧,叩头告谢。

这月,岚州奏报在古台村击破北汉军队。

黄河在郑州原武县决口,汴水在宋州谷熟县决口。

宋太祖在平定广南以后,打算举行报谢之礼。秋季,七月,甲午朔(初一),太祖下诏于冬至日在南郊举行祭祀活动。

乙未(初二),御史中丞刘温叟去世。刘温叟担任御史中丞十二年,多次请求解除官职,宋太祖因很难找到接替的人,一直都不允许。直到他得病,太祖得知他家里清贫,派遣宫中使者前往赏赐器具钱币。刘温叟生性重厚方正,喜好古物,执守礼教,事奉继母以孝闻名,因其父名岳,为了避忌名讳,不是侍从宴饮,终身不听音乐。开封尹赵光义听说刘温叟清白耿介,曾经派遣府中官吏携带钱币五百千钱赠给他。刘温叟不敢退回去,存放在堂屋西房中,让府中官吏做好封存标志才离去。第二年,端午节,赵光义又派遣官吏赠送粽子、绢制团扇,所派遣的就是前次的府中官吏,他看到西房的加封标志宛如前日,回去后,将此事报告。赵光义说:"连我馈赠的东西都不接受,何况其他人呢!"于是命令将钱运归府中。有一天,赵光义陪侍宋太祖宴饮,议论当世的名士,陈说刘温叟拒绝钱财之事,太祖听后赞叹很久。刘温叟死后,太祖对御史中丞的接替人很为难,说:"一定要得到平和忠厚像刘温叟一样的人才可

124

以。"于是任命太子宾客边光范兼判御史台事务,过了半年,才正式任命为御史中丞。

辛丑(初八),辽国主以耶律贤适为西北路兵马都部署。耶律贤适忠诚耿介、办事敏捷,对人忠诚以待,宴会休息也不忘记朝政治理。所以百官属吏都不敢偷懒怠慢,历年积累的案件全部判决完毕。

丙申(初三),宋太祖下诏:"广南各州收受百姓田租全部使用省斗,每一石之外另交二升作为雀鼠耗。"先前刘𬬮私自设置大量器加重对老百姓的搜刮,凡是交纳一石田租实际变成了一石八斗,转运使王明上书奏报,才革除刘𬬮的量具。

宫中宦官的养子经常为争夺财产发生诉讼,戊午(二十五日),宋太祖下诏:"从今以后年满三十岁而没有养父的,才准许为养子,并将其名册上报宣徽院,违者以犯死罪判处。"

建武节度使、棣州通判何继筠前来朝见,癸亥(三十日),在京师去世。宋太祖亲自前往吊唁,流着眼泪对左右侍臣说:"何继筠捍卫边境有功劳,朕之所以不早授予藩镇,只是考虑他的命数乖舛而已。如今刚领节度使不久,果然到了殒殁,难逼小衷伤吗!"立即命令宫中使者治理丧事,诏令将生前所佩带的宝剑以及铠甲头盔一同随葬。何继筠为人深沉有勇有谋,同士兵同甘共苦,得到士兵的拼死效力,任职于北部边境前后二十年,善于揣摩知晓敌人情况,屡次以少击多,辽国人畏惧慑服,许多人画像来祭祀他。

平晋军使进攻北汉的孟园、乐义二寨,攻破二寨。

汴水在宋州宋城县决口。

八月,甲戌(十一日),辽国主举行秋山游猎。

甲申(二十一日),文武百官捧着表章请求加尊号为兴化成功,再三请求,宋太祖最后仍不应允。

辛卯(二十八日),辽国主祭奠皇兄耶律吼墓。耶律吼是辽世宗的长子,早年去世,墓号为太子院,到此时追赠册立为皇太子,谥号为庄圣。

先前辽世宗被耶律察克所杀,辽国主当时年仅四岁,有人用毡子裹住他,藏在柴堆下面,得以幸免。后来寄养在永兴宫,充任保傅的都对他有恩。九月,乙巳(十三日)。辽国主赏赐傅父、保母等民户牛羊各有差等。又将旧日宅第的供事者改为塔玛的部属,设置官吏管理。

壬子(二十日),辽国主到达归化州。甲寅(二十二日),到达南京。调上京留守韩匡嗣到南京,立即任命他的儿子韩德让接替为东京留守。

续资治通鉴卷第七

【原文】

宋纪七　起重光协洽【辛未】十月,尽阏逢阉茂【甲戌】八月,凡二年有奇。

太祖启运立极英武睿文　神德圣功至明大孝皇帝

开宝四年　辽保宁三年【辛未,971】　冬,十月,癸亥朔,日有食之。

己巳,诏:"伪作黄金者弃市。"

辽以黑、白羊祭神。

庚午,太子洗马王元吉弃市,坐知英州月馀多受赃私故也。

知邕州范旻奏刘鋹时白配民物十数事,辛巳,悉命除之。邕州俗尚淫祀,被病者不敢治疗,但益杀鸡豚,微福于淫昏之鬼。旻下令禁止,出俸钱,市药物,亲为和合,民有病则给之,获愈者千计。会南汉所署知州邓存忠劫土人二万众,攻围州城七十馀日,旻屡出与战,矢集于胸,犹力疾督战,贼遂小却。旻创甚,乃坚壁固守,遣使间道求援于广州,前后十五辈始得达。援兵至,围解。旻疾未平,诏令肩舆归阙,所过僦丁夫,官给其直。旻,质之子也。

甲申,诏:"两京、诸道,自十月后犯强窃盗,不得预郊祀赦;所在长吏,当告谕下民,无令冒法。"自后将郊祀,必申明此诏。

右补阙梁周翰上疏言:"陛下再郊上帝,必覃赦宥。臣以天下至大,其间有庆泽所未及,节文所未该者,宜推而广之。方今赋入至多,加以科变之物,名品非一,调发供输,不无重困。且西蜀、淮南、荆、潭、桂、广之地,皆已为王土,陛下诚能以三方所得之利,减诸道租赋之入,则庶乎德泽均而民力宽矣。"帝嘉纳之。

周翰尝监绫锦院,杖锦工过差,为所诉。帝怒甚,召周翰切责,将亦杖之,周翰自言:"臣负天下才名,受杖不雅。"帝乃止。帝初识周翰父彦温于军中,以周翰有文辞,欲用为知制诰,天平节度使石守信入朝,帝语及之。守信与彦温善,微露其言,周翰遽上表谢,帝不喜,其命遂寝。

癸未,北汉遣使贡于辽。

丙戌,诏:"岭南诸州,刘鋹日烦苛赋敛,并除之。民为兵者释其籍,流亡者招诱复业。"

吐谷浑贡于辽。

十一月,癸巳朔,南唐主遣其弟郑王从善来朝贡。于是始去唐号,改印文为"江南国主印",赐诏乞呼名,从之。

先是国主以银五万两遗宰相赵普,普告于帝,帝曰:"此不可不受,但以书答谢,少赂其使者可也。"普叩头辞让,帝曰:"大国之体,不可自为削弱,当使之勿测。"及从善入觐,常赐外,密赉白金如遗普之数。江南君臣闻之，皆震骇，服帝伟度。

它日，帝因出，忽幸普第。时吴越王俶方遣使遗普书及海物十瓶列庑下，会车驾卒至，普亟出迎，弗及屏也。帝顾问何物，普以实对，帝曰："海物必佳。"即命启之，皆满贮瓜子金也。普惶恐，顿首谢曰："臣实未尝发书，若如此，当奏闻而却之。"帝笑曰："但受之无害，彼谓国家事皆由汝书生耳。"

丙申，吴越王俶遣其子镇海、镇东节度使惟濬来贡。

庚子，辽以胪朐河归附户分隶敦睦、积庆、永兴三宫。

庚戌，诏曰："取才之道，盖非一端。近诸道摄官，悉令罢去，又虑荐更民政或著吏能者雷同遐弃，良可惜也！宜悉令有司按其历任，经三摄无旷败，即以名闻；受伪署者不在此限。"

河决澶州，东汇于郓、濮，坏民田。帝怒官吏不时上言，遣使按鞫。庚戌，通判、司封郎中博兴姚恕坐弃市，知州、左骁卫大将军杜审肇免归私第。恕初为开封府判官，谒宰相赵普，会普宴客，阍者不即通，恕怒而去。普亟使人谢焉，恕遂去不顾，普由是憾恕。及帝为审肇择佐贰，普即请用恕，居澶州二年，竟坐法诛，投其尸于河。

戊午，亲享太庙，始用绣衣、卤簿。

己未，合祭天地于南郊，大赦，蠲开宝元年以前逋租。

壬戌，命颖州团练使曹翰塞澶州决河，濮州刺史安守忠副之。

初，帝择孟昶亲军习兵马者百馀辈为川班内殿直，廪赐优给，与御马直等。至是郊礼毕行赏，帝以御马直扈从，特命增给钱人五千。而川班内殿直不得如例，乃相率击登闻鼓陈乞。帝怒，遣中使谕曰："朕之所与，即为恩泽，又安有例哉！"命斩其妄诉者四十馀人，馀悉配隶许州，遂废其班。

时内臣有左飞龙使李承进者，逮事后唐。帝问曰："庄宗以英武定中原，享国不久，何

《雪夜访赵普》　明　刘俊

127

也?"承进曰:"庄宗好畋猎,务姑息将士,每出次近郊,禁兵卫卒必控马首,告儿郎辈寒冷,望与救接,庄宗即随其所欲给之。盖威不行,赏赉无节也。"帝抚髀叹曰:"二十年夹河战争得天下,不能用军法约束此辈,纵其无厌之求,以兹临御,诚为儿戏。朕今抚养士卒,固不吝惜爵赏;若犯吾法,惟有剑耳!"

十二月,癸酉,辽以青牛、白马祭天地。

己丑,辽皇子隆绪生。

是冬,辽主驻金川。

江南以汤悦为司空,判三司、尚书都省。

五年 辽保宁四年【壬申,972】 春,正月,丁酉,禁铁铸浮图与佛像及人物之无用者,虑愚民毁农器以徼福也。

前郓州卢县尉鄢陵许永,年七十有五,诣匦言:"父琼年九十九,长兄年八十一,次兄年七十九。乞近地一官以就养。"庚子,召见琼于便殿,问以近事,琼历历能记;因厚赐之,即授永鄢陵县令。

壬寅,吏部尚书致仕陈国公张昭卒。戒其子曰:"吾事数朝,无功德及人,勿请谥及立碑,以重吾过也。"

北汉攻方山、雅尔两寨,击却之。

乙巳,罢襄州岁贡鱼。

二月,丙子,诏沿河十七州各置河堤判官一员。

庚寅,以端明殿学士、兵部侍郎刘熙古守本官、参知政事。

帝既平广南,渐欲经理江南,因郑王从善入贡,遂留之。国主大惧,是月,始损制度,下令称教,改中书、门下省为左、右内史府,尚书省为司会府,其馀官称,多所更定,宫殿悉除去鸱吻。

闰月,壬辰,权知贡举扈蒙奏合格进士安守亮等十一人,诸科十七人。帝召对于讲武殿,始下诏放榜,新制也。

癸巳,以江南进奉使李从善为泰宁节度使,赐第京师。国主虽外示畏服,修藩臣之礼,而内实缮甲兵,阴为战守计。帝使从善致书风国主入朝,国主不从,但增岁贡而已。

南都留守兼侍中林仁肇有威名,中朝忌之,潜使人画仁肇像,悬之别室,引江南使者观之,问何人,使者曰:"林仁肇也。"曰:"仁肇将来降,先持此为信。"又指空馆曰:"将以此赐仁肇。"国主不知其间,鸩杀仁肇。陈乔叹曰:"国势如此,而杀忠臣,吾不知所税驾矣!"

初,平岭南,命太子中允周仁浚知琼州,以儋、崖、振、万安属焉。帝谓宰相曰:"遐荒烟瘴,不必别命正官,且令仁浚择伪官,因其俗治之。"辛卯,仁浚列上骆崇璨等四人,帝曰:"各授检校官,俾知州事,徐观其效可也。"

戊申,辽齐王谙萨噶薨。三月,庚申朔,追册为皇太叔。

先是,岭南民有逋赋者,或县吏代输,或于兼并之家假贷,则皆纳其妻子以质。甲申,知容州毋守素表其事,诏所在严禁之。

夏,四月,庚寅朔,辽追封萧思温为楚国王。

帝按岭南图籍,州县多而户口少,命知广州潘美及转运使王明度其地里,并省以便民,于是前后所废州十六,县四十九。

丙午,遣使检视水灾田。

隰州团练使兼沿边都巡检周勋,筑垒界上,为北汉人所袭破,戊午,责勋为义州刺史。

五月,丙寅,诏:"废岭南道媚川都,选其少壮者为静江军,老弱者听自便,仍禁民不得以采珠为业。"先是,刘鋹于海门镇募兵能采珠者二千人,号"媚川都"。凡采珠,必系石于足,腰絙而没焉,深或至五百尺,溺死者甚众。鋹所居栋宇,皆饰以玳瑁珠翠,穷极侈靡。及为宋师所焚,潘美等于煨烬中得所馀诸珍宝以献,且言采珠危苦之状,帝亟命小黄门持示宰相,速降诏罢之。

辛未,河大决澶州濮阴县。壬申,命颍州团练使曹翰往塞之。翰辞于便殿,帝谓曰:"霖雨不止,又闻河决。朕信宿以来,焚香祷天,若天灾流行,愿在朕躬,勿施于民。"翰顿首拜曰:"昔宋景公诸侯耳,一发善言,灾星退舍。今陛下忧及兆民,恳祷如是,固宜上格天心,必不为灾也。"

癸酉,帝又谓宰相曰:"霖雨不止,朕日夜焦劳,得非时政有阙邪?"赵普对曰:"陛下临御以来,忧勤庶务,有弊必去,闻善必行,至于苦雨为灾,乃是臣等失职。"帝曰:"掖庭幽闭者众,昨令遍籍后宫,凡三百八十馀人,因告谕,愿归其家者,具以情言,得百名,悉厚赐遣之矣。"普等称万岁。

河决大名府朝城县,河南、北诸州皆大水。

陕州民范义超,周显德中以私怨杀同里常古真家十二人,古真年少,脱走得免,至是擒义超,诉于官。有司引赦当原,帝曰:"岂有杀一家十二人而可以赦论乎?"命斩之。

六月,戊子朔,徙崖州于振州,遂废振州。

庚寅,河决阳武县,汴水决郑州、宋州。

丁酉,诏:"沿河民田有为水害者,有司具闻,除租。"

戊申,发诸州兵士及丁夫凡五万人塞决河,命曹翰护其役。未几,河所决皆塞。是月,下诏曰:"近者澶、濮等数州,霖雨荐降,洪河为患,朕以屡经决溢,重困黎元,每阅前书,详究经渎。至若夏后所载,但言导河至海,随山浚川,未尝闻力制湍流,广营高岸。自战国专利,堙塞故道,小以妨大,私而害公,九河之制遂堕,历代之患弗弭。凡搢绅多士,草泽之伦,有素习河渠之书,深明疏导之策者,并许诣阙上书,附驿条奏,朕当亲览,用其所长。"时东鲁逸人田告,著《纂禹元经》十二篇,帝闻之,召见,询以治水之道,善其对,将授以官。告固辞父年老,求归奉养,诏从之。

先是女真攻白沙寨,略官马三匹,民百二十八口。既而遣使以马来贡,诏止之。至是首领复来贡,言已令部落送先所掳民及马;诏切责其前寇略之罪而嘉其效顺之意,放还贡马使者。

是夏,辽主驻冰井,观从臣射柳。秋,七月,如云州射柳。

戊辰,前保大节度使袁彦卒。

甲申,皇女永庆公主出降右卫将军、驸马都尉魏咸信。咸信,仁浦子也。公主尝衣贴绣铺翠襦入宫,帝见之,谓主曰:"汝当以此与我,自今勿复为此饰。"主笑曰:"此所用翠羽几何!"帝曰:"不然,主家服此,宫闱戚里必相效。京城翠羽价高,小民逐利,展转贩易,伤生寖广。汝生长富贵,当念惜福,岂可造此恶业之端!"主惭谢。又,尝因侍坐,与皇后同言曰:"官家作天子日久,岂不能用黄金装肩舆,乘以出入?"帝笑曰:"我以四海之富,宫殿悉饰金银,力亦可办;但念我为百姓守财耳,岂可妄用?古称以一人治天下,不以天下奉一人。苟以自奉养为意,百姓何仰哉!"

三司言：“仓储月给止及明年二月，请分屯田诸军，尽率民船，以资江、淮漕运。”帝大怒，召权判三司楚昭辅，切责之曰：“国无九年之蓄曰不足。尔不素为计度，今仓储垂尽，乃请分屯兵，括率民船，以给馈运，是可卒致乎？且设尔何用？苟有所阙，必罪尔以谢众！”昭辅惧罪，诣开封府见皇弟光义，乞于帝前解释，稍宽其罪，使得尽力，光义许之。

昭辅出，光义问押牙永城陈从信，对曰：“从信尝游楚、泗间，见粮运停阻者，良由舟人乏食，日历州县勘给，故多凝滞。若自起发即计日并支，往复皆然，可责其程限。又，楚、泗间运米入船，至京师辇米入仓，宜宿备运卒，皆令即时出纳。如此，每运可减数十日。楚、泗至京千里，旧定八十日一运，一岁三运；今若去淹留之虚日，则岁可增一运矣。又闻三司欲籍民船，若不许，则无以责办。若尽取用之，则冬中京师薪炭殆绝。不若募其船之坚实者，令运粮，其损败者，任民载樵薪，则公私俱济。今市中米贵，官乃定价斗钱七十，商贾闻之，以其不获利，无敢载至京师者，虽富人所储，亦隐匿不粜，是以米益贵而民将馁莩也。”光义然之，明日，具告，帝悉从其言。由是事集，昭辅亦免责焉。

先是，大理正内黄李符知归州，转运司制置有不合理者，符即上言，帝嘉之。秩满归阙，帝以京西诸州钱币不登，八月，癸巳，命符知京西南面转运事，书“李符到处，似朕亲行”八字赐之，令揭于大旗，常以自随。符前后条奏便宜凡百余条，其四十八事皆施行，著于令。

丙申，命同知广州潘美、尹崇珂并兼岭南转运使，其元转运使王明为副使，太子中允许九言为判官。转运判官，自九言始也。

九月，丁巳朔，日有食之。

枢密使李崇矩，与宰相赵普厚相交结，以其女妻普子承宗，帝闻之，不喜。故事，宰相、枢密使候对长春殿，同止庐中，帝始令分异之。

有郑伸者，客崇矩门下十年，崇矩知其险诐无行，待之渐薄。伸怨恨，击登闻鼓，告崇矩受太原人席羲叟黄金，私托翰林学士扈蒙与羲叟甲科，引军器库使范阳刘审琼为证。帝大怒，召审琦诘问，审琼具言其诬，帝怒稍解。癸酉，崇矩罢为镇国节度使，赐伸同进士出身，酸枣县主簿。后伸死，其母贫饿，诣崇矩子继昌乞丐，家人竞前诉逐，继昌独召见，与白金百两，时称继昌长者。

戊寅，徙建宁留后杨重勋为保静留后。

是月，禁玄象器物、天文、图谶、七曜历、太乙、雷公、六壬遁甲等，不得藏于私家，有者并送官。

冬，十月，丁亥朔，辽主如南京。

戊戌，诏：“边远官岁才三周，即与除代，所司专阅其籍，勿使逾时。”

是月，运江、淮米十万石至京师，皆汴、蔡两河公私船所载也。

十一月，癸亥，禁释、道私习天文、地理。

己巳，诏：“诸道举人，自今并于本贯州府取解，不得更称寄应。”

庚辰，命参知政事薛居正、吕馀庆兼淮、湘、岭、蜀转运使。

诏翰林学士李昉及宗正丞洛阳赵孚等分撰岳渎并历代帝王庙碑，遣使刻石。

十二月，甲午，辽诏内外官上封事。

是岁，大饥。

初，帝问赵普曰：“儒臣有武干者何人？”普以知彭州、左补阙辛仲甫对。乃徙仲甫为西川兵马都监。于是召见，面试射，帝曰：“汝见王明乎？朕已用为刺史。汝颇忠淳，若公勤不懈，不日亦当为牧伯也。"仲甫顿首谢。

帝因谓赵普曰:"五代方镇残虐,民受其祸,朕今选儒臣干事者百馀,分治大藩,纵皆贪浊,亦未及武臣一人也。"既而有司命仲甫检视民田,帝曰:"此县令职耳。"即令吏部铨择官代之。仲甫在彭州日,州少种树,暑无所休,仲甫课民栽柳荫行路,郡人德之,名为"补阙柳"。

北汉始令民输赡军钱,文武官皆减俸,财用不给故也。

六年 辽保宁五年【癸酉,973】 春,正月,丙辰朔,置川蜀水陆转运计度使。

甲子,辽特里衮耶律休格伐党项,破之,上其俘获之数。休格尝从北府宰相萧干讨室韦、乌库二部有功,至是复以绩著。

北汉遣使贡于辽。

庚午,辽主御五凤楼观灯。

己卯,以太子洗马权知蓬州朱昂权知广安军。会渠州妖贼李仙聚众万人,劫掠军界,昂设策擒之,其连结者释不问,蜀民遂安。昂,长沙人也。

殿直傅廷翰为棣州兵马都监,谋叛入辽,知州、右赞善大夫周渭擒之。二月,丙戌,斩廷翰于京师。

丁亥,辽近侍实图哩误触神纛,法当论死,辽主命杖而释之。

丙申,运米二万石赈曹州饥。

是月,高丽王王昭卒,子伷立。

三月,乙卯朔,房州言周郑王殂。帝素服发哀,辍视朝十日,谥曰恭帝,命还葬庆陵之侧,号顺陵。

辽封皇后之祖为韩王,并赠其伯父官,皇后用事故也。

辛酉,新及第进士雍丘宋准等十人、诸科二十八人诣讲武殿谢,帝以进士武济川、《三传》刘睿材质最陋,应对失次,绌去之。时翰林学士李昉权知贡举,济川,昉乡人也,帝颇不悦。会进士徐士廉等击登闻鼓,诉昉用情,取舍非当。帝以问翰林学士卢多逊,多逊曰:"颇亦闻之。"帝乃令贡院籍终场下第者姓名,得三百六十人,癸酉,召见,择其一百九十五人并准以下及士廉等各赐纸札,别试诗赋,命殿中侍御史李莹、左司员外郎侯陟等为考官。乙亥,帝御讲武殿亲阅之,得进士二十六人,士廉与焉,《五经》四人,《开元礼》七人,《三礼》三十八人,《三传》二十六人,三史三人,学究十八人,明法五人,皆赐及第,又赐准钱二十万以张宴会。责昉为太常少卿,考官右赞善大夫杨可法皆坐责。由兹殿试为常式。

试朝臣死王事者子陆坦等,赐进士出身。

壬午,以教船池为讲武池,闵河为惠民河,五丈河为广济河。

禁铜钱不得入蕃界及越江海至化外。

夏,四月,乙酉,诏:"诸州考试官,令长吏精选僚属才学公正者充。知贡举与考试官同看详试卷,定其通否,否即驳放,不得优假,虚令终场。申禁私荐属举人;募告者,其赏有差;举人勒还本贯重役,永不得入科场。"

辛丑,翰林学士卢多逊等上所修《开宝通礼》二百卷,《义纂》一百卷,并付有司施行。

是日,遣卢多逊为江南生辰国信使。多逊至江南,得其臣主欢心。及还,舣舟宣化口,使人白国主曰:"朝廷重修天下图经,史馆独缺江东诸州,愿各求一本以归。"国主亟令缮写与之。于是江南十九州形势,屯戍远近,户口多寡,多逊尽得之。归,即言江南衰弱可取状。帝嘉其谋,始有意大用。

131

戊申，诏参知政事薛居正监修梁、后唐、晋、汉、周《五代史》。

知制诰王祐等上《重定神农本草》二十卷，帝制序，摹印颁天下。

先是江南饥，诏谕江南国主，借船漕湖南米麦以赈之。辛亥，国主遣使修贡谢恩。

命钱文敏知泸州，召见，帝谓曰："泸州近蛮獠，尤宜抚绥。闻知州郭思齐、监军郭重进擅敛不法，卿为朕鞫之，苟有一毫侵民，朕必不赦。"

五月，癸丑，帝知堂吏擅中权，多为奸赃，欲更用士人，而有司所选终不及数，遂召旧任者刘重华等四人，面加戒厉，令复故，岁满无过，与上县令；稍有愆咎，重置其罚。

枢密副使沈义伦，居第卑陋，处之晏如。时贵要多冒禁，市巨木秦、陇间以营私宅，及李守信受诏市木，以盗官钱败，皆自启于帝前。义伦亦尝市木为母营佛舍，因奏其事。帝笑谓义伦曰："尔非逾矩者。"知居第尚不葺，因遣中使按图督工匠五百人为治之。义伦私告使者，愿得制度狭小。使者以闻，帝亦不违其志。

庚申，参知政事刘熙古以户部尚书致仕。

己巳，交州刺史丁琏遣使入贡，诏以琏为静海军节度使、安南都护、交趾郡王。

癸亥，辽裕悦耶律乌珍卒。乌珍简静有器识，遇事造次，处之从容，人莫能测。初，鲁呼与世宗争国，赖乌珍排解其间，面数鲁呼罪，遂解兵。及察克弑世宗，乌珍保护穆宗得免难。历事累朝，屡著劳绩，辽国倚为重臣。卒，年五十七，辽主痛悼，辍朝三日。

辛未，女真侵辽边，杀辽都监达里迭等，驱掠边民牛马而去。

初，京城左右军巡院典司按鞫，开封府旧选牙校分掌其职，帝哀矜庶狱，始诏改任士人。

六月，庚寅，女真使其宰相朝于辽。

辛卯，阅试在京百司史七百馀人于便殿，勒归农者四百人。

初，蜀民所输两税，皆以匹帛充折，其后市价愈高，而官所收止依旧例。帝虑其伤民，诏："西川诸州，凡以匹帛折税，并准市价。"

先是知商州奚屿，希宰相意，奏司户参军雷德骧为文谤讪朝廷，械系德骧，具状以闻。帝贷其罪，削籍徙灵武。德骧子有邻，意赵普实挤排之，日夜求所以报普者，于是举发普堂后官胡赞、李可度受赇事，词连秘书丞王洞及前摄上蔡主簿刘伟、伟兄前进士偓并宗正丞赵孚。帝怒，悉下御史狱鞫实，始有疑普意矣。壬寅，诏参知政事吕馀庆、薛居正升都堂，与宰相同议政事。癸卯，伟坐弃市，孚等并决杖除名，赞、可度仍籍没其家财。以有邻为秘书省正字，厚赐之。有邻自是累上疏告人阴事，俄病死。

赵普之为政也专，廷臣多疾之。帝初听赵玼之诉，欲逐普，既而止。卢多逊在翰林，因召对，数毁短普，且言普尝以隙地私易尚食蔬圃广第宅，营邸店夺民利。帝访诸李昉，昉曰："臣职司书诏，普所为，臣不得而知也。"帝默然。自李崇矩罢，帝于普稍有间；及赵孚等抵罪，普恩益替。庚戌，复召薛居正、吕馀庆与普知印押班奏事，以分其权。

易州刺史贺惟忠卒。惟忠性刚果，洞晓兵法。在易州，葺治亭障，抚士卒能得其心，所向无敌，十馀年无北寇，边民赖之。及卒，帝甚嗟悼，即录其子昭度为供奉官。

先是诸道州府任牙校为马步都虞候及判官，断狱多失其中。秋，七月，壬子朔，诏罢之，改马步院为司寇院，以新及第进士、《九经》《五经》及选人资叙相当者为司寇参军。

中书拟左补阙辛仲甫为淮南转运使，帝不许。乙亥，选授三司户部判官，赐钱百万。有榷酤主吏武希琏等二十馀辈，逋岁课三十馀万缗，连年械系，竭资产不能偿，馁死者数人，榜督不已，仲甫奏除之，又请百官折俸令估实直。

庚辰，辽以保大军节度使耶律希达为中台省左相。

是月，辽主驻燕子城。

八月，乙酉，罢成都府伪蜀嫁装税。

草泽王德方上修河利害，辛卯，赐德方同学究出身。

甲辰，左仆射兼门下侍郎、平章事赵普，罢为河阳三城节度使、同平章事。普独相凡十年，刚毅果断，以天下事为己任。尝欲除某人为某官，帝不用；明日，复奏之，又不用；明日，更奏之。帝怒，裂其奏投诸地，普颜色自若，徐拾奏归，补缀，复奏如初。帝悟，卒可其奏，后果以称职闻。又有立功当迁官者，帝素嫌其人，不与。普力请与之，帝怒曰："朕不与迁官，将奈何？"普曰："刑以惩恶，赏以酬功。刑赏者天下之刑赏，非陛下之刑赏也，岂得以喜怒专之？"帝弗听，起，普随之。帝入宫，普立于宫门，良久不去，帝竟从其请。一日，大宴，雨骤至，良久不止，帝怒形于色，左右皆震恐。普因言："外间百姓正望雨，于大宴何损！不过沾湿供帐乐衣耳。百姓得雨，各欢喜作乐，适当其时，乞令乐官就雨中奏技。"帝大悦，终宴。普临机制变，能回帝意类此。常设大瓦壶于视事阁中，中外表疏，普意不欲行者，必投之壶中，束缊焚之，其多得谤咎，殆由此也。

普既出镇，上书自诉云："外人谓臣轻议皇弟开封尹，皇弟忠孝全德，岂有间然；矧昭宪皇太后大渐之际，臣实预闻顾命，知臣者君，愿赐昭鉴！"帝手封其书，藏之金匮。

九月，吏部侍郎参知政事吕馀庆以疾求解职；丁卯，罢为尚书左丞。馀庆为帝霸府元僚，赵普、李处耘皆先进用，馀庆恬然不以介意。处耘获罪时，馀庆知江陵，还朝，帝委曲问处耘事，馀庆以理解释。及普忤旨，左右争倾之，馀庆独为明辨，帝意稍解。时称长者。

己巳，封皇弟开封尹光义为晋王。以山南西道节度使光美为永兴节度使兼侍中，皇子贵州防御使德昭为山南西道节度使、同平章事；吏部侍郎、参知政事薛居正为门下侍郎，枢密副使、户部侍郎沈义伦为中书侍郎，并平章事；翰林学士、兵部员外郎、知制诰卢多逊为中书舍人、参知政事；左骁卫大将军判三司楚昭辅为枢密副使。

壬申，诏晋王光义班宰相上。

江南内史舍人潘佑尝言于国主曰："富国之本，在厚农桑。"因请复井田之法，深抑兼并，有买贫者田，皆令归之。又依《周礼》造牛籍，使尽辟旷土以种桑，荐卫尉卿李平判司农寺。国主素慕古治，悉从之。平急于成功，施设无渐，人不以为便，国主亦中悔，罢之。时国势日削，用事者充位无所为，佑愤切，上疏极论时政，历诋大臣将相，词甚激讦，而独荐平，请以判司会府事，群议益不平。佑七疏不止，且请归田庐，国主命佑专修国史，悉罢它职。

冬，十月，壬午，佑复上疏曰："臣乃者继上表章，凡数万言，词穷理尽，忠邪洞分。陛下力蔽奸邪，曲容谄伪，遂使家国愔愔，如日将暮。古有桀、纣、孙皓，破国亡家，孽自己作，尚为千古所笑。今陛下取则奸回，败乱国家，是陛下为君，不及桀、纣、孙皓远矣。臣不能与奸臣杂处，事亡国之主，愿赐诛戮以谢中外。"国主大怒。

佑故好老、庄，平少为道士，习其说，佑与之善。国主疑佑之狂悖，由平激之，忌者因中以淫祀鬼神事，乃先收平下大理狱，后收佑。佑即自杀，母及妻子徙饶州，平亦缢死狱中。国主寻谓左右曰："吾诛佑，不获已也。"明年，皆宥其家，廪给之。佑初与张洎为忘形交，其后俱为中书舍人，稍相持。佑尝答洎书云："堂堂乎张也，难与并为仁矣！"佑之死，洎颇有力焉。洎时为清晖殿学士，殿在苑中，国主不欲洎远离左右，故授此职。洎与太子太傅徐辽、太子太保徐遊别居澄心堂密画，中旨多自澄心堂出，遊从子元楀等出入宣行之，中书、密院，乃同散地。

甲申,葬周恭帝,不视朝。

丁酉,以除名人雷德骧为秘书丞,分判御史台三院事。

辽主如南京。

初,左藏库使元城田仁朗,为宦官所潛,帝怒,立召仁朗面诘之,至殿门,命去冠带。仁朗神色不挠,从容言曰:"臣尝为凤州路壕寨都监,伐木除道,从大军破蜀,秋毫无所犯,陛下固知之。今主藏禁中,岂复为奸利以自污?"帝怒解,止停其官,乙巳,起为权易使。

十一月,辛亥朔,辽始获弑穆宗之逆党近侍霄格、华格、锡衮等,俱伏诛。辽主缓于讨贼,议者少之。

甲子,武宁军节度使高继沖卒。继沖镇彭门十馀年,有惠政,民请留葬,帝不许。

十二月,戊戌,北汉将改元,遣使禀命于辽。

辽主如归化州。

少府监致仕卢亿,有高识,恶其子多逊所为,尝曰:"赵普,元勋也,而小子毁之,祸必及我。我得早死,不及见其败,幸矣。"庚子,亿以忧卒。丙午,多逊起复。

女真遣使贡马。

命参知政事卢多逊、知制诰扈蒙、张澹以见行《长定循资格》及泛降制书,考正违异,削去重复,补其阙漏,为《长定格》三卷,《循资格》一卷,《制敕》一卷,《起请条》一卷;书成,上之,颁为永式。自是铨注益有伦矣。

始行《开宝通礼》。

北汉成德节度使、太师兼中书令刘继容,自以沙门位兼将相,颇为时论所薄,数上表求罢,不许。是岁,继容卒,追封定王。

初,北汉主为大内都巡检,孝和帝以其幼弱,命刘继钦副之,委以禁卫。北汉主立,继钦畏猜忌,谢病,请罢。北汉主曰:"继钦但事先帝,岂肯为我尽力邪!"乃黜居交城,俾奉园寝,寻遣人杀之。由是旧臣多以谗见杀,人心携贰,所招吐谷浑军皆不附。

七年 辽保宁六年【甲戌,974】 春,正月,甲戌,赈扬、楚等州饥。

癸未,辽主如南京。

是月,北汉改元广运。

二月,庚辰朔,日有食之。

帝初临御,欲周知外事,令军校史珪博访。珪廉得数事,白于帝,按验皆实,由是信之,累迁马军都军头,领毅州刺史,渐肆威福。

时德州刺史郭贵权知邢州,国子监丞梁梦升知德州。贵之族人亲吏,在德州颇为奸利,梦升以法绳之。贵素与珪善,遣亲信至都,以其事告珪,图去梦升,珪悉记于纸,将伺便言之。甲申,帝从容言:"迩来中外所任,皆得其人。"珪曰:"今之文臣,不必皆善。"乃搜怀中所记以进,曰:"只如梁梦升权知德州,欺蔑刺史郭贵,几至于死。"帝曰:"此必刺史所为不法。梦升真清强吏也。"取所记纸,召一黄门令赍付中书曰:"即以梦升为赞善大夫。"既行,又召还,曰:"与左赞善大夫,仍知德州。"珪乃不敢言。

壬辰,庆州刺史姚内斌卒,遣中使护丧归葬洛阳。内斌在庆州逾十年,边人畏伏,目为姚大虫,言其犷勇如虎也。

癸巳,榷场使田仁朗权知庆州。

三月,遣使如辽,辽使涿州刺史耶律昌珠加侍中来聘,议和。

夏,四月,丙午,命左补阙南皮贾黄中检视广南民田。黄中廉直平恕,远人便之。还,奏利害十数事,皆称旨。

辽喜衮自改封宋王,得志而骄,辽主召之,不时至,怒,鞭之,由是愤怨谋乱,为阁门使酌古之子海里所告,喜衮坐废。酌古加检校太尉兼御史大夫,海里遥授陇州防御使。

五月,戊申朔,殿中侍御史李莹坐受江南馈遗,责授左赞善大夫。

监察御史刘蟠,受诏于庐、舒等州巡茶。蟠乘羸马,伪称商人,抵民家求市,民家不疑,出茶与之,即擒置于法。壬戌,命蟠同知淮南诸州转运事。

江南国主天性友爱,以弟从善被留,悲恋不已,岁时宴会皆罢,为《却登高文》以见意。于是遣常州刺史陆昭符入贡,奉手疏求从善归国;帝不许,出其疏示从善,慰抚之。六月,甲申,以从善掌书记江直木为司门员外郎、通判兖州,僚佐悉推恩。又封从善母凌氏为吴国太夫人。

陆昭符在江南,与张泊有隙,帝雅知之,因从容谓昭符曰:"尔国弄权者结喉小儿张泊,何不入使?尔归,可谕令一来,朕欲观之。"昭符惧,遂不敢归。

秋,七月,庚申,辽主猎于平地松林。

卢多逊既还,江南国主知帝有南伐意,遣使愿受封册,帝不许,于是复遣阁门使梁迥使焉。迥从容问国主曰:"朝廷今冬有柴燎之礼,国主盍来助祭!"国主唯唯不答。迥归,帝始决意伐之。

初,江南人樊若水,举进士不中第,上书言事,不报,遂谋北归。先钓鱼采石江上,用小舫载丝绳维于南岸,而疾棹抵北岸,以度江之广狭,凡数十往反而得丈尺之数,遂诣阙自言有策可取江南。帝令送学士院试,赐及第,授舒州团练推官。若水启帝,以老母及亲属皆在江南,恐为李煜所害,愿迎至治所。帝即诏国主护送,国主听命。戊辰,诏若水为赞善大夫,且遣使诣荆、湖,如若水之策,造大舰及黄黑龙船数千艘。

己巳,彰德节度使韩重赟卒。重赟在相州,日课部民采木造佛寺,人皆苦之。

辽军器库副使石重荣、东头供奉官刘琼来降。八月,丙子朔,以重荣为茶酒库副使,琼为西头供奉官。

先是吴越王俶遣元帅府判官黄夷简入贡,帝谓之曰:"汝归语元帅,当训练兵甲,江南倔强不朝,我将发师讨之。元帅当助我,无惑人言。"

帝又命有司造大第于薰风门外,连亘数坊,栋宇宏丽,储峙什物,无不悉具,乃召吴越进奉使钱文赟谓之曰:"朕数年前令学士承旨陶谷草诏,比于城南建离宫,今赐名礼贤宅,以待李煜及汝主先来朝者赐之。"且以诏草示文赟,遂遣文赟赐俶羊马,谕旨于俶。戊寅,俶遣其行军司马孙承祐入贡。丁亥,辞归,上厚赐俶器币,且密告以师期。承祐,俶妃之兄,以妃故,贵近用事,专其国政,时谓之"孙总监",言其无所不领辖也。

甲午,忠武节度使、同平章事、琅琊郡王王审琦卒,谥正懿。

【译文】

宋纪七 起辛未年(公元 971 年)十月,止甲戌年(公元 974 年)八月,共二年有余。

开宝四年 辽保宁三年(公元 971 年)

冬季,十月,癸亥朔(初一),出现日食。

己巳(初七),宋太祖下诏:"伪造黄金者处以弃市之刑。"

辽国主用黑羊、白羊祭神。

庚午(初八),太子洗马王元吉处以弃市之刑,因为担任英州知州一月余接受许多贿赂的缘故。

邕州知州范旻奏报刘铱时期额外摊派百姓财物的事情十多项,辛巳(十九日),太祖诏令全部革除。邕州习俗崇尚各种不合礼仪的祭祀,患病的人不敢治疗,只有多杀鸡和猪,向昏暗淫乱的鬼神求福。范旻下令禁止。拿出自己的俸禄,到市场上购买药物,亲自为病人调剂,百姓有病的就给他,获得痊愈的数以千计。正好南汉所委任的知州邓存忠劫持当地百姓二万多人,攻打包围州城七十多天,范旻多次出城与之交战,箭射在胸脯上,仍然尽力支撑病体督战,贼军于是稍稍退却。范旻伤势严重,仍然坚固城墙严加防守,派遣使者从小路到广州请求援兵,前后派遣十五批才开始到达。援兵到达后,包围被解除。范旻的伤势没有愈合,宋太祖下诏令乘坐滑竿返回京师,所过之地雇佣民夫,官府付给民夫脚钱。范旻是范质的儿子。

甲申(二十二日),宋太祖下诏:"两京、各州,从十月以后犯有抢劫强盗罪的,不得纳入祭祀天地的大赦中;所在各州长官。应当告示下面的百姓,不让他们冒犯法令。"从此以后将要祭天前,必定重申这一诏令。

右补阙梁周翰上奏疏说:"陛下再次到郊外祭祀上帝,必定广施赦免恩泽。臣下认为天下极为广大,其中会有恩泽所未普及到的。诏令中所未包括的,应当推而广之。如今赋税的收入最多,加上征收折变之物,名称品类不一,征调遣发百姓供给运输,不无重重困难。况且西蜀、淮南、荆、潭、桂、广州等地,都已经成为王土,陛下如果能用三方所得到的财利,减免各道租赋的征收,那就能差不多德泽均沾而民力宽裕了。"太祖嘉奖并采纳了他的奏疏。

梁周翰曾经监管绫锦院,杖击织锦工匠超过规定,被起诉。宋太祖十分恼怒,征召梁周翰痛斥,打算也杖击他,梁周翰自己辩护说:"臣下负有天下才子之名,受杖刑有伤大雅。"太祖才停止。太祖最初在军营中结识梁周翰的父亲梁彦温。因为梁周翰有文采辞令。打算任用他为知制诰,天平节度使石守信入都朝见,太祖跟他说及此事。石守信与梁彦温友好,稍微透露了太祖的话。梁周翰连忙上表章推辞,太祖不高兴,这项任命就停止了。

癸未(二十一日),北汉少主派遣使臣向辽国进贡。

丙戌(二十四日),宋太祖下诏:"岭南各州,刘铱在位时期的繁乱苛刻的赋税搜刮,一并革除。百姓中有当兵的释免他的户籍,对流亡者招募诱导以兴复旧业。"

吐谷浑向辽国朝贡。

十一月,癸巳朔(初一),南唐后主派遣他的弟弟郑王李从善前来朝见进贡,到此时开始去掉唐国号,改印章文字为"江南国主印",赐予诏书时后主请求直呼其名,太祖准从。

先前江南国主用白银五万两赠送给宰相赵普,赵普将此事报告了宋太祖。太祖说:"这不可不接受,只要用书信答谢,稍微贿赂他的使者就行了。"赵普叩头推辞,太祖说:"大国的体制,不可自己来削弱,应让他无法猜测。"到了李从善入朝觐见,太祖经常除了赏赐之外,秘密地奉送白银如同馈赠赵普的数额一样。江南国主臣子所说此事,都震动惊骇,叹服太祖宏伟的大度。

有一天,宋太祖因事出宫,突然来到赵普的宅第。当时吴越国王钱俶正派遣使臣馈赠给赵普书信以及十瓶海中物产摆列在廊檐下,适逢太祖突然驾临,赵普急忙出迎,来不及掩盖。太祖回头询问这是什么东西。赵普如实回答。太祖说:"海产必定佳味。"立即命人打开,全部装满的瓜子金。赵普惶恐不安，叩头告罪说："臣下实在未曾打开书信，倘若知道这样，应当奏报而退回它。"太祖笑着说："只管接受并无害处，他们以为国家事务都要通过你这书生呢。"

丙申（初四），吴越国王钱俶派遣他的儿子镇海、镇东节度使钱惟濬前来进贡。

庚子（初八），辽国主将胪朐河归附民户分别隶属于敦睦、积庆、永兴三宫。

庚戌（十八日），宋太祖下诏说："获取人才的途径，应该不只一条。近来各道所用代理官员，全部命令罢免离职。又考虑到他们多次经历民政事务，有的显示出行政才能者统统摒去，实在可惜啊！应该命令有关部门全部查实他们的经历和任用情况，经过三次代理职务又没有旷废败坏事情的，立即将名字奏报；接受伪政府委任的不在这范围内。"

黄河在澶州决口，向东流汇入郓州、濮州，毁坏百姓田地。宋太祖恼怒官员没有及时上报，派遣使者调查审问。庚戌（十八日），通判、司封郎中博兴人姚恕因牵连判处弃市之刑，知州、左骁卫大将军杜审肇罢免官职归还自己宅第。姚恕最初为开封府判官，谒见宰相赵普，适逢赵普宴饮客人，守门的人没有及时通告，姚恕大怒而离去。赵普急忙派人道歉，姚恕仍然离去不回转头来，赵普因此怨恨姚恕。到了太祖为杜审肇选择副手，赵普立即请求任用姚恕，居官澶州二年，最后因犯法获罪被诛杀，将他的尸体投入黄河。

戊午（二十六日），宋太祖亲自祭祀太庙，开始使用刺绣的衣服，仪仗队。

己未（二十七日），宋太祖在京师南郊合祭天地，大赦天下，免除开宝元年以前所拖欠的田租。

壬戌（三十日），宋太祖命令颍州团练使曹翰堵塞澶州的黄河决口，濮州刺史安守忠作为他的副手。

当初，宋太祖选择后蜀孟昶的亲兵中娴熟兵器骑马的一百多人编为川班内殿直，饷粮赏赐十分优厚，与御马直相等。到此时南郊祭祀礼仪完毕后颁行赏赐，太祖因为御马直是护卫随从，特意诏令增发每人五千钱。但川班内殿直不得照例获赏，于是相互一起击打登闻鼓陈述乞求赏钱。太祖大怒，派遣宫中使者晓谕他们说："朕所给予，即是恩泽，又哪里有什么定例呢？"命令斩杀其中狂妄申诉的四十多人。其余的全部发配隶属许州，于是废除川班内殿直。

当时内宫侍臣有一个左飞龙使李承进的，曾经事奉过后唐。太祖问他说："后唐庄宗以英勇威武而平定中原，但享有国家时间不长，为什么呢？"李承进说："后唐庄宗爱好打猎，专门姑息纵放将士，每次出宫住宿近郊，禁军卫士必定拉牵马头，告称孩子们身上寒冷，希望给予救护接济，庄宗立即听从他们的要求而赐给他们。所以威严不能施行，赏赐没有节度啊。"太祖拍着大腿感叹说："二十年夹着黄河征战取得天下，却不能运用军法来约束这些将士，放纵他们贪得无厌的要求，以此来统治天下，简直是儿戏。朕如今安抚培养士卒，固然不会吝惜爵禄赏赐；但倘若有触犯我的军法的，那就只有利剑而已！"

十二月，癸酉（十一日），辽国主用青牛、白马祭祀天地。

己丑（二十七日），辽国皇子耶律隆绪诞生。

这年冬天，辽国主住在金川。

江南国主以汤悦为司空，兼判三司、尚书都省。

开宝五年　辽保宁四年（公元972年）

春季，正月，丁酉（初六），宋朝禁止用铁铸造佛塔、佛像以及没有用的人物像。忧虑愚蠢的百姓会毁坏农具来祈求福禄。

前郓州卢县县尉鄢陵人许永,年纪有七十五岁,前往瓯院说:"父亲许琼年纪九十九岁,长兄年纪八十一岁,次兄年纪七十九岁。乞求在附近地方的一个官职来侍奉供养。"庚子(初九),宋太祖在便殿召见许琼,问他以近代事情,许琼一一都能记得,因此优厚地赏赐他,立即授予许永为鄢陵县令。

壬寅(十一日),以吏部尚书退休的陈国公张昭去世,张昭临死前告诫他的儿子说:"我事奉过几个王朝,没有功劳德绩惠及人民,不要请求谥号和刻立石碑,以加重我的过失。"

北汉军队进攻方山、雅尔两寨,被宋军击退。

乙巳(十四日),宋太祖诏令罢黜襄州每年进贡鱼。

二月,丙子(十五日),宋太祖下诏黄河沿岸的十七个州各自设置河堤判官一名。

庚寅(二十九日),宋太祖以端明殿学士、兵部侍郎刘熙古保留原来官职,为参知政事。

宋太祖平定广南之后,逐渐打算经营江南,因而郑王李从善入朝进贡,就扣留他。江南国主大为恐惧,这月,开始减损各种制度的规格,把令称为教,将中书省、门下省改为左内史府、右内史府,其余的官署名称,大多都有所更改,宫殿屋脊两端的鸱吻全部拆除。

闰月,壬辰(初二),权知贡举扈蒙奏报合格进士安守亮等十一人,诸科十七人。宋太祖在讲武殿召见应对,然后才下诏放榜公布,这是新的制度。

癸巳(初三),宋太祖以江南国进奉使李从善为泰宁节度使,在京师赏赐宅第。江南国主虽然外表上表示畏惧归服,履行诸侯对天子的礼节,但内部实际在修缮武器装备,暗中谋划攻守之计。太祖让李从善写书信奏劝江南国主入都朝见,江南国主不听从,只是增加每年的进贡而已。

南都留守兼侍中林仁肇有权威名望,中原朝廷忌惮他,便秘密派人画林仁肇的像,挂在另设的房间,故意带江南使者观看,问是什么人,使者说:"是林仁肇啊。"宋朝官员说:"林仁肇打算前来归附,先拿这幅画像作为信物。"又指着空的客馆:"将要把这幢房子赐给林仁肇。"江南国主不知是反间计,用毒酒杀死林仁肇。陈乔叹息说:"国家形势已到如此地步,还在杀害功臣,我不知道自己的归宿之处了。"

当初,平定岭南,宋太祖下诏令太子中允周仁浚为琼州知州,将儋州、崖州、振州、万安州隶属于琼州。太祖对宰相说:"遥远荒凉的烟瘴之地,不必另外任命正官,暂时让周仁浚选择伪南汉官员,依据当地习俗治理。"辛卯(初一),周仁浚罗列上报骆崇璨等四人,太祖说:"各个都授予检校官,让他们主持各州事务,可以逐步观察他们的政绩。"

戊申(十八日),辽国齐王耶律谞萨噶去世。三月,庚申朔(初一),辽主追封册立他为皇太叔。

先前,岭南百姓中有拖欠赋税的,有的由县官代交,有的向兼并之家借贷,都要将他们的妻子儿女作为人质。甲申(二十五日),容州知州毋守素上表奏陈此事,宋太祖下令有这类情形的地方严加禁止。

夏季,四月,庚寅朔(初一),辽国主追封萧思温为楚国王。

宋太祖审查岭南版图户籍,州县多而户口稀少,诏命广州知州潘美以及转运使王明度量岭南地区,合并减省州县以便利于百姓,于是前后废除十六个州,四十九个县。

丙午(十七日),宋太祖派遣使者检查巡视受水灾的田地。

隰州团练使兼沿边都巡检周勋,在边界上修筑堡垒,被北汉军队所袭击攻破,戊午(二十九日),贬谪周勋为义州刺史。

五月,丙寅(初八),宋太祖下诏:"废除岭南道的媚川都,挑选其中年少健壮的组成静江军,年老体弱的听其自便,同时禁止百姓不得以采集珍珠为本业。"先前,刘铢在海门镇招募能够采集珍珠的士兵二千人,号称为"媚川都。"凡是采集珍珠的,必定在脚上系住石头,腰间拴上绳子而没入水中,深度有的达到五百尺,淹死的人很多。刘铢所居住的房屋,都用玳瑁、珍珠、翡翠来装饰,极其奢侈华丽。等到被宋朝军队所焚毁,潘美等人在灰烬中捡得残存的各种珍宝前来进献,并且上书说采集珍珠的危险困苦的情形,太祖立即命令小黄门持着诏书给宰相看,迅速下达诏书撤销媚川都。

辛未(十三日),黄河在澶州濮阳县内大决口。壬申(十四日),宋太祖命令颍州团练使曹翰前往堵塞决口。曹翰在便殿辞行,太祖对他说:"连绵大雨没有止息,又听说黄河决口。朕连续两天以来,烧香祈祷上天。如果上天降灾流行人间,希望只落在朕一人身上。不要施加给百姓。"曹翰叩头跪拜说:"过去宋景公只是诸侯而已,一旦发出善言,灾星都为之移位。如今陛下忧虑到亿万百姓,如此虔诚祈祷,必定会上达感动天帝之心,必定不会降灾。"

癸酉(十五日),宋太祖又对宰相说:"连绵大雨下个不停,朕日夜焦心劳神,是不是当今政治有缺陷呢?"赵普对答说:"陛下即位以来,忧民勤政,有弊端必定革去,听到善政必定实行。至于久雨成灾,乃是臣下等人的失职。"太祖说:"在后宫幽禁的宫女很多,昨天下令全部登记后宫宫女,共三百八十多人,因而宣告晓谕,愿意回到自己老家的,逐一按实情说,共得一百人,全部厚加赏赐遣送回家了。"赵普等人口呼万岁。

黄河在大名府朝城县内决口,黄河以南、以北各州都发生大水灾。

陕州百姓范义超,后周显德年间因私人恩怨杀死同一乡里的常古真家十二人,常古真当时年纪轻,脱身逃跑得以幸免,到此时擒获范义超,向官府诉讼,有关官员援引大赦诏令认为应当宽免,太祖说:"岂有杀死一家十二人而可以按大赦论处的吗?"命令将范义超斩首。

六月,戊子朔(初一),将崖州州府迁徙到振州,于是撤销振州。

庚寅(初三),黄河在阳武县决口,汴水在郑州、宋州决口。

丁酉(初十),宋太祖下诏:"黄河沿岸的百姓田地有受到水灾的,官吏详细奏报,免除田租。"

戊申(二十一日),征发各州士兵及民夫共五万人堵塞黄河决口。任命曹翰监护这项工程。不久,黄河的所有决口都被堵塞。这月,太祖下诏说:"近来澶州、濮州等许多州,连绵大雨不断降下,洪水泛滥,黄河成灾。朕因为多次经历黄河决口泛滥,严重困扰黎民百姓,所以经常阅读前代书籍。详细考究水经河渎。至于像夏后的记载,只说疏导黄河达到大海,随着山势疏通河道,不曾听说全力遏制湍急的流水,到处营造高大堤防。自从战国时期各国想独占水利,填平堵塞黄河故道,因小失大,因私害公,夏后修造的九河体制就毁坏,历代的水患无法消除。所有的官吏学士、山野草民,凡有熟悉河渠书籍,深明疏导策略的一律准许向朝廷上书,通过邮驿逐条陈奏,朕必当亲自阅览,采用其中的长处。"当时东鲁隐士田告,著有《纂禹元经》十二篇,太祖听说后,征召见面。向他询问治水之道,太祖称赞他的应对,打算授予官职。田告以家父年迈而坚决推辞,请求回去事奉照顾父亲,太祖下诏准从所请。

先前女真部落攻打白沙寨,抢掠官府马三匹,百姓一百二十八人。事后不久派遣使者送马匹前来进贡,太祖诏令扣留使者。到此时,女真首领又前来进贡,说已经命令部落送还了先前掳掠的百姓以及官马;太祖下诏痛斥女真从前入侵抢掠的罪过并嘉奖现在效忠归顺的诚意,释放归还过去前来进贡马匹的使者。

这年夏天,辽国主驻扎在冰井,观看侍从大臣射柳枝。秋季,七月,前往云州射柳枝。

戊辰(十一日),前保大节度使袁彦去世。

甲申(二十七日),皇女永庆公主下嫁给右卫将军、驸马都尉魏咸信。魏咸信是魏仁浦的儿子。永庆公主曾经穿着粘贴绣花、铺缀翠羽的短袄进入皇宫,太祖看见她。对公主说:"你应该将这短袄给我,从今以后不要再作这种装饰。"公主笑着说:"这件短袄所用的翠鸟羽毛值多少钱!"太祖说:"不是这个意思,公主家穿这种衣服,后宫妃嫔、亲戚邻里必定相互效法。京师的翠鸟羽毛价格高,小民们为此追逐利润,必定会去辗转贩卖交易,伤害百姓生计的范围扩大了。你生长在大富大贵之中,应当想到珍惜幸福。怎么可以开启这个坏事的头呢!"公主惭愧谢罪。又有一次,公主曾经乘着侍奉太祖陪坐的机会,同皇后一起进言说:"官家做天子的时间已久,难道不能用黄金来装饰轿舆,乘坐它出入宫廷?"太祖笑着说:"我凭借天下的财富,即使宫殿全用金银来装饰也有能力办到,只是想到我要为百姓守好财物而已,怎么可以乱用呢?古人说以一个人来治理天下,不是将天下来事奉一个人。如果将奉养自己作为乐趣,那百姓还仰仗谁呢!"

三司进言:"仓库储藏的俸禄粮只能够到明年二月,请求动用分别屯驻各地的军队,征用所有百姓船只,来帮助长江、淮河的粮食运输。"宋太祖勃然大怒,征召权判三司楚昭辅,严厉斥责他说:"一个国家没有九年的积蓄叫作不足,你平时不好好计划估量,如今仓库的储备将近用光,才请求动用分驻各地的军队,搜括所有百姓船只,用以供给粮食运输,是可以一下子办得到的吗?况且设你这个官还有什么用?如果有所空缺,就一定定你的罪用来告谢民众!"楚昭辅害怕定罪,前往开封府拜见皇弟赵光义,乞求他到太祖面前解释,稍微宽免他的罪过,使他能竭尽全力去补救,赵光义答应了他。

楚昭辅一出去,赵光义询问押牙永城人陈从信,陈从信回答说:"我陈从信曾经游历楚州、泗州之间,看见运输粮食的停滞阻塞情况,实在是因为船夫缺乏食物;口粮每天所需由经过的州县审核配给,所以大多发生滞留,倘若从开始出发时就计算日子一并开支口粮,往返都这样,就可以规定船的行程时限,同时,在楚州、泗州之间运米上船,到京师后又运米入仓,都应该在平时就准备好运输士卒,都让他们随时搬运进出。要是这样,每次运期可以减少几十天。楚州、泗州到京师一千里,原定八十天运一次,一年运三次,如今如果能去掉滞留的空闲日子,每年就可以增运一次了。又听说三司打算登记征集民船,倘若不准许,就无法要求完成;倘若全部征取使用,那么冬季京师的柴草木炭将会断绝。不如征募坚固结实的船让其运输粮食,那些受损破败的船听任百姓装载柴草,公私两方就都能解决困难。现在市场米价昂贵,官府却定价一斗米七十钱,商人闻知此情,因为粮食不能获利,就没有敢于载运粮食到京师的,即使富人所储存的,也隐瞒藏匿不卖,因此米价更加昂贵而百姓将要饿死。"赵光义认为是这样,第二天,具陈奏告,太祖全部采纳陈从信的建议,由此事情办成。楚昭辅也免于受责罚。

先前,大理正内黄人李符为归州知州,转运司的处置若有不合理的,李符就立即上言奏报,宋太祖嘉许他。任期满回到京师,太祖因京西各州的钱币不能上缴,八月,癸巳(初六),太祖命令李符主管京西南面的转运事务。手写"李符到处,似朕亲行"八个字赐给他。命令他揭贴在大旗山,经常自己随身带着。李符前后条陈上奏应办之事一百多条,其中四十八件事都施行了,写进法令。

丙申(初九),宋太祖命令同为广州知州的潘美和尹崇珂同时兼领岭南转运使,将原来的转运使王明变为转运副使,太子中允许九言为判官。转运判官的设置从许九言开始。

九月,丁巳朔(初一),出现日食。

枢密使李崇矩,与宰相赵普相互交情深厚,李崇矩将他的女儿嫁给赵普的儿子赵承宗,宋太祖听说此事,不高兴。按照旧例,宰相、枢密使在长春殿恭候应对,同在值班住所休息,太祖从这时开始诏令分离异处。

有个叫郑伸的人,客居李崇矩门下十年,李崇矩知道郑伸阴险邪恶没有品行,对他逐渐淡薄。郑伸怀恨在心,击打登闻鼓,告发李崇矩接受了太原人席羲叟的黄金,私下地托付翰林学士扈蒙给席羲叟进士合格的甲等,同时牵扯军器库使范阳人刘审琼作为证人。宋太祖大为恼怒,征召刘审琼追问,刘审琼陈述郑伸的话是诬陷,太祖的怒气才稍微化解。癸酉(十七日),李崇矩免去枢密使出任镇国节度使,赐郑伸为同进士出身,担任酸枣县主簿。后来郑伸死去,他的母亲贫寒饥饿,向李崇矩的儿子李继昌乞讨,李家的人争前恐后地去责骂驱逐,李继昌单独召见,给她白银一百两,时人称赞李继昌是忠厚长者。

戊寅(二十二日),宋太祖调建宁留后杨重勋担任保静留后。

这月,颁布禁令,凡是天象器物、天文历法、图篆谶纬、七星历数、太乙天帝、雷公大神、六壬遁甲方术等,不得在民间保存,如果有的一律送交官府。

冬季,十月,丁亥朔(初一),辽国主到达南京。

戊戌(十二日),宋太祖下诏:"边远地区的官员任期只要一到三年,立即给予替换,有关部门单独审阅他们的簿籍记录。不要让任期超过规定时间。"

这月,将长江、淮河各地大米十万石运往京师,都是汴河、蔡河的官府和民间船只所载运来的。

十一月,癸亥(初七),宋太祖禁止佛、道教徒私下讲习天文、地理。

己巳(十三日),宋太祖下诏:"各道举人,从今以后一律在当地州府选取解送,不得另去其他州府寄居应试。"

庚辰(二十四日),宋太祖任命参知政事薛居正、吕余庆兼任淮南、湖南、岭南、西蜀转运使。

宋太祖诏令翰林学士李昉和宗正丞洛阳人赵孚分别撰写镇岳海渎以及历代帝王的庙碑,派遣使者刻在石头上。

十二月,甲午(初八),辽国主诏令朝廷内外官员可以上密封奏书。

这一年,出现大饥荒。

当初,宋太祖询问赵普说:"儒学文臣中武力强干的是何人?"赵普应对推举彭州知州、左补阙辛仲甫,于是调辛仲甫担任西川兵马都监。到此时太祖召见,当面考试射箭,太祖说:"你看到王明吗?朕已经重用为刺史。你很忠诚淳朴,如果公允勤勉坚持不懈,不久也该担任刺史。"辛仲甫叩头道谢。

太祖因此对赵普说:"五代方镇节度使残暴昏虐,百姓深受其祸,朕如今挑选儒学文臣办事的一百多人,分头治理方镇大藩,纵使全都贪婪污浊,也比不上武将一人的危害大。"不久有关部门任命辛仲甫检查核实百姓田地,太祖对他说:"这是县令的职责啊。"立即命令吏部衡量选择官员替代。辛仲甫在彭州期间,州中很少种树,盛暑时没有休息的地方,辛仲甫督促百姓栽种柳树来荫遮道路。州人感激他的德治,将树取名叫作补阙树。

北汉少主开始命令老百姓运输交纳军钱,文武百官都减少俸禄,这是因为财政费用不足的缘故。

开宝六年　辽保宁五年(公元973年)

春季,正月,丙辰朔(初一),宋太祖诏令设置川蜀水陆转运计度使。

甲子(初九),辽国特里衮耶律休格率军讨伐党项,大破敌军,上报他俘获数字。耶律休格曾经随从北府宰相萧干讨伐室韦、乌库二个部落有战功,到这时又以战绩著名。

北汉国派遣使臣向辽国朝贡。

庚午(十五日),辽国主登五凤楼观看灯会。

己卯(二十四日),宋太祖以太子洗马、权知蓬州朱昂提任权知广安军。适逢渠州妖贼李仙纠集部众一万人,洗劫抢掠广安军边界,朱昂设计擒获他,其余的牵连勾结者释放不予追究,蜀地百姓于是安定。朱昂是长沙人。

殿直傅廷翰担任棣州兵马都监,密谋叛变逃入辽国,知州、右赞善大夫周渭擒获他。二月,丙戌(初一),在京师将傅廷翰斩首。

丁亥(初二),辽国主的贴身侍卫实图哩失误碰撞了神纛,按法当处以死刑,辽国主命令施以杖刑而释免他。

丙申(十一日),宋朝运送大米二万石到曹州赈济饥民。

这月,高丽国王王昭去世,他的儿子王伷即位。

三月,乙卯朔(初一),房州奏报周郑王去世。宋太祖身穿白色衣服发布哀悼,停止上朝听政十天,追谥号为恭帝,命令送回葬在庆陵旁边,取号为顺陵。

辽国主追封皇后的祖父为韩王,同时追赠皇后的伯父官职,这是因为皇后执政的缘故。

辛酉(初七),新及第的进士雍丘人宋准等十人、诸科二十八人前往讲武殿致谢,宋太祖因为进士武济川、《三传》刘睿素质最差,应声回答语无伦次,废黜并取消了他们的资格。当时翰林学士李昉权知贡举,武济川是李昉的同乡人,太祖很不高兴,正好进士徐士廉等人打击登闻鼓,诉讼李昉滥用私情,取舍不当。太祖将此事询问翰林学士卢多逊,卢多逊说:"也多有传闻。"于是下令贡院登记考试终场落第人的姓名,得到三百六十人。癸酉(十九日),太祖亲自召见,选择其中一百九十五人,连同宋准以下和徐士廉等,各人赐给纸札,另外考试诗赋,诏令殿中侍御史李莹、左司员外郎侯陟等人为考官。乙亥(二十一日),太祖登讲武殿亲自阅卷,取得进士二十六人,徐士廉在其中,《五经》四人,《开元礼》七人,《三礼》三十八人,《三传》二十六人,《三史》三人,学究十八人,明法五人,全部赐及第。又赏赐宋准二十万钱来张办宴会。贬谪李昉为太常少卿,考官右赞善大夫杨可法都牵连贬官。从此殿试成为常规。

对朝廷大臣死于公事者的儿子陆坦等人进行考试,赐给进士及第。

壬午(二十八日),将教船池改为讲武池,闵河改为惠民河,五丈河改为广济河。

宋朝禁止铜钱不能进入蓄人地界和渡越江海带到域外异国。

夏季,四月,乙酉(初一),宋太祖下诏:"各州的考试官,命令当地长官精心选择僚佐属员中有才识学问而又公平正直的充任,知贡举和考试官共同审阅试卷;决定通过与否,不及格的立即驳回放还;不得宽容,白白地让他通过终场考试。重申禁止私人荐举,请托举人;招募告发者,赏赐各有不等;一经查实,举人勒令返回原籍从重服役,永远不得进入科举考场。"

辛丑(十七日),翰林学士卢多逊等人呈上修撰的《开宝通礼》二百卷、《义纂》一百卷,一并交付有关部门实施执行。

这天,宋太祖派遣卢多逊为江南生辰国信使。卢多逊到达江南,博得江南国君臣的欢心。到他返回,船停泊在宣化口,派人告诉江南国主说:"朝廷重新修订天下的地图,史馆独缺江东各州,希望从每州各求一份带上回去。"江南国主赶紧命令誊录各州舆图给他。于是江南国十九个州的地形,驻军防卫的道路及远近,百姓户口的人数多少,卢多逊全部获得详情,返回京师,马上进言说江南衰弱可以进攻的情况,太祖嘉奖他的谋略,开始有意大大地重用卢多逊。

戊申(二十四日),宋太祖诏令参知政事薛居正监修后梁、后唐、后晋、后汉、后周五个朝代的《五代史》。

知制诰王祐等人呈上《重定神农本草》二十卷,宋太祖为此书作序,摹刻印刷以颁布天下。

先前江南出现饥荒,宋太祖下诏晓谕江南国主,借得船只用来运送湖南的米麦来赈济。辛亥(二十七日),江南国主派遣使臣敬献贡物答谢恩德。

任命钱文敏为泸州知州,征召朝见,宋太祖对他说:"泸州临近南蛮獠部。尤其应当安抚笼络。听说知州郭思齐、监军郭重进擅自征税横行不法。爱卿为朕前往审讯他们,如果有一丝一毫侵害老百姓的,朕必定不饶恕。"

五月,癸丑(疑误),宋太祖得知政事堂官吏擅用手中的权力,经常贪赃枉法,打算改用士人,但有关部门的选送总是不够人数,于是召见原来任职的刘重华等四人,当面加以训诫严格,让他们复职,任期满一年而没有过失,一起授予上县令;稍稍有过失毛病,加重处置惩罚。

枢密副使沈义伦,居住的宅第低矮简陋,却处之泰然,当时权贵要员大多违反禁令,从秦州、陇州一带购买巨大木材来营建私人住宅,到了李守信接受诏令购买木材,因为盗窃官府钱而败露,全都自己到太祖前面坦白交代。沈义伦也曾经购买木材为母亲营建佛堂,因而奏报那事。太祖笑着对沈义伦说:"你不是越规犯法的人。"知道他居住的宅第还没修缮。因而派遣宫中使者根据图纸监督工匠五百人为他建房,沈义伦私下告诉使者,希望得到狭小的规格。使者将他的要求奏报,太祖也不违背他的意向。

庚申(初七),参知政事刘熙古以户部尚书而退休。

己巳(十六日),交州刺史丁琏派遣使者入朝进贡,宋太祖下诏以丁琏为静海军节度使、安南都护、交趾郡王。

癸亥(初十),辽国裕悦耶律乌珍去世。耶律乌珍简洁恬静,又有才气见识,遇到紧急事情,总能从容不迫,别人无法猜测。当初,耶律鲁呼与辽世宗争夺皇位,依赖耶律乌珍从其中排难解忧,当面数落耶律鲁呼的罪恶,于是解除兵争。到了耶律察克杀死辽世宗,耶律乌珍保护辽穆宗得以幸免于难。耶律乌珍经历事奉几个皇帝,多次建立功劳业绩,辽国倚仗他作为重臣。去世时,年仅五十七岁,辽国主悲痛哀悼,停止上朝三天。

辛未(十八日),女真人入侵辽国边境,杀死辽国都监达里迭等人,驱赶劫掠辽国边境百姓、牛马而离去。

当初,京师左右军巡院典掌查核审讯,开封府原来挑选牙校分头掌管这些事务,宋太祖哀怜各种案件,开始诏令改用士人充任。

六月,庚寅(初八),女真人派遣他的宰相向辽国朝贡。

辛卯(初九),宋太祖在便殿亲自检阅考试京师各个部门的官吏七百多人,勒令回乡务农的有四百人。

当初，蜀地百姓所交纳的夏秋两季租税，都用绢帛折价充代，后来市场上价格越来越高，而官府所收只按照原有的比价。宋太祖考虑那样会伤害百姓，下诏："西川各个州，凡是用绢帛折纳租税的，一律以市价为准。"

先前，商州知州奚屿，迎合宰相意图，奏报司户参军雷德骧写文章毁谤朝廷，将雷德骧戴上锁链关押起来，罗列罪状向上汇报。宋太祖宽恕雷德骧的罪过，削夺官籍将他迁徙到灵武。雷德骧有个儿子叫雷有邻，觉察实际上是赵普在排挤他父亲，便日夜求索对赵普进行报复的罪证，于是检举告发赵普的堂后官胡赞、李可度接受贿赂的事，供词牵连到秘书丞王洞和前任代理上蔡县主簿刘伟、刘伟的哥哥前进士刘侁以及宗正丞赵孚。宋太祖大怒，将他们全部交给御史狱审讯核实，开始有疑忌赵普的意思了。壬寅（二十日），太祖诏令参知政事吕余庆、薛居正升登政事堂，同宰相共同商议政事。癸卯（二十一日），刘伟连坐处以弃市之刑，赵孚等人一并处以杖刑并削除官名，胡赞、李可度同时抄没他们的家产。以雷有邻为秘书省正字，厚加赏赐。雷有邻从此以后屡次上奏疏揭发他人阴私，不久患病而死。

赵普的处理朝政也是专横独断，朝廷大臣大多嫉妒他。宋太祖当初听说赵玭的控诉，打算驱逐赵普，不久就停止了。卢多逊在翰林院时，因为征召应对，多次诋毁揭赵普的短处。并且说赵普曾经将空地私下换取供应御膳的菜园来扩大宅第，经营邸店以侵夺百姓利益。太祖向李昉询查。李昉说："臣下职守是管理诏书文件，赵普所作所为，臣下不得而知啊。"太祖沉默不语。自从李崇矩罢免，太祖与赵普逐渐有了隔阂，到了赵孚等人犯罪，对赵普的恩宠日益削减。庚戌（二十八日），太祖又诏令薛居正、吕余庆和赵普轮流掌印、领班、奏事，以此分割赵普的权力。

易州刺史贺惟忠去世。贺惟忠生性刚毅果断，通晓兵法。在易州任职，修建治理烽隧亭障，安抚士兵能够赢得军心，所向无敌，十多年来没有北来敌寇，边境百姓依赖他。到他去世，宋太祖十分嗟叹痛悼，立即录用他的儿子贺昭度为供奉官。

先前，各道州府任用牙校为马步都虞候和判官，决断案件大多失准不当。秋季，七月，壬子朔（初一），宋太祖诏令撤销，将马步院改为司寇院，任用新及第的进士、《九经》《五经》等科举人和候选官员中资历年序相当的为司寇参军。

中书门下准备用左补阙辛仲甫为淮南转运使，宋太祖不准从。乙亥（二十四日），选授辛仲甫为三司户部判官，赏赐钱一百万。有个主管酒类专卖的官吏武希琏等二十多人，拖欠历年税收三十多万缗，连续几年被披枷戴锁关押起来，竭尽他们的全部资产也不能偿还，饿死的有几人，但仍拷打不停，辛仲甫奏报请求解除用刑，又请求对文武百官俸钱折给实物时按实际价值估算。

庚辰（二十九日），辽国主以保大军节度使耶律希达为中书省左相。

这月，辽国主屯驻在燕子城。

八月，乙酉（初四），宋朝取消成都府为蜀政权征收的嫁妆税。

草民王德方上书陈述修治黄河的利弊。辛卯（初十），宋太祖赐给王德方同学究出身。

甲辰（二十三日），左仆射兼门下侍郎、平章事赵普，免除宰相为河阳三城节度使、同平章事。赵普独自担任宰相共十年，刚强坚毅果断，以天下事为己任。曾经想要用某人为某官，太祖不任用；第二天，再奏请，又不用；下一天，再奏请，太祖发怒，撕裂奏章扔在地上，但赵普仍脸色自如，慢慢地拾起奏章回家，拼补缀合，又再奏请如同初次。太祖醒悟，最后认可他的奏请，后来某人也果真以称职而著名。又有建立功劳应予升官的某人，太祖一向厌此人，不予迁升，赵普极力陈请给予迁升，太祖发怒说："朕不给他升官，你打算怎么办？"赵普说："刑罚用以惩治邪恶，赏赐用以报答功勋。刑罚赏赐是天下社稷的刑罚赏赐，不是陛下一人的刑罚赏赐，岂能按个人喜怒好恶而专断！"太祖不听，起身，赵普紧跟其后。太祖进入内宫，赵普就立在宫门前，很久不离去，太祖终于准从了他的请求。有一天，举行盛大宴会，突然下起雨来，很久不停，太祖怒形于色，左右侍臣都为之震惊恐慌。赵普因而进言："外面的老百姓正盼望降雨，这对盛宴有何损失！只不过沾湿了供设的帷帐、乐人的衣服而已。百姓获得雨水，各自欢喜不已，现在奏乐适逢其时，乞求下令乐官就在雨中奏献技艺。"太祖大为高兴，直到宴会结束。赵普随机应变，能使太祖回心转意，大多如此。经常在视事阁中设置大瓦壶，朝廷内外的表章奏疏，赵普心中不想实行的，必定投入瓦壶之中，点燃一束乱麻焚毁，他所得到的许多谤言责难，大概是由此所致。

赵普出守藩镇后，上书自诉说："局外人认为臣下轻视非议皇弟开封尹，皇弟忠孝双全，哪里有什么可挑剔的；况且昭宪皇太后病危期间，臣下当场亲聆遗言，知道臣下的是您君主，希望赐予明鉴！"太祖亲手封缄赵普来书，藏入金匮。

九月，吏部侍郎，参知政事吕余庆因病请求解除职务；丁卯（十七日），罢免吕余庆相职为尚书左丞。吕余庆是宋太祖原来霸府中的元老僚佐，赵普、李处耘都先于他进升重用，吕余庆恬然自处，毫不介意。李处耘被判罪时，吕余庆为江陵知州，回到朝廷。太祖很委婉地盘问李处耘的事，吕余庆以道理予以解释。到了赵普违反圣旨，左右大臣互相倾轧，吕余庆唯独为赵普明辨是非，太祖的疑义逐渐消解。当时称他为忠厚长者。

己巳（十九日）宋太祖册封皇弟开封尹赵光义为晋王。以山南西道节度使赵光美为永兴节度使兼侍中，皇子贵州防御使赵德昭为山南西道节度使、同平章事，吏部侍郎、参知政事薛居正为门下侍郎，枢密副使、户部侍郎沈义伦为中书侍郎，都任平章事；翰林学士、兵部员外郎、知制诰卢多逊为中书舍人、参知政事；左骁卫大将军、判三司楚昭辅为枢密副使。

壬申（二十二日），宋太祖诏令晋王赵光义班位在宰相之上。

江南国内史舍人潘佑曾经对江南国主进言说："富国的根本，在于注重农耕桑植。"因而请求恢复井田制的古法，严厉抑制兼并，有购买贫困者的田地的人，都勒令他们归还原主。又按照《周礼》编制耕牛簿籍，让百姓尽量开辟空旷的土地用来扩种桑树，推荐卫尉卿李平主管司农寺。江南国主历来羡慕远古政治，全部听从了潘佑的建议。李平急于成功，措施设置没有循序渐进，人民不认为便利，江南国主也内心后悔，罢免了李平。当时国家势力日益削弱，当政的人虚充官位无所作为，潘佑十分愤怒，上疏详尽议论当时的政治，逐一抨击大臣将相，用词十分激烈尖刻，又荐举李平，请求让他判领尚书省事务，群臣议论更加表示不平。潘佑上疏七次仍不停止，并且请求返归田舍，江南国主命令潘佑专门修撰国史，全部罢免其他职务。

冬季，十月，壬午（初二），潘佑再次上奏疏说："臣下日前相继呈上表疏奏章，总共数万言，话说尽了，理也讲完了。忠心邪恶洞察分明。陛下极力庇护奸诈邪恶，曲意宽容谄媚伪君子，从而使国家气息奄奄，如同日落黄昏。古时有夏桀、商纣、孙皓，国破家亡，罪孽由自己所做，尚且被千古后人所耻笑。如今陛下取法奸邪小人，败乱国家，如此看来陛下为国君，比夏桀、商纣、孙皓差远了。臣下无法同奸臣相处，事奉亡国的君主，希望赐予诛杀来告谢朝廷内外。"江南国主大为恼怒。

潘佑原来爱好老子、庄子之学。李平年轻时做过道士,熟悉老庄之说,潘佑和他亲善。江南国主猜疑潘佑的狂妄乖剌,由于李平的激发,忌恨的人乘机用二人违法祭礼鬼神的事,就首先逮捕李平关进大理狱,然后逮捕潘佑。潘佑立即自杀,母亲和妻子儿女被迁徙到饶州,李平也在监狱中吊死。江南国主不久对左右侍臣说:"我诛杀潘佑,最迫不得已啊。"第二年,全部赦免他们的家属,由官府供给粮食。潘佑和张洎当初结成了忘形之交,此后两人同时担任中书舍人,逐渐相持不和。潘佑曾往答复张洎的书信说:"堂堂皇皇的子张啊,难以同他一起实行仁义啊!"潘佑的死,张洎出了不少力,张洎当时为清晖殿学士,清晖殿在后宫苑囿之中,江南国主不想让张洎远离自己身边,所以授予这个职务。张洎同太子太傅徐辽、太子太保徐游分别居住在澄心堂密谋筹划,宫中圣旨大多从澄心堂发出,徐游的侄子徐元榍等人进出内外宣布实行,中书门下、枢密院就如同闲散之地。

甲申(初四),安葬周恭帝,宋太祖不上朝听政。

丁酉(十七日),宋太祖任命原削除名籍的雷德骧为秘书丞,分判御史台台院、殿院、察院三院事务。

辽国主前往南京。

当初,左藏库使元城人田仁朗,被宦官进谗言,宋太祖发怒,立即征召田仁朗当面责问他,田仁朗到达大殿门口,太祖勒令解除冠帽和腰带,田仁朗神色自若,从容不迫进言说:"臣下曾经担任过凤州路壕寨都监,砍伐树木开凿道路,随从大部队击破后蜀,秋毫无犯,陛下原来已知道。如今主管宫中库藏,岂能再去谋取不正当的利益来玷污自己呢?"太祖怒意解除,只停止他的官职。乙巳(二十五日),起用他为权易使。

十一月,辛亥朔(初一),辽国开始捕获杀害辽穆宗的凶党侍臣霄格、华格、锡衮等人,全都服罪诛杀,辽国主对讨伐叛贼的行动迟缓,议论的人看轻他。

甲子(十四日),武宁军节度使高继冲去世。高继冲镇守彭门十几年,有恩惠的政治,百姓请求留葬在当地,宋太祖不允许。

十二月,戊戌(十八日),北汉少主准备更改年号。派遣使臣到辽国秉承诏命。

辽国主前往归化州。

少府监退休的卢亿,有高超见识,厌恶他的儿子卢多逊的所作所为,曾经说:"赵普是元老勋臣,而这小子诋毁他,祸患必定会到我身上。我能早日死,来不及看见他败露,就是幸运了。"庚子(二十日),卢亿因为忧虑而死去。丙午(二十六日),卢多逊起用复职。

女真国派遣使臣进贡马匹。

宋太祖命令参知政事卢多逊,知制诰扈蒙和张澹根据现行的《长定格》《循资格》以及平时颁发的制书,考订校正违失异同,削去其中重复的,补充遗漏的,撰成《长定格》三卷、《循资格》一卷、《制敕》一卷、《起请条》一卷,各书写成后,呈上,太祖颁布作为永久的格式,从此铨选注授官员更加有条有理了。

宋朝开始实行《开宝通礼》。

北汉国成德节度使、太师兼中书令刘继容,自己认为从僧侣出身官兼文武将相,颇为当时的舆论所鄙薄,多次呈上表章请求罢免官职,北汉少主不允许。这一年,刘继容去世,被追封为定王。

当初,北汉少主为大内都巡检,孝和帝因为他年纪弱小,命令刘继钦作为他的副手,将禁卫军委托给他,北汉少主即位,刘继钦害怕猜忌,告谢称病,请求免官,北汉少主说:"你刘继钦只愿事奉先帝,岂能为我尽心竭力呢!"于是让他免官居住在交城,使他事奉陵园寝庙,不久又派遣人马把他杀了。从此北汉国的元老旧臣大多因谗言被杀,人心离散,所招徕的吐谷浑军队都不再归附。

开宝七年 辽保宁六年(公元 974 年)

春季,正月,甲戌(二十五日),赈济扬州、楚州等地饥民。

癸未(疑误),辽国主前往南京。

这月,北汉国更改年号为广运。

二月,庚辰朔(初一),出现日食。

宋太祖当初临抚驾驭天下。想要周全了解外间事务,命令军校史珪广泛地探访,史珪侦察了几件事,告诉了太祖,查核验证都是实情,由此相信了他,多次迁升到马军都军头,兼领毅州刺史,逐渐放肆、作威作福。

当时德州刺史郭贵暂时为邢州知州,国子监丞梁梦升为德州知州。郭贵的族人、亲信官吏在德州常常不法谋利,梁梦升绳之以法。郭贵历来同史珪亲善,郭贵派遣亲信心腹到京师,将这件事告诉史珪,企望去掉梁梦升,史珪将所说的全部写在纸上,打算在方便之时进言给太祖。甲申(初五),太祖从容地说:"近来朝廷内外所任官员,全都用人得当。"史珪说:"当今的文臣,不一定都好。"于是搜索出怀中记录的纸去进呈。说:"就像梁梦升的临时德州知州,欺侮蔑视刺史郭贵,已到了致人死命的地步。"太祖说:"这必定是刺史所为有不法之处。梁梦升可真是清廉刚强的官员啊。"取过史珪记的纸,征召一名黄门命令交付中书门下说:"立即以梁梦升为赞善大夫。"出去之后,又召回黄门,说:"给予左赞善大夫,仍然为德州知州。"史珪于是不敢再说。

壬辰(十三日),庆州刺史姚内斌去世,宋太祖派遣宫中使者主持丧事归葬洛阳。姚内斌在庆州任期超过了十年,边界居民畏惧归服,称他为"姚大虫",是说他勇猛如同老虎。

癸巳(十四日),榷场使田仁朗临时为庆州知州。

三月,宋太祖派遣使臣到辽国,辽国出使涿州刺史耶律昌珠加官侍中前来朝聘,商议和好。

夏季,四月,丙午(二十八日),宋太祖命令左补阙南皮人贾黄中检查巡视广南百姓田地。贾黄中廉洁正直公平宽恕,边远百姓感到便利。回来后,上奏陈说兴利除害的十几件大事,都符合太祖的旨意。

辽国的耶律喜衮自从改封为宋王后,得志而骄横。辽国主征召他,没有按时到达,辽国主大怒,用鞭子抽打他,从此耶律喜衮愤怒怨恨密谋叛乱,被阁门使酌古的儿子海里所告发,耶律喜衮因罪废黜,酌古加官为检校太尉兼御史大夫,海里遥授陇州防御使。

五月,戊申朔(初一),殿中侍御史李莹因为收受江南国主的馈赠,受责贬谪为左赞善大夫。

监察御史刘蟠,接受诏令在庐州、舒州等地巡视茶叶专卖。刘蟠乘坐一匹瘦马,假扮成商人,到百姓家中求购茶叶,百姓家没人怀疑他,拿出茶叶卖给他,刘蟠立即擒获置之以法。壬戌(十五日),宋太祖命令刘蟠同时主持淮南各州转运事务。

江南国主天性友爱,因为弟弟李从善被扣留,悲伤思恋不止,一年四季的宴会全都取消,写《却登高文》来表达心意。于是派遣常州刺史陆昭符入朝进贡,奉呈亲笔奏疏请求让李从善返回江南;宋太祖不允许,出示江南国主的奏疏给李从善看,慰问安抚他。六月,甲申(初七），太祖任命李从善的掌管书记江直木为司门员外郎、兗州通判，其余僚佐都赐予封赏，又封李从善母亲凌氏为吴国太夫人。

陆昭符在江南时，与张洎有矛盾，太祖很早就雅识他。因而从容地对陆昭符说："你国中要弄权术的结喉小儿张洎，为何不出使入朝，你回去，可转告让他一起来，朕想看看他。"陆昭符恐惧，于是不敢回国。

秋季，七月，庚申（十四日），辽国主在平地松林间打猎。

卢多逊返回以后，江南国主知道宋太祖有南征讨伐的意图，派遣使臣表示愿意接受册封，太祖不允许，于是又派遣阁门使梁迥出使江南国。梁迥从容不迫地问江南国主说："朝廷今年冬季有柴燎祭天的大礼，国主何不前来助祭呢！"江南国主支支吾吾不敢答应。梁迥回来后，宋太祖开始下决心讨伐江南国。

当初，江南人樊若水，因考进士没有考中，上奏陈述政事，国主没有回音，于是策划归降北方宋朝。他先在采石矶江上钓鱼，用小船载上丝绳，一头系在南岸，然后奋力划桨抵达北岸，来测量长江的宽窄，总共往返几十次而测得长江宽度的尺寸，于是到宋朝京师自称有计策可以取得江南。宋太祖诏令送学士院予以考试，赐予进士及第，授官为舒州团练推官。樊若永启奏太祖，因老母亲和家属都在江南，恐怕被李煜杀害，希望接他们来舒州治所，太祖当即诏令江南国主护送过来，江南国主听从诏令，戊辰（二十二日），宋太祖诏令樊若水为赞善大夫；并且派遣使者前往荆南、湖南，按照樊若水的计划，制造巨大战舰和黄黑龙船几千艘。

己巳（二十三日），彰德节度使韩重赟去世。韩重赟任职相州，每日总是征收所管辖的百姓采伐木材建造佛寺，大家都为这件事情而苦恼。

辽国军器副使石重荣、东头供奉官刘琼前来归降。八月，丙子朔（初一），宋太祖以石重荣为茶酒库副使，刘琼为西头供奉官。

先前，吴越国王钱俶派遣元帅府判官黄夷简入朝进贡，宋太祖对他说："你回去告诉你们元帅，应当训练好军队，江南国主倔强不肯入朝，我将要调发军队讨伐他。元帅应当帮助我，不要被他人言语所迷惑。"

宋太祖又诏命有关官吏在薰风门外建造巨大宅第，连亘几条街坊，建筑宏伟壮丽，存放各种器物，无所不有，于是召见吴越国进奉使钱文赟对他说："朕几年前命令学士承旨陶谷起草诏书，紧靠城南建造离宫，如今赐名为礼贤宅，用以等待李煜与你的主人，先来入朝的就赏赐给他。"并且将诏书的草稿拿给钱文赟看，就派遣钱文赟赐给钱俶羊马，向钱俶宣谕圣旨。戊寅（初三），钱俶派遣他的行军司马孙承祐入朝进贡。丁亥（十二日），孙承祐告辞回去，宋太祖优厚地赏赐钱俶的器物货币。并且秘密地告诉出师日期。孙承祐是钱俶妃子的兄长，因为后妃的缘故，尊贵亲近执掌政事，专断吴越国政。时人称他为"孙总监"，是说他无所不管的。

甲午（十九日），忠武节度使、同平章事、琅琊郡王王审琦去世，谥号为正懿。

续资治通鉴卷第八

【原文】

宋纪八　起阏逢阉茂【甲戌】九月,尽柔兆困敦【丙子】十一月,凡二年有奇。

太祖启运立极英武睿文　神德圣功至明大孝皇帝

开宝七年　辽保宁六年【甲戌,974】　九月,癸亥,命颍州团练使曹翰领兵先赴荆南,丙寅,复命宣徽南院使曹彬、侍卫马军都虞候洛阳李汉琼、判四方馆事田钦祚同领兵继之。帝已分遣诸将,而未有出师之名,欲先遣使召李煜入朝,择群臣可遣者,以左拾遗、知制诰开封李穆使江南。穆至,谕旨,国主将从之,光政使、门下侍郎陈乔曰:“臣与陛下同受元宗顾命,今往,必见留,其若社稷何!臣虽死,无以见元宗于九泉矣!”张洎亦劝国主无入朝,国主遂称疾固辞,且言:“谨事大国者,盖望全济之恩。今若此,有死而已。”穆曰:“朝与否,国主自处之。然朝廷兵甲精锐,物力雄富,恐不易当其锋,宜熟计之,无贻后悔!”使还,具言其状。帝以为所谕要切,江南亦谓穆言不欺。是日,又命山南东道节度使潘美、侍卫步军都虞候刘遇、东上阁门使梁迥等同领兵赴荆南。

冬,十月,乙亥朔,辽主还上京。

甲申,帝幸迎春苑,登汴堤,发战舰东下;丙戌,幸东水门,发战棹东下。

江南国主复遣其弟江国公从镒、水部郎中龚慎修重币入贡,且买宴,帝皆留之,不报。

曹彬与诸将入辞,帝谓彬曰:“南方之事,一以委卿,切勿暴掠生民;务广威信,使自归顺,不须急击也。”且以匣剑授彬曰:“副将而下,不用命者斩之。”潘美等皆失色。自王全斌平蜀多杀人,帝每恨之,彬性仁厚,故专任焉。

丁酉,以吴越王俶为升州东南面行营招抚制置使,仍赐战马二百匹,遣客省使丁德裕以禁兵步骑千人为俶前锋,且监其军。

(乙)〔己〕亥,曹彬等自蕲阳过江,破峡口寨,杀守卒八百人,生擒二百七十人,获池州牙校王仁震、王宴、钱兴等三人。

甲辰,以曹彬为升州西南面行营马步军战棹都部署,潘美为都监,曹翰为先锋都指挥使。初,宋师直趋池州,缘江屯戍皆谓每岁朝廷所遣巡兵,皆闭壁自守,遣使奉牛酒来犒师;寻觉异于它日,池州守戈彦遂弃城走。闰月,己酉,曹彬等入池州。

先是帝遣八作使郝守濬率丁匠自荆南以大舰载巨竹絙,并下朗州所造黄黑龙船于采石矶,跨江为浮梁,先试于石牌口。既成,命前汝州防御使灵丘陆万友往守之。

丁巳,曹彬等及江南兵战于铜陵,败之,获战舰二百馀艘,生擒八百馀人。

庚申,知制诰、史馆修撰扈蒙上言:“昔唐文宗每开延英召大臣论事,必命起居郎、舍人执

149

笔螭坳以纪时政,故《文宗实录》最为详备。至后唐明宗,亦命端明殿学士及枢密直学士轮修《日历》送史馆。近朝以来,此事都废,每季虽有内殿《日历》,枢密院录送史馆,然所记者,不过臣下对见辞谢而已,帝王言动,莫得而书。缘宰相以漏泄为虞,无因肯说;史官以疏远自隔,何由得闻!望自今,凡有裁制之事,优恤之恩,发自宸衷,可书简策者,并委宰臣及参知政事每月轮知抄录,以备史官撰集。"诏从之,命卢多逊专其职。

壬戌,曹彬等至当涂,雄远军判官婺源魏羽以城降宋。宋师先拔芜湖,又克当涂,遂屯采石矶。

甲子,监修国史薛居正等上所修《五代史》百五十卷。明日,帝谓宰相曰:"昨观新史,见梁太祖暴乱丑秽之迹乃至如此,宜其旋被贼虐也。"

丁卯,曹彬等败江南二万馀众于采石,生擒马步军副部署杨收、兵马都监孙震等,又获战马三百馀匹。初,江南无战马,朝廷每岁赐百匹,至是驱为先锋以拒宋师。既获之,验其印记,皆朝廷所赐者。

十一月,癸未,选泰宁节度使李从善麾下及江南水军凡一千三百馀人为禁旅,号曰归圣。

诏移石牌镇浮梁于采石矶,系缆三日而成,不差尺寸,大兵过之,如履平地。初为浮梁,国主闻之,以语张洎,洎对曰:"载籍以来,无有此事,此必不成。"国主曰:"吾亦谓此儿戏耳。"于是遣镇海节度使郑彦华督水军万人,天德都虞候杜真领步军万人,同御宋师。将行,国主戒之曰:"两军水陆相济,无不捷矣。"

戊子,吴越王俶遣使修贡,谢招抚制置之命也。并上江南国主所遗书,其略云:"今日无我,明日岂有君!明天子一旦易地酬勋,王亦大梁一布衣耳。"

辽沙门昭敏,左道惑人,辽主宠之,以为三京诸道僧尼都总管,加兼侍中。

己丑,知汉阳军李恕败江南鄂州水军三千馀人,获战舰四十馀艘。

甲午,曹彬等败江南兵于新寨,获战舰三十艘。郑彦华、杜真与宋师遇,真以所部先战,彦华拥兵不救,真众大败。

辽涿州刺史耶律琮致书于权知雄州孙全兴,其略云:"两朝初无纤隙,若交驰一介之使,显布二君之心,用息疲民,长为邻国,不亦休哉!"辛丑,全兴以琮书来上,帝命全兴答书,许修好。

十二月,金陵始戒严,下令去开宝之号,公私记籍但称甲戌岁。益募民为兵,民以财及粟献者官爵之。

丁未,汉阳兵马监押宁光祚败鄂州水军于江北岸。

吴越王俶率兵围常州。

己酉,曹彬败江南军于白鹭洲。

癸亥,吴越兵拔利城寨。

丙寅,曹彬等破江南兵于新林港口。

庚午,北汉攻晋州,守臣武守琦败之于洪洞。

辛未,吴越王俶败江南兵于常州北境。

八年　辽保宁七年【乙亥,975】　春,正月,丙子,权知池州樊若水败江南兵四千人于州界。

壬寅,辽望祀木叶山。

初,曹彬等师未出,帝命王明为黄州刺史,密授方略。明既视事,亟修葺城垒,训练士卒。

至是以明为池州至岳州江路巡检战棹都部署。辛巳,明遣兵马都监武守谦等渡江,败江南兵于武昌,拔樊山寨。

是日,行营左厢战棹都监田钦祚败江南兵于溧水。江南都统李雄谓诸子曰:"吾必死于国难,尔曹勉之!"父子八人皆没于阵。

乙酉,帝御长春殿,谓宰相曰:"古之为君者,鲜能无过,朕常夙夜畏惧,防非窒欲,庶几以德化人之义。如唐太宗受人谏疏,直诋其失,曾不愧耻;岂若不为之,而使天下无间言哉!为臣者或不终名节,陷于不义,盖忠信之薄而获福亦鲜,斯可戒矣。"

庚寅,曹彬等进攻金陵,行营马军都指挥使李汉琼率所部渡淮南,取巨舰,实以葭苇,顺风纵火,攻其水寨,拔之。初次秦淮,江南兵水陆十馀万,背城而阵,时舟楫未具,潘美率所部先济,大兵随之,江南兵大败。江南复出兵,将溯流夺采石浮梁,美旋击破之。

癸巳,命京西转运使李符益调荆湖军食赴金陵城下。

二月,权知潭州朱洞遣兵马都监石曦败江南兵于袁州西界。

癸丑,曹彬等败江南兵于白鹭洲,乙卯,拔升州关城,守陴者皆遁入其城内。

癸亥,北汉遣雁门节度使刘继文贡方物于辽。

甲子,知扬州侯陟败江南兵于宣化镇。

丙寅,辽以青牛、白马祭天地。

丁卯,以知制诰王祐权知贡举,知制诰扈蒙、左补阙梁周翰、秘书丞雷德骧并权同知贡举。权同知贡举始此。

戊辰,帝御讲武殿,覆试王祐等所奏合格举人王式等,因语之曰:"向者登科名级,多为势家所取,塞孤贫之路。今朕躬亲临试,以可否进退,尽革前弊矣。"式等皆顿首谢。于是内出诗题试之,得进士王嗣宗以下三十人,诸科纪自成等三十四人。嗣宗,汾州人也。江南进士林松、雷说,试不中格,以其间道来归,并赐《三传》出身。

是月,江南知贡举、户部员外郎伍乔放进士张确等三十人。自保大十年开贡举,讫于是岁,凡十七榜。

三月,尚食供膳,有虿缘食器旁,帝性宽仁多恕,谓左右曰:"勿令掌膳者知。"帝尝读《尧典》,叹曰:"尧、舜之世,四凶之罪,止从投窜,何近代宪纲之密邪!"盖有意于措刑也。故自二年至今,诏所贷死罪凡四千一百八人。

乙亥,权知庐州邢琪领兵渡江,至宣州界,攻拔义安寨。

壬午,辽耶律苏萨献党项俘,分赐群臣。

庚寅,曹彬等败江南兵于江中。

辽使克卜茂固舒苏来聘,诏阁门副使郝崇信至境上迓之。及至,馆于都亭驿。己亥,入见,宴于长春殿,赐衣器有差。

壬寅,遣中使王继恩领兵数千人赴江南。

夏,四月,教坊使卫德仁,以老乞外官,且援同光故事求领郡,帝曰:"用伶人为刺史,此庄宗失政,岂可效之!"宰相拟上州司马,帝曰:"上佐乃士人所处,资望甚优,亦不可轻授。此辈但当于乐部迁转耳。"乃命为太常寺大乐署令。

乙巳,王明败江南兵于江州。

己酉,辽主祀木叶山;辛亥,射柳祈雨。辽主如频跸淀清暑。

癸丑,吴越兵围常州,刺史禹万成拒守,大将金成礼劫万成,以其城降。

吴越初发兵,丞相沈虎子谏曰:"江南,国之屏蔽,奈何自撤其屏蔽乎?"不听,遂罢虎子政事,命通儒学士钱塘崔仁冀代之。

壬戌,幸都亭驿,临汴,观飞江兵乘刀鱼船习水战。

曹彬等败江南兵于秦淮北。

五月,壬申朔,以吴越国王钱俶守太师、尚书令,益食邑。

甲申,吴越王俶言江阴、宁远军及沿江诸寨皆降。

丁酉,王明破江南兵于武昌。

辛丑,河决濮州郭龙村。

初,陈乔、张洎为江南国主谋,请所在坚壁以老宋师。宋师入其境,国主弗忧也,日于后苑引僧道诵经、讲《易》,不恤政事,军书告急,皆莫得通,师傅城下累月,国主犹不知。时宿将皆前死,神卫统军都指挥使皇甫继勋者,晖之子也,年尚少,国主委以兵柄。继勋素贵骄,初无效死意,但欲国主速降而口不敢发,每与众云:"北军强劲,谁能敌之!"闻兵败,则喜见颜色,曰:"吾固知其不胜也。"偏裨有募敢死士欲夜出营邀战者,继勋鞭其背而拘之,由是众情愤怒。是月,国主自出巡城,见宋师列栅城外,旌旗满野,知为左右所蔽,始惊惧,乃收继勋付狱,杀之,军士争脔割其肉,顷刻都尽。继勋既诛,凡兵机处分皆自澄心堂宣出,洎等专之也。于是遣使召神卫军都虞候朱全赟以上江兵入援。全赟拥十万众屯湖口,诸将请乘江涨速下,全赟曰:"我今前进,敌人必反据我后。战而捷,可也;不捷,粮道且绝,奈何?"乃以书召南都留守柴克贞使代镇湖口,克贞以病迁延不行,全赟亦不敢进,国主累促之,全赟不从。

诏以岭表之俗,疾不呼医,自皇化攸及,始知方药;商人赍生药度岭者勿算。

六月,辛亥,河决顿丘。

辛酉,前凤翔节度使、太师兼中书令魏王符彦卿卒,辍三日朝,官给葬事。

甲子,彗出柳,长四丈,晨见东方,西南指,凡八十三日乃灭。

丁卯,曹彬等败江南兵于城下。

秋,七月,辛未朔,日有食之。

初,江南捷书累至,邸吏督李从镒入贺,潘慎修以为"国且亡,当待罪,何贺也?"自是群臣称庆,从镒即奉表请罪。帝嘉其得礼,遣中使慰抚,供帐牢饩,悉从优给。壬午,复命李穆送从镒还国,手诏促国主来降,且令诸将缓攻以待之。

辽黄龙府卫将燕颇杀都监强瑚以叛,遣敞史耶律曷里必讨之。

左司员外郎权知扬州侯陟,受贿不法,为部下所讼,追赴京师。陟素善参知政事卢多逊,私遣人求哀。时金陵未拔,帝以南土卑湿,秋暑,军多疫,议令曹彬等退屯广陵,休士马为后图,多逊争不能得。会陟新从广陵来,多逊教令上急变言江南事。陟时被病,帝令皇城卒掖入见,即大言:"江南平在旦夕,陛下奈何欲罢兵?愿急取之。臣若误陛下,愿夷三族。"帝屏左右,召升殿问状,遽寝前议,赦陟罪不治。八月,甲辰,复以陟判吏部流内铨。

癸亥,丁德裕言败江南军于润州城下。

九月,壬申,帝狩近郊,逐兔,马蹶,坠地,因引佩刀刺马,杀之,既而悔之曰:"吾为天下主,轻事畋猎,又何罪马哉!"自是遂不复猎。

辽耶律曷里必败燕颇于治河,遣其弟安抟追之。燕颇走保兀惹城,安抟乃还,以其馀党千馀户城通州。

初,江南闻有宋师,国主以京口要害,擢素所亲任侍卫都虞候刘澄为润州留后,临行,谓曰："卿未合离孤,孤亦难与卿别,但此行非卿不可。"澄泣涕辞归,尽辇金玉以往,谓人曰:"此皆前后所赐,今当散此以图勋业。"国主闻之喜。及吴越兵初至,营垒未成,左右请出兵掩之,澄不肯。国主寻命凌波都虞候卢绛引所部舟师八千来援,时澄已通降款,徐谓绛曰:"间者言都城受围日久,若都城不守,守此何为!"绛亦知城终陷,遂溃围而出。戊寅,澄帅将吏开门请降,润州平。

李从镒至江南谕帝旨,国主欲出降,陈乔、张洎以为城守甚固,北军旦夕当自退,国主乃止。李穆还,帝复命诸将进兵。

及润州平,外围愈急,始谋遣使入贡,求缓兵。道士周惟简,常以冠褐侍讲《周易》,累官至虞部郎中致仕,于是张洎荐惟简,复召为给事中,与修文馆学士承旨徐铉同使京师。时国主方督朱全赟举湖口兵入援,谓铉曰:"汝既行,即当止上江援兵。"铉曰:"臣此行未必有济,城中所恃者援兵耳,奈何止之?"国主曰:"方求和而复召兵,汝岂不危?"铉曰:"当置臣于度外耳。"国主泣下,又亲写十数纸题写奏目,令惟简乘间求哀,欲谢政养病。

冬,十月,己亥,曹彬等遣使送铉及惟简赴阙。铉居江南,以名臣自负,其来也,欲以口舌驰说存其国。于是大臣亦先白帝,言铉博学有才辩,宜有以待之,帝笑曰:"第去,非尔所知也。"既而铉入朝,仰而大言:"李煜无罪,陛下师出无名。"帝徐召升殿,使毕其说。铉曰:"煜事陛下,如子事父,未有过失,奈何见伐?"其说累数百言。帝曰:"尔谓父子为两家,可乎?"铉不能对。惟简寻以奏目进,帝览之,谓曰:"尔主所言,我亦不晓也。"帝虽不为缓兵,然所以待铉等,皆如未举兵时。壬寅,铉等辞归江南。

辛亥,诏:"郡国令佐察民有孝弟力田、奇才异行或文武可用者,遣诣阙。"

丁巳,遣使修洛阳宫室,帝始谋西幸也。

江南国复遣使贡银五万两、绢五万匹,乞缓师。

朱全赟自湖口以众援金陵,号十五万,缚木为筏,长百馀丈,战舰大者容千人,将断采石浮梁,会江水涸,战舰不能骤进。王明屯独树口,遣其子驰骑入奏,帝密遣使令明于洲浦间多立长木若帆樯之状以疑之。己未,全赟独乘大航,高十馀重,上建大将旗幡。至皖口,行营步军都指挥使刘遇挥兵急攻之,全赟以火油纵烧,遇军不能支。俄而北风,反焰自焚,其众不战自溃,全赟惶骇,赴火死。擒其战棹都虞候王晖等,获兵仗数万。金陵独恃此援,由是孤城愈危蹙矣。

监察御史刘蟠,性清介寡合,颇任数设诈以卜人主之遇。蟠时领染院,乙丑,驾临幸,蟠伺帝将至,辄衣短后衣,芒屝持梃以督役,头蓬不治,遽出迎谒,帝以为能勤其官,赐钱二十万。

辽主还自频跸淀,是月,钓鱼于土河。

十一月,徐铉及周惟简还江南,未几,国主复遣入奏,辛未,对于便殿。铉言:"李煜以被病未任朝谒,非敢拒诏也,乞缓兵以全一邦之命。"其言甚切至。帝与反覆数四,铉声气愈厉,帝怒,因按剑谓铉曰:"不须多言!江南亦有何罪,但天下一家,卧榻之侧,岂容他人鼾睡乎!"铉惶恐而退,帝复诘责惟简,惟简甚惧,乃言:"臣本居山野,非有仕进意,李煜强遣臣来耳。臣素闻终南山多灵药,它日愿得栖隐。"帝怜而许之,仍各厚赐遣还。

庚辰,王明言败江南兵于湖口。

先是曹彬等列三寨攻城,潘美居其北,以图上。帝视之,指北寨谓使者曰:"此宜深沟自固,江南人必以夜来寇。亟语曹彬等,并力速成之,不然,将为所乘矣。"赐使者食,且召枢密

153

使楚昭辅草诏,令徙置战棹,使者食已即行。彬等承命,自督丁夫掘堑,堑成。丙戌,江南果夜出兵五千袭北寨,人持一炬,鼓噪而进。彬等纵其至,乃徐击之,皆歼焉,又获其将帅佩符印者凡十数人。

金陵被围,自春徂冬,居民樵采路绝。曹彬终欲降之,累遣人告国主曰:"城必破矣,宜早为之所。"国主约先令其子清源郡公仲寓入朝,既而久不出。彬日遣人督之,且曰:"郎君不须远适,若到寨,即四面罢攻矣。"国主终惑左右之言,但报云:"仲寓趣装未办。"彬又遣告曰:"稍迟,即无及矣!"国主不听。先是帝数遣使者谕彬以勿伤城中人,若犹困斗,李煜一门,切无加害。于是彬忽称疾不视事,诸将皆来问疾,彬曰:"余疾非药石所愈,愿诸公共为信誓,破城日不妄杀一人,则彬之疾愈矣。"诸将许诺,乃相与焚香为誓。翌日,彬即称愈。

乙未,金陵城破,将军咼彦、马诚信及弟承俊帅壮士巷战死。勤政殿学士豫章钟蒨,朝服坐于家,乱兵至,举族就死不去。

初,陈乔、张洎同建不降之议,事急,又相要同死。然洎实无死志,于是携妻子及橐装入止宫中,引乔同见国主。乔曰:"臣负陛下,愿加显戮。若中朝有所诘责,请以臣为辞。"国主曰:"气数已尽,卿死无益也。"乔曰:"纵不杀臣,何面目见士人乎!"遂自经死。洎曰:"臣与乔共掌枢务,国亡当俱死;又念陛下入朝,谁与陛下辨明此事!所以不死者,将有待也。"

彬整军成列,至其宫城,国主乃奉表纳降,与其群臣迎拜于门。先见潘美,设拜,美答之;次拜彬,彬使人语之曰:"介胄在身,拜不敢答。"即选精卒千人守其门外,令曰:"有欲入者,一切拒之。"始,国主积薪宫中,约尽室赴火死,及见彬,彬慰安之,且谕以"归朝俸赐有数,当厚自赍装,既为有司所籍,一物不可复得矣"。因复遣煜入宫,惟意所欲取。梁迥、田钦祚等谏曰:"倘有不虞,咎将谁执?"彬笑而不答。迥等争不已,彬曰:"煜素无断,今已降,必不能自引决,可亡虑也。"又遣兵百人为辇载辎重。煜方愤叹国亡,无意蓄财,颇以黄金分赐近臣。彬既入金陵,申严禁暴之令,士大夫保全者甚众,仍大搜于军,无得匿人妻子。仓廪府库,委转运使许仲宣按籍检视,彬一不问,师旋,惟图籍、衣衾而已。

十二月,己亥朔,江南捷书至,凡得州十九,军三,县一百有八,户六十五万五千六十有五,群臣皆称贺。帝泣谓左右曰:"宇县分割,民受其祸,攻城之际,必有横罹锋刃者,此实可哀也。"即诏出米十万石赈城中饥民。

辛丑,赦江南管内州县常赦所不原者,伪署文武官吏见厘务者并仍其旧。

令太子洗马河东吕龟祥诣金陵,籍李煜所藏图书送阙下。

己未,以恩赦侯刘铢为左监门卫上将军,改封彭城郡公。

辽大丞相高勋、契丹行宫都部署尼哩席宠放恣,及辽主之姨母、保母势薰灼一时,纳略请谒,门若贾区。北院枢密使耶律贤适患之,言于辽主,不报。贤适请以疾辞职,不许,令铸手印行事。

户部员外郎、知制诰王祐判门下省,与判吏部流内铨侯陟不协,陟所注拟,祐多驳正,陟诉于卢多逊。多逊初为学士,阴倾宰相赵普,累讽祐助己,祐不听,多逊不悦。癸亥,祐坐陟事黜为镇国行军司马。

先是帝尝召吴越进奏使任知果,令谕旨于其王俶曰:"元帅克毗陵有大功,俟平江南,可暂来与朕相见,以慰延想,即当复还,不久留也。朕三执圭币以见上帝,岂食言乎!"崔仁冀亦告俶曰:"上英武,所向无敌,天下事势可知。保族全民,策之上也。"俶深然之。

甲子,辽遣耶律乌镇来贺正旦;亦遣使报之。

丁卯,吴越王俶请以长春节朝觐,许之。

九年 十二月改太平兴国元年 辽保宁八年【丙子,976】 春,正月,辛未,曹彬遣翰林副使郭守文奉露布,以江南国主李煜及其子弟、官属等四十五人来献。帝御明德门受献,煜等素服待罪,诏并释之,各赐冠带、器币、鞍勒、马有差。时有司议献俘礼如刘鋹,帝曰:"煜尝奉正朔,非鋹比也。"寝露布不宣。煜初以拒命,颇怀忧恚,守文谓煜曰:"国家止务恢疆土,致太平,岂复有后至之责邪!"煜乃安。

徐铉从煜至京师,帝责以不早劝煜归朝,声色俱厉。铉对曰:"臣为江南大臣,国灭,罪固当死,不当问其它。"帝曰:"忠臣也,事我当如李氏。"赐座,慰抚之。又责张洎曰:"汝教李煜不降,使至今日。"因出其围城中召援兵蜡书。洎顿首请死,曰:"书实臣所为。犬吠非其主,此其一耳,它尚多。今得死,臣之分也。"辞色不变。帝初欲杀洎,及是奇之,曰:"卿大有胆,朕不罪卿。今事我,无替昔日之忠也。"

乙亥,以李煜为右千牛卫上将军,封违命侯,其子弟宗属悉授官。丙子,以煜司空、知左右内史汤悦为太子少詹事,左内史侍郎徐铉为太子率更令,右内史舍人张洎为太子中允,馀授官有差。

庚辰,诏幸西京,将以四月有事于南郊。

壬午,济州团练使李谦溥卒。

癸未,命翰林学士李昉阅诸道所解孝弟力田及有文武材干者四百七十八人于礼部贡院,所业皆无可采,而濮州所荐居其半。帝召问于讲武殿,率不如诏,犹自言习武,试以骑射,则皆陨越颠沛。帝曰:"止可隶兵籍耳。"众皆号泣求免。乃悉罢之,劾官司滥举之罪。

二月,己亥,群臣再奉表请加尊号曰一统太平,帝曰:"燕、晋未复,可谓一统太平乎?"不许。群臣请易以立极居尊,许之。

庚戌,以宣徽南院使、义成节度使曹彬为枢密使、领忠武节度。枢密领节度自彬始。山南东道节度使潘美为宣徽北院使。节度领宣徽自美始。李汉琼、刘遇、田钦祚、梁迥、李继隆,并晋秩有差,赏江南之功也。

彬归自江南,诣阁门进榜子云:"奉敕差往江南句当公事回。"时人嘉其不伐。彬之行,帝许彬以使相为赏,及还,语彬曰:"使相品位极矣,且徐之,更为我取太原。"因赐钱五十万。彬至家,见布钱满室,叹曰:"人生何必使相,好官不过多得钱耳!"

己未,吴越国王俶及其子镇海、镇东节度使惟濬等人见崇德殿,宴长春殿。先是车驾幸礼贤宅视供帐之具,及至,即诏俶居之,宠赉甚厚,俶所贡奉亦增倍于前。

帝初即位,召供备库副使魏丕谓之曰:"作坊久积弊,其为我整理之!"即授作坊副使。丕在职尽力,居八年,乃迁正使;帝连岁征讨修创,器械皆精办。三月,己巳,以丕领代州刺史,仍兼作坊。

庚午,命吴越王俶剑履上殿,诏书不名。辛未,以俶妻贤德顺穆夫人孙氏为吴越国王妃。宰相谓异姓诸侯王无封妃之典,帝曰:"行自我朝,表异恩也。"帝数召俶及其子惟濬射苑中,时诸王预坐,俶拜,辄令内侍掖起。又尝令俶与晋王等叙兄弟礼,俶伏地叩头固辞,乃止。

帝将西幸,俶请扈从,不许,乃留惟濬侍,遣俶归国。宴讲武殿,谓俶曰:"南北风土异宜,渐暑,宜早发。"俶泣请三岁一朝,帝曰:"川涂迂远,俟有诏乃来也。"临行,赐一黄(複)〔袱〕,封识甚固,戒俶曰:"途中宜密观。"及启之,则皆群臣请留俶章疏也,俶益感惧。既归,每视事功臣堂,一日,命徙坐于东偏,谓左右曰:"西北者,神京在焉,天威不违颜咫尺,敢宁居乎!"益以乘舆服玩为献,制作精巧。每修贡,必列于庭,焚香而后遣之。

辽遣五使廉问四方鳏寡孤独及贫乏失职者赈之。

丙子,车驾发京师;丁卯,次郑州。庚辰,帝谒安陵,奠献号恸,左右皆泣。既而登阙台,西北向发鸣镝,指其所曰:"我后当葬此。"赐河南府民今年田租之半,复奉陵户一年。

辛未,帝至西京,见洛阳宫室壮丽,甚悦,召知河南府、右武卫上将军焦继勋面奖之,加彰德军节度使。

以王全斌为武宁节度,谓之曰:"朕以江左未平,虑征南诸将不遵纪律,故抑卿数年,为朕立法。今已克金陵,还卿节钺。"仍厚赐之。

夏,四月,庚子,合祭天地于南郊。时雨弥月不止,及期始霁。礼成,都民垂白者相谓曰:"我辈少经乱离,不图今日复见太平天子!"有泣下者。是日,御五凤楼,大赦。

壬寅,大宴,赐赉有差。

帝生于洛阳,乐其土风,尝有迁都之意。始议西幸,起居郎李符陈八难,帝不从。既毕祀事,尚欲留居之,群臣莫敢谏。铁骑左右厢都指挥使李怀忠乘间言曰:"东京有汴渠之漕,岁致江、淮米数百万斛,都下兵数十万人咸仰给焉。陛下居此,将安取之?且府库重兵,皆在大梁,根本安固已久,不可动摇。"帝亦弗从。晋王又从容言迁都非便,帝曰:"迁河南未已,久当迁长安。"王叩头切谏,帝曰:"吾将西迁者,非它,欲据山河之险而去冗兵,循周、汉故事以安天下也。"王又言"在德不在险",帝不答。王出,帝顾左右曰:"晋王之言固善,然不出百年,天下民力殚矣!"

甲辰,始下诏东归。

丙午,驾发洛阳宫;辛亥,至东京。

初,李煜既降,曹彬令煜作书谕江南诸城守,皆相继归顺,独江州军校胡则与牙将宋德明,杀刺史,据城不降。诏先锋都指挥使曹翰为招安巡检使,率兵讨焉。江州城险固,翰攻之不克,自冬讫夏,死者甚众。丁巳,始拔之。时则病甚,卧床上,翰执缚,责其拒命,对曰:"犬吠非其主,公何怪焉!"翰腰斩之,并杀德明,遂屠其城,死者数万人,所略金帛以亿万计。

是月,遣田守奇如辽贺生辰。

己未,著令:"自今旬假不视事,百官休沐。"

帝以晋王所居,地势高仰,水不能及,六月,庚子,步自左掖门,至其第,遣工为大轮,激金水注第中,且数临视,促成其役。王性仁孝,尹京十五年,庶务修举。帝数幸其府,恩礼甚厚。尝病殆,不知人,帝亟往问,亲为灼艾,王觉痛,帝亦取艾自炙,自辰至酉,至汗洽苏息,帝乃还。又尝宴宫中,王醉,不能乘马,帝起,送至殿阶,亲掖之。王帐下士蒙城高琼左手执镫以出,帝顾见,因赐琼等控鹤官衣带及器帛,勉令尽心。间谓近臣曰:"晋王龙行虎步,必为太平天子,福德非吾所及也。"

武宁节度使王全斌卒。全斌轻财重士,不求显赫之誉,宽而容众,军旅乐为之用。其黜居山郡几十年,怡然自得,识者多之。及卒,赠中书令。

辽南京留守秦王高勋,怙宠而骄。尝以南京郊内多隙地,请疏畦种稻。辽主欲从之,林牙耶律昆宣言于朝曰:"高勋此奏有异志,果令种稻,引水为畦,设以京叛,官兵何自而入?"辽主疑之,不果。会宁王质睦之妻私造鸩毒,勋亦以毒药馈驸马都尉萧默哩,事觉,秋,七月,丙寅朔,质睦夺爵,贬乌库部,勋除名流铜州。

八月,乙未朔,吴越国王进射火箭军士。

丁未,命侍卫马军都指挥使党进为河东道行营马步军都部署,宣徽北院使潘美为都监,虎捷右厢都指挥使杨光美为都虞候,暨牛思进、米文义率兵分五道伐北汉。丙辰,师入太原。又命忻、代行营都监郭进等分攻忻、代、汾、沁、辽、石等州。

是月,女真侵辽贵德州东境。

九月,甲子,党进败北汉兵于太原城下,北汉主求救于辽,辽主遣南府宰相耶律沙、冀王塔尔救之。

辛未,女真袭辽州五寨,剽掠而去。

冬,十月,帝不豫。壬子,命内侍王继恩就建隆观设黄箓醮。是夕,帝召晋王入对,夜分乃退。

癸丑,帝崩于万岁殿。时夜四鼓,皇后使王继恩出,召贵州防御使德芳。继恩以太祖传国晋王之志素定,乃不诣德芳,径趋开封府召晋王。见左押衙荣泽程德元坐于府门,叩门,与俱入见王,且召之。王大惊,犹豫不行,曰:“吾当与家人议之。”久不出。继恩促之曰:“事久,将为他人有矣。”时大雪,遂与王雪中步至宫。继恩止王于直庐,曰:“王姑待此,继恩当先入言之。”德元曰:“便应直前,何待之有!”乃与王俱进至寝殿。后闻继恩至,问曰:“德芳来邪?”继恩曰:“晋王至矣。”后见王,愕然,遽呼官家,曰:“吾母子之命,皆托于官家。”王泣曰:“共保富贵,勿忧也!”

甲寅,晋王即皇帝位,群臣谒见万岁殿之东楹,号恸殒绝。

乙卯,大赦天下,常赦所不原者咸除之。诏:“令缘边禁戢戍卒,毋得侵挠外境。群臣有所论列,并许实封以闻,须面奏者,阁门使即时引对。”

庚申,以皇弟永兴节度使兼侍中廷美为开封尹兼中书令,封齐王;皇子山南西道节度使、同平章事德昭为永兴节度使兼侍中,封武功郡王;贵州防御使德芳为山南西道节度使,同平章事。宰相薛居正加左仆射,沈伦加右仆射,即义伦也;参知政事卢多逊为中书侍郎、平章事,枢密使曹彬加同平章事,枢密副使楚昭辅为枢密使。

十一月,甲子,追册故尹氏为淑德皇后,越国夫人符氏为懿德皇后。尹氏,崇珂之兄女,帝微时所娶也。

丁卯,诏齐王廷美、武功郡王德昭位在宰相上。

庚午,以齐州防御使李汉超为云州观察使,判齐州,仍护关南屯兵;洺州防御使郭进领应州观察使,判邢州,兼西山巡检如故。

时瀛州防御使马仁瑀监霸州军,擅发麾下兵入边境略夺,由是与汉超交恶。帝恐生边衅,即遣使赍金帛赐汉超及仁瑀,令置酒讲解,寻徙仁瑀知辽州。

诏:“诸道转运使各察举部内知州、通判、监临物务京朝官以三科第其能否,政绩尤异者为上,恪居官次、职务粗治者为中,临事弛慢、所涖无状者为下,岁终以闻。”

以供奉官薛惟吉为右千牛卫将军,沈继宗及乡贡进士卢雍并为水部员外郎。雍,多逊子也,起家授官,即与继宗同。多逊时方宠幸,帝特命之,非旧典云。

辽遣郎君旺陆等使宋吊慰。

是月,封刘鋹卫国公,李煜陇西郡公。

【译文】

宋纪八　起甲戌年(公元974年)九月,止丙子年(公元976年)十一月,共二年有余。

开宝七年　辽保宁六年(公元974年)

九月,癸亥(十八日),宋太祖诏命颍州团练使曹翰率领军队首先赶赴荆南,丙寅(二十一日),又命令宣徽南院使曹彬、侍卫马军都虞候洛阳人李汉琼、判四方馆事田钦祚同时率领军队继续出发。太祖已经分头派遣将领,但没有找到出师的名义,准备首先派遣使臣宣召李煜入朝,选择文武群臣中可以出使的人,就以左拾遗、知制诰开封人李穆出使江南。李穆到达后,宣谕宋太祖旨意,江南国主打算听从,而光政使、门下侍郎陈乔说:"臣下同陛下同时接受元宗的临终遗命,如今前往,必定被扣留,那社稷宗庙怎么办!臣下即使一死,也没有脸到九泉之下去见元宗了。"张洎也劝说江南国主不要入朝,江南国主于是以称病坚决推辞,并且说:"恭谨地事奉大国的原因,是期望保全成就的恩德。像今天这样,只有一死拼搏而已。"李穆说:"入朝与否,国主自己处置。然而朝廷武器装备精良锐利,物力雄厚,恐怕不容易抵挡它的锋芒,应当仔细思考此事,不要留下日后悔恨!"李穆出使返回,陈说具体情况,太祖认为传谕圣旨扼要确切,江南国主也觉得李穆的话不是欺诈。这一天,太祖又命令山南东道节度使潘美、侍卫步军都虞候刘遇、东上阁门使梁迥等一同率领军队赶赴荆南。

冬季,十月,乙亥朔(初一),辽国主回到上京。

甲申(十日),宋太祖驾临迎春苑,登上汴水大堤,观看战舰顺流东下;丙戌(十二日),太祖驾临东水门,调发战船顺流东下。

江南国主再次派遣他的弟弟江国公李从镒、水部郎中龚慎修带着贵重礼物入朝进贡,并且送上买宴钱,宋太祖全部留下,不作答复。

曹彬同各位将领入朝辞行,太祖对曹彬说:"南方的事务,一概委交爱卿,切勿施暴掠夺黎民百姓,致力扩大威信,让他们自行归顺,不必急于进攻。"并且将匣装宝剑授予曹彬说:"副将以下,不听命令者斩首。"潘美等人都大惊失色。自从王全斌平定后蜀后,杀人很多,太祖常以此为恨。曹彬生性仁爱厚道,所以专门授予他生杀之权。

丁酉(二十三日),宋太祖以吴越王钱俶为升州东南面行营招抚制置使,并赐给战马二百匹,派遣客省使丁德裕率领禁卫军步兵骑兵一千人为钱俶的前锋,同时监视钱俶的军队。

己亥(二十五日),曹彬等部从蕲阳渡过长江,攻破峡口寨,杀死守卒八百人,活捉二百七十人,擒获池州牙校王仁震、王宴、钱兴等三人。

甲辰(三十日),宋太祖以曹彬为升州西南面行营马步军战棹都部署,潘美为都监,曹翰为先锋都指挥使。当初,宋朝军队直赴池州,江南国沿长江驻守部队都认为是每年宋朝所派遣的巡视军队,所以全都关闭营垒自守,派遣使者送上牛酒以犒劳宋军;不久发觉情况与往日不同,池州守将戈彦就弃城逃跑。闰月,己酉(初五),曹彬等部进入池州。

先前,宋太祖派遣八作使郝守濬率领民夫工匠从荆南用大船运来竹编的大绳索,并且将朗州所建造的黄黑龙船开到采石矶,横跨长江架设浮桥,先在石牌上做实验。架成后,命令前汝州防御使灵丘人陆万友前往把守。

丁巳(十三日),曹彬等部在铜陵与江南国军队交战,击败江南国军队,缴获战舰二百多艘,活捉八百多人。

庚申(十六日),知制诰、史馆修撰扈蒙上书说:"昔日唐文宗每次打开延英殿征召文武大臣商议政事,必定命令起居郎、舍人拿着笔管在宫殿值班官员站立的螭首前坳处记录当时政务,所以《文宗实录》最为详细。到了后唐明宗,也命令端明殿学士以及枢密直学士轮流修撰《日历》送交史馆。近代以来,这些事情全都废除,每个季度虽然有内殿《日历》,枢密院抄录送交史馆,然而所记载的,只不过是臣下应对谒见、辞行告谢之事而已,帝王的语言和行动,无从得到记录。因为宰相害怕泄露机密,不肯找原因述说;史官因为疏远机要又自生隔离,从何得以知晓!希望从今以后,凡是有决策的事情,优抚的恩典,出自帝意,可以写入书册的,一并委托给宰相大臣和参知政事每日轮流主持抄录,以备史官修撰与编集。"太祖下诏准从,任命卢多逊专门管理此事。

壬戌(十八日),曹彬等部到达当涂,雄远军判官婺源人魏羽率城投降宋军。宋军首先攻拔芜湖,又攻克当涂,于是屯驻采石矶。

甲子(二十日),监修国史薛居正等人呈上所修撰《五代史》一百五十卷。第二天,宋太祖对宰相说:"昨天观阅新修史书,看到梁太祖残暴昏乱丑恶污秽的劣迹竟到如此地步,所以,他不久被贼人害死是活该的。"

丁卯(二十三日),曹彬等部在采

钱镠像

石矶击败江南国二万多军队,活捉马步军副部署杨收、兵马都监孙震等人,又缴获战马三百多匹。当初,江南国没有战马,朝廷每年赏赐一百匹,到此时驱使它来作为先锋以抵拒宋军,缴获后,查验马匹上的印记,都是朝廷所赏赐的。

十一月,癸未(初九),挑选泰宁节度使李从善部下以及江南国水军总共一千三百多人组成禁旅,号称归圣军。

宋太祖下诏将石牌镇浮桥移到采石矶,系上缆索三日而成,不差一尺一寸,大部队经过,如走平地。当初架设浮桥,江南国主听说此事,告诉张洎,张洎回答说:"从有文字记载以来,没有过这种事,这浮桥一定架不成。"江南国主说:"我也认为这不过是儿戏罢了。"到此时派遣镇海节度使郑彦华都督水军一万人,天德都虞候杜真率领步军一万人,共同抵御宋军。即将出发,江南国主告诫他们说:"两支军队水陆并进相互接应,没有不取胜的。"

戊子(十四日),吴越王钱俶派遣使臣进贡,答谢招抚制置的任命,同时呈上了江南国主写给他的书信,信中主要说:"今日没有了我,明天岂能有您!圣明天子一旦换改地方来酬报您的功劳,大王也只是大梁一个布衣百姓罢了。"

辽国僧侣昭敏,用旁门左道迷惑众人,辽国主宠幸他,任命他为三京诸道僧尼都总管,加官兼侍中。

己丑(十五日),汉阳军知军李恕击败江南国鄂州水军三千多人,缴获战舰四十多艘。

甲午(二十日),曹彬等部在新寨击败江南军队,缴获战舰三十艘。郑彦华、杜真两部同宋军相遇,杜真率领所部首先出战,而郑彦华拥兵不救,杜真部众大败。

辽国涿州刺史耶律琮送书给雄州临时知州孙全兴,信中主要说:"两国原本没一点仇怨,倘若相互派出一介使臣。明确宣布二国君主的心意,用以使疲惫的百姓得以休养生息。长期结为睦邻国家,不也是好事吗?"辛丑(二十七日),孙全兴将耶律琮的书信送来呈上,宋太祖命令孙全兴回信,允许建立友好关系。

十二月,金陵开始实行戒严,下令取消开宝的年号,公家私人记年只称甲戌岁。增加招募百姓当兵,百姓用财物和粮食来献纳的,授予官职爵位。

丁未(初四),汉阳兵马监押宁光祚在长江北岸击败鄂州水军。

吴越王钱俶率领军队包围常州。

己酉(初六),曹彬部在白鹭洲打败江南国军队。

癸亥(二十日),吴越国军队攻拔利城寨。

丙寅(二十三日),曹彬等部在新林港口攻破江南国军队。

庚午(二十七日),北汉军队进攻晋州,守臣武守琦在洪洞击败北汉军队。

辛未(二十八日),吴越王钱俶在常州北部地区击败江南国军队。

开宝八年　辽保宁七年(公元975年)

春季,正月,丙子(初三),临时池州知州樊若水在池州边界击败江南国军队四千人。

壬寅(二十九日),辽国主在木叶山举行祭祀。

当初,曹彬等部队还没有出发,宋太祖命令王明为黄州刺史,秘密授予计谋策略。王明到任后,急忙修缮城墙堡垒,训练士兵。到这时任命王明为池州至岳州长江水路巡检战棹都部署。辛巳(初八),王明派遣兵马都监武守谦等率部渡过长江,在武昌击败江南国军队,攻克樊山寨。

这天,行营左厢战棹都监田钦祚在溧水击败江南国军队,江南国都统李雄对他的几个儿子说:"我必定要死于国难,你们勉力为之!"父子八人全都战死在阵地上。

乙酉(十二日),宋太祖登上长春殿,对宰相说:"古代当国君的,很少有人没有过失,朕总是日夜小心畏惧,预防非分窒息欲望,期望着以德政教化人民。像唐太宗那样接受别人的劝谏奏疏,允许直接指责他的过失,竟然不感到惭愧耻辱;哪能比得上不犯过失,而让天下之人没有闲话呢!做臣子的有的不能自始至终保持名节,自陷于不仁不义,忠诚信用浅薄而获得福分也是稀少,这可以作为告诫啊!"

庚寅(十七日),曹彬等部进攻金陵,行营马军都指挥使李汉琼率领所部渡过淮南,用巨大战舰装载满芦苇,顺着风势放火。进攻江南国的水上营寨,攻克营寨。最初进驻秦淮河边,江南军队水陆两路十几万人,背靠金陵城墙列阵,当时船只没有到齐,潘美率领所部首先渡过淮水,大部队随后赶到,江南国军队大败,江南国又出兵,打算逆流而上夺取采石矶的浮桥,潘美立即击退江南军队。

癸巳(二十日),宋太祖命令京西转运使李符增调荆南、湖南军粮赶运到金陵城下。

二月,临时潭州知州朱洞派遣兵马都监石曦在袁州西部边界打败江南军队。

癸丑(初十),曹彬等部在白鹭洲击败江南军队,乙卯(十二日),攻克升州外城,守城的士兵全部逃入城内。

癸亥(二十日),北汉少主派遣雁门节度使刘继元向辽国进贡北汉土特产。

甲子(二十一日),扬州知州侯陟在宣化镇击败江南军队。

丙寅(二十三日),辽国主用青牛、白马祭祀天地。

丁卯(二十四日),宋太祖以知制诰王祐为权知贡举,知制诰扈蒙、左补阙梁周翰、秘书丞雷德骧同时为权同知贡举。权同知贡举的设立从此开始。

戊辰(二十五日),宋太祖登讲武殿,对王祐等所奏报的合格举人王式等进行复试,因而对他们说:"以前登科及第的名额,大多被权势之家所获取,堵塞了势孤贫寒者的入仕之路。如今朕自己亲自当面考试。来决定可否进退,全部革除先前的弊端了。"王式等人都叩头道谢,于是由宫内出诗题来考试。考取进士王嗣宗以下三十人,诸科纪自成等三十四人。王嗣宗是汾州人。江南进士林松、雷说,考试不及格,因为他们是通过小道前来归顺的,全部赐予《三传》出身。

这月,江南国知贡举,户部员外郎伍乔发榜公布进士张确等三十人。从保大十年开设贡举,到这一年为止,总共有十七榜。

三月,尚食局进供的膳食,有虮子沿着盛食物的器皿旁爬动。宋太祖生性宽厚仁慈,讲究恕道,对左右侍臣说:"不要让掌管膳食的知道。"太祖曾经阅读过《尧典》,感叹道:"尧、舜时代,共工、欢兜、三苗、鲧四凶的罪恶,也只判处放逐四裔,为什么近代法网竟如此严密呢!"有意要停止刑罚。所以从开宝二年至今,诏令宽免死罪的总共有四千一百零八人。

乙亥(初三),庐州临时知州邢琪率领军队渡过长江,到达宣州境内,攻克义安寨。

壬午(十日),辽国耶律苏萨进献党项部族俘虏,辽国主分别赏赐给文武百官。

庚寅(十八日),曹彬等部在长江中击败江南军队。

辽国主派使克卜茂固舒苏前来朝聘,宋太祖下诏令阁门副使郝崇信到边境上迎接他。到达京师后,住宿在都亭驿馆。己亥(二十七日),克卜茂固舒苏入朝觐见,太祖在长春殿宴请,赏赐衣服器物各有不同。

壬寅(三十日),宋太祖派遣宫中使者王继恩率领军队数千人开赴江南。

夏季,四月,教坊使卫德仁,因为年纪老乞求外放做官,并且援引后唐同光年间的旧例请求授领州郡之职,宋太祖说:"任用乐官为州刺史,这是唐庄宗行政失当,岂可效法他?"宰相拟授上州司马,太祖说:"上州佐官是士人居任之外,门第声望很高,也不可轻易授予,这等人只应当在乐部范围内升调而已。"于是任命为太常寺大乐署令。

乙巳(初三),王明在江州击败江南军队。

己酉(初七),辽国主在木叶山祭祀天地;辛亥(初九),举行射柳仪式以祈求降雨。辽国主前往频跸淀避暑。

癸丑(十一日),吴赵军队包围常州。常州刺史禹万成坚守抵抗,大将金成礼劫持禹万成,以州城投降。

吴越当初发兵时,丞相沈虎子劝谏说:"江南国,是国家的屏障,怎么自己去撤销那屏障呢?"吴越王钱俶不听,就罢免沈虎子的政务,任命通儒学士钱塘人崔仁冀取代他。

壬戌(二十日),宋太祖驾临都亭驿,亲临汴水,观看飞江兵乘着刀渔船演习水战。

曹彬等部在秦淮河以北击败江南军队。

五月,壬申朔(初一),宋太祖任命吴越国王钱俶守太师、尚书令,增加食邑。

甲申(十三日),吴越王钱俶进言江阴、宁远军和沿江各营寨都投降。

丁酉(二十六日),王明在武昌击溃江南国军队。

辛丑(三十日),黄河在濮州郭龙村决口。

当初,陈乔、张洎为江南国主谋划,请求所在各地坚守壁垒来疲劳宋军。宋军进入江南国境。国主并不忧虑,每天在皇宫后苑带着僧侣、道人诵读佛经、讲论《易经》,不顾政事,军情书信频频告急,都不能通达,宋军逼近金陵城下几个月,江南国主还不知道。此时老将都在此之前死去,神卫统军都指挥使皇甫继勋是皇甫晖的儿子,年纪还轻,江南国主将兵权交付给他。皇甫继勋平时娇生惯养,一开始就没有拼死效力的决心,只想国主赶快投降但嘴里不敢说,常常和部众说:"北方军队强劲无比,谁能抗衡!"听说前线军队溃败,就喜形于色,说:"我本来说知道不能取胜啊!"手下将领有人招募敢死队准备夜间出军营阻截作战,皇甫继勋就用鞭子抽打他的脊背而拘留他。因而部众群情激愤。当月,江南国主亲自出宫巡视城垒,看到宋军城外布阵营栅,旌旗遍野,知道被左右大臣所蒙蔽,开始惊慌恐惧,就拘捕皇甫继勋交付监狱,杀死他,军士争相刀割尸体的肉,顷刻间全部割光。皇甫继勋被诛杀后,凡是军机决定都从澄心堂宣布传出,实际上由张洎等人专断。于是派遣使者征召神卫军都虞候朱全赟率领上江军队入都援救。朱全赟统帅十万部众屯驻湖口。众将请求乘着江水上游迅速而下,朱全赟说:"我现在前进,敌人反过来占领我的后方。出战而取胜,是可以的;不胜的话,粮道将被切断,怎么办?"于是用书信召集南都留守柴克贞让他代守湖口,柴克贞推说有病拖延不上路,朱全赟也不敢进军,江南国主多次催促他,朱全赟不听从。

宋太祖下诏,因为岭南的风俗,生病不叫医生,自从朝廷教化普及,开始知道医药;商人携带生药过五岭的不征税。

六月,辛亥(十日),黄河在顿丘决口。

辛酉(二十日),前凤翔节度使、太师兼中书令魏王符彦卿去世,宋太祖停止上朝三天,由官府供给丧事费用。

甲子(二十三日),彗星从柳宿而出,尾巴长四丈,早晨出现在东方,指向西南,总共八十三天才消失。

丁卯(二十六日),曹彬等部在金陵城下击败江南军队。

秋季,七月,辛未朔(初一),出现日食。

当初,宋军在江南的捷报频繁传来,馆邸官员催促李从镒入朝祝贺,但潘慎修认为:"国家将要灭亡,应当等待罪罚,祝贺什么呢?"从此宋朝文武百官称贺庆祝,李从镒便奉呈表章请罪。宋太祖赞许他的得礼,派遣宫中使者慰问安抚,供应帷帐奉养食物,全都从优供给。壬午(十二日),太祖又命令李穆护送李从镒回国,用亲笔诏书敦促江南国主前来归降,并且下令众将延缓进攻以等待投降。

辽国黄龙府卫将燕颇杀死都监强瑚而反叛,辽国主派遣敞史耶律曷里必讨伐他。

左司员外郎、扬州临时知州侯陟,接受贿赂行为不法,被部下所诉讼,被追究而赶赴京师。侯陟平时与参知政事卢多逊友善。私下派人请求哀怜,当时金陵没有攻下,宋太祖因江南土地低洼潮湿,秋日暑气,军中多患疫病,商议下令曹彬等率部退回广陵,休养将士马匹以作后图,卢多逊对此抗争但没有结果。遇到侯陟刚从广陵回来,卢多逊指使他上奏紧急情况来说明江南的军事。侯陟当时染病。太祖命令皇宫卒架扶着入宫进见,侯陟就大声说:"江南平定就在旦夕之间,陛下怎么准备收兵?希望赶紧攻取。臣下倘若贻误陛下大事,情愿诛灭三族。"太祖屏退左右大臣,召见侯陟上殿询问情况,立即撤回先前的决定,并赦免侯陟的罪不予追究。八月,甲辰(初五),太祖又任命侯陟为判吏部流内铨。

癸亥(二十四日),丁德裕奏言在润州城下打败江南军队。

九月，壬申（初三），宋太祖在近郊打猎，追逐野兔，马失前蹄，摔落在地上，就拔出佩刀刺马，杀死那马，事后懊悔此事说："我作为天下君主，轻率从事打猎，马又有什么罪呢！"从此就不再打猎。

辽国耶律曷里必在治河打败燕颇，派遣他的弟弟耶律安抟追赶。燕颇逃跑退守兀惹城，耶律安抟才返回，率领他的余党一千多户修筑通州城。

当初，江南听说有宋军前来，国主因为京口是要害之地，便提拔平时所亲近信任的侍卫都虞候刘澄为润州留后，临行时，对他说："爱卿不该离开朕，朕也难以同爱卿分别，只是此行非爱卿不可。"刘澄挥泪告辞回家，将金银珠玉全部装车前往，对人说："这都是前后所赏赐的，如今应当散发这些来图谋建功立业。"江南国主听说此话后大为高兴。等到吴越军队刚刚到达，营垒没有修成，左右将领请求出兵袭击，刘澄不肯。国主不久命令凌波都虞侯卢绛带领所部水军八千人前来增援，当时刘澄已经交结宋军表示投诚，便慢条斯理地对卢绛说："探子奏报都城被包围时间已久，倘若都城不能守住，守卫此城做什么？"卢绛也知道润州城终将失陷，于是突围而出。戊寅（初九），刘澄率领手下将领官员打开城门请求投降，润州平定。

李从镒到达江南国都宣谕宋太祖旨意。国主准备出城投降。陈乔、张洎认为城池防守很坚固，北方军队早晚必将自行退兵，国主才作罢，李穆返回，宋太祖又命令众将进军。

到润州平定后，金陵外围更加危急，江南国主才开始谋划派遣使臣向宋朝进贡，请求缓兵，道士周惟简经常穿戴道人衣冠侍奉讲论《周易》，历任官职到虞部郎中而退休。到此时张洎推荐周惟简，又征召他担任给事中，和修文馆学士承旨徐铉一起出使京师。当时江南国主正在督促朱全赟率领湖口军队入都援救，对徐铉说："你上路以后，必当立即制止上江的援兵。"徐铉说："臣下此行不一定有成，京师中所仗恃的只有援兵而已。怎么制止它呢？"江南国主说："正在求和而又征召援兵，难道不会危害你？"徐铉说："应当把臣下的生死置之度外。"国主流下了眼泪，又亲自书写十几张纸，题写奏目，让周惟简乘时机请求宋太祖哀怜，准备辞去政务养病。

冬季，十月，己亥（初一），曹彬等派遣使者送徐铉和周惟简赶赴京师。徐铉在江南时，以名臣自居，他前来出使，打算用口舌游说来保全江南。于是宋朝大臣也事先禀报太祖，说徐铉博学多闻，富有辩才，对待他应有所准备，太祖笑道："只管回去，这不是你所能知晓的。"不久徐铉入朝觐见，仰面大声说："李煜没有罪，陛下出师无名。"太祖从容不迫地召他上殿，让他把话说完，徐铉说："李煜事奉陛下，如同儿子侍候父亲，没有过失，怎么遭受讨伐？"他的话长达数百言。太祖说："你说父亲与儿子分为两家，可以吗？"徐铉无法回答。周惟简过了一会儿将江南国主题写的奏目呈进，太祖阅览后，跟他说："你们国主所说的，我也不晓得。"太祖尽管不准备延缓进兵，然而对待徐铉等人的态度，都如同没有兴兵的时候一样。壬寅（初四），徐铉等人辞行回归江南。

辛亥（十三日），宋太祖下诏："各道地方长官佐丞考察老百姓中孝顺父母、敬事兄长、努力田作、才能奇特、品行超异或者文功武略可用的，遣送到朝廷。"

丁巳（十九日），派遣使者修建洛阳宫殿房屋，宋太祖开始谋划向西巡幸。

江南国主又派遣使臣进贡白银五万两、绢五万匹，请求延缓进兵。

朱全赟从湖口率领部众援救金陵，号称有十五万人，绑缚木头编成木筏，长达一百多丈，战舰大的可容纳千人，打算切断采石矶的浮桥，遇到江水干涸，战舰无法迅速推进。王明屯驻独树口,派遣他的儿子骑马飞驰入朝奏报,宋太祖秘密派遣使者,命令王明在江心和岸边之间竖立许多长木头如同风帆桅杆的形状来迷惑敌人。己未(二十一日),朱全赟独自乘坐大船,高达十几层,上面竖起大将旗旒。到达皖口,宋朝行营步军都指挥使刘遇突然指挥军队猛烈攻击,朱全赟用火油放火燃烧,刘遇军队不能支持,突然刮起北风,火焰反过来焚烧朱全赟自己的部众,他的部众不战自溃,朱全赟惶恐惊骇投火而死,擒获江南国战棹都虞候王晖等人,缴获武器数万件。金陵唯独依仗的这路援军,从此孤城更加危险窘迫了。

监察御史刘蟠,生性清廉耿介、孤独寡合,颇能使用智术设计骗局来谋求皇帝的恩遇,刘蟠当时典领染院,乙丑(二十七日),宋太祖大驾光临,刘蟠窥伺太祖将要达到,立即穿起后幅短窄的衣服,脚着草鞋,手持棍棒来催督役作,头发蓬乱不加梳理,匆忙出来迎接谒见,太祖认为他能够勤于职守,赏赐二十万钱。

辽国主从频跸淀回来,这月,在土河钓鱼。

十一月,徐铉以及周惟简返回江南,不久,江南国主又派遣徐铉入朝奏报。辛未(初三),在便殿应对。徐铉进言:"李煜因为染病不能入朝谒见,不是敢于违抗诏命,乞求延援进军来保全江南一邦的性命。"他的语言非常恳切透彻。宋太祖和他反复争辩多次,徐铉声色气势更加严厉,太祖大怒,就拔剑对徐铉说:"不必多言!江南又有什么罪,只是天下应归一家,如同卧榻旁侧,岂能容忍他人鼾睡呢!"徐铉惶恐退下。太祖又责问周惟简,周惟简十分害怕,就说:"臣下原本身居山林荒野,没有进身仕途的意思,只是李煜强行派遣臣下前来而已。臣下平时听说终南山有许多神灵药草。他日情愿得入终南山栖身隐居。"太祖可怜而应许他,同时分别厚加馈赠,遣送返回。

庚辰(十二日),王明奏报在湖口击败了江南军队。

先前曹彬等部列阵三个营寨围攻金陵城,潘美部驻扎城北,将布阵图前来呈上。宋太祖看图后,指着北面营寨对使者说:"此寨应该深挖壕沟来加固自己的防御,江南军队必定在夜间前来进犯。急忙告诉曹彬等人,共同协力完成挖沟加固,不然的话,将会给敌人以可乘之机。"赐给使者饮食,并且征召枢密使楚昭辅起草诏书,命令调遣布置战船,使者吃完立即上路。曹彬等人接受诏命,亲自督促民夫挖凿战壕,壕沟挖成,丙戌(十八日),江南国果然夜里出兵五千人袭击北面营寨,每人手持一把火炬,击鼓呼叫前进,曹彬等部放他们迈前,才逐步发起进攻,全部歼灭,擒获江南佩挂符印的将帅共十几人。

金陵被围困,从春季直到冬季,居民打柴的路被打断。曹彬始终想让金陵投降,屡次派遣人告诉江南国主说:"城必将攻破。应该早为之做出安排。"江南国主相约先让他的儿子清源郡公李仲寓入朝觐见,事后又长久不出发。曹彬每天派人催促他,并且说:"郎君不必远跑京师,倘若一到营寨,就立即四面停止围攻。"江南国主终究被左右大臣的话所迷惑,只回复说:"李仲寓的行装没有办完。"曹彬又派遣使者告诉说:"稍微迟疑,就来不及了!"江南国主不听。

先前太祖多次派遣使臣告谕曹彬不得伤害城中的人,倘若他们仍然困兽犹斗的话,对李煜一家也切勿加以伤害。到这时曹彬忽然称说生病不理军事,众将领都前来探问病情,曹彬说:"我的病不是药物针石所能治愈的,希望诸公共同立下信约誓言,攻破城池之日不滥杀一人,那我曹彬的病就痊愈了。"众将领答应,就相互点香立下誓言。第二天,曹彬立即称说病愈。

乙未(二十七日),金陵城攻破,将军咼彦、马诚信和弟弟马承俊率领壮士进行巷战而死。勤政殿学士豫章人钟蒨,穿着朝服坐在家中,乱兵到达,全族赴死而不离去。

当初,陈乔、张洎共同提出不投降的建议,事态紧急,又相约一起去死,然而张洎实际上并没有死的念头，于是携带妻子儿女和行装入住宫中，带陈乔一同谒见江南国主。陈乔说："臣下辜负陛下，希望公开加以杀戮。倘若中原王朝有什么诘问责难，请求将责任推到臣下身上。"江南国主说："国家气数已尽，爱卿死而无益啊！"陈乔说："纵使陛下不杀臣下，我还有什么面目去见士人呢？"于是上吊自杀。张洎说："臣与陈乔一同掌管中枢政务。国家灭亡应当一同死去，但又想到陛下进入中原朝廷，还有谁和陛下同去辩明这里的事情呢！臣下之所以不死，是将有所等待的。"

曹彬整顿军队结成行列，到达江南国主的宫城前，江南国主与他的文武百官在宫门迎接跪拜。首先见到潘美，施拜，潘美答拜；其次见到曹彬施拜。曹彬派人告诉他说："盔甲在身，不敢答拜。"立刻挑选精兵一千人把守在宫门外。下令说："有想进入宫门的，一律拒绝。"开始江南国主在宫中堆积柴火，约定全部宗室赴火而死，等到见到曹彬，曹彬安慰他，并且告谕："归顺入朝的，俸禄赏赐有限数，应该趁现在自己多装带一些宫中财宝，一旦经官吏登记后，就连一件物品都不能再得到了。"因而又让李煜进入皇宫，随意拿取宝物。梁迥、田钦祚等人劝谏说："倘若有所不测，过失将由谁来承担？"曹彬笑而不答。梁迥等人争执不休，曹彬说："李煜平素没有一点决断，如今已经降附，一定不能自杀，可以不必忧虑了。"又派遣士兵一百名用车装载财物。李煜正愤恨悲叹国家灭亡，无意积储财物，将黄金大多分赐给侍奉近臣，曹彬进入金陵后，严厉申明禁止暴行的军令，江南士大夫保全性命的很多，同时在军中实行大搜查，不得藏匿人家的妻子。各仓廪府库，委交转运使许仲宣按照簿籍检查核实，曹彬一概不问，军队返回时，曹彬的行装中只有地图、书籍、衣服、被子而已。

十二月，己亥朔（疑误）江南告捷奏书到达，总共获取十九个州，三个军，一百零八个县，六十五万五千零六十五户，文武百官全都祝贺，宋太祖流泪对左右大臣说："国家有分裂，人民深受灾祸，攻城之际，必定有无辜横遭刀剑的，这实在应为之哀痛啊。"当即下诏拨出十万石米赈济金陵城中的饥民。

辛丑（初四），宋太祖下诏大赦江南地区内州县平常赦免时所不宽恕的罪犯，原江南国设置的文武官吏中现仍治理事务的一律照旧。

宋太祖命令太子洗马河东人吕龟祥前往金陵，登记李煜宫中收藏的图书并送往京师。

己未（二十二日），宋太祖以恩赦侯刘铢为左临门卫上将军，改封为彭城郡公。

辽国大丞相高勋、契丹行宫都部署尼哩凭借恩宠放荡恣肆，和辽国主的姨妈、保姆权倾一时，炙手可热，送纳贿赂、请求谒见的人络绎不绝，门庭若市。北院枢密使耶律贤适忧虑此事，进言于辽国主，没有得到答复。耶律贤适请求因病辞职，辽国主不允许，命令他铸造手印处理政事。

户部员外郎、知制诰王祐判领门下省事务，与判吏部流内铨侯陟不和，侯陟所拟授官，王祐大多加以驳回改正，侯陟向卢多逊申诉。卢多逊当初任翰林学士，暗中倾轧宰相赵普，屡次示意王祐帮助自己，王祐没听从。卢多逊不高兴。癸亥（二十六日），王祐因侯陟的事被贬谪为镇国行军司马。

先前宋太祖曾经征召吴越国进奏使任知果，要他向吴越王钱俶宣谕圣旨说："元帅攻克毗陵有大功，等到平定江南，可以暂且前来与朕相见，以便慰藉长期思念，必当立即再返回，不需久留。朕已多次捧持圭币来对上帝表示诚意，岂能自食其言呢？"崔仁冀也告诉钱俶说："皇上英明威武，所向无敌，天下事物的形势由此可见，保护宗族顾全百姓，是上策啊。"钱俶深以为然。

甲子（二十七日），辽国主派遣耶律乌镇前来祝贺元旦，宋太祖也派遣使者回报。

丁卯（三十日），吴越王钱俶请求在宋太祖生日的长春节入朝觐见，太祖准许。

开宝九年（公元 976 年） 十二月改年号为太平兴国元年，辽保宁八年。

春季，正月，辛未（初四），曹彬派遣翰林副使郭守文奉持露布，押送江南国主及其子弟、属官等四十五人前来进献。宋太祖到明德门接受献俘，李煜等人身穿素服等待问罪，太祖诏令一律释免，分别赐给冠冕腰带、器物币帛、配鞍马匹各有不同。当时官吏商议献俘仪式如同刘铱那次，太祖说："李煜曾经奉行朝廷历法，不可跟刘铱相比。"收起露布而不宣读。李煜当初因为拒绝诏命，颇为满怀忧虑悔恨，郭守文对李煜说："国家只致力于恢复疆土，实现太平，它能还会对后来归降进行责罚呢！"李煜才安心。

徐铉随从李煜到达京师，宋太祖责备他不及早劝说李煜归附朝廷，声色俱厉。徐铉回答说："臣下身为江南国大臣，国家灭亡，罪本该死，不必再问其他。"太祖说："是忠臣啊！事奉我应当像李氏一样。"赐给座位，慰问安抚他。又责备张洎说："你教唆李煜不投降，致使到达今天。"因而出示他在围城中所起草召集援军的蜡封书信。张洎叩头请求处死，说："书信确实是臣下起草的，狗见不是他的主人就叫唤，这只是其中之一而已，其他事情还很多。今天能求一死，是臣下的本分。"言辞气色一点不变，太祖开始想要处死张洎，到这时认为他是奇才，说："你很大胆，朕不加罪于你。从今侍奉我，不要丧失昔日的忠诚。"

乙亥（初八），宋太祖以李煜为右千牛卫上将军，封为违命侯，他的子弟、宗室属官都授予官职。丙子（初九），宋太祖以李煜的司空、知左右内史汤悦为太子少詹事，左内史侍郎徐铉为太子率更令，右内史舍人张洎为太子史允，其余的授予官职各有不同。

庚辰（十三日），宋太祖下诏前往西京，打算在四月到西京南郊祭天。

壬午（十五日），济州团练使李谦溥去世。

癸未（十六日），宋太祖命令翰林学士李昉到礼部贡院查阅各道所解送的孝弟力田和有文武才干的四百七十八人，所从事的都无可取之处，而濮州所举荐的占了一半，太祖在讲武殿召见询问，全不符合诏令要求。还有自称熟习武艺，又考试骑马射箭，都七颠八倒纷纷落马。太祖说："只可归隶士兵名籍而已。"众人都号哭请求豁免，太相便全部罢退他们，弹劾当地有关官员滥举不实的罪过。

二月，己亥（初二），文武百官再次奉呈表章请求加尊号为一统天下，宋太祖说："燕、晋之地没有收复，可以说一统天下吗？"不允许。文武百官请求改作立极居尊，太祖允许。

庚戌（十三日），宋太祖以宣徽南院使、义成节度使曹彬为枢密使、兼领忠武节度使。枢密使兼领节度使从曹彬开始。山南东道节度使潘美为宣徽北院使。节度使兼领宣徽使从潘美开始，李汉琼、刘遇、田钦祚、梁迥、李继隆，同时加官晋级各有不同，奖赏他们平定江南的功劳。

曹彬从江南归来，前往阁门递进札子说："奉诏敕差遣前往江南办理公事回来。"当时人称赞他不居功自夸。曹彬出行时，宋太祖答应用使相作为奖赏，等到回来后，太祖告诉曹彬说："使相的品级职位高到了极点，暂且慢一点，再为我攻取太原。"因而赏赐五十万钱，曹彬回到家里，看见赏钱放满了屋子，感叹说："人生在世何必要为使相，好官只不过多得钱而已！"

己未（二十二日），吴越国王钱俶和他的儿子镇海、镇东节度使钱惟濬等人进入崇德殿朝见，宋太祖在长春殿宴请。先前太祖亲自光临礼贤宅巡视设备用器，等到来了后，立即下诏钱俶在礼贤宅居住，恩宠赏赐十分优厚，钱俶所进贡的礼物也比以前增多了几倍。

宋太祖即位之初，征召供备库副使魏丕对他说："作坊长久以来积累了许多弊端。为我好好整顿清理一番。"立即授予他的供备库副使。魏丕任职全心尽力,过了八年,就迁升为正使,太祖连年用兵征讨,修造的武器用具全部精心尽力。三月,己巳(初二),宋太祖以魏丕兼领代州刺史,同时兼管作坊。

庚午(初三),宋太祖诏命吴越王钱俶可以佩剑穿靴上殿,诏书中不直呼其名。辛未(初四),以钱俶的妻子贤德顺穆夫人孙氏为吴越国王妃。宰相认为异姓诸侯王没有封赐王妃的旧典,太祖说:"从我朝开始实行,以表示特别的恩宠。"太祖多次征召钱俶和他的儿子钱惟濬到御苑中射箭,当时诸王参加陪坐。钱俶对他们行拜礼,太祖总是命令宫中内侍挽扶他起来。太祖又曾让钱俶和晋王赵光义等人叙行兄弟之礼,钱俶伏地叩头坚决推辞,才作罢。

宋太祖将要西行,钱俶请求护卫随从,太祖不允许,于是留下钱惟濬侍从,遣钱俶归国。太祖在讲武殿设宴,对钱俶说:"南北风土气候各有所宜,天渐暑热,应该及早出发。"钱俶哭泣请求三年入朝一次。太祖说:"路途迂回遥远,等待诏令再前来。"临行之时,赏赐一个黄金包袱,封缄得十分严实,告诫钱俶说:"途中应该秘密观看。"等到钱俶打开看时,原来都是朝廷群臣请求留下钱俶的章疏。钱俶更加感到恐惧。回国后,常在功臣堂处理政事,有一天,命令改坐到东边,对左右侍臣说:"西北方,是神京所在地,离天子威严容颜相去不过咫尺之远,岂敢泰然处之呢!"更加用乘车、服装、珍宝作为进献礼品,制作极为精巧,每次准备朝贡,必定陈列在长殿庭中,烧香而后遣送上路。

辽国派遣五使顺便查访各地鳏夫、寡妇、孤儿、绝户以及贫穷困乏丧失职业的,赈济这些人。

丙子(初九),宋太祖大驾从京师出发;己卯(十二日),到达郑州。庚辰(十三日),太祖拜谒安陵,祭奠进献时号啕痛哭。左右侍臣全都流泪。然后登上阙台,朝西北方射出响箭,指着响箭所落的地方说:"我死后当安葬在此。"赐给河南府百姓今年一半的田租,免去奉陵户一年的赋税。

辛未(十四日),太祖到达西京。看到洛阳宫室壮丽。非常喜悦,召见河南府知府,右武卫上将军焦继勋当面嘉奖他,加官为彰德军节度使。

宋太祖以王全斌为武宁节度使,对他说:"朕因为江南没有平定,顾虑南征众将会不遵守军纪法律,所以抑制爱卿多年,为朕建立军法。如今已经攻克金陵。归还爱卿节度使之职。"同时厚加赏赐。

夏季,四月,庚子(初四),宋太祖在西京南郊合祭天地。当时阴雨连月不停,到祭祀那天开始转晴。祭祀完毕,西京城中百姓有些白发苍苍的长者相互说:"我们这辈人从小经历动乱流离,没想到今日又见到太平天子!"有的流下眼泪,当天,太祖登上五凤楼,宣布大赦。

壬寅(初六),太祖举行盛大宴会,侍从群臣各有不同的赏赐。

宋太祖出生于洛阳,喜欢当地的水土风情,曾经有迁都洛阳的意思,开始商议西行时,起居郎李符陈述此行的八个困难,太祖不准从。到了祭祀典礼完毕后,太祖还想留住,随从群臣没有人敢于劝谏。铁骑左右厢都指挥使李怀忠乘机进言说:"东京有汴渠的水运河道,每年从长江、淮河运来的粮食几百万斛,京师军队几十万人都依赖这条水道得以供给。陛下居住此地,将从哪里取得粮食?并且国库、重兵都在大梁,根基安定牢固已经很久,不可以动摇。"太祖也不听从。晋王赵光义又乘机进言迁都的不便,太祖说:"迁都河南不算完事,长久之计应当迁往长安。"晋王叩头极力劝谏,太祖说:"我打算西迁都城的原因,不是因为别的,而是想占据山河的天险而省去冗杂军队。遵循周朝、汉朝的旧例以安定天下啊。"晋王又说治国安邦的根本在于德政而不在于天险。太祖没有回答。晋王出去,太祖环视左右侍臣说:

167

"晋王的话固然好,然而不出一百年,天下的民力就要耗尽了。"

甲辰(初八),宋太祖开始下诏东行回京。

丙午(初十),宋太祖从洛阳宫出发,辛亥(十五日),到达东京。

当初,李煜投降后,曹彬命令李煜用书信告谕江南各城守将,都相继归降,只有江州军校胡则和牙将宋德明,杀死刺史,占据州城不投降。宋太祖下诏以先锋都指挥使曹翰为招安巡检使,率领军队去征讨。江州城险要牢固,曹翰久攻不下,从冬季到夏季,战死的很多。丁巳(二十一日),才攻克江州城。当时胡则病得很重,卧在床上,曹翰将他捆起来,斥责他抗拒诏命,胡则回答说:"狗见到不是主人就狂吠,您何必见怪!"曹翰将他腰斩,同时杀死宋德明,于是在江州城大屠杀,死者有几万人,所掠夺的金银绢帛以亿万计算。

这月,宋太祖派遣田守奇到辽国祝贺辽国主生日。

己未(二十三日),著为法令:"从今以后旬假日不理朝政,文武百官休息沐浴。"

宋太祖因为晋王赵光义的居处地势高,水没法流到,六月,庚子(初五),太祖从左掖门步行,到达晋王宅第,派遣工匠制造大转轮,激扬金水河的水灌注到宅第中,并且多次亲临视察,督促完成这个工程。晋王生性仁爱孝悌,治理京师十五年,百业大举。太祖屡次到他府中,恩宠礼遇非常丰厚,晋王曾经病危,不省人事,太祖连忙前往探问,亲自为他烤艾草,直到晋王感觉疼痛,太祖又取艾草亲自炙烧,从辰时直到酉时,到晋王汗发湿透,苏醒安息,太祖才回宫。又有一次曾在宫中宴饮,晋王喝醉酒,不能骑马,太祖起身,送到殿下台阶,亲自扶他。晋王帐下武士蒙城人高琼左手举灯而出。太祖回头看见,就赏赐高琼等人宫禁控鹤营卫士的衣服腰带和器物绢帛,勉励他们尽心竭力。有时对左右侍臣说:"晋王走起路来龙行虎步,必定成为太平天子,论福分德运不是我所能及的。"

武宁节度使王全斌去世,王全斌轻视财物尊重义士,不追求显赫的声誉,宽厚而包容部众,军队将士乐意为他效力。他被贬谪出任山地州郡近十年,怡然自得,熟悉的人夸他,及至去世,追赠中书令。

辽国南京留守秦王高勋,凭仗恩宠而骄横。曾经因南京近郊有许多空地,请求疏通田畔栽种水稻。辽国主打算准从所请,林牙耶律昆宣向朝廷进言说:"高勋这个奏请是心怀异志,如果让他种植水稻,引水修畦,假使凭南京城反叛,官兵从何处进入呢?"辽国主开始怀疑,结果没有准许。适逢宁王耶律质睦的妻子私造用鸩羽泡制的毒酒,高勋也将毒药馈赠驸马都尉萧默哩,事情被发觉。秋季,七月,丙寅朔(初一),耶律质睦被剥夺官职爵位,贬谪乌古部,高勋被削除名籍流放铜州。

八月,乙未朔(初一),吴越国王钱俶进贡发射火箭的军士。

丁未(十三日),宋太祖任命侍卫马军都指挥使党进为河东道行营马步军都部署,宣徽北院使潘美为都监,虎捷右厢都指挥使杨光美为都虞候,和牛思进、米文义率领军队分为五路讨伐北汉。丙辰(二十二日),宋朝军队进入太原。太祖又命令忻、代行营都监郭进等部分头攻打忻、代、汾、沁、辽、石等州。

这月,女真国入侵辽国贵德州东部边境。

九月,甲子(初一),党进在太原城下击败北汉军队,北汉少主向辽国请求援救,辽国主派遣南府宰相耶律沙、冀王耶律塔尔救援北汉。

辛未(初八),女真军队袭击辽国的五个营寨,抢劫以后离去。

冬季,十月,宋太祖患病。壬子(十九日),太祖命令内侍王继恩前往建隆观设置黄篆道场。这天晚上。太祖征召晋王赵光义入宫应对,半夜才退出。

癸丑(二十日),宋太祖在万岁殿驾崩。当时已是深夜四更,皇后派王继恩出宫,征召贵州防御使赵德芳。王继恩因为太祖将皇位传给晋王的意志早已确定,于是不到赵德芳处,而径直赶赴开封府征召晋王,看见左押衙荣泽人程德元坐在府门前,敲开大门,和他一起入府去见晋王,并且召晋王入宫。晋王大为惊骇,犹豫不走,说:"我应当与家里人商议一下。"很久不出门。王继恩敦促他说:"事情一久,将要被他人占有了。"当时下大雪。就和晋王在雪中步行到皇宫。王继恩留晋王在值班房中,说:"晋王暂且在此等待。我应当先进前报告。"程德元说:"应该立即径直进前,有什么可等待的!"于是和晋王一起进入太祖的寝宫。皇后听到王继恩到达。问道:"德芳来了吗?"王继恩说:"晋王到了。"皇后看见晋王,愕然惊恐,立即称他为官家,说:"我母子的性命,全都托付给官家了。"晋王流泪说:"共保富贵,不必忧虑啊!"

甲寅(二十一日),晋王正式就皇帝位,文武群臣在万岁殿的东边堂柱间谒见,宋太宗号啕大哭,悲痛欲绝。

乙卯(二十二日),宣布大赦天下,平时赦免所不宽宥的罪犯全都减除。诏令:"命沿边守将约束整饬卫戍士兵,不得侵犯骚扰境外之地。文武百官有什么论列建议,一律准许密封表疏上奏,必须当面陈奏的,阁门使随时引见应对。"

庚申(二十七日),宋太宗以皇弟永兴节度使兼侍中赵廷美为开封尹兼中书令,封为齐王,皇子山南西道节度使、同平章事赵德昭为永兴节度使兼侍中,封为武功郡王;贵州防御史赵德芳为山南西道节度使、同平章事。宰相薛居正加官左仆射,沈伦加官右仆射,就是沈义伦;参知政事卢多逊为中书侍郎、平章事、枢密使曹彬加官同平章事;枢密副使楚昭辅加官枢密使。

十一月,甲子(初二),宋太宗追赠册封已故尹氏为淑德皇后,越国夫人符氏为懿德皇后。尹氏是尹崇珂的姐姐,太宗贱微时所娶的。

丁卯(初五),宋太宗下诏齐王赵廷美,武功郡王赵德昭班位在宰相之上。

庚午(初八),宋太宗以齐州防御使李汉超为云州观察使,兼判齐州,仍然统领关南驻军;洺州防御使郭进领应州观察使,判邢州,兼任西山巡检照旧。

当时瀛洲防御使马仁瑀监领霸州军队,擅自调发部下士兵进入边境地区抢掠。由此和李汉超关系恶化。宋太宗怕滋生边境事端,立即派遣使者携带金银绢帛赐给李汉超与马仁瑀,诏令使者设置酒宴让二人讲和消气,不久,调马仁瑀为辽州知州。

宋太宗下诏:"各道转运使各自考察荐举所辖内知州、通判、监临物务的京朝官,用三个等级评定他们的优劣,政绩优异者为上等;恪守官位,任职能比较致力于治理者为中等;处理事务松弛怠慢、任职内没有政绩者为下等,年终将考评结果上报。"

宋太宗以供奉官薛惟吉为右千牛卫将军。沈继宗和乡贡进士卢雍同时担任水部员外郎。卢雍是卢多逊的儿子。起家授予官职,立即同沈继宗相同。卢多逊当时正得到宠幸,宋太宗特意任命他的儿子,不是旧典的规定。

辽国派遣郎君旺陆等人出使宋朝吊唁慰问。

这个月,宋太宗封刘铱为卫国公,李煜为陇西郡公。

续资治通鉴卷第九

【原文】

宋纪九　起柔兆困敦【丙子】十二月,尽屠维单阏【乙卯】二月,凡二年有奇。

太宗至仁应运神功圣　德睿烈大明广孝皇帝

帝讳炅,初名匡义,改赐光义,即位二年改今讳,太祖同母弟也。晋天福四年十月甲辰,生于浚仪官舍,是夜,赤光上腾如火。及长,龙准龙颜,望之俨如也。性嗜学,工文业,多艺能。仕周至供奉官都知,太祖即位,以为殿前都虞候,领睦州防御使,寻领泰宁军节度使,加同平章事,行开封尹,再加兼中书令,封晋王。

太平兴国元年　辽保宁八年【丙子,976】　十二月,甲寅,帝御乾元殿受朝,乐悬而不作,大赦,改元。命太祖子及齐王廷美子并称皇子,王、石、魏氏三公主并称皇女。

丁巳,以枢密直学士、左正谏大夫贾琰为三司副使。三司置副使自此始。

戊午,辽遣萧巴固济来聘。

先是川、峡分路置转运使,峡盐悉趋荆南,西川民乏食,太祖遣使劾两路转运使罪,帝即位,皆释之。于是命西川转运使申文纬遥兼峡路,转运副使韩可批兼西川路,使盐笑流通也。

辽诏南京复礼部贡院。

是月,诏罢河东之师,宣徽南院使潘美,侍卫马军都指挥使党进,皆自行营归阙。

是岁,高丽人金行成始入学于国子监。

二年　辽保宁九年【丁丑,977】　春,正月,壬戌,以大行在殡,不视朝。

丙寅,命礼部员外郎贾黄中、左补阙程能、左赞善大夫冯瓒分掌左藏三库。先是货钱与金帛同掌,岁久,储蓄盈羡,始命分之。黄中寻出知升州。尝按行府廨,见一室扃镭甚固,命发钥视之,得金宝数十柜,计其价值数百万,乃李氏宫阁中遗物,未著于籍,即表上之。帝曰:"非黄中廉恪,则亡国之宝将污法而害人矣。"赐钱二十万。

诏:"中外臣僚无得与民争利。"

女真遣使贡于辽。

帝初即位,以疆宇至远,吏员益众,思广振淹滞以资其阙,顾谓侍臣曰:"朕欲博求俊乂于科场中,非敢望拔十得五;止得一二,亦可为致治之具矣。"先是诸道所发贡士凡五千三百馀人,命太子中允、直舍人院张泊、右补阙石熙载试进士,左赞善大夫侯陶等试诸科,户部郎中侯陟监之。熙载,洛阳人也。

于是礼部上所试合格人名。戊辰,帝御讲武殿,内出诗赋题覆试进士,命翰林学士李昉、扈蒙定其优劣为三等,得河南吕蒙正以下一百九人。庚午,覆试诸科,得二百七人,赐及第。

又诏礼部阅贡籍,得十五举以上进士及诸科一百八十四人,并赐出身。《九经》七人不中格,帝怜其老,特赐同《三传》出身。凡五百人,皆先赐绿袍靴笏,锡宴开宝寺,帝自为诗二章赐之。第一等、第二等进士并《九经》授将作监丞、大理评事、通判诸州,同出身进士及诸科并送吏部免选,优等注拟。宠章殊异,前代所未有也。薛居正等言取人太多,用人多骤,帝意方欲兴文教,抑武事,弗听。及蒙正等辞,召令升殿,谕之曰:"到治所,事有不便于民者,疾置以闻。"仍赐装钱,人二十万。

太祖之幸西京也,洛阳人张齐贤献十策,太祖召见便坐,问之,齐贤以手画地条陈。太祖善其四策,齐贤坚执其馀皆善,太祖怒,令卫士曳出。及还,语帝曰:"我幸西京,惟得一张齐贤,我不欲遂官爵之,汝异时可收以自辅也。"于是齐贤举进士,帝欲置之高等,而有司第其名在数十人后。帝不悦,乃召进士尽第二等及《九经》凡一百三十人,悉与超除,盖为齐贤故也。

吴越国王俶遣其子温州刺史惟演来修贡,贺登极。

乙亥,赐乡贡进士孔士基同本科出身,褒先圣后也。

己卯,吴越国王妃孙氏薨,诏给事中程羽为吊祭使。

庚辰,诏易禁军旧号,铁骑曰日骑,控鹤曰天武,龙骑曰龙卫,虎捷曰神卫。

江南旧用铁钱,于民不便。二月,壬辰朔,转运使樊若水请置监于升、鄂、饶等州,大铸铜钱,凡山之出铜者悉禁民采取,以给官铸。废铁钱,悉铸为农器,以给江北流民之归附者,且除铜钱渡江之禁,诏从其请,民甚便之。

癸巳,命户部员外郎兼侍御史知杂事雷德骧提点开封府。

甲午,建鄂州永兴县为永兴军。

辽遣使来贺即位及正旦。

右千牛卫上将军李煜自言其贫。乙未,诏赐钱三百万。煜虽贫,张泊颇丐索之,煜以白金颒面器与泊,泊意犹不足。

北汉胡桃寨指挥使史温等来降。

己亥,吴越王俶以山陵有期,遣使来修赗礼。

庚子,帝改名炅,诏:"除已改州县、职官及人名外,旧名二字不须回避。"

丙午,始分西川为东、西两路,各置转运使、副使。兵部郎中许仲宣为西路转运使,考功员外郎滕中正为东路转运使。中正,北海人也。

初,右监门卫率府副率王继勋分司西京,强市民家子女以备给使,小不如意,即杀而食之,以槽楹贮残骨,出弃野外,女侩及鬻棺者,出入其门不绝,民甚苦之,不敢告。帝在藩邸,颇闻其事,及即位,会有诉者,亟命雷德骧往鞫之。继勋具服,所杀婢百馀人。乙卯,斩继勋并女侩八人于洛阳市。长寿寺僧广惠常与继勋同食人肉,帝令先折其胫,然后斩之,民皆称快。

己未,诏刘铣、李煜,常俸外给以它俸。

三月,河阳节度使赵普来朝,乞赴太祖山陵。乙亥,授太子少保,留京师。

香药库使高唐张逊建议,请置榷场局,大出官库香药、宝货,稍增其价,许商人入金帛买之,岁可得钱三十万贯,以济国用,使外国物有所泄。帝从之,一岁中果得钱三十万贯。

戊寅,命翰林学士李昉等编类书为一千卷,小说为五百卷。

初,节度使得补子弟为军中牙校,豪横奢纵,民间苦之。帝雅知其弊,始即位,即诏诸州府籍其名,部送阙下,至者凡百人,癸未,悉补殿前承旨,以贱职羁縻之。

己丑,置威胜军。许辽人互市。

庚寅,知江州周述言:"庐山白鹿洞学徒常数千人,乞赐《九经》,使之肄习。"诏国子监给本,仍传送之。

北汉乞粮于辽。是月,辽主命以粟二十万斛助北汉。先是辽主使乌珍、塔尔分治南、北院,善课农田,年谷屡稔,故能经费有馀,恤北汉之匮,北汉赖之。

夏,四月,甲寅,辽遣鸿胪少卿耶律敞等来助葬。

乙卯,葬英武圣文神德皇帝于永昌陵。

赈延州饥。

是月,作景福殿。

诏恤刑。自是每岁常举行之。

帝厉精求治,前诏转运使考案诸州,凡诸职任,第其优劣;寻复遣使分行诸道廉察官吏。五月,壬戌,诏罢其罢软惰慢者。

安远节度使向拱、武胜节度使张永德、横海节度使张美、镇宁节度使刘廷让以帝初即位,并来朝。癸亥,以拱、永德并为左卫上将军,美为左骁卫上将军,廷让为右骁卫上将军。

丙寅,诏:继母杀夫前妻子及妇者,同杀人论。

庚午,命起居舍人辛仲甫使于辽,右赞善大夫穆被副之。将至境,闻朝议兴师伐北汉,仲甫知北汉倚辽为援,迟留未敢进,飞奏俟报,有诏遣行。既至,辽主问曰:"闻中朝有党进者,真骁将,如进之比凡几人?"仲甫对曰:"名将甚多,如进鹰犬之材,何可胜数!"辽主欲留之,仲甫曰:"信以成命,命不可留,有死而已。"辽主知其不可夺,厚礼遣还。帝谓左右曰:"仲甫远使绝域,练达机宜,可谓不辱君命矣。"

甲戌,以十月十七日为乾明节。

初,曹翰屠江州,民无噍类,其田宅悉为江北贾人所占,诏长吏访其民之乡里疏远亲属给还之。知州张霁,受贾人赂,不尽与民,民诉其事。壬寅,霁决杖流海岛。

己卯,祔太祖神主于太庙,庙乐曰《大定之舞》,以孝明皇后王氏配。又以懿德皇后符氏、淑德皇后尹氏祔别庙。

己丑,女真二十一人请受职于辽,辽主授宰相以下诸职有差。

六月,乙未,以保安等县有黑虫夜食桑叶,免其桑税。

辽喜衮召自贬所,适见辽主答北汉主书,词意卑逊,喜衮曰:"本朝于汉为祖,书旨如此,恐亏国体。"辽主韪之,丙辰,以为(北)〔西南〕面招讨使。

秋,七月,庚申朔,回鹘贡于辽。

癸亥,河决温县、荥泽,命客省使任城翟守素塞之。乙丑,河决顿丘及白马。旋遣左卫大将军李崇矩按行河势,缮治河堤,蠲被水田租。

丙子,辽遣使助北汉战马。

闰月,庚寅朔,以陈洪进将入朝,遣翰林使程德元往宿州迎劳之。

丁未,以平南军为太平州。

己酉,遣翰林学士李昉使吴越。

初,天雄节度使兼侍中李继勋,以疾求归洛阳,许之;复上表乞骸骨,庚戌,授太子太师,致仕。继勋以质直称,性俭啬,唯奢于奉佛。与太祖有军中之旧,故特承宠遇。后月馀卒,赠中书令,追封陇西郡王,谥庄武。

丁巳，有司上诸州所贡闰年图。故事，每三年一令天下贡地图，与版籍皆上尚书省，国初以闰为限，所以周知山川之险易，户口之众寡也。

梅山峒蛮首领苞汉阳等劫掠商人，禁之不止，命翟守素发潭州兵往讨。先以诏谕之，汉阳拒命。八月，癸亥，诏守素进师。时霖雨弥旬，弓弩解弛，守素令削木为弩，贼掩至，交射之，贼遂败；乘胜逐北，尽平其巢穴。

丙寅，陈洪进入见于崇德殿，礼遇优渥，赐钱千万，白金万两，绢万匹。

帝初即位，以少府监高保寅知怀州。怀州故隶河阳，时赵普为节度使，保寅素与普有隙，事多为普所抑，保寅心不能平，手疏乞罢节镇领支郡之制。乃诏怀州直隶京师，长吏得自奏事。

于是虔州刺史许昌裔诉保平军节度使杜审进阙失事。诏左拾遗李瀚往察之。瀚因言节镇领支郡，多俾亲吏掌其关市，颇不便于商贾，滞天下之货，望不令有所统摄，以分方面之权。帝纳瀚言，戊辰，诏诸州并直属京师。天下节镇，无复有领支郡者矣。

九月，辛卯，作崇圣殿。

吴越王俶入朝，先遣其子惟濬来贡。壬辰，诏户部郎中侯陟至泗州迎劳之。及惟濬濬至，赐赉无算。

唐天祐中，兵乱窘乏，始令以八十五钱为百；后唐天成中，又减五钱；汉乾祐初，复减三钱。宋初，因汉制，其输官亦用八十或八十五，然诸州私用，犹各随俗，至有以四十八钱为百者。丁酉，诏所在悉以七十七钱为百，每千钱必及四斤半以上。禁江南新小钱，民先有藏蓄者，悉令送官，官据铜给其直，私铸者弃市。

癸卯，关南巡检、应州观察使李汉超卒。帝甚悼之，废朝，赠太尉、忠武节度使，遣中使护丧归葬。

帝属意戎事，每朝罢，亲阅禁卒。命筑讲武台于城南之杨村，癸亥，大阅，帝与文武大臣从官等登台而观，命天武左厢都指挥使京兆崔翰分布士伍，南北绵亘二十里，建五色旗以号令将卒，节其进退，每按旗指纵，则千乘万骑，周旋如一，甲兵之盛，近代无比。帝悦，即以金带赐翰曰："此朕藩邸时所服者也。"

容州旧贡珠，太祖平刘鋹，诏发媚川都及禁民采珠。至是复贡珠百斤，赐负担者银带衣服。

丙辰，帝始狩于近郊，作诗赐群臣，令属和。

国子监主簿郭忠恕，决杖配隶登州禁锢。忠恕纵酒，肆言时政，颇有谤讟，帝怒，故有是谪。忠恕行至临邑卒。

丁巳，吴越王遣使乞呼名，不允。

冬，十月，辛酉，命左卫大将军李崇矩为邕、贵、浔、横、钦、窦等州都巡检使，未几，徙琼、崖、儋、万。麾下军士咸惮于从行，崇矩尽出器皿金帛凡直数百万，悉分给之，众乃感悦。时黎贼扰动，崇矩悉至洞穴抚谕，以己财遗其酋长，众皆怀附。在岭表及海上四五年，恬然不以炎荒婴虑。旧涉海者，多舣舟俟风，或旬馀，或弥月；崇矩往来皆一日而渡，未尝留滞，从者亦皆无恙，人谓崇矩纯德之报云。

辽遣使来贺乾明节。

己巳，群臣请举乐，表三上，从之。

壬申，女真遣使贡于辽。

是月，初榷酒酤。

十一月，丁亥朔，日有食之，既。辽司天奏日当食不亏。

庚寅，日南至，帝始受朝。

甲午，命监察御史李滨、阁门祗候郑伟为契丹正旦使。

己亥，天平节度使兼中书令石守信罢节度，为守中书令、西京留守。守信在西京，好营佛寺，驱督峻急而不给佣直，民甚苦之。

马军都指挥使党进出为忠武节度使。进掌禁卫凡十二年，微巡京师闾巷，有蓄奇禽异兽者，进或见，必命左右取放之，骂曰："买肉不供父母，反饲禽兽乎！"尝为杜重威家奴，重威子孙贫贱，进分月奉钱给之，人亦以此称焉。

戊戌，辽以吐谷浑叛入太原者四百馀户，命招讨使喜衮索而还之。

癸卯，辽主祠木叶山。

十二月，丁巳朔，试诸州所送天文术士隶司天台，无取者黥配海岛。

戊辰，辽主猎于近郊，以所获祭天。

癸酉，诏定晋州矾法，私煮及私贩易者罪有差。

辛巳，高丽国王佃遣其子元辅来贡，贺登极。

壬午，辽遣太仆卿特尔格、礼宾副使王英来贺明年正旦。

灵州通远军界诸蕃族剽略官纲，诏知灵州、通远军使董遵海讨之。遵海分将出兵，诸蕃族大惧，尽归所掠，肉祖请罪，遵海即慰抚之。自是各谨封界，秋毫不敢犯。帝命遵海兼领灵州路巡检，在通远军凡十四年。

是冬，北汉边候言晋、潞、邢、洺、镇、冀等州皆治戎器及攻城之具，又转漕刍粟，北汉主甚恐。

三年　辽保宁十年【戊寅，978】　春，正月，丙戌朔，不受朝，群臣诣阁贺。

北汉主遣其子续为质于辽，纳重币以求援。

甲午，命绛州浚汾河。

京西转运使程能献议，请自南阳下向口置堰，回白河水入石塘、沙河，合蔡河，达于京师，以通襄、潭之漕，帝壮其言而听之。戊戌，发兵役数万，分遣使护其役，堑山堙谷，历博望、罗渠、小祐山，凡百馀里。逾月，抵方城，地高，水不能至，又增役以致水，然终不可通漕。会山水暴涨，石堰坏，河竟不克就。

辛丑，浚广济、惠民河及蔡河，又治黄河堤。丁未，浚汴口。

己酉，命翰林学士李昉等修《太祖实录》，直学士院汤悦等修《江表事迹》。

癸丑，辽主如长泺。初，辽主知翰林学士室昉有理剧才，改南京副留守，决狱平允，人皆便之，累迁工部尚书、枢密副使、参知政事。至是拜枢密使，兼北府宰相，加同政事门下平章事。

建隆初，三馆所藏书仅一万二千馀卷，及平诸国，尽收其图籍，惟蜀、江南为多，凡得蜀书一万三千卷，江南书二万馀卷，又下诏开献书之路，于是三馆篇帙大备。帝临幸三馆，恶其湫隘，顾左右曰："此岂可蓄天下图籍，延四方贤俊邪！"即诏有司度左升龙门东北，别建三馆，其制皆亲所规画，轮奂壮丽，甲于内庭。二月，丙辰朔，赐名崇文院，尽迁旧馆书以实之，正副本凡八万卷。

甲子，罢昌州七井虚额盐。有司言昌州岁收虚额盐万八千五百馀斤，乃开宝中知州李佩掊敛以希课最，废诸井薪钱，额外课民鬻盐，民至破产不能偿，多流入它郡，而积年之征不可免，诏悉除之。

庚午，回鹘贡于辽。

辛未，幸崇文院观书，令亲王、宰相检阅问难。复召刘铢、李煜纵观，谓煜曰："闻卿在江南好读书，此中简策，多卿旧物，近犹读书否？"煜顿首谢。因赐饮中堂，尽醉而罢。

以吴越王俶将至，癸酉，命四方馆使梁迥往淮西迎劳之，旋遣其子（淮）〔镇〕海、镇东节度使惟濬至宋州迎省。

三月，乙酉朔，贝州清河民田祚十世同居，诏旌其门闾，复其家。

庚寅，辽主致祭于显陵。

癸卯，殿前都虞候、泰宁军节度使李重勋卒。重勋与太祖同事周祖，谨厚无矫饰，太祖甚重之，故擢委兵柄，始终无易；赠侍中。

己酉，吴越王俶入见于崇德殿，宠赉甚厚，即日，赐宴于长春殿，俶僚佐崔仁冀等皆预坐。

以闲厩使、阁门祗候陈从信为左卫将军，充枢密院承旨，翰林使程德元为东上阁门使兼翰林司公事，供奉官大名柴禹锡为翰林副使，清池弭德超为酒坊副使，皆以藩邸旧恩也。

夏，四月，乙卯朔，召华山道士真源丁少微至阙。少微善服气，年百馀岁，隐居华潼谷中，与同县陈抟齐名。然少微专奉科仪，抟嗜酒放旷，虽居室密迩，未尝往来。少微以金丹、巨胜、南芝、元芝等献，帝留数月，遣还。

己巳，女真遣使贡于辽。

己卯，平海节度使陈洪进用幕僚南安刘昌言之计，上表献所管漳、泉二州，得县十四，户十五万一千九百七十八，兵一万八千七百二十七。

癸未，以陈洪进为武宁节度使、同平章事。旋以洪进子文显为通州团练使，仍知泉州；文颛为滁州刺史，仍知漳州。

五月，乙酉朔，御乾元殿受朝。诏赦漳、泉管内，给复一年。

初，吴越王俶将入朝，尽辇其府实而行，逾巨万计。俶意求反国，故厚其贡奉以悦朝廷。宰相卢多逊劝帝遂留俶不遣，凡三十馀请，不获命。会陈洪进纳土，俶恐惧，乃籍其国甲兵献之，复上表，乞罢所封吴越国及解天下兵马大元帅之职，寝书诏不名之制，且求归本道；不许。俶不知所为，崔仁冀曰："朝廷意可知矣。大王不速纳土，祸且至！"俶左右争言不可，仁冀厉声曰："今在人掌握中，去国千里，惟有羽翼乃能飞去耳。"俶遂决策，上表献所管十三州，一军。帝御乾元殿受朝，如冬、正仪。俶朝退，将吏僚属始知之，皆恸哭曰："吾王不归矣！"凡得县八十六，户五十五万六百八，兵十一万五千三十六。

丙戌，命考功郎中范旻权知两浙诸州事。旻初自淮南归朝，帝谓曰："江淮之间，辇运相继，卿之功也。"将用为翰林学士，卢多逊言杭州初复，非旻不可治，帝乃谓旻曰："卿且为朕行，即当召卿矣。"钱氏据两浙逾八十年，外厚贡献，内事奢僭，地狭民众，赋敛苛暴，鸡鱼卵菜，纤悉收取，斗升之逋，罪至鞭背，少者数十，多者至五百馀，讫于国除，民苦其政。旻既至，悉条奏，请蠲除之，诏从其请。

丁亥，徙封钱俶为淮海国王；以其子惟濬为淮南节度使，惟治为镇国节度使，孙承祐为泰宁节度使，崔仁冀为淮南节度副使。

戊子，诏赦两浙诸州，给复一年。

壬寅，定难节度使李克叡卒，以其子继筠袭职。

175

辽主之在藩邸也,马群侍中尼哩倾心结纳,及即位,以翼戴功,累加守太尉。北汉主闻其见信任,遇生日必致礼。尼哩素贪,与同列萧阿布达并以贿闻。时人有毡裘,为枭耳子所著者,或戏曰:"若尼哩、萧阿布达,必尽取之。"传以为笑,其贪猥如此。至是,坐藏甲五百,属有司按诘。会追治贼杀萧思温者,尼哩及高勋皆预其谋,癸卯,赐尼哩死,遣人诛勋于流所,以勋之产赐思温家。尼哩无它长,唯善识马,尝行郊野,见数马迹,指其一曰:"此奇骏也。"此己马易之,已而果然。

六月,己未,辽主如沿柳湖。

戊辰,诏:"自今乘驿者皆给银牌。"

秋,七月,乙酉,以振武节度使、殿前都虞候白进超为殿前副都指挥使,以殿前都指挥使杨信病殁故也。信晚岁病瘖,而能治军。进超无殊功,以谨密见擢。

壬辰,陇西郡公李煜薨,辍朝三日,赠太师,追封吴王。

初,郑彦华之子文宝,仕煜为校书郎,归朝,不复叙故官。煜时在环卫,文宝欲一见,虑守者难之,乃披蓑荷笠为渔者,既得入,因说煜以圣主宽宥之意,宜谨节奉上,勿为它虑。议者叹其忠焉。

中元节张灯,诏有司于淮海王俶第前设灯,上陈声乐以宠之。

丁未,以庐州无为监为无为军。

庚戌,改明德门为丹凤门。

辽享于太祖庙。

帝先诏权罢贡举,复恐场屋间有留滞者,八月,诏:"诸州去年已得解者,除《三礼》《三传》、学究外,馀并以秋集礼部。"

癸丑,滑州黄河清。

丙辰,诏两浙发淮海王俶缌麻以上亲及所管官吏悉归阙,凡舟千四百艘,所过以兵护送之。于是俶子惟治悉奉兵民图籍、帑廪管籥授知杭州范旻,与其弟惟演等皆赴阙,诏遣内侍劳于近郊。壬申,对于长春殿,各赐衣带、鞍马、器币。

甲戌,群臣请上尊号曰应运统天圣明文武皇帝,许之。

九月,甲申朔,帝御讲武殿,覆试礼部合格人,进士加论一首。自是常以三题为准。得渤海胡旦以下七十四人;乙酉,得诸科七十人;并赐及第。始赐宴于迎春苑,授官如二年之制。故事,礼部惟春放榜,至是秋试,非常例也。

辽东京留守平王隆先,聪明博学,其在东京,薄赋省刑,恤鳏寡,数荐贤能之士,人多称之。其子陈格,与渤海官属谋杀其父,举兵作乱,辽主命辒裂陈格以徇。

己亥,改杭州衣锦军为顺化军。

冬,十月,癸丑,辽遣太仆卿耶律谐理等来贺乾明节。

庚申,车驾幸武功郡王德昭邸,遂幸齐王邸。赐齐王银万两,绢万匹,德昭、德芳有差。

司农寺丞孔宜知星子县回,献所为文,帝召见,问以孔子世嗣,擢右赞善大夫,袭封文宣公。辛酉,诏免其家租税。孔氏以圣人后,历代不预庸调,周显德中遣使均田,遂抑为编户,至是特命免之。

帝初即位,幸左藏库,视其储积,语宰相曰:"此金帛如山,用何能尽!先帝每焦心劳虑,以经费为念,何其过也!"于是分左藏北库为内藏库,并以讲武殿后封桩库属焉,改封桩库为景福内库。帝谓左右曰:"朕置内库,盖虑司计之臣不能节约,异时用度有缺,复赋敛于民,终不以此自供嗜好也。"初,太祖别置封桩库,尝密谓近臣曰:"石晋割幽蓟以赂契丹,使一方之人独限外境,朕甚悯之。欲俟斯库所蓄满三五十万,即遣使与契丹约,苟能归我土地民庶,则当尽此金帛充其赎直。如曰不可,朕将散滞财,募勇士,俾图攻取耳。"会宴驾,不果。

辽南京留守燕王韩匡嗣入权枢密使,辽主命其子德让代之。德让有智略,喜建功立事,屡代其父为留守,辽人以为荣。

十一月,乙未,亲享太庙。丙申,合祭天地于南郊。御丹凤楼,大赦,受册尊号于乾元殿。国初以来,南郊四祭及感生帝、皇地祇、神州,凡七祭,并以四祖迭配。帝即位,但以宣祖、太祖更配。于是合祭天地,始奉太祖升侑焉。

庚子,幸齐王邸。

丙午,以郊祀,中外文武加恩。

初,阁门祗候浚仪王侁使灵州、通远军,还,言主帅所用牙兵,率桀黠难制,虑岁久生变,请一切代之,帝因遣侁调发内地卒往代。戍卒闻当代,多愿留,侁察其中有拒命者,斩以徇,卒皆慑息,遂将以还。

三司所掌诸案,以商税、胄、曲、末盐四案为繁剧。十二月,丙辰,各置推官,命左赞善大夫张仲颙等分领之。诸案寻皆置推官,或置巡官,悉以京朝官充。

帝之尹开封也,蓟人宋琪,以左补阙为推官,帝甚加礼遇。琪与宰相赵普、枢密使李崇矩善,多游其门,帝恶之,白太祖,出琪知陇州,移阆州。帝即位,由护国节度判官召赴阙。程羽等先自府邸攀附至显要,琪为所中,久不得调。丁巳,帝召见,诘责,琪拜谢,请悔过自新,乃授太子洗马。

乙丑,御讲武台,观飞仙军人发机石射连弩。帝将伐北汉,先习武事也。

庚午,腊,有司请备冬狩之礼,帝从之,谓左右曰:"擒荒有戒;朕今顺时蒐狩,为民除害,非敢以为乐也。"

甲戌,改永兴军为兴国军。

戊寅,辽遣萧巴固济等来贺明年正旦。

时诸州贡举人并集,会将亲征河东,罢之。自是每间一年或二年乃行贡举。

初,陈洪进纳土,帝既命其子文显知泉州留后,议择能臣关掌州事,起复殿中丞南顿乔维岳为通判。维岳始至,会草寇十馀万来攻城,城中兵才三千,势甚危急。监军何承矩、王文宝欲屠城焚库而遁,维岳抗议,以为:"朝廷任以绥远之寄,今惠泽未布,盗贼连结,反欲屠城焚库,岂诏意哉!"承矩等因复坚守。会两浙西南路转运使冯翊杨克让自福州率屯来救,围遂解。监军王继升率精兵追击,擒其魁,械送阙下,馀寇悉平。承矩,继筠之子也。

是冬,辽主驻金川,御盏郎君耶律呼图从聘宋还,言于辽主曰:"宋必取河东,当先为之备。"韩匡嗣曰:"何以知之?"呼图曰:"是不难知也。四方僭号之国,宋皆并取,唯河东未下耳。今宋讲武习战,意在于汉矣。"匡嗣诋之曰:"宁有是邪!"卒不设备。

四年 辽乾亨元年【己卯,979】 春,正月,帝召枢密使曹彬问曰:"周世宗及我太祖,皆亲征太原而不能克,岂城壁坚完,不可近乎?"彬对曰:"世宗时,史超败于石岭关,人情震恐,故师还。太祖顿兵甘草地中,军人多被腹疾,因是中止。非城垒不可近也。"帝曰:"我今举兵,卿以为何如?"彬曰:"国家兵甲精锐,人心欣戴,若行吊伐,如摧枯拉朽耳。"帝意遂决。宰相薛居正等曰:"昔世宗举兵,太原倚契丹之援,坚壁不战,以致师老而归。及太祖破契丹于雁门关南,尽驱其人民分布河、洛之间,虽巢穴尚存,而危困已甚。得之不足以辟土,舍之不足以为患,愿陛下熟虑之!"帝曰:"今者事同而势异,且先帝破契丹,徙其人而空其地者,正为今日事也,朕计决矣!"

丁亥,命太子中允张泊、著作郎句中正使高丽,告以北伐。

遣常参官分督诸州军储赴太原。

庚寅,以宣徽南院使潘美为北路都招讨制置使,命崔彦进、李汉琼、曹翰、刘遇各攻其城之一面。遇以次当攻其西面,而西面直北汉主宫城,尤险恶。遇欲与翰易地,翰弗可,遇必欲易之,议久不决。帝虑将帅不协,乃谕翰曰:"卿智勇无双,城西面非卿不能当也。"翰始奉诏。

辛卯,命云州观察使郭进为太原石岭关都部署,西上阁门使田仁朗、阁门祇候供奉官刘绪按行太原城四面壕寨,阅视攻城梯冲器用。

辽主闻宋师讨太原,叹曰:"呼图殊能料事,朕与匡嗣虑不及此!"乃遣玳玛长寿来言曰:"何名而伐汉也?"帝曰:"河东逆命,所当问罪。若北朝不援,和约如故;不然,惟有战耳!"

癸巳,以枢密直学士石熙载签署院事。签署枢密院事自熙载始。

乙未,宴潘美等于长春殿,帝亲授方略以遣之。时刘铢及淮海王俶、武宁节度使陈洪进等皆与,铢因言:"朝廷威灵及远,四方僭窃之主,今日尽在坐中,旦夕平太原,刘继元又至,臣率先来朝,愿得执梃为诸国降王长。"帝大笑,赏赐甚厚。

丁酉,命河北转运使侯陟与陕西北路转运使雷德骧分掌东、西路转运使事。

癸卯,新浑仪成,司天监学生张思训所创也。置文明殿东南之钟鼓楼,以思训为浑仪丞。旧制,日月昼夜行度,皆人运转;新制成于自然,尤精妙焉。

二月,丁卯,北汉乞援于辽,辽命南府宰相耶律沙为都统,冀王塔尔为监军,赴援。又命南院大王色珍以所部从,枢密副使穆济督之。

丙辰,命宰相沈沦为东京留守兼判开封府事,宣徽北院使王仁赡为大内都部署,枢密承旨陈从信副之。

帝初即位,谓齐王廷美曰:"太原我必取之。"至是欲以廷美掌留务。开封府判官吕端言于廷美曰:"主上栉风沐雨以申吊伐,王地处亲贤,当表率扈从,若掌留务,非所宜也。"廷美由是请行。端,馀庆弟也。

甲子,车驾发京师。戊辰,次澶州,临河主簿宋捷道旁献封事,帝见其姓名,喜曰:"我师捷矣!"即以为将作监丞。

己巳,次德清军。命行在转运使河南刘保勋兼句当北面转运使事。遣均州刺史临洺解晖、尚食使折彦赟攻隆州。

甲戌,次邢州。以唐州团练使曹光实知威胜军事。光实入告:"愿提一旅之众,奋锐先登。"帝曰:"资粮事大,亦足宣力也。"

丙子,以潞州都监陈钦祚知威胜军。

【译文】

宋纪九 起丙子年(公元 976 年)十二月,止乙卯年(公元 979 年)二月,共二年有余。

宋太宗名讳灵,最初名为匡义,改赐名字为光义,即皇帝位两年改赐如今的名讳,是宋太祖的同母亲弟。后晋天福四年(公元 939 年)十月甲辰(二十七日),出生在浚仪县官府住舍,这夜,红色光芒向上腾升如同火焰,到长大后,龙准龙颜,看他都感到俨然。生性爱好学问,善于文章,多才多艺。后周官至供奉官都知,宋太祖即帝位,任命他为殿前都虞候,兼领睦州防御使，不久兼领泰宁军节度使。加官同平章事，行开封尹，又加官兼领中书令，赐封为晋王。

太平兴国 元年辽保宁八年（公元976年）

十二月，甲寅（二十二日），宋太宗登上乾元殿接受朝贺，钟磬乐器悬而不奏，下诏大赦，更改年号。诏命宋太祖的儿子和齐王赵廷美的儿子一并称号为皇子，王氏、石氏、魏氏的三位公主一并称号为皇女。

丁巳（二十五日），宋太宗以枢密直学士、左正谏大夫贾琰为三司副使。三司设置副使从此开始。

戊午（二十六日），辽国派遣萧巴固济前来朝聘。

先前川、峡分设路府设置转运使，峡路的盐全部运往荆南，西川百姓缺盐吃，宋太祖派遣使者弹劾两路转运使的罪过。宋太宗即位，全都释免。于是任命西川转运使申文纬遥领峡路转运使，转运副使韩可批兼领西川路转运副使，使食盐的户口册籍交流通融。

辽国主诏令南京恢复礼部贡院。

这月，宋太宗下诏撤回征讨河东的军队，宣徽南院使潘美、侍卫马军都指挥使党进，都从军营返回京师。

这年，高丽人金行成开始在国子监入学。

太平兴国二年 辽保宁九年（公元977年）

春季，正月，壬戌（初一），宋太宗因为宋太祖灵柩停放在宫中，不上朝听政。

宋太宗像

丙寅（初五），宋太宗任命礼部员外郎贾黄中、左补阙程能、左赞善大夫冯瓒分别掌管左藏三库。原先是货物钱币与金银绢帛一起掌管，年岁一久，储存积蓄日益增多，开始任命分别掌管。贾黄中不久出外为升州知州。曾经检查巡视官府公舍，发现一个房间门窗锁得很严实，命令拿出钥匙打开察看，得到金银财宝几十柜，计算它的价值达几百万。原本是南唐李氏宫禁中的遗物，没有登录簿籍，立即奏表上缴。宋太宗说："要不是贾黄中廉洁守法，那么亡国的财宝就会玷污法令而贻害他人了。"赏赐二十万钱。

宋太宗下诏："朝廷内外大臣僚属不得与百姓争利。"

女真国派遣使臣向辽国进贡。

宋太宗即位之初，因为疆域遥远，官吏人数日益众多，想广泛振举淹没滞留的人才来补充空缺，环顾左右对侍臣说："朕想从科举考场中广博地探求贤士，不敢奢望拔取十人得到五个贤才，只要能得一两个，也就可以作为实现大治的工具了。"先前各道所调发的贡士总共五千三百多人，宋太宗诏命太子中允、直舍人张洎、右补阙石熙载主试进士科，左赞善大夫侯陶等人主试诸科考试，户部郎中侯陟监考。石熙载是洛阳人。

于是礼部奏上考试合格的人名。戊辰（初七），宋太宗登上讲武殿，由宫内出诗赋题目对进士复试，命令翰林学士李昉、扈蒙评定复试优劣为三等，得到河南人吕蒙正以下一百零九人;庚午(初九),对诸科复试,总共录取二百零七人,赐给及第。又下诏礼部查阅贡举簿册,得到十五举以上的进士科和诸科应考者一百八十四人,一律赐予出身。《九经》有七人不合格,太宗哀怜他们年迈,特别赐给同《三传》出身,总共五百人,都首先赐给绿袍靴笏,在开宝寺赐宴,太宗亲自作诗二章赐给他们。第一等、第二等进士连同《九经》及第者授予将作监丞、大理评事、各州通判,同出身进士和诸科及第者一律送吏部免于铨选。从优注授官差。恩宠表彰特殊非凡人才,是以前历代所没有的。薛居正等人进言录取人数太多,用人授官太急,太宗意图正想振兴文化教育,压抑武备军事,没有听从。到吕蒙正等人辞行,太宗召见他们登升大殿,晓谕他们说:"到达治所,政事有不便利于百姓的,迅速通过邮驿来奏报。"同时赐给行装钱,每人二十万。

宋太祖巡幸西京时,洛阳人张齐贤进献十条策略,太祖在便室召见赐座,张齐贤用手指画地逐条陈述。太祖认为其中的四条策略好,张齐贤坚持其余策略都好,太祖大怒,命令卫兵将他拖去。回到京师后,对太宗说:"我巡幸西京,只得到一个张齐贤,我不打算立即给他授官晋爵,你日后可以收纳来辅佐自己。"到这时张齐贤中进士,太宗打算将他列入上等,但有关官员将他的名字排在几十人之后,太宗不高兴,于是征召进士全部在第二等和《九经》及第者总共一百三十人,全部予以越级授官,这是因为张齐贤的缘故。

吴越国王钱俶派遣他的儿子温州刺史钱惟演前来进贡,庆贺宋太宗登基。

乙亥(十四日),宋太宗赐乡贡进士孔士基同本科出身,以褒扬先圣孔子的后裔。

己卯(十八日),吴越国王妃孙氏去世,宋太宗下诏给事中程羽为吊祭使。

庚辰(十九日),宋太宗下诏改易禁军的原有称号,铁骑为日骑,控鹤为天武,龙骑为龙卫,虎捷为神卫。

江南原来使用铁钱,对老百姓不便。二月,壬辰朔(初一),转运使樊若水请求在升、鄂、饶等州地设置铸钱监,大力铸造铜钱,凡是出产铜矿的山林一律禁止百姓采炼获取,用以供给官府铸钱。废去铁钱,全部铸造为农业器具,以供给江北归附的流民,并且撤除有关铜钱过江的禁令,宋太宗下诏准从他的请求,百姓甚感便利。

癸巳(初二),宋太宗任命户部员外郎兼侍御史知杂事雷德骧为提点开封府。

甲午(初三),在鄂州永兴县建置永兴军。

辽国派遣使臣前来庆贺宋太宗即位和元旦。

右千牛卫上将军李煜自己陈述贫困。乙未(初四),宋太宗诏令赏赐三百万钱。李煜虽然贫困,但张洎常常乞求索取财物,李煜将白银洗脸盆给他,张洎心里仍不满足。

北汉国胡桃寨指挥使史温等前来投降。

己亥(初八),吴越王钱俶因为宋太祖入葬陵墓的日期临近,派遣使臣前来进贡助葬礼物。

庚子(初九),宋太宗改名为炅,下诏:"除了已改州县名、职官名以及人名外,原名二字无须再回避。"

丙午(十五日),开始分西川为东、西两路,各自设置转运使和转运副使,以兵部郎中许仲宣为西路转运使,考功员外郎滕中正为东路转运使,滕中正是北海人。

当初,右监门卫率府副率王继勋在西京分司任职,强行购买百姓家子女供自己使唤,稍不如意,立即杀死并吃了她,用棺材贮存残剩的骨头,抬出抛在野外,贩卖女人的市侩和卖棺材的人,络绎不绝地出入王继勋家门,百姓对此十分痛苦,不敢告发。宋太宗原在藩王府邸时，常听说有关他的事，到即位之后，适逢有前来控诉的人，太宗连忙命雷德骧前往审讯他，王继勋供认不讳，所杀死的婢女有一百多人。乙卯（二十四日），在洛阳市区将王继勋与贩卖女人的市侩八人斩杀。长寿寺僧侣广惠经常与王继勋一起吃人肉，太宗诏令首先折断他的小腿，然后斩首，百姓都拍手称快。

己未（二十八日），宋太宗诏令刘铢、李煜在常规俸禄之外另外给其他俸禄。

三月，河阳节度使赵普前来朝见，乞求赶赴宋太祖陵墓。乙亥（十四日），宋太宗授予他为太子太保，留住京师。

香药库使高唐人张逊建议，请求设置榷场局，大批出售官府仓库的香药、宝货，稍微增加价格，允许商人缴入金银绢帛买下，每年可以赚钱三十万贯，用来赈济国家费用，让外国货物有流通疏散的地方。宋太宗准从他的提议，一年之中果真赚钱三十万贯。

戊寅（十七日），宋太宗诏令翰林学士李昉等人编定类书一千卷，小说五百卷。

当初，节度使可以补授自己子弟为军中牙校，但他们骄横豪夺、奢侈放荡，民间深受其苦。宋太宗深知其中的弊病，刚即位，立即下诏各州府登录他们的名字，分部遣送京师，到达者总共一百人，癸未（二十二日），全部补为殿前承旨，用低贱的官职来笼络控制他们。

己丑（二十八日），设置威胜军。准许和辽人互相贸易。

庚寅（二十九日），江州知州周述进言："庐山白鹿洞求学生徒经常有几千人，乞求赐予《九经》，使他们学习。"宋太宗诏令国子监供给《九经》书本，同时用驿传车马送去。

北汉国向辽国乞求粮食。这月，辽国主诏命将二十万斛粮食援助北汉国，先前辽国主派使耶律乌珍、耶律塔尔分别治理南院和北院，二人善于劝课农耕田作，连年粮食都有丰收，所以能保证经费有余。抚恤北汉的匮乏，北汉国得以依仗。

夏季，四月，甲寅（二十四日），辽国主派遣鸿胪少卿耶律敌等人前来助葬宋太祖。

乙卯（二十五日），在永昌陵安葬英武圣文神德皇帝。

宋太宗诏令赈济延州饥民。

这月，建造景福殿。

宋太宗下诏慎用刑罚。从此每年常有此举。

宋太宗励精图治，以前诏令转运使考察检核各州，凡是各种任职官员，都评定他们的优劣等级；不久又派遣使者分头巡视各道考察官吏。五月，壬戌（初二），太宗下诏罢免官吏中的软弱懒惰和怠慢者。

安远节度使向拱、武胜节度使张永德、横海节度使张美、镇宁节度使刘廷让因为宋太宗开始即位，一并前来朝见。癸辛（初三），太宗以向拱、张永德同为左卫上将军，张美为左骁卫上将军，刘廷让为右骁卫上将军。

丙寅（初六），宋太宗下诏："继母杀死丈夫前妻的儿子和媳妇的按杀人罪相同论处。"

庚午（初十），宋太宗诏命起居舍人辛仲甫出使辽国，右赞善大夫穆被为副使，即将到达边境，听说朝廷商议兴师讨伐北汉，辛仲甫知道北汉国倚仗辽国作为后援，停留不敢前进，派人飞奔上奏等待答复，太宗下诏派遣前行。到达辽国后，辽国主问道："听说朝廷有位党进，是一位真正的骁勇之将，能跟党进相比的总共有几人？"辛仲甫回答说："朝廷名将极多，像党进这样的鹰犬之材，怎么可能数得尽呢！"辽国主打算挽留他，辛仲甫说："信义用来完成使命，使命不可滞留，那就只有一死而已。"辽国主知道辛仲甫的意志不可改变，便以优厚礼节遣送回国。宋太宗对左右侍臣说："辛仲甫远途跋涉出使绝域，干练通达、随机制宜，可以说是不辱君命了。"

甲戌(十四日),将十月十七日定为乾明节。

当初,曹翰屠杀江州城,百姓没有生存的,他们的田地、住宅全被江北商人所占有,宋太宗诏令江州长官寻访当地百姓的老家远亲,将田地住宅还给他们。知州张霁,接受商人贿赂,不全部还给百姓,百姓申诉此事。戊寅(十八日),张霁被判决杖刑流放海岛。

己卯(十九日),将宋太祖的神位附入太庙,庙乐名为《大定之舞》,用孝明皇后王氏为配,又将懿德皇后符氏、淑德皇后尹氏附入别的庙。

己丑(二十九日),女真国二十一人请求接受辽国的官职,辽国主授予宰相以下的各种不同官职。

六月,乙未(初五),宋太宗因为保安等县有黑虫夜间吃桑叶,下诏免除那里的桑税。

辽国耶律喜衮从贬谪之地召回,正好看见辽国主答复北汉少主的书信,用词十分谦卑,耶律喜衮说:"本朝是北汉的祖宗,书信旨意像这个样子,恐怕有损国体。"辽国主认为他说得对,丙辰(二十六日),任命他为西南面招讨使。

秋季,七月,庚申朔(初一),回鹘人向辽国进贡。

癸亥(初四),黄河在温县、荥泽县决口,宋太宗诏命客省使任城人翟守素堵塞决口。乙丑(初六),黄河在顿丘县和白马县决口。旋即派遣左卫大将军李崇矩巡视黄河水势,修治河堤,免除受灾区百姓的田租。

丙子(十七日),辽国主派遣使臣帮助北汉国战马。

闰月,庚寅朔(初一),因为陈洪进将要入京朝见,宋太宗派遣翰林使程德元前往宿州迎接慰劳他。

丁未(十八日),将平南军改为太平州。

己酉(二十日),宋太宗派遣翰林学士李昉出使吴越国。

当初,天雄节度使兼侍中李继勋,因为患病请求回归洛阳,宋太宗应许他,李继勋又上表章乞求告老免官,庚戌(二十一日),太宗授予他为太子太师,退休。李继勋以质朴耿直著称,生性节约吝啬,只舍得花钱来侍奉佛门。跟宋太祖有军中的旧情,所以特别承蒙宠幸礼遇。其后一个月余去世,赠官中书令,追封为陇西郡王,谥号为庄武。

丁巳(二十八日),有关官员呈上各州所进贡的闰年图。旧例,每三年一次命令天下州郡进贡当地地图和户口簿册,全都送往尚书省。建国之初以闰年为期限,是为了详知山川地理的形势及户口人数的多少。

梅山峒蛮夷首领苞汉阳等人劫掠商人,屡禁不止,宋太宗命令翟守素调发潭州驻军前往讨伐。首先是用诏书晓谕,苞汉阳抗拒不从。八月,癸亥(初五),太宗下诏翟守素进师。当时大雨连续下了十天,弓弩松弛,翟守素命令士兵削木为弩,叛贼突然到达,相互交射,叛贼最终失败,翟守索乘胜追击,荡平所有梅山峒蛮盘踞的巢穴。

丙寅(初八),陈洪进入京在崇德殿朝见宋太宗,礼遇十分优渥,赏赐钱一千万,白银一万两,绢帛一万匹。

宋太宗刚即位,就以少府监高保寅为怀州知州,怀州原来隶属河阳,当时赵普为河阳节度使,高保寅素来与赵普有矛盾,许多事情受到赵普的抑制,高保寅内心不能平静,就自写奏疏乞求取消藩镇节度使领辖州郡的制度。太宗下诏怀州直属于京师,长官可以自行奏事。

到此时虢州刺史许昌裔申诉保平军节度使杜审进的过失事件,宋太宗诏令左拾遗李瀚前往考察,李瀚因此进言方镇节度使兼领州郡,大多让亲信官吏掌管各州关津市场,常常不便利于商人贸易,滞留天下的货物,希望不让节度使统管州郡,用以分散方镇的权力,太宗采纳了李瀚的建议,戊辰(初十),下诏各州一律直属京师。天下的节度使,从此再没有统领支配州郡的了。

九月,辛卯(初三),修建崇圣殿。

吴越王钱俶进京朝见,首先派遣他的儿子钱惟濬前来进贡。壬辰(初四),宋太宗诏令户部郎中侯陟到泗州迎接慰劳他,至钱惟濬到达,太宗赏赐无数。

唐朝天祐年间,兵荒马乱财政窘乏,开始下令将八十五钱当作一百钱;后唐天成年间,又减少五钱;后汉乾祐初年,又减少三钱。宋朝初年,沿用后汉制度。向官府缴纳还是八十钱或八十五钱当作一百钱,然而各州私自用钱。仍各自随俗,甚至有用四十八钱当作一百钱的。丁酉(初九),宋太宗诏令各地一律以七十七钱当作一百钱,每一千钱重量必须在四斤半以上。禁止江南新铸小钱。百姓中原来有收藏积蓄的,一律送交官府,官府按照铜钱付给它的价值,私自铸钱者处以弃市之刑。

癸卯(十五日),关南巡检、应州观察使李汉超去世。宋太宗十分悼念他,停止上朝,赠授太尉、忠武节度使,派遣宫中使者主持丧事送归京师安葬。

宋太宗注意军事。每次上朝结束,就亲自检阅禁军将士。命令在京城南面的杨村修筑讲武台。癸亥(二十三日),举行盛大阅兵,太宗与文武大臣和侍从官员等登上讲武台观察操练,命令天武左厢指挥使京北人崔翰分头布列队伍,南北延绵横亘长二十里,以五色旗帜来对将士发号施令,调节他们的进退,每当旗帜指示动作方向,千军万马就运转得如同一个人那样,军队的强盛,举世无双。太宗很喜悦,立即将金腰带赐给崔翰说:“这是朕在藩王邸府时所佩用过的。”

容州原来进贡珍珠,宋太祖平定刘鋹,下诏废除媚川都和禁止百姓采集珍珠。到这时容州恢复进贡珍珠一百斤,宋太宗赏赐挑担的人银腰带、衣服。

丙辰(二十八日),宋太宗开始在近郊狩猎,作诗赐给随从群臣,让他们作诗应和。

国子监主簿郭忠恕,被判决杖刑发配到登州永不叙用。郭忠恕放纵酒色,肆意谈论当时朝政,多有诽谤,宋太宗大怒,所以才有此贬谪。郭忠恕走到临邑就去世了。

丁巳(二十九日),吴越王派遣使臣请求诏书直呼其名,宋太宗不允许。

冬季,十月,辛酉(初四)宋太宗任命左卫大将军李崇矩为邕州、贵州、浔州、横州、钦州、窦州等地州都巡检使,不久,调任琼州、崖州、儋州、万安州。部下将士都害怕随从上路,李崇矩拿出全部器皿、金银、绢帛总价值几百万钱,全部分给将士,部众于是感动而心悦诚服,当时黎族叛贼骚动,李崇矩全都到每个洞穴进行安抚晓谕,将自己的财物馈赠给黎族酋长。众人都怀德归附。李崇矩在岭南和海岛上四五年,恬然自得,不因炎热荒凉而忧虑。原来过海的人,大多停船靠岸等待风向,有的等十几天、有的等一个月;李崇矩在海上往来都是一天就渡过,从不滞留,随从也没有发生事故的,有人认为这是李崇矩美德的报答。

辽国派遣使臣前来庆贺乾明节。

己巳(十二日),文武群臣请求朝会奏乐,三次呈上表章,宋太宗才准从。

壬申(十五日),女真国派遣使臣向辽国进贡。

这月,开始实行酒类专卖。

十一月,丁亥朔(初一),出现日食,日全食。辽国司天奏报应当出现日食而食不全。

183

庚寅(初四),冬至日,宋太宗开始接受朝贺。

甲午(初八),宋太宗任命监察御史李滨、阁门祗候郑伟为契丹正旦使。

己亥(十三日),天平节度使兼中书令石守信罢免节度使之职,任为守中书令、西京留守。石守信在西京,爱好营造佛寺,驱使督责百姓很苛刻急迫而不付给雇佣的工钱,百姓甚感痛苦。

马军都指挥使党进出任忠武节度使。党进掌管禁卫军总共十二年,在京师街巷巡逻,凡有饲养奇禽异兽的,党进有时遇见,必定下令手下士兵取过来放生,骂道:"买肉不供养父母,反而去饲养禽兽!"曾经做过杜重威的家奴,杜重威子孙陷于贫贱,党进分出自己每月的俸禄钱给他们,人们也因此而称赞他。

戊戌(十二日),辽国主因为吐谷浑人反叛而逃入太原的有四百多户,命令招讨使耶律喜衮求索而遣返他们。

癸卯(十七日),辽国主在木叶山举行祭祀活动。

十二月,丁巳朔(初一),考试各州所送上的通晓天文、数术的方士,合格者取中归隶司天台,没有取中的处以黥刑发配海岛。

戊辰(十二日),辽国主在近郊狩猎,将所猎获的禽兽祭祀上天。

癸酉(十七日),宋太宗下诏规定有关晋州矾的法令,私自煮取和私下贩卖矾的根据情节处以不同的罪。

辛巳(二十五日),高丽国王王佃派遣他的儿子王元辅前来进贡,庆贺宋太宗登基。

壬午(二十六日),辽国主派遣太仆卿特尔格、礼宾副使王英前来庆贺新年元旦。

灵州通远军边界各蕃人部族抢掠官府的运输物资,宋太宗诏令灵州知州、通远军使董遵海率部讨伐。董遵海部署将领出兵,各蕃人部族大为恐惧,归还了所有抢掠的官府物资。肉袒请罪,董遵海立即慰问安抚他们。从此以后各自谨守封疆边界,不敢有秋毫之犯,太宗任命董遵海兼领灵州路巡检使,他在通远军总共十四年。

这年冬天,北汉国边境探子报告说晋州、潞州、邢州、洺州、镇州、冀州等州地都在修治兵器和攻城的工具,又转运粮草,北汉少主非常恐慌。

太平兴国三年　辽保宁十年(公元 978 年)

春季,正月,丙戌朔(初一),宋太宗不接受朝贺,文武群臣前往阁门祝贺。

北汉少主派遣他的儿子刘续作为人质到辽国,献纳重礼来请求援救。

甲午(初九),宋太宗命令绛州疏浚汾河。

京西转运使程能献上建议,请求在南阳下向口设置堤坝,拦回白河水进入石塘、沙河,汇合于蔡河,直达京师,以疏通襄州、潭州的漕运水道,宋太宗认为他的建议很豪壮而听从。戊戌(十三日),征发士兵民夫几万人,分头派遣使者主持这项工程。挖山填谷,经过博望、罗渠、水祐山,总长一百多里。一个月之后,抵达方城,因为地势高,水无法流到,又增派民夫来引水,然而终究不能开通漕运。正好山洪暴发,石坝毁坏,河道最终没有修成。

辛丑(十六日),疏浚广济河、惠民河和蔡河,又治理黄河大堤。丁未(二十二日),疏浚汴口。

己酉(二十四日),宋太宗命令翰林学士李昉等人修撰《太祖实录》,直学士院汤悦等人修撰《江表事迹》。

癸丑(二十八日),辽国主到达长泊。当初,辽国主知道翰林学士室防有治理繁重政务的才能，改任为南京副留守，判决案例公平允当，人们都感到便利，两次迁升为工部尚书、枢密副使、参知政事。到此时拜官为枢密使，兼领北府宰相，加官为同政事门下平章事。

建隆初年，史馆、昭文馆、集贤院三馆所收藏的书籍仅有一万二千多卷，到平定各国后，全部收缴他们的图书典籍，只有后蜀、江南最多。总共获得后蜀书籍一万三千多卷，江南书籍二万多卷。宋太宗又下诏开启献书之路，于是三馆所收藏书籍规模大备。太宗观临三馆，嫌地方低下狭窄，回头对左右侍臣说："这岂能储存天下的图书典籍，招延四方的贤才俊杰呢？"立即诏令有关部门测量左升龙门东北的场地，另外修建三馆，其结构体制全都由太宗亲自规划，高大华美、宏伟壮丽，胜过皇宫内廷。二月，丙辰朔（初一），太宗赐名为崇文院，全部搬迁原来三馆的藏书充实新馆。藏入的正本、副本总共为八万卷。

甲子（初九），宋太宗下令罢黜昌州征收七口井的空额盐。有关官员进言昌州每年征收空额盐一万八千五百多斤，是开宝年间知州李佩肆意盘剥聚敛为谋求政绩考核甲等而立的，废除各井的柴草钱，却额外征收百姓煮盐卖盐的税，导致百姓破产而不能偿还，大多流落其他州郡，但历年征收的盐税不能免去，太宗诏令全部免除。

庚午（十五日），回鹘向辽国进贡。

辛未（十六日），宋太宗到崇文院看书，诏令亲王、宰相可查阅藏书解答疑难。又召见刘铱、李煜让他们随意看书，对李煜说："听说爱卿在江南时爱好读书，这里面的书籍简册，大多是爱卿的旧物，近来还读书吗？"李煜叩头告谢，太宗就在堂中赏赐饮酒，直到全都喝醉而作罢。

因为吴越王钱俶即将到达，癸酉（十八日），宋太宗诏命四方馆使梁迥前往淮西迎接慰劳，旋即派遣钱俶的儿子，镇海、镇东节度使钱惟濬到宋州迎接省亲。

三月，乙酉朔（初一），贝州清河县百姓田祚十世同堂，宋太宗下诏表彰田祚一门，免除他家的徭役赋税。

庚寅（初六），辽国主前往显陵祭祀。

癸卯（十九日），殿前都虞候、泰宁军节度使李重勋去世。李重勋与宋太祖一起事奉后周太祖，恭敬淳厚而不矫揉造作，宋太祖很看重他，所以提拔委任兵权，始终不变，赠授侍中。

己酉（二十五日），吴越王钱俶入京在崇德殿朝见，宋太宗恩宠赏赐十分丰厚，当天，在长春殿设宴，钱俶的僚属佐官崔仁冀等人都参加陪坐。

宋太宗以闲厩使、阁门祗候陈从信为左卫将军，充任枢密院承旨，翰林使程德元为东上阁门使兼翰林司公事，供奉官大名人柴禹锡为翰林副使，清池人弸德超为酒坊副使，都是因为太宗在藩王府邸时的旧情。

夏季，四月，乙卯朔（初一），宋太宗征召华山道士真源人丁少微到达朝廷，丁少微善于气功，年纪一百多岁，隐居在华潼谷中，与同县的陈抟齐名。然而丁少微专心奉行科条规矩，陈抟却嗜好饮酒放荡旷达，虽然居室挨得很近，从不来往。丁少微用金丹、巨胜、南芝、元芝等药物进献，太宗留住几个月，遣送回到华山。

己巳（十五日），女真国派遣使臣向辽国进贡。

己卯（二十五日），平海节度使陈洪进采纳幕僚南安人刘昌言的计策，奉上表章献纳所辖漳、泉二州，宋朝获得十四个县，民户十五万一千九百七十八，士兵一万八千七百二十七人。

癸未（二十九日），宋太宗以陈洪进为武宁节度使、同平章事。旋即以陈洪进的儿子陈文显为通州团练使，同时为泉州知州；陈文颢为滁州刺史，同时为漳州知州。

　　五月,乙酉朔(初一),宋太宗登上乾元殿接受朝贺,下诏赦免漳州、泉州辖域内罪犯,给予免除一年的徭役赋税。

　　当初,吴越王钱俶准备入朝,将府中财物装车全部上路,价值难以估算。钱俶意在请求回到国都,所以增加贡品来取悦朝廷。宰相卢多逊劝说宋太宗就此留下钱俶不遣返,总共三十几次请求,没有获得同意。正好陈洪进献纳土地,钱俶恐慌畏惧,于是登录吴越国军队进献,又呈上表章,乞求罢黜所封吴越国和解除天下兵马大元帅的职务,停止诏书不直呼其名的规定,并且要求回归原地,宋太宗不允许。钱俶不知所措,崔仁冀说:‘朝廷的意图已经可以知道了,大王如不迅速纳献国土,灾祸将要临头!"钱俶左右侍臣竞相争论认为不可如此。崔仁冀厉声地说:"如今在人家手掌控制之中,离开国都千里之遥,只有长上翅膀才能飞翔回去。"钱俶于是做出呈策,呈上表章献纳所管辖内的十三个州、一个军,宋太宗登上乾元殿接受朝贺,像冬至、元旦的仪礼。钱俶上朝退下,部将官吏僚属方才知道此事,全都痛哭说:"我王不能回去了!"总共获得八十六个县,民户五十五万零六百零八户,士兵十一万五千零三十六人。

　　丙戌(初二),宋太宗任命考功郎中范旻临时主持两浙各州事务。范旻当初从淮南返回朝廷,太宗对他说:"江淮之间,物资运输相继不绝,是爱卿的功劳啊。"打算起用为翰林学士,卢多逊进言杭州刚刚收复,非范旻去治理不可;太宗于是对范旻说:"爱卿暂且为朕上路,必当立即召回爱卿。"钱氏家族盘踞两浙超过了八十年,对外不断增加贡献,对内专营奢侈豪华,土地狭窄而人口众多,横征暴敛,鸡鸭鱼虾、鲜蛋蔬菜,不论巨细全部收取,百姓如有斗升之租的拖欠,判罪以至于鞭笞背部,少则几十,多则五百多下,直到吴越国削除,百姓一直苦于钱氏的暴政。范旻到任后,全部条陈奏报,请求废除各种暴政,宋太宗下诏准从范旻的请求。

　　丁亥(初三),宋太宗改封钱俶为淮海国王,以他的儿子钱惟濬为淮南节度使,钱惟治为镇国节度使,孙子钱承祐为泰宁节度使,崔仁冀为淮南节度副使。

　　戊子(初四),宋太宗下诏赦免两浙各州的罪犯,给予免除徭役赋税一年。

　　壬寅(十八日),定难节度使李克叡去世,宋太宗以他的儿子李继筠沿袭官职。

　　辽国主在藩王府邸的时候,马群侍中尼哩尽心交结归附,到辽主即位,尼哩因为辅翼推戴的功劳,屡次加官为守太尉。北汉国少主听说尼哩正受信任,遇到他的生日必定送礼。尼哩历来贪婪,与同僚萧阿布达一并因受贿而闻名。当时一人有件毛皮衣服,是用苍耳子制成的,有人开玩笑说:"倘若遇见尼哩、萧阿布达,一定全部都取走。"传为笑话。他的贪婪卑鄙就是如此。至这时,因为私藏铠甲五百套而犯法,被交付官员查究,正好追查整治杀害萧思温的叛贼,尼哩和高勋都参与密谋。癸卯(十九日),辽国主赐尼哩自杀,派人在流放地处决高勋,将高勋的家产赐给萧思温家人。尼哩没有其他特长,只有善于识别马匹,曾经出行荒郊野外,看见一些马匹的脚印,指着其中的一匹马说:"这是匹珍奇的骏马。"将自己的马换那匹马,不久果真是这样。

　　六月,己未(初六),辽国主前往沿柳湖。

　　戊辰(十五日),宋太宗下诏:"从今以后,准许坐驿站车马的发给银牌。"

　　秋季,七月,乙酉(初二),宋太宗以振武节度使、殿前都虞候白进超为殿前副都指挥使,因殿前都指挥使杨信因病去世的缘故。杨信晚年患了哑病,但还能治军。白进超没有特殊功劳,以严谨缜密而被提拔。

壬辰（初九），陇西郡公李煜去世。宋太宗停止上朝三天。赠授太师，追封为吴王。

当初，郑彦华的儿子郑文宝，在李煜手下为校书郎，归顺朝廷后，不再叙用旧官。李煜当时在警卫监护之下，郑文宝想见一面，顾虑守卫者为难他，于是披上蓑衣、戴上斗笠扮成渔夫，得以进入后，就劝说李煜，晓谕宋朝圣主宽大为怀的意思，应该按照礼节恭敬侍奉皇上，不要再作其他考虑。议论此事的人赞叹郑文宝的忠诚。

中元节张灯结彩，宋太宗下诏官员在淮南王钱俶宅第前设置灯山，陈列乐队以表示特殊恩宠。

丁未（二十四日），宋太宗以庐州无为监改为无为军。

庚戌（二十七日），将明德门改为丹凤门。

辽国主到太祖庙祭祀。

宋太宗首先下诏暂时取消当年的贡举考试，但又恐科场中还有滞留的，八月，下诏："各州去年已得到发解的，除《三礼》《三传》、学究科之外，其余全部都于秋季会集礼部应试。"

癸丑（初一），滑州的黄河水变得清澈。

丙辰（初四），宋太宗下诏两浙调发淮南王钱俶缌麻以下的五服亲属和所辖官吏全部入归京师。总共用船一千四百艘，所过之处用军队护送。于是钱俶的儿子钱惟治奉上全部军队百姓舆图簿册和财库粮仓的钥匙交给杭州知州范旻，与他的弟弟钱惟演等人一起赶赴京师，太宗下诏派遣宫内侍臣到京师近郊慰劳。壬申（二十日），在长春殿对各自赐给衣服腰带、配鞍马匹、器物钱币。

甲戌（二十二日），文武群臣请求奉上尊号为应运统天圣明文武皇帝，宋太宗应许。

九月，甲申朔（初一），宋太宗登讲武殿，复试礼部所报合格者，进士科加试论一道。从此通常以考三题作为标准。取得渤海人胡旦以下七十四人；乙酉（初二），取得诸科七十人；一并赐予及第。开始在迎春苑设宴，授予官职如太平兴国二年的规定。旧例，礼部只有在春季放榜公布合格名单，至于这次秋季考试，不是常例。

辽国东京留守平王耶律隆先，聪明博学，他在东京，减轻赋税，简省刑罚，抚恤鳏夫寡妇，多次荐举贤能之士，世人大多称颂他。他的儿子耶律陈格，同渤海官府属吏密谋杀死他的父亲，起兵作乱，辽国主命令车裂耶律陈格以示众。

己亥（十六日），将杭州衣锦军改为顺化军。

冬季，十月，癸丑（初一），辽国主派遣太仆卿耶律谐理等人前来庆贺乾明节。

庚申（初八），宋太宗驾临武功郡王赵德昭府邸，接着又光临齐王赵廷美府邸。赏赐齐王白银一万两，绢帛一万匹，赵德昭、赵德芳也有不同的赏赐。

司农寺丞孔宜出任星子县知县回来，呈献所撰文章，宋太宗征召入见，询问孔子的世系后裔，提升为右赞善大夫，袭封为文宣公。辛酉（初九），宋太宗下诏免除他家的租税。孔氏家族因为是圣人后裔，所以历代都不负担徭役赋税，后周显德年间派遣使者实行均田法，于是抑制编入普通户籍的平民，到此时太宗下特别诏命给予蠲免。

宋太宗即位之初，来到左藏库，巡视库中储存物资，对宰相说："这里金银绢帛堆积如山，怎么能用得尽！先帝经常操心焦虑，挂念经费不足，是多么不必要啊！"于是分出左藏北库为内藏库，并将讲武殿后面的封桩库隶属于内藏库，将封桩库改为景福内库。太宗对左右侍臣说："朕设置内库，是考虑到管理财政的官吏不能节约开支，到时候用度出现亏空，又去向百姓征收赋税，朕最终不能把内库财物来满足自己的嗜好。"当初，宋太祖另外设立封桩库，曾经秘密对身边大臣说:'石晋割让幽蓟来贿赂契丹,让这一方百姓独自隔绝在域外,朕极为怜悯,打算等到这库中的积蓄达到三五十万,就派遣使臣跟契丹立约,假如能归还我土地民众,就将这些金银绢帛全部充作赎金。如果说不行,朕将散发积贮的钱财,招募勇士,让他们计划夺取。"适逢驾崩,没有实行。

辽国南京留守燕王韩匡嗣入朝为临时枢密使,辽国主任命他的儿子韩德让代任南京留守。韩德让有智慧谋略,喜好建功立业,屡次接替他的父亲担任留守,辽国人以此为荣。

十一月,乙未(十四日),宋太宗亲临太庙祭祀。丙申(十五日),在京师南郊合祭天地。太宗登上丹凤楼,宣布大赦天下,在乾元殿接受玉册尊号。宋国建立之初以来,南郊一年四时的祭天和祭感生帝、祭皇地祇、祭神州,一共有七祭,一并用四位先祖轮流配祭。太宗即位,仅以宣帝、太祖轮流配祭。到这次合祭天地,开始将太祖升坛配祭。

庚子(十九日),宋太宗驾临齐王府邸。

丙午(二十五日),因为南郊祭祀,朝廷内外文武百官加官恩宠。

当初,阁门祗候浚仪人王侁出使灵州、通远军,回到京师,进言边防主帅所使用的牙兵,大多桀骜不驯、狡黠奸猾而难以控制,忧虑岁月长久发生变故,请求一律替换,宋太宗因而派遣王侁调发内地兵前往接代。守戍士兵听说应当接代,大多愿意留下,王侁察看其中有抗拒朝命的,斩首以示众。士兵全都吓得不敢喘息,于是王侁率领他们返回内地。

三司所掌管的各种案例中,以商税、冑、曲、末盐四案最为繁重。十二月,丙辰(初五),四案各设置推官,诏命左赞善大夫张仲颙等人分头统领,其他各案不久都设置推官,或者设置巡官,全部以京朝官充任。

宋太宗在为开府尹时,蓟人宋琪,以左补阙担任推官,太宗对他大加礼遇。宋琪同宰相赵普、枢密使李崇矩相友善,经常出入二人家门,太宗开始厌恶他,禀报宋太祖,将宋琪调出为陇州知州,后改任阆州知州。太宗即位,宋琪由护国节度判官征召赶赴朝廷,程羽等人已先从太宗为藩王时攀援归附,官至显贵,宋琪被他们所中伤,长久不得调遣。丁巳(初六),太宗召见宋琪,当面责问,宋琪跪拜谢罪,请求改过自新,太宗才授予太子洗马。

乙丑(十四日),宋太宗登上讲武台,观看飞山军人用抛石机抛发石头,用连发的弓弩射箭。太宗打算讨伐北汉国,预先演习军事。

庚午(十九日),举行腊祭,有关官员请求准备冬天狩猎之礼,宋太宗准从,对左右侍臣说:"狩猎有节度,朕如今顺应时令狩猎,为民除害,不敢以此为乐。"

甲戌(二十三日),将永兴军改为兴国军。

戊寅(二十七日),辽国主派遣萧巴固济等人前来庆贺新年元旦。

当时各州所贡举人全都会集,正好宋太宗准备亲自出征河东,取消考试,从此每隔一年或二年才举行一次贡举。

当初,陈洪进献纳土地,宋太宗就任命他的儿子陈文显为泉州知州留后,又商议选择贤能大臣参与掌管泉州事务,起用正在守丧的殿中丞南顿人乔维岳为泉州通判。乔维岳刚到泉州,正遇上草野贼寇十多万人前来攻打州城,城中守军仅三千人,形势极为危急。监军何承矩、王文宝准备屠杀全城焚毁府库而逃跑,乔维岳抗议,认为:"朝廷委以安抚边远的重托,如今恩惠德泽没有流布,而盗贼连帮结伙,反而想屠杀全城焚毁府库,岂是诏令的意思呢!"何承矩等人因而又坚守泉州。正好两浙西南路转运使冯翊人杨克让从福州率领驻军前来援救,围困于是解除。监军王继升率领精兵追击,擒获贼寇首领,戴上刑具押送京师,其余贼寇全部平息,何承矩是何继筠的儿子。

这年冬天,辽国主住宿在金川,御盏郎君耶律呼图从宋朝聘回来,对辽国主进言说:"宋朝必定攻取河东,应当预先做好准备。"韩匡嗣说:"凭什么知道的?"耶律呼图说:"这不难知晓的,四周僭越称帝的国家,宋朝都已兼并攻取,只有河东没攻下而已。如今宋朝讲求军事、演习实战,用意必定在汉国了。"韩匡嗣斥责他说:"哪有这等事!"竟然不设防备。

太平兴国四年　辽乾亨元年(公元 979 年)

春季,正月,宋太宗征召枢密使曹彬询问道:"周世宗和我朝太祖,都亲自出征太原而不能攻克,难道因城墙壁垒坚固完好而无法接近吗?"曹彬应对说:"周世宗时,史超在石岭关战败,军心动摇恐慌,所以班师回朝。太祖在甘草地中驻军,许多军士染上痢疾,因而进攻中止。这不是城垒无法接近的缘故。"太宗说:"我如今举兵,爱卿认为怎么样?"曹彬说:"国家当今军队精锐,人心欣然拥戴,若能进兵吊民伐罪,如同摧枯拉朽之势。"太宗于是定下主意。宰相薛居正等人说:"昔日周世宗举兵,太原倚仗契丹的援助,坚守壁垒不肯交战,以致军队疲惫而返归。到太祖在雁门关南面击破契丹兵,将那里的百姓全部驱赶分布在黄河、洛水之间,尽管敌国巢穴还存在,但处境极为危险困苦。攻取它不足以扩增土地,舍弃它不足构成边患,希望陛下仔细考虑此事!"太宗说:"如今事情虽同而情形不同,况且先帝击破契丹军队,迁徙那里的百姓而空出那块地方,正是为了今日的大事,朕的计划已经决定了!"

丁亥(初七),宋太宗诏命太子中允张洎、著作郎句中正出使高丽,通告北上征伐。

宋太宗派遣常参官分头督促各州的军需物资调赴太原。

庚寅(十日),宋太宗以宣徽南院使潘美为北路都招讨制置使,命令崔彦进、李汉琼、曹翰、刘遇各自进攻太原城的一面。刘遇按照次序应当进攻城西面,但西面正是北汉国少主的皇宫内城,形势特别险恶。刘遇要和曹翰交换地方,曹翰不答应,刘遇一定要交换,商议长久未决。宋太宗顾虑将帅之间发生不和,就下圣谕对曹翰说:"爱卿智勇双全,城西面非爱卿就不能承当了。"曹翰这才接受诏令。

辛卯(十一日),宋太宗任命云州观察使郭进为太原石岭关都部署,西上阁门使田仁朗、阁门祇候供奉官刘绪巡视太原城四面的战壕营寨。检阅攻城的云梯冲车各种器具。

辽国主听说宋朝军队征讨太原,感叹地说:"耶律呼图特别善于预料事情,朕与韩匡嗣没有考虑到这件事!"于是派遣玳玛长寿前来进言:"有什么理由来讨伐汉国呢?"宋太宗说:"河东违逆王命,理当兴师问罪,倘若你北朝不出兵援助,就照和约如旧;不然的话,只有一战而已!"

癸巳(十三日),宋太宗以枢密直学士石熙载为签署枢密院事。签署枢密院事之职从石熙载开始设置。

乙未(十五日),宋太宗在长春殿宴请潘美等人,太宗亲自授予方略来遣送他们。当时刘铢与淮南王钱俶、武宁节度使陈洪进等人都参与。刘铢因此进言说:"朝廷的神威普及边远,四方僭号窃命的君主,今日都在座席之中,不久平定太原,刘维元又将到达。臣下率先前来朝廷,希望能手执木棒,成为各国降王之长。"太宗大笑,赏赐极为丰厚。

丁酉(十七日),宋太宗任命河北转运使侯陟与陕西北路转运使雷德骧分别掌管东路、西路转运使事务。

癸卯(二十二日),新的浑天仪制成,是司天监学生张思训所创造的,安置在文明殿东南的钟鼓楼。宋太宗以张思训为浑仪丞。旧制浑天仪,太阳、月亮在白昼、黑夜运行度数,都由人来转动;新制浑天仪运转由自然力量来完成,特别精致巧妙。

二月,丁卯(十八日),北汉国少主向辽国乞求援助,辽国主任命南府宰相耶律沙为都统,冀王耶律塔尔为监军,赶赴救援。又命令南院大王耶律色珍率领所部相从,枢密副使耶律穆济督察军队。

丙辰(初七),宋太宗任命宰相沈伦为东京留守兼判开封府事,宣徽北院使王仁赡为大内都部署,枢密承旨陈从信为副都部署。

宋太宗即位之初,对齐王赵廷美说:"太原我必能攻取它。"到此时打算委任赵廷美掌管留守政务。开封府判官吕端向赵廷美进言说:"圣上栉风沐雨来伸张吊民伐罪的义举,您身居亲属贤佐的地位,应当为人表率随从出征,倘若执掌留守内廷事务,是不适宜的。"赵廷美因此请求随行。吕端是吕余庆的弟弟。

甲子(十五日),宋太宗从京师出发。戊辰(十九日),在澶州住宿,临河县主簿宋捷在路旁呈献密封奏疏,太宗看见他的姓名,欣喜地说:"我军必定大捷了。"立即任命宋捷为将作监丞。

己巳(二十日),宋太宗到达德清军,任命行在转运使河南人刘保勋兼句当北面转运使事,派遣均州刺史临洮人解晖、尚食使折彦赟进攻隆州。

甲戌(二十五日),宋太宗到达邢州。任命唐州团练使曹光实执掌威胜军事务。曹光实进来禀告:"希望率领一支部队,奋勇冲锋首先登城。"太宗说:"供应军粮事关重大,也足以宣泄你的能力。"

丙子(二十七日),宋太宗以潞州都监陈钦祚掌管威胜军。

续资治通鉴卷第十

【原文】

宋纪十　起屠维单阏【己卯】三月,尽重光大荒落【辛巳】九月,凡二年有奇。

太宗至仁应运神功圣　德睿烈大明广孝皇帝

太平兴国四年　辽乾亨元年【己卯,979】　三月,庚辰朔,驻跸镇州。命郓州刺史尹勋攻隆州。隆州为北汉人依险筑城以拒南师者,故先分兵围之。

辛巳,命镇州马步都监、客省副使齐廷琛、洛苑副使侯美分兵攻盂县。引进使、汾州防御使田钦祚护石岭关屯军,与都部署郭进不协,敌至,闭壁自守,去又不追,蓄军资以规利,为部下所讼,诏鞫之,钦祚具伏。癸未,责授睦州防御使,仍护军。

丙戌,辽命北院大王耶律希达、伊实王萨哈等以兵戍燕。

丁亥,郭进破北汉兵于西龙门寨。

戊子,命六宅使侯继隆攻沁州,阁门祇候王馈攻汾州。馈,俟弟也。

己丑,辽命左千牛卫大将军韩侼、大同军节度使耶律善布以本路兵援北汉。

壬辰,复命淄州刺史太原王贵攻沁州。

乙未,辽耶律沙等至白马岭,前阻大涧,遇郭进兵,沙与诸将欲待后军,冀王塔尔及穆济以为急击之便,沙不能夺。塔尔等以先锋渡涧,未半,进率骑奋击,大败之。塔尔等及其子华格、沙之子德琳、令衮图敏、详衮唐古俱殁于阵,沙等几不能出,会耶律色珍以救兵至,万弩齐发,宋师乃退。沙、穆济仅以身免。北汉主复遣间使赉蜡丸赴辽,进捕得之,徇于城下,城中气始夺矣。

命知府州、闲厩使折御卿、监军、供奉官〔晋阳尹宪〕分兵攻岚州。

丙申,左飞龙使史业破北汉鹰扬军。

癸卯,河东城西面转运使刘保勋为陕西北路转运使,代雷德骧也。德骧调发沁州军储后期,诏劾德骧,命保勋等兼领之。

乙巳,夏州李继筠乞帅所部助讨北汉。

诏泉州发兵护送陈洪进亲属赴阙。

夏,四月,己酉朔,岚州行营与北汉军战,破之。庚戌,盂县降。

以石熙载为枢密副使。

辛亥,北汉驸马都尉卢俊,自代州驰状于辽告急。辽人败衄之馀,不能再发兵救。

辛酉,德呼勒部贡于辽。

壬戌,车驾发镇州,幸太原。

折御卿克岢岚军,获其军使折令图。

甲子,解晖等攻隆州,西头供奉官袁继忠、武骑军校许均先登,陷之。

己巳,折御卿克岚州,杀其宪州刺史郭翊,获夔州节度使马延忠。

庚午,帝至太原,驻跸于汾水之东。辛未,幸城西面,按视营垒攻具,慰劳诸将。以手诏谕北汉主使降,传诏至城下,守陴者不敢受。

壬申,夜漏未尽,帝幸城西督诸将攻城。天武军校荆嗣率众先登,手刃数人,足贯双箭,中手炮,折碎二齿,帝见之,亟召下,赐以锦袍银带。嗣,罕儒兄孙也。先是帝选诸军勇士数百人,教以剑舞,皆能掷剑于空中,跃其身左右承之,见者无不恐惧。会契丹遣使修贡,赐宴便殿,因出剑士示之,数百人袒裼鼓噪,挥刃而入,跳掷承接,曲尽其妙,使者不敢正视。及是巡城,必令舞剑士前导,各呈其技,城上人望之破胆。帝每擐甲胄,犯矢石,指挥戎旅,左右有谏者,帝曰:"将士争效命于锋镝之下,朕岂忍坐观!"诸军闻之,人百其勇,皆冒死先登,凡控弦之士数十万,列阵于乘舆前,蹲甲交射,矢集太原城上如猬毛焉。捕得生口,云北汉主城中市所射之箭,以十钱易一矢,凡得百馀万。聚而贮之。帝笑曰:"此箭为我蓄也。"及城降,尽得之。

田钦祚在石岭关,恣为奸利诸不法事,郭进屡以为言,钦祚憾之。进武人,刚烈,战功高,钦祚数加陵侮,进不能堪,癸酉,遂缢而死,钦祚以卒中风眩闻。帝悼惜良久,优诏赠安国节度使。左右皆知,而无敢言者。命冀州刺史牛思进为石岭关部署。思进有膂力,尝以强弓挂于耳,以手引之令满;又,负壁立,二力士撮其乳曳之不动,军中咸异焉。

甲戌,幸诸寨。

乙亥,幸连城,视攻城诸洞。时李汉琼率众先登,矢集其脑,又中指,伤甚,犹力疾战。帝促召至幄殿,视其创,傅以良药。帝欲亲幸洞屋中劳士卒,汉琼泣曰:"矢石注洞屋如雨,陛下奈何以万乘之尊亲往临之! 若不听,臣请先死。"乃止。

丁丑,幸西连城楼。

五月,己卯朔,幸城西南隅,夜,督诸将急攻;迟明,陷羊马城。北汉宣徽使范超来降,攻城者疑其出战,擒之以献,斩于纛下。既而北汉尽杀超妻子,枭其首,投于城外。

北汉代州刺史刘继文及卢俊奔于辽。

辛巳,幸城西北隅。北汉马步军都指挥使郭万超来降。

壬午,帝幸城南,谓诸将曰:"翼日重午,当食于城中。"遂自草诏赐北汉主。夜,漏上一刻,城上有苍白云如人状。

癸未,幸城南,督诸将急攻,士奋怒,争乘城,不可遏。帝恐屠其城,因麾众少退。城中人犹欲固守,左仆射致仕马峰,以病卧家,舁入见北汉主,流涕备言兴亡之理。夜,漏上十刻,北汉主乃遣客省使李勋上表纳款。帝喜,即命通事舍人薛文宝赍诏入城抚谕。夜漏未尽,幸城北,宴从臣于城台,受其降。甲申,迟明,刘继元率其平章事李恽等素服纱帽待罪台下,诏释之,召升台劳问。继元叩头曰:"臣自闻车驾亲临,即欲束身归命,盖亡命者惧死,劫臣不得降耳。"帝令籍亡命者至,悉斩之。顾谓淮海国王钱俶曰:"卿能保一方以归于我,不致血刃,深可嘉也。"

北汉平,凡得州十,军一,县四十一,户三万五千二百二十,兵三万。

命刘保勋知太原府。

乙酉,赦河东管内常赦所不原者。诸州县伪署职官等,并令仍旧。人户两税,特与给复二年,王师所不及处,给复一年。分命常参官八人知忻、代等州。

毁太原旧城,改为平晋县;以榆次县为并州。徙僧道及民高资者于西京。

己丑,以刘继元为右卫上将军,封彭城郡公。又以其臣李恽为殿中监,马峰为少府监,郭万超为磁州团练使,李勋为右卫将军,馀授官有差。

辛卯,宴刘继元及其官属。继元献其宫妓百馀人,帝以分赐立功将校。

乙未,筑并州新城。

送刘继元缌麻以上亲赴阙。

丙申,幸太原城北,御沙河门楼。遣使分部徙居民于新并州,尽焚其庐舍,民老幼趋城门不及,死者甚众。

丁酉,以行宫为平晋寺,帝作《平晋记》,刻寺中。

废隆州,毁其城。

庚子,发太原;丁未,次镇州。

初,攻围太原累月,馈饷且尽,军士罢乏。刘继元降,人人有希赏意,而帝将遂伐辽,取幽蓟。诸将皆不愿行,然无敢言者。殿前都虞候崔翰独奏曰:"此一事不容再举,乘此破竹之势,取之甚易,时不可失也。"帝悦,即命枢密使曹彬议调发屯兵。时车载簿籍,阻留在道,兵房吏张质潜计数部分军马,及得簿籍校之,悉无差谬。

六月,庚申,车驾北征,发镇州。扈从六军有不即时至者,帝怒,欲置于法。马步军都军头赵延溥遽进曰:"陛下巡幸边陲,本以契丹为患,今敌未殄灭而诛谴将士,若举后图,谁为陛下戮力乎!"帝嘉纳之。

丙寅,次金台顿,辽境也。丁卯,帝躬擐甲胄,率兵次岐沟关,辽之东易州刺史刘禹以州降,留兵千人守之。东易州,即岐沟关也。

辽北院大王耶律希达,统军使萧托古、伊实王萨哈,迎战于沙河。东西班指挥使衡水傅潜、浚仪孔守正先至,击之,后军继至,大败希达军,生擒五百馀人。

戊辰,帝次涿州,判官刘原德以城降。庚午,次辽南京之城南,驻跸宝光寺。

辽南院大王耶律色珍患南军之锐,以希达新败,为南军所易也,取其青帜,军于得胜口以诱敌。帝麾兵击之,士皆鼓勇,斩首千余级。色珍袭其后,宋师始却。色珍军于清沙河北,为南京声援。

渤海帅达兰罕率部族来降;以达兰为渤海都指挥使。

壬申,部分诸将攻城,定国节度使宋渥攻其南面,河阳节度使崔彦进攻北面,彰信节度使刘遇攻东面,定武节度使孟元喆攻西面。命宣徽南院使潘美知幽州行府事。辽南京权留守韩德让惧甚,与知三司事刘弘登城,日夜守御,而城外招胁甚急,人怀二心。会迪里都都指挥使李扎勒灿出降,城中益惧。

辽御盏郎君耶律学古闻南京被围,急救之。围师方严,乃穴地以进,偕韩德让等整器械,安反侧,随宜备御,志不少懈。宋兵三百馀人乘夜登城,学古战却之,益修守备,以待援师。

丙戌,命殿中丞杨恭知涿州,以刘原德为右赞善大夫、通判州事。乙亥,命八作副使祁延朗知东易州。

丁丑,辽主始知南京之围,命南京宰相耶律沙救之,遣使责托果等曰:"卿等不严侦候,用兵无法,遇敌即败,奚以为将!"特里衮耶律休格知事亟,自请赴援,辽主乃以休格代希达,将五院军并发。

193

秋,七月,庚辰,辽建雄节度使刘延素来降。壬午,辽蓟州知州刘守恩降。

帝日督诸将攻城,而将士多怠。桂州观察使曹翰、洮州观察使米信屯城之东南隅,军士掘土得蟹,翰谓诸将曰:"蟹,水物,而陆居,失其所也。且多足,敌救将至之象。又,蟹者,解也,其班师乎!"

癸未,辽耶律沙以援师至,战于高梁河,宋师击之,沙败走。会薄暮,休格自间道驰至,人持两炬,宋师不测其多寡,有惧色。休格与色珍合军,分左右翼奋击,休格被三创,战益力。学古闻援师大集,开门列阵,四面鸣鼓,居民大呼,声震天地,休格乘之。宋师大败,帝乘驴车南走。休格创甚,不能骑,轻车追至涿州,获兵仗、符印、粮馈、货币不可胜计。

丙戌,帝次金台驿,内供奉官真定阎承翰驰奏归师大溃,命殿前都虞候崔翰往抚之,众遂定。

戊子,次定州。

定难军留后李继筠卒,弟继捧袭位。

庚寅,命崔翰及定武节度使孟元喆等留屯定州,彰德节度使李汉琼屯镇州,河阳节度使崔彦进等屯关南,得以便宜从事。帝谓诸将曰:"契丹必来侵边,当会兵设伏夹击之,可大捷也。"

辛丑,辽主以韩德让等能安人心,捍城池,赐诏褒奖。以德让为辽兴军节度使;耶律学古遥授保静节度使,为南京马步军都指挥使。耶律沙等同在高梁河有功,释其败军之罪。

辽主以边境用兵,召前南院大王耶律塔尔,问以政事。塔尔须鬓皤然,精力犹健,辽主厚礼之。未几,以病卒,年七十九。塔尔即所称富民大王也,辽人久而思之。

守中书令、西京留守石守信,从征失律,八月,壬子,责授崇信节度使兼中书令。甲寅,彰信节度使刘遇贬宿州观察使。

北汉将刘继业,素骁勇,及继元降,继业犹据城苦战。帝欲生致之,令继元招之,继业乃北面再拜,大恸,释甲来见。帝喜,慰抚之甚厚,复姓杨氏,止名业,授领军卫大将军。丁巳,以业为郑州防御使。

癸亥,命潘美屯河东三交口。

初,武功郡王德昭从征幽州,军中尝夜惊,不知帝所在,或有谋立王者,会知帝处,乃止。帝微闻其事,不悦。及归,以北征不利,久不行太原之赏。议者皆谓不可,于是德昭乘间入言,帝大怒曰:"待汝自为之,赏未晚也!"德昭惶恐,还宫,谓左右曰:"带刀乎?"左右辞以宫中不敢带。德昭因入茶酒阁,拒户,取割果刀自刎。帝闻之,惊悔,往抱其尸大哭曰:"痴儿,何至此邪!"追封魏王,谥曰懿。子五人。

是月,诏作太清楼。

九月,乙酉,命内衣库使张绍勍、南作坊副使李神祐等率兵屯定州。

庚寅,以户部郎中侯陟为谏议大夫,权御史中丞。权中丞始此。

丙午,辽南京留守燕王韩匡嗣与耶律沙、耶律休格南伐,以报围燕之役,镇州都钤辖、云州观察使刘廷翰帅众御之。先阵于徐河,崔彦进潜师出黑芦堤北,缘长城口,衔枚躏敌后,李汉琼及崔翰亦领兵继至。

先是帝以阵图授诸将,俾分为八阵。及军次满城,辽师大至,右龙武将军赵延进乘高望之,东西亘野,不见其际,翰等方按图布阵,阵相去各百步,士众疑惧,略无斗志。延进谓翰等曰:"主上委吾等边事,盖期于克敌耳。今敌骑若此,而我师星布,其势悬绝,彼若乘我,将何以济！不如合而击之，可以决胜。违令而获利，不犹愈于辱国乎？"翰等曰："万一不捷，则若之何？"延进曰："倘有丧败，延进独当其责。"翰等犹以擅改诏旨为疑，镇州监军、六宅使李继隆曰："兵贵适变，安可预定！违诏之罪，继隆请独当之。"翰等意始决，于是改为二阵，前后相副。先遣人诈约降，匡嗣信之。休格曰："彼众整而锐，必不肯屈。此诱我耳，宜严兵以待。"匡嗣不听。俄而宋师鼓噪，尘起涨天，匡嗣仓猝不知所为，遂败绩，溃兵悉走西山，投坑谷中。追奔至遂城，斩首万馀级，获马千馀匹，生擒其将三人，俘老幼三万户及兵器军帐甚众。匡嗣弃旗鼓遁回，馀众走易州，独休格整兵而战，徐引还。

辽主怒匡嗣，数以五罪曰："违众深入，一也；行伍不整，二也；弃师鼠窜，三也；侦候失机，四也；捐弃旗鼓，五也。"即令诛之。皇后力救，得免。以休格总南面戍兵。

冬，十月，庚午，镇州捷书闻，帝手诏褒之。

乙亥，齐王廷美进封秦王，宰相薛居正加司空，沈伦加左仆射，卢多逊兼兵部尚书，枢密使曹彬兼侍中，文武官预平太原者，皆迁秩有差，初行赏功之典也。

十一月，戊寅，辽主宴赏休格等及有功将校。

辽南院枢密使兼政事令郭袭，以辽主数游猎，上书谏曰："昔唐高祖好猎，苏世长言不满十旬，未足为乐，高祖即日罢，史称其美。伏念圣祖创业艰难，宵旰不懈。穆宗逞无穷之欲，不恤国事，天下愁怨。陛下继统，海内翕然望中兴之治，十馀年间，征伐未已，疮痍未复，正宜恐惧修省以怀永图，乃闻恣意游猎，甚于往日，万一有衔橛之虞，悔将何及！况南有强敌，伺隙而动，闻之得无生心乎！伏愿节从禽酣饮之乐，为社稷生灵计。"辽主嘉善之，而不能用。

帝以杨业老于边事，癸巳，命知代州兼三交驻泊兵马部署。

辛丑，日南至。辽改元乾亨，大赦。

初，西南夷不供朝贡，刑部郎中许仲宣为西川转运使，亲至大渡河，谕以顺逆，夷人皆率服。在职逾三岁，会有言仲宣当江表用兵时乾没官钱者，是月，召还，令御史台尽索财计簿钩校，岁馀而毕，卒无欺隐，乃以仲宣为岭南转运使。仲宣有心计，江表用兵，军中需索百端，皆预储蓄无阙。曹彬怪之，尝夜攻城，取陶器数万事，分给攻城卒，然灯自照，仲宣已预料置，如其数付之。其才干类此。

十二月，乙卯，辽南京留守、燕王韩匡嗣，降封秦王，遥授晋昌军节度使。壬戌，上京留守蜀王道隐，迁南京留守。道隐号令严肃，虽疆场多虞而民获安业，寻进封荆王。

是冬，辽主驻南京。命宰相室昉监修国史。

五年　辽乾亨二年【庚辰，980】　春，正月，丙子朔，辽封皇子隆绪为梁王，隆庆为恒王。隆绪幼喜书翰，十岁能诗，辽主属意焉。

庚辰，诏宣慰河东诸州。

帝既平太原，还自范阳，得汾晋、燕蓟之马凡四万二千馀匹。壬午，置天驷监于景阳门外，左右各二，以左、右飞龙使为左、右天厩使，闲厩使为崇仪使。内厩马既充牣，始分置诸州牧养。

丁亥，辽以特里衮休格为北院大王，前枢密使贤适封西平郡王。

庚寅，以礼部侍郎深州程羽为文明殿学士，班枢密副使下。文明殿学士，即端明殿学士也，殿名早改，职名之改自羽始。

癸卯，命右卫将军史珪凿尉氏新河九十里。

二月，丙午，京西转运使程能上言："诸道州府民事徭役者多有不均，望下诸路转运使定

195

为九等,上四等户量轻重给役,下四等户并与免除。"诏令转运使躬亲详定,勿复差官。

戊申,改南辨州曰化州。

戊辰,辽主如清河。

三月,丁亥,辽西南面招讨副使耶律旺陆、太尉华格遣人献党项俘。

戊子,左监门卫上将军刘铢卒,赠太师,追封南越王。

癸巳,杨业败辽师于雁门,杀其驸马侍中萧多啰,获都指挥使李重海。

闰月,甲寅,覆试权知贡举程羽等所奏合格进士,得铜山苏易简等百一十九人,又得诸科五百三十三人,并分等甲乙,赐宴,始有直史馆陪坐之制。进士第一等授将作监丞,通判藩郡;次授大理评事,诸令、录事;诸科授初等职事及判、司、簿、尉事。刘昌言、颜明远、张观、乐史等四人,皆以见任官举进士,帝惜科第不与,特授近藩掌书记。

辛未,归义军节度使曹元忠卒,其子延禄自称留后,遣使修贡。夏,四月,丁丑,诏赠元忠燉煌郡王,授延禄归义节度使。

遣供奉官卢袭诚交州。时丁琏及其父部领皆死,琏弟璿尚幼,嗣称节度行军司马、权领军府事。大将黎桓擅权,劫迁璿于别第,举族禁锢之,代总其众。

襄阳县民张巨源五世同居,内无异爨;戊子,诏旌表门闾。巨源尝习刑名书,特赐明法及第。

辽主清暑燕子城。

初,刘继元降,帝令殿前都虞候、武泰节度使崔翰先入慰谕,仍禁俘略之物无得出城。时秦王廷美以数十骑将冒禁出城,翰呵止之。廷美怨,遂谗于帝。壬辰,翰罢为感德节度使。

诏壅汾河晋祠水灌太原,堕其故城。

是月,初以礼贤宅赐钱俶,俶献白金三百斤为谢。

命有司定品官赎罚之令。

五月,丁卯,作端拱楼。

是月,辽地大雷,火乾陵松。

六月,己亥,以江州白鹿洞主明起为蔡州褒信县主簿。白鹿洞在庐山之阳,常聚生徒数百人。江南后主时,割善田数十,岁取其租廪给之;选太学通经者授以它官,俾领洞事,日与诸生讲诵。至是,起建议以其田入官,故爵命之。白鹿洞由是渐废。

辽宋王喜衮复谋反,囚于祖州。

太常博士侯仁宝,益之子也,居洛阳,有大第良田,优游自适,不欲亲吏事。其妻,赵普妹也,普为宰相,仁宝得分司西京。卢多逊与普有隙,普罢相,因白帝以仁宝知邕州,凡九年不得代。仁宝恐因循死岭外,乃上疏言:"交州主帅被害,国乱可取,愿乘传诣阙面奏。"帝大喜,命驰驿召之。多逊言先召仁宝,必泄其谋,不如授仁宝以飞挽之任,令经度其事。帝以为然,秋,七月,丁未,以仁宝为交州路水陆转运使,兰州团练使孙全兴等为邕州路兵马都部署,宁州刺使刘澄等为廉州路兵马都部署,水陆并进以讨之。

己巳,济州言金乡县民李延家,自唐武德初同居,至今近四百年,世世结庐守坟墓;诏旌其门,赐以粟帛。

戊午,辽旺陆等复献党项俘。

196

八月,甲戌,宣徽北院使、判三司王仁赡密奏:"近臣、戚里多遣亲信市竹木秦、陇间,联巨筏至京师,所过关渡矫制免算;既至,厚结执事者,悉官市之,倍取其直。"帝怒,以三司副使范旻、户部判官杜载、开封府判官吕端属吏。旻、载具伏罔上为市竹木入官，端为秦王府亲吏乔琏请托执事者。己丑，贬旻房州，载归州，端商州，皆为司户参军。因诏："自今文武职官不得辄入三司公署，及不得以书札往来请托公事。"

戊戌，幸钱俶第视疾，赐赍甚厚。

九月，甲辰，史馆上《太祖实录》五十卷。

诏有司遍告百官："凡遇朝会，皆务恭虔，每内殿起居日，即须趋跄趋门，雍容就列；稍不端谨，便当劾奏。"

冬，十月，辛未朔，辽主命巫者祠天地及兵神。辛巳，将南侵，祭旗鼓。癸未，辽主次南京。

帝将巡北边，己丑，诏："自京师至雄州，发民除道修顿。"

庚寅，辽主次固安；己亥，自将围瓦桥关。十一月，庚子朔，南师夜袭辽营，辽节度使萧干、详衮耶律赫德战却之。

黎桓遣牙校赍方物来贡，仍为丁璿上表，自言徇将吏军民之请，已权领军府事，乞朝廷赐以真命。时孙全兴等出师既逾时，帝察其意止欲缓兵，寝而不报。

壬寅，辽北院大王休格御宋师于瓦桥东，守将张师突围出，辽主亲督战，休格跃马入阵，斩师，馀众披靡，退入城。戊申，南师阵于水南，欲战，辽主以休格马介独黄，虑为敌所识，亟命以玄甲白马易之。休格遂率精骑渡水奋击，南师大败，追至莫州，横尸遍野，生擒数将以归。辽主赐以御马金盏，劳之曰："卿勇过于名，若人人如卿，何忧不克！"

丙午，以秦王廷美为东京留守；宣徽北院使王仁赡为大内都部署，枢密承旨陈从信副之。

己酉，诏巡北边；壬子，发京师；癸丑，次长垣县。关南言大破契丹万馀众，斩首三千馀级，即以河阳节度使崔彦进为关南兵马都部署。

丙辰，辽主引兵还。

戊午，驻跸大名府。

开宝末，右补阙窦偁为开封府判官，与推官贾琰同事帝。贾能先意希旨，偁常疾之。帝与诸王宴射，贾侍帝侧，称赞德美，词多矫诞，偁叱之曰："贾氏子巧言令色，岂不愧于心哉！"坐皆失色，帝亦为之不乐，因罢会，白太祖，出偁为彰义节度判官。至是帝思见偁，促召至行在。癸亥，以偁为比部郎中。时方议北征，偁因抗疏请还都，休士养马，徐为后图，帝悦其言。及至自大名，以浮涊为枢密直学士。偁，仪之弟也。

乙丑，辽主至南京。十二月，庚午朔，拜休格为裕悦，大飨军士。

甲戌，帝畋近郊，因阅武，赐禁军校及卫士襦袴。时禁盗猎，有卫士获獐，违令当死。帝曰："我若杀之，后世必谓我重兽而轻人命。"释其罪。

丁丑，以杨业领云州观察使，知代州事。业自雁门之役，辽人畏之，每望见业旗，即引去。主将屯边者多嫉之，或潜上谤书，斥言其短；帝皆不问，封其奏以付业。

帝因辽师退，遂欲进攻幽州。戊寅，以刘遇充幽州西路行营壕寨兵马部署，田钦祚为都监；曹翰充幽州东路行营壕寨兵马（都）部署，赵延溥为都监。复命宰相问翰林学士李昉、扈蒙等事之可否，昉等请养骁雄，广积储，宽诸期岁之间，用师未晚。帝深纳其说，即下诏南归。

命曹翰部署修雄、霸州、平戎、破房、乾宁等军城池，开南河，自雄州达莫州，以通漕运，筑大堤以捍水势。调役夫数万人，于北境伐木以给用。先是辽人南侵，必举堠烟，翰分遣人举烟境上，敌疑有伏，即引去，不敢近塞。得巨木数万，负担而还，大济用度。数旬功毕，召归

197

颍州。

庚辰,车驾发大名;乙酉,至京师。

议者皆言宜速取幽蓟,左拾遗、直史馆张齐贤上疏曰:"圣人举事,动在万全,百战百胜,不若不战而胜。自古疆场之难,非尽由戎狄,亦多边吏扰而致之。若缘边诸寨抚御得人,但使峻垒深沟,蓄力养锐,以逸自处,如是则边鄙宁,辇运减,河北之民获休息矣。然后务农积谷以实边用,敌人之心,固亦择利避害,安肯投诸死地而为寇哉!臣闻家六合者以天下为心,岂止争尺寸之土,角强弱之势而已!是故圣人先本而后末,安内以养外;内安本固,则远人敛衽而至。伏望审择通儒,分路采访两浙、江南、荆湖、西川、岭南、河东,凡伪命日赋敛苛重者,改而正之;诸州有不便于民者,委长吏闻奏,使天下皆知陛下之仁,戴陛下之惠,则契丹不足吞,燕蓟不足取也!"

先是,辽土产多铜,始造钱币。太宗置五冶太师以总四方铁钱,石晋又献沿边所积钱以备军实。是岁,辽主以旧钱不足于用,始铸乾宁新钱。

六年 辽乾亨三年【辛巳,981】 春,正月,癸卯,以保塞军为保州,梁门口寨为静戎军。

乙巳,诏:"诸路转运使下所属州令长吏,择见任判、司、簿、尉之清廉明干者,具以名闻,当以次引对,授知县之任。"

辛亥,易州破辽兵数千人。

是月,遣八作使郝守濬等分行河道,抵辽境,皆疏导之。又于清苑界开徐河、鸡距河五十里入白河,由是关南之漕悉通济焉。

二月,癸巳,诏曰:"京朝官厘务于外者,咸给以御前印纸,令书治迹。而主司不能彰明臧否,但以细碎之事混淆其间,非所以副朕详求之意也。自今寻常之务,非课最者,不得书为劳绩;其殿、犯无有所隐。"

丙子,辽主东还;己丑,复如南京。

丁酉,令群臣居丧被诏起复者,须卒哭朝谒,其俸料自诏下日给之。

三月,己酉,山南西道节度使、同平章事德芳薨,年二十三。赠中书令,追封岐王,谥康惠。

癸丑,诏:"诸路转运使察部下官吏,有罢软不胜任、怠惰不亲事及黩货扰民者,条其事状以闻,当遣使按鞫;其清白自守,干局不苟,亦以名闻,必加殊奖。"

交州行营言破贼军于白藤江口,斩首千馀级。时侯仁宝率前军先发,孙全兴等顿兵花步七十日,以俟刘澄,仁宝屡促之,不行,及澄至,并军由水路抵多罗村,不遇贼,复擅还花步。贼诈降以诱仁宝,仁宝信之,遂为所害。时诸军冒炎瘴,人多死者,转运使许仲宣驰奏仁宝战殁,且乞班师;不待报,即以兵分屯诸州,开库赏赐,给其医药,谓人曰:"若俟报,则此数万人皆积尸于广野矣。"乃上章自劾。诏书嘉纳之,就劾澄等。会王僎病死,澄与贾湜并戮于邕州市。征全兴下狱,伏诛。赠仁宝工部侍郎,官其二子。

辽以秦王韩匡嗣为西南面招讨使。

夏,四月,诏:"诸州大狱,长吏不亲决,胥吏旁缘为奸,逮捕证左,滋蔓逾年而狱未具。自今长吏每五日一虑囚,情得者即决之。"帝不欲天下有滞狱,乃建三限之制,大事四十日,中事三十日,小事十日,不须追捕而易决者无过三日。又诏:"囚当讯掠,则集官属同问,勿委胥吏榜决。"

辛未,幸太平兴国寺祷雨。

罢湖州织罗，放女工五十八人。

五月，癸丑，令内侍省细仗内先衣黄者并衣碧，吏部黄衣选人改为白衣选人。

辽喜衮既囚，丙午，辽上京汉军乱，欲劫立喜衮，以祖州城坚不得入，立其子留礼寿。上京留守除室擒之，留礼寿旋伏诛。逾年，始赐喜衮死。

己未，雨，降死罪囚，流以下释之。

六月，甲戌，司空平章事薛居正卒，赠太尉、中书令，谥文惠。居正性宽简，不好苛察。自参政至为相，凡十八年，恩遇始终不替。因服丹沙遇毒，方奏事，疾作，舆归，遂卒。居正无子，养子惟吉，素无行，于是帝临其丧出涕。其妻出拜丧侧，帝存抚数四，因问："不肖子安在? 颇改节否?"惟吉伏丧侧，惊惧不敢起；自是尽革故态，稍涉猎书史，亲贤士。帝知其修饬，数委以大藩，所至称治，累迁左千牛卫大将军。遭母丧，故事，卒哭当起复，惟吉恳求终制；优诏不许，时论异之。

秋，七月，丙午，帝将大举伐辽，遣使赐渤海王诏书，令发兵以应，约灭辽之日，幽蓟土宇复归中朝，朔漠之外悉以相与。然渤海竟无至者。

九月，乙未朔，日有食之。

壬寅，以左拾遗、直史馆嘉州田锡为河北南路转运副使。自卢多逊专政，群臣章表，不先禀多逊，则有司不敢通。又，谏官上章，必令阁门吏依式书状云："不敢妄陈利便，希望恩荣。"锡贻书多逊，请免书状，多逊不悦，乃出之。

锡因入辞，直进封事，言军国要机者一，朝廷大体者四。略曰："赏不逾时，国之令典。顷岁王师薄伐，克平太原，未赏军功，逮兹二载。请因郊禋耕籍之礼，议平晋之功而赏之。驾驭戎臣，莫兹为重，此要机也。交州瘴海之地，得之如获石田。愿陛下无屯兵以费财，此大体之一也。迩来谏官废职，给事中不敢封驳，遗、补亦不贡直言，起居郎、舍人不得升陛纪言动，御史不能弹奏，中书舍人未尝访以政事。臣意其各有所蓄，欲待顾问。望因清燕，召而询求，俾尽悃诚，以观器业。又，集贤院虽有书籍而无职官，秘书省虽有职官而无图籍。愿陛下择才而任之，使各司其局，此大体之二也。朝廷辟西苑，广御池，而尚书无厅事，郎曹无本局，九寺、三监寓天街之两廊，礼部试士或就武成王庙，是岂太平之制度邪! 望别修省寺，用列职官，此大体之三也。每于衢路见囚荷铁枷，不觉自骇，隆平之时，将措刑不用，于法所无，去之可矣。此大体之四也。"帝嘉其言，降诏褒谕，仍赐钱五十万。或谓锡，今宜少晦以远谗忌，锡曰："事君之诚，惟恐不竭；且天植其性，岂一赏可夺邪!"至河北，复驿书言边事，略曰："今北鄙驿骚，盖以居边任者，规羊马细利为捷，矜捕斩小胜为功，起衅召戎，实由此始。伏愿申饬将帅，谨固封守，还所俘掠，许通互市，使河朔之民得务农业，不出五载，可积十年之储。"又曰："国家图燕以来，兵连未解，财用不得不耗，人臣不得不忧。愿陛下精思虑，决取舍，无使旷日持久。"

丙午，置京朝官差遣院。旧制，京朝官属吏部，建隆以来皆出中书。至是诏京朝官除两省、御史台自少卿监以下奉使从政于外受代而归者，并令中书舍人开封郭贽等考校劳绩，品量材器，以中书所下阙员，类能拟定，引对而授之，谓之差遣院。

太子太保赵普奉朝请累年，卢多逊益毁之，郁郁不得志。普子承宗，娶燕国长公主女。承宗适知潭州，受诏归阙成婚礼未逾月，多逊白遣归任，普由是愤怒。会如京使大名柴禹锡等告秦王廷美骄恣，将有阴谋窃发，帝召问普，普言愿备枢轴以察奸变，退，复密奏："臣开国旧臣，为权幸所沮。"因备言昭宪顾命及先朝自愬之事。帝于宫中访得普前所上章，并发金匮得誓书,遂大感悟,即留承宗京师,召普谓曰:"人谁无过,朕不待五十,已尽知四十九年非矣。"辛亥,以普为司徒兼侍中。

帝之始即位也,命廷美尹开封,德昭、德芳并称皇子,外议皆谓帝将以次传位。及德昭不得其死,德芳继夭,廷美始不自安。它日,帝尝以传国意访之普,普曰:"太祖已误,陛下岂容再误邪!"普复入相,廷美遂得罪。凡廷美所以得罪,则普之为也。

是日,以枢密副使、刑部侍郎洛阳石熙载为户部尚书,充枢密使,用文资正官充枢密使,自熙载始也。

壬子,秦王廷美乞班赵普下,从之。

诏:"中外文武官并得上书直言。"

丙辰,知易州白继赟败辽兵于平塞寨。

【译文】

宋纪十 起己卯年(公元 979 年)三月,止辛巳年(公元 981 年)九月,共二年有余。

太平兴国四年 辽乾亨元年(公元 979 年)

三月,庚辰朔(初一),宋太宗停驻在镇州。命令郓州刺史尹勋攻打隆州。隆州作为北汉人依据险要修筑的城堡,用以抗拒南方的宋军,所以首先分兵包围隆州。

辛巳(初二),宋太宗命令镇州马步都监、客曹副使齐廷琛、洛苑副使侯美分头领军攻打盂县。引进使、汾州防御使田钦祚统率石岭关驻军,同都部署郭进不和,敌军到达,闭关自守,敌军离去又不追击。积蓄军用物资以谋取私利,被部下控诉,太宗下诏审讯,田钦祚全部招供。癸未(初四),贬责为睦州防御使,仍旧统领军队。

丙戌(初七),辽国主命令北院大王耶律希达、伊实王耶律萨哈等领军戍守燕地。

丁亥(初八),郭进在西龙门寨击破北汉军队。

戊子(初九),宋太宗命令六宅使侯继隆攻打沁州,阁门祗候王僎攻打汾州。王僎就是王侁的弟弟。

己丑(初十),辽国主命令左千牛卫大将军韩侼、大同军节度使耶律善布率领本路军队援救北汉。

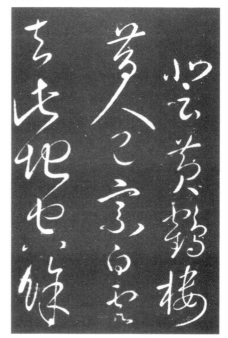

登黄鹤楼 宋太宗书

壬辰(十三日),宋太宗又命令淄州刺史太原人王贵攻打沁州。

乙未(十六日),辽国耶律沙等部到达白马岭,前面有条大涧阻隔,遇到郭进的军队,耶律沙与众将领打算等待后续部队,冀王耶律塔尔以及耶律穆济认为赶紧出击有利,耶律沙不能定夺。耶律塔尔等率领先锋部队渡过大涧,还没过一半,郭进率领骑兵奋力出击,大败辽军。耶律塔尔等以及他的儿子耶律华格、耶律沙的儿子耶律德琳、令衮图敏、详衮唐古全都死于阵前,耶律沙等人几乎不能出去,正好耶律色珍率领救兵到达,万箭齐发,宋军才退却。耶律沙、耶律穆济仅仅自身免于死难。北汉国少主又派遣密使携带装有书信的蜡丸赶赴辽国,郭进将他捕获,绑赴城下示众,太原城的士气开始动摇了。

宋太宗命令知府知州、闲厩使折御卿,监军、供奉官晋阳人尹宪分头领兵攻打岚州。

丙申(十七日),左飞龙使史业攻破北汉国鹰扬军。

癸卯(二十四日),河东城西面转运使被任命为陕西北路转运使,以代替雷德骧。雷德骧因调发沁州军需储备延误期限,宋太宗下诏弹劾雷德骧,任命刘保勋等人兼领他的职务。

乙巳(二十六日),夏州李继筠乞求率领所部帮助讨伐北汉国。

宋太宗诏令泉州调发军队护送陈洪进的亲戚、部属赶赴京师。

夏季,四月,己酉朔(初一),在岚州行营宋军与北汉军队交战,击破北汉军队。庚戌(初二),孟县投降。

宋太宗以石熙载为枢密副使。

辛亥(初三),北汉国驸马都尉卢俊,从代州飞马递送书状向辽国告急。辽国人因为正处兵败受挫之余,所以无法再发兵救援。

辛酉(十三日),德呼勒部落向辽国进贡。

壬戌(十四日),宋太宗从镇州出发,前往太原。

折御卿攻克岢岚军,俘获岢岚军使折令图。

甲子(十六日),解晖等部攻打隆州,西头供奉官袁继忠、武骑军校许均首先登城,攻陷隆州。

己巳(二十一日),折御卿攻克岚州,杀死北汉国宪州刺史郭翙,俘获夔州节度使马延忠。

庚午(二十二日),宋太宗到达太原。住宿在汾水的东岸。辛未(二十三日),到达太原城西面,检查巡视军营堡垒、攻城器具。慰劳众将,并以亲笔诏书晓谕北汉国少主劝他归降,将诏书传送到城下,守护城墙的士兵不敢接受。

壬申(二十四日),黑夜还没过去,宋太宗亲临太原城西面督促众将攻打太原城。天武军校荆嗣率领部众首先登城,亲手砍杀数人,脚被双箭射透,被手炮击中,打碎两颗牙齿,太宗看见,连忙召他下来,赏赐锦袍和银制腰带。荆嗣是荆罕儒哥哥的孙子。先前太宗挑选各军中的勇士几百人,教习舞剑,都能将剑抛掷到空中,再跃起身体从左右接住,看到的人没有不恐惧的。正好契丹派遣使臣进贡,太宗在便殿设宴,就叫出剑士给使臣看,几百人祖露身体击鼓呐喊,挥舞长剑而进来,跳跃抛掷飞旋接住,竭尽其妙,使臣不敢正视。到这时巡视太原城,必定让舞剑士居前引导,各自呈示自己的技艺,城上人望见后闻风丧胆。太宗每次披着铠甲,冒着飞箭流石,指挥军队,左右侍臣有劝谏的,太宗说:"将士争着在刀锋箭镞之下拼命效力,朕岂能忍心旁观呢?"各军将士听到后,人人勇猛百倍,都冒死登城,所有持弓的士兵有几十万人,在太宗前面布列军阵,重叠铠甲交相射箭,箭聚集在太原城墙上如同刺猬的毛。抓到活口,说北汉国少主在城中收购所发射的箭,用十文钱换一支箭,共得一百多万支箭,聚集起来贮存。太宗笑着说:"这箭是为我积蓄的。"等到太原城归降后,获取全部收藏的箭。

田钦祚在石岭关,恣意妄为,做了种种谋取私利的不法之事。郭进屡次进言,田钦祚忌恨他。而郭进是个武夫,生性刚烈,战功卓绝,田钦祚多次加以凌辱欺侮,郭进不堪忍受,癸酉(二十五日),上吊自杀,田钦祚诈称郭进中风眩晕而死向上奏报。宋太宗悼念痛惜很久,颁优抚诏书赠授安国节度使。左右侍臣都知道真相,而无人敢说。太宗任命冀州刺史牛思

201

进为石岭关部署。牛思进四肢有力,曾经将强弓挂在耳朵上,用手拉弦让弓满贯;又有,靠着墙壁站立,两个大力士抓住他的乳头却拉他不动,军中都惊异他的力量。

甲戌(二十六日),宋太宗巡视各营寨。

乙亥(二十七日),宋太宗亲临连城,视察攻城各突破口,当时李汉琼率领部众首先登城,箭矢射中他的脑袋,又射中他的手指,伤势严重,仍然奋力迎接。太宗赶紧召他到帷幄殿帐中,查看他的伤口,涂上良药。太宗准备亲自到攻城的洞屋中慰劳士兵,李汉琼哭着说:"飞箭流石射到洞屋如同下雨,陛下怎么能以天子的尊贵身份亲自前往监视!倘若不听,臣下请求先去死。"太宗于是作罢。

丁丑(二十八日),宋太祖亲临西面的连城城楼。

五月,己卯朔(初一),宋太宗亲临太原城西南角,夜里,督促众将加紧进攻;黎明时,攻陷羊马城。北汉国宣徽使范超前来归降。攻城将士怀疑他出城交战,擒获他来献上,在大旗下斩首。不久北汉人杀尽范超的妻子儿女,悬挂他们的头,并投到城外。

北汉国代州刺史刘继文以及卢俊逃奔到辽国。

辛巳(初三),宋太宗亲临太原城西北角,北汉国马步军都指挥使郭万超前来归降。

壬午(初四),宋太宗亲临太原城南,对各位将领说:"明天是端午节,必当在城中吃饭。"于是亲自起草诏书赐给北汉国少主。夜晚,漏壶刻度刚到一刻,城墙上出现苍白色云如同人的形状。

癸未(初五),太宗到达太原城南,督促众将加紧进攻,士兵奋起怒号,争着登城,不可遏止。太宗担心会屠杀全城无辜,就指挥部众稍做后退,城中守军还打算固守,以左仆射而退休的马峰,因病在家卧床,叫人抬着入宫见北汉国少主,流着眼泪详细诉说国家兴亡的道理。夜晚,到漏壶十刻时,北汉国少主就派遣客省使李勋奉上表章投诚。太宗大喜,立即命令通事舍人薛文宝携带诏书入城安抚晓谕。夜晚的时间还没完。太宗亲临太原城北,并在城北高台上宴请随从大臣,准备接受北汉国主投降。甲申(初六),黎明,刘继元率领他的平章事李恽等人身穿素服头戴纱帽在高台下等待定罪,太宗下诏释免,召令登台安慰。刘继元叩头说:"臣下自从听说大驾光临,就想束手归附,但有亡命之徒惧怕死亡,劫持臣下无法归降。"太宗命令搜捕亡命之徒到达,全部斩首。回头对淮海国王钱俶说:"爱卿能保全一方来归顺于我,不至兵刃沾血,实在值得嘉奖啊。"

平定北汉国,共得十个州,一个军,四十一个县,三万五千二百二十户,三万士兵。

宋太宗任命刘保勋为太原府知府。

乙酉(初七),宋太宗下诏赦免河东管域内平常赦免所不原宥的罪犯。各州县伪汉设置的官职等,一并让他们照旧,民户的夏秋两税,特别给予免除二年徭役赋税,王师未到之处,给予免除一年,分别任命常参官八人为忻州、代州等知州。

拆毁太原旧城,改为平晋县;将榆次县改为并州,迁徙僧侣、道士和百姓中的富户到西京。

己丑(十一日),宋太宗以刘继元为右卫上将军,封为彭城郡公。又以他的臣子李恽为殿中监,马峰为少府监,郭万超为磁州团练使,李勋为右卫将军,其余臣僚授予职官各有差别。

辛卯(十三日),太宗宴请刘继元及其官员亲属。刘继元奉献他的宫中艺妓一百多人,太宗分别赏赐给立战功的将领和军校们。

乙未(十七日),修筑并州新城。

护送刘继元缌麻以上的五服亲属赶赴京师。

丙申(十八日),宋太宗来到太原城北,登上沙河门楼。派遣使者分头部署迁徙城中居民到新设并州,全部烧毁他们的房屋,百姓扶老携幼来不及趋奔城门而出,死的很多。

丁酉(十九日),将行宫改为平晋寺,宋太宗撰写《平晋记》,在寺中立碑镌刻。

撤销隆州,拆毁隆州城墙。

庚子(二十二日),宋太宗从太原出发。丁未(二十九日),在镇州住宿。

当初,进攻包围太原城数月,军饷供应将要枯竭,军士疲惫困乏。刘继元归降,人人都怀有希望赏赐的心意,而太宗准备接着攻打辽国。攻取幽燕之地。众位将领都不愿意出征,然而没有人敢说出来。殿前都虞候崔翰独自上奏说:"这一用兵大事不可能再次举行了,乘着现在势如破竹,取得幽燕之地非常容易,机不可失啊。"太宗听了很高兴,立即命令枢密使曹彬商议调发各地驻军。当时装载军队簿籍的车辆,受阻滞留在路上,兵房吏张质暗自计算部署兵马,到取得簿籍进行校核,全部没有差错。

六月,庚申(十三日),宋太宗北上征伐,从镇州出发。护从六军中有不按时到达的,太宗大怒,准备用军法处置。马步军都军头赵延溥连忙进言说:"陛下巡视边陲之地,原本因为契丹成为忧患,如今敌寇没有歼灭而诛杀责罚将士,倘若要实施以后的战略意图,谁还肯为陛下尽力呢!"太宗赞赏并采纳了他的劝谏。

丙寅(十九日),太宗到达金台顿。那是辽国边界。丁卯(二十日),太宗身穿铠甲头戴战盔,率领军队驻扎在岐沟关,辽国东易州刺史刘禹以东易州归降。太宗留下士兵一千人守城。东易州就是岐沟关。

辽国北院大王耶律希达,统军使萧托古、伊实王耶律萨哈,在沙河迎战。东西班指挥使衡水人傅潜、浚仪人孔守正最先到达,进击辽军,后面军队相继赶到,大败耶律希达军队。活捉五百多人。

戊辰(二十一日),宋太宗到达涿州,判官刘原德以涿州城归降。庚午(二十三日),太宗到达辽国南京的城南面,住在宝光寺。

辽国南院大王耶律色珍担心南方军队的精锐,因耶律希达新近战败,被南方宋军所轻视,就取过该部的青色旗帜,驻扎在得胜口以引诱敌人。宋太宗指挥军队进击,士兵都鼓足勇气,斩首一千多级。耶律色珍袭击宋军后路,宋军开始退却。耶律色珍在清沙河北岸驻军,为南京声援。

渤海首领达兰罕率领部族前来归降;太宗以达兰罕为渤海都指挥使。

壬申(二十五日),宋太宗部署众将攻城,定国节度使宋渥攻打城南面,河阳节度使崔彦进攻城北面。彰信节度使刘遇进攻城东面,定武节度使孟元喆攻打城西面。任命宣徽南院使潘美主持幽州行府事务。辽国南京临时留守韩德让十分恐惧。同主管三司事刘弘登上城墙,日夜戍守抵御,但城外招降胁迫十分紧急,人人怀有二心。适逢迪里都指挥使李扎勒灿出城归降,城中士兵更加恐惧。

辽国御盏郎君耶律学古听到南京被围困,急忙救援。围城宋军很严密,就挖地洞而进城,偕同韩德让等人整治兵器军械,安定动摇的军心。根据情况准备防御,斗志毫不松懈。宋军三百多人乘着夜色登城,耶律学古出战击退宋军,更为加强守备,以等待增援部队。

丙戌(二十七日),宋太宗任命殿中丞杨恭为涿州知州,以刘原德为右赞善大夫、通判州事。乙亥(二十八日),任命八作副使祁延朗为东易州知州。

丁丑(三十日),辽国主才知道南京被围困,命令南京宰相耶律沙救援,派遣使者责备萧托果等人说:"你们不严密侦察,用兵无方,遇上敌军就溃败,还怎么做将领!"特里衮耶律休格知道事务紧急,自动请求赶赴救援,辽国主于是以耶律休格代替耶律希达,率领五院军队出发。

秋季,七月,庚辰(初三),辽国建雄节度使刘延素前来归降。壬午(初五),辽国蓟州知州刘守恩归降。

宋太宗每日督促众将攻城,而将士大多怠慢。桂州观察使曹翰、洮州观察使米信驻扎在城东南角,军士掘地挖得蟹,曹翰对众将说:"蟹,是水中之物,而至陆地居住,是丧失正当的住处啊。况且长着许多腿,是敌人援兵将要到达的象征。同时,蟹就是解音,该要班师回朝了!"

癸未(初六),辽国耶律沙率领援军赶到。在高梁河交战,宋军迎头痛击。耶律沙战败逃跑。正当傍晚,耶律休格从小道飞驰赶到,每人持两个火矩,宋朝军队没法猜测辽军多少,有畏惧之色。耶律休格与耶律色珍合军一处,分兵左右两翼奋勇出击,耶律休格身受三处创伤,作战更加努力,耶律学古听说救援军队大量结集,就打开城门布列军阵,四面击鼓,居民大声呼叫,喊声震荡天地,耶律休格乘机进击。宋军大败,宋太宗乘坐轻便驴车向南逃跑。耶律休格伤势严重,无法骑马,改坐轻便马车追逐到涿州,缴获宋军兵器、印符、粮草、兵饷、钱币不可胜数。

丙戌(初九),宋太宗在金台驿住宿,内供奉官真定人阎承翰飞驰奏报返归的军队大量溃散。太宗命令殿前都虞候崔翰前去安抚。部众才稳定下来。

戊子(十一日),宋太宗到达定州。

定难军留后李继筠去世,弟弟李继捧继位。

庚寅(十三日),宋太宗命令崔翰与定武节度使孟元喆等率部留下驻扎定州。彰德节度使李汉琼驻军镇州。河阳节度使崔彦进等部驻扎关南,准许按情况机断专行。太宗对众将说:"契丹必定会来侵犯边境,应当会合军队设下埋伏夹击它,可以获得大胜。"

辛丑(二十四日),辽国主以韩德让等人能够安抚人心,捍卫城池,颁赐诏书给予奖励。以韩德让为辽兴军节度使;耶律学古遥授保静节度使,为南京马步军都指挥使。耶律沙等人在高梁河有战功,释免他们败军的罪责。

辽国主因为边境需要用兵,征召前南院大王耶律塔尔,询问政事。耶律塔尔胡须双鬓斑白,精力仍然旺盛,辽国主厚礼相待。不久,耶律塔尔因病去世,终年七十九岁。耶律塔尔就是人们所称的富民大王,辽国人很久还怀念他。

守中书令、西京留守石守信,随从出征失利,八月,壬子(初五),贬谪为崇信节度使兼中书令。甲寅(初七),彰德节度使刘遇贬谪宿州观察使。

北汉国将领刘继业,一向骁勇,到了刘继元归降,刘继业仍然凭据城防苦战。宋太宗想活捉他,命令刘继元招降,刘继业才朝北面行拜两次,失声痛哭,放下铠甲前来朝见。太宗大喜,慰劳安抚十分丰厚,恢复原姓杨氏,名只称业,授予领军卫大将军。丁巳(初十),以杨业为郑州防御使。

癸亥(十六日),宋太宗命令潘美驻守在河东三交口。

当初,武功郡王赵德昭随从出征幽州,军营中夜里曾经出现惊扰,不知皇上哪里去了。有人谋划拥立武功郡王为帝,等到知道皇上的处所,才停住。宋太宗察知此事,心中不高兴。

回来后,因为北上征战失利,迟迟没有颁行攻克太原的赏赐。议论的人都认为不应这样,于是赵德昭乘机入宫进言,太宗大为恼怒说:"等到你自己为帝,那时再赏也不算迟!"赵德昭惊惶恐惧,从宫中返回,对左右侍从说:"带刀了吗?"左右侍从推说因为在宫中不敢携带。超德昭就进入茶酒间,关上门窗,拿取削水果的刀子自刎。太宗听到后,惊骇悔恨,前往抱起赵德昭的尸体大哭说:"痴儿啊,为何要走这条绝路呢!"遂封为魏王,谥号为懿。赵德昭有五个儿子。

这月,宋太宗下诏营造太清楼。

九月,乙酉(初九),宋太宗命令内衣库使张绍勍、南作坊副使李神祐等率军驻守定州。

庚寅(十四日),宋太宗以户部郎中侯陟为谏议大夫,权御史中丞。权御史中丞之职从这开始设置。

丙午(三十日),辽国南京留守燕王韩匡嗣与耶律沙、耶律休格向南征伐,以报复宋军围困燕京的战役。宋朝镇州都钤辖、云州观察使刘廷翰率领军队进行防御。先在徐河布阵,崔彦进暗中领军从黑芦堤以北而出,沿着长城口,坐骑的马口中衔枚跟踪敌人后路,李汉琼与崔翰也率领军队相继赶到。

先前宋太宗将布阵图教授给各位将领,让他们分成八个战阵,等到军队停留在满城,辽军大量赶到,右龙武将军赵延进登高眺望,辽军东西横亘原野,看不到边际,崔翰等人正在按照图案布列军阵,每阵之间相距一百步。部众疑虑恐惧。大多没有斗志。赵延进对刘廷翰等人说:"皇上委托给我们守边大事,是期望克敌制胜罢了。如今敌寇骑兵如此势盛,而我军像天星散布,双方力量对比悬殊,他们倘若一齐压上,我们将怎么取胜呢!不如集中起来攻击敌寇,可以决战决胜,违反命令而取得胜利,不比兵败辱国强吗!"刘廷翰等人说:"万一不胜,那怎么办?"赵延进说:"倘若丧师战败,我赵延进一个承担罪责。"刘廷翰等人仍然为擅自改变诏令圣旨而感到疑惑,镇州监军,大宅使李断隆说:"用兵贵在适应变化,怎么能预先决定!违背诏令的罪名,请求让我李继隆独自承当。"刘廷翰等人的主意这才决定,于是改变为两阵,前后互相呼应。首先派人诈称约定投降。韩匡嗣听信其言。耶律休格说:"对方部众整齐而精锐,一定不肯屈服。这只是引诱我方而已,应当严阵以待。"韩匡嗣不听从,一会儿宋军击鼓呼喊,尘土扬起弥漫天空,韩匡嗣仓皇失措不知所为,于是大败,溃败的士兵全部逃奔西山,许多人掉进山涧中。宋军追逐到遂城,斩首一万余级,缴获战马一千多匹,活捉辽将三人,俘虏男女老少三万户和很多军器、军用帐篷。韩匡嗣丢弃旗帜战鼓逃遁回来,残余部众逃奔易州,唯独耶律休格整顿队伍而作战,徐徐地退却返回。

辽国主对韩匡嗣恼怒,数落他的五条罪状说:"脱离各部孤军深入,是第一条;队伍不整齐,是第二条;抛弃军队抱头鼠窜,是第三条;侦察丧失时机,是第四条;丢弃军旗战鼓,是第五条。"立即下令诛杀。皇后极力搭救,得以免死。辽国主以耶律休格总领南面的戍守军队。

冬季,十月,庚午(二十四日),镇州捷报传来,宋太宗亲笔诏书给予褒奖。

乙亥(二十九日),齐王赵廷美晋封为秦王,宰相薛居正加官为司空,沈伦加官为左仆射,卢多逊兼领兵部尚书,枢密使曹彬兼领侍中,参与平定太原的文武百官,都有不同的迁官加爵,开始举行论功行赏的庆典。

十一月,戊寅(初二),辽国主设宴赏赐耶律休格等人和有功将校。

辽国南院枢密使兼政事令郭袭,因为辽国主多次游猎,上书劝谏说:"昔日唐高祖爱好打猎,苏世长进言说打猎不满一百天,就不足以为乐趣,唐高祖立即从当日起停止打猎,史书传为美谈。追念圣祖当初艰难创业,日日夜夜勤政不懈。穆宗为了实现无穷的欲望,不理国事,天下百姓忧愁抱怨。陛下承接大统,海内百姓共同盼望中兴之治,但十多年间,征战讨伐没有止息,创伤不能恢复,正是应该胆战心惊修养反省以胸怀永久的宏图,却听到恣意纵情游玩田猎,超过往日,万一发生倾覆之变,后悔还怎么会来得及!何况南面有强敌,伺隙而动,听说此情能不产生非分之想呢!臣下希望陛下节制纵猎狂饮的乐趣,为社稷黎民打算。"辽国主嘉奖他的话,但不能采用。

宋太宗因为杨业熟悉边防军事,癸巳(十七日),任命为代州知州兼三交驻泊兵马部署。

辛丑(二十五日),冬至日,辽国改年号为乾亨,大赦天下。

当初,西南夷不供奉朝廷贡品,刑部郎中许仲宣为西川转运使,亲自达到大渡河,晓谕归顺叛逆的利弊,夷人都相继归服。任职超过三年,正好有人说许仲宣在江南用兵之时吞没公款,这月,征召回京。宋太宗命令御史台找出所有财务统计账簿进行核查,一年多才查完,结果没有任何欺骗隐瞒。于是任命许仲宣为岭南转运使。许仲宣工于心计,江南用兵,军中有各种各样的需求,都能预先储备而没有欠缺。曹彬对此感到奇怪,曾经夜间攻城,索取陶器几万件,分给攻城的士兵点灯照明,许仲宣已事先料到办置,如数付给曹彬,他的才干就像这件事所显示的。

十二月,乙卯(十日),辽国南京留守、燕王韩匡嗣,被降封为秦王,遥授晋昌军节度使。壬戌(十七日),上京留守、蜀王耶律道隐,迁升为南京留守。耶律道隐号令严肃,虽然疆场多变而百姓获得安居乐业,不久晋封为荆王。

这年冬天,辽国主驻扎在南京。命令宰相室防监修国史。

太平兴国五年　　辽乾亨二年(公元980年)

春季,正月,丙子朔(初一),辽国主册封皇子耶律隆绪为梁王,耶律隆庆为恒王。耶律隆绪年幼时喜爱书法写作,十岁能够写诗,辽国主对他寄予厚意。

庚辰(初五),宋太宗下诏慰问河东各州。

宋太宗平定太原之后,从范阳回到京师,得到汾晋、燕蓟的马匹总共四万二千多匹。壬午(初七),在景阳门外设置天驷监,分左右各二厩,以左、右飞龙使为左、右天厩使,改闲厩使为崇仪使。内厩马匹充实后,就开始将多余马匹分配给各州放牧饲养。

丁亥(十二日),辽国主以特里衮耶律休格为北院大王,前枢密使耶律贤适册封为西平郡王。

庚寅(十五日),宋太宗以礼部侍郎深州人程羽为文明殿学士,班位在枢密副使之下。文明殿学士,就是端明殿学士。殿名早已更改,而官职名称更改从程羽开始。

癸卯(二十八日),宋太宗任命右卫将军史珪开凿尉氏县界新河道九十里。

二月,丙午(初二),京西转运使程能上书说:"各道府州县百姓服侍徭役有许多摊派不均,希望下令各路转运使将民户定为几等,上四等户按财产多少提供徭役,下五等民户一律免除徭役。"宋太宗下诏令转运使亲自详细规定,不再派遣官吏。

戊申(初四),宋朝改南辨州为化州。

戊辰(二十四日),辽国主前往清河县。

三月,丁亥(十四日),辽国西南面招讨副使耶律旺陆、太尉化格派人进献党项俘虏。

戊子(十五日),左监门卫上将军刘铢去世,赠官太尉,追封为南越王。

癸巳(二十日),杨业在雁门击败辽军,杀死辽国驸马侍中萧多啰,俘获都指挥使李重海。

闰月,甲寅(十一日),宋太宗对权知贡举程羽等人所奏报的合格进士进行复试,录取铜山人苏易简等一百一十九人,又取得诸科五百三十三人,同时分出甲乙等级,赏赐宴饮,开始有直史馆陪坐的制度,进士第一等授官将作监丞,各州通判;第二等授官大理评事、县令、录事参军;诸科授予初等职事以及军巡判官、司理参军、司户参军、司法参军、主薄、县尉等职。刘昌言、颜明远、张观、乐史等四人,都以现任官举为进士,太宗惋惜他们没能参加进士考试,特别授予京城附近藩镇掌书记之职。

辛未(二十八日),归义军节度使曹元忠去世,他的儿子曹延禄自称留后,派遣使臣进献贡品。夏季,四月,丁丑(初五),宋太宗下诏赠授曹元忠为墩煌郡王,授予曹延禄为归义节度使。

宋太宗派遣供奉官卢袭出使交州。当时丁琏和他的父亲丁部领都死去,丁琏的弟弟丁璿年纪还小,继位自称节度行军司马,权领军府事。大将黎桓专擅政权,劫持丁璿将他迁到别的住宅,把丁氏全族禁锢起来,取而代之,总领部众。

襄阳县百姓张巨源五代同堂,家中不另设炉灶;戊子(十六日),宋太宗诏令表彰张氏一家。张巨源曾经学过刑名书籍,太宗特赐明法及第。

辽国主在燕子城避暑。

当初,刘继元投降,宋太宗命令殿前都虞候、武泰节度使崔翰首先入城慰抚谕旨,同时禁令缴获的物资不得出城,当时秦王赵廷美带领几十名骑士犯禁出城,崔翰呵斥阻止他。赵廷美怀恨在心,就向太宗进谗言,壬辰(二十日),崔翰被罢免原职改任感德节度使。

宋太宗下诏在晋祠壅堵汾河水淹灌太原,毁坏它的旧城。

这月,开始将礼贤宅赏赐给钱俶,钱俶进献白银三百斤答谢。

宋太宗命令有关官吏制定有品级官员进行赎罚的法令。

五月,丁卯(二十五日),营造端拱楼。

这月,辽国地域有大雷,雷火烧毁乾陵的松树。

六月,己亥(二十八日),宋太宗以江州白鹿洞主明起为蔡州褒信县主簿,白鹿洞在庐山南面,经常聚集学生几百人。江南国后主在位时,割出良田几十亩,每年收取田租供给白鹿洞书院;挑选太学中精通经书的授予别的官职,让他掌领白鹿洞事务,平日同诸生诵习讲论经书。到这时,明起建议将白鹿洞的田地交入官府,所以对他封爵授官。白鹿洞从此逐渐废弃。

辽国宋王耶律喜衮又进行谋反,被囚禁在祖州。

太常博士侯仁宝,侯益的儿子,居住在洛阳,有高大的宅第和肥沃的田地,悠闲自得,不想亲理官吏事务。他的妻子,是赵普的妹妹,赵普担任宰相,侯仁宝得以西京分司的闲职。卢多逊与赵普有矛盾,赵普罢免宰相,卢多逊就禀报太宗任命侯仁宝为邕州知州,总共九年不得替换。侯仁宝害怕拖下去会死在岭南,就上奏疏说:"交州主帅被害,国中混乱可以攻取,希望乘坐驿站车马赶赴朝廷当面陈奏。"宋太宗大为喜欢,命令邮驿飞驰征召。卢多逊进言说先召见侯仁宝,必然泄露进攻计谋,不如授予侯仁宝运输物资的任务,命令他经管这件事。太宗认为对。秋季,七月,丁未(初六),任命侯仁宝为交州路水陆转运使,兰州团练使孙全兴等人为邕州路兵马都部署,宁州刺史刘澄等人为廉州路兵马部署,水陆两路齐头并进以讨伐交州黎桓。

己巳(二十八日),济州奏报金乡县百姓李延一家,从唐朝武德初年共同居住,到如今已近四百年,世世代代构筑房舍守护祖坟;宋太宗下诏表彰李氏一家,赐给粮食绢帛。

戊午(十七日),辽国旺陆等人又进献党项俘虏。

八月,甲戌(初四),宣徽北院使、判三司王仁赡秘密奏报:"皇上身边大臣、亲戚同乡中有多人派遣亲信到秦州、陇州之间收购竹木,编联成大筏运到京师。沿途经过关津、渡口假称奉有制令而免税。运来后,以重金交结管事的,全部由官府买进,加倍收取价钱。"太宗大怒,将三司副使范旻、户部判官杜载、开封府判官吕端交付官府审理。范旻、杜载都招供欺骗朝廷为他们由官府买入竹木,吕端是替秦王府亲信官吏乔琏向主事者求情托事的人。己丑(十九日),将范旻贬谪房州,杜载贬谪归州,吕端贬到商州,都为司户参军。太宗因此下诏:"从今以后担任文武官职的官员不得随便进入三司公署和不得用书信往来请求托付公事。"

戊戌(二十八日),宋太宗前往钱俶宅第探视病情,赏赐很丰厚。

九月,甲辰(初四),史馆呈上《太祖实录》五十卷。

宋太宗诏令有关部门普遍告诉文武百官:"凡是遇到朝会,都务必恭敬虔诚;每当内殿起居日,就必须恭敬地快步进门,仪容文雅地就位;稍有不端庄恭谨的,便当弹劾举报。"

冬季,十月,辛未朔(初一),辽国主命令巫师祭祀天地和兵神。辛巳(十一日),辽国主打算南下侵犯,祭祀军旗战鼓。癸未(十三日),辽国主停驻南京。

宋太宗将要巡视北部边疆,己丑(十九日),下诏:"从京师直到雄州,征发百姓清除道路排除障碍。"

庚寅(二十日),辽国主到达固安;己亥(二十九日),亲自领军包围瓦桥关。十一月,庚子朔(初一),南方军队夜袭辽国军营,辽国节度使萧干、详衮耶律赫德战退宋军。

黎桓派遣牙校携带地方特产前来进贡,同时为丁璿奉上表章,自称顺从将领、官吏、士兵、百姓的请求,已经临时掌领军府事务,乞求朝廷赐予正式任命。当时孙全兴等部出兵已经超过预定时限,宋太宗觉察黎桓意图只是想延缓出兵,就搁下来不予答复。

壬寅(初三),辽国北院大王耶律休格在瓦桥关东面抵御宋军,守城宋将张师突围而出,辽国主亲自督战,耶律休格驱马驰入战阵,斩杀张师,其余部众披靡丧胆,退入城中。戊申(初九),南方军队在水南岸布阵,打算交战,辽国主因为只有耶律休格的战马被甲是黄色的,顾虑会被敌人认出,立即命令用黑甲白马更换。耶律休格于是率领精锐骑兵渡过水去奋力攻击,南方宋军大败。被追逐到莫州,横七竖八的尸体躺满原野,活捉数名宋将而归。辽国主赐给他御马金盏,慰劳他说:"爱卿勇猛超过名声,倘若人人都像爱卿,何愁不胜!"

丙午(初七),宋太宗以秦王赵廷美为东京留守;宣徽北院使王仁赡为大内都部署,枢密承旨陈从信为副都部署。

己酉(初十),宋太宗诏令巡视北部边界,壬子(十三日),从京师出发;癸丑(十四日),到达长垣县,关南奏报大破契丹军一万多,斩首三千多级,立即以河阳节度使崔彦进为关南兵马都部署。

丙辰(十七日),辽国主领兵返回。

戊午(十九日),宋太宗在大名府停驻。

宋太祖在开宝末年时,右补阙窦偁为开封府判官,与推官贾琰一起事奉宋太宗。贾琰能够预先意测迎合太宗旨趣,窦偁经常憎恨他。太宗和众王宴饮射箭,贾琰在太宗身边伺侍,称赞道德美好,言词多有荒诞不实,窦偁呵斥他说:"贾氏这小子花言巧语,满脸堆笑,难道不问心有愧吗!"同坐的人都大惊失色。太宗也因此不快乐,就结束了聚会,禀告太祖,调窦偁出任彰义节度判官。到此时太宗想见窦偁,急忙征召窦偁到太宗行营之所。癸亥(二十日),以窦偁为比部郎中。当时正在商议北上征战,窦偁因此直言反对,请求返回京师,让士兵和战马得以休息,慢慢地再作今后的打算,太宗欣赏他的话,等到从大名府回到京师,就以窦偁为枢密直学士。窦偁是窦仪的弟弟。

乙丑(二十六日),辽国主到达南京。十二月,庚午朔(初一),辽国主委任耶律休格为裕悦,大规模犒劳士兵。

甲戌(初五),宋太宗在近郊打猎,因而检阅练武。赏赐禁军将校和卫士套衣、套裤,当时禁止偷猎,有个卫兵私获一头獐,因违背禁令应当处死。太宗说:"我倘若杀他,后代人必定认为我看重禽兽而轻视人命。"便释免那个卫兵的罪。

丁丑(初八),宋太宗以杨业兼领云州观察使,主持代州事务。杨业自雁门战役以后,辽人开始畏惧他,每当望见杨业的旗帜,便立即引退离去,守边的主将大多妒忌杨业,有的暗中呈上毁谤的奏书,指责挑剔他的缺点,太宗全都不闻不问,密封好那些奏书交给杨业。

宋太宗因为辽国退军,就立即进攻幽州。戊寅(初九),任命刘遇充任幽州西路行营壕寨兵马部署,田钦祚为都监;曹翰充任幽州东路行营壕寨兵马部署,赵延溥为都监。太宗又命令宰相询问翰林学士李昉、扈蒙等人此事是否可行,李昉等人请求养精蓄锐,广积军备,宽延一年左右,到那时用兵还不算晚。太宗完全接受他们的意见,立即下诏南下返回。

宋太宗命令曹翰部署修治雄州、霸州、平戎军、破虏军、乾宁军等处城池。开挖南河,从雄州直达莫州,来打通水运,建筑大堤来阻挡水势。征调民夫几万人,在北部边境砍伐木材以供使用。先前辽军南下入侵,宋军必定举燃烽堠烟火,曹翰分头派人在边境上举燃烟火,敌人怀疑有伏兵,立即引退离去,不敢接近关塞。曹翰取得大木数万根,车拉人担而回,满足大批需求。几十天后工程完毕,征召曹翰返回颍州。

庚辰(十一日),宋太宗从大名府出发;乙酉(十六日),到达京师。

朝廷商议者都说应当速取幽州、蓟州,左拾遗、直史馆张齐贤上奏疏说:"圣人举办事情,行动就要确保万全。百战百胜,不如不战而胜。自古边疆的乱难,并非全由戎狄所致,也有许多是守边官吏骚扰所引起的。倘若沿边各营寨能够选得安抚治理的合适人选,只让他们高筑壁垒,深挖壕沟,养精蓄锐,安逸自居。像这样就能使边境安定,运输大减,河北的百姓可以获得休养生息。然后全力务农积蓄粮食,以充实守边军用。敌人的心思,原本就是趋利避害,怎么肯自投死路而进行侵犯呢!臣下听说以天地四方为家者关心的是整个天下,怎么只为争夺尺寸之地,就去角逐强弱之势!所以圣人先立根本而后求枝末,安定内部来抚养外部。安定内部,根本就稳固,远方之人就会恭敬地归顺,臣下迫切希望谨慎选择通才大儒,分路查访两浙、江南、荆湖、西川、岭南、河东,凡是原伪政权发布命令时期征收赋税苛刻过重的,更改修正过来;各州有不便利百姓的,委托长官奏报,使得天下都知道陛下的仁爱,感戴陛下的恩惠,那契丹就不值得吞并,燕蓟就不值得攻取!"

先前,辽地出产许多铜,开始铸造钱币。辽太宗设置五冶太师来总管四方的铁钱,后晋石氏又贡献边境所积存的钱来充备军用。这一年,辽国主因为旧钱不够用,开始铸造乾宁新钱。

太平兴国六年 辽乾亨三年(公元981年)

春季,正月,癸卯(初四),宋朝改保塞军为保州,改梁门口寨为静戎军。

乙巳(初六),宋太宗诏令:"各路转运使下达所属州郡,命令州长官选择现任巡军判官、司理参军、司户参军、司法参军、主簿、县尉中清廉能干的,具列姓名奏报,朕当按次序召见应对,授予知县的职任。"

辛亥(十二日),易州击败辽军几千人。

当月,宋太宗派遣八作使郝守浚等人分头巡查河道,抵达辽国边境,全都予以疏通。又在清苑地界开挖徐河、鸡距河五十里流入白河,从此关南的水运都畅通直达了。

二月,癸巳(二十五日),宋太宗诏令说:"京朝官在外地处理政务,都给予御前印纸,令其书写治理政绩,但主要部门不能显明优劣,只用琐碎事务夹杂其中,这不是符合朕详察求实本意的做法。从今以后,平常事务如不是在考核中获得最优的人,不得书写作为劳绩,官员考核末等或犯有过失,不准有什么隐瞒的。"

丙子(初八),辽国主向东返回,己丑(二十一日),又前往南京。

丁酉(二十九日),宋太宗命令文武群臣中在服丧期间接受诏令被起用复官的人,必须等到卒哭祭后入朝谒见,他的俸禄料钱从诏令下达之日发给。

三月,己酉(十二日),山南西道节度使、同平章事赵德芳去世,年仅二十三岁。赠授中书令,追封为岐王,谥号为康惠。

癸丑(十六日),太宗下诏:"各路转运使考察下属官吏,凡有软弱不称职、懒惰不干事和贪污受贿骚扰百姓者,条陈他们的事实情况来奏报,应当派遣使者查核审讯;那些清白守正、办事不苛刻的,也将姓名奏报,必定加以特殊奖赏。"

从交州行营传来消息在白藤江口击败贼军,斩首一千多级。当时侯仁宝率领前头部队首先出发,孙全兴等部在花步驻留七十天以等待刘澄的部队,侯仁宝屡次催促而孙全兴部不进军。等刘澄部到达,与孙全兴会师从水路抵达多罗村,没有遇到贼军,又擅自返回花步。贼军诈称投降来诱骗侯仁宝,侯仁宝相信,于是被贼军杀害。当时各部冒着炎热瘴气,许多人死去,转运使许仲宣派人火速奏报侯仁宝出战身亡,并且要求撤回军队,没等到回复,就领兵分驻各州,打开仓库发放赏赐,给伤兵将士医疗药物,对人说:"倘若等到朝廷回音,这几万人就全都成为堆积在旷野的尸体了。"于是呈上奏章弹劾自己,太宗下诏嘉奖并采纳了许仲宣的请求,就地查办刘澄等人。正好王僎病死,刘澄与贾湜一同在邕州街市上斩首示众,征召孙全兴打入监狱,伏法诛杀。追赠侯仁宝为工部侍郎,给他的两个儿子授官。

辽国主以秦王韩匡嗣为西南面招讨使。

夏季,四月,宋太宗下诏:"各州大案,长官不亲自裁决,下级胥吏从中作奸犯科,逮捕取证,牵连漫延,时过一年而案情不能具结。从今以后各州长官每五天审理一次囚犯,案情属实者立即判决。"太宗不想让天下有滞留不决的案件。于是建立三种期限的制度,大案四十天,中案三十天,小案十天,不用追捕而容易判决的案件不超过三天。又下诏说:"囚犯需要审讯动刑,就集合官属共同审讯,不必交给胥吏拷打裁决。"

辛未(初四),宋太宗到太平兴国寺祈求降雨。

罢去湖州织罗,放还女织工五十八人。

五月,癸丑(十七日),宋太宗命令内侍省细仗中先前穿黄衣的一律改穿碧衣。吏部黄衣候选官员改为白衣候选官员。

辽国耶律喜衮被囚禁后,丙午(初十),辽国上京汉军叛乱,打算劫持拥立耶律喜衮,因为祖州城坚固不能进入,就拥立他的儿子耶律留礼寿,上京留守除室擒获乱贼,耶律留礼寿旋即伏法诛杀。过了一年,辽国主才开始赐令耶律喜衮自杀。

己未(二十三日)，下雨；宋太宗下诏减轻死刑囚犯的罪，流刑以下的囚犯全部释免。

六月，甲戌(初九)，司空平章事薛居正去世，赠授太尉、中书令，谥号为文惠。薛居正生性宽容简朴，不喜欢细察苛求，从参知政事到为宰相，总共十八年，皇帝的恩遇始终没有废弛。薛居正因为服用丹沙中毒，正在奏陈政事，突然发病，用轿抬回家，就去世了。

薛居正没有儿子，他的养子薛惟吉，平常行为不端，到这时太宗亲临吊丧流泪，他的妻子出来在灵柩旁叩拜，太宗多次慰问安抚，因而询问："不肖之子在哪里？改好了没有？"薛惟吉俯伏在灵柩旁，惊骇恐惧不敢起身；从此一改旧态，逐渐阅读经典史书，亲近贤士。太宗知道他反省改好，屡次委任重要藩镇之职，所到之处都称有政绩，多次升迁，为左千牛卫大将军。遭逢母亲之丧，按照旧例，服丧百日至卒哭祭后应当起用复官，薛惟吉恳求服完三年丧期，太宗下优抚诏不准许，当时舆论认为薛惟吉不寻常。

秋季，七月，丙午(十一日)，宋太宗打算大举征伐辽国，派遣使者赐给渤海王诏书，命令发兵呼应，约定消灭辽国之日，幽蓟土地重归中原朝廷，北方沙漠以外全部给他。然而渤海军队最终没有到来的。

九月，乙未朔(初一)，出现日食。

壬寅(初八)，宋太宗以左拾遗、直史馆嘉州人田锡为河北南路转运副使。自从卢多逊专断朝政，文武群臣进奏表章。不先禀告卢多逊，官员就不敢通报皇上，同时，谏官上奏章表，卢多逊必定命令阁门官吏依照往常格式在奏状上写道："不敢妄陈国政的利害得失，希求恩宠荣耀。"田锡给卢多逊写信，请求免除在奏状上题署，卢多逊不高兴，就将田锡调出京师。

田锡趁着入朝辞行，径直呈进密封奏折，陈述军国机务一件，朝廷大事四件。大意是："赏赐不要过时，是国家的大典，前年王师出战征伐，攻克平定太原，没有奖赏军功，到如今已经两年，请求趁着举行祭祀天神、皇上亲耕的典礼，评议平定太原的功劳而颁施赏赐。驾驭武将大臣，没有比这更重要的，这是第一件要务。近来谏官旷废职守，给事中不敢封还驳正诏书，左右拾遗、补阙也不进呈直言，起居郎、舍人不能登上大殿台阶记录皇帝言行，御史无法弹劾上奏，中书舍人不曾向他们咨询政事。臣下揣度他们各怀意见，准备等待皇上顾念询问。希望凭清闲之时，征召而询问求访，使之竭尽忠诚，以观察他们的器度才干。同时，集贤院虽有图书典籍但没有职官，秘书省虽有职官而没有图书典籍。希望陛下选择人才而任用他们，让他们各主其事，这是朝廷大事的第二件。朝廷开辟西苑，拓广御池，但尚书省没有办公的厅堂，郎曹没有自己的官署，九寺、三监寄居天街两旁的廊屋，礼部举行贡士考试有时在武成王庙，这哪里是太平盛世的制度呢！希望分别修造省寺专用官署，用以安排各种官员，这是朝廷大事的第三件。常常在大街上看见囚犯戴着铁镣枷锁，不觉暗自惊骇，兴隆太平的时代，将要搁置刑法而不使用，何况披枷戴锁是刑法上所没有的，废去是可以的。这是朝廷大事的第四件。"宋太宗嘉奖他的话，降下诏书褒奖赏谕，并赏赐五十万钱。有人对田锡说，如今应该稍有韬晦用来远避谗言忌恨，田锡说："侍奉君王的虔诚，唯恐没有竭力；况且天生这个本性，岂能因为一次赏赐便可以改变呢！"田锡到达河北，又通过邮驿上书陈奏边境事务，大意是："如今北部边境车马骚扰，是因为居守边关的将领，视谋求羊马那样的小利当作胜利，将捕获斩杀那样的小胜夸为功劳。挑起事端招致敌寇，实际由此开始。臣下俯伏希望告诫将帅，谨慎巩固边境守备，归还所俘掠的人口牲畜，允许相互通商，使得河北的老百姓得以致力于农业生产，不出五年，可以积蓄十年的储备。"又说："朝廷从图谋攻取燕云之地以来，连续用兵不能中止，财货费用不得不消耗，臣下百姓不得不忧虑。希望陛下深思熟虑，决定取舍,不要让战事旷日持久。"

丙午(十二日),宋朝设置京朝官差遣院。旧有制度,京朝官隶属吏部,建隆以来都由中书门下发出,到这里太宗下诏京朝官拟任中书省、门下省、御史台从少卿监以下之职的,奉行使命出外从政的,接任替代返回京师的,一律命令中书舍人开封人郭贽等人考核功劳政绩,品评衡量才能器度,按照中书门下所下达的缺额,根据能力拟注差遣。引见入朝应对而授予官职,称为差遣院。

太子太保赵普奉朝请多年,卢多逊更加诋毁他,赵普忧郁沉闷而不得志。赵普的儿子赵承宗,娶燕国长公主的女儿为妻。赵承宗正好为潭州知州,接受诏令返回京师完婚,还没过一个月,卢多逊奏报派遣赵承宗回归任所,赵普由此十分愤怒。正好如京使大名人柴禹锡等人告发秦王赵廷美骄横恣意,将有阴谋暗中发动,宋太宗征召询问赵普,赵普说愿意在机要部门任职来暗察奸邪变故,退朝后,又秘密陈奏:"臣下是开国老臣,被某些权贵宠臣所压抑。"因而详细地陈述昭宪杜太后遗嘱和前朝自诉的事情。太宗在宫中查访到赵普以前所上奏章,并打开铁柜获得赵普所记的誓书,于是大受感动而省悟,立即将赵承宗留在京师,征召赵普对他说:"谁人没有过失,朕不到五十岁,已经尽知四十九年的失误了。"辛亥(十七日),以赵普为司徒兼侍中。

宋太宗刚即位,就任命赵廷美为开封尹,赵德昭、赵德芳并称皇子,外间议论都认为太宗打算按照这个次第传位。到赵德昭意外自杀,赵德芳相继夭折,赵廷美开始自感不安。有一天,太宗曾经将传国的意思咨询于赵普,赵普说:"太祖已经失误,陛下岂能容忍再失误呢!"赵普再次入朝为相,赵廷美于是获罪。而赵廷美之所以获罪,都是赵普造成的。

这天,宋太宗以枢密副使、刑部侍郎洛阳人石熙载为户部尚书,充任枢密使,用文资正官充任枢密使,从石熙载开始。

壬子(十八日),秦王赵廷美请求班位在赵普之下,宋太宗准从。

宋太宗下诏:"朝廷内外文武官员一律可以上书直言。"

丙辰(二十二日),易州知州白继赟在平塞寨击败辽军。

续资治通鉴卷第十一

【原文】

宋纪十一　起重光大荒落【辛巳】十月,尽昭阳协洽【癸未】九月,凡二年。

太宗至仁应运神功圣　　德睿烈大明广孝皇帝

太平兴国六年　辽乾亨三年【辛巳,981】　冬,十月,癸酉,群臣奉表加上尊号曰应运统天睿文英武大圣至明广孝,凡三上,乃许之。

庚辰,诏:"自今下元节,宜如上元,并赐休假三日,著于令。"

甲午,苏州太一宫成。先是方士言,五福太一,天之贵神也,行度所至之国,民受其福,以数推之,当在吴越分,故令筑宫以祀之。

是月,辽主如蒲瑰坡。

十一月,丁酉,监察御史张白,坐知蔡州日假官钱籴粜弃市。

甲辰,改武德司为皇城司。帝尝遣武德卒潜察远方事,有至汀州者,知州王嗣宗执而杖之,缚送阙下,因奏曰:"陛下不委任天下贤俊,而猥信此辈为耳目,窃为陛下不取!"帝大怒,遣使械嗣宗下吏,削秩;会赦,复官。

庚戌,亲飨太庙。辛亥,郊,大赦,御乾元殿受册尊号,内外文武加恩。先是有秦再思者,上书乞当郊勿赦,且引诸葛亮佐蜀数十年不赦事。帝颇疑之,以问赵普,普曰:"国家开创以来,具存彝制,三岁一赦,所谓其仁如天,尧、舜之道。刘备区区一方,用心无足师法。"帝然其对,赦宥之文遂定。

辽以南院枢密使郭袭为武定军节度使,十二月,以辽兴军节度使韩德让为南院枢密使。

先是诸州罪人皆锢送阙下,道路非理死者,十常六七。张齐贤上言:"罪人至京,请择清强官虑问,若显负沈屈,则量罚本州官吏,令只遣正身,家属别俟朝旨。"齐贤又言:"刑狱繁简,乃治道张弛之本。于公阴德,子孙则有兴者,况六合之广,能使狱无冤人,岂不福流万世!州县胥吏,皆欲多禁系人,或以根穷为名,恣行追扰,租税通欠至少,而禁系累日,遂至破家。请自今,外县罪人,令五日一具禁放数白州,州狱别置籍,长吏检察,三五日一引问疏理,月具奏上刑部阅视。其禁人多者,命朝官驰往决遣。若事涉冤诬,故为淹滞,则降黜其本州官吏。或终岁狱无冤滞,则刑部给牒,得替日,较其课旌赏之。"齐贤勤恤民弊,务存宽大,行部,遇投诉者,或召至传舍榻前与语,多得其情伪,江南人久益思之。

七年　辽乾亨四年【壬午,982】　春,正月,甲午朔,不受朝,而群臣诣阁称贺。

己亥,辽主如华林天柱。

壬寅,诏翰林学士承旨李昉等详定士庶车服丧葬制度,付有司颁行,违者论其罪。

甲寅，以右卫大将军侯赟知灵州。赟既至，按视蕃落，犒以牛酒，戎人悦服，部内甚治。在朔方凡十年，帝知其久次，而难其代者，赟竟卒于治所。

二月，丙寅，以江州星子县为南康军。

宣徽北院使、判三司王仁赡，掌邦计几十年，恣下吏为奸，怙恩固宠，莫敢发者。左拾遗、判句院南昌陈恕，以不畏强御自任，入朝具奏。帝诘之，恕词辩蜂起，仁赡屈伏，帝怒甚，辛未，仁赡罢为右卫大将军。判句院、兵部郎中宋琪，度支判官、兵部郎中雷德骧，盐铁判官、兵部郎中奚屿，并责本曹员外郎。以给事中侯陟、右正谏大夫王明同判三司。同判三司自此始。癸酉，改仁赡为唐州防御使，月给俸钱三十万，以勋旧稍异之也。仁赡怏怏成疾，数日卒。

是月，复徙并州于三交寨，即以潘美为并州都部署。

三月，癸巳朔，日有食之。

乙未，辽主以清明节，与诸王大臣较射宴饮。

金明池水心殿成，帝将泛舟往游。或告秦王廷美欲乘间窃发，癸卯，罢廷美开封尹，授西京留守。

丁未，命正谏大夫李符权知开封府。

壬子，赐秦王廷美西京甲第一区。

夏，四月，甲子，以左正谏大夫、枢密直学士窦偁、中书舍人郭贽，并守本官、参知政事。帝谓偁曰："汝自揣何以至此？"偁曰："陛下念藩邸之旧臣，出于际会。"帝曰："非也，乃汝尝面折贾琰，赏卿之直尔。"

以如京使柴禹锡为宣徽北院使，兼枢密副使，翰林副使洛阳杨守一为东上阁门使，充枢密都承旨。守一，即守素也，与禹锡同告秦王廷美阴谋，故赏之。枢密承旨加"都"字自守一始。

乙丑，左卫将军、枢密承旨陈从信及禁军列校范廷召等贬责有差，皆坐交通秦王廷美及受其私贿故也。廷召，枣强人。

丙寅，以兵部员外郎宋琪通判开封府。京府通判自琪始。

赵普既复相，卢多逊益不自安，普屡讽多逊引退，多逊贪固权位，不能决。会普廉得多逊与秦王廷美交通事，遂以闻。帝怒，戊辰，责授多逊兵部尚书，下御史狱，捕系中书堂吏赵白、秦府孔目官阎密、小吏王继勋、樊德明、赵怀禄、阎怀忠等，命翰林学士承旨李昉、学士扈蒙、卫尉卿崔仁冀、膳部郎中兼御史知杂事滕中正杂治之，多逊及赵白等皆伏罪。丙子，诏文武常参官集议朝堂，太子太师王溥等七十四人，奏多逊及廷美顾望咒诅，大逆不道，宜行诛灭，以正刑章，赵白等请处斩。丁丑，诏削夺多逊官爵，流崖州，并徙其家，期周以上亲悉配远裔。廷美勒归私第，复其子德恭、德隆名皇侄，女韩氏妇落皇女云阳公主之号。斩赵白、阎密等于都门之外，籍其家。多逊赴贬所，食于道旁，逆旅有妪，颇能言京邑旧事，多逊因与语，妪固不知为多逊也。多逊曰："妪何自来，乃居此？"妪嚬蹙曰："我本中原士大夫家，有子任某官，卢某作相，令枉道为某事。吾子不能从其意，卢衔之，中以危法，尽室窜南荒，未周岁，骨肉相继沦没，惟老身流落山谷。今侨寄道旁，非无意也。彼卢相者，蠹贤怙势，恣行不法，终当南窜，幸未死间，或可见之耳。"多逊默然，趣驾去。

己卯，诏秦王廷美男女并发遣往西京，就廷美安泊。

命客省使翟守素权知河南府。属岁旱艰食，民多为盗，帝忧之，守素既至，渐以宁息。

庚辰,左仆射、平章事沈伦,罢为工部尚书。帝以多逊包藏逆节,伦与同列,不能觉知,故有是责,伦清介谨厚,每车驾出,多令居守。在相位日,值岁饥,乡人贷粟千斛,尽焚其券。然当国十年,无所建明,搢绅少之。

是月,辽主自将南侵,战于满城,败绩,守太尉希达里中流矢死。统军使耶律善布为伏兵所围,枢密使色珍救之,获免。辽主以善布失备,杖之。五月,辽主还师。

甲戌,宰相赵普等,以帝亲决庶狱,察见微隐,相率称贺。帝尝谓赵普曰:"朕每读书,见古帝王多自尊大,深拱严凝,谁敢犯颜言事!若不降情接纳,乃是自蔽聪明。或任喜怒为刑赏,岂能得天下之心哉!"

辛丑,崔彦进败辽兵于唐兴。

己酉,夏州留后李继捧来朝,献其银、夏、绥、宥四州。夏自李思恭以来,未尝亲朝中国,继捧至,帝甚喜之。

辛亥,三交行营言潘美败辽兵于雁门,追破其垒三十六。未几,府州折御卿破辽兵于新泽寨,获其将校百馀人。于是辽三道之师俱败。

癸丑,诏诸州长吏:"今粟麦将登,宜及时储蓄。其告谕乡民,常岁所入,不得以食犬彘及多为酒醪。嫁娶丧葬之具,并从简俭,少年无赖辈相聚蒲蒱饮酒者,邻里共执送官。"

赵普以秦王廷美谪居西洛非便,教知开封府李符上言:"廷美不悔过,怨望。乞徙远郡以防它变。"丙辰,降封廷美为涪陵县公,房州安置。

庚申,以崇(化)〔仪〕副使阎彦进知房州,监察御史袁廓通判军州事,各赐白金三百两。

诏:"禁投匿名书告人罪,及作妖言诽谤惑众者,严捕之置于法,其书所在焚之。有告者赏以缗钱。"

诏:"京朝官出使,所给印纸,委本属以实状书,不得增减功过,阿私罔上。其关涉书考之官,悉署姓名。违者论其罪。"

是月,陕州蝗,太平州雨雹伤稼。

辽主清暑于燕子城。

初,帝以字学讹舛,欲删正之。或荐赵州隆平主簿成都王著,书有家法,乃召为卫尉寺丞、史馆祗候,令详定篇韵,六月,甲戌,迁著作郎,充翰林侍书。帝听政之暇,每以观书及笔法为意,尝遣中使王仁睿持御札示著,著曰:"未尽善也。"帝临学益勤,又以示著,著答如前。仁睿诘其故,著曰:"帝王始学书,或骤称善,则不复留心矣。"久之,复以示著,著曰:"功至矣,非臣所能及。"其善规益如此。

乙亥,遣使发李继捧缌麻已上亲赴阙,其族弟继迁奔地斤泽以叛。继迁勇悍有智,开宝七年,授定难军管内都知蕃落使,留居银州,闻宋使者至,乃诈言乳母死,出葬于郊,遂与其党数十人入于地斤泽,出其祖思忠像以示戎人,戎人拜泣,从者日众。泽距夏州东北三百里。

置译经院。

秋,七月,甲午,以皇子德崇为检校太傅、同平章事,封卫王,德明为检校太保、同平章事,封广平郡王。

建徐州下邳县为淮阳军。

冀州团练使牛思进护江南屯田,以老病不任事,疏求解官。乙未,授思进右千牛卫上将军。

武胜军节度使兼侍中高怀德卒,赠中书令,追封渤海郡王。

癸卯,幸译经院,尽取禁中所藏梵夹,令西僧天息灾视藏录所未载者翻译之。

壬子,工部尚书沈伦以左仆射致仕。

八月,庚申朔,太子太师王溥卒。溥性宽厚,喜汲引后进,所荐至显位者甚众。父祚,以防御使家居,每公卿至,必首谒祚,置酒上寿,溥朝服趋侍左右,坐客不安席,祚不命退,溥不敢退。至是卒,年六十一。帝辍朝二日,赠侍中,谥文献。

涪陵县公廷美既出居房州,赵普恐李符泄漏其言,乃坐符用刑不当,癸亥,责符为宁国军司马。

罢剑南榷酤,以知益州、工部郎中辛仲甫言其扰民也。己卯,从盐铁使王明之请,罢川、峡诸州官织锦绮。

辽主如西京。

九月,庚子,辽主幸云州。甲辰,猎于祥古山,不豫。南院枢密使韩德让,不俟召,率其亲属赴行帐,白皇后易置大臣。壬子,辽主次焦山,殂于行在,年三十五。谥孝成皇帝,庙号景宗。德让与耶律色珍承遗诏,以长子梁王隆绪嗣位,年甫十二,皇后称制决国政。后泣曰:"母寡子幼,族属雄壮,边防未靖,奈何?"德让与色珍进曰:"信任臣等,何虑之有!"德让总宿卫事,后益宠任之。

癸丑,权知高丽国王治遣使来贡方物,且言其兄伷殁,求袭位,旋许之。

新作尚书省于孟昶故第。

帝以诸道进士猥杂,或挟书假手,侥幸得官,所至多触宪章,诏:"所在贡举等州,自今长吏择官,考试合格,许荐送。仍令礼部,自今解贡举人,依吏部选人例,每十人为保,有行止逾违,它人所告者,同保连坐,不得赴举。"

冬,十月,己未朔,辽主始临朝。辛酉,群臣上尊号曰昭圣皇帝,尊皇后为皇太后,大赦。以南院大王勃古哲总领山西诸州事,北院大王、裕悦休格为南面行军都统,奚王寿宁副之,同政事门下平章事萧道宁领本部军驻南京。

癸亥,诏:"河南〔缘边〕吏民,不得阑出边关,侵挠略夺,违者论罪。有羊马牲口者还之。"帝尝谓近臣曰:"朕每读《老子》至'佳兵者不祥之器,圣人不得已而用之',未尝不三复以为规戒。王者虽以武功克定,终须用文德致治。朕每退朝,不废观书,意欲酌前世成败而行之,以尽损益也。"

乙丑,辽主如显州。

壬申,河决武德县,蠲临河民租。

己卯,左谏议大夫参知政事窦偁卒,赠工部尚书。帝自临哭。将以翼日大宴,诏罢之。

癸卯,行《乾元历》,冬官正吴昭素所上也。帝亲为制序,优赐昭素等束帛。

十一月,甲午,辽置乾州。

己酉,以李继捧为彰德军节度使。

禁民丧葬作乐。

十二月,戊午朔,日有食之。

辽遣耶律苏萨讨准布。

辛酉,右补阙田锡上疏论朝政得失,不报。

两浙转运使高冕,条上旧政不便者百馀事,诏两浙通赋及钱氏无名掊敛悉除之。

帝好访词学之士,得须城赵邻几,擢掌制诰,才数月,卒。杨守一荐莱州单贻庆,由主簿召对称旨,授著作佐郎,直史馆。会遣监察御史李罡源使高丽,以贻庆为副,贻庆以母老辞,乃命国子博士雍丘孔维代之。高丽王治问礼于维,维对以君臣父子之道,升降等威之序,治喜曰:"今日复见中国夫子也。"

甲子,辽达喇干遁曼实醉言宫掖事,法当死,杖而释之。

辛未,辽南面招讨使秦王韩匡嗣卒。匡嗣先以丧师获罪,太后以其子德让故,遣使临吊,赙赠甚厚,后追赠尚书令。

庚辰,右骁卫上将军楚昭辅卒,赠侍中。

知桐庐县、太常寺太祝升州刁衎上疏言:"古者投奸凶于四裔;今乃远方囚人,尽归象阙,配于务役,最非其宜。神皋天子所居,岂可使流囚于此聚役! 自今外处罪人,望勿许解送上京,亦不留于诸务充役。又《礼》曰:'刑人于市,与众弃之。'则知黄屋紫宸之中,非行法用刑之所。乞自今,御前不行决罚之刑,敕杖不以大小,皆以付御史、廷尉。又,或犯劫盗亡命,罪重者刖足钉身,国门布令;此乃愚民昧于刑宪,迫于衣食,偶然为恶,义不及它,被其惨毒,实伤风化,亦望减除。至于淫刑酷法,非律文所载者,并诏天下悉禁止之。"帝览疏甚悦,降诏褒答。

闰月,戊子朔,丰州与辽兵战,破之,获其天德节度使萧太。

辛亥,诏赦银、夏等州常赦所不原者。

诸州置农师。

八年　辽统和元年【癸未,983】　春,正月,戊午朔,辽主以大行在殡,不受朝。

辽景宗之弟质睦,在乌库部贬所,尝赋放鹤诗,太后知之,以遗诏召还。太后命赋《芍药诗》,称旨。乙丑,复封宁王。加宰相室昉等恩。

甲戌,辽荆王道隐卒,辍朝三日,追封晋王。道隐,世宗之弟也。

丙子,辽以裕悦休格为南京留守,仍赐南面行营总管印,总边事。

先是帝念边戍劳苦,月赐士卒白金,军中谓之月头银。镇州驻泊都监弭德超因乘间以急变闻于帝云:"曹彬秉政久,得士众心。臣适从塞上来,戍卒皆言:'月头银曹公所致,微曹公,我辈当馁死矣。'"又巧诬以它事,帝颇疑之。参知政事郭贽极言救解,不听。戊寅,彬罢为天平节度使兼侍中。

己卯,以东上阁门使开封王显为宣徽南院使,弭德超为北院使,并枢密副使。显初隶殿前为小史,至是召显谓曰:"卿家本儒,遭乱失学。今典掌枢机,固无暇博览群书,能熟军戒三篇,亦可免于面墙矣。"

辛巳,辽苏萨献准布之俘,旋下诏褒美,命进讨党项诸部。

壬午,辽涿州刺史安吉奏宋筑城河北,命留守裕悦休格挠之,勿令就功。

甲申,辽西南面招讨使韩德威奏党项十五部侵边,以兵击破之。

丁亥,辽枢密使兼政事令室昉以年老请解兼职,不许。室昉进《尚书·无逸篇》以谏,太后闻而嘉之。

二月,戊子朔,日有食之。

辽禁所在官吏军民不得无故聚众私语及冒禁夜行,违者坐之,韩德让用事故也。

己丑,辽南京奏,闻宋多聚粮边境,太后命留守休格严为之备。

甲午,辽葬景宗皇帝于乾陵。丙申,太后诣乾陵置奠,命绘近臣于御容殿。

辛丑,辽南京统军使善布奏宋边七十馀村来附,太后命抚存之。

乙巳,辽苏萨奏党项之捷,慰劳之。

戊申,辽以特里衮华格为北院大王,谐里为南府宰相。

辛亥,辽主如圣山,遂谒三陵。

三月,己未,辽主次独山,遣使赏西南面有功将士。

辛酉,辽以大父房太尉哈噶宁为特里衮。

癸亥,以右谏议大夫、同判三司宋琪为左谏议大夫、参知政事。

始分三司为三部,各置使。右谏议大夫、同判三司王明为盐铁使,左卫将军陈从信为度支使,如京使郝正为户部使。

帝尝语宰相曰:"三司官吏奏事朕前,纷纭异同;此固不为私事,但迭执偏见,不肯从长商度。朕每以理开谕,若帝王躁暴,岂能优容!朕于臣下务在奖护,才用优劣,一一可见,随其器能,各加任使。奏对之际,无不假以辞色,善恶兼听,未尝峻折之也。"宋琪曰:"人之才用,罕有兼备。陛下聪明照临,短长俱露,或又初见天威,内怀慑惧,若不赐之辞色,何由毕其悃诚!先帝晚年,稍伤严急。圣心深鉴事理,曲尽物情,臣下幸甚!"

甲子,辽主驻辽河之平淀。

己巳,诸王及皇子府初置谘议、翊善、侍讲等官,以著作佐郎姚坦、国子博士邢昺等为之。坦、昺皆济阴人也。

丙子,御讲武殿,覆试礼部贡举人,擢进士长沙王世则以下百七十五人,诸科五百一十六人,并赐及第;进士五十四人,诸科百十七人,同出身。始分甲,赐宴琼林苑,后遂为久制。

辛巳,辽以国舅同平章事萧道宁为辽兴军节度使,仍赐号忠亮佐理功臣。

壬午,辽以青牛、白马祭天地。

诏虔、信、饶三州岁市铅锡为钱,从转运使张齐贤请也。齐贤初为江南西路转运副使,访知饶、信、虔州山谷产铜铁铅锡之所,又求前代铸法,惟饶州永平监用唐开元钱料,坚实可久,由是定取其法,岁铸五十万贯,凡用铜八十五万斤,铅三十六万斤,锡十六万斤。齐贤诣阙面陈其事。诏既下,有言新法增铅锡多者,齐贤固引唐朝旧法为言,议者不能夺。然唐永平钱法,肉好周郭精妙,齐贤所铸,虽岁增数倍,而稍为粗恶矣。

甲申,除福建诸州盐禁。

夏,四月,丙戌朔,辽太后及辽主如东京,以枢密副使默特为东京留守。庚寅,谒太祖庙。癸巳,太后诏赐命妇嫠居者。辛丑,太后及辽主谒三陵。

帝览福建版籍,谓宰相曰:"陈洪进止以漳、泉二州赡数万众,无名科敛,民所不堪。比朝廷悉已蠲削,民皆感恩,朕亦不觉自喜。"又尝谓赵普曰:"向者偏霸掊克凡数百种,朕悉令除去,更后五七年,当尽减民租税。卿记朕此言,非虚发也。"普曰:"陛下爱民之意发于天心,惟始终力行之,天下幸甚!"

壬寅,班外官戒谕。帝初作戒辞二,一以戒京朝官受任于外者,一以戒幕职、州、县官。至是令阁门于朝辞日宣旨勖励,仍书其辞于治所屋壁,遵以为戒。

辽主致享于凝(和)〔神〕殿;癸卯,谒乾陵。

初,弭德超谤曹彬,期得枢密使,及为副,大失望,班又在柴禹锡下。一日,诟王显及禹锡曰:"我言国家大事,有安社稷功,止得线许大官。汝辈何人,反居我上!"又言:"上无执守,为汝辈所惑。"显等告其事,帝怒,命讯之,德超具伏。壬子,除名,并亲属流琼州。德超始因李符及宋琪之荐得事上,及符贬宁国司马,德超任枢府,屡称其冤。会德超败,帝恶其朋党,令徙符岭表。卢多逊之流崖州也，符白赵普曰："朱崖虽远在海中，而水土颇善。春州虽近，瘴气甚毒，至者必死，不若令多逊处之。"普不答。于是即以符知春州，岁馀卒。德超既败，帝悟曹彬无它，待之愈厚，从容谓赵普等曰："朕听断不明，内愧于心。"普对曰："陛下知德超才干而任用之，察曹彬无罪而昭雪之，物无遁情，事至立断，此所以彰陛下圣明也。"

改讲武殿为崇政殿。

辽群臣以太后听政，宜有尊号，请下有司详定册礼。诏枢密院谕沿边节将，至行礼日，止遣子弟奉表称贺，恐失边备。枢密请诏北府司徒颇德译南京所进律文，从之。

五月，丙辰朔，河大决滑州韩村，泛澶、濮、曹、济诸州民田，坏居人庐舍，东南流至彭城界，入于淮，命郭守文发丁夫塞之。

辽国舅政事门下平章事萧道宁以皇太后庆寿，请归父母家行礼，齐国公主及命妇、群臣各进物设宴，赐国舅帐耆年物有差。

丁卯，诏作太一宫于都城南。

黎桓自称三使留后，遣使来贡，并上丁璿让表。诏谕桓送璿母子赴阙，不听。

庚午，辽南京统军使耶律善布招燕民之逃入宋者，得千馀户归国，诏令抚慰。

辛未，辽主次永州。

乙亥，辽枢密使韩德度采后汉太后临朝故事，草定上太后上尊号册礼，上之。

丙子，辽以青牛、白马祭天地。戊寅，辽主如木叶山。

辽西南路招讨使大汉奏党项诸部来者甚众，下诏褒美。

六月，乙酉朔，辽主诏有司册皇太后日，三品以上法服，三品以下用大射柳之服。

辽西南路招讨使奏党项部长乞内附，诏抚慰之，仍察其诚伪，谨边备。

丙戌，辽主还上京。

丁亥，以翰林学士、中书舍人李穆知开封府。穆剖决精敏，奸猾无所假贷，由是豪右屏迹，权贵不敢干以私。帝益知其才，始有意大用。

辛卯，辽有事于太庙。甲午，辽主率群臣上太后尊号曰承天皇太后；群臣上辽主尊号曰天辅皇帝，大赦，改元统和。更国号曰大契丹。丁未，辽百官各进爵一级；以枢密副使色珍守司徒。

己亥，以王显为枢密使，柴禹锡为宣徽南院使兼枢密副使。

帝谓近臣曰："朕亲选多士，殆忘饥渴，召见临问以观其才，拔而用之，庶使岩野无遗逸而朝廷多君子耳。朕每见布衣搢绅，间有端雅为众所推誉者，朕代其父母喜。或召拜近臣，必为择良日，欲其保终吉也。朕于士大夫无负矣。"（乃）〔又〕谓宰相曰："唐置采访使，盖欲察官吏善恶，人民疾苦。然所命者，官高则权势太重，官卑则威令不行；又，所（遇）〔过〕州郡，承迎不暇，岂能审知利害，但虚有其名耳。曷若慎选群材，各分任使，有功有过，赏罚分明！且国家选才，最为切务，人君深居九重，何由遍识，必须采访。苟称善者多，即是操履无玷，若择得一人，为益无限。古人言：'得十良马不若得一伯乐，得十利剑不若得一欧冶。'朕孜孜访问，止求得良才以充任使也。"赵普曰："帝王进用良善，实助太平之理，然于采择，要在得所。盖君子小人，各有党类，先圣谓观过各于其党，不可不慎也。"帝然之。

泰山父老及瑕丘等七县民诣阙请封禅，不许，厚赐遣之。

秋，七月，甲寅朔，辽太后听政。乙卯，辽主亲录囚。太后有机谋，善驭左右。先是辽人殴汉人死者，偿以牛马；汉人则斩之，仍以其亲属为奴婢。太后一以汉法论，燕民皆服。加韩德让开府仪同三司兼政事令。

辛酉,辽主行再生礼。

丁卯,王彦超以太子大师致仕。右千牛卫上将军吴虔裕,时年已八十馀,语人曰:"我纵僵仆殿阶下,断不学王彦超七十便致仕。"人传以为笑。

癸酉,辽主与诸王分朋击鞠。

谷、洛、瀍、涧溢,坏官民舍万馀区,溺死者以万计,巩县殆尽。

辛未,郭贽罢参知政事。贽尝因论事奏曰:"臣遭不次之遇,誓以愚直上报。"帝曰:"愚直何益于事!"贽对曰:"虽然,犹胜奸邪。"至是饮酒过量,遇入对,宿酲未解,帝怒,责授秘书少监,寻出知荆南府。俗尚淫祀,属久旱,盛陈祷雨之具;贽始至,悉命撤去,投之江,不数日,大雨。

丙子,辽韩德威遣人上党项之俘。

庚辰,加宋琪刑部尚书,以李昉参知政事。时赵普恩礼稍替,帝以昉宿旧,故有是命。

八月,己丑,辽主谒祖陵。辛卯,太后祭其父楚国王萧思温墓。癸巳,辽主与太后谒怀陵。北院枢密副使耶律色珍,本思温所荐,妻太后之侄,太后委任之。甲午,辽主于太后前与色珍互易弓矢鞍马,约以为友。

己亥,辽主猎赤山,遣使荐熊肪、鹿脯于乾陵之凝神殿。

乙巳,辽命裕悦休格提点元城。

庚戌,石熙载罢枢密使。熙载以足疾请去,帝亲幸其第临问。久而不愈,遂抗表求解机务,故以优礼罢。

辛亥,诏增《周公谥法》五十五字。

壬子,辽西南招讨使韩德威表请伐党项之复叛者,太后命发别部兵数千以助之,赐剑,许便宜行事。德威,德让之弟也。德让兄德源,弟德凝,并以德让故贵显于辽。德凝颇廉谨,而德源愚贪,以贿名,德让贻书谏之,终不悛,论者少之。唯德威善骑射,以战功著。

初,太祖诏卢多逊录时政,月送史馆,多逊迄不能成书。于是右补阙、直史馆胡旦言:"自唐以来,中书、枢密院皆置《时政记》,每月编修送史馆。周显德中,宰相李谷又奏枢密院置内庭日历。自后因循废阙,史臣无凭撰集。望令枢密院依旧置内庭日历,委文臣任副使者与学士轮次纪录送史馆。"帝采其言,诏:"自今军国政要,并委参知政事李昉撰录,枢密院令副使一人纂集,每季送史馆。"昉因请以所修《时政记》,每月先奏御,后付所司,从之。《时政记》奏御自昉始。

先是,每岁运江、淮米四百万斛以给京师,率用官钱僦牵船役夫,颇为劳扰。至是,每艘计其直给与舟人,俾自召募,事良便。既而舟数百艘留河津月馀不得去,帝遣期门卒侦之。计吏自言:"有司除常载外,别科置皮革、赤垩、铅锡、苏木等物,守职藏者不即受故也。"帝大怒,诏书切责度支使,夺一月俸。

溪、锦、叙、富四州蛮内附。

九月,癸丑朔,初置水陆路发运使于京师,以王宾、许昌裔同知水路发运,王继升、刘蟠同知陆路发运。凡一纲,计其舟车役人之直,悉以付主纲吏,令自雇民,勿复调发。凡水陆舟车辇送官物及财货之出纳,悉关报而催督之。自是贡输无滞矣。

辽以东京、平州旱蝗,旋以南京秋潦,暂停关征,以通山西籴易。

辛酉,辽主谒祖陵;壬戌,还上京。

乙丑，帝谓宰相曰："朕念民耕稼之勤，春秋赋租，军国用度所出，恨未能去之。比令两税三限外特加一月，而官吏不体朝旨，自求课最，恣行挞罚，督令办集。此一事尤伤和气，宜申儆之。"乃诏："诸州长吏察访属县，有以催科用刑残忍者，论其罪。"又谓宰相曰："民诉水旱，即使检覆，立遣上道，犹恐后时。颇闻使者或逗留不发，州县虑赋敛违期，日行鞭棰，民亦俟检覆改种。若此稽缓，岂朕勤恤之意乎！自今遣使检覆灾旱，量其地之远近，事之大小，立限以遣之。"

丙寅，帝谓宰相曰："荆湖、江、浙、淮南诸州，每岁上供钱帛，遣部民之高赀者护送至阙下。民多质鲁，无驭下之术，篙工楫师，皆顽猾不逞，恣为侵盗，民或破产以偿官物，甚无谓也。"乃诏："自今直遣牙吏，勿复扰民。"

辛未，辽有司请以辽主生日为千龄节，从之。录故裕悦乌珍之子为林牙，以太后追念乌珍有辅导功也。

丙子，辽主如老翁川。

郭守文塞决河堤，久不成。帝谓宰相曰："或言河两岸占有遥堤以宽水势，其后民利沃壤，咸居其中，河盛溢即罹水患。当令按视修复。"乃分遣殿中侍御史济阴柴成务、国子监丞洛阳赵孚等，西自河阳，东至于海，同视河堤旧址。孚等回奏，以为："治遥堤不如分水势。滑、澶二州最为隘狭，宜于南北岸各开其一，北入王莽河以通于海，南入灵河以通于淮，节减暴流，一如汴口之法。"朝议以重惜民力，寝其奏。时多阴雨，帝以河决未塞，深忧之。丁丑，遣枢密直学士张齐贤乘传诣白马津，用太牢加璧以祭。

【译文】

宋纪十一　起辛巳年（公元 981 年）十月，止癸未年（公元 983 年）九月，共两年。

太平兴国六年　辽乾亨三年（公元 981 年）

冬季，十月，癸酉（初九），文武百官奉献表章加上尊号为应运统天睿文英武大圣至明皇帝，总共上了三次，宋太宗方才准许。

庚辰（十六日），宋太宗下诏："从今以后的下元节应该同上元节，一律赐给休假三天，定为法令。"

甲午（三十日），苏州太一宫建成，先前方士说，五福太一神，是上天的贵神，行度所至之国，人民受到它的福祐，按照历数推算，应当在吴越分野，所以下令在苏州建筑太一宫用来祭祀。

这月，辽国主前往蒲瑰坡。

十一月，丁酉（初三），监察御史张白，因为任蔡州知州时挪用官府钱币买卖粮食犯罪而处以弃市之刑。

甲辰（初十），宋朝改武德司为皇城司。宋太宗曾经派遣武德司士卒暗中侦察远方政事，有到汀州的士卒，被知州王嗣宗抓住而施以杖刑，捆绑起来押送京师，因而陈奏说："陛下不委任天下的贤良俊杰，却随便信任这帮人作耳目，臣下以为陛下不该取此！"太宗大为恼怒，派遣使者将王嗣宗戴上刑具交付狱吏，削夺官秩；遇到大赦，恢复官职。

庚戌（十六日），宋太宗亲自祭祀太庙。辛亥（十七日），举行郊祀，大赦天下，登上乾元殿接受玉册尊号，朝廷内外文武百官都普加恩典。先前有个叫秦再思的人，上书请求不要在每次郊祀之时实行大赦，并且引用诸葛亮辅佐蜀汉几十年没有大赦的故事，太宗颇有疑惑，以此询问赵普,赵普说:"国家开创以来,保存常制,三年实行大赦一次,是所谓其仁如天,尧舜之道。刘备只有区区一隅而已,诸葛亮的用心不值得效法。"太宗认为他回答得对,大赦的诏文于是确定。

辽国主以南院枢密使郭袭为武定军节度使,十二月,以辽兴军节度使韩德让为南院枢密使。

先前各州罪人都戴枷锁押送京师。路途中不正常死亡的,常达十分之六七。张齐贤上书说:"罪人送至京师。请求挑选精明强干的官员审问,倘若明显是含冤受屈,就按冤屈轻重惩罚该州官吏。同时下令只遣送罪犯本人,家属另外听候朝廷旨令。"张齐贤又进言:"司法刑律繁简轻重,是治国之道一张一弛的根本。于公暗中积德,子孙后代就有发达兴旺者,何况六合之广,能使狱中没有受冤屈之人。岂不是福泽长流千秋万代! 州县的胥吏,都想多囚禁关押人,有的以寻根穷治为名,恣意进行追捕骚扰,拖欠很少一点租税,却关押囚禁多日,以至家破人亡。请求从今以后,京师以外各县的罪人,下令五天统计一次关押、释放的人数报告州府。州府对案件特别设立簿籍,州长官予以检察,每三五天引见审理一次罪犯,每月向朝廷陈奏一次。由刑部审阅,那些关押犯人多的州,命令朝官火速前往判决遣散。倘若事情涉及冤枉诬告,故意进行拖延滞留的,就贬降废黜这个州的官吏。或有终年处理案件没有冤枉滞留的,就由吏部发给牒文,到获得替代之日,根据考核结果表彰奖赏他。"张齐贤辛勤安抚百姓的窘困,努力保存宽大,巡行之处,遇有投诉者,有的召到传舍的卧榻跟前进行谈话,大多能得到事实的真相,江南的百姓日益思念他。

太平兴国七年　辽乾亨四年(公元 982 年)

春季,正月,甲午朔(初一),宋太宗不受朝贺,而文武群臣前往阁门祝贺。

己亥(初六),辽国主前往华林天柱。

壬寅(初九),宋太宗诏令翰林学士承旨李昉等人详细考证士人庶民的车服丧葬制度,交付有关部门颁发实行,违反者判决他的罪。

甲寅(二十一日),宋太宗以右卫大将军侯赟为灵州知州。侯赟到任后,巡视蕃人部落,用牛酒予以犒劳,戎人心悦诚服,州内大治。侯赟在朔方任职总共十年。太宗知道他长久留任灵州,又难于找到接任者,侯赟最终死在任所。

二月,丙寅(初三),宋朝以江州星子县为南康军。

宣徽北院使、判三司王仁赡,掌管国家财政几十年,纵容下属官吏作奸犯科,依仗皇上恩宠,没人敢告发他。左拾遗、判句院南昌人陈恕,以不畏强暴为己任,入朝陈奏检举。太宗反问他,陈恕言辞雄辩滔滔不绝,王仁赡理屈词穷服罪,太宗十分恼怒,辛未(初八),王仁赡罢职为右卫大将军。判句院、兵部郎中宋琪,度支判官、兵部郎中雷德骧,盐铁判官、兵部郎中奚屿,一并贬责为本曹员外郎。以给事中侯陟、右正谏大夫王明同判三司。同判三司从这开始。癸酉(初十),太宗改任王仁赡为唐州防御使,每月发给俸禄三十万钱,因为元勋老臣稍微给予特殊待遇。王仁赡怏怏不乐,愁闷成疾,几天后去世。

这月,宋朝又将并州迁徙到三交寨,就任命潘美为并州都部署。

三月,癸巳朔(初一),出现日食。

乙未(初三),辽国主因为清明节,与诸王大臣竞射宴饮。

金明池水心殿建成,宋太宗打算乘船前往游览。有人告发秦王赵廷美想乘机暗中起事。癸卯(十一日),太宗罢免赵廷美的开封尹,授官为西京留守。

丁未（十六日），宋太宗任命正谏大夫李符临时主持开封府事务。

壬子（二十日），宋太宗赏赐秦王赵廷美西京甲等宅第一座。

夏季，四月，甲子（初三），宋太宗以左正谏大夫、枢密直学士窦偁，中书舍人郭贽，一并以原来官位，为参知政事。太宗对窦偁说："你自己揣度为何能升到此官？"窦偁说："陛下顾念藩王邸府的旧臣，是出于际遇。"太宗说："不对，而是因为你当面斥责贾琰，这是赏识爱卿的正直而已。"

宋太宗以如京使柴禹锡为宣徽北院使，兼枢密副使，翰林副使杨守一为东上阁门使，充任枢密都承旨。杨守一就是杨守素，与柴禹锡一同告发秦王赵廷美的阴谋，所以奖赏他们。枢密承旨加"都"字从杨守一开始。

乙丑（初四），左卫将军、枢密承旨陈从信以及禁军列校范廷召等人贬官责罚各有不同，都是因为勾结秦王赵廷美以及接受他的私人贿赂的缘故。范廷召是枣强人。

丙寅（初五），宋太宗以兵部员外郎宋琪为开封府通判。京师开封府通判从宋琪开始。

赵普再次为宰相后，卢多逊更加感到不安，赵普多次讽劝卢多逊自行引退，而卢多逊贪恋固有的权势地位，不能决断。正好赵普查访到卢多逊与秦王赵廷美勾结的事实，就将情况奏报。宋太宗恼怒，戊辰（初七），责罚贬授卢多逊为兵部尚书，交付御史狱，逮捕关押中书堂官吏赵白、秦府孔目官阎密、小吏王继勋、樊德明、赵怀禄、阎怀忠等，命令翰林学士承旨李昉、学士扈蒙、卫尉卿崔仁冀、膳部郎中兼御史知杂事滕中正一起审理，卢多逊和赵白等人全部认罪。丙子（十五日），太宗诏令文武常参官聚集在朝廷大堂商议，太子太师王溥等七十四人，奏报卢多逊和赵廷美顾望诅咒，大逆不道，应该实行诛杀，以整顿法纪，赵白等人请求处以斩首。丁丑（十六日），太宗下诏削夺卢多逊的官职爵位，流放崖州，并且迁徙他的家，服丧一年以上的亲属全部发配边远地区。勒令赵廷美归回私人宅第，恢复他的儿子赵德恭、赵德隆皇侄的称呼，女儿韩氏去掉皇女云阳公主的封号。在都城门外将赵白、阎密等人斩首，抄没他们的家产。卢多逊赶赴贬黜之地，在路旁的旅店进食，旅店中有个老妇人，很能讲京师的旧事，卢多逊因而与她交谈，老妇人原本不知道这就是卢多逊。卢多逊说："你从何处而来，竟居住在这里？"老妇人皱起眉头说："我本是中原士大夫之家，有个儿子做了官，卢某做宰相，命令我儿违背正道去做某事，我儿子不能顺从他的旨意，卢某就怀恨在心，以败坏法令来中伤他，使他举家被流放到南国荒野，没有一年，亲人相继死去，只剩下老身一人流落山谷之中。如今寄居在路旁，不是没有用意的，那姓卢的宰相，依仗权势陷害忠良，恣意横行无法无天，终究必当南下流窜，有幸没死之前，或许可以见到他。"卢多逊默然无语，催促驾车离去。

己卯（十八日），宋太宗诏令秦王赵廷美的一家男女一并调发遣送前往西京，到赵廷美宅第安顿。

宋太宗命令客省使翟守素临时为河南府知府。恰逢荒年旱灾，难于觅食，百姓中有许多人充当强盗，太宗对此感到忧愁，翟守素到任后，逐渐得以平息安宁。

庚辰（十九日），左仆射、平章事沈伦，罢相为工部尚书。宋太宗因为卢多逊包藏叛逆祸心，而沈伦与他同列为相，不能察觉知晓，所以有此贬责，沈伦清白耿介、恭谨忠厚，每次皇上出行，经常命令他居京留守。在相位之时，碰到年岁饥荒，家乡百姓借粮一千斛，他年终全部烧毁借券。然而当政十年，无所建树，士大夫看轻他。

这月，辽国主亲自率军向南入侵，在满城与宋军交战，惨败，守太尉希达里被流矢射中而死。统军使耶律善布被埋伏的宋军包围,枢密使耶律色珍救援他,获得脱身。辽国主因为耶律善布失去戒备,施以杖刑。五月,辽国主班师回朝。

甲辰(十三日),宰相赵普等人,因宋太宗亲自判决各种案件,明察秋毫,而一起道贺。太宗曾经对赵普说:"朕每次读书,发现古代帝王大多妄自尊大,深居禁宫,严厉冷峻,还有谁敢犯颜直谏! 倘若不虚心纳谏,就会自己堵塞视听。或者任凭喜怒好恶进行刑罚赏赐,怎么能获得天下人的心呢?"

辛丑(初十),崔彦进在唐兴击败辽军。

己酉(十八日),夏州留后李继捧前来朝见,进献他的银州、夏州、绥州、宥州四州。夏州从李思恭以来,不曾亲自朝见中原皇帝,李继捧到达,宋太宗十分欢喜。

辛亥(二十日),从三交行营奏报潘美在雁门击败辽军,追击攻破辽军堡垒三十六个。不久,府州折御卿在新泽寨击破辽军,俘获辽国将校一百多人。到此辽国三路军队全部被击败。

癸丑(二十二日),宋太宗下诏各州长官:"今年麦子将要丰收,应该及时储备。告知乡村百姓,平常年景收获的粮食,不得用来饲养狗、猪和多酿酒醪,婚丧嫁娶的操办,一律从简节俭,有少年无赖之徒相互聚众赌博饮酒的,左邻右里可共同抓送官府。"

赵普认为秦王赵廷美贬谪居住在西京多有不便,就教唆开封府知府李符上奏陈说:"赵廷美不悔过自新,心怀怨恨,乞求迁徙边远州郡以防发生其他变故。"丙辰(二十五日),宋太宗贬降册封赵廷美为涪陵县公,安置在房州。

庚申(二十九日),宋太宗以崇化副使阎彦进为房州知州,监察御史袁廓为通判军州事,各自赏赐白银三百两。

宋太宗下诏:"禁止投递匿名书信告发他人犯罪和造作妖言进行诽谤,蛊惑民众的,迅速逮捕绳之以法,那些书信在当地焚毁,有告发者奖赏一贯钱。"

宋太宗下诏:"京朝官出外执行使命,所发给的印纸,委交本部所属官员按实际情况填写,不得增添减少功过,徇私冈上,有关涉及书写考核的官员,全部署上名字,违反者判其罪。"

这月,陕西有蝗灾,太平州下冰雹损坏庄稼。

辽国主在燕子城避暑。

当初,宋太宗因有关研究文字之学的书有讹误,打算进行删定勘正。有人推荐赵州隆平县主簿成都人王著写字有法,太宗就征召他为卫尉寺丞、史馆祗候,命令审定《篇韵》。六月,甲戌(十四日),王著迁升著作郎,充任翰林侍书。太宗在处理政务的空闲之余,常常留意观赏书帖和笔法,曾派遣宫中使者王仁睿拿着亲笔书札给王著看,王著说:"还没达到尽善尽美啊!"太宗临帖学字益发勤奋,又派人拿给王著看,王著仍与上次一样回答。王仁睿追问其中缘故,王著说:"皇上刚学习书法,如果马上说好,就会不再用心了。"许久以后,又将亲笔书札给王著看,王著说:"功夫到家了,不是臣下所能比得上的。"王著就是这样善于规劝补益的。

乙亥(十五日),宋太宗派遣使者调发李继捧缌麻以上的五服亲属赶赴京师,他的族弟李继迁逃往地斤泽以叛变。李继迁勇猛强悍且有智谋,开宝七年,授予定难军管内部知蕃落使,留居在银州,听说宋朝使者到达,就撒谎说奶妈去世,出城安葬到郊外,于是和他的同党几十人逃入地斤泽,拿出他高祖李思忠的画像来给西戎人看。西戎人叩拜流泪,随从者日益增多。地斥泽在夏州东北方距离三百里。

宋朝设置译经院。

秋季,七月,甲午(初五),宋太宗以皇子赵德崇为检校太傅、同平章事,封为卫王,赵德明为检校太保、同平章事,封为广平郡王。

宋朝将徐州下邳县改建为淮阴军。

冀州团练使牛思进主持江南屯田,因为年老多病不能胜任职事,上疏请求解除官职。乙未(初六),宋太宗授予牛思进为右千牛卫上将军。

武胜军节度使兼侍中高怀德去世,赠授中书令,追封为渤海郡王。

癸卯(十四日),宋太宗亲临译经院,取出宫禁中所藏全部佛典,命令西方僧侣天息灾查阅所藏著录中没有记载的经文将其翻译成汉文。

壬子(二十三日),工部尚书沈伦以左仆射之官退休。

八月,庚申朔(初一),太子太师王溥去世。王溥生性宽厚,喜欢提携后进,他所荐举而官至显位的人很多。父亲王祚,以防御使之官退休在家居住,每当朝廷公卿到家,王溥必定让他们首先谒见王祚,摆酒祝寿,王溥穿着朝服在左右奔走侍候,在座客人很感不安,王祚不命令退席,王溥不敢擅自退下,去世时,终年六十一岁。宋太宗停止上朝二天,赠授侍中,谥号为文献。

涪陵县公赵廷美逐出京师居住房州后,赵普害怕李符泄露他的话,就定李符犯有用刑不当的罪,癸亥(初四),贬责李符为宁国军司马。

取消剑南酒类专营,这是因为益州知州、工部郎中辛仲甫上疏陈述酒类专卖扰民的缘故。己卯(二十日),宋太宗听从盐铁使王明的请求,取消川、陕各州官府编织锦绮。

辽国主前往西京。

九月,庚子(十二日),辽国主亲临云州。甲辰(十六日),在祥古山打猎,身体不适。南院枢密使韩德让,没等召见,就率领他的亲属赶赴辽国主行帐。禀告皇后更换大臣。壬子(二十四日),辽国主停宿在焦山,在驻地去世,终年三十五岁。谥号为孝成皇帝,庙号为景宗。韩德让与耶律色珍秉承景宗遗诏,以长子梁王耶律隆绪继位,年仅十二岁,皇后称制听政。皇后流着泪说:"母亲守寡,儿子年幼,家族亲属雄壮强大,边境防务没有稳固,怎么办?"韩德让与耶律色珍进言说:"只要信任臣下,还有什么忧虑!"韩德让总领宫禁值宿警卫事务,皇后更加宠幸重用他。

癸丑(二十五),临时代理高丽国王王治派遣使臣前来进贡土特产,并且陈述他的兄长王伷去世,要求承袭王位,宋太宗旋即应许。

在孟昶故居新建尚书省官署。

宋太宗因为各道进士良莠混杂,有人挟带书册、请人代作,侥幸取得官位,听到之处大多触犯典宪章程,下诏说:"贡送举人的当地各州,从今以后由州长官挑选官吏进行考试,合格者才准许举荐解送,同时命令礼部,从今以后发解贡送举人,应依照吏部选人的惯例,每十人为保,有行为越轨违法、被他人所告发的,同保之人连同受罚,不得赴举应考。"

冬季,十月,己未朔(初一),辽国主开始上朝。辛酉(初三),文武群臣奉上尊号为昭圣皇帝,尊奉皇后为皇太后,大赦天下,以南院大王耶律勃古哲总领山西各州事务,北院大王、裕悦耶律休格为南面行军都统,奚王耶律寿宁为副都统,同政事门下平章事萧道宁统领本部军队驻守南京。

癸亥(初五),宋太宗下诏:"黄河以南的官员百姓,不准私自闯出边关,侵犯骚扰掠夺,违者依法定罪,有抢掠羊牛、人口的送还。"太宗曾对身边大臣说:"朕每次读《老子》到'佳兵者不祥之器,圣人不得已而用之'这段话,没有不再三重复来作为自己的规诫。王者虽然用武力战功来取胜定国,但最终必须用文德政来达到大治。朕每次退朝后,就不停地读书,心想权衡前代成败兴亡的利弊而行事,以尽到兴利除弊的责任。"

乙丑(初七),辽国主前往显州。

壬申(十四日),黄河在武德县决口,宋太宗诏令免除沿黄河百姓的田租。

己卯(二十一日),左谏议大夫参知政事窦偁去世,赠官为工部尚书。宋太宗亲自莅临哭祭,原打算在次日大摆宴席,太宗下诏取消。

萧绰萧太后画像

癸卯(十五日),宋朝实行《乾元历》,是冬官正吴昭素所呈上的。宋太宗亲自为之作序,优厚赏赐吴昭素等人绢帛。

十一月,甲午(初六),辽国设置乾州。

己酉(二十一日),宋太宗以李继捧为彰德军节度使。

宋太宗禁止百姓丧葬期间演奏音乐。

十二月,戊午朔(初一),出现日食。

辽国主派遣耶律苏萨讨伐准布。

辛酉(初四),右补阙田锡呈上疏章评论朝政得失,没有得到回报。

两浙转运使高冕,逐条呈上旧日政令中不便的事一百多件,宋太宗下诏两浙拖欠的赋税和钱氏时期的额外征收全部免除。

宋太宗喜好访求工于诗文的士人,求得西城人赵邻儿,提拔他掌管起草制诰文书,才过数月,就去世了,杨守一推荐莱州人单贻庆,从主簿之官召见应对合乎太宗旨意。授予著作佐郎、直史馆。正好派遣监察御史李匡源出使高丽,太宗以单贻庆为副使,单贻庆以母亲年老推辞,于是任命国子博士雍丘人孔维代替他。高丽国王王治向孔维询问礼仪,孔维以君臣父子之道回答,以及升降等级的秩序,王治大喜说:"今天又见到中原的孔夫子。"

甲子(初七),辽国达噭干乃曼实醉酒后说出后宫秘事,依法应当处死,但仅施以杖刑而释放了他。

辛未(十四日),辽国南面招讨使秦王韩匡嗣去世。韩匡嗣最先因损失军队而获罪,皇太后因为他儿子韩德让的缘故,派遣使者前去吊唁,馈赠物品极为丰厚,后来追赠尚书令。

庚辰(二十三日),右骁卫上将军楚昭辅去世,赠官侍中。

桐庐县知县、太常寺太祝升州人刁衎呈上奏疏说:"古代将奸人凶犯放逐到四方边境;如今却将远方的囚犯,全部送归京师,发配到各务服役,是最不适宜的。京城是天子居住的地方,岂能让流放的囚犯在这里聚合服役!从今以后外地罪人,乞望不许解送到京师,也不留在各务充任役徒。又《礼》书上说:'在街市处决罪人,同民众一起抛弃他。'就可知帝王宫禁之中,不是执法用刑的地方。乞求从今以后,殿前不执行判决的刑罚,敕令杖责不论罪过大小,全部交付御史、廷尉。同时,或有犯下抢劫偷盗逃亡他乡之罪的,重则砍去双脚钉住身体,在国都大门发布告令。这乃是愚蠢的百姓不明刑律宪法,因饥寒交迫而偶尔作恶的,道义上没有其他缘故,却受那种残酷的毒刑,实在有伤风化,也希望减除。至于各种滥刑酷法,不是律文所记载的,一律下诏天下全部禁止。"太宗阅览奏疏后很高兴,降下诏书给予褒奖性的回答。

闰月,戊子朔(初一),丰州军队同辽军作战,击败辽军,俘获辽国天德节度使萧太。

辛亥(二十四日),宋太宗下诏赦免银州、夏州等州平常赦令所不原宥的罪犯。

宋朝在各州设置农师。

太平兴国八年　辽统和元年(公元983年)

春季,正月,戊午朔(初一),辽国主因辽景宗灵柩没有出殡,不接受朝贺。

辽景宗的弟弟耶律质睦,在乌库部贬黜之所,曾经撰写《放鹤诗》,皇太后知道后,用景宗遗诏的名义召他回来。皇太后命令他再作《芍药诗》,合乎太后旨意。乙丑(初八),又册封耶律质睦为宁王,对宰相室昉等人赐加恩宠。

甲戌(十七日),辽国荆王耶律道隐去世,辽国主停止上朝三天,追封他为晋王。耶律道隐是辽景宗的弟弟。

丙子(十九日),辽国主以裕悦耶律休格为南京留守,并且赐给南面行营总管印绶,总领边关事务。

先前宋太宗惦念边境卫戍的劳苦,每月赐给将士白银,军中称为月头银。镇州驻泊都监弭德超因而乘机用紧急事变向太宗奏报说:"曹彬掌管军政为时已久,很得将士部众的欢心。臣下刚从边塞回来,戍守士兵都说:'月头银是曹公给的,没有曹公,我们肯定会饿死了'。"又巧妙地用其他事来诬陷曹彬,太宗便逐渐猜疑曹彬。参知政事郭贽极力陈说解救曹彬,太宗不听。戊寅(二十一日),曹彬罢官为天平节度使兼侍中。

己卯(二十二日),宋太宗以东上阁门使开封人王显为宣徽南院使,弭德超为宣徽北院使,同时为枢密副使。王显当初隶属殿前为小吏,到这时太宗召见王显对他说:"爱卿家世本是儒门,遭逢战乱丧失学业,如今典掌枢密机要,本来无暇阅览群书,如能熟读军戒三篇,也就可以免于不学无术了。"

辛巳(二十四日),辽国耶律苏萨献上准布的俘虏,辽国主旋即下诏褒奖,命令进兵讨伐党项各部。

壬午(二十五日),辽国涿州刺史安吉奏报宋军在黄河以北修筑城池,辽国主命令留守裕悦耶律休格领兵骚扰,不让宋军完工。

甲申(二十七日),辽国西南面招讨使韩德威奏报党项族十五个部落入侵边境,已领军击破敌寇。

丁亥(三十日),辽国枢密使兼政事令室昉因为年老请求解除所兼的职务,没有允许。室昉进呈《尚书·无逸篇》以规谏,皇太后闻知后嘉奖他。

二月,戊子朔(初一),出现日食。

辽国颁布禁令,各地官吏、士兵、百姓不得无故聚众私下谈论和违禁黑夜行路,违令者依法处置,这是因为韩德让当政如此行事的缘故。

己丑(初二),辽国南京奏报,听说宋朝在边境地区大量聚集粮食。皇太后命令南京留守耶律休格严加防守。

甲午(初七),辽国将辽景宗安葬在乾陵。丙申(初九),皇太后前往乾陵设坛祭奠。命令在御容殿画上左右近臣的像。

辛丑(十四日),辽国南京统军使耶律善布奏报宋朝边境上七十多个村落前来归附,皇太后命令安抚慰问他们。

乙巳(十八日),辽国耶律苏萨奏报讨伐党项获胜。皇太后派遣使者慰劳。

戊申(二十一日),辽国主以特里衮耶律华格为北院大王,谐里为南院宰相。

辛亥(二十四日),辽国主前往圣山,于是拜谒三陵。

三月,己未(初三),辽国主前往独山,派遣使者赏赐西南面作战有功的将士。

辛酉(初五),辽国主任命大父房太尉耶律哈噶宁为特里衮。

癸亥(初七),宋太宗以右谏议大夫、同判三司宋琪为右谏议大夫、参知政事。

宋朝开始将三司分为三个部门,各自设置使。右谏议大夫、同判三司王明为盐铁使,左卫将军陈从信为度支使,如京使郝正为户部使。

宋太宗曾经对宰相说:"三司官吏在朕面前奏陈事务,众说纷纭各有不同;这还不是为了私事,然而互相各执一己之见,不肯从长商量计划。朕每次用道理开导,如果帝王生性暴躁,岂能如此宽容!朕对于臣下重在奖掖爱护,对于他们的才能优劣,一一可见,并按他们的气质能力,分别加以任用。上奏应对之时,朕无不待以温和的言辞、脸色,兼听善言恶语,未曾严厉驳责臣下。"宋琪说:"人的才能,很少有面面俱到的,陛下耳聪目明,洞察秋毫,臣下的优劣长短暴露无遗;有的官吏又是初次谒见天子,内心充满恐惧,若不待他以温和的言辞声色,怎么能使他吐尽肺腑之言!先帝晚年时,稍嫌严厉急躁,圣上之心深明事理,洞察人情,臣下幸运得很!"

甲子(初八),辽国主驻在辽河的平淀。

己巳(十三日),宋诸王及皇子的府邸开始设置咨议、翊善、侍讲等官员,任命著作佐郎姚坦、国子博士邢昺等人担任,姚坦、邢昺都是济阴人。

丙子(二十日),宋太宗升讲武殿,对礼部所贡举人进行复试,提拔进士长沙人王世则以下一百七十五人,诸科五百十六人,一并赐给及第;进士五十四人,诸科一百十七人,赐给同出身。开始分第,在琼林苑赏赐宴饮,此后就成为固定制度。

辛巳(二十五日),辽国主以国舅同平章事萧道宁为辽兴军节度使,同时赐予为忠亮佐理功臣。

壬午(二十六日),辽国主以青牛、白马祭祀天地。

宋太宗下诏虔、信、饶三州每年收购铅、锡来铸钱。这是听从转运使张齐贤的请求。张齐贤当初为江南西路转运副使,访求到饶州、信州、虔州山谷中出产铜、铁、铅、锡的地点,又寻找前代铸钱的方法,只有饶州永平监采用唐代开元铸钱的原料,钱币质地坚实可以长久使用,因此确定采用此法,每年铸钱五十万贯,总共用铜八十五万斤、铅三十六万斤、锡十六万斤。张齐贤前往京师当面陈奏此事。诏令下达后,有人上言新法增加铅、锡过多,张齐贤坚决援引唐朝旧法来辩说,持异议的人没有能驳倒他。然而唐朝永平监铸造的钱,内孔外边的周廓很精致,张齐贤铸造的钱,虽然一年增产几倍,但质地稍微粗劣一些。

甲申(二十八日),宋朝废除福建备州的盐禁。

夏季,四月,丙戌朔(初一),辽太后与辽国主前往东京,以枢密副使默特为东京留守。庚寅(初五),拜谒太祖庙。癸巳(初八),辽太后诏令赏赐守寡的命妇。辛丑(十六日),辽太后与辽国主拜谒三陵。

宋太宗阅览福建户籍,对宰相说:"陈洪进仅用漳、泉二州来赡养几万军队部众,额外征收赋税,百姓不堪忍受。近来朝廷已经全部免除,百姓都感恩戴德,朕也不觉暗自欢喜。"又曾经对赵普说:"从前偏霸一方者盘剥百姓的赋税共有几百种,朕下令全部除去,再过五年、七年,应当全部减免百姓租税。爱卿记住朕这句话,不是空口而发的。"赵普说:"陛下爱护百姓的情意发自天心,只望始终一贯身体力行,天下便幸运得很了!"

壬寅(十七日),宋太宗颁布对外任官员的戒谕词,太宗当初写了两份戒谕词,一种是用来训诫京朝官接受委任到外地的,另一种用以训诫幕职官、州县官的。到这时命令阁门在入朝辞行之日宣读勉励,同时将戒谕词写在治所屋子的墙壁,作为尊奉的戒律。

辽国主在凝神殿举行祭祀;癸卯(十八日),拜谒乾陵。

当初,弭德超诽谤曹彬,期望获得枢密使之职,等到只担任副使,大失所望,且班位在柴禹锡之下。有一天,他辱骂王显与柴禹锡说:"我奏言国家大事,有安定社稷的功劳,只得到这么大一点儿官。你们是什么人,反而居官在我之上!"又说:"皇上没有一定之规,被你们所迷惑。"王显等人告发此事,宋太宗愤怒,命令审讯,弭德超全部供认。壬子(二十七日),削除名籍,连同亲属流放琼州。弭德超开始通过李符和宋琪的荐举得以侍奉皇上;及至李符贬谪为宁国司马,弭德超任枢密副使,屡次称说李符冤枉。遇到弭德超事败,太宗厌恶他的同党,下令将李符迁往岭南。卢多逊流放崖州的时候,李符告诉赵普说:"朱崖虽然远在大海之中,但水土很好,春州虽然路近,可瘴气很毒,到那里的人必死无疑,不如任命卢多逊住在春州。"赵普没有回答,到这时立即任命李符为春州知州,一年多后,李符就去世。弭德超败露后,太宗省悟曹彬没有什么过失,待他更加优厚,安详地对赵普等人说:"朕听断不明,内心有愧。"赵普回答说:"陛下知道弭德超有才干而任用他,觉察曹彬无罪而洗清冤诬,万物没有情理可通,事情发生当机立断,这正显示出陛下的圣明啊!"

宋太宗将讲武殿改为崇政殿。

辽国文武群臣因为皇太后听政,应当有尊号,请求交付有关官吏详细审定册封礼仪。辽国主诏令枢密院告谕沿边守将,到举行册礼的日子,只派遣子弟奉送表章前来道贺,恐怕边关守备有闪失。枢密院请求诏令北府司徒颇德翻译南京所进呈的律文,皇太后准从。

五月,丙辰朔(初一),黄河在滑州韩村大决口,泛滥到澶州、濮州、曹州、济州各地民田,冲坏居民住舍,向东南流到彭城县境内,进入淮河,宋太宗命令郭守文征发民夫堵塞决口。

辽国舅政事门下平章事萧道宁因为皇太后庆祝生日,请求回归父母家举行典礼,齐国公主和命妇、文武群臣各自进献礼物,皇太后设宴,赐给国舅帐下老人物品各有不同。

丁卯(十二日),宋太宗下诏在都城南面修造太一宫。

黎桓自称三使留后,派遣使臣前来进贡,同时呈上丁璿让位表章,宋太宗下诏命令黎桓护送丁璿母子赶赴京师,黎桓不听从。

庚午(十五日),辽国南京统军使耶律善布招徕逃入宋境的燕地百姓,招得一千多户回国,辽国主下诏予以安抚慰问。

辛未(十六日),辽国主驻在永州。

乙亥(二十日),辽国枢密使韩德度采用后汉太后临朝听政的故事,草定皇太后上尊号的册封礼仪,呈上。

丙子,(二十日)辽国主用青牛、白马祭祀天土地。戊寅(二十三日),辽国主前往木叶山。

辽国西南路招讨使大汉奏报党项各部落前来归附的很多,辽国主下诏嘉奖。

六月,乙酉朔(初一),辽国主下诏官吏册封皇太后尊号之日,三品以上官员穿礼服,三品以下官员穿参加射柳枝大赛的服装。

辽国西南路招讨使奏报党项部落酋长请求内附,辽国主下诏安抚慰问,并命令官员觉察他们的真实意图,谨守边防。

丙戌(初二),辽国主回到上京。

丁亥(初三),宋太宗以翰林学士、中书舍人李穆为开封府知府。李穆剖案决狱精明敏捷,对刁钻奸诈毫不宽容,从此豪强收敛匿迹,权臣贵戚不敢以私情请托。太宗因而更加知道他的才能,开始有意重用。

辛卯(初七),辽国主在太庙举行祭祀。甲午(初十),辽国主率领文武群臣呈上皇太后尊号为承天皇太后;文武群臣奉上辽国主尊号为天辅皇帝,大赦天下,改年号为统和。更改国号为大契丹。丁未(二十三日),辽国文武百官各自进升爵位一级;以枢密副使耶律色珍为守司徒。

己亥(十五日),宋太宗以王显为枢密使,柴禹锡为宣徽南院使兼枢密副使。

宋太宗对身边大臣说:“朕亲自选拔许多士人,几乎忘却了饥渴,召见当面询问以观察他们的才能。提拔任用贤士,差不多使得山岩旷野没有遗漏的人才而朝廷有众多的君子。朕每当见到布衣之士成为缙绅官吏,其中有端正文雅被众人推许赞誉的,朕心里替他们的父母高兴。或有召见授予近臣要职,必定为他选择好日子,希望他能保持终身吉祥啊。朕对士大夫没有任何对不住的地方了。”又对宰相说:“唐朝设置采访使,是要考察官吏的善恶,百姓的疾苦。然而所委派的采访使,官阶高了则权势太重,官阶低了刑法政令无法实行;同时,还所过州郡,迎接应酬不得空闲,怎么能详细察知各处利弊,只是徒有其名而已。怎么比得上谨慎选拔众多人才,各自分别任用。有功有过,赏罚分明!况且国家选择人才,是最为关切的政务,君主深居九重禁宫,从何去普遍见识,必须有人采访。如果说好得多,就是操行清白无瑕,倘若选得一个人才,受益无穷。古人说:‘得到十匹好马不如得到一个伯乐,得到十把利剑不如得到一个欧冶。’朕孜孜不倦地查访寻求,只为求得良才来充任之需啊。”赵普说:“帝王选用贤良善人,确实有助于太平盛世的治理,然而对于选择人才,关键在于能得其所。君子和小人,各有自己的同类,先圣孔子说观察过失,各有它的同类,这不可不谨慎啊!”宋太宗认为是这样的。

泰山父老和瑕丘等七个县的百姓前往京师请求举行封禅礼,宋太宗没有应许,厚加馈赠遣返。

秋季,七月,甲寅朔(初一),辽太后临朝听政。乙卯(初二),辽国主亲自审理囚犯。太后有心机谋略,善于驾驭左右大臣,先前辽人殴打汉人致死者,用牛马作赔偿;汉人殴打辽人致死者,则汉人斩首,并且将他的亲属收为奴婢。太后一律用汉人法律论处,燕地百姓全都心服。韩德让加官为开府仪司三司兼政事令。

辛酉(初八),辽国主举行再生礼。

丁卯(十四日),王彦超以太子太师退休。右千牛卫上将军吴虔裕,当时年纪已经八十多岁,对人说:"我纵然倒在大殿台阶下,也决不学王彦超七十岁便退休。"被人传为笑料。

癸酉(二十日),辽国主和诸王分成两组打马球。

谷水、洛水、瀍水、涧水泛滥,冲坏官府民房一万多座,淹死的数以万计,巩县几乎被冲光。

辛未(十八日),郭贽罢免参知政事。郭贽曾经因为议论政事上奏说:"臣下遭逢超越常规的待遇,发誓用愚昧的耿直回报皇上!"宋太宗说:"愚昧的耿直对事情有什么补益!"郭贽回答说:"虽然如此,还是胜过奸邪。"到这时喝酒过量,碰上入宫应对,隔夜醉意仍未消解,太宗发怒,贬谪授予秘书少监,不久出任荆南府知府。荆南旧俗崇尚一些不合礼制的祭祀,适逢长久干旱,大摆祈祷降雨的器具。郭贽刚上任,命令全部撤去,投入江中,没几天,降下大雨。

丙子(二十三日),辽国韩德威派人献上党项俘虏。

庚辰(二十七日),宋太宗加官宋琪为刑部尚书,以李昉为参知政事,当时赵普的恩宠礼遇逐渐衰减,太宗因为李昉是故旧,才有如此任命。

八月,己丑(初六),辽国主谒拜祖陵。辛卯(初八),皇太后祭祀她的父亲楚国王萧思温的墓。癸巳(初十),辽国主与皇太后谒拜怀陵。北院枢密副使耶律色珍,本来是萧思温所荐举的,娶皇太后的侄女为妻,皇太后委以重任。甲午(十一日),辽国主在皇太后面前与耶律色珍交换弓箭鞍马,相约作为朋友。

己亥(十六日),辽国主在赤山行猎,派遣使者到乾陵的凝神殿进献熊的脂肪、鹿的肉干。

乙巳(二十二日),辽国主任命裕悦耶律休格为元城提点。

庚戌(二十七日),石熙载罢去枢密使之职。石熙载因为脚病请求离职,宋太宗亲临他的宅第当面探问。好久没有痊愈,石熙载于是坚决上表章请求解除军机要务,所以太宗以优厚的礼遇罢免了他的官职。

辛亥(二十八日),宋太宗诏令增加《周公谥法》五十五个字。

壬子(二十九日),辽国西南招讨使韩德威上表章请求讨伐党项重新叛乱者,皇太后命令调发其他部队几千人去援助,赐给宝剑,允许权宜行事。韩德威是韩德让的弟弟。韩德让的哥哥韩德源,弟弟韩德凝,同时因为韩德让的缘故在辽国尊贵显赫。韩德凝廉洁谨慎,而韩德源愚蠢贪婪,以受贿出名,韩德让给他写书信劝谏,终不改悔,议论者鄙视他,只有韩德威善于骑马射箭,以战功著名。

当初,宋太宗诏令卢多逊记录当时朝政,每月送交史馆,卢多逊一直没能成书。到这时右补阙、直史馆胡旦上言:"从唐代以来,中书、枢密院都没有当时朝政记录,每月编撰送交史馆。后周显德年间,宰相李谷又奏请枢密院设立内庭日历。从此以后相继废缺,史臣没有撰集的依据。希望命令枢密院照旧设立内庭日历,委派文官担任枢密副使者与学士依次轮流进行记录送交史馆。"太宗采纳了他的话,诏令:"从今以后军国大政要务,全部委派参知政事李昉撰录,枢密院命令副使一人纂集,每季度按时送交史馆。"李昉因此请求将所修撰《时政记》,每月先呈奏皇上阅览,然后交付史馆,太宗准从。《时政记》呈奏皇帝阅览,从李昉开始。

先前,每年从长江、淮河运输粮食四百万斛来供应京师,一律由官府出钱雇用背纤拖船

231

的民夫,颇为劳官扰民。到这时,每艘船算好运输费用付给船夫,让船夫自己招募民夫,事情非常顺便。不久,几百艘船滞留汴河渡口,一个多月没能离去,宋太宗派遣期门士卒侦查。三司官吏自己说:"是有关部门除通常装载的粮食外,另外征收放置皮革、红土白土、铅锡、苏木等物品,因而负责入藏的官吏不立即接受的缘故。"宋太宗勃然大怒,下诏书痛斥度支使,削除他一个月的俸禄。

谿、锦、叙、富四州的蛮人内附。

九月,癸丑朔(初一),在京师开始设置水陆路发运使,任命王宾、许昌裔为同知水路发运使,王继升、刘蟠为同知陆路发运使。大凡一纲货物,计算出车船劳力的价钱,全部付给主管纲货的官吏,让他自己雇佣百姓,不再另外征调。凡是水路陆路、船只车辆运送官府物品和各种财货的进出,水陆路发运使都要通报和催促监督,从此进贡运输没有阻滞了。

辽国主因为东京、平州有干旱、蝗灾,不久又以南京秋季水涝,暂时停止关税征收,用以畅通山西的买粮贸易。

辛酉(初九),辽国主拜谒祖陵;壬戌(初十),回到上京。

乙丑(十三日),宋太宗对宰相说:"朕惦念百姓耕作的辛勤,但春秋赋税,是军务国政费用支出的来源,只恨不能除去,日前令两税征收的三个期限之外特别追加一个月,但官吏不体谅朝廷旨意,为追求自己考核取得最优,恣意妄行鞭挞责罚,督促强令办齐。这一件事尤为大伤和气,应该申明警诫。"于是下诏:"各州长官查访所属各县,有因为催交赋税而动用刑罚残忍的,判他的罪。"又对宰相说:"百姓诉说水旱,立即派人检查核实,马上遣送上路,那还恐怕误了时机。常听说有的使者逗留而不出发,州县官吏忧虑赋税征收误期,就每天动用鞭子刑杖,百姓也等着朝廷检查核实而改种庄稼。像这样稽留迟滞,哪里是朕勤政恤民的本意呢!从今以后发遣使者检查核实水旱灾情,计量路程的远近,事情的大小,立下期限而遣发。"

丙寅(十四日),宋太宗对宰相说:"荆湖、江、浙、淮南各州,每年所上供的钱币绢帛,派遣辖内的百姓中的富户护送到京师。百姓大多质朴粗鲁,没有驾驭下人的手段,船工水手,都是贪婪狡猾的不逞之徒,恣意进行侵夺盗窃,百姓有的倾家荡产来偿还送官物品,太没道理了。"于是诏令:"从今以后只派遣官府小吏,不要再骚扰百姓。"

辛未(十九日),辽国有关官员请求将辽国主的生日作为千龄节,得以准从,录用已故裕悦耶律乌珍的儿子为林牙,因为皇太后追忆耶律乌珍有辅导皇室的功劳。

丙子(二十四日),辽国主前往老翁川。

郭守文受命堵塞黄河河堤决口,很久没办成。宋太宗对宰相说:"有人说黄河两岸古时筑有遥堤以减缓水势,以后百姓觉得有肥沃土壤的便利,都居住在堤中,黄河暴涨泛滥旋即遭受水灾,应当命令查看修复。"于是分别派遣殿中侍御史济阴人柴成务,国子监丞洛阳人赵孚等,西起河阳,东到大海,一同查看黄河旧堤遗址。赵孚等回来上奏,认为:"修治遥堤不如分流减弱水势。黄河在滑、澶二州水道最为狭窄,应该在南岸、北岸各开一个口,北口引水流入王莽河以直通到海,南口引水流入灵河以通到淮河,控制减少暴涨水势,全都如同汴口的办法。"朝廷商议以珍重爱惜民力的理由,搁置赵孚等人的奏章。当时阴雨连绵,太宗因为黄河决口没有堵塞,深感忧虑。丁丑(二十五日),派遣枢密直学士张齐贤乘坐驿站车马前往白津,用太牢加上玉璧来祭祀。

续资治通鉴卷第十二

【原文】

宋纪十二　起昭阳协洽【癸未】十月,尽旃蒙作噩【乙酉】十二月,凡二年有奇。

太宗至仁应道神功圣　德睿烈大明广孝皇帝

太平兴国八年　辽统和元年【癸未,983】　冬,十月,帝以新译经五卷示宰相,因曰:"凡为君臣者,治人利物,即是修行。梁武舍身为寺家奴,此真大惑! 方外之说,亦有可观,卿等试读之。盖存其教,非溺于释氏也。"

乙未,辽南京留守休格,言诸节度使每岁贡献,请如契丹官吏,止进鞍马;从之。

丁酉,辽以吴王稍为上京留守,行临潢尹事。

戊戌,改诸王名,俱进封有差。

司徒兼侍中赵普,罢为武胜节度使兼侍中。

十一月,壬子朔,以参知政事宋琪、李昉并同平章事。帝谓曰:"世之治乱,在赏罚当否,赏罚当其功罪,即无不治,苟以为饰喜怒之具,即无不乱,与卿等戒之。"琪曰:"赏罚二柄,乃御世之衔勒,治天下者,苟赏罚至公,未有不致太平者。"昉初与卢多逊善,多逊屡潜昉,人或告之,昉不信。于是帝语及多逊事,昉力为解释。帝因言:"多逊居常毁卿不值一钱。"昉始悟。帝由此益重之。

癸丑,辽应州获宋谍,磔之。

甲寅,诏自今宰相班亲王上,李昉、宋琪等固辞,帝不许,曰:"宰相任总百揆,藩邸之设,止奉朝请而已。元佐等尚幼,欲其知谦损之道,卿勿多辞!"

高阳关获辽侦骑,送至阙下,言辽于近寨筑城。帝谓宰相曰:"此为自全之计耳。"又曰:"幽州四面平川,无险固可恃,难于控扼。异时收复燕蓟,当于古北口诸隘,据其要害,不过三五处,屯兵设堡寨,自绝南牧矣。"宋琪对曰:"范阳前代屯兵之地,古北口及松亭关、野狐门三路并立堡障,至今石垒基堞尚存,将来止于此数处置戍可矣。"

己未,太一宫成,张齐贤等请用祀天之礼杀其半,又小损之。

丁卯,宴饯赵普于长春殿。帝赐普诗,普奉而泣曰:"陛下赐臣诗,当刻于石,与臣朽骨同葬泉下。"帝为之动容。明日,谓近臣曰:"赵普于国家有大勋劳。朕布素时与之游从,今齿发衰矣,不欲烦以机务,择善地俾之卧治,因诗什以导意。普感激且泣,朕亦为之堕泪。"宋琪对曰:"普昨至中书,执御诗感泣。今复闻宣谕,君臣始终之分,可谓两全矣。"

长春之宴,枢密使王显等侍侧,见帝衣敝袴,数视之。帝笑谓曰:"朕未尝御新衣,盖念机杼之劳苦,欲示敦朴,为天下先也。"

壬申，以翰林学士李穆、吕蒙正、李至并参知政事，枢密直学士张齐贤、王沔并同金署枢密院事。至，真定人；沔，齐州人也。穆等入对，帝谓曰："今两制之臣十馀，皆文学适用，操履方洁。穆居京府，尤号严肃，故加奖擢。"穆等再拜谢。帝又曰："朕历览前书，大抵君臣之际，情通则道合，故事皆无隐，言必可用。朕厉精求治，卿等为朕股肱耳目，设有阙政，宜悉心言之。朕每行一事未当，久之寻绎，惟自咎责耳，固不以居尊自恃，使人不敢言也。"

庚辰，置侍读官。帝性喜读书，诏史馆所修《太平总类》，日进三卷。宋琪等言："日阅三卷，恐圣躬疲倦。"帝曰："开卷有益，不为劳也。此书千卷，朕欲一年遍读。"寻改名《太平御览》。

辽太后及辽主祭乾陵。诏："谕三京左右相以及录事参军等，当执公方，不得以阿顺为事。诸县令佐如遇州官及朝使非理征求，毋或畏徇，仍时加采听以分殿最。民间有父母在而别籍异居者，听邻里觉察，坐之。有孝于父母，三世同居者，旌其门。"

十二月，丁亥，淮海国王钱俶，三上表乞解兵马大元帅、国王、尚书令、太师等官；诏罢元帅名，馀不许。

己亥，辽太后观渔于玉盆湾；辛丑，观渔于潴渊。

癸卯，滑州言河决已塞，群臣称贺。未几，河复决房村，帝曰："近以河决韩村，发民治堤不成，安可重困吾民！当以诸军代之。"乃发卒五万，以侍卫步军都指挥使领其役。

帝谓宰相曰："比闻有僧道还俗应举者，场屋混淆。进士须通经义，遵周、孔之教；或止习浮浅文章，殊非务本之道。"甲辰，令诸州禁还俗僧道赴举。进士免贴经，只试墨义二十道，皆以经中正文大义为问题。又增进士及诸科各试法书墨义十道，进士增试律义。

辽敕诸处刑狱有冤不能伸雪者，听诣御史台申诉，委官覆问。先是大理寺狱讼凡关覆奏者，以翰林学士、给事中、政事舍人详决，至是始置少卿及正主之。

丙午，右补阙、直史馆胡旦献《河平颂》，内有"逆逊投荒，奸普屏外"等语，帝览之，震怒，召宰相，曰："旦词意悖戾。朕自擢置甲科，历试外任，所至无善状。知海州日，为部下所讼，狱已具，适会大赦，朕录其才而舍其过。乃敢恣臆狂躁如此！今朝多君子，旦岂宜尚列侍从邪？"中书舍人王祐等奏旦宜窜斥，丁未，责旦为殿中丞、商州团练副使。

是月，权知相州、右补阙田锡上疏言："管榷货财，网利太密；躬亲机务，纶旨稍频。所谓网利太密者，酒曲之利，但要增盈，商税之利，但求出剩，递年比扑，只管增加，穷尽利源，莫甚于此。今乞定其常数，授以常规，如州县征科，农桑税赋，年丰则未闻加纳，岁欠则许之倚征，自然理得其中，民知所措。所谓纶旨稍频者，君道务简，简则号令审而人易从；臣道务勤，勤则职业修而事无壅。臣伏见陛下早受百僚之朝，午视万几之事；或进呈甲仗，或拣阅军人，或躬问缧绁，或亲观战马；投匦而进者，或详其词理，挝鼓以闻者，或询彼冤诬。盖陛下虑四聪或有所未达，万几或有所未知，至于如此。然何不移此勤劳而劳于求贤，何不改此精专而专于选士！谏官则置之左右，御史即委以纠弹，给事中当材者，许之封驳诏书，起居郎有文者，命之纪录言动。百职如是，各举其业；千官如是，各得其人，则何忧事不允釐，何虑民不受赐！况宫阙乃尊严之地，轩墀列清切之班，岂宜使押来囚系、病患军人，或虚词越诉之徒，或侥幸希恩之辈，引之便殿，得面天颜！陛下随事指挥，临时予夺，其间有骤承顾问，上惧天威，或偶有敷陈，稍惬圣旨，怯懦塞讷者，口虽奏而未尽其心，奸诈辩词者，言虽当而未必有理。陛下或施之恩泽，或置以刑名，虽睿鉴周通，固无枉滥，而帝廷清肃，岂称喧嚣！《书》曰："临下以简。"又曰："御众以宽。"愿陛下察而审之。抑臣又有请者，中书是宰相视事之堂，相府是陛下优贤之地。今则于中书外庞置磨勘一司，较朝臣功过之有无，审州郡劳能之虚实。盖其职本属考功,自考功之职不修,而磨勘之名互出,殊非政体。此臣所未喻者一也。往者诸侯有过,百姓有冤,必命台官,委为制使,诚以宪府刑曹,是其专责。今多差殿直、承旨,使为制勘使臣,殊非理公之才,骤委鞫人之罪,或未晓刑章,妄加深劾,既临以制书,人畏严威,谁敢捍拒!岂无陷于不辜,亏陛下仁慈之旨者!此臣所未喻者二也。臣每读史书,凡匹妇贞廉,野人孝行,尚旌彼门间,或赐之束帛,以励浇俗。今国家官僚远宦,不得般家,父母云亡,不得离任,墨缞视事,宁安孝子之心?明诏未行,深损圣人之教。此臣所未喻者三也。"疏入,不报。

是岁,赐译经院额曰传法;令两街选童子五十人,就院习梵学、梵字。

雍熙元年　辽统和二年【甲申,984】　春,正月,戊午,右仆射石熙载卒。熙载性忠实,遇事敢言,无所顾避。至是遘疾不起,帝为悲叹累日,赠侍中,谥元懿。

壬戌,诏:"三馆以《开元四库书目》阅馆中所阙者,具列其名,募中外有以书来上,第卷帙之数,等级优赐;不愿送官者,借本写毕还之。"自是四方之书往往间出矣。

甲子,辽主如长泺。

有司上窃盗罪至大辟,诏特贷其死,因谓宰相曰:"朕重惜人命,但时取其甚者以警众。然不欲小人知宽贷之意,恐其犯法者众也。"

乙丑,帝御丹凤楼观灯,见士庶阗咽,谓宰相曰:"国家承累世干戈之后,海宇乂安,京师繁盛,殊以为慰,朕居常罕饮,今夕与卿等同乐,宜各尽醉。"于是每虚爵以示群臣。

涪陵县公廷美至房州,忧悸成疾,卒。丁卯,房州以闻,帝呜咽流涕,谓宰相曰:"廷美自少刚愎,长益凶恶,朕以同气至亲,不忍置之于法,俾居房陵,冀其思过。方欲推恩复旧,遽兹殒逝,痛伤奈何!"乃追封涪陵王,赐谥曰悼,帝为发哀成服。其后从容谓宰相曰:"廷美母陈国夫人耿氏,朕乳母也,后出嫁赵氏,生军器库副使廷俊。朕以廷美故,令廷俊属鞬左右,廷俊泄禁中事于廷美。迩者凿西池,朕将往游,廷美与左右欲以此时窃发。若命有司穷究,则廷美罪不容诛。朕止令居守西洛,而廷美益怨望,出不逊语,始命迁房陵以全宥之。至于廷俊,亦不加深罪,但从贬黜。朕于廷美,盖无负矣。"言讫,为之恻然。李昉对曰:"涪陵悖逆,天下共闻,而宫禁中事,若非陛下委曲宣示,臣等何由知之!"

澶州言民诉水旱二十亩以下求蠲税者,朝臣以田亩不多,请勿受其诉。帝曰:"若此,贫民田少者,恩常不及。灾沴蠲税,政由穷困,岂以多少为限邪!"辛未,诏:"自今民诉水旱,勿择田之多少,悉与检视。"

壬申,蠲诸州民去年官所贷粟。

左谏议大夫、参知政事李穆卒。穆有至行,母尝卧疾弥年,动止转侧,皆亲自扶掖。初坐廷美事属吏,穆令子惟简绐母以奉诏鞫狱台中,及责官还家,卒不以白母,间日辄出访亲友,或游僧寺,阳为入直,暨于牵复,母终弗知。执政月馀遭母丧,诏强起之,穆益哀毁。癸酉,晨起将朝,风眩暴卒。帝临哭出涕,谓宰相曰:"穆操履纯正,方将倚用,遽至沦没,非斯人之不幸,乃朕之不幸也!"

丁丑,帝谓侍臣曰:"昔晋武平吴之后,溺于内宠,后宫所蓄,殆数千人,殊失帝王之道。今宫中自职掌至粗使不过三百人,朕犹以为多也。"

二月,壬午朔,帝御崇政殿,亲阅诸军将校,按名籍,参劳绩而升黜之,逾月而毕。谓近臣曰:"朕选擢将校,先取其循谨能御下者,武勇次之。"又曰:"兵虽众,苟不简择,与无兵同。朕因讲习,渐至精锐,倘统帅得人,何敌不克!"旧制,诸军辞见,或行间骁果出众者,令将校互相保任。散员左班都头魏能戍边,不为众所保,帝曰:"此人才勇,朕可自保之。"由是稍加进用。

以右补阙乔维岳为淮南转运使。先是淮河西流三十里,曰山阳湾,水势湍悍,运舟所过,多罹覆溺。维岳规度开故沙河,自末口至淮阴磨般口,凡四十里。又,建安北至淮澨,总五堰,运舟十纲上下,其重载者,皆卸粮而过,舟坏粮失,率常有之。纲卒旁缘为奸,多所侵盗。维岳乃命创二斗门于西河第三堰,二门相逾五十步,覆以夏屋,设悬门蓄水,俟潮平乃泄之。建横桥于岸,筑土累石以固其趾。自是尽革其弊,而运舟往来无滞矣。

庚子,辽主朝太后,因观猎于饶乐川。丙午,辽主与诸王大臣较射。

丁未,辽招讨使韩德让以征党项回,遂袭河东,赐诏褒美。

三月,宴文武官及外国蕃客于大明殿,召渤海大使鸾河,慰抚之。鸾河,渤海酋帅也,帝征幽州,率部族归顺,故有是赐。

遣翰林学士宋白乘传祭白马津,沈以太牢,加璧焉,河决将塞故也。

乙卯,日本国僧奝然自其国来入朝,言:"国主姓王氏,自始祖至今凡六十四世,八十五王矣,文武僚吏亦皆世官。"帝闻之叹息,谓宰相曰:"此岛夷耳,尚存古道!中国自唐季海内分裂,五代世数尤促,大臣子孙,皆鲜克继父祖业。朕虽德不及往圣,然孜孜求理,未尝敢自暇逸。冀上穹降鉴,使运祚悠远,大臣亦世守禄位。卿等宜各尽心辅朕,无令远夷独享斯庆也。"

丙午,选秘书丞杨延庆等十馀人分知诸州。帝因谓宰相曰:"刺史之任,最为亲民,苟非其人,民受其祸。昔秦彭守颍川,教化大行,境内乃有凤凰、麒麟、嘉禾、甘露之瑞。"宋琪曰:"秦彭一郡守,政善而天应之若此,况君天下者乎!"

丁巳,帝谓宰相曰:"夏州蕃部强悍难制者,皆委身归顺,凡得种族五万馀帐。朕亦虑转饷劳扰,止令赍茶于蕃部中贸易以给军食,未尝发民输送也。"又谓李继捧曰:"汝在夏州用何道制蕃部?"对曰:"戎人狡很,臣但羁縻而已,非能制也。"

己未,滑州言河决已塞,群臣称贺。蠲水所及州县民今年田租。

癸未,以涪陵王子德恭、德隆为刺史,婿韩崇业为静难军司马。

己丑,召宰相近臣赏花于后苑,令侍从词臣各赋诗。赏花赋诗自此始。

壬申,幸含芳苑,宴射,谓宰相宋琪曰:"此地三数年不一至,固非数出游宴也。"时刘继元、李继捧等皆侍坐,琪因赞颂神武,与李昉等各赋诗;帝为和,赐之。

是春,宰相奏事退,帝谓曰:"卿等所奏簿书,乃是常也。唯时务不便,须极言无隐,朕当裁酌而行;苟言不当,亦不责也。"

夏,四月,乙酉,泰山父老千馀人复诣阙请封禅。戊子,群臣上表请封禅,表凡三上。甲午,诏以今年十一月有事于泰山。

是日,幸金明池,观习水战,谓宰相曰:"水战,南方之事也,今其地已定,不复施用,时习之,示不忘武功耳。"因幸讲武台阅诸军驰射,有武艺超绝者,咸赐以帛。还,登琼林苑北榭,赐从臣饮,掷钱于楼下,俾伶人争取,极欢而罢。

丁亥,辽宣徽使、同平章事耶律普宁、都监萧勤德献征女真之捷,授普宁兼政事令,勤德神武卫大将军,各赐金器诸物。

庚寅,辽太后临决滞狱。

丙申,诏扈蒙、贾黄中、徐铉等同详定封禅仪。

己亥,命南作坊副使李神佑等四人修自京抵泰山道路。庚子,以宰相宋琪为封禅大礼使,翰林学士宋白为卤簿使,贾黄中为仪仗使。宋琪等议所过备仪仗导驾,帝曰:"朕此行盖为苍生祈福,过自严饬,非朕意也。"乃诏:"惟告庙及自泰山下用仪仗,所过亦不须陈设。"

五月，辛亥，幸城南观麦，赐刈者钱帛。还，幸玉津园，观鱼，宴射，谓近臣曰："朕观五代以来，帝王始则勤俭，终乃忘其艰难，覆亡之速，皆自贻也。在人上者，当以为戒。"

罢诸州农师。

丁丑，乾元、文明二殿灾。

以将作监丞李元吉、丁顾言为堂后官，赐绯衣、银带、象笏。京官任堂后官自此始。

盐铁使王明请开江南盐禁，计岁卖盐五十三万五千馀贯，其二十八万七千馀贯给盐与民，随税收其钱，二十四万馀贯听商人贩易，收其算；从之。

六月，己卯朔，辽太后决狱至月终。

丁亥，诏求直言。

壬辰，诏："天下幕职、州县官上书言事，凡民俗利害，政令否臧，并许于本州附传置以闻。"先是转运使及知州、通判皆得上书，而州县官属则否，帝虑下情壅塞，故降是诏。

己丑，遣使诸路察狱。

镇安节度使、守中书令石守信卒，谥武烈。

庚子，始令诸州十日一虑囚。

壬寅，帝谓宰相曰："封禅之废已久，今时和年丰，行之固其宜矣。然正殿被灾，遂举大事，或未符天意。且炎暑方炽，深虑劳人。"乃诏停封禅，以冬至有事于南郊。

秋，七月，壬子，改乾元殿为朝元殿，文明殿为文德殿，丹凤门为乾元门。

乙卯，诏："御史鞠狱，必须躬亲，毋得专任胥吏。"

庚申，改匦院为登闻鼓院，东延恩匦为崇仁检院，南招谏匦为思谏检院，西申冤匦为申明检院，北通玄匦为招贤检院；仍令谏院依旧差谏官一员主判。

八月，辛卯，辽东京留守耶律穆济奏女真珠布实、萨里等八族乞举众内附，诏纳之。

癸丑，有布衣以皂囊封书献者，其词狂妄。帝览之，谓宰相曰："比来上封事者多不知朝廷次第，所言率孟浪。本欲下情上达，庶事无壅，故虽狂悖，亦与容纳。"宋琪曰："陛下广纳言之路，苟百中得一，亦是国家之利。"

右补阙、知睦州田锡应诏上疏，其略曰："今陛下有所因方渴闻至言，有所为方切待直谏，引咎自诚，修德弥新。臣谓责在近臣而不在圣躬，罪在谏官而不在陛下。近陛下有朝令夕改之事，由制敕所行时有未当，而无人封驳者。给事中若任得其人，制敕若许之封驳，则所下之敕无不当，所行之事无不精，编为格式，岂有朝令夕改之弊！臣所以谓责在近臣而不在圣躬。臣又见陛下有舍近谋远之事，由言动未合至理，而无人敢谏诤者，是左右拾遗、补阙之过也。加以时久升平，天下混一，致陛下以升平自得，功业自多。不知四方虽宁，万国虽静，然刑罚未甚措，水旱未甚调，陛下谓之太平，谁敢不谓之太平！方欲为民求福，报天之功，有事于泰山，展礼于上帝，人谋虽克，天意未从。火于禁中，将警悟于英主，诏下海内，遂布告于舆人。臣所以谓罪在谏官不在陛下也。"

丁酉，帝亲祠太一宫。

九月，知夏州尹宪袭击李继迁，斩首五百级，获其母妻，俘千四百帐，继迁仅以身免。于是赐李继捧姓赵，名保忠，授夏州刺史、定难节度使，以讨继迁，管夏、银、宥五州。继捧至镇数日，上言继迁悔过归款，帝以为银州刺史、西南巡检使。继迁本无降心，复诱戎人为寇。

壬戌，群臣表三上尊号曰应运统天睿文英武大圣至仁明德广孝皇帝，不许，宰相叩头固请，终不许。

帝之即位也,召华山隐士陈抟入见。冬,十月,复诣阙,帝益加礼重,谓宋琪等曰:"抟独善其身,不干势利,所谓方外之士也。在华山已四十馀年,度其年当百岁,自言经五代乱离,幸天下承平,故来朝觐。与之语,甚可听。"因遣使送至中书。琪等从容问抟曰:"先生得玄默修养之道,可以化人乎?"对曰:"抟山野之人,于时无用,亦不知神仙黄白之事,吐纳养生之理,无术可传于人。假令白日上升,亦何益于世?主上龙颜秀异,博达古今,真有道仁圣之主也,正君臣同德、兴化致治之秋,勤行修炼,无出于此。"琪等表上其言,帝益喜。甲申,赐抟号希夷先生,令有司增葺所止台观。帝屡与属和诗什,数月,遣还。

癸巳,岚州献一角兽,徐铉等以为祥麟,宰相宋琪等拜表称贺。帝曰:"珍禽奇兽,奚益于事!方内大宁,风俗淳厚,此乃为上瑞耳。"琪等因请宣示,凡瑞物六十三种,并图付史馆。

十一月,丙寅,亲祼太庙。丁卯,祀天地于南郊,以宣祖配天而太祖配上帝,从礼官扈蒙议也。是日,大赦天下,改元雍熙。

癸酉,以建州进士杨亿为秘书省正字,时年十一。亿七岁能属文,帝闻其名,诏江南转运使开封张去华就试词艺,遣赴阙。连三日得对,试赋五篇,皆援笔立成,帝深叹赏,故有是命。

十二月,庚辰,淮海国王钱俶徙封汉南国王。

癸未,赐京畿高年帛。

丁亥,废岭南诸州采珠场。自是唯商船互市及受海外之贡。

壬辰,立德妃李氏为皇后,故淄州刺史处耘之女也。

丙申,赐京师大酺三日,集开封府及诸军乐人,迁四市货殖,五方士女大会,作山车、旱船,往来御道,为鱼龙曼延之戏,自乾元门前至朱雀门,东西凡数里。帝御丹凤楼观酺,召侍臣赐饮,列坐畿甸耆老,赐以酒食,音乐杂发,观者阗咽。次日,献歌诗颂赋者数千人。

辽以翰林学士承旨马得臣为宣政殿学士。得臣好学,善属文,居朝以正直称。

二年 辽统和三年【乙酉,985】 春,正月,丙午朔,辽主如长泺。

丙辰,以德恭为左武卫大将军,判济州,封安定侯;德隆为右武卫大将军,判沂州,封长宁侯;皆涪陵王廷美子也。以右补阙刘蒙叟通判济州,起居舍人韩检通判沂州,俾行州事。蒙叟,熙古子也。

丁巳,辽以翰林学士邢抱朴为礼部侍郎、知制诰,以左拾遗、知制诰刘景,吏部郎中、知制诰牛藏用,并政事舍人。抱朴好学博古,景端重能文,皆时望也。

癸亥,翰林学士贾黄中等九人权知贡举。帝谓宰相曰:"设科取士,最为捷要。近年籍满万馀,得无滥进者乎?"己巳,诏:"自今诸科并令量定人数,相参引试,分科隔坐,命官巡察监门,谨视出入。有以文字往复与吏为奸者,置之法;私以经义相教者,斥出科场;伍保预知亦连坐。进士倍加研覆。贡举人勿以曾经御试,不考而荐。"始令试官亲戚别试者凡九十八人。又罢进士试律,复贴经。

二月,丙子朔,辽以牛藏用知枢密直学士。

戊寅,权交州留后黎桓遣使来贡。

乙未,夏州李继迁诱杀都巡检使曹光实于葭芦川。继迁自地斤泽之败,转徙无常,西人多归之,渐以强大。于是率众攻麟州,使人绐光实,期日会于葭芦川纳降。光实信之,且欲擅其功,不与人谋,至期,从百骑赴之。继迁所设伏兵尽起,光实被害,遂袭据银州。

丙戌,帝谓宰相曰:"朕览史书,见晋高祖求援于契丹,遂行父事之礼,仍割地以奉之,使数百万黎庶陷于外域,冯道、赵莹且居宰辅,皆遣令持礼,屈辱之甚也。"宋琪等奏曰:"晋高祖遣冯道奉使，张筵送之，亲举酒洒涕曰：'达两君之命，交一国之欢，劳我重臣，之彼穷塞，息民继好，宜体此怀，勿以为愠也。'及道回，有诗曰：'殿上一杯天子泣，门前双节国人嗟。'方今亭障肃清，生灵安泰，皆由得制御之道。恢复旧境，亦应有时。"帝然之。

禁增置寺观。

三月，己未，覆试礼部贡举人，得进士须城梁颢等百七十九人，诸科三百一十八人，并唱名赐及第。唱名自此始。宰相李昉子宗谔，参知政事吕蒙正从弟蒙亨，盐铁使王明子扶，度支使许仲宣子待问，举进士，试皆入等。帝曰："此并势家，与孤寒竞进，纵以艺升，人亦谓朕为有私也。"皆罢之。

青州人王从善应《五经》举，年始逾冠，自言通诵《五经》文注，帝历举本经试之，其诵如流，特赐《九经》及第，面赐绿袍、银带、钱二万。时左右献言尚有遗材，壬戌，复试，又得进士休宁洪湛等七十六人，诸科三百人，并赐及第。

遣知秦州田仁朗等将兵讨李继迁。

江南民饥，许渡江自占。

夏，四月，乙亥朔，遣使行江南诸州，赈饥民及察官吏能否。

丙子，宴近臣于后苑，赏花钓鱼，张乐赐饮，命赋诗习射。自是岁以为常。

五月，庚午，中书门下奏谪官经赦者，欲令归阙，责其后效，帝不许，谓宰相曰："朝廷致理，当任贤良，君子小人，宜在明辨。今海岛穷崖远恶处，甚多窜逐之臣，郊禋以来，岂不在念！然此等崄巇，若小得志，即复结朋植党，恣其毁誉，如害群之马，岂宜轻议哉！"

癸酉，辽以国舅萧道宁同平章事、知沈州事。

六月，甲戌，辽太后亲决滞狱。

戊子，复禁盐、榷酤。

李继迁既杀曹光实，遂围三族寨，陷之。帝大怒，征田仁朗下狱勘问，贷死，窜商州。是月，副将王侁等出银州北，破悉利诸寨，斩其代州刺史。时郭守文与侁同领边事，与知夏州尹宪击盐城诸蕃，焚千馀帐，由是银、麟、夏三州蕃百二十五族悉内附，户万六千馀。

秋，七月，甲辰朔，辽命诸道缮甲兵以备东征。

庚申，诏："诸路转运使及诸州长吏，专切督察知会官吏等，依时省视仓粟，勿致毁败。其有计度支用外，设法变易，或出粜借贷与民及转输京师。如不省视而致损官粟者，虽去官，犹论如律。"

丁卯，辽遣使阅东京诸军兵器及东征道路，以平章事萧道宁为昭德军节度使，郭袭为天平军节度使。时宰相室昉发民夫二十万，一日毕功。是时昉与韩德让、耶律色珍相友善，同心辅政。整析蠹弊，知无不言，务在息民薄赋，故法度备举。

八月，癸酉朔，辽以辽泽沮洳，罢征高丽；命枢密使耶律色珍为都统，以讨女真。

癸未，辽主谒乾陵。

癸巳，辽太后谒显陵；庚子，谒乾陵。

初，涪陵公廷美得罪，楚王元佐独申救之，帝不听。廷美死，元佐遂感心疾，或经时不朝请；屡为残忍，不守法度，左右微过，必加手刃，仆吏过庭，往往弯弓射之。帝训诲甚厉，皆不悛。是岁夏秋，疾甚，帝深以为忧。九月，疾小愈，帝喜，因降德音。

庚戌，重阳日，赐近臣饮于李昉第，召诸王宴射苑中，而元佐以疾新起不预。至暮，陈王元佑等过之，元佐谓曰："汝等与至尊宴射而我不预，是为君父所弃也！"遂发忿，中夜，闭媵妾,纵火焚宫,迟明,烟焰未止。帝意火必元佐所为也,令摄赴中书,遣御史按问,置巨校于前;元佐恐惧,具对以实。帝遣入内都知王仁睿谓曰:"汝为亲王,富贵极矣,何凶悖如是!国家典宪,我不敢私,父子之情,于此绝矣。"元佐无以对。陈王元佑以下洎宰相近臣,号泣营救,帝涕泗谓曰:"朕每读书,见前代帝王子孙不率教者,未尝不扼腕愤恨。岂知我家至有此事!"遂下制,废为庶人,均州安置。丁巳,琪等帅百官伏阁拜表,乞留元佐京师,诏不许,表三上,乃许之。元佐行至黄山,召还,置于南宫,使者监护,不通外事。王府官僚皆请罪,帝曰:"朕教训犹不从,岂汝等所能赞导邪!"并释不问。

右羽林统军周保权卒。

闰月,甲戌,以虞部郎中、知制诰郑人韩丕知虢州。丕有文行,朝廷称为长者;然诰命应用,伤于稽缓。一夕,须诏书甚急,丕停笔既久,问索旧草,吏以本典扃户出宿,不可搜检,丕乃破锁取出,改易而进。宰相宋琪,性褊急,常加督责,或申以谐谑,丕不能平,表求外任,故有是命。

乙未,禁邕管杀人祭鬼及僧置妻孥。

冬,十月,辛丑朔,帝录系囚,决事至日旰,近臣谏以劳苦过甚。帝曰:"狱讼平允,朕意深以为适,何劳之有!"因谓宰相曰:"或云有司细故,帝王不当亲决,朕意则异乎此。若以尊极自居,则下情不得上达矣。"

己酉,汴河主粮胥史,坐夺漕军口粮,断腕徇于河畔三日,斩之。

十一月,甲戌,辽命吴王稍领秦王韩匡嗣丧葬事。

辛卯,诏:"自今京官、幕职、州县官有丁父母忧者,并放离任;常参官奏闻待报。"

辽以韩德让兼政事令。先是耶律虎古以言忤韩匡嗣,至是以涿州刺史召赴京师,复以事忤德让。德让怒,取护卫所执骨朵击其脑而殪,群臣莫敢问。

十二月,庚子朔,日有食之。

丙辰,宋琪、柴禹锡免。时知广州濮阳徐休复,密奏广南转运使江陵王延范谋为不轨,且言其依附大臣,无敢摇动,帝将遣使按鞫。延范,琪妻高氏疏属也。会琪、禹锡入对,帝问:"延范何如人?"琪未知其端,盛称延范强明忠干,禹锡亦以为言。帝意琪等交通,不欲暴其状,止以琪诙谐无大臣体,禹锡不能输诚奉公,故罢其政柄,琪守刑部尚书,禹锡左骁卫上将军。因谓李昉等曰:"朕于大臣,岂容易进退!琪为宰相,乃请居卢多逊旧第,不避恶名,与钟离意何相远邪!中书、枢密,朝廷政令所出,治乱根本系焉,当各竭公忠以副任用。人谁无姻故之情,苟才不足称,不若遗之财帛耳。朕亦有旧人,若果无可取,未尝假以名器也。卿等其戒之!"

教坊使郭守忠求外任,帝不许,赐以帛。

时调福建输鹤翎为箭羽,一翎直至数百钱,民甚苦之。龙溪主簿饶阳王济以便宜谕民取鹅翎代输,驿奏其事,因诏旁郡悉如济所陈。

南康军言雪降三尺,大江冰合,可胜重载。

是岁,议用兵燕蓟,诏谕高丽,令发兵西会。

辽太后自称制,即委耶律休格总南面事。休格均戍兵,立更休法,劝农桑,大修武备。觇知宋有用兵意,多设间谍,俾佯言国内空虚。边帅无谋,皆信之。

【译文】

宋纪十二　起癸未年(公元 983 年)十月,止乙酉年(公元 985 年)十二月,共二年有余。

太平兴国八年　辽统和元年(公元983年)

冬季,十月,宋太宗以刚刚翻译出的经书五卷给宰相看,因而说:"凡是做国君臣子的,能够治理百姓,有利政事,就是修行。"梁武帝舍身做寺院家奴,这真是极大的糊涂! 方域之外的学说,也有可观之处,爱卿不妨读读看。这是为了保存它的教义,不是沉溺于释氏佛门啊。"

乙未(十三日),辽国南京留守耶律休格,进言各州节度使每年进贡献纳,请求像契丹官员一样,只进献配鞍的马匹;辽国主准从。

丁酉(十五日),辽国主以吴王耶律稍为上京留守,行临潢尹事。

戊戌(十六日),宋太宗更改诸王的名,全都有不同的进封。

司徒兼侍中赵普,罢免相职为武胜节度使兼侍中。

十一月,壬子朔(初一),宋太宗以参知政事宋琪、李昉同时为同平章事。太宗对他们说:"世道的治和乱,在于赏罚的适当与否,赏罚与他的功过相当,就无所不治的。如果将赏罚当作表示自己喜怒的工具,那就无所不乱的,愿与爱卿们共同引以为戒。"宋琪说:"赏罚这两个手段,乃是驾驭世道的衔勒和辔头,治理天下的人,如果赏罚完全公平,没有不达到太平的。"李昉当初与卢多逊友好,但卢多逊多次说李昉的坏话,有人曾告诉他。李昉不相信。到这时太宗提及卢多逊的事情,李昉极力为他解释。太宗因此说:"卢多逊平时诋爱卿一文不值。"李昉才开始醒悟。太宗从此更加器重他。

癸丑(初二),辽国应州捕获一宋朝间谍,处以分尸的磔刑。

甲寅(初三),宋太宗下诏从今以后宰相的班位在亲王之上,李昉、宋琪等人坚决推辞,太宗不准许,说:"宰相责任是总领百官,而诸王藩邸的设置,也只是奉朝请而已。又元佐等还年幼。也想让他们懂得谦让之道,爱卿不必过多推辞!

高阳关擒获辽国侦察骑兵,押到京师,进言辽国在边塞附近修筑城堡。宋太宗对宰相说:"这只不过是自我保全之计而已。"又说:"幽州四面是平川,没有险要坚固的地势可以依仗,难以控制扼守。将来收复幽燕之后,应该在古北口各险隘占据其中要害地点,不超过三五处。屯扎军队设置寨堡。自可断绝辽人南下了。"宋琪回答说:"范阳是前代屯兵之所,古北口和松亭关、野狐门三路同时设立堡垒亭障,至今石砌堡垒的地基城堞仍保存着,将来只有在这几处安置戍边军队就行了。"

己未(初八),太一宫建成,张齐贤等人请求用祭天的礼仪规格减去一半,再降低一点。

丁卯(十六日),宋太宗在长春殿为赵普设宴饯行。太宗赐诗给赵普,赵普捧诗哭着说:"陛下赐给臣下的诗,应当刻在石头上,和臣下的朽骨一同埋葬在九泉之下。"太宗为之感动。第二天,太宗对左右大臣说:"赵普对国家有重大功勋。朕为布衣平民时与他相互交游,如今牙齿头发都脱落了。不想再用军机政务麻烦他,选择悠闲去处让他不劳而治,便通过诗篇来宣导旨意。赵普感激得流下眼泪,朕也为之落泪。"宋琪回答说:"赵普昨天到中书省,拿着皇上的诗篇感激流泪。如今又听得宣谕圣旨,君臣之间善始善终的情分,可以称得上两全其美了。"

长春殿的宴饮,枢密使王显等在旁边侍候,看到宋太宗穿着旧裤,多次盯着看。太宗笑着对他们说:"朕未曾穿新衣,是顾念机杼织布的辛苦,打算借此表示敦厚纯朴,作为天下的先导啊!"

壬申(二十一日),宋太宗以翰林学士李穆、吕蒙正、李至都为参知政事,枢密直学士张齐

241

贤、王沔都为同金署枢密院事。李至是真定人,王沔是齐州人。李穆等人入宫应对,太宗对他们说:"如今中书、枢密两制大臣十几人,都文章学问适应实用,操守行为方正廉洁。李穆居官京城府尹,尤为号称严肃,所以加以嘉奖提拔。"李穆等人再次拜谢。太宗又说:"朕浏览前代书籍,大多君臣之间的关系,感情相通就道术相合,所以事情全都没有隐瞒,上书必定可以采纳。朕励精图治,爱卿们作为朕的手脚耳目,如有治理上的失误,应当全心全意地加以陈述。朕每做一事未必得当,便长久地寻思分析,只有引咎自责而已,决不因为身居尊位而自高自大,使人不敢进言啊。"

庚辰(二十九日),宋设置侍读官。太宗生性喜爱读书。诏令史馆所撰写的《太平总类》,每天进呈三卷。宋琪等人说:"每天阅读三卷,恐怕圣体疲倦。"太宗说:"开卷有益,不算辛苦。此书若有一千卷,朕打算一年读完。"不久将书名改为《太平御览》。

辽太后与辽国主祭祀乾陵。下诏书:"告谕三京左右相直至录事参军等,应当秉公执法,不得以阿谀奉承为事。各县令佐如果遇到州官和朝廷使者无理征派求索,不要畏惧顺从,同时经常采集、听取情况以分出优劣。民间如有父母还在却另立门户分居的,准许邻里发现后举报,判他的罪。如有孝顺父母,三代同住的,表彰他的全家。"

十二月,丁亥(初六),淮海国王钱俶三次上表请求解除兵马大元帅、国王、尚书令、太师等官;宋太宗下诏只罢免兵马大元帅之名,其余的不准许。

己亥(十八日),辽国太后在玉盆湾观赏打鱼;辛丑(二十日),又在潴渊观赏打鱼。

癸卯(二十二日),滑州奏报黄河决口已经堵塞,文武

北人会宴图　五代

群臣道贺。不久,黄河又在房村决口,太宗说:"近来因为黄河在房村决口,征发民夫修堤而不成,现在怎么可以重新困劳我的百姓,应当用各军士卒代替百姓。"于是征发士卒五万人,以侍卫步军都指挥使督领这项工程。

宋太宗对宰相说:"近来听说有僧侣、道人还俗参加科举考试的,科场十分混乱。进士必须精通儒家经义,遵奉周公、孔子的教义;有人只熟习浮浅的文章词藻,绝非治本之道。"甲辰(二十三日),太宗诏令各州禁止还俗的僧侣、道人应赴科举。进士免除帖经考试,只考墨义二十道,全部用经中正文大义作为问题。又增加进士和诸科分别考试法书墨义十道,进士增考律文。

辽国敕令各处刑徒囚犯中有冤屈不能伸张昭雪的,听任前往御史台申诉,委派官吏复核审问。先前大理寺案件诉讼凡涉及复查事实上奏的,以翰林学士、给事中、政事舍人详审判决,到这时开始设置少卿和正主管这类案例。

丙午(二十五日),右补阙,直史馆胡旦呈献《河平颂》,其中有"逆贼卢多逊投窜荒裔,奸臣赵普摒弃外地"等语,宋太宗阅览后,大为震怒,召集宰相,说:"胡旦词意悖乱乖戾。朕亲

自提拔他置于进士甲科,历次试放外任,所到之处没有良好的政绩。为海州知州时,被部下所起诉。案件已经审定,恰好遇上大赦,朕用他的才能而舍弃他的过失。却竟敢如此放肆狂躁! 如今朝廷济济多士,胡旦怎能还居于侍从之列呢?"中书舍人王祐等启奏胡旦应该放逐贬斥。丁未(二十六日),贬谪胡旦为殿中丞、商州团练副使。

这月,权知相州、右补阙田锡上疏说:"管理货物财产,取利过于细密;亲自处治机务,圣旨稍嫌频繁。所谓取利过于细密,是说追逐酒曲的赢利,只知要求不断增多;追逐商贾的税利,只知要求拿出全部剩余,逐年攀比包税的数额,只管不断增加。枯竭财源,没有比这更厉害的。如今请求确定税额的常数,授予固定的规则,如同州县的课征,那自然情理上适得其中,百姓知道该怎么做。所谓圣旨稍嫌频繁,是说为君之道务求简省,简省就是号令明确使人容易服从;为臣之道务求勤勉,勤勉就能职业成功而事情没有阻塞,臣下希望看到陛下早上接受文武百官的朝见,中午阅理千头万绪的事务。有时进呈兵器,有时检阅军士,有时当面审讯囚犯,有时亲自观看战马;对投状入匦而进宫的,有时详审他的申诉词理;对击鼓鸣冤而奏报的,有时询问其中的冤屈诬陷。这就是陛下顾虑四方耳目或有没通报的。一日万机或有不知道的,以致达到如此地步。然而陛下为何不将这样的勤劳转移到寻求贤才上去。为何不将这样的精专改换到选拔士人上去! 谏官应该设置在身边左右,御史就委以纠察弹劾之权,给事中有相当才能者准许封还纠正诏书,起居郎有文采的命令他记录皇上言行。各种职守能像这样,便可各自完成他的事业;各种官吏能像这样,便可各自获得合适人才,那还忧愁什么事情不能公平处理,顾虑什么百姓不能普受恩泽! 况且宫禁乃是尊贵庄严之地,殿阶排列清贵切近的行班,怎么适宜让人押来捆绑的囚犯,患病的军人。有的是假托空言越级上诉之徒,有的是投机取巧企求恩典之辈,引入便殿,得以面见圣上。陛下据事指挥,当时定夺。其间他们有时突然遇到皇上垂问,便害怕天子权威,即使偶尔有所陈述,稍微能满足圣上旨意,但胆怯迟钝者嘴上虽说了却不能吐尽心声,奸诈诡辩者言语虽适中却未必真有道理。陛下有的施以恩泽,有的处以刑罚。尽管圣明洞察一切,的确没有枉屈不当,但帝王宫廷清静肃穆,岂容嘈杂喧嚣!《尚书》说:'君临天下要用简省。'又说:'驾驭民众要用宽大。'希望陛下体察而明断。但臣下又有请示的,中书是宰相处理政事的厅堂,相府是陛下优待贤人的地方。如今却在中书外面廊屋设置磨勘的机构,考校文武群臣有无功劳、过失。审核州郡官员劳绩才能的虚实。这些职责本来属于考功,自从考功的职责不再行使,而磨勘的名称交错出现,实在不合政体。这是臣下不明白的第一件事。往昔诸侯有过失,百姓有冤屈,必定命令委派御史台官吏为圣上的使者,确实因为这是御史台刑曹的专门职责。如今大多差遣殿直、承旨,派他们为圣上勘察使臣,他们实在不是秉公执法的人才,突然受委托审理他人之罪。其中有人不懂得刑律章法,便妄加深究弹劾。但既已奉持制书到来,人们畏惧天子威严,谁还敢于自卫抗拒,怎么能没有诬陷无辜、违背陛下仁慈旨意的事情呢! 这是臣下不明白的第二件事。臣下每每阅读史书,凡是民间妇女有贞节操守的,乡间野人有孝顺品行的,尚且表彰他们的家门,或者赐给成捆的绢帛,用以激励浇薄的民俗。如今国家官员远出任职,不能搬家,父母去世,又不能离任,穿着黑色丧服处理公事,怎么能安定孝子思亲的心呢! 圣明的诏令没有颁行允许奔丧,深深损害圣人的教导。这是臣下不明白的第三件事。"奏疏入朝,没有回复。

这一年,宋太宗赐给译经院匾额题为"传法";诏令左、右两街僧录选送童子五十人,前往传法院学习佛学、梵文。

雍熙元年 辽统和二年(公元984年)

春季,正月,戊午(初七),右仆射石熙载去世,石熙载生性忠厚老实,遇到事情敢于说话,无所顾虑。到这时染病没再好转。宋太宗为之悲哀叹息多日,赠授侍中,谥号为元懿。

壬戌(十一日),宋太宗下诏:"史馆、昭文院、集贤院三馆根据《开元四库书目》查阅馆中藏书。凡是缺漏的,具体开列书名,向京师内外募集,有将散佚书籍前来送上者,依照卷帙数量多少,分出等级给予优厚赏赐;不愿将原书送给官府的,就借原本,抄录完毕归还主人。"从此,四方散佚的书籍常常不断出现了。

甲子(十三日),辽国主前往长泊。

有关官员呈上盗窃罪犯判以大辟极刑的案件,宋太宗下诏特别宽免罪犯的死罪,并对宰相说:"朕看重珍惜人命,只是有时取其中情节极为恶劣者处以死刑来警戒众人。然而不想让小人知道朕宽容的意思,恐怕那样一来,犯法者会由此增多。"

乙丑(十四日),宋太宗登上丹凤楼观看彩灯,见到男女老少挤满街头,对宰相说:"国家承接历代兵争之后,天下平安,京城繁华,特别感到欣慰。朕平时很少饮酒,今夜和爱卿们同乐,应该各自尽兴而醉。"于是每次喝干后将空杯向侍从群臣展示。

涪陵县公赵廷美到达房州,忧虑惊恐成病而死。丁卯(十六日),房州奏报丧讯,宋太宗痛哭流泪,对宰相说:"廷美从小刚愎自用,长大益发凶恶。朕因为是同胞至亲,不忍心以法处置,让他居住房陵。希望改过自新。正想推施恩惠恢复旧职,却突然现在去世,是何等的令人哀痛悲伤!"于是追封为涪陵王,赐谥号为悼,太宗为他举哀服丧。事后从容地对宰相说:"赵廷美母亲陈国夫人耿氏,是朕的奶妈,后来出嫁给赵氏,生下军器库副使赵廷俊。朕因为赵廷美的缘故,命令赵廷俊在身边执掌兵器,但赵廷俊将宫中的机密泄露给赵廷美。前不久开挖西池,朕打算前往游览,赵廷美和周围同伙却准备乘这时机暗中举事。倘若命令官吏穷加追究,则赵廷美的罪恶是死有余辜。朕只命令他居守西京洛阳,可赵廷美更加怨恨,出言不逊,才命令迁居房陵以保全原谅他。至于对赵廷俊,也不施加重罪,只是从轻贬谪官职。朕对赵廷美,是没有对不住的地方了。"说完,为之忧伤。李昉回答说:"涪陵王大逆不道,天下众所周知,但宫禁秘事,如果不是陛下将事情原委和盘托出,臣下从何而知!"

澶州奏报,百姓申诉遭受水旱灾害田地在二十亩以下的要求免除税收,朝廷大臣以田亩数量不多为由,请求不接受百姓申诉,宋太宗说:"如果这样,贫民田地少的,恩泽就常常不能普及。灾害免税,正是因为穷困,岂能以田地多少作为界限呢!"辛未(二十日),太宗诏令:"从今以后百姓申诉有水旱之灾,不论田亩多少,全部给以检查巡视。"

壬申(二十一日),宋朝免除各州百姓去年从官府所借贷的粮食。

左谏议大夫,参知政事李穆去世。李穆有至孝操行,母亲曾经患病卧床多年,行动转身,他都亲自搀扶。当初因赵廷美之事牵连所属官吏,李穆让儿子李惟简瞒着母亲,说是接奉诏令在台院中审理案件。到了贬谪回家,始终没将事情禀报母亲,隔日便去探亲访友,或者逛游寺庙,假装入宫值班,直到重新复职,母亲始终不知道。刚为执政官一个多月遭母亲之丧,宋太宗下诏强令起用复职,李穆更加悲哀伤身。癸酉(二十二日),早晨起来准备上朝,李穆中风眩晕突然去世。太宗亲临吊丧哭泣流泪,对宰相说:"李穆操行纯正,正将重用,突然死去,这不是他的不幸,而是朕的不幸啊!"

丁丑(二十六日),宋太宗对侍众大臣说:"过去晋武帝平定吴国以后,沉溺于内宫姬妾,后宫所供养的,大概有几千人,大失帝王之道。如今宫中从职掌到做粗活的不超过三百人,朕还认为多了。"

二月，壬午朔（初一），宋太宗登上崇政殿，亲自检阅各军将校，校对名籍，参照功劳政绩而提升降职，经过一个月而完毕。太宗对亲近大臣说："朕挑选提拔将校，首先挑选那些恭谨守法能驾驭部下的，其次是英武勇猛的。"又说："士兵虽然众多，如果不检查挑选，和没有士兵一样。朕因为讲究习武，士卒逐渐达到精锐。如果统帅得到合适人选，有什么敌人不可战胜呢！"旧制规定，各军将校辞行入见，行伍中或有骁健勇猛出众的，命令将校相互保举。散员左班都头魏能戍守边关，没被众人保举，太宗说："此人才勇兼备，朕可以自己保举他。"魏能因此逐渐晋升重用。

宋太宗以右补阙乔维岳为淮南转运使。先前淮河向西流过三十里处，叫作山阳湾，水流湍急。运输船只经过，大多遭到倾覆沉没。乔维岳规划开挖旧沙河，从末口直到淮阴的磨盘口，总共四十里。同时，建安向北到淮河岸边，总共有五座拦河坝，每年通过运输船只十纲左右，其中重量超载的，都卸下粮食而通过，船只毁坏，粮食丢失之事，时常发生。押送纲运的士卒乘机作弊，多有偷盗。乔维岳于是命令在西河的第三座拦河堰修造两道水闸。两闸之间相距五十步，盖上大屋顶，设立悬挂的大门来蓄水，等到涨潮水平时才排泄。在岸边建造横桥，夯土累石以坚固桥基。从此全部革除原先弊端，因而运输船只往来就没有阻滞。

庚子（十九日），辽国主朝见皇太后，顺便在饶乐川观看打猎。丙午（二十五日），辽国主与众王大臣比赛射猎。

丁未（二十六日），辽国招讨使韩德让征讨党项返回，接而袭击河东，辽国主赐给诏书褒奖。

三月，宋太宗在大明殿宴请文武百官及外国蕃部宾客，召见渤海大使鸾河，慰问安抚他。鸾河是渤海部族首领。太宗征伐幽州，鸾河率领部族归顺，所以有这赏赐。

宋太宗派遣翰林学士宋白乘坐驿站车马去祭祀白马津，将太牢祭品加上玉璧沉入水中，这是因为黄河决口即将堵塞的缘故。

乙卯（初五），日本国僧侣奝然从他的国家前来入宫朝见，说："国主姓王氏，从始祖至如今总共六十四世，八十五个王了，文武僚属也是世代为官。"宋太宗听后为之叹息，对宰相说："这只是岛夷而已，却还保存古道。中原自从唐末天下分裂，五代君主传代年数尤其短促，大臣的子孙都很少能继承父辈祖辈的事业。朕虽然德行不及以往先圣，然而孜孜不倦追求治道，不曾敢独自闲暇安逸，期望上天明鉴，使国运福祚悠久长远，大臣也能世代守住禄位，爱卿们应各自尽心竭力辅佐朕，不让远方夷人独享这福庆啊！"

丙午（疑误），宋太宗挑选秘书丞杨延庆等十几人分别为各州知州，太宗因此对宰相说："刺史的任用，最亲近百姓，如果不是合适的人，百姓就遭受灾祸。过去秦彭为颍川太守，教化大力推行，境内因而有凤凰、麒麟、嘉禾、甘露之类的祥瑞。"宋琪说："秦彭仅是一位郡太守，治理良好而上天的感应已至如此程度，何况天下的君主呢！"

丁巳（初七），宋太宗对宰相说："夏州蕃人部族中强悍难以制服的，全部委身归顺，总计部落五万多帐。朕也考虑运输军饷劳民扰政，只命令携带茶叶到蕃人部族中进行贸易以供给军饷，不曾征发百姓运送。"又对李继捧说："你在夏州用什么办法控制蕃人部族？"李继捧回答说："戎人狡猾狠毒，臣下只是笼络而已，不能控制啊！"

己未（初九），滑州奏报黄河决口已经堵塞，文武群臣道贺。诏令免除水灾所及州县百姓今年的田租。

癸未(疑误),宋太宗以涪陵王儿子赵德恭、赵德隆为刺史,女婿韩崇业为静难军司马。

己丑(疑误),宋太宗召集宰相近臣到后苑赏花,命令侍从的词学之臣各自赋诗。赏花赋诗从此开始。

壬申(二十二日),宋太宗到含芳苑宴饮射箭,对宰相宋琪说:"此地三五年没来过一次,确实不是经常出来游玩宴饮啊!"当时刘继元、李继捧等人都侍从陪坐,宋琪因而赞颂太宗的神威英武,与李昉等各自赋诗;太宗为之应和,赏赐给他们。

这年春天,宰相上奏政事退朝,宋太宗对他说:"爱卿们所奏报的簿籍文书,乃是平常事务。希望对现实政务的不便之处,必须直言不讳,朕当斟酌裁决后施行,如果说得不当,也不加责备。"

夏季,四月,乙酉(初五),泰山当地父老一千多人又到京师请求举行封禅大礼。戊子(初八),文武群臣上表章请求举行封禅,表章总共递呈三次。甲午(十四日),宋太宗诏令于今年十一月到泰山祭祀。

这天,宋太宗到金明池,观看水战演习,对宰相说:"水战,是南方的事情,如今那地方已经平定,就不必再施用。按时演习它,表示不忘记昔日的武功而已。"接着登讲武台检阅各军骑马奔驰、射击目标,有武艺超群者,全都赏赐绢帛。太宗返回宫中,登上琼林苑北面台榭,赐给随从大臣饮酒,将钱掷到楼下,让乐人戏子争抢,极欢尽兴而罢。

丁亥(初七),辽国宣徽使、同平章事耶律普宁、都监萧勤德进献征讨女真的捷报,辽国主授予耶律普宁兼政事令,萧勤德为武卫大将军,各自赏赐金器和各类物品。

庚寅(初十),辽太后临朝判决滞留案件。

丙申(十六日),宋太宗下诏令扈蒙、贾黄中、徐铉等人一起详细制定封禅礼仪。

己亥(十九日),宋太宗命令南作坊副使李神佑等四人修造从京师抵达泰山的道路。庚子(二十日),以宋琪为封禅大礼使,翰林学士宋白为卤簿使,贾黄中为仪仗使。宋琪等人商议所过之处准备仪仗引导车驾,太宗说:"朕此次出行是为天下百姓祈求幸福,过于铺陈排场,不是朕本意啊!"于是下诏:"只有告谢祖庙和到泰山下使用仪仗,所过之处也不必陈设仪仗。"

五月,辛亥(初二),宋太宗到京师南郊观看麦子,赏赐收割人钱币布帛。返回宫中,到玉津园,观赏池鱼,宴饮射箭,对身边大臣说:"朕观察五代以来的帝王,开始还勤勉俭朴,最后却忘记创业艰难,以至很快倾覆灭亡,这都是自己造成的。在众人之上的,应该引以为戒。"

宋朝取消各州掌管农事的农师。

丁丑(二十八日),乾元、文明二殿发生火灾。

宋太宗以将作监丞李元吉、丁顾言为堂后官,赏赐绯红衣服、银制腰带、象牙笏板。京官担任堂后官从此开始。

盐铁使王明奏请开放江南盐禁,总计每年卖盐五十三万五千多贯,其中二十八万七千多贯是将盐发给百姓,随征收租税时收取盐钱,二十四万多贯允许商人贩运买卖,征收商人的算钱,宋太宗准许。

六月,己卯朔(疑误),辽太后判决案件,直至月末。

丁亥(初八),宋太宗下诏征求直言。

壬辰(十三日),宋太宗下诏:"天下幕职官,州县官上奏书陈述事情,凡是涉及民间习俗利害、政令好坏,一律准许在本州随附邮驿车马来奏报。"先前转运使以及知州、通判都得上书。而州县属官则不能,太宗顾虑下情堵塞,所以降下这一诏书。

己丑(初十),宋太宗派遣使者到各路视察监狱诉讼。

镇安节度使、守中书令石守信去世,谥号为武烈。

庚子(二十一日),宋太宗开始下令各州每十天审理一次囚犯。

壬寅(二十三日),宋太宗对宰相说:"封禅的旷废已经很久,如今时代祥和,年成丰收,举行封禅原本是应该的,然而皇宫正殿遭火灾,就举行大典,未必符合天意。况且正是炎热酷暑之时,很担心劳累百姓。"于是下诏停止封禅之举,于冬至日在南郊祭天。

秋季,七月,壬子(初四),宋太宗将乾元殿改为朝元殿,文明殿政为文德殿。丹凤门改为乾元门。

乙卯(初七),宋太宗下诏:"御史审查案件,必须亲自过问,不得专任胥吏。"

庚申(十二日),宋太宗将匦院改为登闻鼓院,东延恩匦改为崇仁检院,南招谏匦改为思谏检院,西申冤匦改为申明检院,北通玄匦改为招贤检院;并诏令谏院依旧差遣一名谏官主持判领。

八月,辛卯(十四日),辽国东京留守耶律穆济奏报女真珠布实、萨里等八族首领请求率领部众归附,辽国主下诏接纳他们。

癸丑(十六日),有个布衣之士用黑布袋子装着密封奏书进献,他的言词很狂妄。宋太宗观阅后,对宰相说:"近来呈上密封奏书言事的许多人不知道朝廷的规矩等级,所说的大多放浪鲁莽。而朕本意是想下情上达,各种事情无所阻滞,所以即使狂妄悖乱,也给予收容接纳。"宋琪说:"陛下广开纳言之路,如果能百中得一,也是国家的大利。"

右补阙、睦州知州田锡应奉诏令呈上疏章。其中大意说:"如今陛下想有所依靠,正渴望听到至理名言;想有所作为,正急切等待忠告直谏。以便引咎自责,修德更新。臣下认为责任在近臣而不在圣上,罪过在谏官而不在陛下。近来陛下有朝令夕改之事,是由于制敕文书起草时就有不当之处,但无人封还纠正。给事中如果任用能适得其人,制敕文书如果允许封还纠正,那么所颁下的敕书就没有不适当的。所施行的事情就没有不精细的,编定而成为法则,岂会有朝令夕改的弊端!臣因此认为责任在近臣而不在于圣上。臣又看到陛下有舍近求远的事情,是由于言行不能符合最高的义理,而无人敢于劝谏抗争的,这是左右拾遗、补阙的过失。加之长久太平,天下统一,导致陛下以太平而自得,因功业而自诩。不知四方虽然安宁,万邦虽然平静,而刑罚没有完全停止,水旱没有完全调顺,陛下认为天下太平,谁敢不说天下太平!正想为百姓谋求幸福,报答上天功德,到泰山举行封禅,向上帝展示礼仪,人事谋划虽然成功,但上天意志没顺从。宫禁中起火,是天意要英明君主警戒醒悟,下诏天下,于是向众人开诚布公。臣因此认为罪过在谏官而不在陛下。"

丁酉(二十日),宋太宗亲自祭祀太一宫。

九月,夏州知州尹宪袭击李继迁,斩首五百级,擒获他的母亲妻子,俘虏一千四百帐落,李继迁仅以身免。宋太宗到此时赐李继捧姓赵,名为保忠,授予夏州刺史、定难节度使,来讨伐李继迁,管辖夏、银、宥等五州。李继捧到镇所几天以后,上奏说李继迁悔过投诚,太宗任命他为银州刺史、西南巡检使。李继迁本来没有归降之心,再次招诱戎人入侵。

壬戌(十五日),文武群臣三次上表进尊号为应运统天睿文英武大圣至仁明德广孝皇帝,宋太宗不准许,宰相叩头坚决请求,最终还是不允许。

太宗即位之时,征召华山隐士陈抟入宫相见。冬季,十月,陈抟前往京师,太宗更加优礼厚待他,对宋琪等人说:"陈抟独善其身,不求势利,这才是方外之士啊。在华山已经四十多年,估计他的年龄应当一百岁,自己说经历五代的战乱离散,有幸遇到天下太平,所以前来觐见。与他交谈,很有可听之处。"因而派遣使者送他到中书。宋琪等人从容地询问陈抟说:"先生已得沉静无为修身养气之道,可以用来教化百姓吗?"回答说:"陈抟是山野之人,于时无用,也不知晓神仙炼丹提取金银的事情和吐故纳新长寿养生的道理,没有方术可以传授给他人。假使能让人白日升天,又会对世道有什么好处呢!主上容貌俊美非凡,博通古今,真是有道仁圣君主,这正是君臣同心同德、振兴教化实现大治的时代,勤勉奉行修炼,也不能胜过它。"宋琪等人进表上奏陈抟的话,太宗更加喜欢。甲申(初八),太宗赐陈抟号为希夷先生,命令官吏增修所住的台楼宫观。太宗多次和他赋诗唱和,几个月后,遣送返回。

癸巳(十七日),岚州进献独角野兽,徐铉等认为是麒麟,宰相宋琪等上表庆贺。宋太宗说:"珍禽异兽,对国事有什么好处!域内大为安宁,风俗淳厚,这才是最好的祥瑞啊!"宋琪等人因此请求公布,总共有祥瑞之物三十六种,一并绘图交付史馆。

十一月,丙寅(二十日),宋太宗亲自祭祀太庙。丁卯(二十一日),在京师南郊祭祀天地,将宣祖配天而将太祖配上帝,依从礼官扈蒙的建议。当天,宣布大赦天下,改年号为雍熙。

癸酉(二十七日),宋太宗以建州进士杨亿为秘书省正字,当时年仅十一岁。杨亿七岁能写文章,太宗听说他的名字,下诏江南转运使开封人张去华前去考试辞章文学,遣赴京师。连接三天得奉应对,考试诗赋五篇,都是拿起笔来当即做成,太宗大为感叹欣赏,所以才有此项任命。

十二月,庚辰(初五),淮海国王钱俶改封为汉南国王。

癸未(初八),宋太宗赏赐京师地区高龄老人绢帛。

丁亥(十二日),宋朝废除岭南各州的采珠场。从此只有商船互相贸易和接受海外进贡的珍珠。

壬辰(十七日),宋太宗册立德妃李氏为皇后,她是原淄州刺史李处耘的女儿。

丙申(二十一日),宋太宗赏赐京师百姓聚会饮酒三日,集中开封府和各军乐工,搬迁四方市场货物,各方男女盛大聚会,制作山车、旱船,在皇帝御道上穿梭往来,演出"鱼龙曼衍"等各种杂戏,从乾元门前到朱雀门,东西总长几里地。太宗登丹凤楼观看百姓聚饮,召见侍从大臣赏赐宴饮陪坐,京城高龄老人,赐给酒和食物,音乐同时演奏,观看的人群充满街市。第二天,呈献歌功颂德诗赋的有几千人。

辽国主以翰林学士承旨马得臣为宣政殿学士。马得臣爱好学习,善于写文章,任官朝廷以正直著称。

雍熙二年 辽统和三年(公元985年)

春季,正月,丙午朔(初一),辽国主前往长泊。

丙辰(十一日),宋太宗以赵德恭为左武卫大将军、济州通判,封为安定侯;赵德隆为右武卫大将军、沂州通判,封为长宁侯;两人都是涪陵王赵廷美的儿子。任命右补阙刘蒙叟为济州通判,起居舍人韩检为沂州通判,让他们行理州郡政事,刘蒙叟是刘熙古的儿子。

丁巳(十二日),辽国主以翰林学士邢抱朴为礼部侍郎,知制诰;以左拾遗、知制诰刘景,吏部郎中、知制诰牛藏用,同时为政事舍人。邢抱朴爱好学问博古通今,刘景端庄持重擅长文章,都孚当时众望。

248

癸亥(十八日),翰林学士贾黄中等九人为权知贡举。宋太宗对宰相说:"设立科目选取士人,最为紧要。近年各科名籍已满一万多人,是否有滥竽充数的呢?"己巳(二十四日),下诏:"从今以后诸科一律下令限定人数,参验考核引入考场,分科隔离坐下,命令官员巡视监察门户,仔细检查出入人员。有通过文字往来和官吏勾结作弊的,以法处置,私自用经文互相教授的,逐出科举考场,同伍相保而预先知道作弊的也连同判罪。进士科要加倍研究复查。贡送礼部的举人不能因为曾经殿试,就不加考试而推荐。"开始命令考官亲戚另外考试的共九十八人,又取消进士科考律文,恢复帖经的考试。

二月,丙子朔(初一),辽国主以牛藏用为知枢密直学士。

戊寅(初三),权交州留后黎桓派遣使者前来进贡。

乙未(二十日),夏州李继迁在葭芦川诱杀都巡检使曹光实。李继迁从地斤泽战败后,迁徙无常,西方之民大多归附他,逐渐强大。于是率领部众攻打麟州,派人送信给曹光实,约定日期在葭芦川会面投降。曹光实相信他,同时想独占此功,不和别人商量,到约定日期,仅带一百多骑兵随从赶赴葭芦川。李继迁所布设的伏兵全部发起进攻,曹光实遇害,李继迁于是袭取占据银州。

丙戌(十一日),宋太宗对宰相说:"朕阅览史书,看到晋高祖向契丹求援,接着施行事奉父亲的礼节,同时割地献纳,使几百万黎民百姓沦陷在异邦他乡,冯道、赵莹都位居宰相,全被派遣受命持守以契丹为父之礼,屈辱得很啊!"宋琪等人上奏说:"晋高祖派遣冯道奉命出使,设宴送他,亲自举起酒杯泪洒满脸,说:'通达两君的使命,交结一国的欢心,有劳我的重臣,前往那遥远的边塞,安息百姓继续友好,应当体谅此中心意,不要因此恼怒。'等到冯道返回,有诗说:'殿上一杯天子泣,门前双节国人嗟。'方今边塞亭障肃静清平,百姓安宁康泰,都是由于皇上能得驾驭天下之道。光复旧有国境,也应该是指日可待了。"太宗认为是这样。

宋太宗下诏禁止增设寺庙道观。

三月,己未(十五日),宋太宗对礼部贡举人进行复试,取得进士须城人梁颢等一百七十九人,诸科三百一十八人,一并唱名赐及第。及第唱名从此开始。宰相李昉的儿子李宗谔,参知政事吕蒙正的堂弟吕蒙亨,盐铁使王明的儿子王扶,度支使许仲宣的儿子许待问,贡举进士,考试都进入等级。太宗说:"这些都为势家子弟,同孤独贫寒之士竞争进身,纵然以文采擢升,别人也以为朕有私心啊!"全部取消资格。

青州人王从善应试《五经》科,年纪刚过二十,自称能通背《五经》正文注释,太宗列举经文考他,王从善背诵如流,特赐《九经》及第,当面赐给绿色袍服,银制腰带,二万钱。当时左右大臣进言还有遗漏人才,壬戌(十八日),再进行复试,又取得进士休宁人洪湛等七十六人,诸科三百人,一律赐及第。

宋太宗派遣秦州知州田仁朗等率军讨伐李继迁。

江南百姓饥荒,宋太宗下诏准许渡过长江自己占田。

夏季,四月,乙亥朔(初一),宋太宗派遣使者巡行江南各州。赈济饥民和考察官吏能力是否称职。

丙子(初二),宋太宗在后苑宴请亲近大臣,赏花钓鱼,演奏音乐,赏赐饮酒,命令赋诗射箭。从此以后每年成为常例。

五月,庚午(二十一日),中书门下奏请贬谪官员经过赦免的,准备让他们返回朝廷,以观后效,宋太宗不准许,对宰相说:"朝廷致力治理,应当任用贤良,对君子和小人,应该予以明辨。如今在海岛天涯,遥远恶地,有很多放逐的臣子,郊祀以来,难道不是时时在朕的挂念之中?然而这等险恶小人,倘若稍有得志,就再结党营私,恣意诋毁赞誉,如同害群之马,岂可轻易议论这事呢!"

癸酉(二十九日),辽国主以国舅萧道宁为同平章事、知沈州事。

六月,甲戌(初一),辽太后亲自判决滞留案件。

戊子(十五日),宋朝恢复禁盐、酒类专营。

李继迁杀害曹光实后,接着包围三族寨,攻陷此寨,宋太宗大怒,征召田仁朗入狱勘查审问,宽免死罪,放逐商州。这月,副将王侁等领兵从银州北面出击,攻破悉利各寨,斩杀代州刺史。当时郭守文和王侁同时领管边境事务,与夏州知州尹宪攻击盐城各蕃族部落,焚毁一千多帐落,从此银、麟、夏三州蕃人一百二十五族全部内附,有一万六千多户。

秋季,七月,甲辰朔(初一),辽国主命令各道修缮铠甲兵器以准备向东征伐。

庚申(十七日),宋太宗下诏:"各路转运使以及各州长官,要专门严格督察主管粮仓官吏等,按时查看仓库粮食。勿令毁坏腐败。其中除计划开支所用之外,要设法变通交易,或者出卖、借贷给百姓,或者运输到京师。如果不加查看而导致损失官府粮食的,即使离任,也仍要按法律论处。"

丁卯(二十四日),辽国主派遣使者检阅东京各军兵器和东征道路。以平章事萧道宁为昭德军节度使,郭袭为天平军节度使。当时宰相室昉征发民夫二十万人,一天就完成。这时室昉与韩德让、耶律色珍相互友善。同时协力辅佐朝政,整饬剖析顽症弊端,知无不言,致力于休养百姓,减轻赋税,所以法度完备建立。

八月,癸酉朔(初一),辽国主因为辽泽低湿,取消征伐高丽;任命枢密使耶律色珍为都统,来征讨女真。

癸未(十一日),辽国主拜谒乾陵。

癸巳(二十一日),辽太后拜谒显陵;庚子(二十八日),拜谒乾陵。

当初,涪陵公赵廷美获罪,楚王赵元佐独自申辩救护,宋太宗不听。赵廷美死后,赵元佐便得了精神病,有时长期不入朝请安;屡次行为残忍,不遵守法度,左右侍从稍有过失,必定亲手杀害,仆人胥吏经过庭院,常常引弓射击,太宗训诫教诲非常严厉,但全不改悔。这年夏秋之际,病得很重,太宗深感忧虑。九月,病情略有好转,太宗喜悦,因而颁降德音文告。

庚戌(初九),重阳节,宋太宗在李昉宅第赏赐身边大臣饮酒,征召各王在苑中宴饮射箭,而赵元佐因病刚好没有参加。到晚上,陈王赵元佑等人探访他,赵元佐对他们说:"你们与至尊饮酒射箭而我没参加,这是被君父所抛弃啊!"于是发泄愤恨,半夜,禁闭侍妾,放火焚烧宫室,黎明,火焰烟雾还没有止。太宗估计火必定是赵元佐所放的,下令解押他前往中书省,派遣御史查问,在前面设置巨大的刑具。赵元佐恐慌畏惧,如实招供。太宗派遣入内都知王仁睿对他说:"你身为亲王,富贵到了极点,为何如此凶狠悖乱!国家法典宪章,我不敢徇私,父子的情分,到此断绝了。"赵元佐无言以对。陈王赵元佑以下到宰相、侍从近臣,呼喊哭泣极力营救,太宗流着鼻涕眼泪对他们说:"朕每次读书,看到前代帝王子孙不听从教诲,没有不为之扼腕愤恨的。怎知我家竟也有这种事情!"于是颁下制书,黜废赵元佐为平民,安置到均州。丁巳(十六日),宋琪等率领文武百官伏在阁门跪拜上表,乞求将赵元佐留在京师,太宗下诏不准许,再三上表,才获得准许。赵元佐走到黄山,征召归还,安置在南宫,派使者监护,不准与外界接触。王府的官员全都请求治罪,太宗说:"朕教育训诫尚且不听从,岂是你们所能赞佐引导的!"一律释免不究。

右羽林统军周保权去世。

闰月,甲戌(初三),宋太宗以虞部郎中、知制诰郑人韩丕为虢州知州,韩丕有文才德行,朝廷称他为长者;然而起草诰命应付实用,则失之于拖延迟缓。一天晚上,等待诏书非常紧急。韩丕停笔许久后,询问求索以前草稿,胥吏因为掌管该室门户锁匙的人出外住宿,回答无法寻找。韩丕就砸破门锁取出旧稿,修改后而进呈。宰相宋琪性情急躁,经常加以催督、责备,有时公开嘲笑,韩丕心中不能平静,上表请求放外任职,所以有这项任命。

乙未(二十四日),宋太宗诏令岭南邕州管区禁止杀人祭鬼和僧侣娶妻养子。

冬季,十月,辛丑朔(初一),宋太宗登录在押囚犯的罪状,判决案件直到天黑,侍从大臣以劳累辛苦过度为由而劝谏,太宗说:"官司诉讼判决得平正公允,朕内心深感舒适,有什么辛苦!"因而对宰相说:"有人说这是官吏的小事,帝王不应亲自判决,朕意却与此不同,倘若以尊贵至极而自居,下情就不能上达了。"

己酉(初九),因汴河主管粮食的胥吏削夺漕运军队的口粮,被砍断手腕在汴河岸边示众三天,然后斩首。

十一月,甲戌(初四),辽国主命令吴王耶律稍典领秦王韩匡嗣的丧葬后事。

辛卯(二十一日),宋太宗下诏:"从今以后京官、幕职官、州县官有父母丧者,一律放归离职,令常参官奏报后等待回复。"

辽国主以韩德让兼政事令,在此之前耶律虎古因为言语冒犯韩匡嗣,到这时以涿州刺史征召赶赴京师,又因言语冒犯韩德让,韩德让恼怒。取过护卫手中所持的骨朵打耶律虎古的脑袋,使他毙命,文武群臣没人敢过问。

十二月,庚子朔(初一),出现日食。

丙辰(十七日),宋琪、柴禹锡免去相职。当时广州知州濮阳人徐休复,秘密奏报广南转运使江陵人王延范图谋不轨,并且说他依附朝中大臣,没人敢动他,宋太宗准备派遣使者调查审理。王延范是宋琪妻子高氏的远亲。适逢宋琪、柴禹锡入朝应对,太宗问:"王延范是怎样一个人?"宋琪不知其中缘故,极力称赞王延范精明强干忠诚,柴禹锡也这样说。太宗认为宋琪等与王延范私下交结,不想暴露他们的罪状,只以宋琪诙谐没有大臣风度,柴禹锡不能竭诚秉公为由,罢免他们的权柄,宋琪保留刑部尚书,柴禹锡保留左骁卫上将军。太宗因而对李昉等人说:"对于大臣,朕岂能随便令其进退!宋琪身为宰相,竟请求居住卢多逊的旧宅。而不避讳坏名声,这与钟离意自重名誉相去何等遥远啊!中书门下,枢密院,是发布朝廷政令的地方,国家治乱的根本之所在,应当各自竭尽公心忠诚来同职务相符。人谁没有姻亲故旧的情谊,但如果才能不值得称道,不如就送他财物币帛罢了。朕也有故人旧友,倘若果真一无可取,便不曾授予官爵。爱卿们引为鉴戒吧!"

教坊使郭守忠请放外任职,宋太宗不准许,赐给绢帛。

当时征调福建交纳鹤翎来做箭羽,一根鹤翎价值几百钱,百姓很感苦恼。龙溪主簿饶阳人王济根据实际方便告诉百姓取用鹅翎代替鹤翎交纳,并通过邮驿奏报此事,宋太宗因此诏令邻近州县都按照王济陈奏的办法处理。

南康军奏报降雪深三尺,长江结冰封冻,可以经得起运货车辆。

这年,宋朝商议对燕蓟用兵,诏令告谕高丽国王,命令发兵西进会合。

辽太后亲自临朝称制,就委任耶律休格总领南面事务。耶律休格平均征调卫戍军队,订立轮番休息的办法,鼓励农耕养蚕,大力加强军备,探知宋朝有对燕蓟用兵的意图,便多派间谍,让他们谎称辽国内部空虚,宋朝边境将帅没有谋略,全都听信。

251

续资治通鉴卷第十三

【原文】

宋纪十三　起柔兆阉茂【丙戌】正月,尽强圉大渊献【丁亥】十二月,凡二年。

太宗至仁应道神功圣　德睿烈大明广孝皇帝

雍熙三年　辽统和四年【丙戌,986】　春,正月,辛未,右武卫大将军长宁侯德隆卒。以其弟德彝嗣侯,判沂州,时年十九。属飞蝗入境,吏民请坎瘗火焚之,德彝曰:"上天降灾,守土之罪也。"乃责躬引咎,斋戒致祷,而蝗自殪。

丙子,辽都统耶律色珍等上讨女真所获生口十馀万,马二十馀万匹。初,辽设群牧使司,马大蕃息。至是得女真马,势益强。

庚辰,夜漏一刻,北方有赤气如城,至明不散。

先是,知雄州开封贺令图与其父岳州刺史怀浦及文思使薛继昭等相继上言:"契丹主年幼,国事决于其母,韩德让宠幸用事,国人疾之,请乘其衅以取幽蓟。"帝始有意北伐。

诏议亲征,参知政事李至上言曰:"幽州,契丹之右臂,王师往击,彼必拒张。攻城之人,不下数万,兵多费广,势须广备糇粮。假令一日克平,当为十旬准计,未知边庾可充此乎?又,范阳之旁,坦无陵阜,去山既远,取石尤难。金汤之坚,非石莫碎。臣愚以为京师天下根本,陛下不离辇毂,恭守宗庙,示敌人以闲暇,慰亿兆之仰望者,策之上也。大名,河朔之冲卫,或暂驻銮辂,扬言自将,以壮军威者,策之中也。若乃远提师旅,亲抵边陲,北有敌兵可虞,南有中原为虑,则曳裾之恳切,断鞅之狂愚,臣虽不肖,耻在二贤后也。"

庚寅,北伐,以曹彬为幽州道行营前军马步水陆都部署,崔彦进副之;米信为西北道都部署,杜彦圭副之,以其众出雄州;田重进为定州路都部署,出飞狐。

戊戌,参知政事李至以疾罢为礼部侍郎。

二月,壬子,以潘美为云、应、朔等州都部署,杨业副之,出雁门。

李继迁降于辽,辽以为定难节度使、都督夏州诸军事;继冲为副使。

三月,癸酉,曹彬与辽兵战固安南,克其城。丁丑,重进破之于飞狐北。潘美自西陉入,与辽战,又胜之,逐北至寰州;庚辰,刺史赵彦辛举州降。彬又败辽师于涿州东,乘胜攻其北门,辛巳,克之。潘美进围朔州,其守将赵希赞举城降。

辽以南京留守耶律休格当曹彬之师,以耶律色珍为都统,率师当潘美等。辽主以亲征告于陵庙山川,与太后驻军驼罗口,趣诸部兵以为应援;又命林牙勤德率兵守平州之海岸,以备南师。

田重进至飞狐北,辽冀州防御使大鹏翼、康州刺史马赟、马军指挥使何万通率众来援。

重进命荆嗣出战，一日五七合，辽师不胜，将遁去，重进遂以大军乘之，生擒鹏翼、赟、万通等。曹彬入涿州，遣部将李继宣等领轻骑渡涿河，觇敌势。乙酉，辽将率众来攻，继宣击破之。丁亥，潘美转攻应州，其守将举城降。

司门员外郎王延范与秘书丞陆坦、戎城县主簿田辩、术士刘昂，坐谋不轨弃市。

庚寅，武宁军节度使、同平章事岐国公陈洪进卒。

田重进围飞狐，令大鹏翼至城下谕其守将马步都指挥使吕行德等；辛卯，行德与副都指挥使张继从、马军都指挥使刘知进举城降。诏升其县为飞狐军。重进又围灵丘，丙申，其守将步军都指挥使穆超举城降。

是月，始用士人为司理判官。

诏权停贡举。

夏，四月，己亥朔，辽主次南京北郊。

辛亥，潘美克云州。壬寅，米信大破辽师于新城。

丁未，以驾部员外郎梁裔知应州，监察御史张利涉知朔州，右赞善大夫马务成同知寰州。

己酉，田重进又破辽师于飞狐北，杀其二将。

壬子，命左拾遗张舒同知云州。

乙卯，田重进至蔚州，左右都押衙李存璋、许彦钦等杀其节度使萧默哩，执监城使耿绍忠，举城降。以崇仪使魏震知蔚州。辽援兵大至，重进军与辽师转战，时军校五辈，其四悉已战死，至大岭，惟荆嗣力斗，辽师始却，遂定蔚州。是役也，边民之骁勇者竞团结以御敌，或夜入城垒，斩取首级来归。帝闻而嘉之，曰："此等生长边陲，闲习战斗，若明立赏格，必大有应募者。"乃下诏，募民："有能纠合应援王师者，资以粮食，假以兵甲，擒酋豪者，随职名高下补署。获生口者，人赏钱五千，得首级者三千；马上等十千，中七千，下五千。平幽州后，愿在军者，优与存录，愿归农者，给复三年。"自是应募者益众。

初，曹彬与诸将入辞，帝谓彬曰："潘美之师，但令先趋云、应，卿等以十馀万众声言取幽州，且持重缓行，毋贪小利以要敌。敌闻大兵至，必萃劲兵于幽州，兵既聚，则不暇为援于山后矣。"既而潘美先下寰、朔、云、应等州，田重进又取飞狐、灵丘、蔚州，多得山后要害之地，而彬等亦连收新城、固安，下涿州，兵势大振。每捷奏至，帝颇讶彬进军之速，且忧契丹断粮道。彬至涿州，辽南京留守耶律休格以兵少不出战，夜则令轻骑掠单弱以胁馀众，昼则以精锐张其势，设伏林莽，绝我粮道。彬留十馀日，食尽，乃退师雄州以援供馈。帝闻之大骇，曰："岂有敌人在前，而却军以援刍粟乎？何失策之甚也！"亟遣使止之，令"勿复前，引师缘白沟河与米信军接，按兵蓄锐以张西师之势。待美等尽略山后之地，会重进东下趋幽州，与彬、信合，以全师制敌，必胜之道也。"

时彬所部诸将闻美及重进累战获利，自以握重兵不能有所攻取，谋画蜂起，更相矛盾，彬不能制，乃裹五十日粮，再往攻涿州。时辽主次州东五十里，令休格与蒲领等以轻兵薄南师，南师且行且战凡四日，始得至涿。时方炎暑，军士疲乏，所赍粮不继，乃复弃之。令卢斌兼拥城中老幼并狼山而南。彬等以大军退，无复行伍，遂为休格所蹑。五月，庚午，至岐沟关，辽兵追及之，南师大败。彬等收馀军，宵涉巨马河，营于易水之南，李继宣力战巨马河上，辽兵始退，追奔至孤山。方涉巨马河，人畜相蹂践而死者无算。知幽州行府事刘保勋马陷淖中，其子利涉救之，不能出，遂俱死。保勋性纯谨，精于吏事，尝语人曰："吾受命未尝辞避，接同僚未尝失意，居家积贮未尝至千钱。"及死，闻者皆痛惜之。殿中丞孔宜亦溺于巨马河。馀众奔高阳,为辽师冲击死者数万人,沙河为之不流,弃戈甲若丘陵。休格收宋尸以为京观。帝诏录保勋孙巨川、宜子延世。

癸西,潘美遣使部送应、朔二州将吏耆老等赴阙;帝召见,慰抚之,并赐以衣服冠带。

丙子,宫苑使王继恩自易州驰骑至,帝始闻曹彬等军败,乃诏诸将领兵分屯于边,召彬及崔彦进、米信入朝,田重进率全军驻定州,潘美还代州。

壬午,辽主还南京,丙午,御元和殿,大宴从军将校,封休格为宋国王,加蒲领、(筹)〔寿〕宁、满努宁及诸有功将校爵赏有差。休格请乘胜略地,以河为界,太后不从。

曹彬等未还,赵普手疏谏曰:"伏自大发骁雄,往平幽蓟,百万家之生聚,飞挽是供,数十州之土田,耕桑半失。兹所谓以明珠而弹雀,为鼷鼠而发机,所失者多,所得者少。况旬朔之间,便涉秋序,内地先困,边廷早凉。彼则弓劲马肥,我则人疲师老,恐当此际,或误指呼。愿颁明诏,速议抽军。臣又思陛下非次兴兵,必因偏听,小人倾侧,但解欺君,事成则获利于身,不成则贻忧于国。昨来议取幽蓟,未审孰为主谋?虚说诳言,总应彰露,愿推其人,置之刑典,庶昭圣听,以厌群情。臣欲露肺肝,先寒毛发,投荒弃市,甘俟显诛。"

帝手诏赐普曰:"朕昨者兴师选将,止令曹彬等顿于雄、霸,裹粮坐甲,以张军声,俟一两月间山后平定,潘美、田重进等会兵以进,直抵幽州,共力驱攘,恢复旧疆。此朕之志也,奈何将帅等不遵成算,各骋所见,领十万甲士出塞远斗,速取其郡县,更还师以援辎重,往复劳弊,为敌所乘。此责在主将也。边防之事,已大为之备,卿勿为忧。"

六月,戊戌朔,日有食之。

帝以诸将违诏失律,作自勉诗赐近臣。初议兴兵,帝独与枢密院计议,一日至六召,中书不预闻。及败,召枢密院使王显、副使张齐贤、王沔谓曰:"卿等共视朕,自今复作如此事否?"帝既推诚悔过,显等咸愧惧若无所容。宰相李昉等相率上疏曰:"昔汉高祖以三十万之众困于平城,卒用奉春之言以定和亲之策。文帝外示羁縻,内深抑损,于是边城宴闭,黎庶息肩,所伤匪多,其利甚博。倘陛下深念比屋之罄悬,稍减千金之日费,密谕边将,微露事机,彼亦素蓄此心,固乃乐闻其事,不烦兵力,可弭边尘也。"

帝虑辽必入边,命张永德知沧州,宋偓知霸州,刘廷让知雄州,赵延溥知贝州。廷让等皆宿将,久罢节镇,帝欲令击辽自效,故与延溥并命。

丙辰,以御史中丞辛仲甫为给事中、参知政事。

乙巳,知大名府赵昌言上书请斩败军将曹彬等,帝览奏嘉叹,优诏褒之。寻召拜御史中丞。曹彬等至阙,戊午,诏贾黄中、雷德骧、李巨源召彬及崔彦进、米信、杜彦圭等诣尚书省鞫之。秋,七月,戊辰朔,黄中等言彬等法皆当斩,诏百官议之。己巳,工部尚书扈蒙等议如有司所定。彬素服待罪,深自引咎。庚午,责彬为右骁卫上将军,崔彦进为右武卫上将军,米信以下皆贬官。群臣列校死事及陷敌者,录其子孙。

初,米信、傅潜等军败众扰,独李继隆以所部振旅成列而还。即命继隆知定州。及诏分屯诸军,继隆令书吏尽录其诏。旬馀,有败卒集城下,不知所向,继隆按诏给卷,俾各持诣所部。帝嘉其有谋,壬申,以继隆为马军都虞候,领(武)〔云〕州防御使。

甲戌,以田重进为马军都虞候。幽州之役,惟重进之师不败,故特命之。

壬午,徙山后诸州降民至河南府、许、汝等州,凡七万八千馀口。

金署枢密院事张齐贤,言事颇忤帝意,于是帝问近臣以御敌计策,齐贤因请自出守边。戊子,授齐贤给事中,知代州,与都部署潘美同领缘边兵马。

癸巳,阶州言福津县有大山自龙堂峡飞来,壅白江,水逆流高十余丈,坏民田数百里。

甲午,诏改陈王元祐为元〔僖〕,韩王元休为元侃,冀王元儁为元份。

辽诸路兵马都统耶律色珍将兵十万至安定西,知雄州贺令图遇之,败绩,南奔。色珍追及,战于五台,死者数万人。明日,攻陷蔚州。令图与潘美帅师往救,与色珍战于飞狐,南师又败。于是浑源、应州之兵皆弃城走,色珍乘胜入寰州,杀守城吏卒千余人。

潘美既败于飞狐,乃与杨业引兵护云、朔、寰、应四州民南徙。至朔州狼牙村,闻契丹已陷寰州,兵势甚盛,业欲避其锋,谓美等曰:"今敌锋益盛,不可与战。但领兵出大石路,先遣人密告云、朔守将,俟大军离代州日,令云州之众先出,我师次应州,契丹必悉兵来拒,即令朔州吏民出城,直入石碣谷,遣强弩千人列于谷口,以骑士援于中路,则三州之众保万全矣。"监军蔚州刺史王侁沮其议,曰:"领数万精兵,而畏懦如此!但趋雁门北川中,鼓行而往马邑。"顺州团练使刘文裕亦赞成之。业曰:"不可,此必败之势也。"侁曰:"君素号无敌,今见敌逗挠不战,得非有它志乎?"业曰:"业非避死,盖时有未利,徒令杀伤士卒而功不立。今君责业以不死,当为诸公先耳。"乃引兵自大石路趋朔州。将行,泣谓美曰:"此行必不利。业太原降将,分当死,上不杀,宠以连帅,授之兵柄;非纵敌不击,盖伺其便,将立尺寸功以报国恩。今诸君责业以避敌,业当先死。"因指陈家谷口曰:"诸君于此张步兵强弩,为左右翼以援,俟业转战至此,即以步兵夹击救之,不然,无遗类矣。"美即与侁领麾下兵阵于谷口。色珍闻业且至,遣副部署萧达兰伏兵于路。业至,色珍拥众为战势,业麾帜而进,色珍佯败,伏兵四起,色珍还兵前战,业大败,退趋狼牙村。侁自寅至巳不得业报,使人登托逻台望之,以为辽兵败走,侁欲争其功,即领兵离谷口。美不能制,乃缘灰河西南行二十里;俄闻业败,即麾兵却走。业力战,自日中至暮,果至谷口,望见无人,拊膺大恸,再率帐下士力战,身被数十创,士卒殆尽,业犹手刃数十百人,马重伤不能进,匿深林中。契丹将耶律希达望见袍影,射之,业坠马被擒,其子延玉与岳州刺史王贵俱死焉。业初为敌所围,贵亲射杀数十人,矢尽,张空拳击杀数十人,乃遇害。业既被擒,因太息曰:"上遇我厚,期捍边破贼以报,而反为奸臣所嫉,逼令赴死,致王师败绩,复何面目求活邪!"乃不食,三日而死。业不知书,忠勇有知谋,练习攻战,与士卒同甘苦。代北苦寒,人多服毡罽,业但挟纩露坐治军事,傍不设火,侍者殆僵仆,而业怡然无寒色。为政简易,御下有恩,故士卒乐为用。其败也,麾下尚有百余人,业曰:"汝等各有父母妻子,无与我俱死!"众感泣,无一人生还者。帝闻,痛惜,旋削美三任,侁除名,配金州,文裕登州。赠业太尉、大同军节度使,厚赐其家,录其子五人及贵子二人。

八月,丁酉朔,以王沔、张宏并为枢密副使。

己未,辽主用室昉、韩德让言,复山西租赋一年。命第山西诸将校功过而赏罚之。壬戌,以色珍所部将校前破女真,后有宋捷,第功加赏。癸亥,加色珍守太保。

九月,丙寅朔,赐所徙寰、应、蔚等州民米。

戊辰,户部郎中张去华献《大政要录》三十篇,帝嘉之,降玺书褒美。去华初受命知陕州,因留不行。

判刑部张佖上言:"望自今应断奏失入死刑者,不得以官减赎,检法官、判官皆削一任,长吏并停见任。"从之。尝有犯大辟者,诏特减,帝谓佖曰:"朕以小人冒法,原其情非巨蠹,故贷死,流窜亦足以惩艾之也。"佖对曰:"先王立法,盖为小人,君子固不犯矣。"帝以语宰相,且赏佖为知言。

戊寅,赐北征军士阵亡者家三月粮。

辛巳,辽主纳皇后萧氏。

冬,十月,丙申朔,上出飞白书赐宰相李昉等,因谓曰:"此虽非帝王事,然不犹愈于畋游声色乎!"昉等顿首谢。

左拾遗真定王化基抗疏自荐,帝览之,谓宰相曰:"化基自结人主,诚可赏也。"又曰:"李沆、宋湜皆佳士。"即命中书并化基召试。沆,肥乡人;湜,长安人也。庚子,并除右补阙、知制诰,各赐钱百万。帝又闻沆素贫,负人息钱,别赐三十万偿之。

帝尤重内外制之任,每命一词臣,必咨访宰相,求才实兼美者,先召与语,观其器识,然后授之。尝谓左右曰:"朕早闻人言,朝廷命一知制诰,六姻相贺,以谓一佛出世,岂容易哉!郭贽,南府门人,素乏时望,因其乐在文笔,遂命掌诰。颇闻制书出,人或哂之,朕亦为之靦颜,终不令入翰林也。"

己亥,辽政事令室昉奏:"山西、四川自用兵后,人民转徙,盗贼充斥,乞下有司禁止。"乃命新州节度使蒲打里遣人分道巡检。

甲辰,以陈王元僖为开封尹兼侍中。户部郎中张去华为开封府判官,殿中侍御史陈载为推官,并召见,谓曰:"卿等朝之端士,其善佐吾子!"各赐钱百万。

乙卯,辽主如南京。戊午,以南院大王留宁言,复南院部民租赋一年。

庚申,以黎桓为静海节度使,命左补阙京兆李若拙、国子博士益都李觉赍诏往使。桓制度逾僭,若拙既入境,即遣左右戒以臣礼,桓拜诏尽恭。燕飨日,列奇货异物于前,若拙一不留盼,又却其私觌,惟取陷蛮使臣邓君辨以归。

十一月,乙丑朔,右散骑常侍徐铉等上《新定说文》三十卷,令模印颁行。

庚午,辽以政事令韩德让守司徒。癸酉,辽主御正殿,大劳南征将校。丙子,南下,次狭底埚,太后亲阅辎重兵甲。丁丑,以休格为先锋都统。壬辰,至唐兴县。南军屯于滹沱桥北,辽选将射之,进焚其桥。癸巳,涉沙河,获谍二人,赐衣物,令还谕泰州,不从。节度使卢补古、都监耶律盼战于泰州,败绩;甲午,夺卢补古告身,其都监以下各杖之。诏休格等议军事。

十二月,壬寅,翰林学士宋白等上《文苑英华》一千卷,诏书褒答。

辽休格败南师于望都。时都部署刘廷让以数万骑并海而出,约与李敬源合兵,声言取燕。休格闻之,先以兵扼其要地,进逼瀛洲。会太后军至,战于君子馆。天大寒,宋师不能彀弓弩,辽兵围廷让数重,敬源战死。沧州都部署李继隆失期不救,退屯乐寿。廷让全军皆没,死者数万人,仅以身免。先是知雄州贺令图,性贪功生事,轻而无谋。休格尝使谍绐之曰:"我获罪于契丹,旦夕愿归朝。"令图不虞其诈,自以为终获大功,私遣休格重锦十两;至是休格传言军中,愿得见雄州贺使君。令图先为所绐,意其来降,即引麾下数千骑逆之。将至其帐数步外,休格据胡床骂曰:"汝尝好经度边事,今乃送死来邪!"麾左右尽杀其从骑,反缚令图而去。高阳关部署太原杨重进力战,死之。

初,令图与父怀浦首谋北伐,一岁中父子皆败,当时以为口实,然自后边将莫敢有议取幽燕者矣。廷让诣阙请罪,帝知为继隆所误,不责。追继隆,令中书问状,寻亦释之。

东头供奉官马知节监博州军,闻刘廷让败,恐辽人乘胜复南侵,因缮完城垒,治器械,料丁壮,集刍粮,十有五日而具。始兴役,吏民皆以为生事;既而敌果至,见有备,乃引去,众始叹伏。

壬子,建房州为保康军,以右卫上将军刘继元为节度使。

辽师复自胡谷入薄代州城下,神卫都指挥马正以所部列州南门外,众寡不敌,副部署卢汉赟保壁自固。知州张齐贤,选厢军二千出正之右,誓众感慨,一以当百,辽师遂却走。先是齐贤约潘美以并师来会战,其间使为辽所得,齐贤深忧之。俄而有候至,云美师出并,行四十里,忽奉密诏,东路之师衄于君子馆,并军不许出战,已还州矣。于时敌骑塞川,齐贤曰:"敌知美来而不知美退。"乃闭美使于密室中,夜,发兵二百,人持一帜,负一束刍,距州城西南三十里,列帜然刍。辽师遥见火光中有旗帜,意谓并师至矣,骇而北走;齐贤先伏步卒二千于土磴寨,掩击,大败之,擒其王子一人,帐前锡里一人,斩首数百级,俘五百馀人,获马千馀匹,车帐、牛羊、器甲甚众,齐贤悉归功于汉赟。己未,汉赟以捷音来上,帝优诏褒答。后知汉赟未尝接战,与钤辖刘宇皆罢为右监门卫大将军。

李继迁乞婚于辽,辽以王子帐节度使耶律襄女封义成公主归之。

癸丑,辽师拔冯母镇,大纵俘掠。丙辰,陷邢州。丁巳,拔深州,以不即降,诛守将以下,纵兵大掠。时沿边疮痍之卒不满万,计料乡民为兵,皆白徒,未尝习战,故辽师所至长驱,其势益振。

四年 辽统和五年【丁亥,987】 春,正月,乙丑,辽师破束城县,纵兵大掠。丁卯,次文安,遣人招降,不从,击破之,尽杀其丁壮,俘其老幼。戊寅,辽主还南京。己卯,御元和殿,大赉将士。

丙戌,诏释行营战败将士罪,瘗暴骸,死事者廪给其家,录死事文武官子孙;蠲河北逋租,敌所蹂践者给复三年,军所过二年,馀一年。

戊子,权罢广南诸州煮盐,有司奏积盐可支三十年故也。

二月,丙申,以汉南国王钱俶为武胜军节度使,徙封南阳国王;甲寅,复改封许王。

三月,癸亥朔,辽主幸长春宫,赏花钓鱼,以牡丹遍赐近臣,欢宴累日。

安守忠及李继迁战于王亭,败绩。

夏,四月,癸巳朔,以枢密副使张宏为御史中丞,御史中丞赵昌言充枢密副使。上以用兵之际,宏循默备位,而昌言多上边事利害,故两换之。

辽主如南京。丁酉,辽主率百僚册上太后尊号曰睿德神略应运启化承天皇太后;群臣上辽主尊号曰至德广孝昭圣天辅皇帝。

盐铁使临朐张平卒。平初监市木秦、陇,更立新制,计水陆之费,以春秋二时联巨筏自渭达河,历砥柱以集于京师,期岁之间,良材山积,帝嘉其功,迁供奉官,监阳平都木务兼造船场。旧官造舟既成,一艘调三户守之,以河流湍悍,备其漂失,岁役民数千。平乃穿池引水,系舟其中,不复调民。有贼首杨拔萃者,往来关辅间为寇,朝廷遣数州兵讨之,不克,平遣人说降之。领务凡九岁,计省官钱八十万缗。及任盐铁使,才数月,陕西转运使李安发其旧为奸事,平忧恚成疾卒。帝犹为辍视朝一日,赠右千牛卫上将军,官给葬事。

乙未,诏:"诸州暑月五日一涤圄圜,给饮浆,病者令医治,小罪即决之。"

己亥,并水陆发运为一司。

帝将大发兵攻辽,遣使往河南、北诸州募丁壮为义军。京东转运使下邑李维清曰:"若是,天下不耕矣!"三上疏争之。宰相李昉等相率上奏曰:"近者分遣使传出外料兵,自河南四十馀郡,凡八丁取一,以充戍行。臣等颇闻舆议,皆言河南百姓不同被边之民,素习农桑,罔知战斗;遽兹括集,或虑人情动摇,因而逃避为盗,更须翦除。矧当土膏之兴,更妨农作之务。望严敕续遣使臣,所至之处,若人情不安,难于点募,即须少缓,密奏取裁。"于是开封尹陈王元僖亦上疏言:"精择锐旅,分戍边城,来则御之,去则勿逐。有备无患,古之道也。所集乡兵，虽众何用？况河南人户，非能便习武艺，不可尽置戎行。河北缘边诸州，颇有闲习驰射者，或可选置军中，令本处守押城池，而河南诸州一切停罢。"帝然其言。诏询安边策，殿中侍御史赵孚奏议，大略谓宜内修战备，外许欢盟，帝嘉纳之。

五月，乙丑，以侍御史郑宣、司门员外郎刘墀、户部员外郎赵载并为如京使，殿中侍御史柳开为崇仪使，左拾遗刘庆为西京作坊使。开，大名人，初以殿中侍御史知贝州，与监军忿争，贬上蔡令。及自涿州还，诣阙上书，愿效死北边。帝怜之，复授以故官。开又上书言："臣受非常之恩，未有以报。年才四十，膂力方壮，愿陛下赐臣步骑数千，任以河朔用兵之地，必能出生入死，为陛下复取幽蓟。"于是帝亦欲并用文武，乃诏文臣中有武略知兵者，许换秩。于是开与宣等并换授焉。

丙寅，遣使市马于诸路。

初，秦州长道县酒场官李益，家饶于财，僮仆常数百；关通朝贵，持吏短长，郡守以下皆畏之。民负益息钱数百家，官为征督，急于租调，独观察推官冯伉不为屈。伉一日骑出，益遣奴捽下，毁辱之。伉两上章论其事，皆为邸吏所匿，不得通，后因市马译者附表以诉，帝大怒，诏捕之。诏未至，权贵已先报益，使亡去。帝愈怒，命物色捕益愈急。数月，得于河内富人郝氏家，械送御史台，鞠之，益具伏。丁丑，斩益，籍其家。益子士衡，先举进士，任光禄寺丞，诏除其籍。州民闻益死，皆酿钱饮酒以相庆。

并州都部署潘美，定州都部署田重进，皆承诏入朝。庚寅，出《御制平戎万全阵图》，召美、重进及崔翰等亲授以进退攻击之略，并书将有五才十过之说赐之。

李继迁数寇边。或疑李继捧泄朝中事于继迁，帝乃出继捧为崇信军节度使，徙其弟克宪为道州防御使，克文归博州。

辽主清暑于冰井。六月，壬辰朔，召大臣决庶政。

秋，七月，戊辰，尼喇部节度使萨葛哩有惠政，部民请留，从之。

辽主出猎于平地松林。

诏即内客省使厅事置三班院。初，供奉官、殿直、殿前承旨悉隶宣徽院，至是以其众多，别置三班院领之。

八月，乙未，令："诸路转运使及州郡长吏，自今并不得擅举人充部内官，其有阙员，即时具奏。"前所论荐，多涉亲党，故窒其幸门也。

己酉，水部员外郎、诸王府侍讲邢昺献《分门礼选》二十卷。帝探其帙，得《文王世子篇》观之，甚悦，又闻诸王常时访昺经义，昺每为发明君臣父子之道，必反覆陈之，帝益喜，赐昺器币。

起居舍人田锡献乾明节祝寿诗，又上书请东封泰山。九月，丁丑，命锡守本官、知制诰。锡好直言，帝或时不能堪，锡从容奏曰："陛下日往月来，养成圣性。"帝悦，益重焉。

辛巳，诏以来年正月有事于东郊，亲耕籍田，命翰林学士宋白等详定仪注，置五使，如郊祀之制。

丙戌，辽主如南京，是冬止焉。

冬，十月，壬子，左仆射致仕沈伦卒，谥恭惠。

十一月，庚辰，诏曰："王者设班爵以驭贵，差禄秩以养贤，所以责之廉隅，懋其官业也。俸给之数，宜从优厚。应百官俸钱、给它物以八分为十者，自今给以实数。"

雍熙初，贡举人集阙下者殆逾万计，礼部考合格奏名尚不减千人。帝自旦及夕，临轩阅试，累日方毕。宰相屡请以春官之职归于有司，十二月，庚寅朔，乃诏："自今岁春官知贡举，如唐室故事。"

山南东道节度使赵普来朝，召升殿慰抚。普见帝感咽，帝亦为动容。开封尹陈王元僖因上疏言："普开国旧老，厚重有谋，愿陛下复委以政事。"帝嘉纳之。

是月，雄、霸等州皆相告以辽人将入边，急设备。宁边军数日间连受八十余谍，知军柳开独不信，贻书郭守文陈五事，言辽人必不至，既而果谍者之妄。时帝亦将议亲征，河北东路转运副使王嗣宗上疏言辽必不至之状，帝乃止。

有白万德者，真定人，为辽贵将，统缘边兵七百余帐。宁边有豪杰，即万德姻族，往往出境外见之。柳开因使说万德为内应，掣幽州纳王师，许以裂地封侯之赏。万德许诺，来请师期，使未及还，会诏徙开知全州，事遂寝。

全之西溪洞粟氏，聚族五百余人，常抄掠民口粮畜。开始至，为作衣带巾帽，选牙吏勇辩者，得三辈，使入谕之曰："尔能归我，即有厚赏，给田为屋处之。不然，发兵深入，灭尔类矣！"粟氏惧，留二吏为质，率其酋四人与一吏俱来。开厚其犒赐，吏民争以鼓吹饮之。居数日，遣还，与为期，并族而出；不月余，悉携老幼至。开即赋其居业，作《时鉴》一篇，刻石戒之。遣其酋入朝，授本州上佐，诏赐开钱三十万。

国子司业孔维上书，请禁原蚕以利国马，直史馆乐史驳奏曰："今所市国马，来自外方，涉远驰驱，亏其秣饲，失于善视，遂致毙耗。今乃禁及蚕事，甚无谓也。近降明诏，来年春有于籍田，劝农之典方行，而禁蚕之制又下，事相违戾，恐非所宜。臣尝历职州县，粗知利病，编民贫窭者多，春蚕所成，止充赋调之备，晚蚕薄利，始及卒岁之资。今若禁其后图，必有因缘为弊，滋彰挠乱，民岂遑宁！"帝览之，遂寝原蚕之禁。

【译文】

宋纪十三 起丙戌年（公元986年）正月，止丁亥年（公元987年）十二月，共二年。

雍熙三年 辽统和四年（公元986年） 春季，正月，辛未（初二），右武卫大将军长宁侯赵德隆去世。让他的弟弟赵德彝继承侯爵，判沂州，当时年仅十九岁。遇上蝗虫飞入州境，官吏百姓请求挖坑埋葬，用火焚烧。赵德彝说："上天降下灾害，是守土之臣的罪过。"于是引咎自责，斋戒祈祷，蝗虫因而自行死亡。

丙子（初七），辽国都统耶律色珍等人献上征讨女真国所获人口十几万、马二十多万匹。起初，辽国设置群牧使司，马匹大量繁殖。到这时获得女真国的马匹，势力越发强大。

庚辰（十一日），夜间漏壶一刻时，北方有赤色气团如同城墙，到天亮还没消散。

先前，雄州知州开封人贺令图与他的父亲岳州刺史贺怀浦以及文思使薛继昭等人相继进言说："契丹君主年纪幼小，国事决定于他母亲，韩德让受到宠幸当政，国人痛恨他，请求乘这机会来夺取燕蓟。"宋太宗开始有意北伐。

宋太宗下诏商议亲自出征，参知政事李至进言说："幽州是契丹的右臂，王师前往攻击，他们必定抗拒。攻城的人数，不下几万，士兵众多而用费浩大，势必需要广泛征备粮食。假如能一天攻克，就应做好一百天的预算，不知边境存粮可以满足这点吗？同时，范阳旁边，平坦没有丘陵，离山又远，取石十分困难。金城汤池的坚固，没有石头就无法粉碎，臣下愚以为京师是天下的根本，陛下不离开宫禁，敬守宗庙，向敌人显示闲暇安详。慰藉翘首仰望的亿万百姓，是上策啊。大名是河朔的要冲门卫，或可暂驻大驾，扬言亲自统率，以壮大军威，是中策啊。倘若领兵远征,亲抵边陲,北面有敌军要防范,南面有中原需考虑,三国辛毗曾拉着魏文帝衣袖恳切劝谏,东汉郭宪曾砍断光武帝车靷莽撞阻止,臣下虽然不才,但也耻于落在两位先贤之后。"

庚寅(二十一日),宋军北伐,太宗以曹彬为幽州道行营前军马步水陆都部署,崔彦进为副都部署;米信为西北道都部署,杜彦圭为副都部署,率领他们的兵马从雄州出发;田重进为定州路都部署,从飞狐出发。

戊戌(二十九日),参知政事李至因病罢为礼部侍郎。

二月,壬子(十三日),宋太宗以潘美为云、应、朔等州都部署,杨业为副都部署,从雁门出发。

李继迁向辽国归降,辽国主以他为定难节度使,都督夏州诸军事;李继冲为定难节度副使。

三月,癸酉(初五),曹彬部与辽军在固安南面交战,攻克固安城。丁丑(初九)。田重进部在飞狐北面击破辽军。潘美部从西陉攻入,与辽军交战,又获胜,追逐败军到寰州;庚辰(十二日),寰州刺史赵彦率州投降。曹彬部又在涿州东面击败辽军,乘胜进攻州城北门,辛巳(十三日),攻克涿州。潘美部进而围攻朔州,朔州守将赵希赞举城投降。

辽国主以南京留守耶律休格抵挡曹彬的军队,以耶律色珍为都统,率军抵挡潘美等部。辽国主向陵庙祖宗、山川众神祭祀以告亲自出征,与皇太后在驼罗口驻军,催促各部兵马作为接应增援;又命令林牙萧德勤率军去守卫平州的海岸,以防备南面宋军。

田重进部到达飞狐北面,辽国冀州防御使大鹏翼,康州刺史马赟、马军指挥使何万通率军前来援救。田重进命令荆嗣出兵迎战,一天打许多个回合,辽军打不赢,打算逃离,于是田重进率大部队压过去,活捉大鹏翼、马赟、何万通等。曹彬部进入涿州,派遣部将李继宣等率领轻骑兵渡过涿河,侦察敌军兵力。乙酉(十七日),辽国将领率众前来进攻,李继宣击破辽军。丁亥(十九日),潘美部转而进攻应州,应州守将举城投降。

司门员外郎王延范与秘书丞陆坦、戎城县主簿田辩、术士刘昂,因图谋不轨判以弃市之刑。

庚寅(二十二日),武宁军节度使、同平章事岐国公陈洪进去世。

田重进部围攻飞狐,命令大鹏翼到城下劝谕飞狐守将马步都指挥使吕行德等人;辛卯(二十三日),吕行德与副都指挥使张继从、马军都指挥使刘知进举城投降。宋太宗下诏将飞狐县升为飞狐军。田重进部又围攻灵丘,丙申(二十八日),灵丘守将步军都指挥使穆超举城投降。

这月,宋朝开始用士人为司理判官。

宋太宗下诏暂时停止贡举。

夏季,四月,己亥朔(初一),辽国主驻扎在南京北郊。

辛丑(初三),潘美部攻克云州,壬寅(初四),米信部在新城大破辽军。

丁未(初九),宋太宗以驾部员外郎梁裔为应州知州,监察御史张利涉为朔州知州,右赞善大夫马务成同知寰州。

己酉(十一日),田重进部在飞狐北面又击破辽军,杀死辽军二员大将。

壬子(十四日),宋太宗任命左拾遗张舒同知云州。

乙卯(十七日),田重进部到达蔚州,左右都押衙李存璋、许彦钦等杀死辽蔚州节度使萧默哩,擒获临城使耿绍忠,举城投降。宋太宗以崇仪使魏震为蔚州知州。辽国援军大批到达,田重进部同辽军辗转作战,当时军校有五批,其中四批都已战死,到达大岭,只有荆嗣奋力战斗,辽军开始退却,于是平定蔚州。这次战役,边境百姓中的骁健勇敢者争相团结起来抵御敌军,有的夜晚进入城堡营垒,斩取首级前来归附。太宗听说后称赞,说:"这些人生长在边陲,熟习战斗,如果明确制定赏赐规格,必定大有响应招募的人。"于是颁下诏书,招募百姓:"凡有能够集中接应支援王师的,供给粮食,发放武器。擒获敌寇头领的,随俘虏官职高低进行补授,俘获人口的,每一人赏钱五千,取敌首级的赏三千;获上等马赏钱十千,中等七千,下等五千。平定幽州后,愿意留在军队的,从优录用;愿意回乡务农的,免除徭役赋税三年。"从此响应招募的人日益增多。

当初,曹彬与众将入宫辞行,宋太宗对曹彬说:"潘美之师,只让其首先奔赴云、应二州,爱卿筹率十几万部众扬青攻取幽州,暂且持重缓慢行进,不要贪图小利来截击敌寇。敌寇听说大军到达,必定将主力部队集中在幽州,部队聚集后,就无暇顾及增援山后了。"不久潘美部先攻下寰州、朔州、云州、应州等地,田重进部又取得飞狐、灵丘、蔚州,得到山后许多要害之地,而曹彬等部也接连收复新城、固安,攻下涿州。军威大振。每次捷报送到,太宗十分惊讶曹彬进兵的迅速,同时忧虑契丹军队截断宋军粮道。曹彬部到达涿州,辽国南京留守耶律休格因兵力少不出战,夜间则命令轻骑兵劫掠宋军中的单兵弱卒来威胁其余部众,白天则用精锐部队来张大声势,在山林草莽中埋设伏兵,断绝宋军粮道。曹彬部滞留十几日,粮食耗尽,于是退兵到雄州来增援后勤供应。太宗闻知此讯,大为惊骇,说:"岂有敌人在前面,反而退兵来援救粮草供应的呢?何等严重的失策啊!"立即派遣使者制止,命令:"不要再前进,率师沿着自沟河与米信军队相接,按兵不动养精蓄锐来壮大西路军队的声势。等待潘美等部全部占领山后之地,会同田重进部东下奔赴幽州,和曹彬、米信部合兵,用全部兵力制服敌寇,才是必胜之道啊。"

当时曹彬所部各将领听说潘美和田重进部屡战获胜,自认为掌握重兵却不能有所攻取,便纷纷出谋划策,互相矛盾,曹彬不能制止,于是携带五十天军粮,再度进攻涿州。当时辽国主在涿州东五十里,命令耶律休格和蒲等率轻骑兵逼近南方宋军。宋军一面行军一面作战,总共四天,才得以到达涿州。当时正值炎夏酷暑,军士疲乏,所带粮食得不到接继,就又放弃涿州。命令卢斌同时带领城中男女老少沿狼山南下,曹彬等率领大部队撤退,不再排成行列,于是被耶律休格部尾随。五月,庚午(初三),曹彬等部到达岐沟关,辽军追上,宋军大败。曹彬等收拾残余军队,夜晚渡过巨马河,在易水南岸安营,李继宣在巨马河上奋力作战,辽军开始退却,追奔到孤山。渡巨马河时,人和牲口互相践踏而死者不计其数。知幽州行府事刘保勋坐骑陷入泥淖中,他的儿子刘利涉救他,未能拉出,于是一齐陷死泥中。刘保勋生性淳厚谨慎,精于政事,曾对人说:"我接受命令不曾推辞躲避,对待同僚不曾意见相左,居家积蓄财产不曾到过千钱。"到死去,闻讯者都非常痛惜。殿中丞孔宜也淹死在巨马河。其余部众逃奔高阳,被辽军冲杀攻击而死的有几万人,沙河被尸体堵塞而断流,丢弃的武器铠甲堆积如山。耶律休格收集宋军将士尸体,封土堆成京观。宋太宗诏令录用刘保勋的孙子刘巨川,孔宜的儿子孔延世。

癸酉(初六),潘美派遣使者用军队护送应、朔二州的将领官吏、高龄老人等赶赴京师;宋太宗召见,慰问安抚他们,一律赐予衣服、冠帽、腰带。

丙子(初九),宫苑使王继恩从易州骑马飞驰到达,宋太宗才听到曹彬等部战败,于是下诏众将率军分别屯守在边境,征召曹彬与崔彦进、米信入宫朝见,田重进率领全军驻扎在定州,潘美部回到代州。

壬午(十五日),辽国主回到南京,丙午(二十七日),辽国主登上元和殿,大设宴席犒劳从军作战的将校,封耶律休格为宋国王,赐耶律蒲领、筹守、耶律满努宁,众有功将校的官爵赏赐互有不同。耶律休格请求乘胜攻占宋朝领土,以黄河为界,辽太后不同意。

曹彬等还没返回,赵普亲手上疏劝谏说:"自从大发精兵强将,前往平定燕蓟,上百万家的民夫、积蓄,全部供给运输军饷,几十州的良田沃土,农耕桑蚕损失一半。这就是所谓用明珠去弹射麻雀,为小鼠而发动弩机,所丧失的多,而所获的少。况且一月之间,便到秋季,内地首先困乏收获人力,边境早已天凉。敌方则弓弩强劲马匹肥壮,而我方则百姓困乏军队疲惫,恐怕当此之时,会有人胡乱指手画脚。希望颁发圣明诏书,迅速商议撤军。臣下又念及陛下不按常规兴师动众,必定因为偏听偏信,小人狡诈阴险,只知欺骗君王,事成则自身获利,不成则贻害国家。日前商议夺取燕蓟,不知谁是主谋?空话谎言,总应给予揭露,希望追究其人,以刑法处置,可以昭彰圣上听断,用以安定群情众心。臣下打算披肝沥胆,先已毛骨悚然,然而即使投窜荒裔、处以极刑,也心甘情愿等待圣明的诛罚。"

宋太宗亲手下诏给赵普说:"朕日前兴师动众挑选将帅,只命令曹彬等屯驻在雄、霸二州,携带粮食按兵不动,以扩大军队声势,等一两个月的期间平定出后,和潘美、田重进等部会合兵马而进攻,直抵幽州,共同协力驱逐敌寇,恢复旧日疆土。这是朕的意志,无奈将帅们不遵守既定计谋,各逞所见,率领十万军队越过边塞远征战斗,迅速攻取各地郡县,又再回师来救援后方辎重,往返行军疲劳困顿,被敌人乘机击败。这责任在主将。边防的事务,已经大致做好准备,爱卿不要为之忧虑。"

六月,戊戌朔(初一),出现日食。

宋太宗因为众将违反诏令出兵失利,作自勉诗赐给近臣。当初商议兴师出兵,太宗仅与枢密院谋划,一天达六次召见,中书省并不知情。失败后,征召枢密院使王显、副使张齐贤、王沔对他们说:"爱卿等共同监视朕,今后还做这样的事吗?"太宗推心置腹表示悔过后,王显等人全都惭愧恐惧好似无地自容。宰相李昉等相继上书说:"昔日汉高祖因三十万军队困守在平城,结果采用奉春君的话制定和亲政策。文帝对外示以安抚笼络,内部十分节俭,于是边城安静,黎民休息,伤费不多,获利很广。倘若陛下深念百姓们家徒四壁,稍减一日千金的费用,秘密晓谕边境将领,同时稍微透露这一机密,对方也早存此心,原本就希望听到此事,不必动用武力,就可以消除边境战火。"

宋太宗顾虑辽军必定入侵边境,任命张永德为沧州知州,宋偓为霸州知州,刘廷让为雄州知州,赵延溥为贝州知州。刘廷让等人都是沙场老将,长久罢免藩镇之职,太宗想让他们打击辽军报效立功,所以同赵延溥同时任命。

丙辰(十九日),宋太宗以御史中丞辛仲甫为给事中,参知政事。

乙巳(初八),大名知府赵昌言上书请求处斩败军将领曹彬等,太宗阅览奏书后赞叹,下优抚诏书褒奖他。不久征召拜授他为御史中丞。曹彬等人到达京师,戊午(二十一日),太宗诏令贾黄中、雷德骧、李巨源召曹彬和崔彦进、米信、杜彦圭等人前往尚书省进行审讯。秋季,七月,戊辰朔(初一),贾黄中等人上书说曹彬等依法全都应予问斩,太宗诏令文武百官商议此事。己巳(初二),工部尚书扈蒙等商议按贾黄中等所定处置。曹彬等身穿白色衣服等待定罪,沉痛引咎自责。庚午(初三),贬谪曹彬为右骁卫上将军,崔彦进为右武卫上将军,米信以下将领都贬官。诏令州县官吏将校凡有死于战事及陷入敌寇的,录用他们的子孙。

当初,米信、傅潜等军队战败,唯独李继隆率所部整顿队伍排成行列返回,宋太宗立即命令李继隆为定州知州。及至下诏给分屯诸军,李继隆命令文书胥吏全部抄录那些诏令。十几天后,有溃败的士卒聚集到城下,不知该去的地方,李继隆根据诏令发给券书,让他们各自拿着券书前往所属各部。太宗嘉许他有谋略,壬申(初五),任命李继隆为马军都虞候,领云州防御使。

甲戌(初七),宋太宗以田重进为马军都虞候。幽州战役中只有田重进的部众不败,所以有此特别任命。

壬午(十五日),宋朝将山后各州归降的百姓迁移到河南府、许州、汝州各处,总共七万八千多口。

签署枢密院事张齐贤,奏对事务经常同宋太宗旨意相抵触,到这时对太宗询问近臣抵御敌寇的计策。张齐贤乘机请求让自己去守边。戊子(二十一日),太宗授予张齐贤为给事中、代州知州,与都部署潘美共同统领沿边兵马。

癸巳(二十六日),阶州奏报福津县有座从龙堂峡飞来的大山,壅堵白江,江水倒流高出十几丈,毁坏民田数百里。

甲午(二十七日),宋太宗下诏将陈王赵元祐改名为元僖,韩王赵元休改名为元侃,翼王赵元儁改名为元份。

辽国诸路兵马都统耶律色珍率领十万大军到达安定西面,雄州知州贺令图遭遇辽军,大败,向南逃奔。耶律色珍部追逐赶上,在五台交战,死亡几万人。第二天,辽军攻克蔚州,贺令图和潘美率领大军前往救援,同耶律色珍部在飞狐交战,南方宋军又战败。于是浑源、应州的军队全都弃城逃跑,耶律色珍部乘胜进入寰州,杀死守城官吏士卒一千多人。

潘美部在飞狐战败后,就与杨业领兵护送云、朔、寰、应四州百姓向南迁徙。到达朔州狼牙村,听说契丹军队已经攻陷寰州,兵势极盛,杨业打算避开辽军锋芒,对潘美等人说:"如今敌军锋芒日益锐利,不可与之交战。只从大石路领兵而出,先派人密告云州、朔州守将,等大部队离开代州之日,命令云州部众首先出城,然后我部进驻应州,契丹军队必定全部前来抵抗。立即命令朔州官吏、百姓出城,直接进入石碣谷,派遣强弩射手一千多人排列在石碣谷口,用骑兵在中路增援,这样三州的部众就可保全了。"监军、蔚州刺史王侁反对杨业的建议,说:"率领几万精兵却如此畏惧怯懦!只管奔赴雁门北川中,击鼓行进而前往马邑。"顺州团练使刘文裕也赞成。杨业说:"不可以,这是必败的局势啊!"王侁说:"君素称天下无敌,如今遇见敌军躲避不战,是否有别的打算呢?"杨业说:"我不是躲避死亡,而是时机不利,白白杀伤士兵而功业不能建立。如今责备我不肯去死,只好为诸公先死。"于是领兵从大石路奔赴朔州,临行之前,流着泪对潘美说:"此行必定失利。我是太原降将,本该处死,皇上不杀,宠幸委以一方统帅,授予兵权,我不是放纵敌人不进攻,而是等待合适的时机,准备建立尺寸之功以报效国恩。现在诸位责备杨业避敌不战,杨业应当先死。"于是指着陈家谷口说:"诸位在此分布精锐的步兵,分为左右翼以便支援,待杨业转战到此,立即以步兵夹击援救,否则,我部一个人也活不下来了。"潘美立即与王侁率部下列阵于谷口。耶律色珍听说杨业将要到达,派遣副部署萧达兰在路上设兵埋伏。杨业到的时候,耶律色珍聚集军队做出作战的攻势,杨业挥军进攻,耶律色珍佯装败退,伏兵四起,耶律色珍部也回兵来战,杨业大败,退到狼牙村。王侁从寅时至巳时没得到杨业的消息,派人登旗逻台瞭望,以为辽兵败走,王侁想与杨业争功，马上率兵离开谷口。潘美无法禁止，于是沿灰河向西南走了二十里，随即听说杨业战败，即刻指挥军队退走。杨业拼力死战从中午直到傍晚，果然来到谷口，看见没有人，捶胸痛哭，再次率领手下士卒拼死作战，身上负伤数十处，士卒死伤殆尽，杨业仍又亲手杀死数十上百人，战马重伤不能前进，藏匿在密林中。辽将耶律希达隐约望见杨业的袍影，用箭射，杨业落马被擒，他的儿子杨延玉与岳州刺史王贵都战死军中。杨业刚被敌人包围时，王贵亲手射杀敌人数十人，箭射光了，就赤手空拳，击杀数十人，于是遇害。杨业既已被俘，因而叹息说："皇上厚待我，本想保卫边境击破敌人以报君恩，却反而为奸臣所嫉恨，威逼着让我去赴死，致使王师大败，又有什么面目求生啊！"于是三天不吃而死。杨业没有文化，忠诚勇敢而有智谋，练习攻战，与士卒同甘共苦。代北严寒，人们大多以棉花、毡毯为服，而杨业只披着绵衣露天而坐治理军事，身旁不设火炉，侍从几乎冻僵了，而杨业怡然自乐没有畏寒之色。处理政事简单易行，驾驭部下有恩德，所以部下士卒乐为所用。杨业战败时，部下还有一百多人，杨业说："你们各自有父母妻子儿女，不要与我一块儿死！"部众感动得流泪，没有一人生还。宋太宗听说后，哀痛叹惜，立即削去潘美三任资格，王侁削除官籍，发配到金州，刘文裕发配到登州，追赠杨业为太尉、大同军节度使，丰厚地赏赐他的家室，录用其子五人及王贵的儿子二人。

八月，丁酉朔（初一），宋太宗以王沔、张宏一并为枢密副使。

己未（二十三日），辽国主采纳室昉、韩德让的进言，免除山西租赋一年。辽国主命令根据山西各将校的功过行赏论处。壬戌（二十六日），因为耶律色珍所部将校首先攻破女真，后来又有击败宋军的捷报，评定其功加以奖赏，癸亥（二十七日），加封耶律色珍为太保。

九月，丙寅朔（初一），赏赐寰、应、蔚等州迁徙的百姓大米。

戊辰（初三），户部郎中张去华进献《大政要录》三十篇。宋太宗嘉许，颁降盖有玉玺印的诏书褒奖赞美。张去华当初接受任命为陕州知州，因留在京师没去上任。

刑部判官张佖上言说："希望从今以后应当判决上奏而误定为死刑的，不得用官职减赎其罪，检法官、判官都削去一任资格，州县长官一并停止现任职务。"太宗同意了。曾经有犯死罪的，诏令特别给予减刑，太宗对张佖说："朕因为小人犯法，原谅他的所为并非是大奸大害，所以宽免他的死罪，流放他也足以惩治了。"张佖回答说："先王制定法律，原来就是为了小人，君子本来是不犯法的。"太宗将这些话告诉宰相，并且赞赏他的话很有见识。

戊寅（十三日），宋太宗赏赐北征军士中阵亡者每家三个月的粮食。

辛巳（十六日），辽国主娶皇后萧氏。

冬季，十月，丙申朔（初一），宋太宗拿出用飞白体书写的字幅赐给宰相李昉等人，因而对他们说："这虽然不是帝王的事情，然而不还是比狩猎游乐寄情声色好吗！"李昉等人叩头告谢。

左拾遗真定人王化基直言上书自荐，宋太宗览阅后，对宰相说："王化基主动结交人主，实在可以奖赏啊！"又说："李沆、宋湜都是品德、才学优秀的人。"立即命令中书门下将这二人与王化基一起召来面试。李沆是肥乡人，宋湜是长安人。庚子（初五），一并授予右补阙、知制诰，各自赏赐百万钱。太宗又听说李沆向来贫寒，欠他人的利钱、债务，另外赐钱三十万以偿还。

宋太宗十分重视内外制之官的任用，每次任命一个词学之臣，必定向宰相咨询。以寻求名实俱美的真正人才，先征召与之谈话，观察其度量与见识，然后再授给官职。太宗曾经对左右侍臣说:"朕早就听人说,朝廷任命一个知制诰,六亲相贺,认为如同一佛出世那样难得,难道容易吗?郭贽,是朕任开封府尹时的门客,平素没有什么声望,因为他以文章为乐事,就任命他掌管草拟诰命。隐约听说他草拟的制诏一出,有的人就讥笑他,朕也为他羞愧,最终不让他进入翰林院。"

己亥(初四),辽国政事令室昉上奏:"山西、四川自从用兵以后,人民辗转迁徙,盗贼充斥,乞求交付有关部门加以禁止。"于是辽国主命令新州节度使蒲打里派人分道巡行视察。

甲辰(初九),宋太宗以陈王赵元僖为开封尹兼侍中。户部郎中张去华为开封府判官,殿中侍御史陈载为推官,并同时召见,对他们说:"爱卿们为朝廷中正直的人,要好好辅佐我的儿子!"各自赏赐百万钱。

乙卯(二十日),辽国主前往南京,戊午(二十三日),因为南院大王耶律留宁的奏言,免除南院所属百姓租赋一年。

庚申(二十五日),宋太宗以黎桓为静海节度使,命令左补阙京兆人李若拙、国子博士益都人李觉携带诏书前往出使。黎桓制度多有僭越,李若拙入境后,立即派身边的人告诫他应守臣子之礼,黎桓叩拜接受诏书竭尽恭谨。宴饮之日,陈列珍奇物品于前,李若拙看也不看一眼,又拒绝他私下的拜见,只是带陷于蛮地的使臣邓君辨一同回国。

十一月,乙丑朔(初一),右散骑常侍徐铉等人呈上《新定说文》三十卷,太宗诏令刻板印刷颁行。

庚午(初六),辽国主以政事令韩德让守司徒。癸酉(初九),辽国主登正殿,大肆犒劳南征将校。丙子(十二日),辽国主南下,到达狭底埚,辽太后亲自检阅辎重兵甲。丁丑(十三日),以耶律休格为先锋都统。壬辰(二十八日),到达唐兴县。宋军屯守于滹沱桥北面,辽军挑选将士用箭射宋军,进军焚毁滹沱桥。癸巳(二十九日),渡过沙河,俘获宋间谍二人。赐给衣物,命令他们回去告谕泰州,二人不听从。节度使卢补古、都监耶律盼与宋军战于泰州,大败;甲午(三十日),削夺卢补古所授官职,其都监以下各受杖刑。下诏耶律休格等人商议军事。

十二月,壬寅(初八),翰林学士宋白等人上呈《文苑英华》一千卷,宋太宗下诏书褒奖答复。

辽将耶律休格在望都击败宋军。当时都部署刘廷让率数万骑兵一同沿海边出击,相约与李敬源部会师,扬言要夺取燕地。耶律休格听说后,首先用兵扼守其险要之地,进逼瀛洲。适逢辽太后率军到达,交战于君子馆,天气十分寒冷,宋军不能发射弓弩,辽军将刘廷让部重重包围,李敬源力战而死。沧州都部署李继隆未按规定日期前来援救,退守乐寿,刘廷让部全军覆没,死者数万人,刘廷让仅免一死。先前雄州知州贺令图,生性贪功好事,轻率而没有计谋。耶律休格曾派遣间谍欺骗他说:"我在契丹犯了罪,日日夜夜想归附宋朝。"贺令图没预料这是欺诈,自以为终将获得巨大功劳,私下赠送耶律休格重锦十四。到这时耶律休格传话军中,愿意见到雄州贺令图使君。贺令图之前被他欺骗,猜测他来投降,就率领部下数千人来迎接。将到耶律休格的大帐下数步之外,耶律休格接着胡床骂道:"你曾经喜好经营规划边境事务,今天是送死来了啊!"指挥左右的人杀尽贺令图的随从将士,将贺令图反绑双手而去,高阳关部署太原人杨重进全力作战,战死。

当初,贺令图与他的父亲贺怀浦首先谋划北伐契丹,一年之内父子都战败。当时人以此为口实,然而从此以后边将没有敢再议论攻取幽燕之地的人了。刘廷让前往京师请求治罪。

宋太宗知道他是被李继隆所误,没有责罚他。追究李继隆的罪,命令中书门下审理情状,不久也释放了。

东头供奉官马知节监管博州的军事,闻知刘廷让战败,恐惧辽军乘胜又南侵,因此修缮好城墙堡垒,整治器械,挑选壮丁,聚集粮草,十五天便做好了准备。刚开始准备时,官吏百姓都认为是多此一举,无端生事。不久敌军果然来到,看到有准备,便引师退去,众人方始叹服。

壬子(十八日),在房州建置保康军,以右卫上将军刘继元为节度使。

辽军又从胡谷入侵进逼代州城下,神卫都指挥马正率领所部在南门外布列军阵。寡不敌众,副部署卢汉赟护卫堡垒自守。知州张齐贤,挑选厢军二千人从马正的右侧出击,先与将士宣誓慷慨激昂,将士感奋,以一当百,辽军于是退走。先前张齐贤与潘美相约率领并州军队前来会战,派出送信的密使被辽军捕获,张齐贤深以为忧。不久有潘美的侦察兵到来,说潘美部出并州。走了四十里,忽然接到密诏,说东路之师已败于君子馆,并州之军不许出战,已经回到并州了。当时辽军骑兵充满山川,张齐贤说:"敌人知道潘美军来却不知道潘美军退。"于是将潘美的侦察兵关在密室内,夜间调发士兵二百人,每人持一面旗帜,背负一捆草,到距离州城西南三十里,排列旗帜点燃草料。辽军从远处看到火光中有旗帜,认为是并州军队到了,吓得向北逃走。张齐贤预先在土磴寨埋伏步兵二千人,适时袭击,大败辽军,擒获辽王子一人,帐前锡里一人,斩首数百级,俘虏五百多人,缴获马千多匹,车帐、牛羊、武器铠甲很多。张齐贤归功于卢汉赟。己未(二十五日),卢汉赟将胜利的消息前来上报,宋太宗下优抚诏书褒奖答复。后来得知卢汉赟并未交战,与钤辖刘宇一起都罢官为右监门卫大将军。

李继迁向辽国主求婚,辽国主将王子帐下节度使耶律襄的女儿封为义成公主嫁给他。

癸丑(十九日),辽军攻拔冯母镇,大肆纵兵掳掠。丙辰(二十二日),攻陷邢州。丁巳(二十三日),攻拔深州,以没有立即投降为由,将宋将以下官吏全部斩杀,放纵士兵大肆掠夺。当时沿边境遭创伤的宋军不满万人,按簿籍挑选乡民为兵,都是未经训练的百姓,不曾熟悉作战之事,因此辽军所到之处长驱直入,气势更加旺盛。

雍熙四年 辽统和五年(公元987年)春季,正月,乙丑(初二),辽军攻破束城县,放纵士兵大肆抢劫。丁卯(初四),到达文安,派人招抚归降,不听从,击破文安,将所有壮丁杀尽,俘获其老幼。戊寅(十五日),辽国主回到南京。己卯(十六日),登元和殿,大肆赏赐随从将士。

丙戌(二十三日),宋太宗下诏释免行营战败将士之罪,掩埋暴露的尸骸,死于战事者的家庭由朝廷发放粮食,录用死于战事文武官员的子孙,免除河北所欠的田租,被敌寇所践踏蹂躏的地区各免除徭役三年,军队所过之处免除二年,其余地方免除一年。

戊子(二十五日),宋太宗暂时停止广南各州煮盐,是有关部门上奏积存的盐可供餐用三十年的缘故。

二月,丙申(初三),宋太宗以汉南国王钱俶为武胜军节度使,改封为南阳国王,甲寅(二十一日),又改封为许王。

三月,癸亥朔(初一),辽国主亲临长春宫,赏花钓鱼,将牡丹普遍赐给身边大臣,设宴数日。

宋将安守忠与李继迁交战于王亭,大败。

夏季,四月,癸巳朔(初一),宋太宗以枢密副使张宏为御史中丞,御史中丞赵昌言为枢密副使。太宗因为在用兵之际,张宏循常随俗不发表意见,只是默默备员,而赵昌言多次上疏进言边事的利害关系,因而将他们二人职务互换。

辽国主到达南京。丁酉(初五),辽国主率领文武百官册封奉上辽太后尊号为睿德神略应运启化承天皇太后,文武群臣奉上辽国主尊号为至德广孝昭圣天辅皇帝。

盐铁使临朐人张平去世。张平当初负责监督从秦、随购买木材的事宜,他更新制度,计算水陆运输所用之费。在春秋两个季节将木材联成巨筏自渭水到黄河,经过砥柱集中到京师,一年之间,上好的木材堆积如山。太宗嘉奖他的功劳,升迁为供奉官,监阳平都木务兼造船场。旧时官府造完船后,每艘船征调三户看守,因为河流湍急,要防备船只漂失,每年役使百姓几千人。张平便挖池引水,将船系在池中,不再征调百姓。有个叫杨拔萃的贼首,在关辅地区往来为寇,朝廷派数州军队讨伐,不能平定,张平派人劝说使他投降。负责都木务共九年,计节省官钱八十万贯。等到任盐铁使,才几个月,陕西转运使李安揭发他过去所做非法之事,张平忧愁愤恨得病而死。太宗仍为他停止上朝视事一日,赠授右千牛卫上将军,由官家供给丧葬之资。

乙未(初三),宋太宗下诏:"各州在夏月每五日打扫监狱一次,赐给囚犯饮料,给患病的人医治,小罪立即判决处理。"

己亥(初七),宋朝合并水陆两路发运司为一司。

宋太宗即将大举发兵进攻辽国,派遣使者前往黄河南、北各州招募壮丁为义军。东京转运使下邑人李维清说:"如果这样,天下就无法耕作了!"三次上疏抗争。宰相李昉等相继上奏说:"近来分别派遣使者外出挑选士兵,自河东、河南四十余郡。每八个壮丁里挑选一个,以补充军队。臣等听到人们的议论,都说河南百姓不同于边境地区的百姓,平素惯于农桑,不懂得战斗之事;现在仓促征集,担心民心动摇,因而逃避兵役去做盗贼,还得要消灭,况且正当土地养分上升之时,更妨害耕作农事。希望严厉告诫续派的使臣,所至之处,如果人心不安,难于选派征募,即须略微缓一缓,秘密上奏决断。"到这时开封尹陈王赵元僖也上疏进言说:"精心选择精锐部队,分别戍守边城,敌人来攻就抵御,敌人离去则不追。有备无患,是古代就有的防御边境的法则。所集中的乡兵,虽然人数众多,但有什么用呢!况且河南的民户,不是很快就能学会武艺,不可以全部安置于军队中,河北边境各州,很有一些熟习骑马射箭的人,或许可以挑选安置于军中,令他们在本处防守城池,而河南各州一律停止征发。"太宗认为他说得很对。宋太宗下诏征询安定边境的计策,殿中侍御史赵孚奏对建议,大体说应该在内部修治战备,对外许以和好结盟,太宗赞许并采纳他的意见。

五月,乙丑(初四),宋太宗以侍御史郑宣、司门员外郎刘墀、户部员外郎赵载一并为如京使,殿中侍御史柳开为崇仪使。左拾遗刘庆为西京作坊使。柳开是大名人。当初,以殿中侍御史而任贝州知州,同监军愤恨抗争,贬谪为上蔡县令。及至从涿州返回,前往朝廷上书,愿意到北方边境誓死报国,太宗爱怜他,又授给他原有的官职。柳开又上书说:"臣下受到非常的恩宠,还没有能够报答。年龄才四十岁,膂力正壮,希望陛下重新夺取幽蓟之地。"这时太宗也想并用文臣武将,于是下诏文臣中有武略通晓军事的,允许调换官职,于是柳开与郑宣等都调任武将。

丙寅(初五),宋太宗派遣使者到各路购买马匹。

当初,秦州长道县酒场官李益,富于家财,僮仆常有几百人;勾结朝中权贵,挟制官吏的短长,郡守以下都畏惧他,百姓欠李益高利贷的有几百家。官府为其征收督缴,比为朝廷征收租赋还要急。只观察到推官冯伉不屈服于他。冯伉有一天骑马外出。李益指使奴仆把他拽下马来,诋毁污辱他。冯伉两次上疏奏论这件事,都被邸吏所藏匿,不能上达,后来通过购买马匹的使者附上奏表投诉,太宗大为震怒,下诏逮捕李益。诏令还没到,权贵已先通报李益,使他得以逃走,太宗更加恼怒,命令加紧搜捕李益。几个月之后,在河内富户郝氏家中抓获,披枷戴锁押送到御史台,审讯他,李益全都供认。丁丑(十六日),处决李益,抄没他的家。李益的儿子李士衡,先已举中进士,任官为光禄寺丞,太宗下诏免除他的名籍,秦州百姓听说李益处死,都凑钱喝酒以互相庆祝。

并州都部署潘美,定州都部署田重进,都奉诏令入朝。庚寅(二十九日),宋太宗拿出《御制平戎万全阵图》,征召潘美,田重进及崔翰等亲自授以进退攻击的方略,并书写将有五才十过之论说赐给他们。

李继迁多次入侵边境,有人怀疑李继捧将朝中之事泄露给李继迁,太宗于是让李继捧出任崇信军节度使,迁其弟弟李克宪为道州防御使,李克文回归博州。

辽国主在冰井避暑。六月,壬辰朔(初一),辽国主召见执政大臣决断各种政务。

秋季,七月,戊辰(初七),辽国尼喇部节度使萨葛哩有德政,部民请求他留任,辽国主顺从他们的请求。

辽国主外出到平地松林打猎。

宋太宗下诏立即在客省使厅事内设置三班院。当初,供奉官、殿直、殿前承旨都隶属于宣徽院,到这时因为官员众多,另外设置三班院来统领他们。

八月,乙未(初五),宋太宗诏令:"各路转运使以及州郡长官,从现在起都不得擅自举荐人员充任部内官员,如有缺员,及时上奏朝廷。"以前所议论推荐的,大多涉及亲族,所以堵塞其私幸之门。

己酉(十九日),水部员外郎、诸王府侍讲邢昺献上《分门礼选》二十卷。宋太宗取出这些卷册,得到《文王世子篇》观阅,很高兴。又听说诸王时常向刑昺询问经书的义理,邢昺常常为他们讲述君臣父子的道理,讲说时必定反复陈述,太宗更加喜欢,赐给刑昺器物钱币。

起居舍人田锡献上乾明节祝寿诗,又上书请求东去泰山举行封禅大典。九月,丁丑(十七日),宋太宗任命田锡保留原职,加官知制诰。田锡爱好直言进谏,太宗有时接受不了,田锡从容不迫地上奏说:"陛下随着岁月不断流逝经常过来,就会养成圣人的习性了。"太宗喜悦,更加重用他。

辛巳(二十一日),宋太宗诏令因明年正月将于东郊祭祀,太宗亲自举行耕田仪式,命令翰林学士宋白等人详细制订礼仪,设置五使,如同郊祀天地的制度。

丙戌(二十六日),辽国主前往南京,这年冬天就住在这里。

冬季,十月,壬子(二十三日),以左仆射退休的沈伦去世,谥号为恭惠。

十一月,庚辰(二十一日),宋太宗下诏说:"帝王设置爵位以驾驭权贵,用不同的俸禄来供养贤能,就是要求他们品行端正不苟,勤于政务。俸禄的数额,应该从优。应当支付的文武百官俸钱,用其他物品折做俸钱以给八成当作十成的,从现在起发给实际应发数额。"

雍熙初年,各地贡举应试的人聚集到京师的差不多超过一万人,礼部考试合格奏名的还不少于一千人。宋太宗从早到晚,临轩亲自考试,几天才完毕。宰相屡次请求将礼部的职责归属于有关部门,十二月,庚寅朔(初一),太宗下诏:"从今年起礼部主持科举考试,一如唐代旧例。"

山南东道节度使赵普前来朝见，宋太宗征召他上殿安抚慰问。赵普看见太宗感动得泣不成声，太宗也为之动容。开封府尹陈王赵元僖因而上疏说："赵普是开国老臣，敦厚持重有谋略，希望陛下重新任以政事。"太宗赞许并采纳了他的建议。

这月，雄州、霸州等州都相继奏报辽军将要入侵边境，急忙修整防备。宁边军几天之内连续得到八十余次情报，只有知军柳开不相信，致书信给郭守文陈述五条理由，说辽军一定不会来侵犯，不久得知果真是间谍的不实之词。当时宋太宗也打算商议亲自率军征讨，河北东路转运副使王嗣宗，呈上奏疏说辽军一定不会入侵的情状，太宗这才停止。

有个叫白万德的，是真定人，为辽国的重要将领，统领沿边的军队七百多帐。宋朝宁边军地方有个豪杰，是白万德的姻亲，常常去境外见他。柳开于是让他劝说白万德为内应，以幽州接纳宋军。答应许给他裂土封侯的赏赐，白万德答应了，来询问出师的日期。信使还没来得及回去，适逢诏令调任柳开为全州知州，于是这件事被搁置下来。

全州的西溪洞粟氏，聚集族人五百多，常常抄没掠夺百姓丁口粮食牲畜。柳开刚到之时，为他做衣带巾帽，选择衙门中官吏勇敢善辩的，得到三人，派他们入见粟氏告谕说："你能归附我，立即就有重赏，给予土地房屋让你居住。否则，发兵深入，去消灭你们这些人！"粟氏恐惧，留下两个官吏作为人质，率领他的酋长四人与另一官吏一起来。柳开丰厚犒劳赏赐他们，官吏百姓争相击鼓吹奏为他们送上酒食。留住几天后，让他们返回，同他们约定日期，举族迁出，不到一个月，全部都扶老携幼归降，柳开立即授给他们房屋产业，作《时鉴》一篇，刻在石上以为告诫。派遣这些酋长入京朝见，授任为本州的属官。太宗诏令赐给柳开三十万钱。

国子司业孔维上书，请求禁止一年两度养蚕以利于国家所饲养的马。直史馆乐史反驳上奏说："现在所买国马，来自远方，长途跋涉奔驰，喂养不足，没有能很好地加以照看，以至导致死亡和损耗。现在却禁令涉及养蚕的事，这是非常无意义的。近来颁降明诏，明年春天举行皇帝亲耕之礼，鼓励农事的典礼正要进行，禁止原蚕之制却又颁下，事情互相矛盾，恐怕不是应该做的，臣下曾经多次出任州县之职，粗略知道其中的利弊，编户齐民中贫困的很多，春蚕所收获的，只能充做赋税之用，晚蚕所获薄利，才能用作一年的费用。现在如果禁止他们后面的打算，一定会有乘机作乱的，恣意扰乱，百姓哪里有闲暇安宁呢！"宋太宗览阅他的奏疏，终于搁置了关于养蚕的禁令。

续资治通鉴卷第十四

【原文】

宋纪十四　起著雍困敦【戊子】正月,尽屠维赤奋若【己丑】三月,凡一年有奇。

太宗至仁应道神功圣　德睿烈大明广孝皇帝

端拱元年　辽统和六年【戊子,988】　春,正月,己未朔,不受朝,群臣诣阁拜表称贺。

庚申,辽主如华林天柱。

丙寅,以大理评事钜野王禹偁为右拾遗,华阳罗处约为著作佐郎,并直史馆,赐绯;旧止赐涂金带,特命以文犀带宠之。禹偁即日献《端拱箴》以寓规讽。

乙亥,飨先农于东郊,以后稷配,遂耕籍田。始三推,有司奏礼毕,帝曰:"朕志在劝农,恨不能终千亩,岂止以三推为限!"耕数十步,侍臣固请,乃止。还,御乾元门,大赦,改元。民年七十以上有德行为乡里所宗者,赐爵一级。丙子,上作《东郊籍田诗》赐近臣。

乙酉,禁用酷刑。

帝以补阙、拾遗多循默不修职业,二月,乙未,改左、右补阙为左、右司谏,左、右拾遗为左、右正言。

庚子,以李昉为尚书右仆射,罢政事。先是有佣书人翟颖者,性险诞,与知制诰胡旦狎。旦为作大言,使颖上之,且改颖名曰马周,以为唐马周复出也。于是击登闻鼓,讼昉身任元宰,属北方多警,不忧边思职,但赋诗饮酒并置女乐等事。帝以方讲籍田,稍容忍之。至是召翰林学士贾黄中草制罢昉相,且令切责。黄中言:"仆射师长百僚,旧宰相之任,今自工部尚书而迁是职,非黜责之义也。若以文昌务简,均劳逸为辞,庶几得体。"帝然之。昉和厚多恕,在位小心谨谨。每有求进用者,虽知其材可取,必正色拒却,已而擢用;或不足用,辄和颜温语待之。子弟问其故,昉曰:"用贤,人主之事,若受其请,是市私恩也,故峻绝之,使恩归于上。若不用者,既失所望,又无善辞,取怨之道也。"

以赵普为太保兼侍中,参知政事吕蒙正为中书侍郎兼户部尚书,并同平章事。帝谕普曰:"卿勿以位高自纵,勿以权重自骄,但能谨赏罚,弭爱憎,军国何忧不治!"蒙正质厚宽简,有重望,不结党与。遇事敢言,每论政,有未允者,必固称不可。帝嘉其无隐,故与普俱命,藉普旧德为之表率也。蒙正晚出,骤进与普同位,普甚推许之。

开封尹陈王元僖进封许王,韩王元侃进封襄王,冀王元份进封越王。帝手诏戒元僖等曰:"汝等生长深宫,须克己励精,听卑纳谏。每著一衣,则悯蚕妇,每餐一食,则念耕夫。至于听断之间,慎勿恣其喜怒。朕每礼接群臣以求启沃,汝等当勿鄙人短,勿恃己长,乃可永守富贵而保令终。先贤有言曰:'逆吾者是吾师,顺吾者是吾贼。'此不可以不察也!"

钱俶改封邓王。

甲辰，置建宁军于建州。

丙午，诏："诸道民有艰食者，所在发廪赈之。"

赵普再入相，方立班宣制，工部侍郎、同知京朝官考课雷德骧闻之，手不觉坠笏，遽上疏乞归，又请对，具陈所以。帝勉谕良久，且曰："卿第去，朕终保全卿。"德骧固请不已，壬子，罢知京朝官考课，仍奉朝请，特赐白金三十两以慰其心。

辽南京副部署奚王(筹)〔寿〕宁怙权，挝无罪人李浩至死，有司议贵，请贷(筹)〔寿〕宁罪，令出钱赡浩家，从之。

甲寅，辽大同军节度使、同平章政事刘景致仕。景事穆宗，数进谠言，景宗亦奖其忠实，子孙贵显于辽。

是月，以李继捧为感德军节度使。

三月，甲子，下诏申儆官吏，求直言。

帝尝谓户部使李维清曰："朕读《贾谊传》，夜分不倦。谊当汉文时，天下治平，指论时事，至云太息、痛哭，盖欲感动人主，不避触鳞，真忠臣明国体者也。今廷臣有似此人者否？"维清曰："陛下若于言事中理者赐以奖擢，即不知忌讳者亦与优容，则贾谊之流复出矣。"

枢密副使赵昌言，与盐铁副使陈象舆厚善；度支副使董俨，知制诰胡旦，皆昌言同年生；右正言梁颢，尝在大名幕下；故四人者日夕会昌言第，京师语曰："陈三更，董半夜。"翟马周既讼罢李昉，与旦益相得，每排毁时政，上书自荐，及历举所善十数人皆公辅器，昌言内为之助；人多识其辞气，皆旦所为也。昉既坐黜，赵普秉政，深疾之。开封尹许王元僖廉得其事，白帝，捕马周系狱，穷治之，具伏。帝怒，诏决杖流海岛。甲戌，责昌言为崇信节度行军司马，象舆复州团练副使，俨海州、旦坊州、颢赣州司户参军。

帝待昌言厚，垂欲相之，会普以勋旧复入，恶昌言刚戾难制，因是请加诛殛。昌言既贬官，普又请行后命，帝不许，乃止。普始为节度使，贻书台阁，体式皆如申状，得者必封还之，独象舆不却；普谓其慢己，故与旦、颢皆被重谴。

初，侯莫陈利用卖药京城，多变幻之术，眩惑闾里。枢密承旨陈从信闻于帝，即日召见，试其术，颇验，即授殿直，骤加恩遇，累迁至陈州团练使，遂恣横无复畏惮，至于居处服玩，皆僭乘舆宫殿之制。依附者颇获荐用，士君子畏其党而不敢言。至是赵普廉得其专杀人及它不法事，尽于帝前发之。乃遣近臣就按，利用具伏；乙亥，诏除名，流商州，仍籍其家。俄诏还之，普恐其再用，使殿中丞窦諲复告其不逊之状。又，京西转运使宋沆籍利用家，获书数纸，言皆指斥切害，悉以闻。普因劝帝曰："利用罪大责轻，未塞天下望，存之何益！"帝曰："岂有万乘之主不能庇一人乎？"普曰："陛下不诛则乱天下法。法可惜，此一竖子，何足惜哉！"帝不得已，命戮于商州。既而复遣使驰传贷其死，使者至新安，马旋泞而踣，及出泞，易马至商州，已磔于市矣。闻者快之。

夏，四月，乙未，辽主如南京。丁酉，韩德让从太后观击鞠，瑚哩实突德让坠马，太后怒，立命斩之。

加静海节度使黎桓检校太尉。

五月，辛酉，置秘阁于崇文院，分三馆书万馀卷实其中。命吏部侍郎李至兼秘书监，帝谓至曰："人君当淡然无欲，勿使嗜好形见于外，则奸佞无自入。朕无它好，但喜读书，多见古今成败，善者从之，不善者改之，如斯而已。"至等观书阁下，帝必遣使赐宴，且命三馆学士皆

271

预焉。

癸亥，辽南府宰相耶律沙卒。沙数将兵，太后尝召赐几杖以优其老，至是卒。

朝廷数以救书招谕李继迁，继迁终不肯降，益侵盗边境。赵普建议，欲复委李继捧以夏台故地，令图之。继捧时为感德节度〔使〕，即召赴阙，壬申，授定难节度使，赐国姓，改名保忠，所管五州钱帛、刍粟、田园等并赐之。壬午，保忠辞之镇，锡赉甚厚，命右卫第二军都虞候王杲送之。及还，保忠以土物为赆，杲拒而不纳，帝知之，赐白金百两。

闰月，己丑，以襄州衙内都虞候赵承煦为六宅使。承煦，普次子也。普再入相，未始为求官，帝特命之。普尝戒其子弟曰："吾本书生，偶逢昌运，受宠逾分，固当以身许国，私家之事，吾无预焉。尔等宜各勉励，勿重吾过。"

近制，宰相子起家即授水部员外郎，加朝散阶；吕蒙正固让，止授六品京官。自是为例。

丙申，赐诸道高年百二十七人爵为公士。秦、汉以后，不复赐民爵，自籍田礼成，始复赐焉。

翰林学士、礼部侍郎宋白知贡举，放进士程宿以下二十八人、诸科百人。榜既出，谤议蜂起，或击登闻鼓求别试。帝意其遗才，壬寅，覆试下第人于崇政殿，得进士马国祥以下及诸科凡七百人。谓枢密副使张宏曰："朕亲选贡士，人无弃材。卿与吕蒙正等曩者颇为大臣所沮，非朕独断，则不及此矣。"宏顿首谢。

旧制，锁院，给左藏库十万以资费用。是岁，诏改支尚书祠部钱，仍倍其数。

先是开封府发解，如诸州之制，皆府官专其事。是秋，以府事繁剧，始别敕朝臣主之，定名讫，送府发解如式。

御史中丞尝劾奏开封尹许王元僖，元僖不平，诉于帝曰："臣天子儿，以犯中丞故被鞫，愿赐宽宥。"帝曰："此朝廷仪制，孰敢违之！朕若有过，臣下尚加纠摘；汝为开封府尹，可不奉法邪？"论罚如式。

六月，丙辰朔，右领军卫大将军陈廷山以谋反伏诛。

复以湖南为武安军节度。

帝既擢马国祥等，犹恐遗材，复命右正言王世则等召下第进士及诸科于武成王庙重试，得合格数百人。丁丑，上覆试诗赋，以得进士叶齐以下三十一人，诸科八十九人，并赐及第。

秋，七月，戊戌，帝谓赵普曰："卿耆年触热，固应不易。自今长春殿对罢，宜即归私第颐养，候稍凉乃赴中书视事。"

丙午，除西川诸州盐禁。

八月，甲子，以宣徽南院使郭守文充镇州路都部署。

戊寅，武胜节度使邓王钱俶卒，辍视朝七日，追封秦国王，谥忠懿，命中使护丧事，葬洛阳。俶任太师、尚书令兼中书令四十年，为元帅三十五年，穷极富贵，福履之盛，近代无比。

庚辰，幸国子监，诏博士李觉讲《周易》之《泰卦》，觉为别坐，从臣皆列坐。觉述天地感通、君臣相应之旨，帝甚悦，特赐帛百匹。

丁酉，辽太后幸韩德让帐，厚加赏赉，命从臣分朋双陆以尽欢。

是月，凤凰见广州清远县合欢树，树下生芝三本。

九月，乙酉朔，以李继隆为定州都部署。

签署枢密院事杨守一卒。守一本晋邸涓人，无它材能，以告廷美阴事，致位通显。赠太尉。

丁未，秘书监李至言：“著作局撰告飨宗庙及诸祠祭祝文称尊号，唐惟《开元礼》有之，稽古者以为非礼。请举旧典，飨宗庙称嗣皇帝臣某，诸祠称皇帝。”从之。

庚戌，辽主次涿州，射帛书谕城中降，不从。乙卯，辽师四面攻之，城破，乃降，因抚其众。驸马萧勤德、大师萧达兰皆中流矢，勤德载辽主车中以归。旋闻南师退，遣耶律色珍等追击，大败之。冬，十月，戊午，辽师破沙堆驿。庚午，以降军分置七指挥，号归圣军。行军参谋马得臣言：“谕降宋军，恐终不为用，请放还。”辽主不允。辛巳，奚王（筹）〔寿〕宁败南师于益津关。癸未，进军长城口，定州守将李兴击之，为耶律休格所败。

帝谓侍臣曰：“朕每念古人禽荒之戒，自今除有司顺时行礼之外，更不于近甸游猎。”五坊鹰犬，悉解放之，诏天下勿复来献。

以右谏议大夫樊知古为河北东、西路都转运使。都转运使自知古始。知古即若水，帝为改名焉。

十一月，甲申朔，辽主令诸军备攻具，庚寅，自将攻长城口，四面齐进。将士溃围南走，耶律色珍招之，不降，辽主与韩德让邀击之，斩获殆尽。甲午，拔满城。戊戌，下祁州，纵兵大掠。己亥，拔新乐。庚子，破小狼山寨。辽师至唐河北，诸将欲以诏书从事，坚壁清野勿与战，定州监军袁继忠曰：“敌骑在近，城中屯重兵而不能奋灭，令长驱深入，岂折冲御侮之用乎！我将身先士卒，死于敌矣！”辞气慷慨，众皆服。中黄门林延寿等五人犹执诏书止之，都部署李继隆：“阃外之事，将帅得专焉。往年河间不即死者，固将有以报国家耳。”乃与继忠出兵拒战。先是易州静塞骑兵尤骁果，继隆取以隶麾下，留其妻子城中。继忠言于继隆曰：“此精卒，止可令守城，万一寇至，城中谁与捍敌！”继隆不从。既而辽师果至，易州遂陷，卒妻子皆为所掠。继隆欲以卒分隶诸军，继忠曰：“不可，但奏升其军额，优以廪给，使之尽节可也。”继隆从其言，众皆感悦，继隆因乞之隶麾下。至是摧锋先人，辽师大溃，追击至曹河。捷闻，降玺书褒答，赐予甚厚。

十二月，辛未，以李继迁为银州刺史、充洛苑使。

国子博士李觉上言曰：“夫冀北、燕、代，马之所生也。制敌之用，实资骑兵为急。议者以为欲国之多马，在啖边人以利，使重译而至。然市马之费岁益而厩牧之数不加者，盖失其生息之理也。且边人畜牧转徙，驰逐水草。腾驹游牝，顺其物性，由是浸以蕃滋。暨乎市易之马，至于中国，则絷之维之，饲以枯槁，离析牝牡，制其生性，玄黄尰瘠，因而减耗，宜然矣。今军伍中牝马甚多，而孳息之数尤鲜者，何也？皆云官给秣饲之费不充，又马多产则羸弱，驹能食则侵其刍粟，马母愈瘠；养马之卒，有罪无利，是以驹子生乃驱令嗅灰而死。其后官司知有此蠹，于是议及养驹之卒，量给赏缯，其如所赐无几而尚习前弊。今窃量国家所市边马，直之少者，匹不下二十千，往来支给赐与，复在数外，是贵市于边地而贱弃于中国，非理之得也。国家纵未暇别择牝马以分畜牧，宜且减市马之半直，赐畜驹之将卒，增为月给，俟其后纳马即止焉，则是货不出国而马有滋也。大率牝马二万而驹收其半，亦可岁获万匹，况复牝又生驹，十数年间，马必倍矣。昔猗顿穷士也，陶朱公教以畜五牸，乃适西河，大畜牛羊于猗氏之南，十年间，其息无算，况以天下之马而生息乎！”帝览而嘉之。

著作郎直史馆罗处约上疏曰：“窃闻省中上言，欲于三司之中复置判官十二员，兼领其职，各司其局。臣伏以三司之制非古也，盖唐朝中叶之后，兵寇相仍，以赋调管榷之所出，故自尚书省分三司以董之。然蠹弊相沿，为日久矣。以臣管窥，莫若复尚书都省故事，其尚书丞、郎、正郎、员外郎、主事、令史之属，请依六典旧仪，以今三司钱刀、粟、帛、管榷、度支之事，均在二十四司。如此,则各有司存,可以责其集事。今则仓部、金部,安能知储廪、帑藏之盈虚;司田、司川,孰能知屯役、河渠之远近!有名无实,积习生常,堆案盈几之籍,何尝能省览之乎!若复于三司之中更分置僚属,则愈失其本原矣。"

是岁,少府监上言:"本监配役人郭冕等皆任京朝官,会赦,请叙用。"帝曰:"此皆赃贿,止可免其居作,不可复齿朝行。"

辽初置贡举,放高第一人。

二年 辽统和七年【己丑,989】 春,正月,癸巳,诏文武群臣各陈备边之策。

是日,辽主谕诸军趋易州;癸卯,攻城。满城出师来援,为辽铁林军击退,指挥使被擒者五人。甲辰,辽师齐进,东京骑将夏贞显之子仙寿先登,易州遂破,刺史刘墀降于辽。守陴将士南走,辽主帅师邀之,无得免者。即以马质为刺史,赵质为兵马都监,迁易州军民于燕京,授仙寿高州刺史。乙巳,辽主登易州五花楼,抚谕士庶。

户部郎中张洎奏曰:"自幽蓟用兵,累载于兹,其故何哉?盖中国失地利,分兵力,将从中御,士不用命故也。

"中国所恃者,险阻而已。朔塞以南,地形重阻,深山大谷,连亘万里,天地所以限中外也。今自飞狐以东,重关复岭,塞垣巨险,皆为契丹所有;燕蓟以南,平壤千里,无名山大川之阻,此所以失地利而困中国也。国家制御之道,在乎审察利害,举万全之略。今河朔郡县,列壁相望,朝廷不以城邑小大,咸浚隍筑垒,分师而守。及敌骑南驰,长驱深入,咸婴城自固,莫敢出战,敌人莞然自得,出入燕、赵,若践无人之境。及其因利乘便,攻取城壁,国家尝以一邑之众当敌人一国之师,既众寡不侔,亦败亡相继。其故无它,盖分兵之过也。臣请悉聚河朔之兵,于缘边建三大镇,各统十万之众,鼎踞而守;仍环旧城,广创新寨,俾士马便于出入。然后列烽火谨晨夕之候,选精骑为报探之兵,千里之遥,若视掌内,敌之动静,我必先知。仍命亲王出临魏府,控河朔之要,为前军后屏。自馀郡县,则选在城丁壮,授以戈甲,俾官军统摄而城守焉。三镇分峙,隐若长城,大军云屯,虎视燕、赵,臣知契丹虽精兵利甲,终不敢越三十万之众南侵贝、冀矣。

"《军志》曰:'凡临敌,法令不明,赏罚不信,闻鼓不进,闻金不止,虽有百万之师,何益于用!'又曰:'将从中制,兵无选锋者,必败。'臣顷闻涿州之战,元戎不知将校之能否,将校不知三军之勇怯,各不相管辖,以谦谨自任,未闻赏一效用、戮一叛命者。《军志》曰:'弩不及远,与短兵同。射不能中,与无矢同。中不能入,与无镞同。'臣顷闻涿州之战,敌人未至,万弩齐张,敌骑既还,箭如山积。乃知戈戟刀剑,其用皆然,是驱天兵奋空拳而对勍敌也。《军志》曰:'三军耳目,在吾旗鼓。'臣顷闻涿州之战,阵场既布,或取索兵仗,或迁移部队,万口传呼,嚣声沸腾,乃至辙乱尘惊,莫知攸往,矢石未交,奇正先乱。军政如此,孰救败亡!《军志》曰:'凡出师临阵,一夫不用命,则斩一夫,一校不用命,则斩一校,一队不用命,则斩一队。'故穰苴戮庄贾,魏绛戮扬干,诸葛亮诛马谡,李光弼斩崔众,咸以能举严刑,方成大略。臣请陛下申命元帅,自裨将以下有违犯命令者,并以军法从事。其杀敌将校所得鞍马财货等,悉以与之,仍优加锡赉。严刑以制其命,重赏以诱其心,示金鼓进退之宜,谨三令五申之号,将不中御,众知向方,而不能震大宋之天声者,未之有也!

"又,沿边郡县,久被焚掠,臣乞陛下悉与放免秋夏两税,直俟事宁之日,方仍旧贯。朝廷所失租赋,未及毫芒,且以沮敌人诱掖之谋,慰甿庶绥怀之望。

"前史有言曰:'圣人以天下为度,不以私怒而伤公义。'今兵连祸结,当以权济用,请陛下且稍抑至尊，举通和之策，彼若归仁悔过，奉大国之欢盟，结好息民，以宁宇县，固邦家之望也。脱若敌人无厌，贪残是务，屈大邦之命而不从，曲实在彼，我又何咎！臣知天下闺闱妇女亦当为陛下荷戈执戟，效死于战场矣，况六军之人哉！"

右正言直史馆王禹偁奏曰："备边之策，在外任其人而内修其德耳。在外者，一曰兵势患在不合，将臣患在无权。请于缘边要害之地为三军以备之，若唐受降城之类。如国家有兵三十万，则每军十万人，使互相救援，责以成功，立功者行赏，无功者明诛。二曰侦逻边事，罢用小臣。小臣虽有爱君之名而无爱君之实，边疆涂炭而不尽奏，边民哀苦而不尽言。诚用老臣大僚，往来宣抚，赐以温颜，使尽情无隐，则边事济矣。三曰行间谍以离之，因衅隙以取之。臣风闻契丹中妇人任政，人心不服。宜捐厚利，啖其部长，以离其心。四曰边人自相攻击，中国之利也。今国家西有赵保忠、折御卿为国心腹，宜敕二帅率麟、府、银、夏、绥五州，张其掎角，声言直取胜州，则契丹惧而北保矣。五曰下哀痛之诏以感激边民。顷岁吊伐燕蓟，盖以本是汉疆，诚宜收复，而边民不知圣意，皆谓贪其土地，致契丹南牧。陛下宜下哀痛之诏，告谕边民，有得一级者赐之帛，得一马者还其价，得部帅者与之散官。如此，则人百其勇而士一其心。在内者，在省官吏，慎选举，信用大臣，禁止游惰。望陛下少度僧尼，少崇寺观，劝风俗，务田农，则人力强而边用实矣。若军运劳于外，游惰耗于内，人力日削，边用日多，不幸有水旱之灾，则寇不在外而在内也。惟陛下熟计之。"帝览奏，深加叹赏，宰相赵普尤器之。

知制诰田锡奏曰："今之御敌，无先于选将帅；既得将帅，请委任责成，不必降以阵图，不须授之方略，自然因机设变，观衅制宜，无不成功矣。昔赵充国，汉之老将，尚云百闻不如一见。况今委任将帅，而每事欲从中降诏，授以方略，或赐与阵图，依从则未合宜，专断则违上旨，以此制胜，未见其长。伏乞速命宰臣各举良将，并令素有闻望宿旧武臣，自举其能及举所知者。

"臣闻前年出师，命曹彬取幽州，是侯莫陈利用、贺令图之辈荧惑圣聪，而李昉等不知。去年招置义军，札配军分，赵普等亦不知。夫宰相非才，则罢之可也。宰相可任，岂有议边陲，发师旅，而不使与闻者哉！语云：'偏信生奸，独任成乱。'利用、令图等既误陛下机宜于前，无令似此二人者复误陛下机宜于后。

"兵书曰：'事莫密于间，赏莫重于间。'契丹自有诸国，未审陛下曾探得凡有几国与之为仇？若悉知之，可以用重赏，行间谍。间谍若行，则契丹自乱；契丹自乱，则边鄙自宁。昔李靖用间，破突厥心腹之人。如汉之陈汤、傅介子之流，则不劳师徒，自然归化。此可以缓陛下忧边之心也。

"凡征发军士，储备粮草，亦宜镇静，勿使喧烦。臣闻去年于户税上折科马草，及官中和买，当买纳未足之间，即有使臣催督，贫下户妇女有行校科者。又闻汴河干浅，欲分南河水添注汴河以通漕道。国家计度何在，而临时一至于此！臣即不知国家军储支得几年，若是无九年之粮，实为无备；若是无三年之粮，实为窘急。若不窘急，何以科校妇女而纳草，添注河水而漕运也？

"昔吴起为将，为士卒吮痈。霍去病为将，汉帝欲为治第，去病曰：'匈奴未灭，何以家为！'今之将帅，有如吴起、霍去病否？若以臣见，即将帅实无其人。将帅非才，即无威名，何以使敌人望风而惧！

"以臣所见，小事不劳陛下用心；若以社稷之大计，为子孙之远图，则在乎举大略，求将相，务帝王之大体也。设如人欲理身，先理心，心无邪则身自正；欲理外，先理内，内既理则外自安。臣谓边上动,由朝廷动之,边上静,由朝廷静之。任贤相于内,则纪纲正;委良将于外,则边鄙安矣。"

改军头司为御前忠佐军头司,引见司为御前忠佐引见司。

二月,壬子朔,命河北东、西路招置营田,以陈恕等为营田使。

下诏罪己。

辽主御元和殿,受百官贺。以元日在营中,至是战捷,还南京补行礼。

癸丑,诏:"平塞、天威、平定、威虏、静戎、保塞、宁边等军,祁、易、保、定、镇、邢、赵等州民,除雍熙四年正月丙戌诏给复外,更给复二年;霸、代、浍、雄、莫、深等州,平鲁、岢岚军,更给复一年。"

乙卯,辽大飨军士,爵赏有差。枢密使韩德让封楚国王,驸马都尉萧宁远同政事门下平章事。甲子,辽主命南征所俘、有亲属分隶诸帐者,给官钱赎之,使得相从。

丙寅,辽禁举人匿名飞书谤讪朝政。

戊辰,以国子监为国子学。

是月,作方田。

三月,亲试合格举人,得进士阆中陈尧叟以下一百八十六人,诸科博平孙奭等四百五十人,并赐及第,七十三人同出身。赐宴,始令两制、三馆文臣皆预。赐尧叟等箴一首。越州进士刘少逸者,年十三,中选,既覆试,又别赐御题赋诗数章,授校书郎,令于三馆读书。时中书令史、守当官陈贻庆举《周易》学究及第,既而帝知之,令追夺所授敕牒,释其罪,勒归本局,禁吏人应举。

时有进士十七人挈家归于辽,辽主命有司考其中第者,补国学官,馀授县主簿、尉。

丁亥,辽命知易州赵质收战亡士卒骸骨,筑京观。戊子,赐裕悦宋国王耶律休格红珠筋线,命入内神帐行再生礼,太后赐物甚厚。辽制,惟帝及太后行再生礼,休格得行之,异数也。

己丑,辽免云州逋赋。

丙申,辽开奇峰路,通易州市。

是春,辽主驻延芳淀。

【译文】

宋纪十四 起戊子年(公元988年)正月,止己丑年(公元989年)三月,共一年有余。

端拱元年 辽统和六年(公元988年) 春季,正月,己未朔(初一),宋太宗不接受朝贺,文武群臣前往阁门拜送表章庆贺。

庚申(初二),辽国主前往华林天柱。

丙寅(初八),宋太宗以大理评事巨野人王禹偁为右拾遗,华阳人罗处约为著作佐郎,一同为直史馆,赐给红色官服;原来只赐给涂金腰带,这次特别诏命赐给文理灿然的犀角腰带来表示宠信。王禹偁当天进献《端拱箴》来寄托规谏讽喻。

乙亥(十七日),宋太宗在东郊祭祀先农,用后稷配享,接着耕作籍田。开始三推未耜,有关官员奏报行礼完毕,太宗说:"朕志在鼓励农耕,恨不得能耕完千亩籍田,岂能仅以三推为限!"连耕几十步,侍从大臣坚决请求,太宗才停止。回到宫中,登上乾元门,大赦天下,改年号,百姓年龄七十以上的有品德操行并为乡里所尊崇的,赐爵位一级。丙子(十八日),太宗作《东郊籍田诗》赐给身边大臣。

乙酉(二十七日)，宋朝禁止使用酷刑。

宋太祖以补阙、拾遗大多因循缄默不履行职责，二月，乙未(初八)，改左、右补阙为左、右司谏，左、右拾遗为左、右正言。

庚子(十三日)，宋太宗以李昉为尚书右仆射，罢免参知政事。先前有个受雇抄书人叫翟颖，生性险恶怪诞，与知制诰胡旦亲昵。胡旦为他编造大话，让翟颖上奏，并且将翟颖的名字改为马周，认为是唐代马周再世。于是翟马周敲击登闻鼓，控告李昉身为宰相，正值北部边疆多有警报，却不忧虑边事反思职责，仅仅赋诗饮酒，同时私置歌女乐工等事。宋太宗因为正在讲授籍田之礼，对此暂且容忍。到这时征召翰林学士贾黄中起草制令罢免李昉相职，并且下令痛斥。贾黄中进言："仆射是百官的师长，旧日宰相的职务，如今将李昉从工部尚书改迁到这个职务，没有贬谪斥责的意义。如果用尚书省政务简略，均衡劳逸作为辞令，大概比较得体。"太宗同意。李昉温和仁厚讲究恕道，在相位小心谨慎。每当有人要求进用时，即使知道他的才能可以取用，也必然表情严肃地加以拒绝，事后提拔任用；有的不堪任用，就和颜悦色好言温语对待他。子弟询问这样做的缘故。李昉说："任用贤才，是人主的事情，倘若接受他们请求，这是用私下恩惠收买人心啊，所以严厉拒绝，使得恩惠归于皇上。至于那些没受任用的，既大失所望，再没有好言好语，这是招人怨恨的做法。"

宋太宗以赵普为太保兼侍中，参知政事吕蒙正为中书侍郎兼户部尚书，一并为同平章事。太宗晓谕赵普说："爱卿不要因为职位崇高而自我放纵，不要因为权力太重而骄傲，只要能够谨慎赏功罚过，去除私人爱憎好恶，军政国事何忧不治！"吕蒙正资质淳厚宽容朴实，有好名望，不结朋党。遇事敢于直言，每次讨论政务，如有不公允的，必定坚称不可。太宗嘉许他不隐瞒见解，所以同赵普一起任用，借用赵普元老旧臣的德行来作为他的表率。吕蒙正晚辈后进，骤然进身和赵普同位，赵普非常推许他。

北宋胄甲穿戴复原图

开封府尹陈王赵元僖晋封为许王，韩王赵元侃晋封为襄王，冀王赵元份晋封为越王。宋太宗亲手下诏告诫赵元僖等人说："你们都生长在深宫，必须克制自己，励精图治，兼听下言，接受劝谏。每穿一件衣，就该怜惜蚕妇；每吃一顿饭，就应想到农夫。至于听理决断政务之时，千万不要随便发泄个人喜怒好恶。朕每次以礼相待文武百官，为的是求得竭诚尽忠，你们应该不鄙视他人之短，不仗恃自己之长，才可以永久守住富贵而保持善终。先贤有这样的话说：'敢于违背我的是我的老师，只是顺从我的是我的贼寇。'这是不可不明察的。"

钱俶改封为邓王。

甲辰(十七日),宋朝在建州设置建宁军。

丙午(十九日),宋太宗下诏:"各道百姓中有缺乏粮食的,由所在州县开仓赈济。"

赵普再次入朝为宰相,当时立好官位宣读制书,工部侍郎、同知京朝官考课雷德骧突然听说这条消息,手中的笏板不知不觉落地,立刻上疏请求返回老家,又请求召见应对,具体陈述原委。宋太宗劝勉很长时间,并且说:"爱卿只管回去,朕将当保全爱卿。"雷德骧坚持请求,壬子(二十五日),雷德骧被免去京朝官考课,仍旧奉朝请,特意赐给白银三十两来安慰他的心情。

辽国南京副部署奚王寿宁仗恃权势,殴打无罪之人李浩致死。司法官员援用辽议贵条例,请求对寿宁从宽治罪,命令他出钱赡养李浩一家,辽国主准从。

甲寅(二十七日),辽国大同军节度使、同平章政事刘景退休。刘景事奉辽穆宗,多次进奏直言,辽景宗也褒奖他的忠诚老实,子孙在辽国尊贵显赫。

这月,宋太宗任命李继捧为感德军节度使。

三月,甲子(初七),宋太宗下诏告诫官吏,求得直言。

宋太宗曾经对户部使李维清说:"朕阅读《贾谊传》,到半夜都不觉得疲倦。贾谊在汉文帝时代,正当天下大治太平,但指摘评论时事,甚至叹息、痛哭,是想以此打动人主,不避触犯皇上的危险,是真正明白治国大体的忠臣。如今朝臣中有像此人的吗?"李维清说:"陛下倘若对上言时事切中道理者赐予嘉奖提拔,即使言语不知忌讳者也给予优待宽容,那么贾谊之类的人就会复出了。"

枢密副使赵昌言,与盐铁副使陈象舆关系深厚友善;度支副使董俨,知制诰胡旦,都与赵昌言同年而生,右正言梁颢,曾经任职于大名府幕下;所以四人日夜在赵昌言宅第聚会。京城流传说:"陈三更,董半夜。"翟马周起诉罢免李昉后,和胡旦更加相投,时常抨击当时朝政,上书自荐,还逐一荐举所亲善的十几人,说他们都是辅佐朝廷的人才。赵昌言在朝中为他帮腔助力,人们大多识破翟马周奏书的文辞意气,知道都是胡旦所为。李昉被贬谪后,赵普专权,深恶胡旦等人。开封尹许王赵元僖搜捕查明此事,禀告太宗,拘捕翟马周关押监狱,彻底追查,全部招认。太宗发怒,诏令判决杖刑流放海岛。甲戌(十七日),赵昌言被贬为崇信节度行军司马,陈象舆贬谪为复州团练副使,董俨贬谪为海州司户参军,胡旦贬谪为坊州司户参军,梁颢被贬为虢州司户参军。

宋太宗对赵昌言优待深厚,打算任命为相,正好赵普以元勋旧臣再次入朝为相,憎恶赵昌言刚愎乖戾,难以控制,便因此事请求诛杀他。赵昌言贬官后,赵普又请求追行诛杀的命令,太宗不准从,才作罢。赵普开始任节度使,给尚书省的书信,格式都照上行的申状。尚书省别的官员得到赵普的书疏都密封送还,只有陈象舆收到后不退回。赵普认为陈象舆怠慢自己,所以他与胡旦、梁颢都受到很重责罚。

当初,侯莫陈利用在京师卖药,懂得很多变化莫测的幻术,以此迷惑里巷百姓。枢密承旨陈从信向宋太宗奏报,太宗当天召见,验试他的法术很灵验,当即授予殿直,此后屡次赐予恩宠厚遇,积累升迁到陈州团练使,于是恣意横行不再有所忌惮,甚至在居室住处服饰玩好,都僭用皇帝宫殿的式样。依附者大多获得荐举重用,士人君子畏惧他的同党而不敢报告。到这时赵普查访到他擅自杀人以及其他不法之事,全都在太宗面前告发,于是太宗派遣身边大臣前去查办,侯莫陈利用全部招供;乙亥(十八日),太宗下诏削夺侯莫陈利用的官籍,流放商州,并抄没他的家,不久下诏让他返回京师,赵普担心他再次得到重用,让殿中丞窦谭又告发他桀骜不驯的情况。同时京西转运使宋沆查抄侯莫陈利用家时，获得书信多张，言语中都直呼帝名很尖刻厉害，全部奏报。赵普因此劝说太宗："侯莫陈罪大恶极而责罚太轻，不能满足天下人的愿望，留他有什么好处！"太宗说："岂有万乘之主而不能庇护一个人的道理？"赵普说："陛下不诛杀他就会乱天下大法。法可惜，这个无名鼠辈，有什么值得可惜的！"太宗无奈，命令在商州将侯莫陈利用诛杀，没多久太宗又派遣使者乘坐驿站车马飞快驰往宽免他的死罪，使者到达新安，马陷入泥泞而倒，等脱身泥泞换马到商城，侯莫陈利用已在街市被分尸了，听到消息的人都拍手称快。

夏季，四月，乙未（初九）。辽国主到达南京。丁酉（十一日），韩德让随从辽太后观看打马球，瑚哩实冲撞韩德让落马，辽太后大怒，立刻命令斩首。

宋太宗下诏将静海节度使黎桓加官为检校太尉。

五月，辛酉（初五），在崇文院设置秘阁，分出史馆、昭文院、集贤院的藏书一万多卷，充实秘阁。任命史部侍郎李至兼管秘书监，宋太宗对李至说："人君应当淡泊没有欲望，不让自己的嗜好显于外表，那么奸佞小人就无从而入。朕没有其他爱好，只喜欢读书，博览古今成败，好的遵从它，不好的改掉它，如此而已。"李至等在秘阁看书，太宗必定派遣使者赐宴，并且命令三馆学士全都参加宴会。

癸亥（初七），辽国南府宰相耶律沙去世。耶律沙多次率军，辽太后曾经召见赐给几案拐杖来慰问优抚他高龄，直到这时去世。

朝廷多次以敕令诏书招降晓谕李继迁，李继迁始终不肯投降，更加侵犯掠夺边境。赵普提出建议，准备再将夏台故地委交给李继捧，让他去对付李继迁。李继捧当时为感德节度使，立即征召赶赴京城，壬申（十六日），太宗授予他定难节度使，赐给国姓，改名保忠。所辖五州的钱帛、粮草、田园等统统赐给他。壬午（二十六日），赵保忠辞行赴镇，赐给钱财非常丰厚，太宗命令右卫第二军都虞候王杲送他。及至王杲返回时，赵保忠用土产作为馈赠，王杲拒绝不收，太宗知晓此事，赐给王杲白银一百两。

闰月，己丑（初四），宋太宗以襄州衙内都虞候赵承煦为六宅使。赵承煦是赵普第二个儿子。赵普再次入朝任相，不曾为儿子求官，太宗特意任命。赵普曾经告诫他的子弟说："我原本是一书生，偶尔逢遭大运，蒙受恩宠超过寻常，本来应当以身许国，私家事情，我不去参与，你们应该各自勉励，不要加重我的过失。"

近代制度，宰相儿子的起家官就授予水部员外郎，并加朝官散阶，吕蒙正坚决推辞，但只授予其子六品京官。从此作为常例。

丙申（十一日），宋太宗赐给各道高龄一百二十七人爵位为公士。秦、汉以后，不再赏赐平民爵位，从籍田礼仪完毕后，开始恢复赐给民爵。

翰林学士、礼部侍郎宋白知贡举。放榜取中进士程宿以下二十八人，诸科一百人。榜公布后，抨击议论纷纭而起，有人击登闻鼓要求另外考试。宋太宗认为其中有遗漏人才，壬寅（十七日），在崇政殿对落第举人进行再次考试，取得进士马国祥以下和诸科共七百人。宋太宗对枢密副使张宏说："朕亲自选贡士，就没有被遗弃的人才。爱卿和吕蒙正等曾经很受大臣的阻挠，不是朕独断的话，就不能担任今天的职务了。"张宏叩头告谢。

原来规定，锁闭贡院后，发给左藏库的十万钱来做费用。这一年，宋太宗下诏改为支取尚书祠部的钱，同时在原来钱数基础上加倍。

先前开封府发遣解送举人，如同各州的制度，全由官府专主其事。这年秋季，因为开封府政事繁重,开始另外敕令朝廷大臣主持,确定名额完毕,送交开封府按常式发遣解送。

御史中丞曾经弹劾奏告开封府尹许王赵元僖,赵元僖愤愤不平,向宋太宗诉说:"臣为天子的臣子,因为触犯中丞的缘故被审讯,希望赐予宽宥。"太宗说:"这是朝廷的仪礼法制,谁敢违反!朕倘若有过失,臣下尚且加以纠举指摘,你身为开封府尹,可以不守法吗?"按规定论处责罚。

六月,丙辰朔(初一),右领军卫大将军陈廷山,因谋反罪伏法诛杀。

宋朝又以湖南作为武安军节度。

宋太宗提拔马国祥等人后,还担心遗漏人才,又命令右正言王世则等召集落第的进士科和诸科举人到武成王庙重新考试,又取得合格者几百人。丁丑(二十二日),太宗再次主试诗赋,又取得进士叶齐以下三十一人,诸科八十九人,一律赐予及第。

秋季,七月,戊戌(十四日),宋太宗对赵普说:"爱卿高龄遇上热天,本就不容易,从现在长春殿应对罢朝以后,应该立即回归自己家中好好休息,等天气逐渐转凉再去中书视理政务。"

丙午(二十二日),宋朝废除西川各州的盐禁。

八月,甲子(初十),宋太祖以宣徽南院使郭守文充任镇州路都部署。

戊寅(二十四日),武胜节度使邓王钱俶去世,停止上朝七天,追封为秦国王,谥号为忠懿,太宗命令宫中使者护理丧葬之事,葬于洛阳。钱俶历任太师、尚书令兼中书令四十年,担任元帅三十五年,穷极荣华富贵,福运的隆盛,近代无从得比。

庚辰(二十六日),宋太祖到国子监,下诏博士李觉讲读《周易》的《泰卦》,李觉设置专座,侍从大臣都排位而坐。李觉阐述《泰卦》中天地交感互通、君臣相应的旨意,太宗听后十分高兴,特意赐给绢帛一百匹。

丁酉(十三日),辽太后前去韩德让帐落,加以丰厚赏赐,命令随从大臣分批派对玩双陆而尽情欢乐。

这月,凤凰在广州清远县的合欢树上出现,树下生出灵芝草三棵。

九月,乙酉朔(初一),宋太祖以李继隆为定州都部署。

签署枢密院事杨守一去世。杨守一原本是过去晋王府邸一名执掌卫生打扫的涓人,无其他才能,因为告发赵廷美阴谋之事,所以获得高官显位,赠授太尉。

丁未(二十三日),秘书监李至进言:"著作局撰写祭告宗庙和各种祭祀的祝文中都称尊号,这在唐朝仅《开元礼》中有,考究古道者认为不符合礼法。请求沿用旧典规定。祭告宗庙时称嗣皇帝臣某,其他各种祭祀时称皇帝。"宋太宗准从。

庚戌(二十六日),辽国主到达涿州,发射帛书劝谕守城宋军投降没有依从。乙卯(初一),辽军四面进攻,城被攻破,守军才投降,辽国主乘此安抚涿州军民。驸马萧勤德、太师萧达兰都被流矢射中,萧勤德被载于辽国主车中返回。旋即听说南面宋军后退,辽国主派遣耶律色珍等人追击,大败宋军。冬季,十月,戊午(初四),辽军攻破沙堆驿。庚午(十六日),将投降宋军分别编为七个指挥,号称归圣军。行军参谋马得臣,上言说劝降的宋军,恐怕最终不能为我所用,请求将他们放还,辽国主不听从。辛巳(二十七日),奚王寿宁在益津关大败宋军。癸未(二十九日),辽军进军到长城口,定州守将李兴出击,被耶律休格部打败。

宋太宗对侍从大臣说:"朕时常想到古人对沉迷于田猎的告诫,从现在起除官吏顺从天时举行典礼之外,不再在京师近郊游玩打猎。"五坊饲养的猎鹰、猎犬,全部解脱放走,诏令天下不要再进献猎鹰、猎犬。

宋太宗以右谏大夫樊知古为河北东、西路都转运使。都转运使之职从樊知古开始设置。樊知古就是樊若水,太宗为他改的名。

十一月,甲申朔(初一),辽国主命令各部准备攻城器具,庚寅(初七),亲自率军进攻长城口,军队四面一齐推进。宋军将士突围向南逃跑,耶律色珍招降,但宋军不肯投降。辽国主与韩德让领兵拦截攻击,斩杀俘虏,宋军几乎全军覆没。甲午(十一日),辽军攻拔满城。戊戌(十五日),攻下祁州,放纵士兵大肆抢掠。己亥(十六日),攻拔新乐。庚子(十七日),攻破小狼山寨,辽军到达唐河北岸,宋朝众将准备按照诏令从事,坚壁清野不同辽军交战,定州监军袁继忠说:"敌寇骑兵就在附近,我城中屯驻重兵却不能将其消灭,任其长驱直入,哪里还有击退敌军抵御外侮的作用呢!我将身先士卒,战死在敌军中。"言辞意气慷慨激昂,众人都感动佩服。中黄门林延寿等五人仍然手持诏书阻止,都部署李继隆说:"国门之外军事,将帅有权自己做主。我往年在河间没有战死,原本就是打算日后自有报效国家的机会哩。"于是和袁继忠出兵抵御作战,先前易州静塞的骑兵特别骁勇果敢,李继隆收取来归辖于自己部下,将他们的妻子儿女留在易州城中。袁继忠向李继隆进言说:"这批精锐士卒,只可让他们守城,万一敌军到达,城中还有谁来抵御敌人!"李继隆不听从。不久辽军果真到达,于是易州沦陷。骑兵的妻子儿女全被辽军俘掠。李继隆打算把这批士兵分别编入其他各部,袁继忠说:"不可以,只需奏报增加他们的军员名额,从优供应给养,让他们为国尽节就可以了。"李继隆听从他的话,部众全都感激喜欢,李继隆因此要求编入自己部下,到这时摧毁敌人锋芒首先切入,辽军大溃败,宋军追击到曹河,捷报奏闻,宋太宗颁降盖有玺印的诏书褒奖作答,赐予钱物十分丰厚。

十二月(十八日),任命夏州蕃落使李继迁为银州刺史,担任洛苑使。

国子博士李觉上言说:"冀北燕代之地,是马匹生息之处,制服敌寇的军用装备,实在以供给骑兵的马匹最为紧要。议论此事的人认为要想国家马匹多,在于用财利来引诱边境戎人,让他们远道辗转将马匹送到。然而买马的费用每年增加而厩栏中牧养马匹的数量不增加,是因为有失马匹生息繁衍的天理。边境戎人牧养马匹辗转迁徙,追逐水草丰美之地,公马、母马自由交配,顺从它们的天性,由此逐渐繁育滋生。至于买来的马,到达中原,就套上拴上,喂给干枯的秸秆,让公马、母马分离,抑制生殖的本性,生病消瘦,因而不断减少,便理应如此了。如今军队中的母马很多,但繁殖的幼马数量格外稀少,是何缘故呢?都说是官府供给饲料的费用不充裕,同时母马多产的话就虚弱,马驹能吃食便侵夺母马的草料,母马逐渐消瘦,对养马的士卒来说,只有罪过毫无利益,因此马驹刚生下来就驱使它闻吸灰土而死亡。以后有关管理部门知道有此弊端,于是商议到饲养马驹的士卒,按马驹数量给予赏钱,无奈所赐赏钱没有多少,因而仍然沿袭以前弊端。如今私下估量国家所买进的边外马匹,价钱便宜的,每匹不低于二十千钱,而路上往来开支供给,赐予赏钱,又在此数之外,这是高价从边境地区买进而在中原糟蹋丢弃,不是常理所应有的。国家纵然无暇另外挑选母马来分别牧养,也应暂且削减买马的一半钱款,赐给饲养马驹的将吏士卒,增加每月的饷钱,等到他们以后上交马匹便停止增发,这就做到财货不出国门而马匹常有增加。大致二万匹母马而可收取一半数量的马驹,每年也可获得一万匹马,况且生下的母马又会产马驹,十几年之内,马匹数量必定成倍增加。昔日猗顿是个贫寒之士,陶朱公教他喂养牛、马、羊、猪、驴五种牧畜,猗顿就前往西河,在猗氏南面大养牛羊,十年之间繁殖不计其数,何况用天下的马匹而喂养繁衍呢!"太宗阅览后嘉许他所说的话。

著作郎、直史馆罗处约上疏说:"臣私下听说中书门下省上言,准备在三司中再设置判官十二名,兼领有关职责,分管各个部门。臣下认为三司制度并非古道,是唐代中叶以后,兵争战火接连不断,因为费用出自赋税专利的缘故,所以从尚书省分出设立三司来掌管。然而弊端相继沿袭,为时已是很久了。按照臣下的一孔之见,不如恢复尚书都省的旧制,将今日三司的钱币、粮食、布帛、专利、收支等项事务,均衡分在二十四司。将这样的话,各有专司省视,可以责求他们完成自己的事务。可如今仓部、金部,哪能知道粮食储备、财物收藏的增减多少;司田、司川又怎能知道屯垦役作、河渠沟道的远近长短!有名无实,积久成习,习以为常,籍册堆满几案,三司何曾能仔细审阅呢!倘若再在三司之中另外分设官僚属员,就更加丧失它的根本了。"

这年,少府监上言:"本监发配服役之人郭冕等都担任过京朝官,适逢大赦,请求叙录任用。"宋太宗说:"这些人都贪赃受贿,只可免除他们的居作之刑,不能再列京朝官之伍。"

辽国初次设置贡举考试,放榜取中高第一人。

端拱二年　辽统和七年(公元989年)　春季,正月,癸巳(十一日),宋太宗下诏文武群臣各自陈奏防备边境之策。

这天,辽国主晓谕各军直趋易州;癸卯(二十一日),攻打易州城。满城宋军出兵前来援助,被辽国铁林军打退,被辽军擒获的指挥使五人。甲辰(二十二日),辽军一齐进攻,东京骑将夏贞显的儿子夏仙寿首先登城,易州攻破,州刺史刘墀向辽军投降。宋城的宋军将士向南逃跑,辽国主率军拦截,无一人得以幸存。辽国主立即任命马质为刺史,赵质为兵马都监,将易州军民迁徙到燕京,授予夏仙寿为高州刺史。乙巳(二十三日),辽国主登上易州五花楼,安抚士人百姓。

户部郎中张洎上奏说:"自从对幽蓟用兵以来,经历多年直到今日,其中缘由何在?是中原失去地利,分散兵力,将帅受制于朝廷,士兵不服从命令的缘故啊!"

"国家所依凭的,只是天然险要之地罢了。北方边塞以南,地形重重险阻,高山深谷,连绵横亘万里,是天地用以分隔中原与域外的屏障。如今从飞狐向东,道道关隘、层层山岭,要塞城垣、巨大天险,全被契丹占有;燕蓟以南,平地千里,没有名山大川的障碍,这就是丧失地利而中原受困的原因。国家御敌制胜之道,在于明察利害,采取万无一失的策略。如今河朔各州县,布列壁垒远近相望,朝廷不论城邑大小,全都挖掘壕沟修筑堡垒,分兵把守。及至敌寇骑兵南下奔驰,长驱直入,全都自己环城自固,没人敢于应战,敌军悠然自得,出入燕、赵之地,如入无人之境。及至敌寇乘着便利,攻取城堡,朝廷经常用一个城邑的士卒抵挡敌人一个国家的军队,既然双方兵力多少无法相比,也就必然兵败城陷相继不绝。其中的缘故没有别的,就是分散兵力的过错。臣下请求聚集全部河朔军队,在沿边地区建立三个大镇,各自统领十万部众,三足鼎立而防守;同时环绕旧城,广泛创建新寨,使得将士马匹便于出入。然后布列烽火亭燧,小心白天黑夜的候望,挑选精良骑士作为报探军情的兵卒,那么了解千里之远的情况,就如同看视堂中之物那样容易,敌人的动静,我方必定预先知道。应任命亲王出镇魏府,控制河朔要害,作为前方军队的后面屏障;其余的州县,便选取城中壮丁,发授武器铠甲;由官府军队统一管理而守卫城市。三大镇分立相峙,威重如同长城,大军云集屯驻,

虎视燕、赵之地,臣下以为契丹即使有精兵利甲,也最终不敢逾越三十万大军而南下侵犯贝州、冀州了。"

"《军志》说：'凡是面临大敌，如果法令不彰昭，赏罚无信用，听到击鼓不前进，听到鸣金不停止，即使有百万军队，又有什么益处！'又说：'将帅由朝廷制约，士兵中没有精选的前锋，必定失败。'臣下不久前听说涿州之战，元帅不知道下面将校的才能优劣，将校不知道三军士兵的勇猛胆怯，各自不相管辖，只是以谦恭谨慎为己任，没有听说奖赏一个效力用命的，杀戮一个叛变违命的。《军志》说：'弓弩不能射及远处，就和短兵器相同。射箭不能中的，就和没有箭矢相同。射中而不能进入，就和没有箭镞相同。'臣下不久前听说涿州之战，敌人还没到达，就万弩齐发，敌寇骑兵返后，箭矢堆积如山。于是知道戈戟刀剑各种兵器，也都这样使用。这是驱使天兵挥舞空拳而对付强敌啊。《军志》说：'三军的耳目，就在于我的军旗战鼓。'臣下不久前听说涿州之战，阵地战场已经布列，有的还在寻找武器，有的转移调动部队，万人传呼，喧声沸腾，甚至车马混乱，尘土飞扬，各部不知所往，流矢飞石还未交会，阵法部伍已先大乱。军政这样子，谁能挽救失败灭亡！《军志》说：'凡是出兵上阵，一人不听命令，就斩一人；一校不听命令，就斩一校；一队不听命令，就斩一队。'所以司马穰苴斩庄贾，魏绛斩杨干；诸葛亮斩马谡，李光弼斩崔众，都因为能够执行严厉的刑罚，才能成就宏图大略。臣请求陛下对元帅申明大命，从副将以下凡是有违反命令的，一律以军法处治。将士杀死敌人将校所获得的鞍马财物等，全部给缴获者，同时加以优厚的赏赐。用严明的刑罚来执行军令，用重赏来诱导人心，明示鸣金击鼓指挥进退的事宜，严肃三令五申的信号。将帅不受制于朝廷，部众知道朝向正确方向，而这还不能让大宋的声望威震天下，是不可能的！"

"同时，沿边境各郡县，长期遭受敌寇焚烧掳掠，臣乞求陛下全部给免黜秋夏的两税，直到战事宁息之日，再沿用旧日惯例。朝廷因此丧失的租税，不到九牛一毛，暂且以粉碎敌人引诱拉拢的阴谋，慰藉民众对安抚关怀的期望。"

"前代史书这样说：'圣人以天下作为标准衡度，不以私人喜怒而伤害国家大义。'现在兵争战祸连绵不断，应该采取灵活变通方法经世济民，请求陛下暂且稍许贬抑至尊权威，执行通和的策略，对方倘若回归仁义、悔过自新，奉行大国之间的和约欢盟，结为友好，休养百姓，以安定天下，原本是国家的期望。如若敌人贪得无厌，一味贪婪残暴，违抗大国之命而不顺从，理亏在对方，我又有什么过失！臣下预料，那样的话，天下闾阎之中的妇女也会为陛下拿起武器，到疆场效力拼命了，何况大军将士呢！"

右正言、直史馆王禹偁进奏说："守防边境的长策，在于外面任用贤人而朝廷内修明德政。在外部，第一条是兵势的忧患在于集中，将帅大臣的忧患在于没有实权。请求在沿边塞要地布防三支军队来备战，如同唐代受降城之类。如果国家有边防兵力三十万，那么每一支军队为十万人，使之互相援救，责其成功，立功者颁行奖赏，无功者公开处罚。第二条是巡视检查边防事务，停止任用奸邪小臣。奸邪小人尽管有爱戴君主的名义却无爱戴君主的实际行动，边境遭受蹂躏破坏却不如实奏报，边境百姓生活悲哀痛苦却不全面陈奏。如果能任用老成忠正的大臣，前去安抚宣旨，陛下给予和颜悦色，使他们尽情奏报没有隐瞒，边防事务就能成功了。第三条是派遣出间谍来离间敌人，利用机会来取胜。臣下听说契丹国中妇人执政，人心不服，应该不惜厚利，引诱契丹部落首领来涣散他们的心。第四条是边境夷狄自相进攻，是中原的利益。现今国家西面有赵保忠、折御卿作为国家的心腹，应当敕令两位将帅率领麟、府、银、夏、绥五州之军，张开犄角夹击之势，扬言直取胜州，契丹就会恐惧而北上自保了。第五条是颁下哀痛之诏以感动激励边境百姓。近年来攻伐燕蓟之地，因为原本是汉族疆域，确实应该收复，但边境百姓不明圣上旨意，都认为是贪图那些地方，导致契丹南下。

陛下应当颁下哀痛诏书,告谕边境百姓,若有人取得一个敌人首级赐给绢帛,获得一匹马的偿还相应的价钱,俘获契丹部落首领的给予散官,按照这样,就会人人勇敢百倍而士卒万众一心。在朝廷内部,考察官吏,谨慎挑选人才,信任委命大臣,禁止游逸懒惰。希望陛下减少出家的僧侣尼姑。减少修建寺庙道观,鼓励风俗,致力农耕,就会人多力强而边关费用充实了。倘若百姓因军用物资的运输在外面辛苦劳碌,而游玩懒惰之人在内部浪费消耗,人力日益削减,而边境费用日益增多,不幸遇上水旱灾害,那么盗贼就不在外边而出现在内地了。望陛下对此仔细考虑!"宋太宗阅览奏章后,深加赞赏,宰相赵普尤为器重王禹偁。

知制诰田锡上奏说:"如今抵御外敌,没有比挑选将帅更紧要的;得到将帅后,请求委以重任责其成功,不必颁降作战阵图、方略,任其自然随机应变,观察机会因事制宜,就没有不成功的。昔日赵充国为西汉老将,尚且说百闻不如一见。何况如今委任将帅后,每事总想从朝廷颁降诏书,教授作战方略,或者赐给作战阵图,依从的话未必切合事宜,专断的话就违反圣上旨意,以此料敌制胜,看不出其中的长处。乞求迅速命令宰辅大臣各自推举良将,同时让一直有名望的宿将老臣,自己举报才能和荐举所知道的将才。

"臣下听说前年出兵,命令曹彬攻取幽州,这是侯莫陈利用、贺令图之流蛊惑圣上视听,而李昉等人并不知道。去年招募设置义军,驻扎分配各军防区,赵普等人也不知道。如果宰相无才,就可罢免他。如果宰相胜任,怎么会有商议边陲防卫、调发军队,却不让他参与过问的道理! 有句话说:'偏听偏信就产生奸邪,独断专行就酿成祸乱。'侯莫陈利用、贺令图等人已经在从前贻误陛下的军机要务,不要让像这样的人再在今后贻误陛下的军事决策了。"

"兵书上说:'事情没有比间谍更秘密的,赏赐没有比间谍更厚重的。'契丹自有若干国家,不知陛下是否已探明共有几个国家与他结仇? 倘若全部知道,可以用重赏,派出间谍。间谍若能行事成功,契丹就会自己大乱,契丹内乱,边境就会安静,昔日李靖用间谍,破坏突厥心腹要人的关系。如同汉朝的陈汤、傅介之流,就不劳兴师动众,而让戎狄自行归服。这可以缓和陛下忧虑边境的心情啊!"

"凡是征发军队,储备粮草,也应镇静,不要让他喧哗骚扰。臣下听说去年按每户用钱折变为马草,以及官府和买绅绢的情况,当和买输绢、交纳马草不足时,立即会有使臣前去催督,连贫困下等民户妇女都有因亏缺而受刑的。又听说汴河水浅干涸,打算分出南河水添灌汴河来打通漕运。国家计划法度在哪里,竟临时窘困到如此地步! 臣下即便不知国家军用储备能开支几年,若是没有九年的粮窘困急迫,为何对妇女动刑而让她们交纳马草,添灌河水来运输粮食物资呢?"

"昔日吴起为将帅,替士兵吮吸毒疮的脓血,霍去病为将帅,汉武帝打算为他建造宅第,霍去病说:'匈奴未灭,何以家为!'今天的将帅,有像吴起、霍去病的吗? 若以臣下之见,就是将帅之中实在没有那样的人。将帅无才,就没有威名,凭什么使敌人闻风丧胆呢?"

"依臣下之见,小事不必有劳陛下费心;倘若是社稷的重大计划,为子孙后代永久打算,就在于抓住大纲,寻求良将贤相,这是帝王的根本要务啊。假如一个人打算修身,就得先养心,心中无邪念,身体自然正;打算治理外部,先要治理内部,内部治好后,外部就自然安宁。臣下以为边疆动乱,是由于朝廷使之动乱,边境安定,是朝廷使之安定。在内部任用贤相,法纪纲常就会端正,在外委命良将,边境战场就安定了。"

宋朝将军头司改为御前忠佐军头司,将引见司改为御前忠佐引见司。

二月,壬子朔(初一),宋朝命令河北东、西路招募设置营田,以陈恕等人为营田使。

宋太宗颁下罪己诏书。

辽国主登元和殿，接受文武百官庆贺。因为元旦在军营中，到这时作战大捷，回到南京补行元旦贺礼。

癸丑（初二），宋太祖下诏："平塞、天威、平定、威虏、静戎、保塞、宁边等军，祁、易、保、定、镇、邢、赵等州百姓，免除雍熙四年正月丙戌诏书免除租赋的规定外，再给予免除二年租赋；霸、代、沧、雄、莫、深等州，平虏、岢岚军，再给予免除一年租赋。"

乙卯（初四），辽国主大摆宴席犒劳将士，爵禄赏赐各有不同，枢密使韩德让封为楚国王，任命驸马都尉萧宁远为同政事门下平章事。甲子（十三日），辽国主命令南征所俘中有亲属分别隶属于各账的，给予官钱赎出，使得亲属相从一处。

丙寅（十五日），辽国禁止用匿名书信举报他人，诽谤朝政。

戊辰（十七日），宋朝以国子监为国子学。

这月，宋朝修作方田。

三月，宋太宗亲自面试合格举人，取得进士阆中人陈尧叟以下一百八十六人，诸科博平人孙奭等四百五十人，一律赐给及第，七十三人为同出身。赏赐宴饮，开始命令内、外两制，史馆、昭文馆、集贤院三馆的文臣全部参加。赐陈尧叟等人箴一首。越州进士刘少逸，年仅十三岁，被选中，复试后，又另外加试太宗所出题赋诗几章，授予校书郎，让他在三馆读书。当时中书令史、守当官陈贻庆应举《周易》学究及第，不久太宗知道，命令追夺所授予的敕牒，释免他的罪责，勒令回归本部，诏令禁止官吏应举。

当时有进士十七人携带家眷归附辽国，辽国主命令有关官吏对其中及第者进行考试，补授国学官，其余的授予县主簿、县尉。

丁亥（初六），辽国主命令易州知州赵质收集阵亡将士的骸骨，筑起京观。戊子（初七），赐给裕悦宋国王耶律休格红珠筋线，命令进入宫内神帐举行再生礼，皇太后赏赐物品很丰厚。辽国制度规定，只有皇帝和皇太后能举行再生礼，耶律休格得以举行此礼，是特殊的待遇。

己丑（初八），辽国免除云州所拖欠租税。

丙申（十五日），辽国开凿奇峰路，连通易州市。

这年春天，辽国主停驻延芳淀。

续资治通鉴卷第十五

【原文】

宋纪十五　起屠维赤奋若【己丑】四月,尽重光单阏【辛卯】八月,凡二年有奇。

太宗至仁应道神功圣　德睿烈大明广孝皇帝

端拱二年　辽统和七年【己丑,989】　夏,四月,国子博士李觉上言曰:"昔李悝有言曰:'籴甚贵伤民,甚贱伤农;民伤则离散,农伤则国贫。故甚贵甚贱,其伤一也;善为国者,使民无伤而农益劝。'所谓民者,谓士工商也。今都下万众所聚,导河渠,达淮海,贯江湖,岁运五百万斛以资国费。而近岁以来,都下粟麦至贱,仓庾陈陈相因,或以充赏给,斗直十钱,此工贾之利而军农之不利也。窃计运米一斛,费不啻三百钱,侵耗损折复在其外。而挽船之夫,弥涉冬夏,离去乡舍,终老江湖。粮之来也至重至艰,而官之给也至轻至易。倘不幸有水旱之虞,卒然有边境之患,其何以救之!臣按诸军廪人旧日给米二升,今若月赋钱三百,是一斗为钱五十。计江、淮运米工脚,亦不减此数。望明敕军中,各从其便,愿受钱者,若市价官米斗为钱三十,即增给十钱,裁足以当工脚之直而官始获利,数月之内,米价必增,农民受赐矣。若米价腾踊,即官复给粮,军人粜其所馀,亦获善价,此又戍士受赐矣。不十年,官有馀粮,江湖之运亦渐可省也。"帝览奏,嘉之。

辽主好击球,尝与大臣分朋击鞠,谏议大夫马得臣上疏谏曰:"臣幸列侍从,得侍圣读,陛下尝问臣以贞观、开元之事。臣闻唐太宗侍太上皇宴罢,则挽辇至内殿;明皇与兄弟欢饮,尽家人礼。陛下嗣祖考之祚,躬侍太后,可谓至孝。更望定省之馀,睦六亲,加爱敬,则陛下亲亲之道,比隆二帝矣。臣又闻二帝耽玩经史,数引公卿讲学,至于日昃,故当时天下翕然向风,以隆文治。今陛下游心典籍,分解字句,臣愿研究经理,深造而笃行之,二帝之治,不难继矣。臣又闻太宗射豕,唐俭谏之;明皇臂鹰,韩休言之;二帝莫不乐从。伏见陛下听朝之暇,以击球为乐,臣思此事有三不宜:上下分朋,君臣争胜,君得臣夺,君输臣喜,一不宜也;往来交错,前后遮约,争心竞起,礼容全废,若贪月杖,误拂天衣,臣实失仪,君又难责,二不宜也;轻万乘之贵,逐广场之娱,地虽平至为坚确,马虽良亦有惊蹶,或因奔击,失其控御,圣体宁无亏损?太后岂不忧虞?三不宜也。陛下不以臣言为迂,少赐省览。"疏奏,辽主嘉叹良久。未几,得臣卒,赠太子少保,优恤之。

自三月不雨至于五月。戊戌,帝亲录京城诸司系狱囚,多所原减。即命起居舍人宋维干等四十二人分诣诸道按决刑狱。是夕,大雨。帝因谓侍臣曰:"为君当如此勤政,即能感召天和。如后唐庄宗败游经旬,大伤苗稼,及还,乃降敕蠲放租税,此甚不君也。"枢密副使张宏曰:"庄宗不独如此,尤惑音乐,乐籍中获典郡者数人。"帝曰:"人君节俭为宗,仁恕为念。朕在南府,音律粗亦经心,今非朝会,未尝张乐;鹰犬之娱,素所不好也。"

六月,辛酉,辽以燕乐、密云二县给民种租,免赋役十年。

初,左正言、直史馆下邦寇准,承诏极言北边利害,帝器之,谓宰相曰:"朕欲擢用准,当授何官?"宰相请用为开封府推官,帝曰:"此官岂所以待准邪?"复请用为枢密直学士,帝沉思良久,曰:"且使为此官可也。"秋,七月,己卯,拜虞部郎中、枢密直学士。尝奏事殿中,语不合,帝怒起,准辄引帝衣令复坐,事决,乃退。帝嘉之。准初知巴东、成安二县,其治一以恩信,每期会赋役,未尝出符移,惟具乡里姓名揭县门,而百姓争赴之,无稽违者。尝手植双柏于庭,其后民以比甘棠,谓之莱公柏。

以考功员外郎云中毕士安知制诰。士安先为越王府记室参军,宫中谓之毕校书。时诏诸王府僚各献所著文,帝嘉之,遂有是擢。越王元份请留府邸,不许。

甲申,以知代州张齐贤为刑部侍郎、枢密副使。先是,宰相赵普奏疏言:"国家山河至广,文轨虽同,干戈未息,防微虑远,必资通变之材。去年北师入边,生灵受弊。万乘轸焦劳之虑,千官无翊赞之功,同僚共事,无非谨畏清廉,唯于献替之时,稍存缄默,宁济急须!窃见工部侍郎张齐贤,数年前特受圣知,升于密地,公私识者尽谓当才,不期岁月未多,出为外任。臣在邓州日,虽闻消息,未测缘由;向来微有传闻,或云奏对过当。凡言大事,须有悔尤,其如义士忠臣,不顾身之利害,奸邪正直,久远方知。齐贤素蕴机谋,兼全德义,从来差遣,未尽器能,虑淹经国之才,弗副济时之用,如当重委,必立殊功。臣此疏特乞留中,免贻众怒。"复以札子言:"齐贤德义,素为乡里所推,中外卿士无出其右。臣惭无致主之能,但有荐贤之志,朝行夕死,是所甘心。"帝纳其言,故有是命。

以盐铁使张逊为金署枢密院事。

戊子,有彗出东井,凡三十日。帝避正殿,减常膳。司天言妖星为灭辽之象;赵普上疏,谓此邪佞之言,不足信,帝嘉纳之。

威虏军粮馈不继,辽人欲窥取之,诏定州路都部署李继隆发镇、定大军护送军粮数千乘。辽裕悦耶律休格闻之,率精锐数万骑来邀,北面缘边都巡检浚仪尹继伦,属领步骑千馀人按行塞上,遇之,休格不击而过,径袭大军。继伦谓麾下曰:"彼视我犹鱼肉耳。彼捷还,则乘胜驱我北去;不捷,亦且泄怒于我,我辈无遗类矣!为今日计,当卷甲衔枚袭其后。彼锐气前趋,不虞我之至,力战而胜,足以自树,纵败,犹不失忠义。岂能泯然为北地鬼乎?"众皆愤激从命。继伦因令军中秣马,会夜,遣人持短兵潜蹑其后。行数十里,至唐州徐河,天未明,休格去大军四五里,继伦列陈于城北以待之。敌方会食,既食,将进战,继伦出其不意急击之,杀其大将一人,众遂惊乱。休格食未竟,弃匕箸走,为短兵中其臂,创甚,乘善马先遁。辽师望见大军,遂溃,自相蹂践死者无数。继隆与镇州副都部署范廷召追奔过徐河十馀里,俘获甚众。定州副都部署孔守正又与辽人战于曹河之斜村,斩其帅大盈等。辽人自是数年不大举南下,以继伦面黑,相戒曰:"当避黑面大王。"丁未,授继伦洛苑使、领长州刺史,巡检如故。

初,命李继隆等发兵护送威虏军馈饷,户部郎中张洎复奏封事曰:"古者筑城聚众,盖所以控要害之地,制边骑之侵,故周城朔方,汉取河湟,唐筑受降、临泾等城,即其事也。今威虏军等置在平川,地非险阻,带甲之士不满万人,徒分兵势,何益边防!今敌兵入境,阻绝粮道,而王师遽出,三镇之众,冒炎酷,陟郊坰,充防护军储之役,本无斗心。以援送怠惰之师,当北敌轻扬之骑,且行且战,必贻败衄。一军小却,众或随之,则威虏等军望风而自下矣。安危事势,昭然可观,宜因此时,乘大军之势,保全士旅,拔垒而旋。如是,则三镇之众,出既有名,威房等军免覆亡之祸矣。方今河朔未宁,控御之方,宜举其要。臣以为凡在边境军垒,其甲卒不满三万人以上者,宜从废罢,既省供给,又免吞侵。以所管之师外隶缘边大镇,甲兵既聚,士马自强,与夫分兵边邑,坐薪待然,岂可同年而语也!"

八月,丙辰,大赦。是夕,彗没。

先是,帝遣使取杭州释迦佛舍利塔置阙下,度开宝寺西北隅地,造浮图十一级以藏之,上下三百六十尺,所费亿万计,前后逾八年。癸亥,工毕,备极巧丽。知制诰田锡上疏云:"众以为金碧荧煌,臣以为涂膏衅血。"帝亦不怒。

庚午,辽放进士高正等二人。

九月,戊子,以知制诰王化基权御史中丞。帝尝召至便殿,问以边事,化基曰:"治天下犹植树焉,所患根本未固;根本固则枝干不足忧。今朝廷治,边鄙何患乎不安?"帝然其言。

诏:"今朝官有明于律令格式者,许上书自陈,当加试问,以补刑部、大理寺官属,三岁迁其秩。"

自河北用兵、切于馈饷,始令商人输刍粮塞下,酌地之远近而优为其直,执交券至京师,偿以缗钱,或移文江、淮给茶盐,谓之折中。有言商人所输多弊滥者,因罢之,岁损国用殆百万计。冬,十月,癸酉,复令折中如旧。又置折中仓,听商人输粟京师而请茶盐于江、淮,命膳部员外郎范正辞等掌其出纳。每百万石为一界,禄仕之家及形势户不得辄入粟,御史台纠之。会岁旱,罢。

静难节度使赵保忠加同平章事。

帝以岁旱减膳,遍走群望,皆弗应。是夕,手诏赐宰相赵普等,言:"自星变以来,久愆雨雪。朕当与卿等审刑政之阙失,念稼穑之艰难,恤物安民,庶祈眷佑。"时普被疾请告,即以授吕蒙正等。壬申,蒙正等诣长春殿谢曰:"臣等调燮无状,乞依汉制策免。"帝慰勉之。知制诰王禹偁上疏:"乞自乘舆服御以下至百官俸料,非宿卫军士,边庭将帅,悉第减之。外则停岁市之物,内则罢工巧之伎。但以感人心,召和气,变灾为福,惟圣人行之。"

中书门下言:"所录《时政记》,缘皇帝每御前殿,枢密以下先上,宰臣未上,所有宣谕圣语,无由闻知,虑成漏略。乞差枢密副使二人逐旋钞录,送中书同修为一书,以授史官。"《枢密院时政记》盖始此。

十一月,辛丑,镇州都部署、宣徽南院使郭守文卒。守文沉静有谋,自曹彬等败,契丹乘胜深入,命守文镇常山以经略之。守文既卒,有中使适从北边来,言武夫悍卒咸为流涕。帝曰:"何以致此?"对曰:"守文得俸禄,皆市牛酒以犒军士,卒之日,家无馀财。"帝嗟惜良久,即赐其家钱五百万,仍录其子。

十二月,庚申,诏省尊号,只称皇帝。赵普、吕蒙正固请复旧,帝不许。戊辰,群臣上"法天崇道文武"六字,诏去"文武",馀从之。

自秋徂冬不雨,知制诰田锡上言:"此实阴阳不和,调燮倒置,上侵下之职而烛理未尽,下知上之失而规过未能。"疏入,帝及宰臣皆不悦,出锡知陈州。

淳化元年 辽统和八年【庚寅,990】 春,正月,戊寅朔,帝御朝元殿受册尊号,曲赦京城系囚,改元。

己卯,改乾明节为寿宁节。

太保兼侍中赵普病笃,三上表致政。戊子,以普为西京留守兼中书令。

庚寅,辽主命决滞狱。

二月，丁未朔，除江南、两浙、淮西、岭南诸州渔禁。

己酉，改大明殿为含光殿。

赐诸路印本《九经》，令长吏与众官共阅之。

登州饥，诏赈之。

三月，癸丑，江州言："德安县民陈竞，十四世同居，老幼千二百馀口，常苦食不足。"令岁贷官米二千石。

自赵普罢，吕蒙正以宽简居相位，辛仲甫从容其间，政事多决于王沔。沔敏辨，善敷奏，然性苛刻，不以至诚待人，群臣谒见，必甘言以唉之，皆喜过望；既而进退非允，人多怨之。

丁巳，赐太子中允陈省华及其子光禄寺丞、直史馆尧叟五品服。先是尧叟举进士，中甲科，占谢，词气明辨。帝问宰相："此谁子？"吕蒙正等以省华对。省华时为楼烦令，即召见，擢太子中允。至是父子又同日面赐章服。

乙酉，辽城杏埚，以所俘边民实之。

是月，夏州败李继迁。

夏，四月，丙午朔，辽严州刺史〔李寿英〕有惠政，部民请留，从之。

庚午，辽以岁旱，赈诸部饥。

五月，庚寅，女真宰相阿哈贡于辽，封顺化王。

辛卯，令刑部置详覆官六员，专阅天下所上案牍，勿复遣鞫狱吏。置御史台推勘官二十人，并以京朝官充。若诸州有大狱，则乘传就鞫，陛辞日，帝必谕之曰："无滋蔓，无留滞。"还，必召问所推事状。著为定令。

五月，甲午，诏："致仕官有曾历中外职任者，给半俸，以它物充。"

国初钱文曰"宋通元宝"。乙未，改铸"淳化元宝"钱，帝亲书其文，作真、行、草三体。自后每改元必更铸，以年号元宝为文。

丙申，辽括民田。

六月，丙午，罢中元、下元张灯。

秋，七月，庚辰，辽改南京熊军为神军。辽人谋南侵，使诣北岳庙卜之，神不许，辽人怒，纵火焚庙而去。

丁酉，以御制诗文藏于秘阁。

是月，吉、洪、江、蕲、河阳、陇城大水，开封、陈留、封丘、酸枣、鄢陵旱，赐今年田租之半，开封特给复一年。京师贵籴，遣使开廪，减价分粜。

八月，癸卯朔，秘书监李至与右仆射李昉、吏部尚书宋琪、左散骑常侍徐铉及翰林学士、诸曹侍郎、给事、谏议、舍人等秘阁观书。帝闻之，遣使就赐宴，大陈图籍，令纵观；翼日，又诏权御史中丞王化基及三馆学士并赐宴秘阁。先是藏御制诗文于秘阁，又遣使诣诸道购募古书、奇画及先贤墨迹，数岁之间，献图籍于阙下者，不可胜计。乃诏史馆，尽取天文、占候、谶纬、方术等书五千一十卷，并内出古画、墨迹一百十四轴，悉藏秘阁。

乙巳，令左藏库籍所掌金银器皿之属，悉毁之。有司言："中有制作精巧者，欲留以备进御。"帝曰："汝以奇巧为贵，我以慈俭为宝。"卒皆毁之。帝性节俭，退朝，常著华阳巾，布褐、绸绖，内服为绝绢，咸累经浣濯，乘舆给用之物，无所增益焉。

癸亥，李至上疏言："秘阁自创置之后，载经寒暑，而官司所处未有定制。望降明诏，令与三馆并列，叙其先后，著为永式。"帝可其奏，列秘阁次于三馆。

己巳，禁川、峡、岭南、湖南杀人祀鬼，州县察捕，募告者，赏之。

九月，乙亥，北女真四部请附于辽。

戊寅，崇仪副使郭载言："臣前任使剑南，见川、峡富人多召赘婿，与所生子齿，死则分其财，故贫人多出赘，甚伤风化而益争讼，望禁之。"诏从其请。

冬，十月，乙巳，以同州观察推官河南钱若水为秘书丞、直史馆。若水初佐同州，知州性褊急，数以胸臆决事不当，若水固争不能得，辄曰："当陪俸赎铜耳。"已而奏案果为朝廷及上司所驳，州官皆以赎论。知州愧谢，然终不改。有富民失女奴，其父母讼于州，命录事参军鞫之。录事尝贷钱于富民不获，乃劾富民父子数人共杀女奴，弃尸水中，遂失其尸，罪皆应死。富民不胜拷掠，自诬服。狱具上，州官审覆，皆以为实。若水独疑之，留其狱数日不决，密使人访女奴，得之，引以示其父母，皆泣曰："是也。"富民父子赖以得免。知州欲论奏其功，若水固辞。帝亦闻其名，会寇准荐若水文学高第，召试学士院，而命以此官。

乙丑，赐知白州蒋元振绢三十匹、米五十石。丙寅，赐知郓州须城县姚益恭绢二十匹、米二十石。

元振清苦厉节，亲属多贫，不能赡养，闻岭南物贱，因求其官，寄家潭州，尽留俸禄供给，元振啜菽饮水，缝纸为衣；为政简易，民甚便之。秩满迁，转运使乞留，凡七八年不得代。益恭初为兴国军判官，以清干闻；召赴阙，老幼千馀人遮道，不得发，益恭夜开城门遁去。其在须城，鞭扑不用，境内大治，民数千人三遮转运使乞留。至是采访使各言其状，故有是赐。

十一月，丁丑，知安州、侍御史李范上言："故殿中丞、通判州事高丽金行成疾革，召臣及州官数人至其卧内，泣且言曰：'外国人任中朝为五品官，佐郡政，被病且死，无以报主恩，泉下亦有遗恨。二子宗敏、宗约皆幼，家素贫，无它亲可倚，行委沟壑。'既死，其妻誓不嫁，养二子，织屦以自给。臣窃哀之。"诏以宗敏为太庙斋郎，俾安州月以钱三千、米五石给其家，长吏常岁时存问，无令失所。

时群臣升殿奏事者，既可其奏，皆得专达于有司，颇容巧妄。十二月，左正言、直史馆歙人谢泌，请自今凡政事送中书，机事送枢密院，财货送三司，覆奏而后行。辛丑，诏从泌请，遂著为定制，中外所书疏亦如之。

大理寺丞王济为刑部详覆官，屡上封事。帝一日顾问左右："刑部有好言事者为谁？"左右以济对，帝遂命通判镇州。牧守多勋旧武臣，倨贵陵下，济未尝挠屈。戍卒颇恣暴不法，夜或焚民舍为盗，济廉得，立斩之，驰奏其事，帝大喜。都校孙进，使酒无赖，殴折人齿；济不俟奏，杖脊送阙下，军府畏肃。连三诏褒奖焉。

庚戌，辽封李继迁为夏国王。

辽同政事门下平章事室昉请致政，辽主命入朝，免拜，赐几杖。太后遣阁门使李从训持诏劳问，令常居南京，封郑国公。

是岁，辽放进士郑云从等二人。

二年　辽统和九年【辛卯，991】　春，正月，丙子，遣商州团练使翟守素帅兵援赵保忠于夏州。

辽禁私度僧尼。先是晋国公主建佛寺于南京，辽主许赐额，室昉奏曰："诏书悉罢无名寺院，今以公主请赐额，不惟违前诏，恐此风愈炽。"辽主从之。

乙酉，置内殿崇班、左右侍禁，改殿前承旨为三班奉职。

辽室昉等进《实录》二十卷；辽主手诏褒之，加昉政事令，赐帛六百匹。

戊子,辽选南侵降卒五百人为宣力军。

辛卯,辽免三京诸道租,仍罢括田。

二月,丁未,辽以涿州刺史耶律旺陆为特里衮。

帝修正殿,颇施采绘,左正言谢泌上疏谏;癸丑,命悉去采绘,涂以赭垩。

监察御史祖吉,坐知晋州日为奸赃弃市。

丁巳,凉州观察使、判雄州事下邳刘福卒,赠太傅、忠正节度使。福武人,不知书,御下有方略,为政简易。在雄州五年,境内宁谧,百姓遮转运使,愿追述治迹,以其状闻,诏许立遗爱碑。诸子常劝福建大第,福怒曰:“我受禄甚厚,足以僦舍自庇。汝曹既无尺寸功,岂可营居第为自安计乎!”卒不许。殁后,帝闻其言,以白金五千两赐其子,令市宅以居焉。

三司尝建议剑外赋税轻,诏监察御史张观乘传按行诸州,因令稍增之。观上疏言:“远民易动难安,专意抚之,犹虑其失所,况增赋以扰之乎?”帝深然其言,因留不遣。其后观复上疏言:“臣窃见陛下天慈优容,多与近臣论政,德音往复,颇有烦劳。至于有司职官,承意将顺,簿书丛脞,咸以上闻,岂徒亵渎至尊,实亦轻紊国体。愿陛下听断之暇,宴息之馀,体貌大臣,与之扬榷,使沃心造膝,极意论思,则治体化源,何所不至!岂与校量金谷,剖析毫厘,以有限之光阴役无涯之细务者可同年语哉!”帝览而善之,召赐五品服,以为度支判官。

闰月,辛未朔,日有食之。

以郑文宝为陕西转运副使,许便宜从事。会岁歉,文宝诱豪民出粟三万斛,活饥者八万六千馀人。

壬申,辽遣翰林承旨邢抱朴、三司使李嗣、给事中刘京、政事舍人张翰、南京副留守吴浩分决诸道滞狱。

庚辰,以瀛州防御使安守忠知雄州。守忠尝与僚属宴饮,有军校谋变,衷甲及门。阍吏狼狈入白,守忠言笑自若,徐顾坐客曰:“此辈酒狂耳,擒之可也。”人服其量。

己丑,诏:“京城无赖辈蒱博,开柜坊,屠牛马驴狗以食,销铸铜钱为器用杂物,令开封府戒坊市,谨捕之。犯者斩,匿不以闻及居人邸舍僦与恶少为柜坊者同罪。”

是月,命翰林学士贾黄中、苏易简领差遣院,李沆同判吏部流内铨。学士领外司,自此始也。

三月,庚子朔,辽赈室韦、乌古诸部饥。戊申,辽复令库部员外郎马守琪、仓部员外郎祁正、虞部员外郎崔祐、蓟(州)〔北〕县令崔简等分决诸道滞狱。甲子,辽主如南京。

乙丑,辛仲甫罢参知政事。

己巳,帝以岁旱蝗,诏吕蒙正等曰:“元元何罪,大谴如是,盖朕不德之所致也。卿等当于文德殿前筑一台,朕将暴露其上,三日不雨,卿等共焚朕以答天谴。”蒙正等惶恐谢罪,匿诏书。翼日而雨,蝗尽死。

先是帝召近臣问时政得失,枢密直学士寇准对曰:“《洪范》天人之际,其应如影响。大旱之证,盖刑有所不平。顷者祖吉、王淮,皆侮法受贿,赃数万计。吉既伏诛,家且籍没;而淮以参知政事沔之母弟,止杖于私堂,仍领定远主簿。用法轻重如是,亢旸之咎,殆不虚发也。”帝大悟,明日,见沔,切责之。

是月,翰林学士宋白等上《新定淳化编敕》三十卷。

夏,四月,庚午朔,诏罢端州岁贡石砚。

辛巳,以枢密副使张齐贤、给事中陈恕并参知政事,金署枢密事张逊为枢密副使,枢密直学士温仲舒、寇准并为枢密副使，张宏罢为吏部侍郎。宏性懦谨，无它策，居内庭，见胥吏必先劳揖。性吝啬，好聚蓄，不为时所重。仲舒，河南人也。

初，王沔与张齐贤同掌枢务，颇不协。齐贤出守代州，沔遂为副使，参知政事。陈恕管盐铁，性苛察，亦尝与沔忤。于是齐贤与恕并在中书，沔不自安，虑官属有以中书旧事告二人者。己丑，左司谏王禹偁上言："请自今群官诣宰相及枢密院使并须朝罢于都堂请见，不得于本厅延接宾客，以防请托。"沔喜，即白帝施行之，仍令御史台宣布中外。

左正言谢泌上言："伏睹明诏，不许两府接见宾客，是疑大臣以私也。天下至广，万机至繁，陛下以聪明寄予辅臣，苟非接见群官，何以悉知外事！古人有言曰：'疑则勿用，用则勿疑。'若国祚衰季，强臣擅权，当此之时，可以为虑。今陛下鞭挞宇宙，总揽豪杰，朝廷无巧言之士，方面无姑息之臣，礼乐征伐自天子出，奈何疑执政大臣，为衰世之事乎？使非其人，当斥而去之；既得其人，任之以政，又何疑也！设若杜公堂请谒之礼，岂无私室乎？塞相府请求之门，岂无它径乎？此非陛下推赤心以待大臣、大臣展四体以报陛下之道也。王禹偁昧于大体，妄率胸臆，以蔽聪明，狂躁之言，不可行用。"帝览奏嘉叹，即命追还前诏，仍以泌所上表送史馆。

五月，庚子，置诸路提点刑狱官。

乙巳，复置折博仓。

左正言谢泌，数论时政得失，帝嘉其忠荩，丙辰，擢右司谏，赐金紫，并钱三十万。泌一日得对便殿，帝复面加赏激，泌谢曰："陛下从谏如流，故臣得以竭诚。昔唐末有孟昭图者，朝上谏疏，暮不知所在。前代如此，安得不乱！"帝动容久之。

六月，甲戌，忠武节度使、同平章事潘美卒。赠中书令。谥武惠。

乙酉，汴水决浚仪县，坏连堤，泛民田。帝昧旦乘步辇出乾元门，宰相、枢密使迎谒于路，上谓曰："东京养甲兵数十万，居人百万家，转漕仰给在此一渠水，朕安得不顾！"车驾入泥淖中，行百步，从臣震恐。殿前都指挥使戴兴捧承步辇出泥淖中。诏兴督步卒数千塞之。日未昧而堤岸屹立，水势遂定，始就次，大官进膳，亲王近臣皆泥泞沾衣。知县事宋炎，亡匿不敢出，帝特赦其罪。

是月，辽南京霖雨伤稼。

秋，七月，癸卯，辽通括户口。

乙巳，辽诏诸道举才行，察贪酷，抚高年，禁奢僭，有殁于王事者，官其子孙。

李继迁闻翟守素将兵来讨，恐惧，奉表归顺。丙午，授继迁银州观察使，赐以国姓，名曰保吉。赵保忠又荐其亲弟继冲，帝亦赐姓，改名保宁，授绥州团练使；封其母罔氏西河郡太夫人。

帝钦恤庶狱，虑大理、刑部吏舞文巧诋，八月，乙卯，置审刑院于禁中，以枢密直学士楚丘李昌龄知院事，兼理详议官六员。凡狱具上奏者，先由审刑院印讫，以付大理寺、刑部断覆以闻，乃下审刑院详议，申覆裁决讫，以付中书，当者即下之，其未允者，宰相复以闻，始命论决。

丁亥，并州言契丹四百馀口内附。帝因谓近臣曰："国家若无外忧，必有内患。外忧不过边事，皆可预防；惟奸邪无状，若为内患，深可惧也。"

【译文】

宋纪十五　起己丑年（公元989年）四月，止辛卯年（公元991年）八月，共二年有余。

　　端拱二年　辽统和七年(公元989年)　夏季,四月,国子博士李觉上言说:"昔日李悝曾经说:'粮价太贵伤害百姓,太贱伤害农夫,百姓受伤害就会妻离子散,农夫受伤害就会国家贫困。所以粮价太贵太贱,它的伤害是同样的。善于治理国家的人,能使百姓不受伤害而农夫更加勤勉。'所谓百姓,就是指士人、工匠、商贩。现在京师都是大量人口聚集的地方。疏通河渠,直达淮海地区,贯通长江、湖泊。每年运送五百万斛以供给国家费用,有的以充当赏赐的,每斗只值十个钱,这是对工匠、商贩有利而不利于军士、农民。私下计算运一斛米,费用不下三百钱,侵蚀损耗还不包括在内。而且驾船的船夫,历涉寒冬盛夏,离乡背井,最终老死江湖之上。粮食来得极为困难艰苦,然而官府的支出却十分轻率容易。如果不幸有水旱灾害。或者突然有边境祸患,又用什么来救急呢!臣下案查各军侍从原来每天发给米二升,如今倘若每月给钱三百,这一斗米相当五十钱。计算长江、淮河运来粮食的船工脚钱,也不会少于这数字,希望在军中申明敕令,准许各随其便,愿意接受钱的,倘若市价官米一斗是三十钱的话,就增加十钱。这才足以相当于船工脚钱的费用,而官府获得赢利,几月之内,米价一定增长,农民就受惠了。倘若米价猛涨,官府就再发给粮食。军人出售他多余的粮食,也能获得好价钱,这又使战士受惠了。不出十年,官府有了多余的粮食,江湖的运输就可以逐渐减省。"宋太宗阅览奏章后予以嘉奖。

　　辽国主喜好打马球,曾经与大臣分组对抗击球,谏议太夫马得臣上疏劝谏说:"臣下有幸陈列侍从之位,得以侍奉圣上读书,陛下曾经向臣下询问贞观、开元时代的政事。臣下听说唐太宗侍从太上皇宴饮完毕,就亲挽辇车送进内殿;唐明皇和兄弟尽欢饮宴,以尽家人之礼。陛下继承祖宗的洪福,亲自侍奉太后,可以说得上最孝顺了。臣下希望陛下在早晚问安之余,和睦姻亲,遍施爱敬,那么陛下的亲亲之道,就可以同唐太宗、唐明皇二帝媲美了。臣下又听说太宗、明皇二帝留心于经典史籍,多次引进公卿大臣讲读学问,直到太阳过午,所以当时天下都风靡影从,以兴隆文治。现在陛下潜心于典籍,分析解剖字句,臣下希望陛下研究经典道理,造诣深奥而忠诚地身体力行。太宗、明皇的治道,就不难继续了。臣下又听说太宗射猎野猪,则唐俭劝谏,明皇臂立猎鹰,则韩休进言,二帝没有不乐于听从的。臣下看到陛下听理朝政之余,以击马球为乐,臣下思索这事有三点不合适:上下分组对抗、君臣互相争胜,君主得球臣子抢夺,君主输球臣子喜欢,这是第一点不合适;上下往来纵横交错,前后拦截制约,竞争之心忿然而起,礼节仪表全都丧失,如果只管挥舞月杖,误触陛下衣裳,臣子实在失态无礼。但君主也难于责备,这是第二点不合适;看轻万乘之主的尊贵,追逐球场上的娱乐,场地虽然平坦却也十分坚硬,马匹虽然优良有时也有受惊倒,有时因为奔跑击球,失去控制,圣上身体哪会没有损伤?皇太后岂能不担忧受怕?这是第三点不合适。陛下如果不认为臣下的话迂腐,请求稍微省览。"疏章奏上,辽国主嘉许叹息很久。不久,马得臣去世,追赠太子少保,给予优厚抚恤。

　　自从三月不下雨到五月,戊戌(十九日),宋太宗亲自登录京师各部关押在监狱里的囚犯,大多数给以原宥减免。立即命令起居舍人宋维干等四十二人分头前往各道,巡查判处刑事案件。这天晚上,下大雨。太宗因而对侍从大臣说:"作为君主应当这样勤理政事,就能够感召上天来祥和的气候。如后唐庄宗狩猎游玩动辄在十天以上,大伤禾苗庄稼,到回来,就颁降敕令免除受害农田的租税,这太不像君主了。"枢密副使张宏说:"后唐庄宗不唯独是这样,尤其迷惑于音乐,乐户名籍中获得典掌州郡的有好几个人。"太宗说:"人主以节制俭朴为宗旨,以仁爱宽恕为怀。朕在开封府尹时,音乐律令也粗略留意过,如今不是朝会,不曾奏

293

乐;鹰犬田猎的娱乐,朕历来都不喜好。"

六月,辛酉(十二日),辽国主因为燕乐、密云二县的荒田给予百姓租种,下令免除赋税徭役十年。

当初,左正言、直史馆下邦人寇准,承受诏书极力进言北部边境的利害关系,宋太宗器重他,对宰相说:"朕打算提拔重用寇准,该当授给他什么官职?"宰相请求任用为开封府推官之职,太宗说:"这个官职怎么能够用来对待寇准呢?"又请求任用以枢密直学士之职,太宗沉思很久,说:"暂且让他担任这官也可以了。"秋季,七月,己卯(初一),授予寇准为虞部郎中、枢密直学士。曾经奏对政事在宫殿中,言语不合,太宗愤怒而起,寇准总是拉着太宗衣服让他坐下,政事决断,才退下,太宗嘉许他。寇准当初为巴东、安成二县知县时,他的治理一律以恩惠信用为重,每次规定日期聚集服役,从不发出符书文告,只将具列各乡里服役的名单公布在县城大门,百姓争相赶赴服役,没有滞留违抗的。寇准曾经在庭院亲手栽种两棵柏树,后来百姓将柏树比作西周召伯种的甘棠,称为莱公柏。

宋太宗以考功员外郎云中人毕士安为知制诰。毕士安先前为越王府记室参军,宫中称他为毕校书。当时太宗诏令诸王府幕僚分别献上所撰文章,太宗欣赏毕士安的文章,于是有了这一提拔,越王赵元份请求留在邸府,太宗不许。

甲申(初六),宋太宗以代州知州张齐贤为刑部侍郎、枢密副使。先前,宰相赵普等人奏疏进言:"国家山河极为广大,文字车轨虽然相同,但战争干戈没有停息,防微杜渐,从长计议,必须借助精通变化的人才。去年北方军队进入国境,百姓遭殃。皇上满怀焦虑,百官却无辅佐赞助的能力。同事平时共事,没有不是恭谨清廉的,只是到了该净言进谏时,全都保持沉默,岂能救急!臣下见工部侍郎张齐贤,几年前特别受到圣上礼遇,提升到枢密机要之处,无论因公因私认识他的人,都认为他是合适人才,不料时间不长,出京到外地任职。臣下在邓州时,虽然闻知这一消息,但不明白其中缘由,近来稍有传闻,有人说因为奏对失当。凡是奏陈大事,必有悔恨过失,就像忠臣义士,全然不顾自身利害。一个人的奸邪正直,时间一长才能知晓,张齐贤平时胸怀机谋,德义双全,以前的差遣,不能充分施展他的才华,臣下顾虑埋没治国的人才,不能符合经世济时的需要,如能委以重任,定会建立奇功。臣下这奏疏特别乞求留在宫中,免得贻犯众怒。"又用札子上言:"张齐贤好道德忠义,一向为乡里所推许,朝廷内外大臣没人能超过他,臣下惭愧没有报效君主才能,但有举荐贤人的志愿,早晨能够实现而晚上死去,这是我心甘情愿的事。"太宗采纳他的进言,因而有此项任命。

宋太宗以盐铁使张逊为佥署枢密院事。

戊子(初十)。有彗星出现在东井旁,总共三十天。宋太宗避开正殿,减少日常膳食。司天上言说妖星是灭辽的天象;赵普呈上表章,认为这是邪恶奸佞之说,不足为信,太宗赞赏采纳赵普所言。

威虏军粮食供应不能连续。辽人准备伺机攻取,宋太宗诏令定州路都部署李继隆调发镇州、定州的大军护送军粮几千车。辽国裕悦耶律休格闻知此讯,率领几万精锐骑兵前来拦截。北面沿边都巡检浚仪人尹继伦,率领步兵、骑兵一千多人在边塞上巡逻。遇到辽军,耶律休格没进攻而绕道,直接偷袭大部队。尹继伦对部下说:"辽军视我们犹如俎上鱼肉罢了。他们若奏捷归还,就会乘胜驱赶我们北上而去,若不能获胜,也将会对我们发泄怒气,我们就没有存活的了。为今之计,应当卷起铠甲,衔枚不语地偷袭敌人后方,他们一鼓作气向前赶奔,不防备我们的到来,全力拼斗而取胜,自己足以能有所建树,纵使失败,也不失忠义,岂能默默无闻成为北地的死鬼呢!"部众群情激愤听从命令。尹继伦就命令军士喂饱马,等到晚上,派人手持短兵器悄悄地跟在辽军后面。行到几十里,到达唐河、徐河之间,天还没亮,耶律休格距离宋军大部队还有四十五里,尹继伦在城北布列军阵等待。敌人正聚在一起吃饭。吃完后,准备进行战斗,尹继伦出其不意,急速进攻,杀死辽军大将一人。于是部队惊恐大乱。耶律休格连饭都没吃完,扔掉勺子筷子逃跑,被短兵器击中手臂,受重伤,骑上好马首先逃遁。辽军看见宋朝大军,就溃败,自相踩踏而死者不计其数。李继隆和镇州副都部署范廷召追逐越过徐河十几里,俘获极多。定州副都部署孔守正又同辽军在曹河的斜桥交战,斩杀辽军将帅大盈等人。辽军从此几年不敢大举南下,因为尹继伦是黑脸,互相告诫说:"应当避开黑面大王。"丁未(二十九日),宋太宗授予尹继伦为洛苑使,兼领长州刺史,北面缘边都巡检之职照旧。

当初,命令李继隆等部调发军队护送给威虏军的粮饷,户部郎中张洎又上密封奏书说:"古代修筑城池聚集部众,是为了控制要害之地,抑制边外敌骑的侵略,所以周代筑城朔方,汉代攻取河湟,唐代修筑受降、临泾等城,就是这类事。现在威虏军等设置在平川,地势不是险阻,带甲之士不超过一万人,白白地分散兵力,对边防有何益处! 如今敌军入侵困境,断绝运粮之道,而王师立即出动,三镇之军,冒着炎炎的烈日,跋涉荒郊野地,担任保护军粮储备的任务,本来就没有斗志,用这护送军粮而斗志懈怠的军队,抵挡北方敌寇轻捷剽悍的骑兵,边走边战,必定招致失败退却。一支军队稍微退却,其他部众就可能相随他,那么威虏等军镇便望风而逃以自己失陷了。军事形势的安危,昭然见可。应该利用这个时机,乘着强大军队的威力,保全将士,从城堡开拔而回师。如果这样,则三镇的部众,出师既有名,威虏军等也避免了灭顶之灾了。当今河朔地区不得安宁,控制的方法,应当抓住要领。臣下认为凡是边境上的军事城堡,它的士兵不满三万人以上的,应该撤销,既节省供应,又避免被敌军侵吞。将所辖部队隶属于沿边的大镇,各镇军队聚集增多后,兵马自然强盛,同那将兵力分散于边境城邑,坐在柴草上等人点火的情况,岂可同日而语呢!"

八月,丙辰(初八),诏令大赦天下。这天晚上,彗星消失。

先前,宋太宗派遣使者取杭州释迦佛舍利塔安置到京师,度量规划开宝寺西北角之地,建造十一级的佛塔来收藏,上下高度为三百六十尺,所有用费以亿万计算,前后历时超过了八年。癸亥(十五日),工程完毕,极其精巧壮丽。知制诰田锡上疏说:"众人以为金碧辉煌,臣下认为涂的是民脂民膏。"太宗也没发怒。

庚午(二十二日),辽国放榜取中进士高正等二人。

九月,戊子(初十),宋太宗以知制诰王化基权且担任御史中丞。太宗曾经召他到便殿,询问边境事务,王化基说:"治理天下好像栽树一样,所忧患的是根基不牢固;树基牢固则树干不值得忧患了。如今朝廷大治,边境何患于不安定呢?"太宗认为他说得对。

宋太宗下诏:"如今朝廷官员中有谁能明晓律令格式的,准许上书自荐。应当加以考试查问。以增补刑部、大理寺官署属官,三年后提升他们的秩禄。"

自从河北用兵以后,急需提供军粮。宋朝开始命令商人直接将粮草运往边塞,根据地方的远近而优厚付给报酬,拿着交换券到京师,偿还钱币,或者发放公文给江、淮地区凭交换券付给茶、盐,称作"折中"。有人进言商人运输粮草有许多弄虚作假的,因而停止折中,否则每年损失国家费用几乎一百万钱。冬季,十月,癸酉(二十五日),又下令恢复折中照旧。同时设置折中仓,听任商人运输粮食到京师而到江、淮地区请求付给茶叶、食盐,任命膳部员外郎范正辞等人掌管这事的出纳。每一百万石粮食为一界，官宦人家和形势户不得随意送纳粮食，由御史台纠察。遇到年岁干旱，取消折中之法。

静难节度使赵保忠加官为同平章事。

宋太宗因为年岁干旱减少膳食，普遍祭祀各地名山大川，都没有反应。这天晚上，亲笔下诏赐给赵普等人，说："自从星象出现变异以来，久失雨雪。朕应当与爱卿们一起审理刑罚政令中的失误，惦念种植庄稼的艰难。爱惜财力安抚百姓，或可祈求上天的保佑。"当时赵普患病告假，就将亲笔诏书交付给吕蒙正等人。壬申(二十四日)，吕蒙正等人前往长春殿谢罪说："臣等为相执政无功，请求依照汉朝制度罢免。"太宗安慰勉励他们。知制诰王禹偁呈上奏疏说："乞求从皇上的日用开支以下到文武百官的俸禄料钱，除非是警卫军士，边关将帅的，全部依次减省。外州就停止每年采纳的物品、宫内取消精工巧匠的制作。只求用以感化人心，招来和气，变灾异为福音，唯有圣人才能做到。"

中书门下进言："所记录的《时政记》。缘由皇帝每次登前殿，枢密使以下官员先上奏，宰辅大臣没有上奏，因此所有此时宣谕的圣上言语，无从听到，担心由此会造成遗漏。请求差派枢密副使二人当场抄录，送交中书门下共同修撰成书，用以交付给史官。"《枢密院时政记》是从此开始的。

十一月，辛丑(二十四日)，镇州都部署、宣徽南院使郭守文去世。郭守文沉着稳静而有谋略，自从曹彬等兵败以后，契丹军队乘胜进军深入国境，宋太宗命令郭守文镇守常山以筹划经营抵御之事。郭守文死后，有宫中使臣恰好从北边回来，奏报当地军中的武夫悍卒全部痛哭流泪，太宗说："为什么会到如此地步？"使者回答说："郭守文得到俸禄，都买来牛肉和酒以犒劳军士。去世的那天。家中都没有多余的钱财。"太宗嗟叹惋惜了很久，立即赐给郭守文家五百万钱，同时录用他的儿子。

十二月，庚申(十三日)，宋太宗下诏省略尊号，只称皇帝。赵普、吕蒙正坚决请求恢复旧称，太宗不准许。戊辰(二十一日)，文武群臣奉上尊号"法天崇道文武"六字，太宗诏令去掉"文武"二字，其余的准从。

从秋天到冬天不下雨，知制诰田锡上言："这是由于阴阳不和，调理失当，上面侵越下面的职责而不能洞察处理好一切，下面知道上面的过失而不能规谏制止过错。"奏疏入朝，宋太宗与宰辅大臣都不喜悦，将田锡调出任陈州知州。

淳化元年 辽统和八年(公元990年) 春季，正月，戊寅朔(初一)，宋太宗登朝元殿接受册封尊号，特赦京师地区的在押因犯，更改年号。

己卯(初二)，改乾明节为寿宁节。

太保兼侍中赵普病情加重，三次上表请求辞去政务。戊子(十一日)，宋太宗以赵普为西京留守兼中书令。

庚寅(十三日)，辽国主命令判决滞留的案件。

二月，丁未朔(初一)，宋朝废除江南、两浙、淮西、岭南各州打鱼禁令。

己酉(初三)，改大明殿为含光殿。

宋太宗赐给各路印刷的《九经》，命令各路长官与各位官员共同阅读。

登州发生饥荒，宋太宗下诏赈济饥民。

三月，癸丑(初八)，江州奏报："德安县百姓陈竞，十四代同居，全家老少一千二百多口，常常苦于粮食不足。"宋太宗诏令每年借贷官府米二千石。

自从赵普罢相后，吕蒙正因为十分宽厚简约担任宰相，辛仲甫在中间悠闲自得，因此朝廷大事大多由王沔决定。王沔聪明机灵，善于陈述奏报，然而生性苛刻，不能以忠诚待人，群臣前来谒见，必定用甜言蜜语来诱导，使得全都喜出望外；但事后进退赏罚并不公平，许多人怨恨他。

丁巳(十二日)，宋太祖赐给太子中允陈省华和他的儿子光禄寺丞、直史馆陈尧叟以五品官服。先前陈尧叟应举进士，考中甲等，口头道谢，词语口气明白清楚。太帝询问宰相："这是谁的儿子？"吕蒙正等回答是陈省华的儿子。陈省华当时为楼烦县令，立即召见，提升为太子中允。到这时父子又同一天由太宗当面赐予官服。

乙酉(初十)，辽国筑城于杏埚，将所俘获的宋朝边民充实城中。

这月，夏州奏报击败李继迁。

夏季，四月，丙午朔(初一)，辽国严州刺史李寿英有恩惠德政，管内百姓请求留住，辽国主准从。

庚午(二十五日)，辽国主因为年成干旱，赈济各州饥民。

五月，庚寅(十六日)。女真宰相阿哈向辽国进贡，被封为顺化王。

辛卯(十七日)，宋太宗命令刑部设置详覆官六名，专门查阅全国各地呈送的案件文书，不再另派审讯的司法官员。设置御史台推勘官二十名，一律用京朝官充当。如果各州有重大案件，就乘坐驿站车马前往审理，与天子辞别之日，太宗必定告谕他说："不要节外生枝，不要滞留拖延。"返回后，必定召见询问所查究事情的状况。将此作为固定制度。

五月，甲午(二十日)，宋太宗下诏："退休官员中有曾经历任朝廷内外职务的，给予一半俸禄，用其他实物充当。"

建国初期钱上文字为"宋通元宝"。乙未(二十一日)，改铸文字为"淳化元宝"的钱，宋太宗亲自书写钱币上文字，分作真书、行书、草书三种字体。从此以后每逢改年号必定重新铸钱，用年号元宝作为钱上文字。

丙申(二十二日)，辽国登记百姓田地。

六月，丙午(初三)，宋朝罢黜中元节、下元节张灯结彩。

秋季，七月，庚辰(初七)，辽国主改南京熊军为神军。辽人谋划向南入侵，派遣使者前往北岳庙占卜，山神不准许，辽国人发怒，纵火焚烧庙寺而离去。

丁酉(二十四日)，将宋太宗所撰写的诗文收藏在秘阁。

这月，吉州、洪州、江州、蕲州、河阳、陇城涨大水，开封府、陈留、封丘、酸枣、鄢陵发生干旱，赐予免除今年田租的一半，开封府特别给予免除一年的徭役。京师粮价腾贵。太宗派遣使者开启粮仓，削价分别卖出。

八月，癸卯朔(初一)，秘书监李至与右仆射李昉、吏部尚书宋琪、左散骑常侍徐铉以及翰林学士、诸曹侍郎、给事、谏议、舍人等在秘阁看书。宋太宗闻知，派遣使者前往赏赐宴饮，陈列所有图书典籍，让他们随意观看；第二天，又下诏给代理御史中丞王化基以及三馆学士全部到秘阁赐宴。先前将太宗所撰作的诗文藏入秘阁，又派遣使者前往各道收购募集古典书籍、珍奇画卷以及先贤墨迹，几年之间，进献到京师的图书典籍，无法数尽。于是太宗下诏给史馆，取出所有关于天文、占候、谶纬、方术等方面的书籍五千零十卷，连同从宫中拿出的古画、名人墨迹一百十四幅，全部藏入秘阁。

乙巳(初三)，宋太宗命令左藏库登记所掌管的金银器皿之类，全都加以销毁。有关官员进言："其中有些制作精巧的，希望留存下来以准备日后送进宫中使用。"太宗说："你们以奇异精巧为珍贵，我以慈爱节俭为宝贵。"最后全都销毁。太宗生性节约俭朴，退朝后，经常头带华阳巾，身穿粗布衣，扎着粗绸带，内衣是普通绝绢制作的，全都屡经洗涤，皇帝日常用的物品，没有什么添置。

癸亥（二十一日），李至呈上奏疏说："秘阁自从创立之后，历时两年，但在官署部门中所处地位没有确立的制度。希望颁降明诏，使它与史馆、昭文馆、集贤院等三馆并列，排定它们之间的先后次第，作为永久的法式。"宋太宗批准他的请求，将秘阁排列在三馆之后。

己巳（二十七日），宋朝禁止川、峡、岭南、湖南等地杀人祭鬼，命令州县巡查搜捕，招募告发者，予以奖赏。

九月，乙亥（初三），北女真四部请求向辽国归附。

戊寅（初六），崇仪副使郭载进言："臣下从前出任使者到剑南，看到川、峡富人大多招纳赘婿，和自己所生的儿子排论大小，死后也分他财产。所以穷人就有许多出去做赘婿，非常有伤风化而且添加纷争诉讼。希望下令禁止。"宋太宗下诏准从他的请求。

冬季，十月，乙巳（初三），宋太宗以同州观察推官河南人钱若水为秘书丞、直史馆。钱若水当初任同州佐官，知州生性偏急，屡次以个人意见决断事务不当，钱若水坚持争诉而不能被采纳，总是说："该赔出俸禄作为赎金了。"不久奏报案状果然被朝廷和上级官署所驳回，州官全部以处罚赎金论处，知州惭愧道歉，然而终究不改偏急固执。有个富民丢失了女奴，女奴的父母到州府诉讼，知州命令录事参军审讯。录事参军曾经向这个富人借钱而没借到，就硬说富民父子多人共同杀死女奴，将尸体抛入水中，女奴尸体流失，所犯罪恶都应处死。富民经不起严刑拷打，自己屈招。案状具结上报，州官审查复核，都认为属实。只有钱若水怀疑，暂留此案几天不裁决，秘密派人寻访女奴，将她找到，便带着她给她的父母看，都流泪地说："是我女儿。"富民父子凭此得以免死。知州准备奏报他的功劳，钱若水坚决推辞。宋太宗也听说过他的名字。正好寇准荐举钱若水为文学高第，太宗便征召他在学士院考试。并任命这个官职。

乙丑（二十三日），宋太宗赐给白州知州蒋元振绢帛三十匹、米五十石。丙寅（二十四日），赐给郓州须城县知县姚益恭绢二十匹、米二十石。

蒋元振清贫艰苦、厉行节俭，亲属大多贫穷，无法供养，听说岭南物价便宜，因此请求到那里任官，将家眷寄居在潭州。留下自己的全部俸禄供给家里，蒋元振吃豆饭，喝清水，缝纸做衣。施政简略宽松，百姓深感便利。期满迁升，转运使请求留任，总共七八年没人代替，姚益恭当初为兴国军判官，以清廉能干而闻名，征召赶赴朝廷，老少一千多人拦截道路，不能出发。姚益恭到晚上便打开城门逃跑。他在须城任职时，不用刑具，境内大治，百姓几千人三次拦住转运使请求让姚益恭留任。到这时采访使各自奏报他们的情况，所以有这些赏赐。

十一月，丁丑（初六），安州知州、侍御史李范上言："前殿中丞、通判州事高丽人金行成因病革职，征召臣下以及州中官员几人到他的卧室内，一边流泪一边说：'外国人在中原朝廷为五品官，辅佐州政，患病将死，没有报答君主的恩宠，九泉之下也有遗恨。两个儿子金宗敏、金宗约全都年幼，家中一贫如洗。没有其他亲戚可以依靠，而我行将填委沟壑了。'死后，他的妻子发誓不改嫁，抚养两个儿子，编织草鞋用来养家。臣下暗中可怜她一家。"宋太宗诏令以金宗敏为太庙斋郎，让安州每月拿出三千钱，五石米给他家，当地长官一年四季时常去慰问，不要让金家失去依靠。

当时文武群臣上殿奏陈政事的，准可他奏请后，都可以专门同有关官员交涉，常常容纳奸诈妄为。十二月，左正言、直史馆歙人谢泌，请求从现在起凡是政府大事必须送到中书门下，机密大事送往枢密院，钱财货物之事送到三司，审核奏报然后实行。辛酉（二十日），宋太宗下诏准从谢泌的请求，并作为固定的制度，朝廷内外所写的奏疏也是如此。

大理寺丞王济为刑部详覆官，多次呈上密封奏章。宋太宗有一天回头询问左右侍臣说："刑部有个喜好奏陈政事的是谁？"左右侍臣以王济而应对，太宗就任命他为镇州通判。州郡牧守大多是有功勋的旧日武将，依仗权势欺凌下官，王济不曾屈服。戍卫士卒常有横行不法之事。夜间有的焚烧民房进行抢劫，王济侦破查获，立即斩杀，派人骑马奏报此事，太宗大喜。都校孙进，酗酒任性强横无理，打断别人的牙齿，王济不等奏报，就施以杖脊之刑押送到京师，军府为此畏服肃静。太宗连忙下三封诏书褒奖。

庚戌（初九），辽国主封李继迁为夏国王。

辽国同政事门下平章事室昉请求辞官退休。辽国主命令他入宫朝见，免行拜礼。赐给几案、手杖。辽太后派遣阁门使李从训拿着诏书前去慰劳问安，让他常住南京。封为郑国公。

这年，辽国放榜取中进士郑云从等二人。

淳化二年　辽统和九年（公元991年）　春季，正月，丙子（初五），宋太宗派遣商州团练使翟守素率军到夏州援救赵保忠。

辽国主禁止私自出家剃度为僧侣、尼姑。先前晋国公主在南京建造佛寺，辽国主答应赐给匾额，室昉奏陈说："诏书下令全部取消无名寺院。今天因为公主的请求赐给寺名，不但违背以前诏令，而且恐怕此风会愈演愈烈。"辽国主听从室昉的话。

乙酉（十四日），宋朝设置内殿崇班、左右侍禁，将殿前承旨改为三班奉职。

辽国室昉等进献《实录》二十卷；辽国主用亲笔诏书褒奖，加官室昉为政事令。赐绢帛六百匹。

戊子（十七日），辽国挑选南侵战争中所得降卒五百人组成宣力军。

辛卯（二十日），辽国免除三京各道田租，同时取消登录民田。

二月，丁未（初六），辽国主以涿州刺史耶律旺陆为特里衮。

宋太宗修造正殿，多施彩色绘画。左正言谢泌上疏劝谏；癸丑（十二日），太宗命令全部去掉彩色绘画，涂上红土、白土。

监察御史祖吉，因任职晋州知州时作奸贪赃处以弃市之刑。

丁巳（十六日），凉州观察使，判雄州事下邳人刘福去世。追赠太傅，忠正节度使。刘福为武人，不知书籍，但驾驭部下有方法谋略，为政简略宽松。在雄州任职五年，境内安宁，百姓拦截转运使，希望追述刘福的政绩，将他的情状上报，太宗下诏准许立遗爱碑。众子经常劝刘福建造宽大的宅第，刘福发怒说："我接受的俸禄十分优厚，足以租房自住。你们既没有尺寸之功，怎么可营建宅第为自己安乐设计呢！"最终不允许。去世后，太宗闻悉刘福的话，将五千两白银赐给他的儿子，让他们购买宅第居住。

三司曾经议论剑南地区赋税轻，宋太宗下诏监察御史张观乘坐驿站车马巡行剑南各州，从而使各州稍微增加赋税。张观上疏进言："远方百姓容易扰动难以安宁。专心致志地安抚，尚且考虑举措失当，何况增加赋税来扰乱他们呢？"宋太宗认为他说得对，因而留下张观不再派遣。之后张观再次上疏进言："臣下私下看见陛下天性慈祥宽容，大多与身边大臣议论政事,反复交谈,相当烦琐辛劳。至于各部职官,奉承旨意一味顺从,簿册文书琐碎细事,全都上报,岂止是亵渎皇上的尊严,实际上也是轻率紊乱国家体制。希望陛下在听断朝政之余,宴乐休息之际,以礼接待大臣,与他们商讨大事,使之在面前倾吐心声,极意尽兴议论思索,那么治国的大体,教化的源流,有什么不能到达的呢!跟那些只知道计算钱粮,锱铢必较,让有限光阴受无穷琐事支配的人,岂可同日而语呢!"太宗阅览后认为好,召见他赐给五品官服,以他为度支判官。

闰月,辛未朔(初一),出现日食。

宋太宗以郑文宝为陕西转运副使,准许他根据情况便宜行事。正好年成歉收,郑文宝诱导豪民拿出粮食三万斛,救活饥民八万六千多人。

壬申(初二),辽国主派遣翰林承旨邢抱朴、三司使李嗣、给事中刘京、政事舍人张翰、南京副留守吴浩分头判决各道滞留的案件。

庚辰(初十),宋太宗以瀛洲防御使安守忠为雄州知州。安守忠曾经与僚属宴饮,有一军校图谋叛变,内披铠甲到达门前,守门胥吏狼狈入内禀报,安守忠谈笑自如,缓缓环视在座宾客说:"这帮人只是酒后发狂而已,将他们捉拿便可。"人们佩服他的胆量。

己丑(十九日),宋太宗下诏:"京师无赖之徒聚众赌博,开设柜坊,屠宰牛马驴狗来吃,销毁铜钱铸造各种器皿用品,命令开封府警戒街市,严密搜捕。违背法令的斩首,隐匿不报和居民将邸店租赁恶少作为柜坊的一同治罪。"

这月,宋太宗以翰林学士贾黄中、苏易简主管差遣院,李沆为同判吏部流内铨。翰林学士兼领外朝官,从此时开始。

三月,庚子朔(初一),辽国赈济室韦、乌古各部饥民。戊申(初九),辽国主又命令库部员外郎马守琪、仓部员外郎祁正、虞部员外郎崔祐、蓟北县令崔简等人分头前去判决各道滞留案件。甲子(二十五日),辽国主前往南京。

乙丑(二十六日),辛仲甫被罢免参知政事职务。

己巳(三十日),宋太宗因为干旱蝗灾,下诏吕蒙正等人说:"黎民有何罪,上天严厉谴责到如此地步,是朕没有德行导致的,爱卿们应该在文德殿前筑一高台,朕将登台露天暴晒,三天还不下雨,爱卿们一起将朕焚烧来回应上天的谴责。"吕蒙正等人惶恐告罪,藏匿诏书,第二天就下了雨。蝗虫全部死掉。

先前宋太宗征召身边大臣询问当时治理的得失成败,枢密直学士寇准回答说:"《洪范》听说天道人世之间的关系,互相感应如同身影回声。大旱这种气象的出现,是因为刑法有不公平的地方。前不久祖吉、王淮,全都蔑视法令接受贿赂,赃物数以万计。祖吉服罪诛杀后,全家也被抄没;但王淮因是参知政事王沔的同母弟,只在私堂施以杖刑,仍旧担任定远主簿。处事如此有轻有重,大旱灾祸的出现,大概不是上天虚发的。"太宗恍然大悟,第二天,看见王沔,严厉斥责。

这月,翰林学士宋白等人呈上《新定淳化编敕》三十卷。

夏季,四月,庚午朔(初一),宋太宗下诏罢黜端州每年进贡石砚。

辛巳(十二日),宋太宗以枢密副使张齐贤、给事中陈恕一并为参知政事。金署枢密事张逊为枢密副使,枢密直学士温仲舒、寇准都为枢密副使,张宏免去枢密副使为吏部侍郎。张宏生性怯懦谨慎,没有什么策略,即使身居宫廷内,看见胥吏也必须先问候作揖。生性吝啬,喜欢积蓄,不被时人看重。温仲舒是河南人。

当初，王沔与张齐贤同时典掌枢密机要，很不协调。张齐贤出外守代州，王沔就为枢密副使、参知政事。陈恕主盐管铁，生性苛刻，也曾经同王沔顶撞。到这时张齐贤和陈恕都在中书任职，王沔自感不安，担心官佐僚属有将中书旧事向二人告发的。己丑（二十日），左司谏王禹偁上言："请求从现在起文武群臣向宰相和枢密使言事，一律必须在散朝后到政事堂请见，不得在宰相、枢密使本人的厅堂接待宾客，以防说情托事。"王沔大喜，立即禀报太宗而施行王禹偁的建议，同时让御史台向朝廷内外宣布。

左正言谢泌上言："俯伏看见圣上诏书，不许中书、枢密两府接见宾客。是怀疑大臣徇用私情。天下极其广大，机务极其繁多，陛下将耳目之任寄托于辅佐大臣，如果不让他们接见文武群臣，怎么详知外面事情！古人有话说：'疑则不用，用则不疑。'倘若国运衰败，强臣擅权，当这个时候，确实值得忧虑。如今陛下驾驭天下，总揽贤才，朝廷没有巧言令色之士，地方没有姑息养奸之臣。礼乐征发的号令自天子发出，怎么怀疑执政大臣，去做衰败世道的事呢？使用的不是合适的人，应当排斥而辞去；既然得到合适的人，将政务交给他，又怀疑什么呢？假如杜绝公堂上的请谒之礼，难道就没有私家的谒见了吗？堵塞相府请托求情的大门，难道就没有其他的途径了吗？这不是陛下推心置腹来礼待大臣，大臣舒展身心来回报陛下的办法啊。王禹偁不明君臣大体，妄逞私见来闭塞陛下的耳目，那些狂躁言语，不可实行采用。"宋太宗阅览奏章后嘉许赞叹，立即命令追回前面的诏书，同时将谢泌所上表章送交史馆。

五月，庚子（初二），宋朝设置诸路提点刑狱官。

乙巳（初七），宋朝恢复设置折博仓。

左正言谢泌，多次议论当时政治的得失。宋太宗赞许他的忠诚，丙辰（十八日），提升为右司谏，赏赐紫色官服，金鱼袋，同时三十万钱。谢泌一天在便殿应对，太宗又当面加以赞赏激励，谢泌告谢说："陛下从谏如流，所以臣下得以竭尽忠诚。昔日唐代末年有个孟昭图，早晨呈上劝谏疏章，黄昏便不知人在何处。前代如此拒谏，怎能不乱！"太宗为之动容很久。

六月，甲戌（初七），忠武节度使、同平章事潘美去世。追赠中书令，谥号为武惠。

乙酉（十八日），汴水在浚仪县决口，冲坏连堤，淹没农田。宋太宗黎明乘坐步辇从乾元门而出，宰相、枢密使在路上迎候谒见。太宗对他们说："东京供养军队几十万，居民百万家，粮食运输就依赖这条渠水，朕怎能不顾！"所乘步辇陷入泥潭中，太宗走了一百来步，随从大臣震惊恐慌。殿前都指挥使戴兴将步辇从泥潭中捧托出来。太宗诏令戴兴督率步兵几千人堵塞决口，太阳没落下，而堤岸重新屹立。于是水势稳住，太宗才前往住处，大官进奉膳食。亲王及身边大臣全都衣服沾满泥泞。浚仪县知县宋炎，逃亡藏匿不敢出来，太宗特别赦免他罪过。

这月，辽国南京连绵大雨伤害庄稼。

秋季，七月，癸卯（初六），辽国统一登记户口。

乙巳（初八），辽国主下诏各道举荐人才，审察贪官酷吏，安抚高龄老人，禁止奢侈越分，有死于公事的，录用他的子孙为官。

李继迁听说翟守素领兵前来征讨，十分恐惧，奉呈表章请求归顺。丙午（初九），宋太宗授予李继迁为银州观察使，赐给国姓赵，名为保吉。赵保忠又荐举他的弟弟李继冲，太宗也赐给国姓，改名为保宁，授予绥州团练使；封他的母亲罔氏为西河郡太夫人。

宋太宗关心各种案件，忧虑大理寺、刑部官吏舞文弄法，八月，己卯（十三日），在宫中设置审刑院。以枢密直学士楚丘人李昌龄执掌审刑院事务,同时设置详议官六名。凡是案件具结上奏。先由审刑院盖印后,交付大理寺、刑部审查核对而奏报。再下达到审刑院详细审议,重新复核裁决完毕,交付中书,妥当的立即发下去,那些不妥当的,宰相再向皇上奏报,才命令裁决。

丁亥(二十一日),并州进言契丹四百多口归附中原。宋太宗因而对身边大臣说:"国家倘若没有外忧,就必定会有内患。外忧不过边境事务,全都可以预防。唯有奸邪恶人,倘若酿成内患,便极为可怕了。"

续资治通鉴卷第十六

【原文】

宋纪十六　起重光单阏【辛卯】九月,尽昭阳大荒落【癸巳】九月,凡二年有奇。

太宗至仁应道神功圣　德睿烈大明广孝皇帝

淳化二年　辽统和九年【辛卯,991】　九月,己丑【丁酉朔】,户部侍郎、参知政事王沔,给事中、参知政事陈恕,并罢守本官。初,给事中樊知古,累任转运,甚得时誉;及为户部,频以职事不治,诏书切责,名益减。雅与恕亲善,帝每言及计司事有乖违者,恕具以告之,欲令知古尽力。知古后因奏对,遂自解。帝问知古:"何从得此?"知古曰:"陈恕告臣。"帝怒恕泄禁中语,且疾知古轻脱,并知古皆罢之。沔以弟准故,数为枢密副使寇准所诋,帝亦寤沔任数好诈,非廊庙器,遂与恕同日俱罢。沔奉诏,见帝,涕泣不愿离左右,未几,须鬓尽白。

帝尝谓近臣曰:"累有人言储贰事,朕以诸子冲幼,未有成人之性,所命僚属,悉择良善之士,至于台隶辈,朕亦自拣选,不令奸险巧佞在其左右。读书听讲,咸有课程,待其长成,自有裁制。何言事者未谅此心邪?"至是左正言宋沆等五人伏阁上疏,请立许王元僖为太子,词意狂率,帝怒甚,将加窜殛,而沆又宰相吕蒙正妻族,蒙正所擢用,己亥,制词并责蒙正,罢为吏部尚书。

初,温仲舒与蒙正同年登弟,情契笃密。仲舒前知汾州,坐私监军家婢,除籍为民,穷栖京师者累年,蒙正在中书,极力援引,遂复籍。及骤被任遇,反攻蒙正,蒙正以之罢相,时论丑之。

以左仆射李昉〔为〕中书侍郎,参知政事张齐贤为吏部侍郎,并平章事。

以翰林学士贾黄中、李沆并为给事中、参知政事。沆初判吏部铨,因侍曲宴,帝目送之曰:"李沆风度端凝,真贵人也!"不数月,遂与黄中俱蒙大用。帝尝召见黄中母王氏,命坐,谓曰:"教子如是,真孟母矣!"作诗赐之,颁赐甚厚。

庚子,以右谏议大夫、权御史中丞王化基为御史中丞。化基尝慕范滂揽辔澄清之志,献《澄清略》,言五事:其一复尚书省,曰:"三司吏额乃近代权制,皆州郡官司吏局之名也。臣今请废三司,止于尚书省试设六尚书,分掌其事。废判官、推官,设郎官分掌二十四司及左右司公事,使一人掌一司。废孔目、句押前后行为都事、主事、令史。废句院、开拆、磨勘、凭由、理欠等司归比部及左、右司。"其二谨公举,曰:"朝廷频年下诏,以类求人,但闻例得举官,未见择其举主。望自今别立名籍,先择朝官有声望者,各令保举所知,贤则举主同赏,否则举主同坐。"其三惩贪吏,曰:"蠹盛则木空,吏贪则民弊。望令诸路转运使、副兼采访之名,令觉察部内州、府、军、监长吏。"其四省冗官,曰:"臣昨任扬州职官时,见添置监临事务朝官及使臣

303

等,有逾本州数倍,恐天下诸州类此。或皆是廉白,止伤公府之费;苟其为贪婪,则取于民间者又加倍焉,得不蠹国耗民乎？望令逐部转运使、副与知州同议裁减,及诸县令、簿、尉等亦乞令相度废省。"其五择远官,曰:"负罪之人,多非良善,授以远地亲民之官,用情自任,恃远纵残,小民罹殃,卒莫上诉。望自今,凡负罪之人,不许任四川、广南为长吏。"书奏,帝嘉纳其言,即有意于大用。

辛丑,责宋沆为宜州团练副使。

癸卯,王显罢。甲辰,以枢密副使张逊知枢密院事,温仲舒、寇准同知院事。知院之名自此始。

初,宋沆与左正言尹黄裳、冯拯、右正言王世则、洪湛共伏阁请立皇太子,沆既先黜,乙巳,命黄裳知邕州,拯知端州,世则知象州,湛知容州。拯,河阳人也。

己酉,辽主驻庙城。南京地震。

帝闻殿中丞郭延泽、右赞善大夫董元亨皆好学,博通典籍,诏宰相召问经史大义,条对称旨。冬,十月,丁卯,并命为史馆检讨。

辛巳,翰林学士承旨苏易简续《翰林志》二卷以献,帝嘉之,赐诗二章,御笔批云:"诗意美卿居清华之地也。"易简愿以所赐诗刻石,帝复以真、草、行三体书共其诗,刻以遍赐近臣。又飞白书"玉堂之署"四大字,令中书召易简付之,榜于厅额。帝曰:"此永为翰林中美事。"易简曰:"自有翰林,未有如今日之荣也。"帝尝夜幸玉堂,易简已寝,遽起,无烛具衣冠,宫嫔自窗格引烛人照之,窗格上有火燃处,后不更易,以为玉堂盛事。

左谏议大夫韩丕,冲澹自处,不奔竞于名宦,帝嘉重之。己丑,命丕守本官、知制诰,为翰林学士。

是月,赵保忠降于契丹,契丹封为西平王,复姓名曰李继捧。

十一月,丙申朔,诏:"自今内殿起居日,复令常参官两人次对,阁门受其章。"

庚戌,左谏议大夫史馆修撰杨徽之次对,上言:"方今文士虽多,通经者甚少,愿精选《五经》博士,增其员,各专业以教胄子。此风化之本。"帝顾谓宰相曰:"徽之操履无玷,真儒雅士。出理州郡,非其所长,置之馆殿,正得其宜矣。"

刑部郎中、知制诰范杲数致书宰相,求人翰林为学士,又尝出制诰一编示李昉曰:"先公谓杲才任学士,故以此付杲,不敢失坠。"昉每开释之。于是献《玉堂记》,请备其职。帝恶其躁竞,终不使居内署,改右谏议大夫,出知濠州,以考功员外郎、知制诰毕士安为翰林学士。初,执政欲用右谏议大夫张洎,因对,言洎文学久次,不在士安下,帝曰:"极知洎文学资任不减士安,第德行不及耳。"执政乃退。

帝以入阁旧图承五代草创,礼容不备,于是命史馆修撰杨徽之等讨论故事,别为新图。十二月,丙寅朔,遂行其礼于文德殿。右谏议大夫张洎,既与徽之等同撰定新仪,又独上疏曰:"窃以今之乾元殿,即唐之含元殿也,在周为外朝,在唐为大朝,冬至、元日、立全仗,朝万国,在此殿也。今之文德殿,即唐之宣政殿也,在周为中朝,在汉为前朝,在唐为正衙,凡朔望起居及册拜妃、后、皇子、王、公、大臣,对四夷君长,试制策举人,在此殿也。今之崇德殿,即唐之紫宸殿也,在周为内朝,在汉为宣室,在唐为上阁,即只日常朝之殿也。昔东晋之太极殿有东西阁,唐置紫宸上阁,法此制也。且人君恭己南面,向明而治,紫微黄屋,至尊至重,故巡幸则有大驾法从之盛,御殿则有钩陈羽卫之严,故虽只日常朝,亦须立仗。前代谓之入阁仪者,盖只日御紫宸上阁之时,先于宣政殿前立黄麾金吾仗,俟勘契,唤仗,即自东、西阁门入,故谓之入阁。今朝廷且以文德正衙权宜为上阁,甚非宪度。况国家丕承正统,凡百宪章,悉从损益,惟视朝之礼,尚属因循。窃见长春观正与文德殿南北相对,伏请改创此殿以为上阁,作只日立仗视朝之所;其崇德殿、崇政殿,即唐之延英殿是也,为双日常时听断之所;庶乎临御之式,允协前经。今舆论乃以人阁仪注为朝廷非常之礼,甚无谓也。臣又按旧史,中书、门下、御史台谓之三司,署为侍从供奉之官。今起居日,侍从官先入殿庭,东西立定,俟正班入,一时起居,其侍从官东西列拜,甚失北面朝谒之仪。请准旧仪,侍从官先入起居毕,分行侍立于丹墀之下,谓之娥眉班。然后宰相率正班人起居,雅合于礼。臣又闻古之王者,躬勤庶务,其临朝之疏数,视政事之繁简。唐初五日一朝,景云初始修贞观故事。自天宝兵兴以后,四方多故,肃宗而下,咸只日临朝,双日不坐。其只日或遇大寒盛暑,阴霪泥泞,亦放百官起居。双日宰相当奏事,即是特开延英召对。或蛮夷人贡,勋臣归朝,亦特开紫宸引见。陛下自临大宝,十有五年,未尝一日不鸡鸣而起,听天下之政,临朝太数,视政过繁。望依唐时旧规,只日视朝,双日不坐。其只日遇大寒盛暑,阴霪泥泞,亦放百官起居。其双日于崇德、崇政两殿召对宰臣及常参官以下,及非时蛮夷人贡、勋臣归朝,亦特开上阁引见,并请准前代故事处分。”奏入,不报。

癸未,保康军节度使刘继元卒,追封彭城郡王。

辛卯,翰林学士承旨苏易简会韩丕、毕士安、李至等观御飞白书“玉堂之署”四字并三体诗书石。帝闻之,赐上尊酒,大官设盛馔,至等各赋诗以纪其事。宰相李昉、张齐贤、参知政事贾黄中、李沆亦赋诗颂美,易简悉以奏御。

先是,左司谏、直史馆谢泌,奉诏发解国子学举人,黜落既多,群聚喧诟,怀檄以伺其出。泌知之,潜由它径入史馆,数宿不敢归,请对自陈,帝问:“何官驺道严肃,都人畏避?”有以台杂对者。癸亥,命泌为虞部员外郎兼侍御史知杂事。国子学发解举人,别敕差官主之,盖自泌始也。

是月,辽始闻李继迁内附,使其招讨使韩德威往谕之。

女真首领野里雉等上言,契丹怒其朝贡中国,去海岸四百里下三栅,栅置兵三千,绝其贡路。于是泛海入朝,求发兵与三十首领共平三栅。若得师期,即先赴本国,愿聚兵以俟。帝但降诏抚谕,不为出师。其后遂归于辽。

是岁,辽放进士石用中一人。

三年　辽统和十年【壬辰,992】　春,正月,丙申朔,朝元殿受朝,群臣上寿,用雅乐,宫县、登歌。

丁酉,辽禁丧葬礼杀马及藏甲胄、金银器玩。

诸道贡举人万七千三百,皆集阙下。辛丑,命翰林学士承旨苏易简等同知贡举,既受诏,径赴贡院,以避请求。后遂为常制。

乙巳,命常参官各举京官一人充升朝官。丙午,令宰相以下至御史中丞,各举朝官一人为转运使。又诏:“所举京官,除三司、三馆职事官,已升擢者不在荐论;其有怀才外任,未为朝廷所知者,方得奏举。”

二月,乙丑朔,日有食之。

杭州掌庾吏叶彦安等百二十三人,欠钱假日官仓米八十四万馀石,盐五万馀石;甲申,诏并除之。

盐铁使魏羽等,言诸州茶盐主吏,多负官课,请行决罚。帝曰:“当按问其实。若水旱灾渗,致官课亏失者,非可加刑也。帝王者,为天下主财耳。卿等司计,当以公正为心,无事割削,致害民而伤和气。"

辽招讨使韩德威,奏李继迁称故不出,至灵州俘掠以还。

壬午,辽免云州租。

三月,乙未朔,以赵普为太师,封魏国公。

戊戌,覆试合格进士,帝纳将作监丞莆田陈靖疏,始令糊名考校,得汝阳孙何以下凡三百二人,并赐及第,五十一人同出身。辛丑,又覆试诸科,擢七百八十四人,并赐及第,百八十人出身。就宴,赐御制诗三首,箴一首,及新刻《礼记·儒行篇》。先是胡旦、苏易简、王世则、梁颢、陈尧叟,皆以所试先成擢上第,由是士争尚敏速,或一刻数诗,或一日十赋。是科,内出《厄言日出赋》题,试者骇异,不能措词,相率扣殿槛上请。而会稽钱易,年十七,日未中,所试三题皆就,言者指其轻俊,黜之。

戊午,以高丽宾贡进士四十人并为秘书郎,遣还。

诏有司详定称法,别为新式,颁行之。先是守藏吏受天下岁输金币,而太府寺权衡旧式,轻重失律,吏因为奸,上计者坐逋负破产甚众。又,守藏吏更代,校计争讼,动涉数岁。及是监内藏库宦者刘承珪等,推究本末,改造法制,中外咸以为便。

盐铁判官、左司谏安阳韩国华等言:"备位谏官,兼职计司,独不得从宴游,愿兼领馆职。"乙巳,命国华等直昭文馆。三司属官兼直馆自国华等始。

辛酉,令有司以二月开冰,献羔祭韭。先是近代相承用四月,盖误《豳诗》四之日为今四月也,秘书监李至请改之。

夏,四月,丁丑,诏:"江南、两浙、荆湖吏民之配岭南者,还本郡禁锢。"

癸未,帝作《刑政》《稼穑》诗赐近臣。

庚寅,辽主命群臣较射。

五月,癸巳,辽以朔州流民失所,给复三年。

己酉,帝以时雨久愆,遣常参官十七人分诣诸路按决刑狱。是夕,雨。庚戌,宰臣相率称贺。帝曰:"朕所忧者,在狱吏舞文巧诋,计臣聚敛掊克,牧守不能宣布诏条,卿士莫肯修举职业耳。"李昉、张齐贤等上表待罪,帝曰:"朕中心苟有所怀即言之,既言即无事矣。然中书庶务,卿等尤宜尽心。"

甲寅,始命增修秘阁。

六月,甲申,有蝗自东北来,蔽天,经西南而去。帝谓宰相曰:"此虫必害田稼,朕忧心如捣。亟遣人驰诣所集处视之!"对曰:"此虫因旱乃生,频雨则不能飞。圣心忧念黎庶,固当感通天地。"是夕,大雨,蝗尽殪。

京畿大穰。辛卯,分遣使臣于京城四门置场,增价以籴,令有司虚近仓贮之,命曰常平,俟岁饥即减价粜与贫民,遂为永制。

秋,七月,壬辰朔,置三司都句院,命右谏议大夫张佖判之。

乙巳,太师赵普卒。己酉,帝闻讣悲悼,谓近臣曰:"普事先帝与朕,最为故旧。向与朕尝有不足,众人所知;朕君临以来,每待以殊礼,普亦倾竭自效,真社稷臣也。"因出涕,左右皆感动。废朝五日,遣使护丧事。葬日,设卤簿鼓吹如式,赠尚书令,追封真定王,谥忠献。帝撰《神道碑》,亲八分书以赐焉。初,普从太祖于侧微,既贵后,屡以微时所不足者言之,太祖曰:"若尘埃中可识天子宰相,则人皆物色之矣。"自是不敢言。普少习吏事,寡学术,及为相,太祖常劝以读书，晚年，手不释卷。每归私第，阖户启箧，取《论语》读之竟日。及临政，处决如流。普事两朝，出入三十馀年，刚毅果断，能以天下为己任，宋初在相位者未有其比。然性深沉有岸谷，而多忌克，廷美、德昭之死，与有力焉，君子惜之。

八月，壬戌朔，秘阁成。秘书监李至上言：“愿比玉堂之署，赐以新额。”戊辰，御飞白书“秘阁”二字赐之。仍诏宰相、枢密使与近臣就观，置宴阁下，直馆各官皆预，又赐诗以美其事。

壬申，诏征终南山隐士种放；辞以疾，不至。放七岁能属文，与其母偕隐谷中，以讲习为业，学者多从之，得束脩以养母。母亦乐道，薄滋味，善辟谷。性嗜酒，尝种秫自酿，因号云溪醉侯。会陕西转运使宋维干言放才行，诏使征之，其母恚曰：“尝劝汝毋聚徒讲学，今果为人知，不得安处。我将弃汝，深入穷山矣。”放乃称疾不起。其母尽取笔研焚之，与放转居穷僻，人迹罕至。帝嘉其高节，诏京兆府岁时存问，以钱三万赐之。

戊子，诏：“杭州民欠钱俶日息钱六万八千馀贯，并释之。”

九月，壬辰，诏以冬至有事于南郊。

盐铁副使谢泌尝升殿奏事，帝谓之曰：“大凡居职不可不勤。朕每见殿庭兵卒能剩扫一席地，剩汲一瓶水，必记其姓名也。”

丙辰，群臣奉表加上尊号曰法天崇道明圣仁孝文武，帝曰：“但时和年丰，百姓阜康，朕之号亦何尚焉！”凡五上表，终不许。

己未，幸秘阁观书，赐从臣及直馆阁宴饮。既罢，又召马步军都虞候傅潜、殿前都指挥使戴兴等宴饮，纵观群书，帝意欲使武将知文儒之盛也。

冬，十月，辛酉朔，折御卿进白花鹰，放之，诏勿复献。

癸亥，秘书监李至，言愿以帝草书《千字文》勒石。帝谓近臣曰：“《千字文》盖梁得钟繇破碑千馀字，周兴嗣次韵而成，理亡可取。《孝经》乃百行之本，朕当自为书之，令勒于碑阴。”因赐至诏谕旨。

帝虑中外官吏清浊混肴，莫能甄别，壬午，命王沔、谢泌、王仲华同知京朝官考课，张弘、高象先、范正辞同知幕职、州县官考课，号曰磨勘院。又命魏廷式与赵镕、李著同较三班院殿直以上功过。

十一月，己亥，开封尹许王元僖，早朝方坐殿庐中，觉有疾，径归府，车驾遽临视，疾已亟，帝呼之，犹能应，少选薨，年二十七。帝哭之恸，追赠太子，谥曰恭孝。

诏以将有事于南郊，前十日而许王薨，按礼，于天地、社稷之祀并不废，缘请谒太庙，恐非便，集公卿议之。吏部尚书宋琪等上奏，请以来年正月上辛合祭天地，从之。

初，王沔罢政归私第，会中书小吏旧罪发，事连中书，因有奏毁沔者。帝语之曰：“吕蒙正有大臣体，王沔甚明敏。”毁者惭而退。及沔同知京朝官考课，所奏条目细碎，物论甚哗，而沔自谓直清无私，固结人主，求再入。庚子，沔视事省中，暴得风眩疾，舁归第，卒，优诏赠工部尚书。

恭孝太子元僖，性仁孝，姿貌雄毅，沉静寡言，尹京五年，政事无失。帝尤所钟爱，及薨，追念不已，或悲泣达旦，作《思亡子诗》以示近臣。未几，有言元僖为嬖（妻）〔妾〕张氏所惑，（专）〔尝〕恣捶扑妾，有至死者，而元僖不知；为张氏于都城西佛寺招魂葬其父母，僭差逾制。又言元僖因误食它物得病，及其宫中私事。帝怒，命缢杀张氏，捕元僖左右亲吏系狱，命王继恩验问，悉决杖停免。掘烧张氏父母冢墓，亲属皆窜远恶。丙辰，诏罢册礼，但以一品卤簿

307

葬焉。

礼仪使苏易简上言曰："伏以圣朝亲祀圜丘,以宣祖侑神作主,此则符圣人大孝之道,成严父配天之仪。恭惟太祖皇帝,光启丕图,躬临大宝,以圣授圣,传于无穷。谨按唐永徽中,以高祖、太宗同配上帝,望将来亲祀郊丘,奉宣祖、太祖同配。其常祀孟春祈谷,孟冬神州,季秋大享,以宣祖崇配;冬至圜丘,夏至皇地祇,孟夏雩祀,以太祖崇配。"诏从之。

十二月,辽遣东京留守萧恒德伐高丽,高丽王王治初不设备,既乃以侍中军使、内史侍郎徐熙为中军使,门下侍郎崔亮为下军使,军于北界。旋闻辽师攻蓬山郡,获先锋军使尹庶颜等,高丽兵不得进。

四年　辽统和十一年【癸巳,993】　春,正月,庚寅朔,亲飨太庙。

辛卯,合祭天地于圜丘,以宣祖、太祖升配。大赦天下。

度支副使谢泌条上郊祀赏给军士之数,帝曰:"朕爱惜金帛,正备赏赐耳。"泌因曰:"唐德宗朱泚之乱,后唐庄宗马射之祸,皆赏军不丰所致。今陛下躬御菲薄,赏赐优厚,真历代王者之所难也!"

辽萧恒德移檄高丽,责令降款。国王王治数遣使不得要领,徐熙请往,奉书如辽营,使译者问相见礼。恒德曰:"我大朝贵人,宜拜于庭。"熙持不可,恒德乃许升堂行礼。恒德曰:"新罗及高句丽之地,我所有也,而汝国侵蚀之,又与我连壤而越海事宋,是以来讨。今能割地以献而修朝聘,可以无事。"熙曰:"我国即高句丽之旧,故号高丽,都平壤。若论地界,上国之东京皆在我境,何得谓之侵蚀乎?且鸭绿江内外亦我境内,今女真据其间,道路梗涩,甚于涉海,朝聘之不通,女真之故也。若今逐女真,还我故地,筑城堡,通道路,则敢不修贡?"恒德以其语闻,辽主许罢兵。王治大喜,即遣其侍中朴良柔为礼币使,奉表请罪,辽主命取女真鸭绿江东数百里地赐之。

二月,己未朔,日有食之。

戊戌,诏赐京城高年帛,百岁者一人,加赐涂金带。

癸亥,废沿江榷货八务,听商人买贩。

乙丑,加高丽国王王治检校太师,以高丽遣使入贡也。又封静海军节度使黎桓为交趾郡王。

帝以江、淮、浙、陕比岁旱灾,民多转徙,颇恣攘夺,抵冒禁法,己卯,遣工部郎中韩授、考功员外郎潘慎修等八人分路巡抚,俾招集流亡,导扬壅遏,按决庶狱,率从轻典。有可以惠民者,悉许便宜从事;官吏罢软苛刻者上之;诏令有所未便,亦许条奏。

丙戌,以磨勘京朝官院为审官院,幕职州县官院为考课院。时金部员外郎谢泌,言磨勘之名,非典训也,故易之。

蜀土富饶,孟氏割据,府库益充溢。及王师平蜀,孟氏所储,悉归内府。后言事者竞起功利,成都除常赋外,更置博买务。诸郡课民织作,禁商旅不得私市布帛,日进上供又倍其常数,司计之吏,析及秋毫。蜀地狭民稠,耕稼不足以给,由是小民贫困,兼并者复籴贱贩贵以夺其利。青城县民王小波,聚徒众,起而为乱,谓众曰:"吾疾贫富不均,今为汝均之!"贫民多来附者,遂攻掠邛、蜀诸县。是月,寇彭山,县令齐元振率兵拒之,为小波所杀。初,秘书丞张枢使蜀,奏官吏不法者百馀人,多坐黜免,独称元振清白强干,朝廷赐玺书奖谕。元振实贪暴,既受诏,益恣横,受赇得金帛,多寄民家。小波知民怨怒,因袭杀之,散其金帛,剖元振腹,实以钱刀,盖恶其诛求之无厌也。贼党由是愈炽。

朝廷自克平诸国,财力雄富。然聚兵京师,外州无留财,天下支用悉出三司,故费用浸多。帝孜孜庶务,动以爱民惜费为本。戊子,有司言油衣帟幕破损者数万段,欲毁弃之,帝令煮浣,染以杂色,制为旗帜数千。

左司谏张观,因对,言扬州民多阙食,请革残税,帝曰:"近已免贫下民秋税,何为复有理纳?"观曰:"细民奸猾,多以佃户托名贫下,侥幸蠲减,惟实贫下者尚有残欠。"上再三叹息曰:"两税蠲减,朕无所惜,若实惠及贫民,虽每年放却,亦不恨也。今城郭兼并之家,朘削贫民,豪猾之徒,隐漏租赋,此甚弊事,安得良吏规制称朕之意乎!"

初,何承矩至雄州,即建屯田之议。会临津令黄懋亦上书言:"闽地惟种水田,缘山导泉,倍费功力。今河北州军陂塘甚多,引水溉田,省功易就,三五年内,公私必获大利。"因诏承矩往河北诸州按视,复奏,如懋言。三月,壬子,以承矩为制置河北缘边屯田使,懋为大理寺丞、充判官,发雄、莫、霸诸州、平戎、破虏、顺安诸军戍卒万八千人给其役,兴堰六百里,置斗门,引淀水灌溉。河北霜早,初年,稻不成,懋乃取江东早稻种七月熟者课令种之,是年八月,稻熟。始,承矩建水田之议,沮者颇众,武臣亦耻于营葺佃作。既而种稻不熟,群议益甚,几罢其事。及是承矩载稻穗数车,遣吏送阙下,议者乃息。自是苇蒲、蠃蛤之饶,民赖其利。

诏权停贡举。

成德节度使田重进,改授永兴军节度使。帝谓陕西转运使郑文宝曰:"重进先朝宿将,宣力于国,卿宜善待之。"文宝再拜奉诏。始,帝在藩邸,爱重进忠勇,尝令给以酒炙,重进不肯受,使者曰:"晋王赐汝,汝安得拒?"重进曰:"我止知有陛下,不知有晋王。"卒不受。帝嘉其质直,故始终委遇焉。

诏:"大理所详决案牍,即以送审刑院,勿复经刑部详覆。"

夏,四月,己卯,命诸司奉行公事,不得辄称圣旨。

五月,壬寅,帝谓宰相李昉等曰:"朕观在位之人,未进用时,皆以管、乐自许;既得位,乃竞为循默,曾不为朕言事。朕日夕焦劳,略无宁暇。臣主之道,当如是邪?"昉等惶惧拜伏。帝曰:"事有未至,与卿等言之,亦上下无隐耳。"

丙午,张洎赴翰林,帝谓近臣曰:"学士之职,清切贵重,非它官可比,朕常恨不得为之。"

丁未,废京朝官差遣院,令审官院总之,翰林学士钱若水、枢密直学士刘昌言同知审官院,考覆功过以定升降。又以判流内铨、翰林学士承旨苏易简、虞部员外郎王旦等兼知考课院。凡常调选人,流内铨主之;奏举及历任有殿累者,考课院主之。旦,祐子也。

戊申,诏罢盐铁、度支、户部等使,三司但置使一员、判官六员、推官三员,从殿中丞马应昌议也。以盐铁使魏羽判三司。

初,京西转运副使卢之翰建议,以溵水泛溢,侵许州民田,请自长葛县开(水)河导溵水分流二十里,合于惠民河。至是役成,之翰以劳加户部员外郎,为陕西转运使。

六月,戊午朔,诏中丞已下皆亲临鞫狱。

丙寅,吏部侍郎、平章事张齐贤罢为尚书左丞。先是殿中丞朱贻业,参政李沆之姻也,与诸司副使王延德同监京庾。延德托贻业白沆,求补外官,沆以语齐贤,齐贤以闻。帝以延德尝事晋邸,怒其不自陈而干祈执政,召见,诘责,延德、贻业皆不以实对。齐贤不欲援沆为证,乃自引咎,遂至罢相,物论美之。

壬申,知枢密院事张逊贬右领军卫将军,同知院事寇准罢守本官。逊素与准不协,数争事帝前,帝将罢之。一日,准与温仲舒同出禁中,道逢狂人迎马首呼万岁,右羽林大将军王宾与逊相厚,又知逊与准有隙,因奏其事。准自辨云:"实与仲舒同行,而逊令宾独奏臣。"逊执宾奏斥准,辞意甚厉,因互发其私,帝怒,故贬逊而罢准。

以涪州观察使柴禹锡为宣徽北院使、知枢密院事,枢密直学士刘昌言同知院事,吕端参知政事。昌言骤膺大用,不为时望所归,或短之于帝前,且言其辞语难晓,帝曰:"惟朕能晓之。"

戊寅,命左谏议大夫魏庠、司封郎中、知制诰柴成务同知给事中事,凡制敕有未便,宜准故事封驳以闻;从左谏议大夫魏羽请也。

先是,帝急召广南转运使开封向敏中归阙,(权)〔擢〕工部郎中,一日,御笔飞白书敏中及虞部郎中鄄城张咏姓名付宰相,曰:"此二人,名臣也,朕将用之。"左右因称其才。秋,七月,癸酉,以向敏中、张咏同知银台、通进司,视章奏案牍以稽出入。己酉,并命为枢密直学士。

庚戌,雍丘县尉武程上疏,愿减后宫嫔嫱,帝谓宰相曰:"程疏远小臣,不知宫闱中事。内庭给使不过三百人,皆有掌执,不可去者,卿等固合知之。朕必不学秦皇、汉武作离宫别馆,取良家子以充其中,贻万代讥议。"李昉曰:"陛下躬履纯俭,中外所知。臣等家人皆预中参,备见宫闱简约之事。程微贱,辄陈狂瞽,宜加黜削,以惩妄言。"帝曰:"朕曷尝以言罪人!但念程不知耳。"

辽境自夏末大雨,至是桑乾、羊河溢,居庸关西害禾稼殆尽,奉圣、南京居民庐舍多垫溺。

是月,置诸路茶盐制置使。

八月,丙辰朔,日有食之。

帝草书宋玉《大言赋》赐翰林学士承旨苏易简,易简因拟作《大言赋》以献,帝览赋嘉赏,手诏褒之。它日。易简直禁中,以水试欹器,属小黄门宣事密奏,而不识其名。及晚朝,帝曰:"卿所玩得非欹器邪?"易简曰:"然,乃江南徐(遊)〔邈〕所作。"即取至便坐,帝亲较试,再三嗟赏。易简进曰:"臣闻日中则昃,月满则亏,器满则覆,物盛则衰。愿陛下持盈守成,慎终如始,以固万世基业,则天下幸甚!"

通进、银台司,旧隶枢密院,凡内外奏覆文字,必关二司,然后进御。外则内官及枢密院吏掌之,内则尚书内省籍其数以下有司,或行或否,得缘而为奸,禁中莫知,外司无纠举之职。枢密直学士向敏中初自岭南召还,即具言其事,请别置局,命官专校其簿籍,以防壅遏;帝嘉纳之。癸酉,诏以宣徽北院厅事为通进、银台司,命敏中及张咏同知二司公事,凡内外章奏案牍,谨视其出入而句稽焉,月一奏课。事无大小,不敢有所留滞矣。发敕司旧隶中书,寻令银台司兼领之。

初,黄州团练副使王禹偁量移解州,因左司谏吕文仲巡抚陕西,疏言父老,求徙东土,帝即诏禹偁还朝。己卯,授左正言,谓宰相曰:"禹偁文章,独步当世;然赋性刚直,不能容物,卿等宜召而戒之!"寻命直昭文馆。

九月,乙巳,以给事中封驳隶通进、银台司,一应诏敕,并令向敏中、张咏详酌是否,然后行下。时泰宁节度使张永德为并代都部署,有小校犯法,永德笞之至死,诏按其罪。咏封还诏书,且言:"永德方任边寄,若以一小校故摧辱主帅,臣恐下有轻上之心。"不从。未几,果有营兵胁讼军候者,咏复引前事为言,帝改容劳之。

是秋,久雨不止,朱雀、崇明门外积水尤甚,往来浮罂筏以济,壁垒庐舍多坏,近甸秋稼多败,流移甚众。陈、颍、宋、亳间盗贼群起,商旅不行。帝以阴阳愆伏,罪由公府,切责宰相李昉等曰："卿等盈车受俸,岂知野有饿殍乎?"昉等惭惧拜伏。

【译文】

宋纪十六　起辛卯年(公元991年)九月,止癸巳年(公元993年)九月,共二年有余。

淳化二年　辽统和九年(公元991年)　九月,丁酉(初一),户部侍郎、参知政事王沔、给事中、参知政事陈恕,同时罢相保留官阶。当初,给事中樊知古,屡次出任转运使,很受时人赞誉;及到吏部任职,经常因本职事务不能治理,受到诏书严厉责备,名声大减。樊知古平素与陈恕友善,宋太宗每次谈及三司事务有违及规定的,陈恕便都告诉他,想让樊知古尽力处理好事务。樊知古后来趁上奏应对时,便自做解释。太宗问樊知古:"从何知道此事?"樊知古说:"陈恕告诉臣的。"太宗恼怒陈恕泄露自己在宫禁中说的话,并且厌恶樊知古的轻率,连同樊知古全都罢官。王沔因为弟弟王准的缘故,多次被枢密副使寇准所抨击,太宗也觉察王沔任用手段喜好欺诈,不是朝廷重臣的材料,就将他与陈恕同日一起罢官。王沔接到诏书,看见太宗,痛哭流泪不愿离开皇上身边,不久,胡须鬓发全都变白。

宋太宗曾经对左右近臣说:"屡次有人陈说立太子的事,朕因为儿子们年幼无知,没有成人的性格,所以任命僚佐属官,全部选择优良之士,至于仆役之类,朕也亲自挑选,不让奸诈巧佞的小人夹杂在他们身边。读书听讲,都有规定的课程,等他们长大成人,自然会有安排,为什么上奏言事的人不体谅此中苦心呢?"到这时左正言宋沆等五人伏在阁门呈上疏章,请求册立许王赵元僖为太子,词意狂妄轻率,太宗十分恼怒,准备加以放逐,但宋沆又是宰相吕蒙正妻子的族人,是吕蒙正提拔任用的,己亥(初三日),制书词中一并斥责吕蒙正,罢相为吏部尚书。

当初,温知舒与吕蒙正同年登科及第,情谊深厚。温知舒以前为汾州知州,因私下奸污监军家中奴婢,削除官籍成为平民,在京师穷困寄居多年。吕蒙正在中书为相,极力提携他,于是被恢复官籍。及至温知舒突然受到重用反过来攻击吕蒙正,吕蒙正因此罢免相职,当时舆论很丑化他。

宋太宗以左仆射李昉为中书侍郎,参知政事张齐贤为吏部侍郎,都为平章事。

宋太宗以翰林学士贾黄中、李沆一并为给事中、参知政事。李沆当初兼领吏部铨选时,因侍奉宫中宴会,太宗目送他说:"李沆风度端庄凝重,真是贵人相啊!"不过几月,就与贾黄中一起蒙受重用。太宗曾经召见贾黄中的母亲王氏,诏命赐座,对她说:"教子如此,真是当年的孟母啊!"作诗赐给她,颁发赏赐十分丰厚。

庚子(初四),宋太宗以右谏议大夫,权御史中丞王化基为御史中丞。王化基曾经羡慕后汉的范滂登车缆绳、胸怀澄清天下的志向,献上《澄清略》,上言五件事:其中第一件是恢复尚书省,说:"三司官吏的编制名称,是近代的权宜之制,都是州郡官吏部门的名称。臣下现在请求废除三司,只在尚书省设立六部尚书,分别掌管有关事务。废除判官、推官,设立郎官分掌二十四司和左司、右司的公事,让一人掌管一司。废除孔目、句押前后行为都事、主事、令史。废除句院、开拆、磨勘、凭由、理欠等司归入比部和左司、右司。"其中第二件是谨慎荐举,说:"朝廷连年下诏,因类求取人才,只听说按条例规定可以荐举官吏,不见选择举主。希望今后另外设立名籍,先选择朝官中有声望的,让他们各自保举所熟悉的人,如果保举的人贤能和举主一同赏赐,否则便和举主连坐受罚。"其中第三件是惩办贪官污吏,说:"蠹虫多,木头就蛀空,官吏贪,百姓就凋敝。希望命令各路转运使、副使兼采访使之职,让他们考察辖区内州、府、军、监的长官。"其中第四件是减省冗杂官员,说:"臣下日前担任扬州职官时,看到增设监临事务的朝官和使臣等,有超过本州官员几倍的,恐怕天下各州的情形类似扬州。或许都是廉正清白的,那还只消耗公家官府的费用;如果他们是贪婪之徒,那么从民间括取的就又增加几倍,能不蛀空国家,消耗民力吗!希望命令各部转运使、副使和知州共同商议裁减,至于各县县令、主簿、县尉等也请求下令根据情况撤销并省。"其中第五件是选择远方官员,说:"负有各种罪名的人,大多不是良善之辈,授予他们远方州县之官,就会刚愎自用,恃仗边远放纵施暴,小民遭受祸殃,结果不能上诉。希望从今以后,凡是有罪之人,不许出任四川、广南地方长官。"书章奏呈,太宗嘉奖采纳他的进言,就有意要重用他。

辛丑(初五),宋太宗贬责宋沆为宜州团练副使。

癸卯(初七),王显罢去枢密使职务。甲辰(初八),宋太宗以枢密副使张逊知掌枢密院事,温仲舒、寇准同为知院事。知院的名称从此开始。

当初,宋沆与左正言尹黄裳、冯拯,右正言王世则、洪湛一起俯伏阁门请求册立太子,宋沆首先黜废后,乙巳(初九),太宗任命尹黄裳为邕州知州,冯拯为端州知州,王世则为象州知州,洪湛为容州知州。冯拯是河阳人。

己酉(十三日),辽国主停驻在庙城。南京发生地震。

宋太宗听说殿中丞郭延泽、右赞善大夫董元亨都好学,博通典籍,诏令宰相征召询问经书史籍的主旨大义。条陈应对合乎圣旨。冬季,十月,丁卯(初二),太宗同时任命他们为史馆检讨。

辛巳(十六日),翰林学士承旨苏易简续撰《翰林志》二卷来进献。宋太宗嘉奖他,赐给诗二章,亲笔批示说:"诗意是赞美爱卿身居清高华贵之地。"苏易简希望以太宗所赐的诗刻在石上,太宗又以真、行、草三种书体抄写其诗,刻印赐给身边所有大臣。又用飞白体书写"玉堂之署"四个大字,命令中书召见苏易简交付他,挂在翰林院厅堂上方,太宗说:"这将永远作为翰林院中的美事。"苏易简说:"自从有翰林院以来,没有像今天这样的荣耀啊。"太宗曾经夜晚亲临玉堂,苏易简已经睡下,立即起来,没有蜡烛而穿戴衣帽,宫女从窗格间拿进蜡烛照明,窗格上有火燃过的地方,后来也不更换,成为玉堂的盛事。

左谏议大夫韩丕,淡泊自守,不奔走于名宦之家,宋太宗嘉奖器重他。己丑(二十四日),太宗任命韩丕保留原来官阶,为知制诰,任翰林学士。

这月,赵保忠向契丹投降,契丹封他为西平王,恢复原来姓名为李继捧。

十一月,丙申朔(初一),宋太宗下诏:"从今以后内殿每逢起居日,再命令常参官两人依次应对,在阁门接受他们的奏章。"

庚戌(十五日),左谏议大夫、史馆修撰杨徽之依次应对,上言说:"当今文学之士虽然多,但精通经籍的很少,希望精选《五经》博士,增加员额,各自用所学专业来教授贵胄子弟。这是风气教化的根本。"太宗回头对宰相说:"杨徽之操行洁白无瑕,是真正的儒雅之士。出京治理州郡,不是他的长处,安置在三馆内殿,正好得其所宜了。"

刑部郎中、知制诰范杲多次给宰相写信,请求进入翰林院为学士,又曾经出示制诰一篇给李昉说:"先前您说我才力堪任学士,所以将这制诰交付我,不敢轻易失落。"李昉每次都解释开导。到这时进献《五堂记》,请求到翰林任职。太宗厌恶他的浮躁争进,终究不让他身居宫内官署之职,改任右谏议大夫,出外濠州知州,以考功员外郎、知制诰毕士安为翰林学士。

当初,执政大臣想用右谏议大夫张洎,乘着应对,说张洎执掌文学历时已久,不在毕士安之下，太宗说："深知张洎的文学资历不比毕士安差，只是道德操守不及而已。"执政大臣于是退下。

宋太宗因为入阁礼仪的旧图沿袭五代而草创，礼节法度不齐备，于是命令史馆修撰杨徽之等讨论典故，另外绘制新图。十二月，丙寅朔（初一），就在文德殿举行入阁之礼。右谏议大夫张洎，和杨徽之等共同撰定入阁新礼仪后，又独自上疏说："臣下认为当今的乾元殿，就如唐朝的含元殿，在周代是外朝，在唐代是大朝，冬至、元旦，陈立全副仪仗，朝会万国使臣，就在此殿。当今的文德殿，就如唐朝的宣政殿，在周代是中朝，在汉代是前朝，在唐代是正衙，凡是初一、十五朝见和册封皇后、太子、王公、大臣，接待四方夷狄的君主首领，面试应对制策的举人，就在此殿。当今的崇德殿，就如唐代的紫宸殿，在周代是内朝，在汉代是宣室，在唐代是上阁，就是平常单日上朝的殿。昔时东晋的太极殿有东西阁，唐代设置紫宸殿上阁，是取法这一制度。况且君主恭敬地面朝南方，向着光明治理天下，紫微宫禁、黄缯华盖，至尊至贵至重至上，所以巡行时就有大驾车马的隆盛，登上殿堂就有兵仗侍卫的庄严，因此即使是单日的平常朝会，也必须设立仪仗。前代称之为入阁仪的，就是单日登紫宸殿上阁时，先在宣政殿前排列黄色旌旗、金吾兵仗，等到验对鱼契完毕，就从东、西阁门而入，所以称为入阁，如今朝廷暂且将文德殿正衙权宜充作上阁，很不合法度。何况国家继承正统，各种典章制度，全部依从古礼更改，只有上朝的礼仪，仍属因循五代。臣下发现长春观正好同文德殿南北相对，叩请将此长春观改建成上阁，当作单日陈立仪仗视理朝政的场所；那崇德殿、崇政殿，就相当于唐代的延英殿，作为双日平时听断政务的场所；那样临朝听政的仪式，就差不多同前代经典相协调了。如今舆论竟将入阁的礼节制度视为朝廷不合常规的礼仪，是没道理的。臣下又查考旧史记载：中书省、门下省、御史台称之为三司，设置作为侍从供奉之官。如今朝见日，侍从官先进入殿堂，分别面朝东西立定，等待正班进入，一起朝见，那些侍从官面朝东西排列叩班，大失面朝北方朝谒的礼仪，请求准照旧日仪制，侍从官先进入朝拜完毕，分行站立在殿前红色石阶之下，称为蛾眉班。然后宰相率领正班入殿朝拜，才真正合乎礼制。臣下又听说古代的君主，亲自勤理各种事务，他上朝次数的多少，视政事的繁简而定。唐初五天上朝一次，景云初年开始重行贞观旧制。自从天宝年间兵争兴起之后，四方多事，唐肃宗以下，全都单日上朝，双日不坐朝。单日或者遇上大寒、盛暑、阴雨泥泞，也放免百官朝见。双日宰相有事当奏，即时特别打开延英殿召见应对。或有蛮夷入朝进贡，功臣返归朝廷，也特别打开紫宸殿引见。陛下从登上帝位，已十五年，未曾一天不是鸡鸣而起，听理天下政事，上朝次数太多，视理政务太繁，希望依照唐朝旧时规矩，单日上朝，双日不坐。单日遇上大寒、盛暑、阴雨泥泞，也放免百官朝见。双日在崇德、崇政两殿召见宰辅大臣和常参官以下应对，至于不定时的蛮夷入朝进贡、功臣返回朝廷，也特别打开上阁长春观引见，一律请求准许前代旧例处置。"奏章入朝，没有回音。

癸未（十八日），保康军节度使刘继元去世，追封为彭城郡王。

辛卯（二十六日），翰林学士承旨苏易简会同韩丕、毕士安、李至等观看皇上用飞白体书写的"玉堂之署"四字和用真、草、行三体书写诗的刻石，宋太宗闻知，赐给上等酒，大官摆设丰盛佳肴美果。李至等人各自赋诗来记录此事。宰相李昉、张齐贤，参知政事贾黄中、李沆也赋诗赞美，苏易简全部奏陈太宗。

先前，左司谏、直史馆谢泌，遵奉诏令发遣解送国子学举人。由于废黜落榜的太多，许多人聚众喧哗叫骂，怀着砖块等待谢泌出来。谢泌闻知，暗中从他路进入史馆，好几夜不敢回家,请求入宫应对自己陈述,宋太宗问:"什么官员驺骑开道护卫森严,令都人畏惧回避?"有人回答是御史台的侍御史知杂事。癸亥(二十八日),任命谢泌为虞部员外郎兼侍御史知杂事。国子学举人的发遣解送,另外敕令差遣官员主持,是从谢泌开始的。

这月,辽国主听说李继迁内附宋朝。派遣招讨使韩德威前往劝谕。

女真首领野里雉等人上言:契丹恼怒他们向中原朝贡,在离海岸四百里外设立三道栅栏,每道栅栏安置兵力三千人,断绝进贡道路。于是驾船从海上入朝进贡。请求宋朝发兵与三十部落首领一同铲平三道栅栏。如果得到出兵日期,就提前奔赴本国,愿意聚集兵力以待,宋太宗只颁降诏书安抚,不肯为之出兵,之后这些女真部落就归附辽国。

这年,辽国放榜取中进士石用中一人。

淳化三年 辽统和十年(公元992年) 春季,正月,丙申朔(初一),宋太宗在朝元殿接受朝贺,文武群臣祝寿,使用雅乐、宫悬、登歌。

丁酉(初二),辽国禁止举行丧葬礼仪时宰杀马匹和埋藏铠甲头盔、金银玩赏器物。

各道贡送举人一万七千三百人,全部聚集在京师。辛丑(初六),宋太宗任命翰林学士承旨苏易简等人为同知贡举,接受诏令后,他们直接赶赴贡院,以躲避请托求情。以后就成为固定制度。

乙巳(初十),命令常参官各自荐举京官一人充升朝官。丙午(十一日),命令宰相以下到御史中丞,各自荐举朝官一人担任转运使,又诏令:"所荐举的京官,除去三司、三馆职事官,已经升迁提拔者不在荐举之例;其他还有怀才不遇外任他取,不被朝廷所知晓的,才能奏举。"

二月,乙丑朔(初一),出现日食。

杭州掌管粮食库官吏叶彦安等一百二十三人,亏欠钱假时官府仓库的米八十四万多石,盐五万多石,甲申(二十日),诏令一并予以免除。

盐铁使魏羽等人,上言各州征收盐、茶税利的主管官吏,大多亏欠官府所得税,请求实行处罚。宋太宗说:"应当查问其中实情。如果因水旱灾害,导致官府税收亏欠的,是不可加刑的。帝王,只是为天下主管财产而已。爱卿们掌管财务,应当心怀公正,不要从事盘剥,以致祸害百姓而损伤和气。"

辽国招讨使韩德威,奏报李继迁假称其他缘故而不出城,就到灵州进行抢掠而返回。

壬午(十八日),辽国主免除云州的田租。

三月,乙未朔(初一),宋太宗以赵普为太师,封为魏国公。

戊戌(初四),复试合格的进士,宋太宗采纳将作监丞莆田人陈靖的奏疏。开始下令将试卷糊名后进行考核,取得汝阳人孙何以下共三百零二人,一律赐予及第,五十一人为同出身。辛丑(初七),又对诸科进行复试,拨取七百八十四人,一律赐以及第,一百八十人为本科出身,在宴饮上,太宗赐给自己制作的诗三首,箴一篇,以及新刻的《礼记·儒行篇》。先前胡旦、苏易简、王世则、梁颢、陈尧叟,都因为考试最先完成答卷而录取为上等,因此士人争相崇尚敏捷迅速,有的一刻之间作几首诗,有的一天之内撰十首赋,这次进士科,内出《卮言日出赋》为题,应考者惊诧,无法下笔,相互叩击宫殿门槛请求进言。但会稽人钱易,年方十七,太阳还没有午时。所考的三道题目全部做完,上言者指责他轻率,便废黜了他。

戊午(二十四日),太宗以高丽国宾贡进士四十人一律为秘书郎,遣送回国。

宋太宗下诏有关部门详细审定称法,另外创立新制,颁发实施。先前负责收藏的官员接受天下每年输纳的金银布帛,而太府寺使用旧式衡量器,分量轻重失衡,官吏乘机作奸,地方上计官吏因亏欠破产的很多。同时,负责收藏的官吏更换交接之际,校对计量发生争讼,动辄牵涉多年。这时监内藏库宦官刘承珪等人,推究本末源流,改建称法制式,朝廷内外都认为很便利。

盐铁判官、左司谏安阳人韩国华等上言说:"臣下身居谏官,又兼任计财三司之职,唯独不能侍以圣上宴饮游览,希望兼领三馆之职。"乙巳(十一日),宋太宗以韩国华等人直昭文馆。三司属官兼直馆,从韩国华等开始。

辛酉(二十七日),宋太宗命有关官员在二月开窖取冰,先向司寒神祭以羔羊、韭菜。原先近代沿用相承是四月,乃误将《豳风》中的"四之日"当作现在的四月,秘书监李至请求纠正。

夏季,四月,丁丑(十四日),宋太宗诏令:"江南、两浙、荆湖流放到岭南的官吏百姓,回归本地予以禁锢。"

癸未(二十日),宋太宗撰写《刑政》《稼穑》诗赐给身边侍臣。

庚寅(二十七日),辽国主命令文武群臣比射。

五月,癸卯(初十),辽国主因朔州流民失去房屋,给予免除赋税徭役三年。

己酉(十六日),宋太宗因当时雨水长久不下,派常参官十七人分头前往各路查实案件。当晚,下雨。庚戌(十七日),宰辅大臣一齐道贺。太宗说:"朕所忧患的,就在司法官吏舞文弄法,理财计臣聚敛搜刮,州县长官不能宣传诏令条文,朝廷卿士无人肯履行职责而已。"李昉张齐贤等上表等待判罪,太宗说:"朕心中若有所思讲出来,说过后就没事,不过中书省的日常庶务,爱卿们尤其应尽心竭力。"

甲寅(二十一日),宋太宗开始命令增修秘阁。

六月,甲申(二十二日),有蝗虫从东北方飞来,遮掩天日,从京师西南飞去。宋太宗对宰相说:"这虫一定伤害农田庄稼,朕忧心如焚。立即派人飞驰前往蝗虫集聚区观察!"宰相回答说:"这虫因为天旱才生长,遇雨就不能起飞,圣上心中所念黎民,本当感动天地。"当夜,下大雨,蝗虫尽死。

京师地区大丰收。辛卯(二十九日),宋太宗分头派遣使者到京师四门设立场地,提高价格购买粮食,令有关部门腾出附近仓库贮存,命名常平仓,等到荒年就降低价格卖给贫民。于是成为固定制度。

秋季,七月,壬辰朔(初一),设置三司都句院,以右谏议大夫张佖判领三司都句院。

乙巳(十四日),太师赵普去世。己酉(十八日),宋太宗闻知讣告悲伤痛惜,对身边大臣说:"赵普事奉先帝和朕,最称得上故老旧臣。往昔和朕曾经有过不足之处,众所共知,朕登基以来,常待以特殊礼遇,赵普也倾心竭力报效朝廷,是真正的社稷之臣啊!"因而流下眼泪,左右大臣都受感动。停止视朝五日,派遣使者主持丧葬。安葬之日,依照规定法度陈列仪仗鼓乐,赠官尚书令,追封真定王,谥号为忠献。太宗撰作《神道碑》,亲笔用八分体书写赐给赵普亡灵。当初,赵普在宋太祖卑微时就随从,地位尊贵后,赵普屡次举太祖卑微时不足之处进言,太祖说:"倘若风尘落魄之中可以辨识天子、宰相,那么人都可以容貌取相了。"从此赵普不敢再说。赵普年轻时熟习官吏政务,但缺少学术,到担任宰相后,太祖鼓励他读书,赵普晚年,手不释卷。每次退朝回到宅第,关上门窗打开书箱,取出《论语》,读到天黑。到次日面临政务,处断起来利索如流。赵普事奉两朝君主,也入宫禁三十多年,刚毅果断,能以天下为己任,宋朝初年为相位者无人与他相比。然而生性深沉有城府,且多怀猜忌之心,赵廷美,赵德昭的死,他曾参与出力,君子为之惋惜。

八月,壬戌朔(初一),秘阁建成。秘书监李至上言:"希望依照玉堂的题署,赐给新的匾额。"戊辰(初七),太宗亲笔用飞白体写了"秘阁"二字赐给他。同时诏令宰相、枢密使和身边大臣前去观看,在秘阁设宴,直馆、直阁官员全都参加,太宗又赐诗赞美此事。

壬申(十一日),宋太宗下诏征召终南山隐士种放。种放以有病推辞,不到京师。种放七岁能写文章,与他母亲一同隐居山谷,以讲学为业,有许多学者随从,种放得到学生酬金以供养母亲。他母亲也乐于道术,粗茶淡饭,善于辟谷导引的修炼法。种放生性嗜好饮酒,曾种植秫子自己酿酒,因此号称云溪醉候。正好陕州转运使宋维幹进言种放德才兼备,太宗派人征召他,种放的母亲生气地说:"经常劝你不要聚集学生讲学,如今果真被发觉,不得安宁,我将抛弃你,深入荒山了!"种放就称病不起。他母亲取过全部毛笔砚台焚毁,和种放辗转寄居穷乡僻壤,人迹罕至之地。太宗嘉许他高风亮节,下诏京兆府一年四时探问,将三万钱赐给种放。

戊子(二十七日),宋太宗下诏:"杭州百姓欠钱俶时的利钱六万八千多贯,一律取消。"

九月,壬辰(初二),宋太宗下诏于冬至日在京师南郊举行祭祀。

盐铁副使谢泌曾经上殿奏陈政事,宋太宗对他说:"所有任职者不可不勉励。朕每次见到殿庭兵卒有能多扫一席地,多打一瓶水的,必定要记下他的名字。"

丙辰(二十六日),文武群臣奉表章加宋太宗尊号为法天崇道明圣仁孝文武,太宗说:"只要时令和顺年成丰收,百姓富裕安康,朕的称号又有什么好加的!"共五次上表章,太宗始终不准许。

己未(二十九日),宋太宗到秘阁看书,赐给随从侍臣及直馆、直阁官员宴饮。结束后,又召见马步军都虞候傅潜、殿前都指挥使戴兴等宴饮,任意观览群书,太宗本意打算让武将知道文章儒学的兴盛。

冬季,十月,辛酉朔(初一),折御卿进献白花鹰,宋太宗将鹰放生,下诏不准再进献。

癸亥(初三),秘书监李至,说希望将宋太宗的草书《千字文》刻在石上。太宗对身边大臣说:"《千字文》是梁代获得钟繇破碑一千多字,由周兴嗣按韵编成,文理无所可取。《孝经》才是各种德行的根本,朕应当亲自为之书写,让他刻在碑的背面。"因此赐李至诏书告谕旨意。

宋太宗忧虑朝廷内外官员清正污浊混杂,无法甄别。壬午(二十二日),太宗命令王沔、谢泌、王仲华一起主持京朝官的考核,张弘、高象先、范正辞一起主持幕职官、州县官的考核,取名为磨勘院。又命令魏廷式和赵镕、李著一起考核三班院殿直以上官员的功过。

十一月,己亥(初十),开封府尹许王赵元僖,早朝时正坐在殿屋中,发觉有病,直接回到宅府。宋太宗连忙亲临探视,病势加重,太宗喊他,还能答应,一会儿便去世,年纪二十七岁。太宗哭得很悲哀,追赠为太子,谥号为恭孝。

宋太宗下诏说将要在南郊举行祭祀,而祭前十天许王去世,按照礼制,对天地社稷的祭祀一律不停止,由于要亲自谒告太庙,恐怕不方便,于是召集公卿集议,吏部尚书宋琪等人上奏,请以明年正月第一个辛日合祭天地,太宗准从。

当初,王沔罢相回家,正好中书门下小吏旧日罪过被检举,事情牵连中书门下,因此有人上奏诋毁王沔,宋太宗告诉他说:"吕蒙正有大臣气魄,王沔十分明白敏捷。"诋毁者惭愧而退。与王沔共同主持京朝官考核，所奏报的条目碎细，舆论大哗，而王沔自己认为正直清白大公无私，与皇上关系牢固，请求再次入朝。庚子(十一日)，王沔在中书门下处理政事，突然得中风目眩之病，抬回府第，去世，下优抚诏书赠官为工部尚书。

恭孝太子赵元僖，生性仁慈孝顺，容貌雄伟刚毅，沉默寡言，为开封尹五年，政事没有闪失。宋太宗尤为钟爱，死后，太宗追念不已，有时悲泣通宵达旦，作《思亡子诗》以给身边大臣看。不久，有人奏报赵元僖被宠妾张氏所迷惑，张氏曾肆意殴打侍妾，有被打致死的，而赵元僖不知道；并为张氏在都城西面佛寺招魂安葬她的父母，僭越规定制度。又奏报赵元僖因误吃其他食物而得病，以及他宫中私事。太宗发怒，命令吊死张氏，逮捕赵元僖身边属吏押送入狱，令王继恩调查审问，全部处以杖刑免职。发掘焚烧张氏父母的坟墓，张氏亲属全都放逐远恶之地。丙辰(二十七日)，太宗下诏取消册赠太子之礼，只用一品官的仪仗安葬赵元僖。

礼仪使苏易简上言说："臣下以为圣朝皇上亲自在圜丘祭天，用宣祖陪神做主，这就符合圣人大孝之道，成就严父配天之仪。恭念太祖皇帝，光大开启宏图，身登帝位，以圣人授予圣人，传位至于无穷。谨按唐永徽年间，以高祖、太宗一起配享上帝，希望将来亲自祭祀天地，奉宣祖、太祖一同配享。其平常祭祀孟春祈谷之礼，孟冬祭神州地祗，秋季大享明堂，用宣祖配享；冬至圜丘祭天，夏至祭皇地祗，孟夏雩祀之礼，用太祖配享。"宋太宗下诏批准。

十二月，辽国派遣东京留守萧恒德率军讨伐高丽，高丽国王王治起初不设防备，事后才以侍中军使、内史侍郎徐熙为中军使，门下侍郎崔亮为下军使，在北部边界驻军。旋即闻知辽军进攻蓬山郡，俘获先锋军使尹庶颜等人，高丽军队无法前进。

淳化四年 辽统和十一年(公元993年) 春季，正月，庚寅朔(初一)，宋太宗亲自祭祀太庙。

辛卯(初二)，在圜丘合祭天地，以宣祖、太祖升坛配享。大赦天下。

度支副使谢泌逐条上奏南郊祭祀赏赐军士的数额，宋太宗说："朕爱惜金银绢帛，正是准备用于赏赐。"谢泌因此说："唐德宗时朱泚之乱，后唐庄宗马上被射之祸，都是赏赐军士不丰盛所招致的。如今陛下自己所用菲薄，而赏赐优厚，真是历代帝王所难以做到的啊！"

辽国萧恒德移交檄文给高丽国，勒令投降归顺。国王王治多次派遣使者都不得要领，徐熙请求前往，奉书到辽国军营，让译官询问相见礼节。萧恒德说："我是大国贵人，他应在庭院拜见。"徐熙坚持不可，萧恒德才允许登堂举行见面礼。萧恒德说："新罗与高句丽这些地方，是我朝拥有的，而你们国家侵吞它，又与我国连接却又渡海事奉宋朝，因此前来征讨。如今你国能割地奉献而修治朝贡聘问，就可以平安无事。"徐熙说："我国就是高句丽的旧地，所以号称高丽，建都平壤，倘若谈论地界，贵国的东京都在我国境内，怎么能称为侵吞呢？况且鸭绿江内外也在我国境内，如今女真人占据其间，道路阻梗难行，难于渡海，朝聘不通，是女真人的缘故，如果现在驱逐女真，还我故土，修筑城堡，开通道路，我国岂敢不朝贡？"萧恒德将他的话奏闻，辽国主批准撤军。王治大喜，立即派遣其侍中朴良柔为礼币使，奉表请求治罪，辽国主命令取女真人在鸭绿江以东几百里之地赐给高丽。

二月，己未朔(初一)，出现日食。

戊戌(初四)，宋太宗下诏赏赐京师高龄老人绢帛，有百岁老人一人，另加赏赐涂金腰带。

癸亥(初五)，宋太宗诏令取消沿长江所设货物专卖的八个事务所，准许商人贩卖。

乙丑(初七)，宋朝加封高丽国王王治为检校太师，以此让高丽国派遣使臣入朝进贡。又册封静海军节度使黎桓为交趾郡王。

宋太宗因为江、淮、浙、陕等地连年干旱遭灾,人民大多辗转迁徙,经常随意抢夺,冒犯法令,己卯(二十一日),派遣工部郎中韩授、考功员外郎潘慎修等八人分路巡视安抚,使他们招集流亡百姓,疏导上下的阻隔,审核判处各种案件。一律从轻发落,凡有可以惠民的措施,全都允许便宜行事,官员中疲软无能、苛刻扰民的上奏朝廷;诏令有所不便利的,也允许逐条陈奏。

丙戌(二十八日),宋太宗诏令以磨勘京朝官院为审官院,幕职州县官院为考课院,当时金部员外郎谢泌,进言磨勘的称谓,不合典训,所以更换。

蜀上肥沃富饶,孟氏割据称王时,府库更加充裕。到朝廷军队平定蜀地,孟氏所储存的,全都归入内府。后来上言政事的争相急功近利,成都除平常赋税外,又设置博买务。各郡征收百姓织作之税,禁止商贩不得私下收购布帛,平时进献上供物品又加倍于常数,管理财政的官吏,细算到一丝一毫。蜀地狭窄,人口稠密,耕作收获不能满足供养。因此小民贫困,兼并之徒又低价收购、高价卖出以夺百姓之利。青城县百姓王小波,聚集徒众,起而为乱,告诉众人说:"我嫉恨贫富不均,如今为你们均贫富!"贫困百姓大多前来归附,于是攻掠邛、蜀各县。这月,侵犯彭山,县令齐元振率领军队抵拒他,被王小波所杀。当初,秘书丞张枢出使蜀地,奏报官吏中不守法纪的一百多人,大多处以废黜免职,唯独称齐元振清白精明能干,朝廷赐给盖玺诏书奖励宣谕。齐元振实际上贪婪残暴,接受诏书后,更加恣意横行,受贿得到的金银绢帛,大多寄放在百姓家中。王小波知道百姓怨恨愤怒,因此袭击杀死他,散发他的金银绢帛,剖开齐元振的肚子,装满钱刀,大意是痛恨他贪得无厌,叛乱贼党从此更加炽盛。

朝廷自从平定各国,财力雄厚殷富,然而集兵于京师,外面州县没有留财,天下的费用全部从三司支出,所以费用日益增多。宋太宗孜孜不倦治理政务,总是把爱护百姓珍惜财物作为根本。戊子(三十日),有关官员进言防雨遮阳的油衣帐幕破损的有几万段,准备销毁扔掉,宋太宗下令煮洗后,涂上其他颜色,制成旗帜几千面。

左司谏张观,因为应对,进言扬州百姓许多人缺粮,请求革除残留租税,宋太宗说:"近来已经免除贫困下民的秋税,为什么催理交纳的?"张观说:"小民中的奸猾者,经常用佃户的身份假托名义为贫困下户,侥幸免除租税,只是确实的贫困下户还有残留欠税。"太祖再三叹息说:"夏秋两税的减免,朕一点都不吝惜,如果确实恩惠普及贫民,即使每年放除,也不遗憾。如今城郭之内的兼并大家,侵夺剥削贫民,豪强奸诈之徒,隐瞒偷漏租赋,这是很大的弊端,哪里能得贤官来规划治理,符合朕的心意呢!"

当初,何承矩到雄州,就提出屯田的建议。正好临津县令黄懋也上书进言:"闽地只种水田,沿山引泉水,加倍耗费人力。如今河北各州、军池塘很多,引水灌田,省工省力容易办到,三、五年之内,公私双方必定能获大利。"太宗因而下诏何承矩前往河北各州巡视,何承矩又奏报,全如黄懋所言。三月,壬子(二十四日),太宗以何承矩为制置河北缘边屯田使,黄懋为大理寺丞,充任判官,调发雄、莫、霸各州、平戎、破虏、顺安各军卫戍士卒一万八千人,拨给这项工程,兴建水坝六百里,设置闸门,引来湖泊之水灌溉。河北霜降早,第一年,种稻不成功,黄懋就选用江东七月就成熟的早稻种子下令种植,当年八月,稻子成熟。起初,何承矩提出种水稻的建议,反对的很多,武将也耻于营盖草屋、农田耕作。不久种稻不能成功,反对的各种议论更加厉害,几乎废止此事。到这时何承矩装载稻穗好几车,派遣官员送到京师,舆论才平息。从此河北湖泊芦苇、香蒲、螺蛳、蚌蛤的富饶资源,百姓可以享用它的利益。

宋太宗下诏暂且停止贡举考试。

成德节度使田重进，改授为永兴军节度使。宋太宗对陕西转运使郑文宝说："田重进是先朝老将，效力国家，爱卿应好好待他。"郑文宝叩拜两次后接受诏令。开始，太宗为藩王在府邸时，喜爱田重进忠诚勇敢，曾派人给他酒肉，田重进不肯接受，使者说："晋王赐给你的，你怎么能拒绝？"田重进说："我只知道有陛下，不知道有晋王。"最终不接受。宋太宗嘉许他为人质朴正直，所以始终委用厚遇。

宋太宗下诏："大理寺所审理的案件，立即送往审刑院，不必再经刑部审核。"

夏季，四月，己卯（二十一日），宋太宗命令各司执行公事，不得随便称圣旨。

五月，壬寅（十五日），宋太宗对宰相李昉等人说："朕观察居官在位之人，没有进用时，都以管仲、乐毅自许，得到官位后，就争相变为缄默无语，竟不为朕说政事。朕日夜劳心伤神，一点宁静闲暇都没有。君臣之道，应当如此吗？"李昉等惶恐跪拜伏地。太宗说："事情还没到那地步，和爱卿们诉说，也表示君臣上下没有隐瞒罢了。"

丙午（十九日），张洎赶赴翰林，太宗对身边大臣说："翰林学士的职务，清高贵重，不是其他官职可以比拟的，朕经常遗憾没人能担任此职。"

丁未（二十日），宋朝下令取消京朝官差遣院，命令审官院总管，翰林学士钱若水、枢密直学士刘昌言同知审官院，负责考核功过来决定升降。又任命判流内铨、翰林学士承旨苏易简、虞部员外郎王旦等同兼知考课院，凡是按常规调遣选人，由流内铨掌管；奏送荐举和历任中有劣等，过失的，由考课院掌管。王旦是王祐的儿子。

戊申（二十一日），宋太宗诏令罢黜盐铁、度支、户部等使，三司只设置节度使一人、判官六人、推官三人，是依从殿中丞马应昌的建议，以盐铁使魏羽判三司。

当初，京西转运副使卢之翰建议，因为溴水泛滥。侵夺许州百姓田亩，请求从长葛县开凿河道引导溴水分流二十里，汇合到惠民河。到这个工程完成，卢之翰因为有功劳加官户部员外郎，为陕西转运使。

六月，戊午朔（初一），宋太宗下诏御史中丞以下官吏都亲临审讯案例。

丙寅（初九），吏部侍郎、平章事张齐贤罢相为尚书左丞。先前殿中丞朱贻业，是参知政事李沆的姻亲，与诸司副使王延德一同监管京师仓库。王延德托付朱贻业禀告李沆，请求补任外朝官，李沆将此话告诉张齐贤，张齐贤便奏闻。宋太宗因为王延德曾经事奉晋王府邸，恼怒他不自行陈述而去干求执政大臣，征召入见，追查责问，王延德、朱贻业都不实情相告。张齐贤不打算拉李沆作证，就自行引咎，于是竟被罢相，舆论赞美他。

壬申（十五日），知枢密院事张逊贬谪为右领军卫将军，同知院事寇准被罢官保留官阶。张逊与寇准不和，多次在太宗面前争论事情，太宗打算罢免他。有一天，寇准与温仲舒一起出宫中，路上遇到疯人对马头口呼万岁，右羽林大将军王宾与张逊关系深厚，又知道张逊与寇准有矛盾，因此奏报这事。寇准自己申辩说："实在是与温仲舒同行，而张逊使王宾只奏报臣下一人。"张逊抓住王宾的奏报指斥寇准，口气十分严厉，因而互相揭发对方的隐私，太宗恼怒，所以贬黜张逊而罢免寇准。

宋太宗以涪州观察使柴禹锡为宣徽北院使、知枢密院事，枢密直学士刘昌言同知院事，吕瑞为参知政事。刘昌言突然受到大用，不为当时众望所归，有人在太宗面前揭他的短，并说他言语难懂，太宗说："只有朕能够知晓。"

戊寅（二十一日），宋太宗任命左谏议大夫魏庠，司封郎中、知制诰柴成务为同知给事中事,凡是制书敕令有不妥的,应按照旧例封还驳正而奏报。这是听从左谏议大夫魏羽的请求。

先前,宋太宗紧急征召广南转运使开封人向敏中回归京师,代理工部郎中,有一天,太宗亲自用飞白体书写向敏和虞部郎中鄄城人张咏的名字交给宰相,说:"这二人是名臣,朕打算重用他们。"左右侍臣因此称赞他们的才能。秋季,七月,癸酉(十八日),以向敏中、张咏为同知银台、通进司,阅览奏章案卷以考查他的出入。己酉(二十三日),一并任命为枢密直学士。

庚戌(二十四日),雍丘县县尉武程呈上疏章,希望减少后宫嫔嫱,宋太宗对宰相说:"武程是偏远地区的小官,不知道宫闱中的事情,后宫供给使用的不超过三百人,而且都有执掌的事务,不可以再去掉她们,爱卿们本来全都知道这些情况,朕必定不会像秦始皇、汉武帝,修建离宫别馆,选取良家子女以充实其中,以致留下为千秋万代所讥讽的话题。"李昉等人说:"陛下身体力行。纯厚节俭,是朝廷内外所知晓的。臣下等家人全都参与过宫中参拜,详备地看到宫闱简洁节约的情况。武程卑微寒贱,总是随意陈奏狂词瞎语,应该加以废黜削夺,以惩戒那些无根无据之言。"宋太宗说:"朕何尝因为语言而加罪于人!只是觉得武程无知而已。"

辽国境内自从夏末以来一直下大雨,到这时的桑干河、羊河河水泛滥漫延,居庸关以西地区的田地庄稼几乎全部受害,奉圣、南京居民的房舍大多被浸泡淹没。

当月,宋朝设置各路茶盐制置使。

八月,丙辰朔(初一),出现日食。

宋太宗用草体书写宋玉的《大言赋》赐给翰林学士承旨苏易简,苏易简因而拟作《大言赋》而献上,太宗览阅赋后大为赞赏,亲笔书写诏令褒奖。有一天,苏易简在宫中值班,用水试敧器,恰好小黄门来宣谕事情看到而密奏皇上,但不知器物的名称。到上晚朝,太宗说:"爱卿所玩弄的是不是敧器?"苏易简说:"是乃江南人徐邈所制作。"当即取来放到别室,太宗亲自试验,再三嗟叹赞赏。苏易简进言说:"臣下听说太阳到正午就要西斜,月亮满弦就要亏缺,敧器满盈就要倾覆,事物隆盛就要衰歇。希望陛下能保持盈满守住成功,善始善终,来巩固千秋万世的基业,那么就是天下大幸!"

通进司、银台司,原来隶属于枢密院,凡是朝廷内外大公报回复文书,必须经过通进、银台二司,然后呈报皇上。朝外进奏的文书由内朝官和枢密院吏掌管,朝内发出的文书由尚书内省登录其数而下交有关部门,或者通行或者扣押,能够乘机作弊行奸,宫中没人知道,外官没有纠举的职能。枢密直学士向敏中,刚从岭南召回,立即具报此事,请求另外设置机构,任命官员专门校核文书登记簿籍来防止阻塞,太宗嘉许采纳所请,癸酉(十八日),宋太宗诏令将宣徽北院厅事改为通进司、银台司,任命向敏中和张咏同掌二司公事,所有朝廷内外的奏事案卷,仔细视理其出入而进行查核,每月奏报查核一次。事务不论大小,从此不敢有扣留滞积的了。发敕司原来隶属于中书门下,下文诏令由银台司兼领。

当初,黄州团练副使王禹偁遇赦移置解州,因为左司谏吕文中巡视陕西,上疏说父亲年迈,要求迁往东土中原,宋太宗立即诏令王宗偁回朝。己卯(二十四日),授予左正言,太宗对宰相说:"王禹偁的文章,当代第一;然而禀性刚直,不能容物,爱卿们应召见而告诫他!"不久任命他为直昭文馆。

九月,乙巳(二十日),宋太宗诏令将给事中封驳改隶通进司、银台司,一切诏书敕令,全部让向敏中,张咏详审斟酌可否,然后颁行发下。当时泰宁节度使张永德为并代都部署,有个小校犯法,张永德将他鞭打致死,太宗诏令查办他的罪。张咏密封送还诏书,并且说:"张永德正出任边塞重职,倘若因为一名小校的缘故而折辱主帅,臣恐怕下面人会有轻视上级的心思。"宋太宗不听从。没多久,果然有军营士兵威胁诉讼军候的人,张咏又引以前张永德治生事上言,太宗改变态度宽容慰劳他。

这年秋天,长久下雨不止,朱雀门、崇明门外积水尤其深,行人来往靠飘浮的罂筏来渡水,城壁堡垒,房屋庐舍许多被毁坏,京畿附近秋季庄稼大多损失,流浪迁徙的百姓很多。陈州、颍州、宋州、亳州间强盗成群而起,商人旅客无法通行。宋太宗认为阴阳错乱气候失常,罪在三公之府,严厉斥责宰相李昉等人说:"你们接受俸禄,粮食装满大车,岂知野外有饿死的尸体吗?"李昉等惭愧恐惧跪拜伏地。

续资治通鉴卷第十七

【原文】

宋纪十七　起昭阳大荒落【癸巳】十月,尽阏逢敦牂【甲午】六月,凡九月。

太宗至仁应道神功圣　德睿烈大明广孝皇帝

淳化四年　辽统和十一年【癸巳,993】　冬,十月,甲申朔,辽主如蒲瑰坂。

庚申,尚书左丞张齐贤出知定州。齐贤自言:"母孙氏年八十五,抱羸疾,不愿离左右。"帝许之。齐贤在相位时,母入谒禁中,帝叹其寿考有令子,多赐手诏存问,别加锡与,搢绅以为荣。齐贤寻遭母丧,水浆不入口者七日。自是日啖粥一器,终丧止食脱粟饭。

先是大名府豪民有峙刍茭者,将图厚利,诱奸人潜穴河堤,岁仍决溢。知府事赵昌言识其故,一日,堤吏告急,昌言命径取豪家庢积以给用。由是无敢为奸利者。

属河决澶州,西北流入御河,涨溢浸府城。昌言率卒负土填之,数不及千,乃索禁旅佐其役。或偃塞不进,昌言怒曰:"府城将垫,人民且溺,汝辈食厚禄,欲坐观邪?敢不从命者斩!"众股栗趋事,不浃辰而城完。帝闻而嘉之,壬戌,降玺书奖谕。

诏罢诸路提点刑狱司,归其事于转运司。

诏审官院:"自今京朝官未历州县者,不得任知州、通判。"从苏易简请也。

庚午,从判三司魏羽言,始分天下州县为十道,曰河南,河东,关西,剑南,淮南,江南东、西,两浙东、西,广南。以京东为左计,京西为右计。魏羽为左计使,董俨为右计使,中分十道以隶,而各道则署判官以领其事。

辛未,右仆射、平章事李昉,给事中、参知政事贾黄中、李沆,左谏议大夫、同知枢密院事温仲舒,并罢守本官。翰林学士张洎草制,言:"昉任在燮调,阴阳乖戾,宜加黜削以儆具臣。"帝不从,制词仍以"久壅化源,深辜物望"责之。

是日,以吏部尚书吕蒙正守本官、平章事。蒙正初为相时,金部员外郎张绅知蔡州,坐赃免,或言于帝曰:"绅,洛中豪家,安肯求赇!乃蒙正未第时丐索于绅不能如意,致其罪耳。"帝即命复绅官,蒙正终不自辨。未几罢相,会考课院得绅旧事实状,乃黜之。于是蒙正复为相,帝谓曰:"张绅果实犯赃。"蒙正亦不谢。

以翰林学士承旨苏易简为给事中、参知政事。易简外若坦率,中有城府。由知制诰为学士,年未满三十,在翰林八年,宠遇绝伦,或一日至三召见。李沆后入,在易简下。及沆参政,乃以易简为承旨,锡赉与参政等。帝意欲遵旧制,且俟稔其名望,乃正台席。而易简以亲老,急于进用,因召见,亟言时政阙失;沆等罢,即命易简代之。易简母薛氏,尝入禁中,赐冠帔,命坐,问:"何以教子?"对曰:"幼则束以礼让,长则训以诗书。"帝顾左右曰:"今之孟母也。"

是日，又以枢密都承旨赵镕、直学士向敏中并同知枢密院事。镕等入对，帝曰："昉、黄中等以循默守位，故罢。卿等宜各戮力以副超擢。"

壬申，以左谏议大夫寇准出知青州，帝顾准厚，既行，念之，常不乐，语左右曰："寇准在青州乐否？"对曰："准得善藩，当以为乐也。"数日，辄复问，左右对如初。其后有揣帝复召用准者，因对曰："陛下思准不少忘，闻准日置酒纵饮，未知亦念陛下否？"帝默然。

丁丑，以知大名府赵昌言为给事中、参知政事，命乘疾置以入，即赴中书视事。时京城连雨，昌言请出厩马分布外郡就秣。言事者或以盛秋备边，马不可阙，昌言曰："塞下积水浟漫，必无南牧之患。"乃从其议。

虞部员外郎、知制诰王旦，赵昌言婿也。昌言既参政，旦以官属当避嫌，引唐独孤郁、权德舆故事辞职。癸未，命为礼部郎中、集贤院修撰；及昌言罢，乃复令知制诰。

翰林学士张洎知吏部选事，尝引对选人，帝顾之，谓近臣曰："张洎富有辞藻，至今尚苦心读书，江东士人中之冠也。然搢绅当以德行为先，苟空恃文学，亦无所取。"吕蒙正曰："裴行俭不取王、杨、卢、骆，正为其无德耳。"

京畿民有击登闻鼓诉失豭豚者，诏令赐千钱偿其直，因语宰相曰："细事亦为听决，大可笑也。然推此心以临天下，可以无冤民。"

闰月，己亥，帝谓辅臣曰："朕闻孟昶在蜀，亦躬亲国政。然于刑狱优游不断，每有大辟，罪人临刑，必令人侦伺其言，一言称屈，即移司覆勘，至有三五年间不决者，以为夏禹泣辜，窃效之，而不明古圣之旨。盖大禹自悲不及尧、舜，致人死法，所以下车而泣。今犯罪之人，苟情理难恕者，朕固不容也。"参知政事苏易简、赵昌言对曰："臣等闻李煜有国之日亦如此，每夏则与罪人张纱厨以御蚊蚋，冬则给与衾被，恣其安眠。如犯大辟者，仍令术士燃灯以卜之，苟数日间灯不灭者，必移司勘劾，恐其冤枉。至有冬月罪人恋其温燠而不愿疏放者。"帝笑曰："庸暗如此，不亡何待！"

己酉，置三司总计度使，以陈恕为之；凡议论计度，并令恕参预。恕以官司各建，政令互出，难以经久，极言其非便，帝不听。

周太后符氏卒。

转运副使郑文宝议禁盐池，用困赵保吉，保吉遂率边人四十二族寇环州，边将多为所败。

十一月，甲寅朔，日南至，御朝元殿受朝。帝孜孜为治，每旦，御长春殿受朝，听政罢，即御崇政殿决事，比至日中，尚未御食。己未，金部员外郎谢泌，请自今前殿听政毕，且进食，然后御便殿决事，不报。既而谓宰相曰："文王自朝至于日中昃，不遑暇食，此自有故事。然泌此奏，亦臣子爱君之忠也。"又尝谓左右曰："寸阴可惜。苟终日为善，百年之内，亦无几耳，可不勉乎？"

吕蒙正入对，论及征伐，帝曰："朕比来用师，盖为民除暴；苟好功黩武，则天下之民燼灭尽矣。"蒙正对曰："前代征辽，人不堪命，隋炀帝全军陷没，唐太宗身先士卒，终无所济。盖治国之道，在内修政事，则远人来归。"帝然之。

武宁节度使曹彬来朝。丁卯，宴长春殿以劳之，诏翰林学士钱若水、枢密直学士张咏并赴宴，从苏易简之请，复旧制也。易简数举翰林中故事，前为承旨时，帝待若宾友；及参大政，每见帝不复有款接之意，但正色责吏事而已，易简乃悔其求进之速。

癸酉，罢陇州所献白鹰。

先是缘江多盗，诏以内殿崇班杨允恭督江南水运，因捕寇党。行及临江军，择骁卒，挈轻舟,伺下江贼所止。夜,发军出城,三鼓,遇贼百馀,拒敌久之,悉枭其首。又趋通州境上蹑海贼,贼系众舟,张幕,发劲弩短炮,允恭兵刃所向,多为幕所萦。炮中允恭左肩,流血及袖,容色弥壮,徐遣善泅者以绳连铁钩散掷之,坏其幕,士卒争进,贼赴水死者大半,擒数百人。自是江路无剽掠之患。以功转洛苑副使,管句江、淮、两浙都大发运,擘划茶盐捕贼事,赐紫袍金带,钱五十万。先是三路转运使各领其职,或廪庾多积,而军士舟楫不给,虽以官钱雇丁男挽舟,而土人惮其役,以是岁上供米不过三百万。允恭尽籍三路舟卒与所运物数,令诸州择牙吏悉集,允恭乃辨数授之,江、浙所运,止于淮、泗,由淮、泗输京师。行之一岁,上供者六百万。

十二月,戊申,西川都巡检使张玘,与王小波战于江源县。玘射中小波额,既而玘为小波所杀,小波亦病创死,众推其党李顺为帅。初,小波之党止百人,州县失于备御,所在盗贼争附之。张玘之死也,其麾下兵四百馀人奔归西川,转运使樊知古不受,纵使亡去,贼势由是日盛,众至数万,攻陷蜀、邛诸州,杀官吏无数。

是岁,辽放进士(石)〔王〕熙载等二人。

五年 辽统和十二年【甲午,994】 春,正月,癸丑朔,辽漷阴镇水,漂溺三十馀村。辽主命疏旧渠;甲寅,蠲行在五十里内租;戊午,免宜州赋调。

戊辰,上元节,帝御楼赐从臣宴,语宰相吕蒙正曰:"晋、汉兵乱,生灵凋丧殆尽,当时谓无复太平之日矣。朕躬览庶政,万事粗理,每念上天之贶,致此繁盛,乃知理乱在人。"蒙正避席曰:"乘舆所在,士庶走集,故繁盛如此。臣尝见都城外不数里,饥寒而死者甚众,未必尽然。愿陛下视近以及远,苍生之幸也。"帝变色不言,蒙正侃然复位,同列咸多其忧直。

帝尝谕中书选人使朔方,蒙正退,以名上,帝不许。它日,三问,三以其人对,帝怒,投其书于地曰:"何太执邪!"蒙正徐对曰:"臣非执,盖陛下未谅耳。"因固称:"其人可使,馀人不及,臣不欲用媚道妄随人主意以害国事。"同列皆惕息不敢动,蒙正摭笏俯而拾其书,徐怀之而下。帝退,谓左右曰:"是翁气量我不如。"卒用蒙正所选。复命,大称旨,帝于是益知蒙正能任人。

初,右谏议大夫许骧知成都府,及还,言于帝曰:"蜀土虽安,其民浮窳易扰,愿谨择忠厚者为长吏,使镇抚之。"时东上阁门使吴元载实代骧为成都,元载颇尚苛察,民有犯法者,虽细罪不能容,又禁民游宴行乐,人用胥怨。王小波起为盗,元载不能捕灭。于是李顺构乱,东上阁门使郭载受命知成都,行至梓州,有日者潜告载曰:"成都必陷,公往亦当受祸,少留数日则可免。"载怒曰:"天子诏吾领方面,阽危之际,岂敢迁延!"遂行。先是李顺引众攻成都,烧西郭门,不利,去攻汉州、彭州,连陷之。载既入城,贼攻愈急。己巳,城陷,载与转运使樊知古斩关而出,帅馀众奔梓州。

李顺入据成都,僭号大蜀王,改元曰应运,遣兵四出侵掠,北抵剑关,南距巫峡,郡邑皆被其害。

宽饥民罪,从蔡州知州张荣等请也。凡因饥持杖劫人家藏粟,止诛为首者,馀悉以减死论。

灵州及通远军,皆言赵保吉攻围诸堡寨,侵掠居民;帝闻之,大怒,决意讨之。癸酉,命马步军都指挥使李继隆为河西兵马都部署,尚食使尹继伦为都监,以讨保吉。

甲戌,帝始闻李顺攻劫剑南诸州,命昭宣使、河州团练使王继恩为西川招安使,率兵讨之,军事委继恩制置,不从中覆。

吏部尚书宋琪上书言边事曰："臣顷任延州节度判官，经涉五年，边境之事，熟于闻听。大约党项、吐蕃风俗相类，其帐族有生熟户，接连汉界，入州城者谓之熟户，居深山僻远者谓之生户。我师如入夏州之境，宜先招到接界熟户，使为乡导。其强壮有为者，令去官军三五十里踏白先行，而步卒多持弓弩枪鋘随之。以三二千人登山侦逻，俟见坦途宁静，可传号勾马，遵路而行，我皆严备，保无虞也。党项号为小蕃，非是勍敌，诚如鸡肋，若得出山布陈，止劳一战，便可荡除。深入则馈运艰难，穷追则窟穴幽邃。莫若缘边州镇，分屯重兵，俟其入界侵渔，方可随时掩击，非惟养勇，亦足安边矣。又，臣曾受任西川数年，经历江山，备见形胜要害。利州最是咽喉之地，西过桔柏江，去剑门百里，东南去阆州水陆二百馀里，西北通白水、清州，是龙州入川大路，邓艾于此破蜀。其外三泉、西县、兴、凤等州，并为要冲。请选有武略重臣镇守之。"奏入，帝密写其奏，令李继隆、王继恩择利而行。

左正言、直昭文馆王禹偁言："臣淳化二年任商州团练副使之日，故团练使翟守素两曾夏州驻泊，守素与臣同看报状，见李继迁进奉事，因谓臣曰：'此贼未是由衷，必恐终怀反侧。'又言：'继迁曾被左右暗箭射之，面上创痕尚存。'臣自闻此语，贮于心，以为此贼不必力除，自可计取。语曰：'重赏之下，必有勇夫。'伏望晓谕蕃戎及部下逼胁之徒，边上骁雄之士，多署赏赐，高与官资，使左右生心，蕃戎并力，继迁身首不枭即擒。恐小蕃力所不加，则少以官军应接，何必苦烦睿略，多举王师！且自陕以西，岁非大稔，加之馈饷，转恐凋残。河北虽是丰登，须修边备。况此贼通连北敌，朝廷具知，周亚夫所谓击东南而备西北，正在此时也。不可忽兹小竖，弗顾远图。"

辽霸州民李在宥，年百三十有三，赐束帛、锦袍、银带，月给羊酒，仍复其家。

辛巳，诏除两京诸州淳化三年逋负。

二月，甲申朔，帝始闻成都陷，召宰相谓曰："岂料贼势猖炽如此，忍令陇、蜀之民陷于涂炭！朕当部分军马，且夕讨平之。"遂命少府少监雷有终、监察御史裴庄并为峡路随军转运使，工部郎中刘锡、职方员外郎周渭为(峡路)〔陕府〕西至西川随军转运使，马步军都军头王杲帅兵趋剑门，崇仪使尹元帅兵由峡路以进，并受招安使王继恩节度。或言庄蜀人，不宜复遣入蜀，帝益倚信之。

李顺分遣数千众北攻剑门，剑门疲兵才数百，都监开封上官正奋厉士卒，出御之。会成都监军宿翰领麾下投剑门，适与正兵合，遂迎击贼众，大破之，斩馘几尽；馀三百人奔还成都，顺怒其惊众，悉命斩于东门外。初，朝廷深以栈路为忧，正等力战破贼，自是阁道无壅。甲辰，以正为剑州刺史，充剑门兵马部署，翰为昭州刺史。

己酉，以两川盗贼，徙封益王元杰为吴王，领淮南、镇江节度使。初，考功郎中姚坦为益王府翊善，好直谏。王尝作假山，所费甚广。既成，召僚属，置酒共观之，众皆叹美，坦独俯首不视。王强使视之，坦曰："但见血山耳，安得假山！"王惊问其故，对曰："坦在田舍时，见州县督税，里胥临门，捕人父子兄弟，送县鞭笞，血流满身。此假山皆民税赋所为，非血山而何？"时帝亦为假山未成，有以坦言告之，帝曰："伤民如此，何用山为！"命亟毁之。

王每有过失，坦未尝不尽言规正，宫中自王以下皆不喜。左右乃教王称疾不朝，帝日使医视疾，逾月不瘳，帝甚忧之，召王乳母入宫问状。乳母曰："王本无疾，徒以翊善姚坦检束王起居，曾不得自便，王不乐，故成疾。"帝怒曰："吾选端士为王僚属者，固欲辅王为善耳。今王不能用规谏，而又诈疾，欲使朕逐去正人以自便。王年少，未知出此，必尔辈为之谋。"因命捽之后园，杖之数十。召坦，慰谕之曰："卿居王官，为群小所嫉，大为不易。卿但能如此，无患

325

诐言,朕必不听也。"

令诸路转运司:"每岁部内诸州民租转输它郡者,通水运处当调官船,不通水运处当计度支给,勿得烦民转输。"

帝谓宰臣曰:"幸门如鼠穴,何可尽塞!但去其甚者斯可矣。近来纲运之上,篙工、楫师有少贩鬻,但不妨公,一切不问,冀得官物至京无侵损耳。"吕蒙正对曰:"水至清则无鱼,人至察则无徒。小人情伪,君子岂不知,以大度容之,则庶事俱济。"

三月,甲寅,诏王继恩:"戒前军所至,贼党敢抗王师,即当诛杀;其偶被胁从而能归顺者,并释之,倍加安抚。"

高丽始用辽年号,丁巳,遣使告行正朔,乞还俘口。辽主许其赎还,遣崇禄卿萧述管、御史大夫李浣赍诏抚谕之。

大理评事陈舜封父隶教坊为伶官,坐事黥面流海岛。舜封举进士及第,任望江主簿,转运使言其通法律,宰相以补廷尉属。因奏事,言辞捷给,举止类倡优,帝问谁之子,舜封自言其父。帝曰:"此真杂类,岂得任清望官!盖宰相不为国家澄汰流品之所致也。"遂命改秩为殿直。

宋、亳民市牛江、淮间,未至,帝以时雨沾足,虑其耕稼失时;会太子中允武允成献踏犁,以人力运之,不用牛,帝亟令秘书丞陈尧叟等往宋州,依其制造成以给民,民甚赖焉。

戊辰,复以国子学为国子监,改讲书为直讲,从判学李至请也。

赵保忠闻王师来讨保吉,乃先携其母及妻子、卒吏壁野外,上言已与保吉解仇,贡马五十匹,乞罢兵。帝怒,立遣中使命李继隆移兵击保忠。于是继隆兵压境,保吉反图保忠,夜袭之,保忠仅以身免,走还城中,资财器用,保吉悉夺之。初,保忠遣其指挥使赵光嗣入贡,光嗣颇输诚款,诏补供奉官,再迁礼宾副使,保忠动静,光嗣必以闻。及保忠阴结保吉,光嗣潜知之,因出家财,散士卒,誓以效师。保忠既还,光嗣执之,幽于别所,丁丑,开门纳我师。继隆入夏州,擒保忠,槛车送阙下,收获牛羊铠甲数十万。保吉引众遁去。裨将侯延广等议诛保忠及出兵追保吉,继隆曰:"保忠几上肉耳,当请于天子。今保吉远窜,千里穷碛,难于转饷。宜养威持重,未易轻举也。"延广等伏其言。

初,环州民与吐蕃相贸易,多欺夺之,或致斗讼,官又弗直,故蕃情常怨。及崇仪使柳开知州事,乃命一其物价,平其权量,擒民之欺夺者置于法,部族翕然向化。是春,徙知邠州。时调民送军储环州,岁已再运,民皆荡析产业,而转运司复督后运。民数千人入州署号诉,且曰:"力所不逮,愿就死。"开亟移书转运使曰:"开近离环州,知其刍粟可支四年。今蚕农方作,再运半发,老幼疲弊,畜乘困竭,奈何又苦之?如不罢,开即驰诣阙下,白于上前矣!"卒罢之。

夏,四月,壬午朔,诏:"应天下主吏,先逋欠官物,令元差官典及旁亲人均酌填纳者,凡四十五万贯、匹、斤、石,勿复理。自今守藏、掌庾、管榷等亏欠官物,止令主吏及监临官均偿之。"

癸未,以吏部侍郎兼秘书监李至、翰林学士张洎、史馆修撰张佖、范杲同修国史。先是帝语宰相曰:"太祖朝事,耳目相接,今《实录》中颇有漏略,可集史官重撰。"苏易简对曰:"近日委学士扈蒙修史,蒙性畏怯,逼于权势,多所回避,甚非直笔。"帝曰:"史臣之职,固在善恶必书,无所隐耳。昔唐玄宗欲焚武后史,左右以为不可,使后代闻之,足为鉴戒。"因言:"太祖受命之际,固非谋虑所及。昔曹操、司马仲达,皆数十年窥伺神器,先邀九锡,至于易世,方有传禅之事。太祖尽力周室，中外所知，及登大宝，非有意也。当时本末，史官所记，殊为阙然，宜令至等别加缀缉。"故有是命。

甲申，帝闻赵保忠成擒，诏以赵光嗣为夏州团练使，高文岯为绥州团练使。削保吉所赐姓名，复为李继迁。初，保吉徙绥州民于平夏，文岯击走之，以绥州内属，故有是命。

帝以夏州深在沙漠，本奸雄窃据之地，将堕其城，迁民于银、绥间，因问宰相夏州建置之始。吕蒙正等对曰："昔赫连勃勃僭称大夏，蒸土筑城，号曰统万，颇与关右为患。若遂废毁，万世之利也。"己酉，诏堕夏州故城，迁其民于绥、银等，分给官地，长吏倍加安抚。

李继隆闻朝议欲堕夏州，遣其弟洛苑使继和与监军秦翰等入奏，以为朔方古镇，贼所窥觎之地，存之可依以破贼。并请于银、夏两州南界山中增置保戍以扼其冲，且为内属蕃部之蔽，而断贼粮运。皆不报。

丙戌，史馆修撰张佖言："圣朝编年，谓之《日历》，惟纪报状，略叙敕文。至于圣政嘉言，皇猷美事，群臣之忠邪善恶，庶务之沿革弛张，汗简无闻，国经曷纪！请置起居院，修左右史之职，以纪录为《起居注》，与《时政记》逐月终送史馆，以备修《日历》。"帝览而嘉之，乃置起居院于禁中，命梁周翰掌起居郎事，李宗谔掌起居舍人事。

辛卯，辽主如南京。

壬辰，辽以枢密直学士刘恕为南院枢密使。

丙申，以虢州团练使梁勉为镇国行军司马。初，王化基治祖吉狱，询其豪王姓者，云："吾小民，见州将贫乏，相醵率为一日之寿，岂知其犯法哉！"怅叹不已。化基诘其前后郡守，王言："三十年以来，唯梁都官不受一钱，馀无免者。"梁都官，乃勉也，有文词，太祖尝欲令知制诰，为时宰所忌，遂止。化基因言于帝。时勉已老病，不任吏事，特授华州行军司马，给郎中俸料。

丁酉，掌起居郎事梁周翰，请以所撰每月先进御后降付史馆，从之。《起居注》进御自周翰始。

帝尝谓左右曰："大凡帝王举动，贵其自然。朕览唐史，见太宗所为，盖好虚名者也。每为一事，必预张声势，然后行之，贵传简策，此岂自然乎！且史才甚难，务撮实而去爱憎，乃为良史也。"

壬寅，王继恩言破贼于研口寨，北过青强岭，遂平剑州。

先是陈、滑、蔡、颍、郓、邓、金、房州、信阳军皆不禁酒，太平兴国初，京西转运使程能请榷之，所在置官吏局署，岁计所获利无几，而主吏规其盈羡。又，酒多醨，薄不可饮，至课民婚葬，量户大小令酤。帝知其弊，戊申，下诏募民自酿，输官钱减常课三之二，使其易办。民有应募者，检视其资产，长吏及其大姓共保之，后课不登者，均偿之。

己酉，王继恩言破贼五千众于柳池驿，峡路行营言贼三千众攻广安军，击走之。五月，甲寅，王继恩言克绵州；又言内殿崇班曹习分兵自葭萌趋老溪，破贼万馀众，遂克阆州；又言巡检使胡正远率兵破贼，克巴州。

丁巳，王继恩至成都，引师攻其城，即拔之，破贼十馀万，斩首三万，擒贼帅李顺。

王师之讨李继迁也，府州观察使折御卿以所部兵来助。赵保忠既擒，御卿又言银、夏等州蕃、汉户八千帐族悉归附，录其马牛羊万计。戊午，授御卿永安节度使，赏其功也。

丙寅，赵保忠至自夏州，白衫纱帽，待罪崇政殿庭。帝诘责数四，保忠但顿首称死罪；诏释之，赐冠带器币，令还第听命，仍劳赐其母。丁卯，以保忠为右千牛卫上将军，封宥罪侯。

327

己巳，以右谏议大夫张雍为给事中，仍知梓州；都巡检、内殿崇班卢斌为西京作坊使，领成州刺史；通判、将作监丞赵贺为太子中舍，监军、供奉官辛规为内殿崇班，节度掌书记施谓为节度判官，节度推官陈世卿为掌书记，榷盐院判官谢涛为观察推官；皆赏劳也。

雍初闻李顺乱西川，即谋为城守计，训练城中兵，又募强勇共四千馀，令官属分主之，辇绵州金帛以实帑藏，销铜钟为箭镝，伐木为竿，纫布为索，守械悉备，遣官请兵于朝。既而斌以十州之众援成都，弗克而还，雍即委以监护之任。子城先为江水所毁，斌谕民掘堑，深丈，引河水注之以环城。

李顺遣其党相贵帅众二十万来攻，斌遂突出与贼战，贼大设梯冲，夜攻城，雍命发机石碎之，火箭杂下，贼稍却。复治攻具于城西北隅，雍绐曰："军士趣治装，吾将开东门击贼。"阳遣步骑五百临东门。贼升牛头山瞰城中见之，谓雍必出，乃设伏于山之东隅以待。雍即召敢死士百辈，缒而下，焚其攻具殆尽。一日，北风昼晦，贼乘风纵火，急攻北门，雍与斌等领兵据门，立矢石间，固守不动，贼不能进。世卿素善射，当城一面，亲中数百人。贼浸盛，同幕者皆谋自全，世卿正色谓曰："食君禄，当委身报国，奈何欲避难为它图邪！"亟白雍曰："此辈皆怯懦，存之适足惑众，不若遣出求援。"雍从其言。

时贼围城凡八十馀日，会王继恩遣内殿崇班石知容分数千兵来救，贼始溃去。斌出兵追击之，降者二万馀，又破贼数万众，解阆州围，斩三千人，平蓬州。

于是雍使谓驰骑入奏，帝手诏褒美，自雍以下悉加赏。雍，德州人；世卿，南剑人。

以少府少监雷有终为谏议大夫，知成都府。有终由峡路入蜀，调发兵食，规画戎事，皆有节制。师行至峡中，遇盗，格斗，且行且战。进至广安军，贼众奄至，鼓噪举火；士伍恐惧，有终安坐栉发，神气自若。贼既合围，有终引奇兵出其后击之，贼惊扰，赴水火死者无算。

王继恩之克剑州也，西京作坊使马知节实为先锋，继恩嫉其不附己，遣守彭州，配以羸兵三百，州之旧卒悉召还成都。贼十万众攻城，知节率兵力敌，逮暮，退守州廨，慨然叹曰："死贼手，非壮夫也！"即横槊溃围而出，休于郊外。黎明，救兵至，复鼓噪以入，贼众败去。帝闻而嘉之曰："贼盛兵少，知节不易当也。"授益州钤辖。

时继恩虽拔成都，郭门十里外，犹为贼党所据，伪帅张余，复啸聚万馀众，攻陷嘉、戎、泸、渝、涪、忠、万、开八州，开州监军江宁秦传序死之。初，贼众奄至，传序督士卒昼夜拒战。婴城既久，长吏皆奔窜投贼，传序谓士卒曰："尽死节以守郡城，吾之职也，安可苟免乎！"城中乏食，传序尽出囊橐服玩，市酒肉，犒士卒而勉之，众皆感泣力战。既而贼势日盛，传序为蜡丸帛书，遣人间道上言："臣尽死力战，誓不降贼。"城既坏，传序投火死。贼乘势攻夔州，列阵西津口，矢石如雨。先是帝遣如京使白继赟为峡路都大巡检，统精卒数千人晨夜兼行，助讨遗寇。是月，庚午，继赟入夔州，出贼不意，与巡检使解守容腹背夹击之，贼众大败，斩首二万馀级，流骸塞川而下，水为之赤。

辛未，降成都府为益州。

壬申，右仆射李昉以司空致仕。大朝会，令缀宰相班；岁时赐予不绝；每游宴，多召之。

丙子，磔李顺党八人于凤翔市。

六月，壬午朔，白继赟等捷书闻，帝降诏嘉奖。

秦传序家寄荆、湘间，其子奭溯峡求其父尸，比至夔州，船覆而死，咸谓父死于忠，子亡于孝。奏至，帝嗟恻久之，录传序次子煦为殿直，以钱十万赐其家。

辛卯，诏赦李顺胁从讹误。

贼攻施州，指挥使黄希逊击走之。

戊戌，峡西行营破贼于广安军，又破贼张罕二万众于嘉陵江口，又破于合州西方溪，俘斩甚众。

戊申，以侍卫步军都指挥使高琼为镇州都部署。

贼攻陵州，知州张旦招集民丁大破之，斩首五千馀级。

庚戌，高丽国王治以辽师侵掠其境，遣使来乞师。帝以北边甫宁，不可轻动干戈，厚礼其使而归之，仍优诏答治。自是高丽朝贡遂绝。

是日，辽行《大明历》，可汗州刺史贾俊所造也。

【译文】

宋纪十七 起癸巳年（公元 993 年）十月，止甲午年（公元 994 年）六月，共九个月。

淳化四年 辽统和十一年（公元 993 年） 冬季，十月，甲申朔（疑误），辽国主前往蒲瑰坂。

庚申（初六），尚书左丞张齐贤出任定州知州。张齐贤自己进言："母亲孙氏年已八十五岁，身患风湿，不愿离开她身边。"宋太宗准许他。张齐贤任相职时，母亲入宫谒见太宗，太宗赞叹她长寿而有好儿子，经常赐给亲笔诏书慰问，另加赏赐，士大夫以此为荣。张齐贤不久遭遇母丧，七天汤水不进口。此后每天喝粥一碗，丧期终止只吃脱壳的粗粮。

先前大名府豪民大户中有储备柴草的，打算谋取厚利，引诱坏人暗中在河堤挖洞，连年决口横溢。知府事赵昌言识破其中缘故，一天，河堤守吏告急，赵昌言命令直接拿取豪家大户囤积的柴草来供应使用，从此没有人敢耍奸谋利的。

正值黄河在澶州决口，向西北流入御河。水涨溢漫府城，赵昌言率领士卒扛土填塞，人数不到一千，就求索禁军援助填土工程。禁军中有骄横狂妄的人不向前进，赵昌言发怒说："府城将要浸没，百姓面临淹溺，你们吃着丰厚的俸禄，打算旁坐观看吗？敢有不听从命令的斩首！"禁军们吓得大腿发抖而奔赴援助，不到十二天就加固完了全城。太宗闻知后嘉奖赵昌言，壬戌（初八），降下盖有玺印的诏书褒奖宣谕。

宋太宗下诏罢废各路提点刑狱司，将其事务归属于转运司。

宋太宗下诏给审官院说："从今以后京朝官没经历过州县任职的，不得担任知州、通判。"听从苏易简的请求。

庚午（十六日），宋太宗听从判三司魏羽的话，开始将天下州县分为十道。有河南道、河东道、关西道、剑南道、淮南道、江南东道、江南西道、两浙东道、两浙西道、广南道，以京东为左计，京西为右计。魏羽为左计使，董俨为右计使，平分十道以相隶属，而各道设立判官以掌领具体事务。

辛未（十七日），右仆射、平章事李昉，给事中、参知政事贾黄中、李沆，左谏议大夫、同知枢密院事温仲舒，一同罢免相职保留原来官阶。翰林学士张洎起草制书，说："李昉任相职在调理阴阳，而今阴阳错乱无常，应该废黜削职来警诫徒有虚名的官员。"宋太宗不听从。制词仅以"长久壅塞教化的本源，深深辜负民情众望"斥责李昉。

这天，宋太宗以吏部尚书吕蒙正保留原有官品，为平章事。吕蒙正初次任相时，金部员外郎张绅为蔡州知州，因贪赃枉法免职，有人对太宗说："张绅是洛中的富豪之家，怎么肯索求贿赂！正是吕蒙正没有及第时向张绅讨要不能如愿，罗致张绅的罪状而已。"太宗立即诏命恢复张绅官职,吕蒙正始终不替自己辩白。不久罢免相职,正好考课院获得张绅贪赃旧事的真实情况,就废黜张绅。到这时吕蒙正再次为相,太宗对他说:"张绅果真犯有贪赃之罪。"吕蒙正也不道谢。

宋太宗以翰林学士承旨苏易简为给事中、参知政事。苏易简表面好像坦荡直率,内心有城府。从知制诰到翰林学士,年纪不满三十岁,在翰林院八年,恩宠礼待无与伦比。有时甚至一天召见三次。李沆后入翰林院,位在苏易简之下。到李沆为参知政事,就以苏易简为承旨,赏赐与参知政事相同。太宗意思想遵守旧制,暂且等他的名望重厚以后,

越窑鸟形把杯　北宋

就正式以为宰相。而苏易简因为父亲年老,急于被进用,乘着召见,猛烈抨击当时朝政的阙失;李沆等人罢免后,太宗立即任命苏易简取代。苏易简的母亲薛氏。曾经入禁宫中,太宗赐给礼冠披肩,诏命赐座。问道:"如何教育儿子?"回答说:"幼年以礼让来管束,长大后以《诗》《书》来训导。"太宗对左右大臣说:"乃当今的孟母啊!"这天,又任命枢密都承旨赵镕、直学士向敏中同时为同知枢密院事。赵镕等入朝应对,太宗说:"李昉、贾黄中等因为缄默不言而虚守官位,所以罢免。爱卿们应该各自努力来同提拔升迁相称。"

壬申(十八日),宋太宗以左谏议大夫寇准出任青州知州,太宗顾念寇准很深厚,赴任后,想念寇准,经常闷闷不乐,对左右大臣说:"寇准在青州快乐吗?"回答说:"寇准得到好地方,应当以此为乐啊!"几天后,再问,左右侍臣回答如初。此后有人揣度太宗的意思是要重新召回任用寇准,因而回答说:"陛下思念寇准时刻不忘,听说寇准每日摆酒畅饮,不知是否也思念陛下?"太宗默然无语。

丁丑(二十三日),宋太宗以大名知府赵昌言为给事中、参知政事,命令乘坐快车入朝,立即赴中书门下处理政事。当时京师连日下雨,赵昌言请求放出京师厩马分布到城外州郡喂养。陈说政事的有人认为深秋防备边患,马匹不可缺少,赵昌言说:"塞下积水弥漫,必定没有南下入侵的边患。"于是听从他的建议。

虞部员外郎、知制诰王旦,是赵昌言的女婿。赵昌言为宰相后,王旦认为是宰相属官应当避嫌,援引唐代独孤郁、权德舆的旧例辞职。癸未(二十九日),任命为礼部侍郎、集贤院修撰,到赵昌言罢相,才重新任命为知制诰。

翰林学士张洎掌管吏部选举事务,曾引见应对选人,宋太宗看他,对身边大臣说:"张洎富有辞藻文采,至今仍苦心读书。为江东士人中首屈一指。然而士大夫应当以德行为先,如果空凭文章学识,也无所取。"吕蒙正说:"裴行俭没有选取王勃、杨炯、卢照邻、骆宾王。正因为他们没有德行。"

京城百姓有击打登闻鼓申诉丢失猪的,宋太宗诏命赐一千钱抵偿猪价,因而对宰相说:"小事也要听理判决,太可笑了。然而推广此心以治理天下,就可以没有受冤屈的百姓。"

闰月,己亥(十五日),宋太宗对宰辅大臣说:"朕听说孟昶在蜀时,也亲理国政。然而对司法案件优柔寡断,每次有大辟极刑,临刑前,必定让人暗访罪犯的言论,如果有一句叫屈的话,立即移交官署复查审核,以至有三、五年不能判决的,认为夏禹见到罪人就流泪,便私下效仿他,却不明白古代圣人的本意。那是大禹自卑不及唐尧、虞舜,以致有人死于刑法,所以

见到罪人下车哭泣。如今犯罪的人,如果情理难以饶恕的,朕坚决不宽容他。"参知政事苏易简、赵昌言回答说:"臣下听说李煜拥有国家之时也是如此,每年夏天就给罪人张挂纱帐来防御蚊蚋,冬天就发给棉被,任罪人安睡。如犯有大辟之罪的,仍然让方士点灯来占卜,如果几天内灯不灭的,必定移交司法部门查勘复核。唯恐罪人冤枉。以至有腊月罪人贪恋棉被温暖而不愿意释放的。"太宗笑着说:"昏庸到如此地步,哪有不亡国呢?"

己酉(二十五日),设置三司总计度使,宋太宗以陈恕担任;所有讨论财政收支,全都让陈恕参加。陈恕认为官府机构各自建立,政教法令交互而出,难以持久,极力陈说它的不利,太宗不听。

周太后符氏去世。

转运副使郑仁宝建议禁止盐池,用以困扰赵保吉,赵保吉就率领边民四十二族侵犯环州,守边将领大多被他打败。

十一月,甲寅朔(初一),冬至日,宋太宗登乾元殿接受朝拜。太宗孜孜不倦以治理天下,每天早晨,登长春殿接受朝见,听政完毕,旋即到崇政殿处理事务,到了中午,还没进食。己未(初六),金部员外郎谢泌,请求从今以后在前殿听政完毕,暂且先进食,然后到便殿处理政事,太宗没作答复。不久太宗对宰相说:"周文王从早上直到太阳过午,没有工夫进食,这自有典故先例。然而谢泌这一奏章,也正表达臣子爱护君主的忠心。"又曾经对左右侍臣说:"每寸光阴值得珍惜。如果整天做好事,一生之中也做不了多少件,难道可以不努力吗?"

吕蒙正入宫应对,论及征伐之事,宋太宗说:"朕连年用兵,是为百姓铲除暴虐;如果好大喜功,穷兵黩武,天下百姓就全都毁灭了。"吕蒙正回答说:"前代征伐辽国,百姓不堪从命,隋炀帝全军覆没,唐太宗身先士卒,结果没有成功。治国之道,在内部修治政事,远方之人就会前来归附。"太宗认为如此。

武宁节度使曹彬前来朝见。丁卯(十四日),宋太宗在长春殿设宴慰劳,诏令翰林学士钱若水、枢密直学士张咏一并赴宴,听从苏易简的请求,恢复旧日的制度。苏易简多次重振翰林中的旧例。他以前任承旨时,太宗待他如同宾客朋友;到了参与大政,每次见到太宗不再有殷勤款待的意思,只是严肃责求政事而已。苏易简才后悔自己求取进升太急。

癸酉(二十日),取消陇州进献白鹰。

先前,长江沿岸有许多强盗。宋太宗诏令内殿崇班杨允恭管理江南水路运输,顺便追捕盗寇党羽。行到临江军,挑选骁勇士卒,划着轻快小舟,侦察下江盗贼停留之地,夜间调发军队以出城,三更时分,遇到强盗一百多人,拒敌很久,全部斩首。又奔赴通州边境上追踪海盗。海盗用绳索拴住许多船只,张设帷幕,发射强弩、短炮,杨允恭兵刃所向之处,常被帷幕所缠绕。短炮击中杨允恭的左肩,血流至袖口。面容气色更加坚定雄壮,从容派遣善于游泳的士兵用绳索连上铁钩分散投掷,破坏帷幕,士卒争相前进,海盗投水而死的占一大半,被擒获数百人。从此以后,长江水路没有抢掠的忧患。杨允恭因功劳转迁为洛苑副使,管句江、淮、两浙都大发运、擘画茶盐捕贼事,赏赐紫袍金带、五十万钱。先前三路转运使各自掌领其职务,有的仓库场院积蓄多,但士兵船只不够,尽管用官钱雇佣民夫拉船,但当地人害怕服役,因此每年上供的米不超过三百万。杨允恭登录统计三路所有船只,士卒和所运货物的数量,命令各州挑选牙吏全部集中,杨允恭于是分派数量交给他们。江、浙所运粮食,送到淮、泗。再从淮、泗运到京师。实行一年,上供粮食达六百万。

十二月,戊申(二十五日),西川都巡检使张玘,同王小波在江源县交战。张玘射中王小波的前额,不久张犯被王小波杀死,王小波也因受创伤而死,部众推举王小波同党李顺为统帅。当初,王小波的党羽仅一百人。各州县没有防备,当地的盗贼争相归附。张犯战死,他的部下将士四百多人逃奔返归,西川转运使樊知古不接收,放纵他们逃亡离去,乱贼的势力因此日益强大。部众达到几万,攻陷蜀、邛各州,杀死无数官吏。

这年,辽国放榜取中进士石熙载等二人。

淳化五年 辽统和十二年(公元994年) 春季,正月,癸丑朔(初一),辽国漷阴镇发大水。漂没三十多个村落。辽国主命令疏通原来河渠;甲寅(初二),免除所至之处五十里内的田租,戊午(初六),免除宜州的赋税。

戊辰(十六日),是上元节,宋太宗登楼赏赐随从大臣宴饮,跟宰相吕蒙正说:"晋、汉兵争纷乱,生灵凋敝死丧将尽,当时认为不再有太平之日了。朕亲自览视各种政务,万事大致厘清,每次思念上天的赐福,达到如此繁荣昌盛,才知道治乱的根本在于人。"吕蒙正离开座位说:"圣上所在之地,士人庶民来往会集,所以如此繁荣昌盛。臣下常看到都城之外不到几里的地方。因饥寒交迫而死的很多,未必都像京师这样,希望陛下由近及远,就是天下苍生的幸运了。"太宗改变面色默然无言,吕蒙正坦然回到座位,同僚都称赞他的刚直。

宋太宗曾经晓谕中书门下选择人出使朔方,吕蒙正退下,将所选人名呈上,太宗不准许。日后,三次询问,三次仍将那人应对,太宗发怒,将他的奏书扔在地上说:"何必太固执呢?"吕蒙正舒缓地回答说:"臣下不是固执,而是陛下不信任而已。"因而坚称:"此人可以出使,其余人不如他,臣下不想用谄媚之道胡乱附和人主之意来祸害国事。"同僚都屏住气息不敢动弹,吕蒙正将笏板插在腰带上俯身拾取奏书,慢慢装入怀中而退下。太宗退朝后,对左右侍臣说:"此翁的气量我比不上。"最后任用了吕蒙正所选之人。那人完成使命回来报告,非常符合旨意,太宗于是更加知道吕蒙正善于用人。

当初,右谏议大夫许骧为成都知府,到返回京师,对宋太宗上言说:"蜀地虽然安定,但那里的百姓浮躁懒惰容易骚动,希望谨慎选择忠诚宽厚的人担任长官,让他坐镇安抚。"当时东上阁门使吴元载替代许骧为成都知府,吴元载施政很崇尚苛刻详察,百姓有犯法的,即使是细小的罪过也不能宽容,又禁止百姓游玩宴饮取乐,蜀人因此都怨恨他,王小波起事当强盗,吴元载不能捕捉消灭。到这时李顺作乱,东上阁门使郭载接受任命为成都知府,行进到达梓州,有个以占候卜签为业的人悄悄告诉郭载说:"成都必定沦陷,您前往的话也遭受灾祸,稍微停留八天就可免祸。"郭载发怒说:"天子下诏命我统领一方,面临危难之际,岂敢拖延!"于是赶路。先前李顺率领部众攻打成都城,烧毁西面外城城门,失利。离去攻打汉州、彭州,接连攻陷。郭载入城之后,贼寇攻打更加紧急。己巳(十七日),成都城沦陷,郭载和转运使樊知古破关而出,率领余部奔赴梓州。

李顺入据成都,僭越号称大蜀王,改年号为应运,派兵四处侵犯抢掠。北抵剑关。南至巫峡,各州县都受其害。

宋太宗下诏宽恕饥民犯罪,是听从蔡州知州张荣等人的请求。凡是因饥饿而明火执仗抢劫人家储藏的粮食,只诛杀为首的,其余从犯全都用减免死罪论处。

灵州和通远军,都奏报赵保吉围攻各堡寨,侵犯掠夺居民,宋太宗闻知,勃然大怒,决心征讨。癸酉(二十一日),任命马步军都指挥使李继隆为河西兵马都部署,尚食使尹继伦为都监,以讨伐赵保吉。

甲戌(二十二日),宋太宗开始闻知李顺攻打抢掠剑南各州,任命昭宣使、河州团练使王继恩为西川招安使,率领军队讨伐,军事全权委交王继恩处置,可以不遵从朝廷的回复指示。

吏部尚书宋琪上书谈论边境事务说:"臣下以前出任延州节度判官。经历五年,边境之事,听得很熟悉。大抵党项、吐蕃,风俗相类似,他们的怅族有生户、熟户,连接汉人地界进入州城的称为熟户,居住深山僻远地方的称为生户。我军如进入夏州边境,应该先招募到连接边界的熟户,让他们做向导。其中强壮有马的,命令他们离官军三、五十里作为开道骑兵先行,而步军多持弓弩枪锸跟随其后。派二三千人登山侦察,等看到道路平坦安宁无事,就可传令牵马,沿路行进,我军都严密防备,保证没有纰漏。党项号称小蕃,不是劲敌,确实如同食之无味而弃之可惜的鸡肋,倘若能得党项人出山布阵的机会,只劳一次战斗,便可扫荡除尽。如深入其地就会使军饷运输艰难,穷追不舍就会遇上山洞幽深,不如沿边界州镇,分别屯驻重兵,等他们闯入边界侵犯抢掠,就可随时出击,不仅能养精蓄锐,而且足以安定边境。同时,臣下曾经受命出任西川多年,跋涉经历江河山岭,详见各处形胜要害。利州是最重要的咽喉之地,西面经过桔柏江,离剑门一百多里,东南面离阆州水陆两路二百多里,西北面直通白水、清川,是从龙州入川的大路,当年邓艾在此大败蜀军。此外三泉、西县、兴、凤等州,都是要冲之地。请求选派有武艺韬略的重臣镇守。"奏书入朝,宋太宗秘密抄录宋琪的奏书,让李继隆、王继恩选取有利的实行。

左正言、直昭文馆王禹偁进言:"臣下在淳化二年任商州团练副使的时期,前团练使翟守素两度曾在夏州留住,翟守素和臣下同看邸报,看到李继迁进奉朝贡之事。就对臣下说:'此贼不是真心诚意,恐怕最终必怀反叛之心。'又说:'李继迁曾经被左右将士用暗箭所射,脸上的伤痕还保留着。'臣下自从听说此话,放在心里,认为此贼不必用武力铲除,自然可以用计相取。谚语说:'重赏之下,必有勇夫。'臣下希望晓谕蕃戎部族和他手下胁从之徒、边界上骁勇雄武之士,多设赏赐,给予高等官资,让其左右将士生二心,蕃戎部落同心合力,李继迁不是身首异处,就是被生擒。恐怕小小蕃戎部落力量不够,就稍微派出官军接应,何必劳苦麻烦圣明智略,动用这么多朝廷军队!况且从陕地以西,年成不是大丰收,增加供应军饷,恐怕会导致民力凋敝。河北虽然是丰收,但必须加强边疆战备。何况此贼勾结北方敌寇,朝廷悉知,周亚夫所说的打击东南而防备西北,正该用在这个时候啊。不可看轻这小子,不顾及长远计谋。"

辽国霸州百姓李在宥,年纪有一百三十三岁,赏赐束帛、锦袍、银带,每月供给羊和酒,同时免除他家的赋税徭役。

辛巳(二十九日),宋太宗诏令罢黜东、西两京各州淳化三年所亏欠的赋税。

二月,甲申朔(初一),宋太宗才听说成都沦陷,征召宰相对他们说:"岂料叛贼势力有如此猖狂炽盛,怎忍心让陇蜀百姓陷于涂炭之中!朕应当部署兵马,迅速讨平乱贼。"于是任命少府少监雷有终、监察御史裴庄同时为峡路随军转运使,工部郎中刘锡、职方员外郎周渭为陕府西至西川随军转运使,马步军都军头王杲率兵趋剑门,崇仪使尹元率军从峡路进发,一并接受招讨使王继恩的调度。有人说裴庄是蜀人,不应再派遣入蜀,太宗却更加倚重信任他。

李顺分批派遣几千部众向北攻打剑门,剑门仅有几百疲困的士卒;都监开封人上官正激励士卒,出关抵御。遇上成都监军宿翰率领部下投奔剑门,恰好同上官正的士兵会合,于是迎击贼兵,大败乱贼,几乎斩尽杀绝。残余的三百人逃回成都,李顺恼怒他们会惊动部众,命令在东门外全部斩首。当初,朝廷对栈道深感忧虑,上官正等部拼力作战大破贼兵,从此阁

333

道畅通无阻。甲辰（二十一日），宋太宗以上官正为剑州刺史，充任剑门兵马部署，宿翰为昭州刺史。

己酉（二十六日），因为两川的盗贼，宋太宗改封益王赵元杰为吴王，领淮南、镇江节度使。当初，考功郎中姚坦任益王府翊善，喜好直言进谏。益王曾经修造假山，所花费很多。修成后，征召同僚属官，设置酒席共同观赏，众人都赞叹美好，只有姚坦独自低头，益王强迫他看，姚坦说："只看到血山而已，哪里有假山！"益王吃惊，询问其中缘故，姚坦回答说："我在乡间田舍时，看见州县催督赋税，乡里胥吏上百姓家，捕捉别人的父子兄弟，押送县衙鞭打，血流满身。这假山都是用百姓的赋税所修造的，不是血山是什么？"当时太宗也造假山而没建成，有人将姚坦的话报告，太宗说："伤害百姓到如此地步，还要假山做什么！"命令立即拆毁。

益王每次犯有过失，姚坦没有不尽责进言规劝匡正的，因此宫中从益王以下都不喜欢他。左右侍从竟教唆益王称病不上朝，太宗每天派御医探视病情，过了一个月还没好，太宗很忧虑，召见益王奶妈入宫询问情况。奶妈说："益王原本无病，只因翊善姚坦约束益王的生活起居，竟不能随意自便，益王不快活，所以成病。"太宗发怒说："我挑选方正之士作为益王的僚属，原想辅佐益王行善。如今益王不采纳规劝直谏，反而装病。打算让朕驱逐正派人来放任自便。益王年少，不知道施出此计，必定是你们给他出的主意。"因此命令把她拖至后园，杖击几十下。召见姚坦，慰问他说："爱卿身居王官，被一群小人所嫉恨，非常不容易。爱卿只要能如此，就不必害怕谗言。朕一定不听信。"

宋太宗诏令各路转运使："每年辖内各州百姓田租有转运他州的，通水运处应当征调官船，不通水运处应当计算支付运费，不得扰民转运。"

宋太宗对宰相大臣说："侥幸之门如老鼠洞穴，怎么能全部堵塞！只要能除去其中严重的就可以了。近来纲运道上，船工、水手有少许私下贩卖货物，只要不妨公务，一律不究。只要求官物运到京城没有侵吞损失。"吕蒙正回答说："水太清就没有鱼，人太苛刻就没有群众。小人的真伪，君子岂能不知，以大度而宽容他，各种事情就都能成功。"

三月，甲寅（初二），宋太宗诏令王继恩："告诫前头部队所到之处，乱贼党羽胆敢抗拒王师，立即诛杀；其余偶尔被胁从又能归顺的，一律释免，多加安抚。"

高丽国开始使用辽国年号，丁巳（初五），派遣使者报告奉行辽国历法，要求归还俘虏的人口。辽国主准许高丽国赎回，派遣崇禄卿萧述管、御史大夫李浣携带诏书安抚宣谕。

大理评事陈舜封的父亲隶属教坊为乐师。因事触犯刑律被黥面流放海岛。陈舜封应举考中进士及第，出任望江主簿。转运使奏报他通晓法律，宰相将他补为大理寺属官。因为奏报事务，言辞应对敏捷，举止仪态活像戏子，太宗问是谁的儿子，陈舜封自报他的父名，太宗说："这真是杂类小人，岂能担任清白名望的官！是宰相不为国家澄清官员类别所招致的。"于是命令将陈舜封改官为殿直。

宋、亳二州的百姓到江淮地区买牛，牛还没买到，宋太宗因为当时雨水充足，担心耕种错过时间。正好太子中允武允成进献踏犁，用人力牵拉，不用牛，太宗立即命令秘书丞陈尧叟等前往宋州，依照样子制造提供给百姓，百姓耕田非常依赖踏犁。

戊辰（十六日），宋朝又将国子学改为国子监，改讲书为直讲，听从判学李至的请求。

赵保忠听说朝廷军队前来征讨赵保吉，就事先携带他的母亲和妻子儿女、官吏士卒到野外筑起营垒，上言说已经同赵保吉解除仇恨，进贡马五十匹，请求撤兵。宋太宗大怒，立即派遣宫中使者命令李继隆调动兵力攻打赵保忠。到这时李继隆大兵压境,赵保吉反而算计赵保忠,夜里偷袭。赵保忠仅以身免,奔回城中,物资器具,全被赵保吉夺取。当初,赵保忠派他的指挥使赵光嗣入朝进贡,赵光嗣大表忠诚,太宗诏令补为供奉官,又迁升为礼宾副使,赵保忠的动静,赵光嗣必定奏报朝廷。等到赵保忠暗中勾结赵保吉,赵光嗣秘密知道,就拿出家中财产,散发给士兵,誓死效忠朝廷。赵保忠回城后,赵光嗣拘捕他,幽禁在别处。丁丑(二十五日),打开城门迎接宋军。李继隆进入夏州,擒获赵保忠,用囚车押送到京师。缴获牛羊铠甲几十万。赵保吉率领部众逃遁离去。副将侯延广等建议诛杀赵保忠和出兵追击赵保吉,李继隆说:"赵保忠仅是几案上的肉而已,应当向天子请示。如今赵保吉远远逃窜,千里荒漠,难以运输军饷,应该蓄养军威保持慎重,不宜轻举妄动。"侯延广等人都佩服他的话。

当初,环州百姓与吐蕃相互贸易,大多有欺夺行为,有时导致争斗诉讼,官府又不公正,所以吐蕃人民常怀怨恨。到了崇仪使柳开任知州,才命令统一物价,校正度量衡器,抓捕百姓中有欺夺行为的人绳之以法。周围吐蕃部族一致归附朝廷教化。这年春天,柳开改任邠州知州。当时征调百姓运军用物资到环州,一年已经两次运行,百姓全都倾家荡产,但转运使仍催督继续运输。百姓几千人进入州府官署呼喊申诉,并且说:"力所不及,情愿就死。"柳开急忙移送公文给转运使说:"柳开新近离开环州,知道那里的粮草可以支撑四年。如今桑蚕农田正在劳作,两次运送已调发农夫一半,老幼疲惫不堪。牲口困乏告竭,怎么又要加苦百姓!如果不撤销,我立即驰马赶到京师,到皇上面前禀报了。"终于取消运送。

夏季,四月,壬午朔(初一),宋太宗下诏:"各地主事官员,先前拖欠的官物,让原来差遣官员和周围有关人员均摊赔偿的,总共四十五万贯、匹、斤、石,不再查究。从今以后收藏财物、掌管粮仓、负责专卖等人员亏欠官物,只让主事官员和监临官均摊赔偿。"

癸未(初二),宋太宗以吏部侍郎兼秘书监李至、翰林学士张洎、史馆修撰张佖、范杲为同修国史。先前太宗告诉宰相说:"太祖朝的事情,耳闻目睹,但如今《实录》中多有漏略,可以集中史官重新修撰。"苏易简回答说:"近来委任翰林学士扈蒙修史,扈蒙生性谦卑懦怯,迫于权势,常有所回避,很不符合秉笔直书的原则。"太宗说:"史臣的职责,原本在于善恶必书,无所隐讳。昔日唐玄宗想要焚毁武后这段历史记载,左右大臣认为不可,让后代闻知,足以作为鉴戒。"接着说:"太祖接受天命之际,原本没有考虑谋划及此。昔日曹操、司马懿,都经过几十年时间对社稷神器的暗中窥伺,先求得九锡礼,直到他们的后代,才有传位禅让的事。太祖尽心竭力事奉周室,是朝廷内外众所周知的,到了登上皇位大宝,不是出自本心。当时的来龙去脉,史官所记载的,大有缺漏,应命令李至等另外加以缀录编辑。"因而有这项任命。

甲申(初三),宋太宗听说赵保忠被俘,诏令以赵光嗣为夏州团练使,高文岵为绥州团练使。削夺赐给赵保吉的姓名,复称李继迁。当初,赵保吉迁徙绥州百姓到平夏,高文岵领兵出击打跑赵保吉,率绥州归附朝廷,因而有这任命。

宋太宗因为夏州远在沙漠,本是奸人枭雄窃据的地方,准备毁平夏州城,将百姓迁到银州、绥州一带,因而向宰相询问夏州建置的开始。吕蒙正等回答说:"昔日赫连勃勃僭越自称大夏,蒸土筑城,号称统万,常向关右侵扰成为祸患。如果就此毁坏,是子孙万代的利益啊!"己酉(初四),太宗诏令毁平夏州旧城,将其百姓迁到绥、银等州,分给官地耕种,州县长官倍加安抚。

李继隆听说朝廷商议打算毁弃夏州,派遣他的弟弟洛苑使李继和同监军秦翰等人入朝奏报,认为"夏州是朔方自古以来的重镇,是贼寇窥伺颇觊的地方。保存它可作为依托来攻破敌寇,同时请求在银、夏两州南部地界的山中增设卫戍堡寨来扼守要冲之地,并且作为内附蕃人部落的屏障,还可以切断贼寇的粮食运输。"全都没有得到回复。

丙戌(初五),史馆修撰张佖进言:"圣朝的编年史书,称作《日历》,大致记录邸报,约略叙述敕文。至于圣朝政令嘉言,宏大谋略美好事物,文武群臣的忠邪善恶,各种政务的沿革兴废,简册没有留传,国史又何从记录!请求设立起居院,奉行左史记事,右史记言的职责,来记录为《起居注》,和《时政记》逐月完成后送交史馆,以备修撰《日历》。"宋太宗看后嘉许,于是在禁宫中设置起居院,命令梁周为掌起居郎事,李谔为掌起居舍人事。

辛卯(初十),辽国主前往南京。

壬辰(十一日),辽国主以枢密直学士刘恕为南院枢密使。

丙申(十五日),宋太宗以赣州团练使梁勋为镇国行军司马。当初,王化基审理祖吉一案,询问当地豪富姓王的,他说:"我们小民见到州将贫乏,相互凑钱共同为他做一天的寿,岂知他犯法呢!"惆怅感叹不止。王化基追问赣州前后州官的情况,他说:"三十年以来,只有梁都官不曾接受过一文钱,其余没有能免的。"梁都官就是梁勋,有文采辞藻。宋太祖准备任命知制诰,被当时宰相所忌恨,于是作罢。王化基因而向太宗奏报。当时梁勋已是年老多病,不能担任政事,特授华州行军司马,给予郎中的俸钱。

丁酉(十六日),掌起居郎事梁周翰,请求将所撰《起居注》每月先进呈皇上,然后下付史馆,宋太宗准从。《起居注》进呈皇上从梁周翰开始。

宋太宗曾经对左右侍臣说:"凡是皇帝的一举一动,贵在自然。朕阅览唐代史书,看到唐太宗的所作所为,是个喜好虚名的人。每做一件事,必定预先大张声势,然后进行,以传之于史册为贵,这哪里合乎自然呢!况且具备史才很难,致力于录取真情而除去个人好恶,才算得上良史啊!"

壬寅(二十一日),王继恩奏报在研口寨击破乱贼,向北越过青强岭,就平定剑州。

光前陈州、滑州、蔡州、颍州、郓州、邓州、金州、房州、信阳军都不禁止酿酒。太平兴国初年,京西转运使程能请求实行专卖,所在各处设立官僚机构,而每年统计所获赢利不多,而主事官吏却在盘算它的盈余;同时酿出的酒大多稀释无法饮用;甚至规定百姓结婚丧葬,衡量民户财力大小而强令购买多少不等的酒。宋太宗知晓其中弊端,戊申(二十七日),下诏招募百姓自己酿酒,交纳官府的钱比通常征收减少三分之二,使之容易操办。百姓有应募的,检视他的资产,由当地长官及大户共同担保,如果以后税钱交不上来,均摊赔偿。

己酉(二十八日),王继恩奏报在柳池驿击破乱贼五千部众,峡路行营奏报乱贼三千部众进攻广安军,被打退。五月,甲寅(初三),王继恩奏报攻克绵州;又奏报内殿崇班曹习分兵从葭萌赶赴老溪,击破乱贼一万多部众,于是攻克阆州;又奏报巡检使胡正远率领军队击破乱贼,攻克巴州。

丁巳(初六),王继恩到达成都,带领军队攻打成都城,立即攻报,击败乱贼十万余人,斩首三万级,擒获乱贼主帅李顺。

王师去讨伐李继迁时,府州观察使折御卿率领属部队前来援助。赵保忠抓获后,折御卿又进言银、夏等州蕃、汉民户八千帐落全部归附,登录他们的马牛羊数以万计。戊午(初七),宋太宗授予折御卿为永安节度使,奖赏他的功劳。

336

丙寅(十五日),赵保忠从夏州到达京师,穿着白衫头戴纱帽,在崇政殿大堂等待判罪,宋太宗多次责问,赵保忠只是叩头自称是死罪,太宗诏令释免他,赐给冠服腰带器物钱币,让他返回宅第听候命令,同时慰劳赏赐他的母亲。丁卯(十六日),以赵保忠为右千牛卫上将军,封为宥罪候。

己巳(十八日),宋太宗以右谏议大夫张雍为给事中,仍旧为梓州知州;都巡检、内殿崇班卢斌为西京作坊使,领成州刺史;通判、将作监丞赵贺为太子中舍,监军,供奉官辛规为内殿崇班,节度掌书记施谓为节度判官,节度判官陈世卿为掌书记,榷盐院判官谢涛为观察推官;都是奖赏他们的功劳。

张雍起初听说李顺在西川作乱,就谋划城池防守的计策,训练城中士卒,又招募强壮勇敢的男丁四千余人,命令属官分别主领,用车运来绵州金银绢帛充实国库。销毁铜钟制成箭头,砍伐树木作为箭杆,将布帛搓成绳索,防守的器械全部备齐,派遣官员向朝廷请求派兵。不久卢斌率领十州部众援救成都,没能攻克而返回,张雍就将监护重任委托给他。子城先被江水毁坏,卢斌宣谕百姓挖凿护城河,深一丈,引入河水灌注来环卫城墙。

李顺派遣他的党羽相贵率领部众二十万前来攻打,卢斌就突然出城与乱贼交战,乱贼大设云梯冲车,夜间攻城,张雍命令发机抛石砸碎云梯冲车,火箭夹着射下,乱贼稍许退却。乱贼又在城西北角修缮攻城器具,张雍假装说:"军士赶快准备好武器,我将打开东门攻击乱贼。"假装派遣步、骑兵五百人到达东门。贼军将领全登上牛头山俯瞰城中,看到这光景,认为张雍必定出来,就在牛头山的东面设下埋伏等待。张雍立刻召集敢死士兵一百多人,用绳索缒下城,将乱贼攻城战具几乎全部焚毁。有一天,北风刮得天昏地暗,乱贼乘着风势放火,急攻北门,张雍和卢斌等率领士兵据守城门,立于飞石流矢之中,坚守不动,乱贼无法前进。陈世卿素来善于射箭,独当城墙一面,亲手射中几百人。乱贼日益强盛,随同幕僚都谋划自全之计,陈世卿严肃地对他们说:"食用君主的俸禄,应该以身报国,怎么能想避难而另寻去路呢!"赶紧告诉张雍说:"这些人都是怯懦之辈,留下来只会惑乱部众,不如派遣出城去求援。"张雍听从他的建议。

当时贼军围城总共八十多天,直到王继恩派遣内殿崇班石知容分出几千士兵前来援救,贼军才开始溃败离去。卢斌出兵追击,投降的有二万多。又击破贼军数万余众,解救阆州的包围,斩首三千人,平定蓬州。

到这时张雍派施谓骑马飞奔入京奏报,太宗亲笔诏书予以褒奖赞美,从张雍以下将吏全都加以赏赐。张雍是德州人,陈世卿是南剑人。

宋太宗以少府少监雷有终为谏议大夫、成都府知府,雷有终从峡路入蜀,调发军粮,规划军事,都有节度控制。军队行到峡中,碰上强盗进行格斗,一边行军一边作战。行进到广安军,贼军部众突然到达,击鼓呐喊举起火把;士兵恐惧起来,雷有终却安坐梳理头发,神气镇定自若。贼军合围以后,雷有终率领奇兵从敌人后面出现攻打,贼军惊扰,投水扑火而死的不计其数。

王继恩攻克剑州时,西京作坊使马知节担任先锋,王继恩嫉恨他不依附自己,派他把守彭州,配备弱兵三百人,彭州原来的士卒全都召回成都。贼军十万余人攻打州城,马知节率领军队奋力抵抗,到了天黑,退守州府官署。感慨地叹息说:"死于贼军之手,算不上大丈夫啊!"当即舞动长矛突围而出,到郊外休息。黎明,救兵到达,就再擂鼓呐喊而入城,贼军部众溃败逃走。宋太宗听到后称赞他说:"贼军势盛而他兵力很少,马知节的确不容易抵挡啊!"授予益州钤辖。

当时王继恩虽然攻拔成都,但外城门十里以外,仍为乱贼党羽所占据,贼帅张余,又呼啸聚集一万多人,攻陷嘉、戎、泸、渝、涪、忠、万、开八州,开州军监江宁人秦传序死于战事。当初,贼寇部众突然到达,秦传序督领士兵日夜抵抗战斗,环城固守已经很久,长官全都逃窜投贼,秦传序对士兵说:"拼死殉节来守卫州城,是我的职责,怎么可以苟且偷生呢!"城中缺乏食物,秦传序取出行李中的全部衣服玩饰,买来酒肉,犒劳士卒而勉励他们,部众都感激涕零全力作战。不久贼军势力日益盛大,秦传序写好用蜡丸密封的帛书,派人抄小道上言:"臣下拼死力战,发誓不向贼军投降。"城攻陷后,秦传序投火自尽。贼军乘势进攻夔州,在西津口列阵,飞矢流石如同下雨,先前太宗派遣如京使白继赟为峡路都天巡检,统帅精兵几千人日夜兼程,帮助讨伐残余敌寇。这月,庚午(十九日),白继赟进入夔州,出敌不意,与巡检使解守容前后夹击,贼军部众大败,斩首二万多级,飘浮流下的尸骨堵住河道,下流的水色变红了。

辛未(二十日),宋朝降成都府为益州。

壬申(二十一日),右仆射李昉以司空之官退休。宋太宗举行盛大朝会,让李昉仍处在宰相班列中,一年四季赐予不断,每逢游玩宴饮,常常召见。

丙子(二十五日),将李顺同党八人在凤翔市场上处以碟刑。

六月,壬午朔(初一),白继赟等捷书奏报,宋太宗颁下诏令嘉奖。

秦传序的家寄居在荆、湘一带,他的儿子秦奭沿着峡路寻他父亲的尸体,及到达夔州,船翻而死,人们都称为父死于忠,子死于孝,奏书到达,宋太宗嗟叹悲伤很久,录用秦传序次子秦煦为殿直,将十万钱赏赐他家。

辛卯(初十),宋太宗下诏赦免被李顺胁从、欺骗的人。

贼军攻打施州,指挥使黄希逊击败他们。

戊戌(十七日),峡西行营在广安军击破贼军,又在嘉陵江口击破贼将张罕的二万多军队,又在合州西方溪破贼,俘获斩首很多。

戊申(二十七日),宋太宗以侍卫马军都指挥使高琼为镇州都部署。

贼军进攻陵州,知州张旦召集百姓男丁大败贼军,斩首五千余级。

庚戌(二十九日),高丽国王王治因为辽军侵犯抢掠他的国境,派遣使者前来请求出兵。宋太宗认为北部边界刚刚安定、不可轻易再动干戈,就给使者以厚礼遣回,同时用优抚诏书答复王治。从此以后高丽国的朝贡就断绝了。

当天,辽国实行《大明历》,是可汗州刺史贾俊所编制的。

续资治通鉴卷第十八

【原文】

宋纪十八　起阏逢敦牂【甲午】七月,尽柔兆涒滩【丙申】六月,凡二年。

太宗至仁应道神功圣　德睿烈大明广孝皇帝

淳化五年　辽统和十二年【甲午,994】　秋,七月,辛亥朔,日有食之。

贼攻眉州,知州李简等坚守,逾月,贼引去。

以户部员外郎魏廷式同勾当自陕西至益州转运事。廷式尝入朝奏事,帝曰:"有事当白中书。"廷式曰:"臣三千七百里外乘驿而至,以机事上闻,愿取宸断,非为宰相而至也。"帝即时召对,问方略,称旨,赐钱五十万,令还任。

先是辽政事令室昉荐韩德让自代,不许。辽主以其年老苦寒,赐貂皮衾褥,许乘辇入朝。至是病剧,辛酉,遣翰林学士张干就第授中京留守,加尚父。旋卒,辍朝二日,赠尚书令。以德让代为北府宰相,仍领枢密使,监修国史。

乙亥,李继迁遣牙校以良马来献,且谢过,犹称所赐姓名,答诏因称之。

己卯,辽以翰林承旨邢抱朴参知政事。

八月,庚辰朔,辽太后命皇太妃领西北路乌古等部兵及永兴宫分军,抚定西边,以萧达兰督其军事。

壬午,帝谓近臣曰:"孝者人伦之重。古之人,三年守坟墓,今臣僚子弟以祖父亡殁,或与叙用,意在继其后嗣;然有不俟百日便与朝集者,朕每睹之,中心不忍。"赵昌言曰:"陛下如此宣谕,乃敦厚风俗之旨也。"遂诏:"文武百官子孙,因父兄亡殁叙用,未经百日,不得辄赴公参,令御史台专知纠察;并有冒哀求仕,释服从吉者,并以名闻。"

庚寅,殿中丞建安李虚己,以得御书印纸,上表献诗,自陈祖母年八十馀,喜闻其孙中循吏之目,帝悦,批纸尾曰:"朕得良二千石矣。"赐以五品服,改知遂州,又别赐钱五十万以遗其祖母。翌日,对宰相言及之,且曰:"已与五十缗矣。"吕蒙正曰:"前所赐盖五百缗。"帝曰:"此误也,然不可追。"虚己父寅,举进士,年六十馀,以母老求致仕,得著作郎;有词学,操行清苦。虚己亦纯孝笃谨,家极贫。虽一时误恩,人以为殆天赐也。

甲午,诏:"自今京朝、幕职、州县官等,不得辄献诗赋、杂文;若指陈时政阙失、民间利害、直言极谏书,即许通进。其有宏才奥学为人所称者,令投献于中书,宰相第其臧否上之。"

乙未,辽下诏戒谕中外官吏。

丁酉,辽主命录囚,杂犯死罪以下释之。

以剑南西川招安使王继恩为宣政使、顺州防御使。继恩有平贼功,中书建议,欲以为宣徽使,帝曰:"朕不欲令宦官干预政事。宣徽使,执政之渐也。止可授以它官。"宰相力言继恩功大,非此不足以赏。帝怒,深责宰相等,因议别立宣政使名以授之。

左谏议大夫、知审刑院许骧等上《重删定淳化编敕》三十卷,诏颁行之。

王小波、李顺之初作乱也,朝议欲遣大臣慰抚,参知政事赵昌言独请发兵捕斩,议久不决。贼连陷邛、蜀等州,始命王继恩等分路进讨。继恩握重兵,久留成都,专以宴饮为务,每出入,前后奏音乐,又令骑兵持博局、棋枰自随,纵所部剽掠子女金帛。徐贼进伏山谷间,郡县有复陷者。帝屡遣使督战,意颇厌兵。会昌言摄祭太庙,斋宿中书,因召对滋福殿,昌言即于帝前指画攻取之策,帝甚喜。癸卯,命昌言为川、峡两路都部署,自继恩以下并受节度。昌言恳辞,帝不许,厚赐遣行,别赐手札数幅,亲授方略焉。

峡路行营破贼帅张徐,复云安军。

李继迁遣其弟延信奉表待罪,且言违叛事出保忠,愿赦勿诛。帝召见延信,面加慰抚,锡赉甚厚。

九月,有司详定大射仪,并图来上。帝谓宰相曰:"俟弭兵,与卿等行之。"

上以蜀寇未平,工部尚书辛仲甫素著恩信,将令舆疾招抚,会疾甚,不可遣。先是参知政事苏易简荐枢密直学士、虞部郎中张咏可属西川事,于是诏咏知益州,得便宜从事。

时京兆剧贼焦四等,啸聚数百人,劫掠居民,为三辅害,帝令悬赏招募,待以不死。焦四等请罪自归,各赐锦袍、银带、衣服、缗钱,并擢为龙猛军使。

先是,有峨嵋(贼)山僧茂贞者,以术得幸,尝言于帝曰:"赵昌言鼻折山根,此反相也,不宜委以蜀事。"于是昌言行既旬馀,或又奏:"昌言素负重名,又无嗣,今握兵入蜀,恐后难制。"

帝亟幸北苑,召宰相谓曰:"蜀贼小丑,昌言大臣,不可轻动,宜令且驻凤翔,为诸军声援。但遣内侍押班卫绍钦赍手书往指挥军事,亦可济矣。"昌言已至凤州,诏追及之,因留候馆。

己未,罢诸州榷酤。

帝再遣使如辽约和,弗许,于是募人泛海,赂女真及乌实等部叛之,二部不从。

乙丑,崇仪副使河南王得一求解官,优诏许之。得一以方技进,数召见,锡赉甚厚。未半载,上表自陈不愿久当荣遇,并请舍所居宅为观。帝悉嘉纳,赐观名曰寿宁。得一颇敢言外事,又潜述人望,请立襄王为皇太子焉。

壬申,以襄王元侃为开封尹,改封寿王。帝谓寿王曰:"政教之设,在乎得人心而不扰之;得人心莫若示之以诚信,不扰之无如镇之以清净。推是而行,虽虎兕亦当驯狎,况于人乎?《书》云:'抚我则后,虐我则仇。'信哉斯言也,尔宜戒之!"

以左谏议大夫寇准参知政事。帝因谓宰相吕蒙正曰:"寇准临事明敏,今再擢用,想益尽心。"吕端为右谏议大夫,请居准下。丙子,命端为左谏议大夫,立准上。

丁丑,帝以蜀寇渐平,下诏罪己。初命翰林学士钱若水草诏,既成,进御,帝命笔亲窜数字,皆引咎深切。其略曰:"朕委任非当,烛理不明,致彼亲民之官,不以惠和为政,管榷之吏,惟用刻削为功,挠我蒸民,起为狂寇。念兹失德,是务责躬。改而更张,永鉴前弊,而今而后,庶或警予!"

是月,张咏始至益州。先是陕西课民运粮以给蜀师者,相属于路,咏亟问城中所屯兵数,凡三万人,而无半月之食。咏访知民间旧苦盐贵,而私廪尚有馀积,乃下盐价,听民得以米易盐;民争趋之,未逾月,得好米数十万斛,军士欢腾。时四郊尚多贼垒,城门昼闭,王继恩日务宴饮，不复穷讨。官支刍粟饷马，咏但给以钱，继恩怒曰："马岂能食钱邪？"咏曰："草场焚荡，刍粟取之民间。公今闭门高会，刍粟何从而出？若开门击贼，何虑马不食粟乎！咏已具奏矣。"继恩乃不敢言。会卫绍钦以书来督捕馀寇，继恩始令兵四出。绍钦等连破贼众，遂克蜀州。

继恩尝送贼三十馀辈，请咏治之，咏悉遣令归业，继恩怒，咏曰："前日李顺胁民为贼，今日咏与公化贼为民，何有不可哉！"继恩有账下卒恃势掠民财，或诉于咏，咏密戒曰："得即缚置井中，勿以来也。"吏如其戒，继恩不敢恨，其党亦自敛戢云。

继恩既分兵四出，咏计军食可支二岁，乃奏罢陕西运粮。帝喜曰："此人何事不能了，朕无虑矣！"

募富民出粟济饥，授爵有差。

庚辰，西川行营指挥使张嶙，杀其将王文寿以叛；遣使招抚其众，遂共斩嶙首以降。

冬，十月，丙戌，以杨徽之、毕士安并为开封府判官，乔维岳、杨砺、夏侯峤并为推官。徽之等入谢，帝召升殿，赐座，谕以辅导之旨。

给事中贾黄中出知澶州，帝谕之曰："夫小心翼翼，君臣皆当然；若太过，亦失大臣之体。非分之事，己固不为，又何必如是乎！"黄中顿首谢。帝因谓左右曰："黄中母有贤德，年七十殊未衰，每与之语，甚明敏。黄中终日忧畏，必先其母老矣。"又顾参知政事苏易简曰："卿母亦然。自古贤妇人不可多得。"易简曰："陛下孝治天下，重人之亲。臣实何人，老母倍蒙圣奖！此人子之荣也。"

乙未，杨琼等复邛州。

乙巳，改青州平卢军为镇海军，杭州镇海军为宁海军。

十一月，戊申朔，辽命诸部所俘宋人，有官吏儒生抱器能者，诸道军有勇健者，具以名闻。旋官卫德〔升〕等六人。

庚戌，帝遣张崇贵持诏谕李继迁，赐以器币、茶、药、衣服。

张洎性险诐，尤善事宦官，尝引唐故事，奏内供奉官蓝敏正为学士使，内侍裴愈副之。帝览奏，谓曰："此唐弊政，朕安可蹈其覆辙？卿言过矣！"洎惭而退。然以文采清丽，巧于逢迎，帝卒喜之。

辽命郡县贡明经茂材异等。甲寅，诏南京决滞狱。

癸亥，贼攻眉州，崇仪使宿翰等击败之。

丙寅，上幸国子监，赐直讲孙奭五品服，令奭讲《尚书·说命》三篇。帝意欲切励辅臣，因叹曰："天以良弼赉商，朕独不得邪！"

丁卯，大雨雪，近臣称贺。帝因言："多士盈朝，求一材堪转运使、三司判官者，了不可得。"乃诏宰相吕蒙正以下至知制诰各举有器业可任事者一人。蒙正奏曰："臣备位宰相，以进退百官，今独举一二人，恐示天下不广也。"帝曰："前代亦合有宰相举官故事，可令史馆检讨之。"既而有司具以历代故事来上，帝复召蒙正等谓曰："虞丘子举孙叔敖，崔祐甫举吏八百，狄仁杰自举其子光嗣，何谓无也？"因书优孟对楚王录孙叔敖之嗣故事为一幅，以赐蒙正，蒙正等退而各举所知以闻。

十二月，戊寅朔，司天言日当食。至是阴云蒙蔽，自旦及中而散，群臣称贺。贺日不食始此。

王继恩御军无政，其下恃功暴横，张咏恐军还日有意外之变，乃密奏，请遣腹心近臣可以

341

弹厌主帅者,亟来分屯师旅。辛巳,命枢密直学士张鉴、西京作坊副使冯守规偕往,召对后苑门,面授方略。鉴曰:"益部新复,卒乘不和,若闻使者骤至,易其戎伍,虑或猜惧,变生不测。请假臣安抚之名。"帝称善。

鉴之行,帝付以空名宣头及廷臣数人。鉴至,与咏即遣部戍兵出境,继恩麾下使臣亦多遣东还,督继恩讨捕残寇,而鉴等招辑反侧,蜀民始安。

戊子,高丽进妓乐于辽,辽主却之。

庚寅,宿翰等引兵趋嘉州,伪知州王文操以城降。

乙未,秘书丞、知(蒙)〔荣〕州张枢,坐降贼弃市。

辛丑,罢总计使,三司复置使一员,命陈恕等领之。恕出入三司,首尾十八年,帝尝题于殿柱曰"真盐铁陈恕"。时言称职者以恕为首。恕将立茶法,召茶商数十人,俾各条利害,恕阅之,第为三等。语副使宋太初曰:"吾观下等固灭裂无取,上等取利太深,此可行于商贾,不可行于朝廷。惟中等公私皆济,吾裁损之,可以经久。"于是始为三法行之,货财流通。

恕每便殿奏事,帝或形诮让,恕敛饬,退至殿壁负立,若无所容;俟意稍解,复执前奏,或至三四。帝以其忠,多从之。

是岁,辽放进士吕德懋等二人。

至道元年　辽统和十三年【乙未,995】　春,正月,戊申朔,改元,赦京畿系囚,蠲诸州逋租。

丙辰,上清宫成,总千二百四十二区,车驾即日往谒焉。

辛酉,帝御乾元门楼观灯,赐宴。

度支判官陈尧叟、梁鼎上言:"自汉、魏、晋、唐以来,于陈、许、邓、颍暨蔡、宿、亳至于寿春,用水利垦田,陈迹具在。望选稽古通方之士,分为诸州长吏,兼管农事,大开公田,以通水利。发江、淮下军散卒及募民以充役,每屯十人,人给牛一头,治田五十亩;虽古制一夫百亩,今且垦其半,俟久而古制可复也。亩约收三斛,岁可得十五万斛,凡七州之间,置二十七屯,岁可得三百万斛。因而益之,数年,必致仓廪充实,可省江、淮漕运。其民田之未辟者,官为种植,公田之未垦者,募民垦之,岁登所取,其数如民间主客之例,此又敦本劝农之要道也。"帝览奏,嘉之,即遣大理寺丞皇甫选、光禄寺丞何亮乘传往诸州按视,经度其事。

始命司门员外郎孙蠙为皇侄、皇孙教授,故涪陵悼王廷美诸子之在京者,皆令肄业焉。

癸亥,参知政事赵昌言罢为户部侍郎,知凤翔府。

辽招讨使韩德威,率数万骑自振武南侵,永安节度使折御卿率亲骑邀之,大败其众于子河汊,悉委其辎重而遁。捷闻,帝谓左右曰:"契丹轻进易退,朕常诫边将勿与争锋,待其深入,分兵以邀其归,必无遗类。今果如吾言。"

端拱末,诏以兴道坊宣祖旧第建宫,乙丑,成,赐名曰洞真。

初,赵赞自京兆罢归,才数月,帝复令赞钩校三司簿领。会改创三司官属,以赞为西京作坊副使、度支都监。有郑昌嗣者,亦起三司走吏,与赞亲比,累迁至西上阁门副使、盐铁都监。二人既得联职,益横恣不法。丁卯,诏削夺赞官爵,其家配隶房州,昌嗣责授唐州团练副使;既行数日,并于所在赐死。

戊辰,以翰林学士钱若水为右谏议大夫、同知枢密院事,枢密副使刘昌言罢为给事中。

二月,甲申,命宰相、群官祷雨。又命中使分祀五岳。故事,御署祝版以遣之。翰林学士王禹偁上言:"准礼,五岳视三公,今虽加王爵,犹人臣尔。天子称名,恐非古制。请自今更不御署。"帝亲批其纸尾曰:"朕为万民祈福,桑林之祷犹无惮,至于亲署,又何损乎!"

丙午,宿翰等至嘉州,函贼帅张馀首送西川行营,其党悉平。

令节度至刺史勿与金谷、刑狱,止委通判及判官。

三月,丁未朔,诏以官仓菽数十万石贷京畿及内郡民为种。有司言请量留以供国马,帝曰:"但竭廪以给之,国马食以刍藁可矣。"

庚申,诏诸路转运司:"告谕部下幕职、州县官等,一应公私利害,并许上闻,送中书舍人阅视可否。"

李继迁遣银州五部押衙张浦来贡。己巳,帝令卫士数百辈射于崇政殿庭,召浦观之。先是李延信还,帝赐继迁劲弓三,皆力一石六斗,继迁意欲威示戎裔,非有人能挽也。至是士皆引满平射有馀力,浦大骇。帝笑问浦:"戎人敢敌否?"浦曰:"蕃部弓弱矢短,不敢敌也。"帝因谓浦曰:"戎无可恋。继迁何不束身自归,永保富贵?"

诏权停贡举。

夏,四月,己卯,辽参知政事邢抱朴以母忧去官。抱朴母陈氏,少通经义,以孝睦称,有六子,亲教以经,抱朴及弟抱质并致通显,至是卒。太后闻之嗟悼,赠鲁国夫人,遣使赐祭。旋诏抱朴起复。

癸未,吏部尚书、平章事吕蒙正罢为右仆射,以参知政事吕端为户部侍郎、平章事。帝谓蒙正曰:"仆射师长百僚,朕以中书多务,与卿均劳逸耳。"又谓端曰:"庙堂之上固无虚授,但能进贤退不肖,便为称职,卿宜勉之!"端历官仅四十年,至是骤被奖遇,帝常恨任端之晚。端为相,持重识大体,以清净简易为务。奏事帝前,同列多异议,端罕所建明。一日,内出手札戒谕:"自今中书事必经吕端详酌,乃得奏闻。"端谦让不敢当。

宣徽北院使、知枢密院事柴禹锡,罢为镇宁节度使。

参知政事苏易简罢为礼部侍郎,以翰林学士张洎为给事中、参知政事。洎与易简尝同在翰林,不协。及易简迁中书,洎多攻其失,易简去位,洎因代之。

初,寇准知吏部选事,洎掌考功,准年少新进,思欲老儒附己,洎夙夜坐曹视事,每冠带候准出入于省门,揖而退,不交一谈。准益重焉,极口荐洎于帝。帝亦欲用洎,第知其在江表日,多谗毁良善,李煜杀潘佑,洎尝预谋,心疑焉。翰林待诏尹熙古等皆江表人,洎尝善待之。帝一夕召熙古等侍书禁中,因从容问以佑得罪之故,熙古言:"李煜忿佑谏说太直耳,非洎谋也。"自是遂洗然,而准又数荐洎不已。既同执政,洎奉准愈谨,政事一决于准,无所参预,专修《时政记》,甘言善柔而已。

甲申,以宣徽北院使、同知枢密院事赵镕知枢密院事。

乙酉,辽师侵雄州,知州何承矩击败之。

戊子,诏参知政事与宰相分日知印、押班,遇宰相、使相视事及议军国大政,并得升都堂,从吕端之请也。先是赵普独相,太祖特置参知政事以佐之,其后复有厘革。吕端初与寇准同列,及先任宰相,虑准不平,乃上言:"臣兄馀庆任参知政事日,悉与宰相同,愿复故事。"帝特从其请,亦以慰准意云。

丙申,赐布衣潘阆进士第;未几,追还诏书,以阆狂妄故也。

开宝皇后疾甚,迁于故燕国长公主故第,甲辰,崩,权殡于普(斋)〔济〕佛舍,谥孝章皇后。后三日,大雷雨,街中水深数尺。

五月,帝召三司孔目官李溥等二十七人对于崇政殿,问以计司钱谷之务。溥等条上利害七十一事,中书参校其可行者四十四事,遂著于籍。

翰林学士王禹偁兼知审官院及通进、银台、封驳司,制敕有不便,多所论奏。开宝皇后之丧,群臣不成服,禹偁对宾客言:"后尝母天下,当遵用旧礼。"或以告,帝不悦。甲寅,坐轻肆,罢为工部郎中,知滁州。

禹偁尝为李继迁草制,继迁送马五十匹,禹偁以状不如式,却之。及在滁州,闽人郑褒徒步来谒,禹偁爱其才,及别去,为买一马。或言其买马亏价者,帝曰:"彼能却继迁五十匹马,顾肯亏价哉!"

癸亥,帝语及三司,因谓侍臣曰:"前代帝王昏弱,天下十分财赋未有一分入于王室。唐德宗在梁、洋,公私窘乏,韩滉专制镇海,积聚财货,德宗遣其子皋往求,得百万斛斗,以救艰危,即时朝廷时势可见矣。朕今收拾天下遗利,以赡军国,以济穷困;若豪户猾民,望毫发之惠,不可得也。"

丁卯,召三司使陈恕等,责以职事旷弛。恕等对曰:"今国用军须,所费浩翰,诸州凡有灾沴,必尽蠲其租,臣等每举权利,朝廷以侵民为虑,皆棝而不行;纵使耿寿昌、桑弘羊复生,亦所不逮。臣等才力驽下,惟尽心簿领,终不足上裨圣理。"帝曰:"卿等清而不通,专守绳墨,终不能为国家度长絜大,剖烦析滞。只如京城仓库主吏当改职者,簿领中一处节目未备,即十年、五年不与决断,以至贫无资给,转死沟壑,此卿等之过也,岂不伤和气哉!"恕等顿首称罪。

六月,己卯,诏重造州县二税版籍,颁其式于天下。

乙酉,遣内侍裴愈乘传往江南诸州购募图籍,愿送官者给其直,不愿者借本,于所在州命吏缮写,仍以旧本还之。

李继迁上表乞禁边盗掠,诏从之。丙戌,遣阁门使冯讷持诏以继迁为鄜州节度使,继迁不奉诏。

辽以昌平、怀柔等县民请垦荒地,著为业。

枢密使韩德让奏:"三京诸鞫狱官吏,多因请托,曲加宽贷,或妄行榜掠;乞行禁止。"辽主从之。又表奏任贤去邪,太后喜曰:"进贤辅政,真大臣之职!"优加赐赉。

丁亥,以张浦为郑州刺史,充本州团练使。

丁酉,诏:"许民请佃诸州旷土,便为永业,仍蠲三岁租,三年外输三分之一。州县官吏劝民垦田,悉书其数于印纸,以俟旌赏。"

秋,七月,辽以乌实乌昭度、渤海燕颇等侵铁骊,遣奚王耶律寿宁、东京留守萧恒德讨之。

八月,乙亥朔,荆湖转运使何士宗上言:"自今执政大臣出领外郡,应合申转运使公事,只署通判以下姓名。"帝谓宰相曰:"大臣品位虽崇,若临外藩,即转运使所部,要系州府,不系品位,此朝廷典宪,未可轻改也。"

壬辰,以开封尹寿王元侃为皇太子,改名恒,大赦天下。诏皇太子兼判开封府。

初,参知政事寇准自青州召还,入见,帝足创甚,自褰衣以示准,且曰:"卿来何缓?"准曰:"臣非召,不得至京师。"帝曰:"朕诸子孰可以付神器者?"准曰:"陛下为天下择君,谋及妇人、宦官,不可也;谋及近臣,不可也;惟陛下择所以副天下之望者。"帝俯首久之,屏左右曰:"元侃可乎?"对曰:"知子莫若父。圣虑既以为可,愿即决定。"帝遂以元侃为开封尹,改封寿王,至是立为太子。庙见还,京师之人拥道喜跃曰:"少年天子也。"帝闻之,不怿,召准谓曰:"人心遽属太子,欲置我何地?"准再拜贺曰:"此社稷之福也。"帝入语,后嫔六宫皆前贺。帝复出,延准饮,极醉而罢。准尝奏事切直,帝怒而起,准攀帝衣请复坐,事决乃退。帝嘉叹曰:

"此真宰相也!"又语左右曰:"朕得寇准,犹唐太宗之得魏徵也!"

辽命修山泽祠宇、先哲庙貌,以时祀之。于是诸州孔子庙及奉圣之黄帝祠、儒州之舜祠,并得修缮。

癸巳,以尚书右丞李至、礼部侍郎李沆并兼太子宾客,见太子如师傅之仪,太子见,必先拜。至等上表恳让,诏不许。帝谓至等曰:"太子仁孝贤明,正赖卿等辅之以道,事或未当,必须力言,勿顺从也。"

癸卯,禁缘边诸州民与内属戎人婚娶。

〔九月,〕丙午,西南蕃祥牁诸蛮来贡,诏封西南蕃主龙汉㝒为归化王。

丁卯,御朝元殿,册皇太子,陈列如元会之仪,皇太子自东宫常服乘马赴朝元门外幄次,改服远游冠、朱明衣,三师、三少导从入殿,受册宝,太尉率百官奉贺。皇太子易服乘马还宫,百官常服诣宫参贺。庚午,皇太子具卤簿谒太庙五室。既而皇太子让宫僚称臣,许之。

清远军言李继迁入寇,率兵击走之。

(九月)戊午,辽以南京太学生员浸多,特赐水碾庄一区。

冬,十月,乙亥,辽诏诸道置义仓,每岁秋社,民随所获出粟庾仓,社司籍其目,岁俭,发以赈民。

乙酉,帝出新制琴阮示近臣。琴七弦,今增为九,曰君、臣、文、武、礼、乐、正、民、心。阮四弦,今增为五,曰金、木、水、火、土。因命待诏朱文济、蔡裔赍琴阮诣中书弹新声,诏宰相以下皆听。由是中外献歌诗颂者数十人。

初,帝欲增琴阮弦,文济以为不可增,裔以为增之善。及新制琴阮成,召文济抚之,辞以不能,帝怒,面赐裔绯衣,文济班裔上,独衣绿,欲以此激文济,终守前说。及遣中使押送中书,文济不得已,取琴中七弦抚之。宰相问曰:"新曲何名?"文济曰:"古曲《风入松》也。"帝嘉其有守,亦赐绯衣。

戊子,乌实请纳款于辽,辽主诏谕之。

十一月,己未,帝阅武于便殿,卫士挽弓有及一石五斗者,矢二十发而绰有馀力,因谓近臣曰:"寰海无事,美材间出,悉在吾彀中矣。"又令骑兵、步兵各数百,东西列陈,挽强彀弩,视其进退,发矢如一,容止中节。帝曰:"此殿庭间数百人耳,犹兵威可观,况堂堂之阵,数万成列者乎!"

置转运司承受公事,选朝官及三班为之,每路二员,常事与转运联署施行,非常事许乘驿入奏。帝以远民有事不能自达,故置此职。

召王继恩还,以峰州团练使上官正、右谏议大夫雷有终并为西川招安使。

高丽连岁贡于辽,辽主遣翰林学士张干等册王治为高丽国王,治遣其童子十人往习契丹语。

十二月,甲戌,群臣奉表加上尊号曰法天崇道上圣至仁皇帝,凡五上,不许。

己卯,铁骊贡鹰马于辽。

庚辰,铜浑仪、候仪成,秋官正韩显符所造也。诏于司天监筑台置之。

永安节度使折御卿被病,辽谍知之,韩德威复为李继迁所诱,遂率众入边,以报子河汊之役。御卿舆疾而行,德威闻其至,顿兵不敢进。会疾甚,其母遣亲信召御卿归就医药,御卿曰:"世受国恩,强寇未灭,御卿之罪也,临敌安可弃士卒自便!死于军中,乃其分耳。为白太夫人,无念我,忠孝岂得两全!"言讫,泣下。翼日卒。帝闻,痛悼久之,赠侍中,以其子惟正为洛苑使、知府州事。御卿累世边将,习知蕃夷情状,常欲立功以报恩,朝廷亦以麟、府逼近戎夷,倚为一面捍蔽。自子河汉之战,边部丧气,不敢深入。

戊戌,斩澄州刺史孙赞。帝谓宰相曰:"赞近请往河西效用,及与蕃贼接战,违主将令,陷却百馀人,朕已遣使臣就斩之。似兹将领稍失律不与宽贷,则偏裨行伍,安敢更不用命也!"

初,汴河岁运江、淮米三百万石,非水旱蠲租,未尝不及数。是岁,运米至五百八十万石。

辽放进士王用极等二人。

二年 辽统和十四年【丙申,996】 春,正月,己酉,亲享太庙。辛亥,合祭天地于圜丘,大赦天下。帝以文物仗卫之盛,诏有司画为《南郊图》。

丁巳,辽蠲三京及诸州税赋。

二月,壬申朔,司空致仕李昉卒,赠司徒,谥文正。昉宽厚无城府,与人多恕,在相位,虽无赫赫称,然小心循谨,动持大体,不市恩威。参知政事时,帝一日语侍臣曰:"朕何如唐太宗?"左右互辞以赞,独昉无言,微诵白居易《七德舞词》曰:"怨女三千放出宫,死囚四百来归狱。"帝遽兴曰:"朕不及,朕不及,卿言警朕矣!"

庚辰,以李昌龄为给事中、参知政事。帝谓昌龄曰:"中书政本,当进用善良,博询众议,以正道公议临之,即怨谤无由生矣。"

三月,壬寅,高丽国王王治请婚于辽,辽许以东京留守萧恒德女字之,高丽遣其臣韩彦卿如辽纳币。既而王治殂,辽人还其币。

甲子,辽命安集朔州流民。

帝初命白守荣护送刍粟四十万于灵州,李继迁邀击于浦洛河,守荣众溃,运饷尽为继迁所夺。帝怒,夏,四月,甲戌,以李继隆为环、庆十州都部署,将兵讨之。

先是,遣使访川、峡诸州守贰之能否,知夔州袁逢吉、知遂州李虚己、通判查道、知忠州邵烨、知云安军薛颜等七人以称职闻,戊子,皆赐诏书奖谕。道,休宁人,元方之子也,以进士除馆陶尉,性廉介,与妻采野蔬杂米为薄粥以疗饥。税过期不办,州召县吏悉枷之,既出门,它吏皆脱去,道独荷之下乡督税。乡之富民盛具酒馔以待,道不食,杖其富民,于是馀民皆晓,通税立办。都运使樊宗古素知道节行,欲荐之,辞以与其主簿叶齐。宗古曰:"齐素不识也。"道曰:"公不荐齐,道亦不欲当公荐。"宗古不得已两荐之,齐缘是得改光禄寺丞、直史馆。道寻自遂州徙知果州。时馀盗何彦忠等集二百馀众,止西充之大木槽,诏书招谕未下,咸请发兵殄之。道曰:"彼惧罪,欲延数刻命耳,其党岂无迕误邪?"即微服,单马数仆,不持矢刃,直趋贼所,谕以诏意。或识之,曰:"郡守也,是宁害我者!"乃相率投兵,罗拜请罪,悉给券归农,驿奏之。赐诏书奖谕。

己亥,辽主凿大安山,取刘仁恭所藏钱散诸五计司,兼铸太平钱,新旧互用,由是钱币充溢。

乙未,诏:"自今五品以上官任子,并赐同学究出身,依例赴选集,不得滥授摄官。"

五月,辛丑朔,令开封府判官杨徽之等按行管内诸州民田,旱甚者蠲其租。

李继迁帅万馀众寇灵州,围城岁馀,地震二百馀日,城中粮糗皆绝。中使窦神宝潜遣人市籴河外,宵运以入,间出兵击贼,卒全其城。

司天中官正韩显符言:"荧惑犯舆鬼,秦、雍之分,国家当有兵在西北。"冬官正赵昭益言:"犯舆鬼中积尸,秦分野有兵,人民灾害之象。"帝语宰相等曰:"天文谪见如此,秦地民罹其灾,朕旦夕念之,不遑宁处。李继隆等兵马已到环、庆,贼闻王师之至,固已破胆。其如灵州救援未及,万一不守,城中皆汉民,必尽屠戮。"因嗟叹久之。

辛亥,诏辅臣陈灵州事宜。帝以灵州孤绝,救援不及,令宰相吕端、知枢密院事赵镕等各述所见利害。端等请共为一状,张洎越次曰:"吕端等备位辅弼,上有所询,乃缄默而不言,深失谋谟之体。"端曰:"洎有所言,不过揣摩陛下意耳。"帝默然。壬子,洎上疏请弃灵州。帝初亦有此意,既而悔之,及览洎奏,不悦,却以付洎曰:"卿所陈,朕不晓一句。"洎惶恐流汗而退。帝乃召同知枢密院事向敏中谓曰:"张洎上言,果为吕端所料。"

己未,诏西京作坊使、叙州刺史石普下御史府按问,坐为西川巡检,擅离本部入奏事故也。既而召见,赦其罪,复为西川都提举捉贼使。时贼党王鸕鹚复聚集剽掠,伪称邛南王。普因言:"蜀之乱,由赋敛急迫,使农民失业,不能自存,并入于贼。望一切蠲其租赋,令自为生,则不讨自平矣。"帝许之。普既还,揭榜告谕,蜀民无不感悦,部内以安。

是月,辽奚王耶律寿宁、东京留守萧恒德等,以讨乌实不克,削官。改诸部令衮为节度使。

六月,庚辰,永嘉陈侃,事亲至孝,五世同居,诏旌表门闾,赐其母粟帛。

己丑,高丽遣使问辽主起居,时辽主避暑于炭山也。后以为常。

乙未,以秘书丞济阴任中正为江南转运副使。初至,岁大稔,发运使王子舆欲转羡粟饷京师。中正曰:"今虽有馀,后或小歉,则数不登,将急取吾民乎?"子舆乃止。

【译文】

宋纪十八　起甲午年(公元994年)七月,止丙申年(公元996年)六月,共二年。
淳化五年　辽统和十二年(公元994年)

秋季,七月,辛亥朔(初一),出现日食。

贼军攻打眉州,知州李简等人坚守,过了一个月,贼军退去。

宋太宗以户部员外郎魏廷式为同勾当自陕西至益州转运事。魏廷式曾经入朝上奏政事,太宗说:"有事情应当禀报中书门下。"魏廷式说:"臣下从三千七百里外乘坐驿站车马而到,将机密事务奏报皇上,希望听取圣上明断,不是为宰相而到的。"太宗即时召见应对,询问方略,符合旨意,赐钱五十万,令他返回任所。

先前辽国政事令室昉荐举韩德替代自己,辽国主不准许。辽国主因为他年老怕冷,赐给貂皮被褥。准许乘坐辇车入朝。到这时病势加剧,辛酉(十一日),派遣翰林学士张干前往宅第授室昉为中京留守,加官尚父。旋即去世,停止上朝二天,赠授尚书令。辽国主以韩德让为北府宰相,仍旧兼领枢密使,监修国史。

乙亥(二十五日),李继迁派遣牙校前来进献良马,并且告谢罪过,仍然自称朝廷所赐姓名,宋太宗回复诏书,因而重称所赐姓名。

己卯(二十七日),辽国主以翰林承旨邢抱朴为参知政事。

八月,庚辰朔(初一),辽太后命令皇太妃统领西北路乌古等部兵马和永兴宫所辖军队,安抚平定西部边境,以萧达兰督领军事。

壬午(初三),宋太宗对身边大臣说:"孝是人伦中最重要的。古时的人,服丧三年看守坟墓,如今大臣官僚的子弟因为祖父、父亲亡故,有的给予叙用,意在继续任用他的后裔,然而有不等到服丧百日就参加朝见集会的,朕每见到这情形,心中无法忍受。"赵昌言说:"陛下如此宣谕,是使风俗淳厚的圣旨啊。"于是下诏:"文武百官的子孙,因为父兄亡故得到叙用,

347

未经服丧百日，不得马上赴任参见，命令御史台专门掌管纠察；连同有冒犯亲丧谋求官职，提前释除丧服如同平时的，一律将姓名上报。"

庚寅(十一日)，殿中丞建安人李虚己，因为得到有太宗亲笔字的印纸，上表进献诗篇，自述祖母八十多岁，喜闻她的孙子入选奉公守法的官吏之列，太宗很喜悦，在印纸末尾批示说："朕获得优秀的二千石州官了。"赐给五品官服，改任遂州知州，又另外赐钱五十万来给他的祖母。第二天，对宰相说及此事，并且说："已经给五十缗了。"吕蒙正说："昨日所赐是五百缗。"太宗说："这搞错了，然而不可追回。"李虚己的父亲李寅，考中进士，年纪六十多岁，因母亲年老请求退休，得到著作郎，有词章文学，操行清苦。李虚己也大孝恭敬，家境极为贫寒。虽然是一时误赏恩赐，而人们认为可能是上天的赐予。

甲午(十五日)，宋太宗下诏："从今以后京朝官、幕职官、州县官等，不得随便进献诗赋、杂文；如果是指陈时事政务阙失、民间百姓利害得失、直言极谏的奏章，就准许通报递进。其中有高才深学被人们所称道的，让他向中书门下投献所作，宰相品评优劣上报。"

乙未(十六日)，辽国主下诏训诫晓谕内外官吏。

丁酉(十八日)，辽国主命令审理囚犯，各种死罪以下的囚犯给予释免。

宋太宗以剑南西川招安使王继恩为宣政使、顺州防御使。王继恩有平定乱贼的功劳，中书门下建议，打算任命为宣徽使，太宗说："朕不想让宦官干预政事。宣徽使，是执政大臣的候选官。只能授予其他官职。"宰相极力陈述王继恩功劳大，非此官不足以赏功。太宗发怒，严厉斥责宰相等人，因而商议另立宣政使之官名授给王继恩。

左谏议大夫、知审刑院许骧等人呈上《重删定淳化编敕》三十卷，宋太宗下诏颁发实行。

王小波、李顺起初作乱的时候，朝廷商议准备派遣大臣前去安抚，只有参知政事赵昌言请求发兵捕捉斩杀，商议很久没有制定。乱贼连接攻陷邛、蜀等州，开始命令王继恩等人分路进兵讨伐。王继恩手握重兵，长久滞留成都，专门致力于宴饮，每次出入，前后演奏音乐，又让骑兵拿着六博、围棋等跟随自己，放纵自己的部下虏掠男女人口、金钱绢帛。残余贼寇奔散埋伏在山谷里，州县有再次沦陷的。太宗屡次派遣使者敦促出战，但王继恩心中厌战。适逢赵昌言助祭太庙，斋戒沐浴住宿在中书门下，因而在滋福殿召见应对，赵昌言就在太宗前面指点谋划进取的策略，太宗很喜欢。癸卯(二十四日)，任命赵昌言为川、峡两路都部署，从王继恩以下全部接受他的调度。赵昌言恳切推辞，太宗不准许，丰厚赏赐派遣上路，另外赐给亲笔手札多幅，亲自授予作战方略。

峡路行营击破贼寇将帅张余，收复云安军。

李继迁派遣他的弟弟李延信奉着表章等待定罪，并且说违命叛乱的事出于赵保忠，希望赦罪不要讨伐。宋太宗召见李延信，当面加以安抚，赏赐财物很丰厚。

九月，有关官员详细审定大射的礼仪，连同附图前来呈上。宋太宗对宰相说："等到战事停息，和爱卿们举行大射之礼。"

宋太宗因为蜀地乱贼没有平定，而工部尚书辛仲甫一向以恩惠信用著称，准备让他带病坐车前去招降安抚，遇上他病得很重，无法派遣。先前参知政事苏易简推荐枢密直学士、虞部郎中张咏可以托付西川事务，于是诏令张咏为益州知州，允许根据情况便宜行事。

当时京兆强贼焦四等人，呼啸聚集几百人，抢劫居民成为三辅地区大害，宋太宗下令悬赏招安，许诺不处死罪。焦四等人请罪归顺，太宗分别赐锦袍、银带、衣服、钱币，同时提升焦四为龙猛军使。

先前,有个峨嵋山贼僧侣叫茂贞的,用方术得到宠幸,曾经向宋太宗进言说:"赵昌言鼻梁折断,是反叛的脸相,不应委任给他蜀地事务。"到这时赵昌言上路已经十几天,有人又上奏:"赵昌言素负重名,又没有后代,如今掌握军队入蜀,恐怕以后难以控制。"

太宗立即来到北苑,召见宰相对他说:"蜀地贼寇只是小丑,赵昌言是大臣,不可轻举妄动,应命令他暂且停驻凤翔,为各路军队声援。只要派遣内侍押班卫绍钦携带亲笔诏书前往指挥军事,就可以成功了。"赵昌言已经到达凤州,追发诏书赶上他,赵昌言因而留住旅客馆舍。

己未(初十),宋朝取消各州酒类专卖。

宋太宗再次派遣使者前往辽国缔结和约,辽国不答应,太宗于是招募人马渡海,贿赂女真和乌实等部让他们背叛辽国,但二部不听从。

乙丑(十六日),崇仪副使河南人王得一请求解除官职,宋太宗下优抚诏书准许。王得一凭方伎之术进用,多次被召见,赏赐十分丰厚。不到半年,便上表陈述自己不愿长久承当荣耀礼遇,同时请求施舍所居住的宅第作为道观,太宗都赞同采纳。赐道观名为寿宁,王得一很敢讲外面的事情,又秘密陈述众人的愿望,请求册立襄王为皇太子。

壬申(二十三日),宋太宗以襄王赵元侃为开封尹,改封为寿王。太宗对寿王说:"政令教化的设置,在于取得人心而不扰乱它,取得人心不如向百姓表示诚信,不扰乱人心不如用清静无为之道去镇守。推广此道而办事,即使是凶猛的老虎、犀牛也会驯服,何况是人呢!《尚书》说:'安抚我的就是君主,虐待我的就是仇敌。'这话确实可信,你应该以此诚勉自己!"

宋太宗以左谏议大夫寇准为参知政事。太宗因而对宰相吕蒙正说:"寇准处理事情英明敏捷,如今加以提拔重用,希望更加尽心竭力。"吕端为右谏议大夫,请求位居寇准之下。丙子(二十七日),太宗任命吕端为左谏议大夫,班位在寇准之上。

丁丑(二十八日),宋太宗因为蜀地贼寇逐渐平定,颁下罪己诏书。最初命令翰林学士钱若水起草诏书,写成后,进呈皇上,太宗提笔亲自改窜多字,都是深切引咎自责的话,其中大意是:"朕用人不当,考察不明,致使那些治理百姓的官员,不以恩惠和睦施政,掌管专利的胥吏,只以苛刻剥削邀功,扰乱我的黎民,使他们起而成为狂寇。思念这些失德之事,就致力责备自身。改弦更张,永远以从前的弊端为鉴戒,从今以后,时时告诫自己!"

这月,张咏开始到达益州。先前陕西征发百姓运输粮食供给蜀地军队的,在路上络绎不绝,张咏马上查问城中屯驻的士兵人数,总共三万人,但没有半个月的口粮。张咏察访知道居民旧日苦于盐价太贵,但私人库存粮食还有积余,于是降低盐价,听任百姓可以用米换盐,百姓争相趋事,没过一月,得到好米几十万斛,军士们欢呼跳跃。当时四方郊外还有许多贼寇堡垒,城门白天都紧闭不开,王继恩每天只管饮酒,不再彻底征讨。官府应支付给养马的粮草,张咏只发给钱,王继恩发怒说:"马难道能吃钱吗?"张咏说:"草场焚烧荡尽,粮草只能从民间征收,如今您关闭城门大摆宴席,粮草能从何而出? 如果打开城门攻击贼寇,何愁马吃不到粮草呢! 我已经详细奏报了。"王继恩才不敢再说。遇到卫绍钦用亲笔书信前来督促追捕残余贼寇。王继恩才命令士兵四处出击。卫绍钦等部连连击破贼寇部众,于是攻克蜀州。

王继恩曾经献送俘虏的贼寇三十多批,请求张咏处置,张咏全部遣返让他们回家耕作,王继恩发怒,张咏说:"以前李顺胁迫百姓为盗贼,今日我和您教化盗贼变为良民,有什么不可以呢！"王继恩手下士卒有的凭仗权势抢掠百姓财物，有人向张咏控诉，张咏秘密告诫说："抓到就捆绑起来扔到井中，不让他们出来。"官吏按照张咏的话去做，王继恩不敢记恨，他的党羽也自己有所收敛了。

王继恩分兵四处后，张咏估计军粮可以支用二年，就上奏停止陕西运送粮食，宋太宗高兴地说："张咏这人有什么事不能了结的，朕没有忧虑了！"

宋朝招募富裕百姓交出粮食接济饥民，授予不同爵位。

庚辰(初二)，西川行营指挥使张嶙，杀部将王文寿叛变，宋太宗派遣使者招抚部众，部众就共同斩下张嶙首级来归降。

冬季，十月，丙戌(初八)，宋太宗以杨徽之、毕士安同时为开封府判官，乔维岳、杨砺、夏侯峤同时为推官。杨徽之等人入朝谢恩，太宗诏令上殿，赐坐，晓谕履行辅佐训导职责的旨意。

给事中贾黄中出任澶州知州，宋太宗晓谕他说："办事小心翼翼，君臣都应该如此；倘若太过分，就会失去大臣的体度。非分的事情，自己坚决不做，那又何必如此谨小慎微呢！"贾黄中叩头道谢。太宗因而对左右大臣说："贾黄中的母亲有贤德，年纪七十却一点不衰老迟钝，每次和她谈话，都很明白快捷。贾黄中终日忧虑畏惧，必定比他的母亲先衰老。"又回头对参知政事苏易简说："爱卿的母亲也这样。自古以来贤惠的妇人不可多得。"苏易简说："陛下以孝道治理天下，尊重人的双亲，臣下是什么人，老母备受圣上褒奖！这是为人之子的荣耀啊！"

乙未(十七日)，杨琼等部收复邛州。

乙巳(二十七日)，宋朝将青州平卢军改为镇海军，将杭州镇海军改为宁海军。

十一月，戊申朔(初一)，辽国主命令各部所俘虏的宋人，其中有官吏儒生并身怀才气的，各道军士有勇敢健壮的，将名单开列上报。不久就授予卫德升等六人官职。

庚戌(初三)，宋太宗派张崇贵持着诏书晓谕李继迁，赏赐给器物货币、茶叶、药物、衣服。

张洎生性阴险狡诈，尤其善于巴结宦官，曾援引唐朝故事，奏请内供奉官蓝敏正任学士使，内侍裴愈为副学士使。宋太宗阅览奏书，对他说："这是唐朝的弊政，朕怎么能重蹈覆辙，爱卿所言错了。"张洎惭愧退下。然而张洎以文采清丽，善于阿谀逢迎，太宗终究还是喜欢他。

辽国主命令郡县贡举明经、茂材各等人选。甲寅(初七)，下诏南京判决滞积案件。

癸亥(十六日)，贼寇进攻眉州，崇仪使宿翰等部击败贼军。

丙寅(十九日)，宋太宗亲临国子监，赐给直讲孙奭为五品官服，让孙奭讲《尚书·说命》三篇。太宗心想激励辅佐大臣，因而感叹道："上天将杰出的大臣赐给殷商，朕难道就不能得到吗！"

丁卯(二十日)，天降大雪，朝廷近臣祝贺。宋太宗因此说："众多亡人充盈朝廷，想寻求一个才能胜任转运使、三司判官的，却全都不能获得。"于是诏令从宰相吕蒙正以下直到知制诰各自荐举有气度才能可以胜任政事的一人。吕蒙正上奏说："臣下充数身居宰相之职，得以进退升降文武百官，如今只荐举一二人，恐怕会向天下显示选才不广啊！"太宗说："前代也该有宰相荐举官吏的故事，可让史馆检查寻讨。"过后有关部门列述前代各朝的故事来呈上，太宗又召见吕蒙正等人对他们说："虞丘子荐举孙叔敖，崔祐甫荐举官吏八百人，狄仁杰自荐他的儿子狄光嗣，怎么说没有呢？"因而书写优孟回对楚王录用孙叔敖后人的故事成一条幅，来赐给吕蒙正，吕蒙正等退下后各自荐举所知人才以上报。

十二月,戊寅朔(初一),司天奏报应该出现日食。这个时候阴云遮天蔽日,从早晨到中午,而后才消散,文武群臣祝贺,祝贺日食没有出现从此开始。

王继恩治军无方,他的部下仗恃功劳专横强暴,张咏担心军队返回时发生意外变故,于是秘密呈奏,请求派遣朝廷心腹近臣可以制服主帅的,急速前来部署军队。辛巳(初四),宋太宗任命枢密直学士张鉴、西京作坊副使冯守规一同前往,在后苑门召见应对,当面教授方略。张鉴说:"益州地区刚刚收复,将士不和,倘若听到使者突然到达,调动他们的队伍,担心有的会猜疑恐惧,发生不测之变。请求给臣下前往安抚的名义。"太宗称赞说好。

张鉴上路,太宗给他空缺名字的宣头文书和朝廷官员多人。张鉴到达后,立即和张咏调遣防卫部队离境,王继恩的部下使臣也大多调遣东进返回,督促王继恩讨伐捕捉残余贼寇,同时张鉴招降安抚反叛之人,蜀地百姓开始安定。

戊子(十一日),高丽国向辽国进贡歌伎乐师,辽国主拒绝接受。

庚寅(十三日),宋将宿翰等人领兵赶赴嘉州,伪知州王文操率城投降。

乙未(十八日),秘书丞、蒙州知州张枢,因投降贼寇处以弃市之刑。

辛丑(二十四日),宋朝罢黜总计使,三司重新设置使一名,命令陈恕等人兼领。陈恕进入三司,首尾共十八年,宋太宗曾经在大殿柱子上题写:"真盐铁陈恕。"当时舆论说称职的官员都以陈恕为第一。陈恕准备制订茶法,召见茶叶商几十人,让他们各自条陈茶法的利弊,陈恕阅后,分为三等,告诉三司副使宋太初说:"我看下等的的确轻率粗糙,一无可取,上等的攫取税利太苛刻,这可以在商贩中实行,不能在朝廷实施,只有中等的公私全都有利,我裁夺修正后,可以长久实行。"到这时开始制定三司之法实行,货物交流畅通。

陈恕每当在便殿奏报事务,太宗或有讥诮责让,陈恕就整理衣冠,退到大殿墙壁下背墙肃立,如同无地自容一样,等到太宗怒意逐渐消解,就又陈述前面的奏报,有时甚至往复三四次,太宗因为他忠诚,所以大多听从他。

这年,辽国放榜取中进士吕德懋等二人。

至道元年　辽统和十三年(公元 995 年)

春季,正月,戊申朔(初一),宋朝改年号,赦免京城地区在押囚犯,免除各州拖欠的田租。

丙辰(初七),上清宫落成,总有一千二百四十二间,宋太宗当日前往谒访。

辛酉(十四日),宋太宗登乾元门楼观看彩灯,赏赐宴饮。

度支判官陈尧叟、梁鼎上言说:"从汉、魏、晋、唐诸朝以来,在陈州、许州、邓州、颍州和蔡州、宿州、亳州直到寿春,兴修水利开垦田地,旧日遗迹俱在。希望挑选能稽考古制通晓方略的人士,分别担任各州长官,兼管农事,大力开发公田,来疏通水利。征发长江、淮河地区的下军散卒和招募百姓充任劳役,每屯千人,每人发给一头牛,种五十亩田,虽然古制是一个农夫耕种一百亩,但如今暂且耕种它的一半,等到时间久了古制就可恢复。每亩大约收粮三斛,一年可以收得十五万斛。七州之间,总共设置二十屯,一年可以收到三百万斛。因而逐渐增益,经过几年,必定达到粮仓充实,可以减省长江、淮河的粮运。其中民田没有开辟的,官府为之种植;公田没开垦的,招募百姓开垦,粮食收获后公私双方所取,其数量按照民间地主和佃客的比例,这又是崇尚本业鼓励农耕的重要办法。"太宗阅览奏章后赞许了他们,立即派遣大理寺丞皇甫选、先禄寺丞何亮乘坐传车前往各州巡视,经营谋划此事。

宋太宗开始任命司门员外郎孙嫔为皇侄、皇孙教授,对已故涪陵悼王赵廷美在京师的儿子,全让他们修习学业。

癸亥(十六日),参知政事赵昌言被罢免原职担任户部侍郎、凤翔府知府。

辽国招讨使韩德威,率领数万骑兵从振武南侵,永安节度使折御卿率领骑兵拦截,在子河汊大败韩德威部众,辽军丢失全部军用物资而逃遁。捷报奏闻,宋太宗对左右大臣说:"契丹军队轻易进退,朕经常告诫守边将领不要同他硬拼决胜,等待他们孤军深入,分派军队阻截归路,必定令他们片甲不留。如今果真如吾所言。"

端拱末年,宋太宗下诏在兴道坊宣祖旧宅建立宫室,乙丑(十八日),落成,赐名为洞真。

当初,赵赞从京兆罢官回到京师,才几个月,宋太宗又命令赵赞检查校对三司的簿籍账册。遇上改立三司的官员属吏,任命赵赞为西京作坊副使、度支都监。有个叫郑昌嗣的,也出身三司属官,和赵赞亲密共事,屡屡升官到西上阁门副使、盐铁都监。二人得到相连的职务后,更加横行。丁卯(二十日),太宗下诏削夺赵赞的官职爵位,将他家发配隶属房州,郑昌嗣被贬任唐州团练副使;上路几天之后,都在旅途所在之处赐令自杀。

戊辰(二十一日),宋太宗以翰林学士钱若水为右谏议大夫、同知枢密院事,枢密副使赵昌言罢官任给事中。

二月,甲申(初八),宋太宗命令宰相、文武群臣祈祷降雨。又命令宫中使者分头祭祀五岳。旧例,皇帝在祝板署名后遣返使者。翰林学士王禹偁上言道:"准照礼制,五岳视同三公,如今虽然加封王爵,但还是人臣。祝版上天子的自称名,恐怕不合古制。请求从今以后更改不署皇上之名。"太宗亲笔在奏章纸末尾批示说:"朕为万民祈祷福祐,即是像商汤那样亲行桑林之祷都不怕,至于亲自署名,又有何妨呢!"

丙午(三十日),宿翰等人到达嘉州,将贼寇将帅张余的首级装在匣子里送往西川行营,贼寇余党全部平定。

宋太宗诏令节度使到州刺史不得参与钱粮、司法之事,只委交给通判和判官处理。

三月,丁未朔(初一),宋太宗下诏将官仓中几十万石豆子借贷给京师地区和内地州郡百姓作为种子。有关官吏请求酌量留下来供国马食用,太宗说:"只管竭尽廪中的豆子贷给百姓,国马喂给草料秸秆就可以了。"

庚申(十四日),宋太宗诏令各路转运使:"告谕部下幕职官、州县官等一切关于公私利害的事情,全部准许上奏,送交中书舍人阅视是否可取。"

李继迁派遣银州五部押衙张浦前来朝贡。己巳(二十三日),宋太宗命令几百名卫士在崇政殿庭院射箭,召见张浦观看。先前李延信归还,太宗赐给李继迁三把强弓,都是弓力一石六斗的,李继迁猜测想用这弓来向戎狄外裔显示威力,并非真有人能拉开这弓。到这时卫士都拉满弓平射还有余力,张浦大为惊骇。太宗笑着问张浦:"戎人敢于对抗吗?"张浦说:"戎人蕃部弓弱箭短,不敢对抗。"太宗因而对张浦说:"戎地没有可以依恋的,李继迁为什么不束身归顺,永保富贵?"

宋太宗诏令暂停贡举。

夏季,四月,己卯(初三),辽国参知政事邢抱朴因母亲去世而离职。邢抱朴母亲陈氏,自幼通晓经典大义,以孝顺和睦著称。有六个儿子,亲自教授经书,邢抱朴及弟弟邢抱质同时官至显赫,到这时去世。皇太后闻知此讯嗟叹哀悼,赠授陈氏为鲁国夫人,派遣使者赐物祭奠,旋即诏令邢抱朴起用复职。

癸未(初七),吏部尚书、平章事吕蒙正罢相为右仆射,以参知政事吕端为户部侍郎、平章事。宋太宗对吕蒙正说:"仆射是文武百官师长,朕因为中书门下事务繁多,就与爱卿平均一下劳逸。"又对吕端说："朝廷之上本无虚授官职，只要能进用贤良斥退不肖，就算称职，爱卿应该自勉啊！"吕端做官几乎四十年，到这时突然被奖掖重用，太宗常对任用吕端太晚感到遗憾。吕端为宰相，稳重顾识大体，追求清静简易。在太宗面前奏陈政事，同僚大多有异议，吕端却很少陈述己见。有一天，宫中传出太宗手札诫谕："从今以后中书门下事务必须经过吕端审查斟酌，才能奏报。"吕端谦让表示不敢当。

宣徽北院使、知枢密院事柴禹锡，罢免原职为镇宁节度使。

参知政事苏易简罢相为礼部侍郎，以翰林学士张洎为给事中、参知政事。张洎与苏易简曾经同在翰林供职，相互不和。到苏易简迁中书门下为相，张洎经常攻击他的过失，苏易简罢去相位，张洎因此取代他。

当初，寇准掌管吏部选举事务，张洎掌管考功，寇准年少新进，心想有老成儒生归附自己，张洎日夜坐在曹署处理事务，常常服冠束带在省门等候寇准出入。见面后作揖而退下，不交谈一句话。寇准因此更加看重他，赞口不绝地向太宗荐举张洎，太宗也准备重用张洎，只是知道他在江南时常常进谗言诋毁贤良好人，李煜杀死潘佑，张洎曾经参与谋划，心里存有疑虑。翰林待诏尹熙古等人都是江南人，张洎经常善待他们。太宗一天晚上召见尹熙古等人到宫中侍奉读书因而顺便询问潘佑获罪的缘故，尹熙古说："只为李煜愤恨潘佑进谏说话太直而已，不是张洎策划的。"太宗从此才洗涮疑虑，又寇准又多荐举张洎不止。两人同为执政大臣后，张洎对寇准更加恭敬，政事一切由寇准决定，张洎不加参与，专门修撰《时政记》，一味甜言蜜语阿谀奉迎而已。

甲申（初八），宋太宗以宣徽北院使、同知枢密院事赵镕为知枢密院事。

乙酉（初九），辽军入侵雄州，知州何承矩击败辽军。

戊子（十二日），宋太宗诏令参知政事与宰相分日轮流掌印、领班，遇到宰相、使相处理事务和商议军国大事，同时可上政事堂，是依从吕端的请求。先前赵普独任宰相，宋太祖特意设置参知政事以辅佐他，其后又有变革。吕端当初与寇准官位相同，及至先为宰相，考虑寇准心中不平，就上言："臣下兄长吕余庆担任参知政事时，职责班位全都与宰相同，希望恢复旧例。"太宗特意批准吕端的请求，也想以此慰抚寇准的情绪。

丙申（二十日），宋太宗赐给平民潘阆进士及第；不久，追回诏书，因为潘阆狂妄的缘故。

开宝皇后病重，迁到已故燕国长公主的旧宅。甲辰（二十八日），开宝皇后驾崩，暂且在普洛寺佛舍停灵。谥号为孝章皇后。三天之后，雷雨交加，街中积水有好几尺深。

五月，宋太宗召集三司孔目官李浦等二十七人在崇政殿应对，询问三司钱粮事务。李浦等人条陈奏上兴利除害的七十一件大事。中书门下研究决定其中可行的四十四件事，于是著录在册。

翰林学士王禹偁兼管审官院和通进司、银台司、封驳司，制敕文书有不当之处，常有论列奏报。开宝皇后的丧事，朝廷群臣不穿丧服，王禹偁对宾客说："皇后曾为天下之母，应当遵用旧礼。"有人将这话报告，宋太宗不高兴。甲寅（初八），因轻率放肆，王禹偁罢官为工部郎中、滁州知州。

王禹偁曾经起草关于李继迁的制书，李继迁赠送五十匹马，王禹偁因他的情状不合法度，退还马匹。到滁州时，闽人郑褒步行前来谒见，王禹偁爱他的才能，临别，为他买一匹马。有人说王禹偁买马亏欠马价，太宗说："他能退还李继迁的马五十匹，怎么会亏欠一匹马的价钱呢！"

癸亥(十八日),宋太宗谈及三司,因而对侍从大臣说:"前代帝王昏庸软弱,天下十份财物赋税没有一份进入王室。唐德宗在梁州、洋州时,公私困乏窘迫,但韩混专制镇海,积聚财货,唐德宗只得派他的儿子李皋前去求索,得到一百万斛粮食,以救济危难,那时朝廷的形势由此可以想见了。朕如今收取天下多余的财利,用以赡养军队政府,用以救济贫穷困乏;至于豪门刁民,即使企求一丝一毫的实惠,也无法得到。"

丁卯(二十二日),宋太宗征召三司使陈恕等人,用本职事务旷废松弛加以斥责。陈恕等人说:"如今国家费用,军费开支,花销十分庞大,各州每有灾害,必定全部免除当地田租,臣等经常提出临时求利办法,朝廷忧虑侵夺百姓,都予制止而不实行,纵使耿寿昌、桑弘羊再生,也难以企及。臣等才力低下,只是尽心于簿籍账册,最终不足以裨补圣上的治理。"太宗说:"爱卿们清正而不知变通,专门墨守成规,最终不能替国家规划长远、衡量大局,剖析繁杂、理解壅滞。仅就京师仓库主管人员应当改职的,只要簿籍账册中有一处项目不全,就五年、十年不给决断,以致他们陷于贫困,没有供给,死于野外,这是你们的过失,难道不是有伤和气吗!"陈恕等叩头告罪。

六月,己卯(初四),宋太宗诏令重新编造各州县夏秋两税的户册,将户册的式样颁发天下。

乙酉(初十),宋太宗派遣内侍裴愈乘坐传车前往江南各州县收购征集图籍,愿意送交官府的发给等值的钱;不愿意的借来书本,由所在州县命令官吏抄录,抄完后仍将原本送还主人。

李继迁上表章请求禁止边民盗窃抢掠,宋太宗下诏准从。丙戌(十一日),派遣阁门使冯讷持着诏书以李继迁为鄜州节度使,李继迁不接受诏书。

辽国主因昌平、怀柔等县百姓请求开垦荒地作为家业,予以批准。

枢密使韩德让上奏:"三京各审理囚犯的官吏,多有因说情请托,随便加以宽免,有的妄行拷打酷刑,请求下令禁止。"辽国主准从。韩德让又上表章奏陈任用贤才,铲去奸邪,辽太后高兴地说:"进用贤人辅佐朝政,是真正大臣的本职。"厚加赏赐。

丁亥(十二日),宋太宗以张浦为郑州刺史,充任本州团练使。

丁酉(二十二日),宋太宗下诏:"准许百姓请求耕种各州旷闲土地,便可成为永久产业,同时免除三年租税,三年以外交纳三分之一田租。州县官吏鼓励百姓开垦田地,全都将数字记录在印纸上,以等待表彰奖赏。"

秋季,七月,辽国主因为乌实乌昭度、渤海燕颇等部入侵铁骊,派遣奚王耶律筹宁、东京留守萧恒德征讨。

八月,乙亥朔(初一),荆湖转运使何士宗进言:"从今以后执政大臣出领外地州郡,应该向转运使申报公事,只署通判以下官员的姓名。"宋太宗对宰相说:"执政大臣虽然品位崇高,但若到外州任职,便是转运使所辖,需要依据州府职务,不依据官阶品级,这是朝廷的法典,不能轻易更改。"

壬辰(十八日),宋太宗以开封尹寿王赵元侃为皇太子,改名恒,大赦天下。诏令皇太子兼判开封府。

当初,参知政事寇准从青州征召回京,入宫朝见,太宗脚伤很重,自己撩起衣服给寇准看,并且说:"爱卿来得为何这么慢?"寇准说:"臣下没受征召,不能到京师。"太宗说:"朕众子中谁可以托付帝位?"寇准说:"陛下为天下人选择君主,与妇人、宦官商量,是不可以的,与左右近臣商量，是不可以的，只有陛下自己来选择能孚天下众望的人。"太宗低头沉思良久，屏退左右说："赵元侃可以吗？"寇准回答说："知子莫若父。圣上考虑既然认为可以，希望立即决定。"太宗于是任命赵元侃为开封尹，改封为寿王，到这时立他为太子。太子拜见祖庙回来，京师百姓拥挤在街道上欢呼雀跃说："真是少年天子啊。"太宗听说后，不高兴，召见寇准对他说："人心马上归向太子，打算把我置于何地？"寇准再次跪拜祝贺说："这是国家的洪福啊。"太宗入宫告诉后妃嫔嫱此事，六宫的人全都上前道贺。太宗又出后宫，请寇准饮酒，大醉而止。寇准曾经奏陈政事，非常恳切直率，太宗发怒起身，寇准拽住太宗的衣服请求再坐下，事情决定后才退下，太宗嘉许感叹说："这是真正的宰相啊。"又告诉左右侍臣说："朕得到寇准，犹如唐太宗得到魏征啊。"

辽国主命令修造高山大泽的庙宇、先代哲人的神像，按时祭祀。到这时各州的孔子庙及奉圣的黄帝祠、儒州的舜祠，一并得到修缮。

癸巳（十九日），宋太宗以尚书右丞李至、礼部侍郎李沆同时兼领太子宾客，见皇太子按师傅的礼仪，太子见面，必定先行拜礼。李至等人上表恳求辞让，太宗下诏不许。太宗对李至等人说："太子仁孝贤明，正有待爱卿们用道义来辅导，或有事不顺当的，必须全力直言，不要曲意顺从。"

癸卯（二十九日），宋太宗诏令禁止沿边各州百姓同归属朝廷的戎人通婚嫁娶。

丙午（初三），西南蕃牂牁各蛮部前来进贡，太宗下诏封西南蕃主龙琠为归化王。

丁卯（二十四日），宋太宗登朝元殿，册立皇太子，陈列如同元旦朝会之礼。皇太子从东宫穿常服乘马，前往朝元门外所设篷帐暂止，改换远游冠、朱明衣，由太师、太傅、太保和少师、少傅、少保导引。随从进入朝元殿，接受册书、宝玺，太尉率领文武百官祝贺。皇太子更换服装乘马回宫，文武百官穿常服前往东宫参见道贺。庚午（二十七日），皇太子具列仪仗拜谒太庙五室。不久皇太子辞让宫廷官僚向他称臣，太宗准许。

清远军奏报李继迁入境侵略，已领兵击退。

戊午（十五日），辽国主因南京太学生员日益增多，特赐水磨庄一所。

冬季，十月，乙亥（初二），辽国主下诏各道设置义仓，每年秋社日，百姓随所收获多少拿出部分粮食储入仓库，社司登记数量，年成歉收时，发放赈济百姓。

乙酉（十二日），宋太宗拿出新制的琴、阮给侍从近臣看，琴弦是七根，如今增加到九根，命名为君、臣、文、武、礼、乐、正、民、心。阮弦原有四根，如今增加到五根，命名为金、木、水、火、土。因而命令待诏朱文济，蔡裔带着琴、阮前往中书门下弹奏新声，诏令宰相以下都去听。从此朝廷内外进献诗歌辞颂的有几十人。

当初，宋太宗想增加琴、阮的弦，朱文济认为不可增加，蔡裔认为增加很好。到新制的琴、阮成功，征召朱文济弹拨，朱文济推说不会，太宗大怒，当面赐给蔡裔红色官服，朱文济班位在蔡裔之上，却唯独穿绿色官服，想用这来刺激朱文济，但朱文济始终坚持以前的见解，到了太宗派遣宫中使者将他押送到中书门下，朱文济不得已，单取琴中七根弦弹奏。宰相问他："新曲是什么名称？"朱文济说："是古曲《风入松》。"太宗嘉许他有操守，也赐给他红色官服。

戊子（十五日），乌实向辽国主请求归顺，辽国主下诏晓谕。

十一月，己未（十七日），宋太宗在便殿检阅练武，卫士拉弓有拉力达到一石五斗的，发射二十枚箭后仍绰绰有余力，太宗因此对近臣说："天下平安无事，杰出人才不断出现，全都在我掌握之中了。"又命令骑兵、步兵各有几百人,向东西两头列阵,拉满强弓,观看他们前后进退,发射弓箭整齐划一,举止合乎节奏。太宗说:"这小小的便殿庭院之间几百人而已,已是兵威壮观,何况堂堂军阵,几万人排成队列呢!"

设置转运司承受公事,选拔朝官和供奉官、殿直、殿前承旨三班担任,每路两名,平常事务与转运使联合署名施行,重大事务准许乘坐驿站车马入朝奏服。宋太宗因为远方百姓有事不能自己通报,所以设置这一官职。

宋太宗征召王继恩归还。以峰州团练使上官正、右谏议大夫雷有终同时担任西川招讨使。

高丽连年向辽国进贡,辽国主派遣翰林学士张幹等人册封王治为高丽国王,王治派遣本国少年十人前往学习契丹语。

十二月,甲戌(初二),文武群臣奉着表章加上尊号为法天崇道上圣至仁皇帝,总共五次上表,宋太宗不准许。

己卯(初七),铁骊向辽国进贡鹰和马。

庚辰(初八),铜浑仪、候仪制成,是秋官正韩显符所制造。宋太宗下诏在司天监筑台安置。

永安节度使折御卿患病,辽国侦探知道此事,韩德威又被李继迁所引诱,于是率领部众入侵宋朝边境,来报子河汊的仇,折御卿抱病登车前行,韩德威听到他来了,便令军队住下不敢前进。遇到疾病严重,折御卿的母亲派遣身边亲信召他回家医治服药,折御卿说:"我世代蒙受国家恩典,强敌未灭,是我折御卿的罪啊,面临大敌怎么可以抛弃士兵而自己方便!死在军中,才是我的本分。替我禀告太夫人,不必挂念我,忠孝岂能两全!"说完,流下眼泪。第二天折御卿去世。宋太宗闻知,悲痛悼念很久。赠授侍中,以他的儿子折惟正为洛苑使、知府州事。折御卿累世为边关守将,熟知蕃夷情状,经常打算建立功勋以报答皇上恩典,朝廷也因为麟州、府州逼近戎夷,倚仗他为一面屏障,自从子河汊一战后,边外部落丧失士气,不敢长驱直入。

戊戌(二十六日),斩澄州刺史孙赞。宋太宗对宰相说:"孙赞前不久请求前往河西效力,及至同蕃夷贼寇交战,违反主将命令,损失一百人,朕已派遣使臣前往斩首。像这样的将领稍微地违反纪律都不给宽容,那么副将军士,怎么敢再不服从命令呢!"

当初,汴河每年运输江淮的米三百万石,不是水旱灾害而免除田租的话,没有达不到这个数目的,这年,运米达到五百八十万石。

辽国放榜取中进士王用极等二人。

至道二年 辽统和十四年(公元 996 年)

春季,正月,己酉(初八),宋太宗亲自祭告太庙。辛亥(初十),在圜丘合祭天地,大赦天下。太宗因礼乐仪仗卫队非常隆重,诏令官吏绘成《南郊图》。

丁巳(十一日),辽国主诏令免除三京和各州赋税。

二月,壬申朔(初一),以司空退休的李昉去世,赠授司徒,谥号为文正。李昉宽厚没有城府,对人很宽恕,任相期间,虽然没有赫赫政绩可以称道,然而小心谨慎,举动保持大体,不计较私人恩威。为参知政事时,宋太宗有一天对侍从大臣说:"朕比唐太宗怎么样?"左右侍臣互相献辞赞颂,只有李昉默然无言,小声背诵白居易《七德舞词》说:"怨女三千放出宫,死囚四百来归狱。"太宗立即起身说:"朕不及,朕不及,爱卿之言让朕警惕了!"

庚辰(初九)，宋太宗以李昌龄为给事中、参知政事。太宗对李昌龄说："中书门下是为政之本，应当进用善人贤良，广泛征询众人建议，用正道公议处事，怨恨谤言就无从产生了。"

三月，壬寅(初二)，高丽国王王治向辽国请求通婚，辽国主应许将东京留守萧恒德的女儿嫁给他，高丽国王派遣使臣韩彦卿前往辽国送纳聘礼。不久高丽国王王治去世，辽人送还聘礼。

甲子(二十四日)，辽国命令安抚聚集朔州流民。

宋太宗当初命令白守荣护送四十万粮草到灵州，李继迁在浦洛河拦截，白守荣部众溃散，军饷全部被李继迁所夺取。太宗发怒，夏季，四月，甲戌(初四)，任命李继隆为环、庆十州都部署，率兵去讨伐。

先前，宋太宗派遣使者查访州、峡各州官佐的贤能与否，夔州知州袁逢吉，遂州知州李虚己，通判查道，忠州知州邵烨、云安军知军薛颜等七人以称职闻名，戊子(十八日)，都赐诏书褒奖勉励。查道是休宁人，查元方的儿子，以进士任命为馆陶县尉，生性廉正耿介，和妻子采摘野菜同米一道煮薄粥来充饥。租税过期没收齐，州官召见县吏全部戴上木枷，出门后，其他官吏全都脱除木枷，只有查道戴着下乡催督租税，乡中富裕民户准备丰盛的酒菜来招待，查道不吃，对那富民用杖刑，于是其他百姓全都惊恐，拖欠的租税立即办完。都运使樊宗古向来知道查道的节操德行，打算荐举他，查道推让给县主簿叶齐。樊宗古说："我对叶齐素不相识。"查道说："您不荐举叶齐，我也不准备接受您的荐举。"樊宗古不得已将两人一起荐举，叶齐由此得以改任光禄寺丞、直史馆。查道不久从遂州调任果州知州。当时残余盗寇何彦忠等聚集二百多部众，停留在西充的大木槽，诏书招安谕令没有下达，左右都请求发兵消灭。查道说："他们只是惧罪打算多延长片刻性命而已，其中的党羽难道没有受欺骗的吗？"立即改穿普通服装单骑一匹马，几个仆从不带兵器，直奔贼寇所在地，宣谕诏书旨意。有人认识他说："是郡守啊，这怎能是害我们的人！"于是一起扔下武器，环绕下拜请求治罪，查道全都发给书券让他们回乡务农，将情况通过驿站奏报。宋太宗赐诏书奖励表彰。

己亥(二十九日)，辽国主下令开凿大安山，取出刘仁恭所藏的钱散发给五京计司，同时铸造太平钱，新旧钱互相通用，从此钱币充足。

己未(二十五日)，宋太宗下诏："从今以后五品以上官员保任子弟为官，只赐给同学究出身，依照常例赶赴吏部候选集注，不得随意授予摄官。"

五月，辛丑朔(初一)，宋太宗诏令开封府判官杨徽之等巡查管区内各州百姓田地，干旱严重者免除其田租。

李继迁率领一万多兵马侵犯灵州，围城一年多，地震二百多天，城中粮食全部断绝。宫中使者窦神宝，暗中派遣人到河外购买粮食，夜间运入灵州城中。有时出兵攻击敌寇，终于保全灵州城。

司天中官正韩显符进言："火星进入舆鬼星区，那是秦、雍之地的分野，国家必当在西北有战事。"冬官正赵昭益进言："火星进入舆鬼中间的积尸星，秦地分野必有战事，是人民遭灾受害的天象。"宋太宗对宰相等人说："天象显示的谴责如此严厉，秦地百姓遭受灾害，朕日夜思念，不得安宁。李继隆等部兵马已经到达环州、庆州一带，贼军闻知朝廷大军到达，原本已经丧魂破胆，如果前往灵州的救援部队来不及赶到，万一失守，城中全是汉民，必定尽遭屠杀。"太宗对此而嗟叹很久。

辛亥(十一日)，宋太宗诏令辅佐大臣陈述灵州事务。太宗认为灵州遥远孤土，救援部队

357

来不及赶到,命令宰相吕端、知枢密院事赵镕等人各自陈述所见利害关系,吕端等人请求共同写成一件书状,张洎越级上言说:"吕端等人充任辅弼大臣,皇上有所询问,却缄默不言,大失为臣运筹谋划的体统。"吕端说:"张洎将有所进言,却只不过是揣摩迎合陛下的心思而已。"太宗沉默无语。壬子(十二日),张洎呈上奏疏请求放弃灵州,太宗开始也有此意,不久又后悔,到阅览张洎奏疏,很不高兴,将奏疏退还交付张洎说:"你陈述的话,朕一句都不懂。"张洎惶恐得流汗而退下。太宗于是召见同知枢密院事向敏中对他说:"张洎的进言,果真如吕端所料。"

己未(十九日),宋太宗诏令将西京作坊使、叙州刺史石普交付御史府审问,因为他担任西川巡检时,擅自离开职守入朝奏报政事的缘故。不久召见石普,赦免他的罪,又担任西川都提举捉贼使。当时贼军党羽王鸬鹚又聚集了人马剽劫,伪称邛南王。石普因而进言:"蜀地的叛乱,是因为赋税征收过于急迫,迫使农民失去本业,无法生存,便一起投入贼寇。希望一律免除他们的租赋,让他们自己谋生,就会不讨自平了。"太宗准许。石普返回西川后,张榜告谕,蜀地百姓无不感激喜悦,辖内从此得以安定。

这月,辽国奚王耶律寿宁、东京留守萧恒德等,因为征讨乌实没有成功,被削夺官爵。将各部令衮改为节度使。

六月,庚辰(十一日),永嘉人陈侃,侍奉父母非常孝顺,五世同堂,宋太宗诏令表彰陈侃一家,赐给他母亲粮食布帛。

己丑(二十日),高丽国派遣使臣向辽国主请安,当时辽国主在炭山避暑,以后就成为常例。

乙未(二十六日),宋太宗以秘书丞济阴人任中正为江南转运副使。任中正刚到任,粮食大丰收,发运使王子舆想转运多余粮食供给京师。任中正说:"如今虽有羡余,但以后如或有歉收,田租就将不能如数征收,那时打算紧急向我百姓索取吗?"王子舆于是作罢。

续资治通鉴卷第十九

【原文】

宋纪十九　起柔兆涒滩【丙申】七月,尽强圉作噩【丁酉】十二月,凡一年有奇。

太宗至仁应道神功圣　德睿烈大明广孝皇帝

至道二年　辽统和十四年【丙申,996】　秋,七月,己亥朔,命殿前都指挥使王超为夏、绥、麟、府州都部署。

辽太妃之领兵抚定西边也,委军事于招讨使萧达兰。达兰留意人才,时耶律昭坐兄国留事流西北部,达兰与语,爱之,礼致门下,欲召用,以疾辞。达兰问曰:"今三边晏然,惟准布伺隙而动,讨之则路远难至,纵之则边民被掠,增戍兵则粮饷不给;欲苟一时之安,不能终保无变。计将安出?"昭以书答曰:"夫西北诸部,每当农时,一夫为侦候,一夫治公田,二夫给糺官之役,大率四丁无一室处。刍牧之事,仰给妻孥,一遭寇掠,贫穷立至。春夏赈恤,吏多杂以糠秕,重以掊克,不过数月,又复告困。且畜牧者,富国之本,有司防其隐没,聚之一所,不得各就水草善地。兼以逋亡戍卒,随时补调,不习风土,故日瘠月损,驯至耗竭。为今之计,莫若赈穷薄赋,给以牛种,使遂耕获。置游兵以防盗掠,颁俘获以助伏腊,散畜牧以就便地,期以数年,富强可望。然后练简精兵,以备行伍,何守之不固,何动而不克哉!然必去其难制者,则馀种自畏。若舍大而谋小,避强而攻弱,非徒虚费财力,亦不足以服其心。此二者,利害之机,不可不察。昭闻古之名将,安边立功,在德不在众,故谢玄以八千破符坚十万,休格以五队败曹彬十万,良由恩结士心,得其死力也。阁下膺非常之遇,专方面之寄,宜远师古人,以就勋业,上观乾象,下尽人谋,察地形之险易,料敌势之虚实,虑无遗策,利施后世矣。"达兰从其言,卒能成功。

庚申,太常博士直史馆陈靖上言:"古者强干弱枝之法,必先富实于内。今京畿周环二三十州,幅员数千里,地之垦者十才二三,税之入者又十无五六,国用不充,民食不足。望择大臣一人有深识远略者,兼领大司农事,典领于中;又于郎吏中选才智通明、能抚民役众者为副,执事于外。自京东、西择其膏腴未耕之处,申以劝课,借闲旷之地,募游惰之民,别置版图,便宜从事,酌民力之丰寡,相农亩之硗瘠,均配畀之,无烦督课。耕桑之外,更课令益种杂木蔬果,孳畜羊犬鸡豚。俟至三五年间,生计成立,有家可恋,有土可怀,即计户定征,量田输税,斯实敦本化人之宏略也!"帝览奏,召对奖谕,令条奏以闻。寻以靖为劝农使,按行陈、许、蔡、颍、襄、邓、唐、汝等州,劝民垦田,以大理寺丞皇甫选、光禄寺丞何亮副之。未几,三司以为费官钱,多水旱,恐遂散失,其事遂寝。

丙寅,参知政事寇准罢为给事中。先是郊祀行庆,中外官吏皆进秩,准遂率意轻重,其素所喜者多得台省清秩,所恶及不知者即叙退之。广州左通判、左正言冯拯转虞部员外郎,右通判、太常博士彭惟节乃转屯田员外郎。拯尝与准有隙,准故抑之。惟节自以素居拯下,章奏列衔皆如旧不易,准怒,以堂帖升惟节于拯上。帝切责拯,仍特免勘罪,拯愤极,言准擅权,并及岭南官吏除拜不均数事。岭南东路转运使康戬亦言吕端、张洎、李昌龄皆准所引,端德之,洎曲奉准,昌龄畏懦,皆不敢与准抗,故得以任胸臆,乱经制。帝大怒,召责端等,端曰:"准性刚自任,臣等不欲数争,虑伤国体。"因再拜请罪。既而准入对,帝语及冯拯事,准抗辩,帝曰:"若廷辩,失执政之体。"准犹力争不已,帝叹曰:"雀鼠尚知人意,况人乎!"翼日,准犹抱中书簿领论曲直,帝益不悦,罢知邓州。

是月,以丁惟清知西凉府。凉州周回二千里,东界原州,南界雪山、吐谷浑、兰州,西界甘州,北界吐蕃,领姑臧、神乌、番禾、昌松、嘉麟五县,户二万五千有奇,城周四十五里,李轨所筑,久不内属,至是请帅,从之。

汴水决谷熟县。

闰月,庚寅,诏:"江、浙、福建民负人钱没入男女者,还其家,敢匿者有罪。"

九月,戊寅,右仆射宋琪卒,赠司空,谥惠安。琪素有文学,尤通吏术,颇知人情伪。在相位日,百执事有求请,多面折之,以是取怨于人。

己卯,夏州、延州行营言,两路合势破贼于乌白池,斩首五十级,生擒二千馀人,贼首李继迁遁去。先是帝部分诸将攻讨,李继隆自环州,范廷召自延州,王超自夏州,容州观察使丁罕自庆州,锦州刺史张守恩自鄜州,凡五路,率兵抵乌白池,皆先授以方略。守恩,令铎子也。师已有期,银夏钤辖卢斌求对,恳言曰:"蕃族马骄兵悍,来往无定,败则走它境,疾战沙漠,非大兵所利。不若坚保灵州,于内地多积刍粟,以师援送,苟其至也,会兵首尾击之,庶几无枉费,且不失固圉之策。"帝不从,改授斌环庆钤辖,领兵二万为继隆前锋。

斌谓继隆曰:"灵州趋乌白池,月余方至,若自环州橐驼路,才十里程耳。"继隆因遣其弟继和驰驿上言:"赤柽路回远乏水,请自清岗峡直抵继迁巢穴。"不及援灵州。帝怒,召继和于便殿,诘之曰:"汝兄如此,必败吾事矣!"因手书切责继隆,命引进使瀛州周莹诣军前督之。莹至,继隆已便宜发兵矣。既而与罕兵合,行数十日不见贼,引军还;张守恩见贼不击,率兵归本部;独超、廷召至乌白池,与贼大小数十战,虽频克捷,而诸将失期,士卒困乏,终不能擒贼焉。时超子德用,年十七,为先锋,部万人战铁门关,斩首十三级,俘掠畜产以万计。及进师乌白池,贼锐甚,超不敢进,德用请乘之,得精兵五千,转战三日。贼既却,德用曰:"归师迫险,必乱。"乃领兵距夏州五十里先绝其险,下令曰:"敢乱行者斩!"一军肃然,超亦为之按辔。敌蹑其后,望见队伍严整,不敢近,超抚其背曰:"王氏有子矣!"

丙戌,秦、晋诸州地昼夜十二震。

甲午,诏:"寿宁节赐翰林学士、两省五品、尚书省四品以上一子出身。"先是近臣因诞节或以疏属求荫补,至是始为限制,非其子孙及亲兄弟,多寝而不报。

冬,十月,丙辰,辽命刘遂教南京神武军士剑法,赐袍带、锦币。

己未,以池州新铸钱监为永丰监,岁增铸钱数十万缗。

甲子,并三司勾院为一,工部员外郎袁州刘式专领之。帝面命式曰:"以汝一人当三人之职,宜勉副所望。"式久居计司,深究簿领之弊,江、淮间旧有横赋,积逋至多,式奏免之。然检校过峻,卒为下吏所讼,免官。

十一月,丁卯朔,司天冬官正杨文鉴上言,请于新历六十甲子外更增六十年。事下有司,判司天监苗守信等议,以为无所稽据,不可行用。帝曰:"支干相承虽止于六十,但两周甲子,共成上寿之数,期颐之人,得见所生之岁,不亦善乎?"因诏有司,新历以百二十甲子为限。

甲戌,辽诏诸军官毋非时畋猎妨农。

乙酉,辽奉安景宗及太后石像于乾州。

是月,回鹘乞婚于辽,不许。

十二月,乙巳,礼部侍郎、知陈州苏易简卒。易简才思敏赡,在翰林八年,眷遇复绝,遂参大政。性嗜酒,帝亲书《劝酒》《戒酒》二诗以赐,令对其母读之,自是每入直不敢饮。帝闻其死,曰:"易简竟以酒败,深可惜也!"赠礼部尚书。

辛亥,有司言,凤州出铜矿,定州出银矿,请置官掌其事。帝曰:"地不爱宝,当与众庶共之。"不许。

甲寅,辽以南京道新定税法太重,减之。

戊午,诏:"自今州县官部内流民及亡失租调什之一者,并书下考。"

甲子,辽招讨使萧达兰以准布部长阿鲁端叛而复降,桀骜难制,诱其党六十人斩之以献,用耶律昭之言也。达兰封兰陵郡王,兼侍中。

辽主如南京,以驸马都尉萧恒德为行军都部署,伐富勒莫多部。恒德有胆略,数从南伐。太后多其功,征东高丽还,赐号启圣竭力功臣。旋以从征乌实,恒德利其俘获,倡议深入,比还,道远粮竭,士马死伤甚众,削功臣号。太后念其旧劳,故有是命。既而富勒莫多部人户多归附,恒德还。

是岁,大有年。

辽放进士张俭等三人。

三年 辽统和十五年【丁酉,997】 春,正月,庚午,辽主如延芳淀。

丙子,以户部侍郎温仲舒、礼部侍郎王化基并参知政事,给事中李惟清同知枢密院事。化基宽中有度量,所在僚属或慢于礼者,不以介意。时边境多事,帝欲相仲舒而罢吕端,会不豫,乃止。

参知政事张洎罢为刑部侍郎。

辽以河西党项叛,诏韩德威讨之。

庚辰,辽命诸道劝民种树。

乙酉,葬孝章皇后于永昌陵。

辛卯,以步军都虞候傅潜为延州路都部署,殿前都虞候王昭远为灵州路都部署,户部使张鉴调陕西诸州军储。鉴上疏曰:"伏见关辅之民,数年以来,并有科役,畜产荡尽,室庐顿空,今若复有差率,益致流亡,纵使驱迫而前,复恐逗挠而溃。愿陛下特垂诏旨,无使重劳,因兹首春,俾务东作。况灵州一方,僻居塞外,虽曰西垂之要地,实为中夏之蠹区,竭物力以供须,困甲兵而援送,事当虑深,患宜预防。若待川决而后堤,火炽而方戢,则焚溺之患深矣,虽欲拯救,其可得乎!"

己丑,辽命南京决滞囚。乙未,免流民税。

二月,丙申朔,辽主如长春宫。

灵州行营破李继迁,继迁遁。

戊戌,辽以品部多贫民,劝富民出钱以赡之。

庚子,辽徙梁门、遂城、(秦)〔泰〕州、北平民于内地。

辛丑,帝不豫,始决事于便殿。

甲辰,除京畿死罪囚,流以下释之。

丙辰,辽将韩德威奏破党项捷。

丁巳,辽命品部旷地募民耕种。

三月,戊辰,辽募民耕滦州荒地,免其租赋十年。

己卯,辽封李继迁为西平王。

壬午,辽免南京逋赋及义仓粟,仍禁诸军官非时畋牧妨农。

甲申,河西党项乞归附于辽,辽太妃旋遣人奏西边捷,由是辽之西路拓地益远。

壬辰,帝不视朝。癸巳,崩于万岁殿。参知政事温仲舒宣遗制,令皇太子即位于枢前。初,帝不豫,宣政使王继恩忌太子英明,与参知政事李昌龄、知制诰胡旦等,谋立楚王元佐,颇间太子。宰相吕端问疾禁中,见太子不在旁,疑有变,乃以笏书“大渐”字,令亲密吏趣太子入侍。及帝崩,继恩白后至中书召端,议所立。端前知其谋,即绐继恩,使入书阁检太宗先赐墨诏,遂锁之,亟入宫。后谓曰:“宫车晏驾,立嗣以长,顺也。今将奈何?”端曰:“先帝立太子,正为今日,岂容有异议邪?”后默然。太子既即位,端平立殿下不拜,请卷帘,升殿审视,然后降阶,率群臣呼万岁。

夏,四月,乙未朔,尊皇后为皇太后。大赦天下,常赦所不原者咸除之。制曰:“先朝庶政,尽有成规,务在遵行,不敢失坠。宜拔茂异之才,开谏净之路。”京朝官衣绯绿及二十年,并与改服色。官未升朝亦听叙赐绯紫自此始。

戊戌,始见群臣于崇政殿西序。

辽主命录囚。壬寅,发义仓赈南京。

癸卯,宰相吕端加右仆射。

改封弟元份雍王,元杰兖王,元偓封彭城郡王,元偁封安定郡王。

甲辰,以太子宾客李至为工部尚书,李沆为户部侍郎,并参知政事。

丁未,中外群臣进秩一等。

己酉,辽主如南京。

工部侍郎郭贽出知大名府。翼日,求对,恳辞,帝曰:“魏地重寄,卿宜亟去。”贽退,帝召辅臣问曰:“郭贽愿留,如何?”对曰:“近例亦有之。”帝曰:“朕初嗣位,命贽治大藩而不行,则何以使人!”卒遣之。

帝谓宰相曰:“朝行中颇有淹滞者,如梁周翰凤负词名,三十年屈于众僚;朕在宫府,多令杨亿草笺奏,文理精当,宜即加擢。”辛亥,以工部郎中、史馆修撰周翰为驾部郎中、知制诰,著作郎、直集贤院亿为左正言,馆职并如故。故事,入西阁皆中书召试制诰三篇,惟周翰不召试而命焉。

李应机者,尝知咸平县。帝尹开封时,遣散从以帖下县,有所追捕,散从恃王势,谨呼县廷,应机怒曰:“汝所事者王也,我所事者王之父也,父之人可以笞子之人。”杖之二十。散从泣诉于王,王不答而默记其名。及即位,擢应机通判益州,召登殿,谓曰:“朕方以西蜀为忧,故除卿(与)〔此〕官,此未足为大任也。有便宜事,密疏以闻。”应机至州,未几,有走马入奏事。前一日,知州钱之,应机故称疾不会,走马心已不平。及暮,应机又谓走马曰:“应机有密疏,欲附入奏,明日未可行也。”走马不知其受帝旨,愈怒,强应曰:“诺。”明日,使谓应机曰:“某且行矣,愿得所赍疏。”应机曰:“疏不可与人传也,当自来受。”走马虽怒甚,意欲积其骄横状诉于帝,乃诣应机廨舍,受疏以行。既至,帝迎问曰:"李应机无恙乎？有疏乎？"走马愕然失据,即对曰:"有。"探怀出之,帝周览称善。因问:"应机治行如何？"走马踧踖,转辞称誉。帝曰:"汝还语应机,所言事皆善,已行矣。更有意见,尽当以闻。蜀中无事,行召卿矣。"顷之,召入,迁擢,数岁中至显官。应机为吏强敏,而贪财,多权诈,后帝察其为人,浸疏之。

进封交趾郡王黎桓为南平王。

辛酉,知制诰胡旦责授安远节度行军司马。旦与王继恩等邪谋既露,帝新即位,未欲穷究,而旦草行庆制词,颇恣胸臆,多所溢美,语复讪上,故先黜之。

五月,甲子朔,日有食之。

丙寅,从群臣请,始御正殿视朝,退,御后殿阅事,如常仪。

丁卯,诏谕内外文武群臣:"自今人君有过、时政或亏、军事否臧、民间利害,并许直言极谏,抗疏以闻。"

己巳,辽诏平州决滞狱。

庚午,诏三司:"及岁稔,市籴以实仓廪。"

壬申,罢江淮发运使,诸路转运使司承受公事朝臣、使臣,悉召归阙。帝初听政,务从简易也。

甲戌,参知政事李昌龄,责授忠武节度行军司马;宣政使王继恩,责授右监门卫将军,均州安置;胡旦削籍,流浔州。

太宗之即位也,继恩有力焉;自是宠遇莫比,乘间言事或荐外朝臣,故士大夫轻薄好进者辄与往来,每以多宝僧舍为期。潘阆得官,亦继恩所荐也;阆倾险士,尝说继恩乘间劝立储贰,且言:"南衙自谓当立,立之将不德我;即议所立,宜立诸王之不当立者。"南衙,谓帝也。继恩信其说,颇惑太宗,太宗讫立帝。阆寻坐狂妄黜。太宗疾革,继恩与昌龄及旦更起邪谋,赖吕端觉之,谋不得逞。帝既即位,加恩百官,继恩又密托旦为褒词。旦已先坐黜,于是并逐三人。籍继恩家资,多得蜀土僭侈之物。寻诏:"中外臣僚曾与继恩交结通疏书者,一切不问。"后二年,继恩死于贬所。

甲申,帝谓辅臣曰:"宫中嫔御颇多,幽闭可悯,朕已令给事岁深者悉放出。"吕端等曰:"践阼初首行此令,哲王之懿范也。"

丁亥,立秦国夫人郭氏为皇后。帝在储位,每事谦让,郭氏未尝正妃号也。

庚寅,追尊母陇西夫人李氏为贤妃。妃,真定人,乾州防御使英之女,帝及楚王元佐,皆妃所生也。

是月,辽迪里部杀详衮而叛,遁于西北荒,萧达兰率轻骑追之,获部族之半,因讨准布之未服者。诸蕃岁贡方物充于国,自后往来若一家焉。达兰以诸部叛服不常,上表乞建三城以绝边患,从之。

六月,戊戌,追复皇叔涪王廷美为秦王,赠皇兄魏王德昭太傅、岐王德芳太保。

帝谓宰相曰:"诸州多献珍兽异禽祥瑞之物,此甚无益。但令稼穑丰稔,且得贤臣,乃为瑞也。"辛丑,诏天下勿复献珍禽异兽及诸祥瑞。

南康军建昌县民洪文抚,六世同居,就所居雷湖北创书院,舍来学者,诏旌表其门闾。

甲辰,以皇兄元佐为左金吾卫上将军,复封楚王,听养疾不朝。帝始欲幸元佐第,元佐固辞以疾,曰:"虽来,不敢见也。"由是终身不复见。

罢盐铁、度支、户部副使。

乙巳,追册莒国夫人潘氏为皇后。

工部侍郎、同知枢密院事钱若水罢为集贤院学士,判院事。先是太宗谓若水曰:"士遭时得位,纡金拖紫,延赏宗族,岂得不竭诚报国乎?"若水对曰:"高尚者不以名位为光宠,忠贞之士亦不以穷达易志。若以爵禄荣遇之故效忠于上,中人以下所为也。"太宗然其言。及刘昌言罢,太宗问赵镕等曰:"见昌言涕泣否?"对曰:"与臣等言,多至涕泣。"太宗曰:"大率如此。进用时不悉心补职,斥去即汍澜涕泗。"若水曰:"昌言实未尝涕泣,镕等迎合上意耳。"吕蒙正罢,太宗又谓若水曰:"蒙正望复位目穿矣。"若水对曰:"蒙正虽登显贵,然其风望不为忝冒;仆射师长百僚,非寂寞之地,且蒙正固未尝以退罢郁悒。当今岩穴高士,不求荣爵者甚多,如臣等辈,苟贪官禄,诚不足重。"太宗默然。若水因念人主待辅臣如此,盖未尝有秉节高迈,不贪名势,能全进退之道者以感动之也。将移疾,会太宗晏驾,不果。帝即位,若水以母老请解机务,章再上,乃得请。召谢便殿,命坐,问:"近臣谁可大用者?"若水言:"中书舍人王旦有德望。"帝曰:"此朕心所属也。"若水好汲引后进,推贤重士,士大夫宗慕之。

帝居忧日,对辅臣于禁中,每见吕端等,必肃然拱揖,不以名呼。端等再拜请,帝曰:"公等顾命元老,朕安敢上比先帝!"又以端肤体洪大,宫庭阶戺颇峻,命梓人皆为纳陛焉。

秋,七月,乙丑,御崇政殿,召吕端等,访以军国大事经久之制。端陈当世急务,皆有条理,帝嘉纳。

丙寅,令诸路转运使更互赴阙,询民间利病。

吏部郎中、直集贤院田锡应诏上疏,言陕西数十州苦于灵、夏之役,生民重困,帝为之戚然。它日,谓吕端等曰:"近诏中外直言,群臣多及琐细事,惟田锡、康戬陈词不繁,指事尤切,张齐贤颇留意民政。"乃出其疏示端等曰:"卿等详酌行之。"

辛未,辽禁吐谷浑别部鬻马于宋。

先是辽萧恒德尚越国公主,太后第三女也,性沈厚,太后于诸女中尤爱之,故恒德屡膺重任。公主甚得妇道,不以宠贵自骄。会有疾,太后遣宫人侍之,恒德私与宫人通,公主恚而卒。太后怒,赐恒德死。恒德女许字高丽国王,丙子,高丽遣其臣韩彦敬吊公主之丧。恒德临死,上书辽主,言其侄柳才可用。柳多知能文,膂力绝人,旋诏入侍卫。

辛卯,辽诏南京疾决狱讼。

八月,己亥,赵镕罢为寿州观察使,李惟清罢为御史中丞。以曹彬为枢密使兼侍中,以户部侍郎、同知枢密院事向敏中、给事中夏侯峤并为枢密副使。帝谓曰:"近密之司,必端亮谨厚者处之。彬以耆旧冠枢衡之首,敏中及峤佽助之,兵机边要,有所望矣。"敏中明辨有才略,先是西北用兵,敏中专主谋议,至于二边道路斥堠走集之所,莫不周知。峤仕藩府最旧,故首加擢用。

丁酉,辽主猎于平地松林,太后诫曰:"前圣有言,欲不可纵。吾儿为天下主,驰骋田猎,万一有衔蹶之变,适遗予忧。其深戒之!"辽旧俗,其富以马,其强以兵。纵马于野,弛兵于民,有事而战,旷骑介夫,卯命辰集。马逐水草,人仰湩酪,挽强射生,以给日用,糗粮刍茭,不烦挽运。以是制胜,所向无前。辽主岁时射猎,以示不忘本俗,虽奉太后命诫,不能改。

先是,帝以汉、唐封乳母为夫人、邑君故事付中书,因问吕端等曰:"斯礼可行否?"端等曰:"前代或加以大国,或益之美名,事出宸衷,礼无定制。"己酉,诏封乳母齐国夫人刘氏为秦国延寿保圣夫人。

是月,西川戍卒刘旰叛,攻掠蜀、汉等州,益州钤辖马知节领兵三百追击之。招安使上官正,飞书召知节还成都计议,知节曰:"贼已数千,少缓之,劳费必倍,不如急击,破之必矣。"即率所部前进。正亦寻至,共击斩旰,其党悉平。旰自起至灭凡十日。正始无出兵意,知益州张咏以言激正,将行,仍盛为供帐饯之,酒酣,举爵谓诸军校曰:"尔辈俱有亲属在东,蒙国厚恩,无以报,此行当亟殄贼,无使越逸。若师老旷日,即此地为死所矣!"正由是倍道力战。及凯旋,咏迎劳,大出金帛行赏,众皆悦服。

九月,丙寅,辽罢东边戍卒。

庚午,辽主如饶州,祭太祖庙。

丙子,帝因言西川叛卒事,辅臣或曰:"蜀地无城池,所以失制御。"帝曰:"在德不在险。倘官吏得人,善绥抚,使乐业,虽无城可也。"

戊寅,以长葛县令孔延世为曲阜县令,袭封文宣公,并赐《九经》及太宗御书、祭器,加银帛而遣之,诏本道转运使、本州长吏待以宾礼。延世,孔子四十五世孙也。

壬午,左正言孙何表献五议:一参用儒将,二申明太学,三厘革迁转,四议复制科,五举行乡饮。帝称善。

监察御史王济上疏陈十事,其目曰:择左右,分贤愚,正名品,去冗食,加俸禄,谨政教,选良将,分兵戎,修民事,开仕进。

刑部员外郎合肥马亮上疏言:"陛下初政,军赏宜速,而所在不时给,请遣使分往督视。又,州县逋负至多,赦书虽蠲除,而有司趣责如故,非所以布恩宣泽也。国朝故事,以亲王判开封府,地尊势重,疑隙易生,非保亲全爱之道。契丹仍岁内侵,河朔萧然,请修好以息边民。"凡四事。帝善其言。

庚寅,阁门奏:"每月朔望,群臣赴万岁殿哭临。十月朔在壬辰,请改用九月晦。"帝问吕端曰:"此何礼也?"端曰:"阴阳家以辰日为哭忌。"帝曰:"哀疚之情,宁有所避乎?"不许。

冬,十月,壬辰朔,辽主驻驼山,罢奚王诸部贡物。乙未,赐宿卫时服。丁酉,禁诸山寺毋滥度僧尼。戊戌,弛东京道渔泺之禁。戊申,以上京狱讼繁冗,诘其主者。辛酉,录囚。

陈、宋州并言:"先贷民钱千万令市牛,价纳外所负尚多,许随来岁夏秋税输送。"诏悉除之。

李继迁寇灵州,合河都部署杨琼击走之。

己酉,葬神功圣德文武皇帝于永熙陵,庙号太宗。

十一月,甲子,祔神主于太庙,以懿德皇后配;又祔庄怀皇后于别庙。

帝初践阼,告天地宗庙,有司请署祝版,帝涕泗交下,不能著者久之。灵驾发引,帝与诸王徒步号恸,从至乾元门。礼官具仪,遣奠毕改吉服,帝不忍,哭踊尽哀,缞服还宫。及神主至京,迎拜涕咽,观者莫不歔欷。先是帝谓参知政事李至等曰:"神主至京,朕欲亲导及拜辞,于礼可乎?"至曰:"此礼前代所阙,陛下行之,足为万世法。"即具仪以闻。时有请增损旧政者,帝曰:"先帝赐名之日,抚朕背曰:'名此,欲我儿有常德,久于其道也。'罔极之训,朕何敢忘!"

丙寅,德音降两京死罪以下囚;缘山陵役民,赐租有差。

复分三司句院为三,命官各判之。以太常丞新喻王钦若判三司都催欠凭由司。钦若初为亳州判官,监仓,天久雨,仓司以谷湿不为受,民自远来输租,仓谷且尽,不得输。钦若悉命输之仓,且奏不拘年次,先支湿谷,即不至朽败。太宗大喜,手诏褒答,因识其姓名。及开封府以岁旱蠲十七县民租,时有言按田官司蠲放不实者,御史台请遣使覆实,诏东西诸州选官阅视。亳州当按太康、咸平二县,州遣钦若覆按甚详,抗疏言:"田实旱。开封止放七分,今乞全放。"既而它州所遣官并言诸县放税过多,悉追收所放税物,人皆为钦若危之。至是擢用,帝以其事语辅臣曰:"当此时,朕亦自惧。钦若小官,独敢为百姓伸理,此大臣节也。"钦若既为三司属,虞部员外郎毋宾古谓钦若曰:"天下宿逋,自五代迄今,理督未已,民病不能胜,仆将启而蠲之。"钦若即夕命吏治其数,翼日上之。帝大惊曰:"先帝顾不知邪?"钦若徐曰:"先帝固知之,殆留与陛下收天下人心耳。"

己巳,诏工部侍郎、集贤院学士钱若水修《太宗实录》。若水举官同修,起居舍人李宗谔与焉。帝曰:"自太平兴国八年以后,皆李昉在中书日事。史凭直笔,若子为父隐,何以传信于后!"除宗谔不可,馀悉许之。

是日,同句当审官院、通进银台司封驳事田锡上疏曰:"今地震之灾渐见,下动之象已萌。臣见银台司诸道奏报,自九月初至冬节前,申奏贼盗不少,今不一一具奏,且据其可言者言之:九月四日,施州奏群贼四百馀人惊劫人户;十月七日,滑州奏有贼四十馀人过河北;十五日,卫州奏有贼七十馀人过河北;十九日,绛州奏垣县贼八十馀人杀县尉;西京奏十月二十三日,有贼一百五十人入白波兵马都监廨署,并劫一十四家,至午时,夺舟往垣曲,至河阳、巩县界;濮州奏群贼入鄄城县;单州奏群贼入归恩指挥营;济州奏群贼劫金乡、钜野县郭十九家;永兴军奏虎翼军贼四十馀人劫永兴南庄;今月二日,西京奏王屋县贼一百馀人,白高渡溃散军贼六十馀人;七日,陕府奏集津镇群贼六十馀人,并惊劫人户,至午时乘船下去峡石县,群贼自河北渡过河南;八日,西京奏草贼见把截土壕镇,官私往来不得。岂有京师咫尺而群盗如此,边防宁静而叛卒如是!臣为陛下忧之。庙堂之上,必有嘉谟。若言小小寇盗,不劳圣意忧虞,只令使臣捕逐,如此,则群盗终难剿灭。若贼徒得聚二三千人,径度淮南,往保吴、越,则运粮纲船不至京师矣。若贼徒取得一二州郡,扼据要冲,则上供钱帛不充国用矣。人心必有向背,军情岂无动摇!当此之时,北塞辄来骚边,陛下不得不忧;西戎辄来犯边,大臣不得不惧。臣今所言激切,不为身谋,所虑安危,实为国计!"

先是,西鄙运粮,诏以诸军代民挽送。己卯,士卒亦令放归,仍赐缗钱,苦寒故也。

帝御便殿,阅殿前指挥使内殿直骑射斗槊,擢精锐者十馀人,迁其职。

丙戌,辽主如显州。戊子,谒显陵。庚寅,谒乾陵。

有司言:"冬至祀圜丘,孟夏雩祀,夏至祭方丘,请奉太宗配;上辛祈谷,秋季大飨明堂,奉太祖配;上辛祀感生帝,孟冬祭神州地祇,奉宣祖配;其亲郊圜丘,奉太祖、太宗并配。"诏可。

是月,高丽国王王治卒,从子诵立。诵遣兵校徐远来请命,不得达而还,后遂绝。高丽亦遣使告于辽。

十二月,甲午,钱若水等言:"修《太宗实录》,请降诏旨,许臣等于前任、见任宰相、参知政事、枢密院使、三司使等处移牒求访,以备阙文。"许之。

丙申,追尊母贤妃李氏为皇太后。后丧先殡于普安院,于是议改卜园陵,立忌建庙。有司言:"《周礼》春官大司乐之职,奏夷则,歌仲吕,以飨先妣。先妣,姜嫄也,是帝喾之妃,后稷之母,特立庙名曰閟宫。晋简文宣后以不配食,筑室于外,岁时享祭。唐先天元年,始祔昭成、肃明二后于仪坤庙,又玄宗元献杨后立庙于太庙之西。稽于前文,咸有明据。望令宗正寺于后庙内修奉庙室,为殿三间,设神门、斋房、神厨,以备荐飨。"从之。

辛丑,诏诸路转运使申饬令长,劝课农桑。

先是帝访宰辅以灵武事,参知政事李至上疏,以为:"灵州不可坚守,望释李继迁之罪,厚推赐与，降诏绥怀。"反覆言之甚切。至是继迁遣使修贡，求备藩任，帝虽察其变诈，方在谅闇，姑务宁静，因从其请，复赐姓名、官爵。甲辰，以银州观察使赵保吉为定难节度使，遣内侍右班都知张崇贵赍诏赐之。甲寅，遣张浦还。

己酉，辽主驻驼山。甲寅，遣使祭高丽国王治，诏诵权知国事。丙辰，录囚。

初，刑部郎中、知扬州王禹偁准诏上疏言五事，其一曰："谨防边，通盟好，使輓运之民有所休息。方今北有契丹，西有继迁，戍兵馈饷，固难寝停，关辅之民，倒悬尤甚。宜敕封疆之吏，致书辽人，请寻旧好。下诏赦继迁罪，复与夏台，彼必感恩内附，且使天下知陛下屈己而为人也。"

其二曰："减冗兵，并冗吏，使山泽之饶稍流于下。当乾德、开宝之时，土地未广，财赋未丰，然而击河东，备北鄙，国用亦足，兵威亦强。自后尽取东南数国，又平河东土地，财赋可谓广矣，而兵威不振，国用转急，其义安在？兵冗而不尽锐，将众而不自专故也。臣愚以为急经制兵赋如开宝中，则可高枕而治矣。开宝中设官至少，一州止有刺史一人，司户一人，当时未尝阙事。自后有团练推官一人，又有通判、副使、判官、推官，而监库、监酒、榷税算又增四员，曹官之外，更益司理。问其租税，减于曩日也，问其人民，逃于昔时也。冗吏耗于上，冗兵耗于下，此所以尽取山泽之利而不能足也。夫山泽之利，不可弃也，亦不可尽。即如茶法，从古无税，唐元和中以用兵齐、蔡，始建其法，《唐史》称是岁得钱四十万贯，东师以济。今则数百万矣，民何以堪！"

其三曰："艰难选举，使入官不滥。太祖之世，每岁进士不过三十八人，经学五十人，诸侯不得奏辟，士大夫罕有资荫，故有终身不获一第，没齿不获一官者。先帝在位将逾二纪，登第殆近万人；不无俊秀之才，亦有容易而得。臣愚以为数百年之艰难，故先帝济之以泛取；二十载之霈泽，陛下宜纠之以旧章。望以举场还有司如故事。至于吏部铨官，亦非帝王躬亲之事，太祖以来始令后殿引见，因为常例，以至先朝，调选之徒，多求侥幸。宜以吏部还有司，依格敕注拟。"

其四曰："沙汰僧尼，使民无耗。汉明之后，佛法流入中国，度人造寺，历代增加，不蚕而衣，不耕而食，是五民之外又益一而为六矣。假使天下有万僧，日食米一升，岁用绢一匹，是至俭也，犹月费三千斛，岁用万缣，何况五七万辈哉！又，富者穷极口腹，一斋一衣，贫民百家未能供给，不曰民蠹，其可得乎！愿深鉴治本，亟行沙汰。如以嗣位之初，未欲惊骇此辈，且可一二十载不度人修寺，使自销铄。"

其五曰："亲大臣，远小人，使忠良謇谔之士知进而不疑，奸佞倾巧之徒知退而有惧。"

疏奏，即召禹偁还朝。既用其策，以夏、绥、银、宥、静五州赐赵保吉。翼日，命禹偁守本官，复知制诰。

辽南院宣徽使萧巴雅尔加政事令，迁东京留守。巴雅尔为政宽裕而善断，诸部畏爱，民以殷富。

是岁，始分天下为十五路：一曰京东路，二曰京西路，三曰河北路，四曰河东路，五曰陕西路，六曰淮南路，七曰江南路，八曰荆湖南路，九曰荆湖北路，十曰两浙路，十一曰福建路，十二曰西川路，十三曰峡路，十四曰广南东路，十五曰广南西路。

辽放进士陈鼎等二人。

【译文】

宋纪十九 起丙申年(公元 996 年)七月,止丁酉年(公元 997 年)十二月,共一年有余。

至道二年 辽统和十四年(公元 996 年)

秋季,七月,己亥朔(初一),宋太宗任命殿前都指挥使王超为夏州、绥州、麟州、府州都部署。

辽太妃领兵安抚平定西部边疆,将军事委托给招讨使萧达兰。萧达兰留意网罗人才,当时耶律昭因兄长耶律国留出事牵连流放到西北部,萧达兰与他交谈,喜爱他,以礼招致他的门下,想召见重用,耶律昭以有病推辞。萧达兰问他说:"如今三面边界太平无事,只有准布伺机而动,讨伐他路途遥远难以到达,放纵他则边境百姓遭受掳掠,增派守兵则粮饷无法供应,打算苟安一时的话,也不能最终保持没有变故。计谋将从何而出呢?"耶律昭回答说:"西北各部,每当农耕之时,一个男子充当侦探,一个男子治理公田,两个男子为牝军官府服役,大抵四个男子没有一人能在家中。打草放牧的事情,只有仰仗妻子儿女,一旦遭受侵犯抢掠,立即一贫如洗。春夏季节赈济抚恤百姓,官员大多在粮食中掺杂糠秕,重加盘剥,没有几个月,又再告困乏,况且畜牧牲口,是富国的根本,官吏为防备百姓隐瞒,将牲口聚集在一处,不能各自前往水草肥美的地方。加之卫戍士卒逃亡,随时征发壮丁补给,不习别处风俗水土,所以日益消瘦,人力逐渐至于耗尽。如今之计,不如赈济穷困减轻赋税,提供耕牛种子,让百姓能够耕作收获。设置流动部队来防备强盗抢劫,颁发战利品来帮助伏腊祭祀,分散牲畜放牧到各自便利之地,等待几年,富强有望。然后简练精兵,以此充实军队,哪还会有什么防守不坚固,什么行动不成功的呢!然而必须除去其中难以制服的,其余种族部落自然会畏服。如果舍大谋小,避强攻弱,不但白白地空费财力,也不足以征服人心。这二者,是利害成败的关键,不能不明察。耶律昭听说古来名将,安定边疆建功立业,在于德政不在于人多,所以谢玄用八千兵力击破苻坚十万大军,耶律休格用五队人马击败曹彬十万大军,实在是由于用恩德结交将士之心,得到他们的拼死效力啊。阁下荣膺非常的礼遇,独担一方面的重托,应当远效古人,以成就功勋伟业,上观天象,下尽人谋,侦察地形的险易,分析敌人的虚实,深思熟虑没有遗漏的良策,利益恩泽就会延及后代了。"萧达兰听从他的话,终于能成就功业。

庚申(二十二日),太常博士、直史馆陈靖上言:"古代强干弱枝的办法,必须首先让内部富裕充实起来。如今京师周围二三十个州,幅员几千里,开垦的土地才十分之二三。租税能交入的又是没有十分之五六,因而国家费用不充足,百姓粮食不充实。希望选择大臣中有深谋远虑的一人,兼领大司农的事务,在朝廷主领;再从郎官中挑选才智通用,善于安抚百姓役使民众者为副手,在外面管事。从京东、京西选择肥沃没有耕种的田地,申明鼓励农耕之意。凭借利用空闲旷废之地,招募游手好闲的百姓,另外设置户籍,按情况方便有利而处置,掂量百姓人力的多少,测定农田土地的肥瘠,平均分配给他们,无须烦琐敦促考查。耕田种桑之外,再规定让他们多种植其他树木、蔬菜、水果,繁殖饲养羊、狗、鸡、猪。等到三五年之间,生计建立起来,他们就有家业可以依恋,便统计户口规定征额,衡量田地交纳租税,这实在是敦促本业教化人民的长远大计啊!"宋太宗览阅奏章,召见应对,嘉奖鼓励,下令逐条奏陈而上报。不久任命陈靖为劝农使,巡视陈、许、蔡、颍、襄、邓、唐、汝等州,鼓励百姓开垦田地,以大理寺丞皇甫选、光禄寺丞何亮为副手。不多久,三司认为耗费官钱很多,万一遇上水旱灾害,担心就会散失,此事只得作罢。

丙寅(二十八日),参知政事寇准罢相为给事中。先前郊外祭天行施庆赏,朝廷内外官员全都加官晋级,寇准于是任意轻重进退,他平时所喜欢的大多获得台省清望官秩,所讨厌和不知道的便分别贬退。广州左通判、左正言冯拯转为虞部员外郎,右通判、太常博士彭惟节却转为屯田员外郎,冯拯曾经同寇准有过隔阂,寇准故意贬抑他。彭惟节自己认为一向位居冯拯之下,所以奏章排列官衔全都照旧不改,寇准发怒,用堂帖将彭惟节的名字提到冯拯之上。宋太宗严厉斥责冯拯,同时特免加罪,冯拯愤怒至极,进言寇准专权,连及岭南官员任授不均等几件事。岭南东路转运使康戬,也进言说吕端、张泊、李昌龄都是寇准所引进的,吕端感激他的恩德,张泊曲意逢迎寇准,李昌龄畏惧懦弱,都不敢同寇准抗争,所以寇准得以驰骋胸臆,紊乱常制。太宗勃然大怒,征召斥责吕端等,吕端说:"寇准生性刚愎自用,臣等不想多加抗争,担心有伤国家大体。"因而再次跪拜请罪。不久寇准入宫应对,太宗提及冯拯的事情,寇准抗争辩解,太宗说:"你在朝廷上争辩,有失执政大臣的体统。"寇准仍然力争不休,太宗叹息说:"麻雀老鼠尚解人意,何况人呢!"第二天,寇准仍然抱着中书门的簿册争论是非曲直,太宗更加不高兴,将他罢免为邓州知州。

这月,宋太宗以丁惟清为西凉府知府。凉州四周两千里,东面与原州交界,南面与雪山、吐谷浑、兰州交界,西面与甘州交界。北面与吐蕃接界。领有姑臧、神乌、番禾、昌松、嘉麟五个县,民户二万五千多,州城周长四十五里,是当年李轨修筑的、长久不归属中原,到这时向朝廷请求主帅,宋太宗准从。

汴水在谷熟县内决口。

闰月,庚寅(二十二日),宋太宗下诏:"江、浙、福建百姓欠人的钱而被没入债主家的男女,放还他们回家。有敢隐匿者治罪。"

九月,戊寅(十一日),右仆射宋琪去世,赠授司空,谥号为惠安。宋琪素来有文才学问,尤其精通做官为吏之术,很能知道人们的真伪。在相位期间,百官众吏有事请求的,大多当面驳回,因而被人怨恨。

己卯(十二日),夏州、延州行营奏报。两路军队会合在乌白池击破贼军。斩首五十级,活捉二千多人,贼寇首领李继迁逃跑。先前宋太宗部署众将进攻讨伐李继迁,李继隆部从环州,范廷召部从延州,王超部从夏州,容州观察使丁罕从庆州,锦州刺史张守恩从麟州,总共五路,领兵抵达乌白池,全都先授予作战方案。张守恩是张令铎的儿子。出兵已有规定期限,银夏钤辖卢斌请求太宗召对,恳切上言说:"蕃族兵强马壮,来往不定,战败就逃奔他国之境,如激战沙漠,对朝廷大军不是有利的,不如坚守灵州,在内地多积聚粮草,派军队护送。如果贼寇到达,就合兵首尾夹击,可以不白白地浪费出兵运粮,而且也不失巩固边防的良策。"太宗不听从,改授卢斌为环、庆两州钤辖,领兵二万作为李继隆的前锋。

火箭模型　北宋

卢斌对李继隆说:"从灵州奔赴乌白池,一个多月才能到达,如果从环州骆驼路走,才十里路程而已。"李继隆因此派遣他弟弟李继和骑驿站快马飞驰到朝廷奏报:"赤桠路迂回遥远,缺乏水源,请求从青岗峡直达李继迁的巢穴,来不及再救援灵州。"太宗大怒,在便殿召见李继和,责问他说:"你哥哥如此的话,必定败坏我的大事!"因此用亲笔诏书痛斥李继隆,命令引进使瀛洲人周莹到军前督阵。周莹赶到,李继隆已经根据情况出兵了。李继隆不久同丁罕部会师,行军几十天看不到贼寇,便领军返回。张守恩看到贼寇而不出击,率领军队返回本部;只有王超、范廷召部到达乌白池,同贼寇作战大小几十次;尽管频频获胜,但众将误失期限,士卒窘困贫乏,终究不能擒获贼寇。当时王超的儿子王德用,年纪十七岁,担任先锋,部署万人在铁门关战斗,斩敌首十三级,俘获牲畜数以万计。等进兵到乌白池,贼寇气势很盛,王超不敢前进,王德用请求进攻,得到精兵五千,转战三天。贼寇退却后,王德用说:"返回的军队因险隘受困,必定混乱。"于是领兵在距夏州五十里的地方先越过险隘,下令说:"有敢扰乱队列者斩首!"全军肃然整齐,王超也为此紧扣马缰。敌人在后面跟踪,望见队列严整,不敢靠近,王超拍着王德用的背说:"王家算是有出色的儿子了!"

丙戌(十九日),秦州、晋州各地一昼夜发生地震十二次。

甲午(二十七日),宋太宗下诏:"在寿宁节赐翰林学士、中书门下两省五品、尚书省四品以上的官员一个儿子为官。"先前朝廷近臣趁皇上生日有的申报远亲要求恩荫补官,到这时开始做出限制,不是本人的子孙和亲兄弟,大多扣下不回复。

冬季,十月,丙辰(十九日),辽国主命令刘遂教授南京神武军士兵剑法,赐给他衣袍腰带、织锦绢帛。

己未(二十二日),宋朝将池州新的铸钱监命名为永丰监,每年增加铸钱几十万缗。

甲子(二十七日),宋朝将三司句院合并为一,由工部员外郎袁州人刘式专门领掌。太宗当面命令刘式说:"用你一人担任三个人的职务,应该努力符合我的期望。"刘式长期在计财官署任职,深究户籍账册中的弊病,江、淮之间原先有横征暴敛,积欠的赋税很多,刘式奏请释免。然而他检查校核过于严厉,结果被下属官吏所起诉,罢免官职。

十一月,丁卯朔(初一),司天冬官正杨文鉴上言,请求在新历六十甲子之外再增加六十年,此事交付有关官员审议,判司天监苗守信等审议,认为没有什么根据,不能实行使用。宋太宗说:"天干地支依次组合一周尽管只到六十,但是两周甲子,共同组成上寿的数目,百岁老人,从历书上得见出生的年岁,不也好吗?"因此诏令有关官吏,新颁历书以两周甲子一百二十年为标准。

甲戌(初八),辽国主下诏各军队、官署不要不适时宜地打猎妨碍农事。

乙酉(十九日),辽国主将辽景宗和皇太后的石像安放到乾州。

这月,回鹘向辽国求婚,没得到允许。

十二月,乙巳(初九),礼部侍郎,陈州知州苏易简去世。苏易简才思敏捷,在翰林院供职八年,受到太宗垂爱礼遇无与伦比,于是参与朝廷大政。生性嗜酒,太宗亲自书写《劝酒》《戒酒》两首诗赐给他,让他对着他的母亲朗读,从此以后每次入宫值班不再敢饮酒。太宗听到他的死,说:"苏易简竟因酒而死,太可惜了。"赠授礼部尚书。

辛亥(十五日),有关官员进言,凤州出产铜矿,定州出产银矿,请求设置官员掌管这些事。宋太宗说;"大地不吝惜它的宝藏,应当和民众共享。"没有准许。

甲寅(十八日),辽国主因为南京道新定税法太重,下令减免。

戊午(二十二日),宋太宗下诏:"从今以后州县官辖内有流民和损失租税十分之一的,考绩一律记为下等。"

甲子(二十八日),辽国招讨使萧达兰因为准布部酋长阿鲁端叛变后又投降,桀骜不驯难以驾驭，便诱出他的同党六十人斩首而献上，采用的耶律昭的话。萧达兰被封为兰陵郡王，兼侍中。

辽国主前往南京，以驸马都尉萧恒德为行军都部署，讨伐富勒莫多部。萧恒德有胆略，多次随从南征，皇太后表彰他的功劳，征伐东高丽回来，赐称号为启圣竭力功臣。旋即随从征伐乌实，萧恒德贪求俘获之利，提议深入进兵。等到返回，道远粮尽，士卒马匹死伤很多，被削夺功臣称号。辽太后念及他旧日的功业，所以有这项任命。不久富勒莫多部人户大多归附，萧恒德返回。

这年，大丰收。

辽国放榜取中进士张俭等三人。

至道三年辽统和十五年（公元997年）

春季，正月，庚午（初五），辽国主前往延芳淀。

丙子（十一日），宋太宗以户部侍郎温仲舒、礼部侍郎王化基同时为参知政事，给事中李惟清为同知枢密院事。王化基心胸宽敞有度量，手下僚属有的礼节怠慢，也不介意。当时边境多战事，太宗想任用温仲舒为相而罢免吕端，适逢太宗有病，于是作罢。

参知政事张洎罢相为刑部侍郎。

辽国主因为河西党项族叛乱，下诏韩德威率军征讨。

庚辰（十五日），辽国主命令各道鼓励百姓种植树木。

乙酉（二十日），宋朝将孝章皇后葬于永昌陵。

辛卯（二十六日），宋太宗以步军都虞候傅潜为延州路都部署，殿前都虞候王昭远为灵州路都部署，户部使张鉴调任为陕西诸州军储。张鉴上疏说："臣下看到关中三辅的百姓，连年来，都有租税徭役，畜牧产业荡尽，家家困顿空乏，如今倘若再有差役科税，就会更加导致流亡，纵使驱赶逼迫他们前往，又担心逗留观望而溃散。希望陛下特别垂示诏旨，不要让百姓重增劳役，趁着初春时节，使之致力农田耕作，何况灵州一方，偏僻远在要塞之外，虽说是西部边陲的要地，但实在是中原华夏的蠹区，竭尽财物人力来供应军需，困乏军队而护送增援，此事理当深思熟虑，祸患应该预先防备。倘若等待山川决口然后修堤，火焰炽热才去扑灭，那火烧水淹的灾患就深了，即使打算拯救，还有可能吗？"

己丑（二十四日），辽国主命令南京判决滞留囚犯。乙未（三十日），诏令免除流民租税。

二月，丙申朔（初一），辽国主前往长春宫。

灵州行营击破李继迁，李继迁逃跑。

戊戌（初三），辽国主因为品部有许多贫民，鼓励富民出钱来赡养贫民。

庚子（初五），辽国将梁门、遂城、泰州、北平百姓迁徙到内地。

辛丑（初六），宋太宗身体不适，开始在便殿处理政事。

甲辰（初九），宋太宗诏令京师地区死罪囚犯免除死罪，流刑以下囚犯释放。

丙辰（二十二日），辽国将领韩德威奏报击破党项的胜利。

丁巳（二十三日），辽国主命令品部在旷闲土地招募百姓开垦耕种。

三月，戊辰（初四），辽国招募百姓耕种滦州荒地，免收当地租赋十年。

己卯（十五日），辽国主册封李继迁为西平王。

壬午（十八日），辽国主诏令免除南京亏欠赋税和义仓粮食，同时禁止各军队官署不合时宜地打猎妨碍农事。

甲申(二十日),河西党项请求归附辽国,辽皇太妃旋即派人奏报西部边境的胜利,从此辽国的西路开拓的土地更加广远。

壬辰(二十八日),宋太宗不能视朝。癸巳(二十九日),在万岁殿驾崩。参知政事温仲舒宣读太宗遗制,让皇太子在灵柩前即位。当初,太宗患病,宣政使王继恩忌恨皇太子英明,便和参知政事李昌龄、知制诰胡旦等人密谋拥立楚王赵元佐,常常离间皇太子。宰相到宫中探问病情,看到皇太子不在太宗身旁,怀疑发生变故,就在笏板上书写"大渐"二字,命令贴身亲吏催促皇太子入宫侍奉。至太宗驾崩,王继恩禀报皇太后到中书门下召见吕端,商议所立人选。吕端事先知道他们的密谋,便哄骗王继恩,让他进入书阁检索太宗先前御赐墨写诏书,把他锁在里面,赶紧入宫。皇后对吕端说:"皇上驾崩,立继承人选择长子,是顺,如今将怎么办?"吕端说:"先帝册立皇太子,就是为了今天,岂能容许再有异议呢!"皇后沉默无语。太子即位后,吕端平身站在大殿下不跪拜,请求卷起帘子,上殿仔细端详明白,然后走下台阶,率领朝廷群臣呼万岁。

夏季,四月,乙未朔(初一),尊奉皇后为皇太后。对天下宣布实行大赦,平常赦免所不原宥的罪囚全部减除刑罚。宋真宗赵恒下制书说:"先朝各种政务,全有现成规定,务必遵循执行,不敢有失落。应该选拔优秀人才,开启谏诤言路。"京朝官员穿红、绿袍服达到二十年的,一律给以更改服色。官员没升朝也准许依次赐穿红、紫袍服从此开始。

戊戌(初四),宋真宗在崇政殿西厢接见文武群臣。

辽国主命令审理囚犯。壬寅(初八),发放义仓粮食赈济南京百姓。

癸卯(初九),宰相吕端加官为右仆射。

宋真宗改封弟弟赵元份为雍王,赵元杰为衮王,赵元偓封为彭城郡王,赵元偁封为安定郡王。

甲辰(初十),宋真宗以太子宾客李至为工部尚书,李沆为户部侍郎,一并为参知政事。

丁未(十三日),朝廷内外文武群臣都进升官秩一等。

己酉(十五日),辽国主前往南京。

工部侍郎郭贽出任大名府知府,第二天,郭贽请求召见应对,恳切推辞,宋真宗说:"魏地重任有所寄托,爱卿应该立即前去。"郭贽退下,宋真宗征召宰辅大臣说:"郭贽希望留下,怎么办?"回答说:"近代成例也有这种事。"真宗说:"朕刚继位,命令郭贽治理大藩镇而不去,以后怎么遣使别人!"终于派遣郭贽赴任。

宋真宗对宰相说:"朝官行列中还有些淹没滞留的,如梁周翰早就有文辞才名,但三十年来屈居于众多官僚之下;朕在王府时,经常让杨亿起草笺表奏章,文理精当,应该立即加以提拔。"辛亥(十七日),以工部郎中、史馆修撰梁周翰为驾部郎中、知制诰,著作郎、直集贤院杨亿为左正言,三馆任职一律照旧。旧例:进入西阁前都要由中书门下召见考试制诰三篇,只有梁周翰不加召见考试而任命。

李应机曾经任成平县知县,宋真宗为开封府尹时,派遣散从拿着帖子下到咸平县,进行追捕,散从仗恃寿王的权势,在县署大堂上吵闹呼喊,李应机发怒说:"你侍奉的是寿王,我所侍奉的寿王的父亲,父亲手下的人打儿子手下的人。"打了散从二十杖,散从向寿王哭诉,寿王不作回答而默默记住李应机的姓名。及至寿王即位,提拔李应机为益州通判,召见登上大殿,对他说:"朕正在因西蜀而犯愁,所以任命爱卿为此官,这不足以作为大任重托。如有应办事宜,就用密封奏疏上报。"李应机到达益州,没多久,有走马入朝奏事,前一天,知州为他饯行,李应机故意装病不来会面,走马心中已经不平。到傍晚,李应机又对走马说:"有密封奏疏,准备托你附带入朝奏呈,明天不能走啊。"走马不知道他接受过真宗旨意,更加恼怒,勉强答应说:"好。"第二天,走马派人对李应机说:"我将出发了,希望要得到携带的奏疏。"李应机说:"奏疏不能随便交给他人付递,应当亲自前来接受。"走马尽管恼怒得很,但心中打算积累李应机的骄横情况向真宗诉说,便前往李应机的官署,接受奏疏上路。到达京师后,真宗迎面问他:"李应机好吗?有奏疏吗?"走马惊愕得不知所措,立即回答说:"有。"从怀中取出奏疏,真宗仔细阅览后称好。因此询问:"李应机理政行为怎么样?"走马惊恐不安,调转原先准备好的话头称誉李应机。真宗说:"你回去告诉李应机,所奏陈的事都对,已经实行了。另有意见,应当全部奏报。等蜀中无事,就将召回爱卿了。"过了一段时间,李应机被征召入朝,迁升提拔,几年之间位至显赫大官了。李应机为官机敏强干,但贪财,多有权术欺诈,后来真宗看透他的为人,逐渐疏远他。

宋真宗诏令进封交趾郡王黎桓为南平王。

辛酉(二十七日),知制诰胡旦贬谪出任安远节度行军司马。胡旦与王继恩等人的阴谋败露后,宋真宗因为刚即位,不想彻底追究,而胡旦起草举行庆典的制词,驰骋胸臆,多有溢美之词,语言中又讥讪皇上,所以首先被贬黜。

五月,甲子朔(初一),出现日食。

丙寅(初三),宋真宗依从文武群臣的请求,开始登正殿视理朝政,退朝,到后殿阅览政事,如同往常礼仪。

丁卯(初四),宋真宗下诏朝廷内外文武群臣:"从今以后君主有过失,当时政务有欠缺、军事有凶险,民间有弊害,一律准许直言极谏,坦率上书来奏报。"

己巳(初六),辽国主下诏平州判决停滞案件。

庚午(初七),宋真宗下诏给三司:"等到年成丰收,购买粮食以充实仓库。"

壬申(初九),宋朝撤销江淮转运使、各路转运使司承受公事,朝臣、使臣全都征召回京。真宗开始听政,致力于简省易行。

甲戌(十一日),参知政事李昌龄,贬谪忠武节度行军司马;宣政使王继恩,贬谪右监门卫将军,到均州安置;胡旦削除官籍,流放浔州。

宋太宗即位时,王继恩出过力;从此以后,恩宠礼遇无人可比。乘机言事或荐举外朝官吏,所以士大夫中轻薄急于进用的经常同他来往,每次都以多宝僧舍为见面地点。潘阆获得官职,也是王继恩所荐举的,潘阆是奸诈阴险之士,曾经王继恩乘机劝说太宗立太子,并且说:"南衙自己认为应当立为太子,他立为太子将不会对我们感恩戴德;如果商议所立人选,应该立诸王中不当立的人。"南衙是指宋真宗。王继恩相信潘阆的话,经常蛊惑太宗,但太宗最终册立了真宗。潘阆不久因狂妄被贬黜。太宗病危,王继恩和李昌龄以及胡旦另起邪谋,幸亏吕端察觉,阴谋没能得逞。真宗即位后,对文武百官普加恩惠,王继恩又秘密托付胡旦炮制褒扬之词。胡旦已经先被贬黜,到这时一并驱逐三人。抄没王继恩的家产,获得蜀地许多僭越奢侈物品。真宗不久下诏:"朝廷内外文武百官曾经同王继恩交结有交往书信的,一律不究。"两年后,王继恩死于贬所。

甲申(二十一日),宋真宗对宰辅大臣说:"后宫中嫔嫱侍女太多,幽禁闭塞实在可怜,朕已经命令将供事岁月久的全部放出宫外。"吕端等人说:"皇上登基之初首先发布此项命令,真是圣哲帝王的美好风范啊。"

丁亥（二十四日），册立秦国夫人郭氏为皇后，真宗为皇太子时，凡事都讲谦让，郭氏还不曾正式封授妃号。

庚寅（二十七日），宋真宗追尊母亲陇西夫人李氏为贤妃。贤妃是真定人，乾州防御史李英的女儿，真宗与楚王赵元佐，都是贤妃所生的。

这月，辽国迪里部杀害详衮而叛变，逃到西北荒野，萧达兰率领轻骑兵追击，俘虏迪里部族的一半，乘势讨伐准布部中没有臣服的。各蕃人部族每年贡土产方物充斥国中，从此以后互相往来如同一家。萧达兰因各部族叛乱归降反复无常，上表请求建三城来杜绝边境之患，辽国主准从。

六月，戊戌（初五），宋真宗追认恢复皇叔涪王赵廷美为秦王，赠授皇兄魏王赵德昭为太傅、岐王赵德芳为太保。

宋真宗对宰相说："各州大献珍禽异兽、祥瑞之物，这很无益处。只要能庄稼丰熟，并且获得贤臣，才是真正的祥瑞。"辛丑（初八），真宗下诏天下不要再进献珍禽异兽和各种祥瑞之物。

南康军建昌县百姓洪文抚，六世同堂，在住所的雷湖北面创建书院，为前来求学的人提供住宿，宋真宗诏令表彰洪氏之家。

甲辰（十一日），宋真宗授予皇兄赵元佐为左金吾卫上将军，恢复封为楚王，准许在家养病不上朝。真宗起初打算前往赵元佐宅第，赵元佐以疾病为由坚决推辞，说："即使来了，也不敢相见啊。"从此以后终身没再相见。

宋朝罢黜盐铁、度支、户部的副使之职。

乙巳（十二日），宋真宗追封莒国夫人潘氏为皇后。

工部侍郎、同知枢密院事钱若水，罢免原职为集贤院学士、判院事。先前宋太宗对钱若水说："士人遭逢时运获得官位，系金带，佩紫绶，赏赐延及宗族，怎么能不竭尽忠诚报答国家呢？"钱若水回答说："志趣高尚的人并不把名誉地位当作荣耀，忠贞之士也不会因为处境窘迫或仕途通达而改变志向。倘若因为爵位俸禄荣耀礼遇的缘故而效忠皇上，是中等人以下所干的。"宋太宗同意他的话，及至刘昌言被罢相，宋太宗问赵镕等人道："见到刘昌言流泪哭泣了吗？"赵镕等人回答说："和臣下等说话，常常落泪哭泣。"太宗说："大多人都如此。进身重用时不尽心职守，贬斥离去时便痛哭流涕。"钱若水说："刘昌言实际上未曾流泪哭涕，这是赵镕等为了迎合皇上的意思啊。"吕蒙正被罢相，宋太宗又对钱若水说："吕蒙正期望官复原位已是望眼欲穿了。"钱若水应对说："吕蒙正虽然身登显贵，但他的风度名望并没有辱及他的官位；仆射为百官师长，不是寂寂无闻之地，况且吕蒙正原本就不曾因为罢相而忧郁。当今隐居出洞的高士，不求荣华爵禄的很多，像臣下之辈，苟且贪图高官厚禄，实在不值得看重。"太宗默然无语。钱若水因为思念人主对待辅佐大臣如此优厚，却不曾有品格高洁、不贪图名利权势、能够恪守进退正道的人来回报主人，就准备称病告退，适逢太宗驾崩，没有呈上表章。真宗即位，钱若水因为母亲年迈请求解除公务，表章呈上两次，才获准请求，征召在便殿谢恩。诏命赐座，宋真宗问道："身边大臣中有谁可以重用呢？"钱若水说："中书舍人王旦有德行名望。"真宗说："这是朕心中所想托付的。"钱若水喜好提携后进，推重名士，因而士大夫尊重仰慕他。

宋真宗服丧期间，在宫禁中召对辅佐大臣，每次看见吕端等人，必然肃然起立拱手作揖，不称呼他们的名字，吕端等人再次跪拜请求称名。真宗说："你们是顾命元老，朕怎敢将自己上比先帝呢！"又因吕端身体丰大，宫殿台阶很陡，命令工匠都为之改造专门的纳陛。

秋季，七月，乙丑（初三），宋真宗登崇政殿，召见吕端等人，询访军政大事长远规划。吕端陈述当前的紧急事务，都有条理，真宗嘉许采纳。

丙寅（初四），宋真宗诏令各路转运使轮流赶赴京师，向他们询问民间疾苦。

吏部郎中、直集贤院田锡应对诏书上疏，进言陕西几十州苦于灵、夏的劳役，百姓生计困难重重，宋真宗为此忧伤。有一天，对吕端等人说："近来诏令朝廷内外直言上疏，群臣大多只涉及琐碎小事，只有田锡、康戬陈词不繁衍枝蔓，指出事情十分贴切，张齐贤很留意民政事务。"于是拿出田锡的奏疏给吕端等人看，说："爱卿们详细斟酌后实行。"

辛未（初九），辽国禁止吐谷浑别部卖马给宋朝。

先前辽国萧恒德上娶越国公主为妻，公主是皇太后的第三个女儿，生性沉静淳厚，辽太后在所有女儿中尤其怜爱她，所以萧恒德多次膺付重任。越国公主很有妇道，不因恩宠尊贵而骄横。遇上公主有病，辽太后派遣宫中人员去侍候她，萧恒德私下与宫女通奸，公主气愤而死。辽太后大怒，赐令萧恒德自杀。萧恒德的女儿许配给高丽国王，丙子（十四日），高丽国王派遣使臣韩彦敬来吊唁越国公主的去世。萧恒德临死前，上书辽国主，说他的侄儿萧柳的才能可以任用。萧柳知识多，能作文，膂力过人，辽国主旋即诏令入宫为侍卫。

辛卯（二十九日），辽国主诏令南京迅速判决各种案件诉讼。

八月，己亥（初七），赵镕罢免原职为寿州观察使，李惟清罢免原职为御史中丞。以曹彬为枢密使兼侍中，以户部侍郎、同知枢密院事向敏中，给事中夏侯峤一并为枢密副使。宋真宗对他们说："机密部门，必须由端庄谨厚的人掌管。曹彬以宿著旧臣为枢密院首长，向敏中、夏侯峤辅佐他，军机边务，有希望了。"向敏中聪明机辨有才气韬略。先前对西北用兵，向敏中专门主管谋划商议，对于西北两边的道路、哨所、集散往来之地，没有不了如指掌的。夏侯峤在真宗原先的藩王邸府中任职最早，所以首先加以提拔重用。

丁酉（初五），辽国主在平地松林打猎，辽太后告诫说："前代圣人曾经说，欲望不可放纵。我儿为天下君主，驰骋田猎，万一有车马倾覆的变故，只会给我留下忧患，望深加防范！"辽国旧有的风俗，富裕靠马，强大靠兵。在野外放马，寓兵于民，有紧急事情而作战，挽弓骑兵、披甲卫士，卯时下令而辰时集合。马匹追逐水草，人们依赖奶酪，拉强弓射动物，以供给日用，粮食草料，不劳运输。以此制胜，所向无敌。辽国主每年按时节射猎，以示不忘本族习俗，虽然接受皇太后的劝诫，也不能改正。

先前，宋真宗以汉朝、唐朝的皇帝册封乳母为夫人、邑君的典故交付中书门下，因而询问吕端等人说："此礼可行吗？"吕端等人说："前代有的加封大国，有的增加美号，事情都出自皇上本意，礼制上没有一定之规。"己酉（十七日），下诏封乳母齐国夫人刘氏为秦国延寿保圣夫人。

这月，西川卫戍士卒刘旰发动叛乱，攻打抢掠蜀、汉等州，益州钤辖马知节领兵三百人去追击。招安使上官正，飞快递书信召马知节返回成都商议。马知节说："贼军已有几千人，稍微缓慢一点，劳苦耗费必定加倍，不如赶紧攻击，破贼必定无疑了。"立即率领所部前进。上官正也不久到达，共同攻击斩杀刘旰，其同党全部平定。刘旰从起事到灭亡总共十天。上官正开始没有出兵的意思，益州知州张咏用言语激上官正，将要启程，张咏就大设宴席为他们饯行，酒喝到酣畅时，张咏举杯对众军校说："你们都有亲属在东边，蒙受国家厚恩，没有报答的，此行应该迅速消灭贼军，不让他们逃跑。倘若旷日持久军队疲劳，此地便成为你们的葬身之地了。"上官正因此日夜兼程全力作战。到了战胜归来,张咏迎接慰劳,拿出大量金银绢帛进行犒赏,部众全都心悦诚服。

九月,丙寅(初四),辽国撤除东部边界的卫戍士卒。

庚午(初八),辽国主前往饶州,祭祀太祖庙。

丙子(十四日),宋真宗谈及西川叛乱士卒之事,辅佐大臣有的说:"蜀地没有城池,所以失去控制。"真宗说:"在于德政不在于险阻。倘若官员得人,善于安抚,使百姓安居乐业,就是无城池也可以啊。"

戊寅(十六日),宋真宗以长葛县令孔延世为曲阜县令,袭封文宣公,同时赐给《九经》和宋太宗手迹、祭器,加上遣送他白银绢帛,下诏本道转运使、本州长官待之以宾客之礼。孔延世是孔子的第四十五代孙。

壬午(二十日),左正言孙何上表进献五条建议:一参用儒臣为将,二申明太学,三改革升迁制度,四商议恢复制科,五举行乡饮之礼。宋真宗称赞说好。

监察御史王济呈上奏陈述十件事,其标题是:选择左右,分辨贤愚,正定名品,除去冗食,增加俸禄,谨守政教,选择良将,部署军事,修治民事,开辟仕途。

刑部员外郎合肥人马亮呈上奏疏说:"陛下刚理朝政,军队赏赐应当迅速,但各部所在之地不及时发给,请求派遣使者分头前往督促巡视。还有,各州县拖欠租税太多,赦免诏书尽管予以免除,但官吏催逼索取照旧,这不是用以宣布皇上恩泽的做法。国朝旧例,任用亲王判领开封府,地位极尊权势太重,容易产生猜疑隔阂,这不是保全至爱亲属的办法。契丹连年入侵,河朔一片萧条,请求奉行友好睦邻政策以让边境百姓得以休养生息。"总共四件事。宋真宗认为他的话说得对。

庚寅(二十八日),门上奏:"每月初一、十五,文武群臣前往万岁殿哭丧,十月初一是壬辰,请求改在九月二十九日。"宋真宗问吕端说:"这算什么礼啊?"吕端说:"阴阳家认为辰日忌哭。"真宗说:"哀痛之情,难道有什么回避吗?"不准许。

冬季,十月,壬辰朔(初一),辽国主停驻驼山。取消奚王各部的贡物。乙未(初四),赐给宿卫应时服装,丁酉(初六),向各山寺庙发布禁令,不得随意接受百姓出家为僧侣尼姑。戊戌(初七),解除东京道湖泊打鱼的禁令。戊申(十七日),因为上京诉讼案件繁多,追究主管者。辛酉(三十日),辽国主亲自审理囚犯案卷。

陈州、宋州同时奏报:"先前贷款给百姓一千万钱让他们买牛,牛价除交纳之外所欠的还很多,请准许明年随着夏秋两税交纳。"宋真宗诏令全部免除。

李继迁侵犯灵州,合河都部署杨琼击退他。

己酉(十八日),在永熙陵安葬神功圣德文武皇帝,庙号为太宗。

十一月,甲子(初三),将宋太宗神主附入太庙,用懿德皇后配享,又将庄怀皇后的神主附入别庙。

宋真宗刚登帝位,祭告天地宗庙,有关官员请求在祝文板上署名,真宗眼泪鼻涕一起流下,很长时间无法署名。灵车起动,真宗和诸王徒步呼号痛哭,跟从到乾元门。礼官陈上仪式,遣奠完毕后改换吉服,真宗不忍心,痛哭顿足,尽情致哀,穿着丧服回宫。及至太宗神主到达京师,迎接叩拜,涕泪呜咽,看到的人莫不歔欷。先前真宗对参知政事李至等人说:"神主到达京师,朕想亲自导引和叩拜,在礼法上允许吗?"李至说:"这礼前代空阙,陛下实行之,足为万世效法。"立即撰作仪式来奏报。当时有请求增省改动旧日治理的人,真宗说:"先帝赐名的时候,拍着朕的肩说:'取这个名,是想我儿有恒常的品德,久守治国之道啊。'这含意无尽的训诫,朕怎么敢忘记呢?"

丙寅(初五),颁布德音文告减两京死罪以下囚犯的刑;因太宗陵墓而服役的百姓,都赐给多少不等的田租。

宋朝再次将三司句院分为三,任命官事各自判领。以太常丞新喻人王钦若判三司都催欠凭由司。王钦若当初担任亳州判官,监理仓库,天气长久下雨,粮仓胥吏因为谷子潮湿不肯接受,百姓从远处前来交租,尽管仓库粮食将尽,还是不能交纳。王钦若命令全部运入粮仓,并且奏请不拘入仓年份的先后。先支出潮湿的谷子,就不至于腐烂败坏。宋太宗大喜,亲笔下诏书褒奖答复,因而记下他的姓名。及至开封府因为天旱减免十七县百姓的田租,当时有举报巡查农田的官员减免田租不实的,御史台请求派遣使者核实,太宗诏令东西各州选派官员查看。亳州当该检查太康、成平二县,州官派王钦若前往,王钦若查视非常仔细,直言上疏说:"农田确实干旱,开封府只免七成租,请求全部免除。"不久其他各州所派遣官员都奏报各县免税过多,要全部追收所免的租税物品,人们都替王钦若感到危险。到这时提拔重用王钦若。宋真宗将此事告诉宰辅大臣说:"当那时候,朕自己也感恐惧。王钦若是个小官,独自敢为百姓伸张正理,这是朝廷大臣的节操啊。"王钦若任三司属员后,虞部员外郎毋宾古对王钦若说:"天下旧日拖欠的赋税,从五代到今,一直没有停止催交,百姓贫困不堪负担,我打算启奏而免除欠账。"王钦若当晚命令官吏统计其数目,第二天上报。宋真宗大惊说:"先帝难道不知道吗?"王钦若慢慢地说:"先帝原本知道,恐怕是留给陛下来收取天下人心的吧!"

己巳(初八),宋真宗下诏工部侍郎、集贤院学士钱若水修撰《太宗实录》。钱若水推举官员同时修撰,起居舍人李宗谔也在其中,真宗说:"自从太平兴国八年以后,都是李昉在中书门下的事。史书就靠直笔而书,倘若儿子为父亲隐讳,还怎么能传信于后代!"除李宗谔不可外,其余人员全都准许。

这天,同句当审官院、通进银台司封驳事田锡呈上奏疏说:"如今地震灾变逐渐出现,下面蠢动的迹象已经萌芽,臣下看到银台司各道奏报,从九月初到冬季前,其中申奏有贼盗的不在少数,现在不一一陈奏,暂且根据其中可以进言的进言:九月四日,施州奏报群盗四百多人惊扰抢劫民户;十月七日,滑州奏报有贼盗四十多人过河北;十五日,卫州奏报有贼盗七十多人过河北;十九日,绛州奏报垣县贼盗八十多人杀死县尉;西京奏报十月二十三日,有贼盗一百五十人进入白波兵马都监官署,同时劫掠十四家,到午时,夺取船只,前往垣曲,到达河阳、巩县交界地;濮州奏报群贼进入鄄城县;单州奏报群贼进入归恩指挥营;济州奏报群贼洗劫金乡、巨野县城郭十九家;永兴军奏报虎翼军贼盗四十多人抢劫永兴南庄;本月二日,西京奏报王屋县有贼盗一百多人,白高渡有溃散军贼六十多人,七日,陕府奏报集津镇群贼六十多人,并且惊扰抢劫民户,到午时乘船而下去峡石县,群贼从黄河北岸渡河到黄河南岸;八日,西京奏报草寇现在占据土壕镇拦截,官府、私人都不能往来。岂能京师近在咫尺而群盗如此众多,边防安宁肃静而叛乱士卒如此猖獗!臣下替陛下担忧。庙堂之上,必定有良计妙策,倘若认为小小寇盗,不必烦劳圣上担忧思虑,只要命令使臣追捕,像这样,群盗终究难于消灭,如果贼徒能够聚集二三千人,直接渡淮河以南,前往保守吴、越之地。那么运粮的船队就不能到达京师了。倘若贼徒取得一二个州郡,占据交通要道,那么上供朝廷的钱帛就无法充作国家财用了。人心向背必有不同,军心岂能没有动摇!当这时候,北方敌国如果来骚扰边界,陛下不能不忧虑;西边戎人如来侵犯边防,大臣不能不恐惧,臣下如今所上之言激烈恳切,不是为自身打算,所考虑的安危,实在是为国家着想。"

先前,西部边境运送粮食,皇上下诏以各军士卒代替百姓运输。己卯(十八日),对士兵也命令免役返归,同时赐给贯钱,是因为苦于寒冷缘故。

宋真宗登便殿,检阅殿前指挥使、内殿直骑马射箭比武,选取武艺高强的十几人,提升他们的职务。

丙戌(二十五日),辽国主前往显州。戊子(二十七日),拜谒显陵;庚寅(二十九日),拜谒乾陵。

有关官员进言:"冬至在圜丘祭天,夏季首月大雩求雨,夏至在方丘祭地,请求奉太宗神主配享;正月上辛日祈谷祭天,秋季末月明堂大祭,请奉太祖神主配享;正月上辛日祭感生帝,冬季首月祭神州地祇,请奉宣祖神主配享;皇上亲自到南郊圜丘祭天,请求奉太祖、太宗神主同时配享。"真宗下诏准从。

这月,高丽国王王治去世,侄子王诵继位。王诵派遣军校徐远前来请求委命,没能达到返回,以后就断绝交往,高丽国也派遣使者向辽国报告。

十二月,甲午(初三),钱若水等人进言:"修撰《太宗实录》,请求颁降诏书圣旨,准许臣等向前任、现任的宰相、参知政事、枢密使、三司使等处移送公文访求,来补齐阙文。"宋真宗准许。

丙申(初五),宋真宗追尊母亲贤妃李氏为皇太后,皇太后的灵柩,先在普安院停放,到这时商议另外占卜园陵地址,立忌日建祀庙。有关官吏进言说:"《周礼》春官大司乐的职责,演奏以夷则为调的音乐,演唱以仲吕为调的歌曲,来祭祀先祖配偶。先祖配偶指姜嫄,是帝喾为元妃,后稷的母亲,单独立庙名为閟宫。晋朝简文帝之母宣郑太后因为不能入太庙配享,就在太庙之外建筑庙室,每年按时祭祀。唐代先天元年,开始将昭成、肃明两位皇后的神主附入仪坤庙,又唐玄宗的元献皇后杨氏死后在太庙西面立庙。查究前代记载,都有明确依据。希望命令宗正寺在皇太后太庙内修建供养庙室,造神殿三门,设置神门、斋房、神厨,以备供奉祭祀。"真宗准从。

辛丑(初十),宋真宗诏令各路转运使申饬州县长官,鼓励督课农耕养蚕。

先前宋真宗询访宰辅大臣关于灵武的事务,参知政事李至上疏,认为:"灵州不可以坚守,希望释免李继迁的罪过,厚加推恩赐予财物,颁降诏书招徕安抚,反复陈述,说得非常恳切。到这时李继迁派遣使者进贡,请求补备藩镇之任,真宗尽管洞察他的机变诡诈,但正在居丧之中,姑且求得安宁平静,因而准从他的请求,重新赐名官爵。甲辰(十三日),宋真宗任命银州观察使赵保吉为定难节度使,派遣内侍右班都知张崇贵携带诏书赐给他。甲寅(二十三日),遣送张浦返回。

己酉(十八日),辽国主停驻驼山。甲寅(二十三日),派遣使臣祭奠高丽国王王治,诏令王诵临时主持国政。丙辰(二十五日),登记审理囚犯。

当初,刑部郎中、扬州知州王禹偁按照诏令上疏进奏五件事:其中第一件说:"谨慎防守边关,结盟互通友好,使得服役运输的百姓能得到休养生息。当今北面有契丹,西面有李继迁,守卫的军队、粮饷的运送,原本难以停止取消。关中地区的百姓,倒悬之苦尤为严重,应该敕令边境大吏,给辽人致送书信,请求重修旧日友好。下诏赦免李继迁的罪过,再给他夏州,他必定会感恩而归附朝廷,而且使天下都知道陛下屈己而为人啊。"

其中第二件说:"裁减冗杂兵员,并省冗杂官吏,使山林湖泽的财富逐渐流泽下民。当宋太祖乾德、开宝的时候，土地疆域不广大，财政赋税不充裕。然而进击河东，防备北边，国家费用也已足够，兵威也很强盛。此后全部攻取东南几国，又平定河东之地，财物赋税来源可称得上广大了，但军威不能振作，国家财用反而告急，其中道理何在？是兵员冗杂而不全都精锐，将领众多而不能自己专断的缘故。臣窃以为能像太祖开宝年间那样加紧经营规划军队、赋税，就可以高枕无忧而大治了。开宝年间设置官员极少，一州只有刺史一人，司户一人，当时也未曾耽误政事。以后有团练推官一人，又有通判、副使、判官、推官，而监库、监酒、专卖征税又增加四人，曹官之外，另外增加司理。查问各州征收的租税，比往日减少，查访当地的百姓，逃亡多于昔时，冗杂的官员在上面消耗，冗杂的兵员在下面消耗，这就是征取山林湖泽的全部收入而仍然不够的原因。山林湖泊的收益，不可丢弃，也不可取尽。就像茶法，自古以来没有茶税，唐代元和年间因为在齐、蔡一带用兵，开始建立征茶税之法，唐代史书记载这一年征得茶叶税四十万贯钱，东部进军得以成功。如今已经征到数百万贯钱了，百姓怎么受得了！"

其中第三件说："严格选举制度，使入仕为官者不滥。宋太祖时期，每年取中进士不过三十八人，经学诸科五十人，诸侯藩王不得委任官吏，士大夫很少有荫补为官的，所以终身不中一次及第，到死不得一个官职的，先帝在位将近二十四年，登科及第的接近一万人，当然不是没有俊异优秀的人才，也有轻易而得的。臣下窃以为有几百年选举入官的艰难，所以先帝用广泛录取作调剂；经过二十年先帝普降恩泽大批选录，陛下便应该按旧日章程来加以纠正。希望将科举考场还归有关部门主持，如同前朝惯例。至于吏部铨选官吏，也不是帝王亲理之事，宋太祖以来开始下令在后殿引见，因此成为常例，直到先朝，转迁铨选之人，大多寻求侥幸门路。应该将吏部铨选官吏之事归还给有关部门，依照格律敕令注拟授官。"

其中第四件是："淘汰僧侣尼姑，使百姓没有损耗，东汉明帝以后，佛法流入中国，剃度出家，建造寺庙，历代不断增加，不养蚕而穿衣，不耕田而吃饭，这是士、农、工、商、兵五民之外又增加一民变为六民了。假使天下有一万名僧侣，每天吃米一升，每年用绢帛一匹，是极为节俭的，但仍然每月耗费粮食三千斛，每年用去绢帛一万匹，何况有五万、七万之众的僧侣呢！同时。僧侣中有很多尽情吃喝玩乐，一顿斋饭一件僧衣，一百家贫民都供不起，不叫作百姓的蠹虫，那可能吗？希望深刻明鉴治政之本，立即进行淘汰僧侣，如果因为继承皇位之初，不想惊动这帮人，暂且可以一二十年不准百姓出家、修建寺院，让他们自行消亡。"

其中第五件是："亲近大臣，疏远小人，使得忠良正直之士知道进用而不犹豫，奸诈阴险之徒知道引退而有恐惧。"

疏章呈奏，宋真宗立即召王禹偁回朝。就采用他的策略，以夏、绥、银、宥、静五州赐给赵保吉。第二天，任命王禹偁保留原来官阶，再为知制诰。

辽国南院宣徽使萧巴雅尔加官政事令，迁升东京留守。萧巴雅尔治政宽容而善于决断，众部落敬畏爱戴，百姓因而殷盛富足。

当年，宋朝开始将天下划分为十五路：一是京东路，二是京西路，三是河北路，四是河东路，五是陕西路，六是淮南路，七是江南路，八是荆湖南路，九是荆湖北路，十是两浙路，十一是福建路，十二是西川路，十三是峡路，十四是广南东路，十五是广南西路。

辽国放榜取中进士孙鼎等二人。

续资治通鉴卷第二十

【原文】

宋纪二十　起著雍阉茂【戊戌】正月,尽屠维大渊献【己亥】五月,凡一年有奇。

真宗膺符稽古神功让德　文明武定章圣元孝皇帝

帝名恒,太宗第三子也,母曰元德皇后李氏。后梦以裾承日有娠,开宝元年十二月二日,生帝于开封府第,赤光照空,左足指有文,成“大”字。幼而聪睿,与诸王戏,好作战阵之状,自称元帅。太祖爱之,抚而问曰:“天子好作否?”对曰:“由天命耳。”初名德昌,太平兴国八年,授检校太保、同中书门下平章事,封韩王,改名元休;端拱元年,封襄王,改元侃;淳化五年九月,进封寿王,加检校太傅、开封尹;至道元年八月,立为皇太子,改今名,仍判府事。

咸平元年　辽统和十六年【戊戌,998】　春,正月,辛酉朔,改元。

癸亥,赐近臣岁节宴于宰相吕端第。自是遂以为例。

乙丑,辽主如长泺。

丙寅,有司上皇太后李氏谥曰元德。

翰林学士杨砺等受诏知贡举,请对,帝召坐,语之曰:“贡举当选擢寒俊,精求艺实,以副朕心。”

壬申,昭宣使王延德上《太宗皇帝南宫事迹》三卷,命送实录院。

癸酉,始令诸王府记室、翊善、侍读等官分兼南北宅教授。时又有伴读,然无定员。

甲戌,诏:“诸路场务逋欠官物,令主典备偿者,监临官非同为欺隐,勿令填纳。”

初,李至判国子监,校定诸经音疏,荐“国子博士杜镐、直讲孙奭、崔颐正,皆苦心强学,博贯《九经》,问义质疑,有所依据。望令重加刊正,除去舛谬。”太宗从之。镐,无锡人;颐正,封丘人。丁丑,帝访群臣通经义者,至复以颐正对,即召颐正至后苑,讲《尚书·大禹谟》,赐五品服。它日,谓辅臣曰:“颐正讲诵甚精,卿等更于班行中选经明行修之士,具以名闻。”自是,日令颐正赴御书院待对,讲《尚书》至十卷。

戊寅,帝御崇政殿,召御龙直二百七十馀人,阅试武艺,迁擢者二十六人。

庚辰,监察御史韩见素表求致仕,时年四十八。帝问辅臣曰:“见素齿发尚少,遽求致仕,何也?”吕端曰:“见素性恬退,喜修炼。”帝难之。李至曰:“近世朝行中,躁进者多,知止者少,若允其请,亦足激劝薄俗。”帝默然,乃授刑部员外郎,致仕。见素,凤翔人,退居华山,年八十馀乃卒。

甲申,有彗出营室北,光芒尺馀。

二月,壬辰,帝召辅臣曰:“彗出甚异,奈何?”吕端等言:“变在齐、鲁之分。”帝曰:“朕以天下为忧,岂独一方邪?"李至曰:"陛下此言,可以却妖星矣。"甲午,诏百官极言得失,避正殿,减常膳。

丙午,辽以监门卫上将军耶律伊啰为中(书)〔台〕省左相。

乙未,虑囚,老幼、疾病流以下听赎,杖以下释之。诏诸州长吏平决狱讼,申理冤滥。

吏部郎中、直集贤院田锡出知泰州,未之任,会星变,锡上疏言:"李继迁不合与夏州,又不合呼之为赵保吉。以臣愚蒙,料彼变诈,必不肯久奉朝命,永保塞垣。是时事舛误之大者。"又言:"密院公事,宰相不得与闻,中书政事,枢密使不得与议,致兵谋不精,国计未善。去年灵州之役,关西民无辜而死者十五万馀,咎将谁执?此政化埋郁之大者也。"疏奏,即日召对移晷。将行,又贡封事,复召对,谓曰:"卿第去,不半岁,召卿归矣。事当面论者,听乘传赴阙。"再遣中使赐与甚厚。

丁酉,彗灭。

戊戌,诏以久停贡举,颇滞时才,令礼部据合格人内进士放五十人,诸科百五十人,来岁不得为例。

三月,壬申,赐进士汝阳孙仅等宴琼林。仅,何弟也。

先是吏部铨拟官,告身悉书其过犯,癸酉,诏自今勿复书。

初,宗正少卿赵安易言:"别庙祭飨,懿德皇后在淑德皇后之上,臣未测升降之由,请改正之。"太宗不许。及议合食,有司咸请以懿德升配。安易又言:"序以后先,当用淑德配食。"诏尚书省集议及礼官同详定。上议曰:"淑德皇后,生无位号,殁始追崇,况在初潜,早已薨谢。懿德皇后,享封大国,作配先朝,虽不及临御之期,已夙彰贤懿之美。请奉懿德皇后神主升配太宗室。"诏从之,其淑德皇后仍旧别庙祭飨。

辛巳,以赵保吉归顺,遣使谕陕西,纵绥、银流民还乡,家给米一石。

是月,女真遣使贡于辽。

夏,四月,己丑朔,诏诸州长吏洁除牢狱,疏理淹系,有疾病及贫乏者疗治资给之。

壬寅,赵保吉遣弟继瑗入谢。

癸卯,辽以崇德宫所隶州县被水,赈之。

帝谓宰相曰:"诸路逋欠,先朝每有赦宥,皆令蠲放,而有司尚更理督,颇闻细民愁叹。"己丑,遣使乘传按百姓逋欠,悉除之。用判理欠司王钦若之言也。除逋欠凡一千馀万,释系囚三千馀人。帝由是眷钦若益厚。

丁未,辽罢民输官俸,出内帑给之。

己酉,祈雨。

乙卯,辽主如木叶山。

五月,戊午朔,日有食之。

甲子,以旱,幸大相国寺祈雨,升殿而雨。

丁卯,辽主祀木叶山,告来岁南伐。

庚辰,铁骊贡于辽。

乙酉,辽主还上京。太后命妇人(有)〔年〕九十者赐以物。

六月,戊子朔,辽主祭祖、怀二陵。

庚寅,密州发解官鞠傅,坐荐送非其人,当赎金,特诏停任。帝谓辅臣曰:"凡所举官,多闻谬滥。宜选择举主,以类求人。今外官要切惟转运使,卿等可先择人,后令举之。"辛卯,诏于常参官内举材堪转运使者,不限人数。

诏议太祖庙称号。先是判太常礼院李宗讷请改僖祖以下称号,下尚书省集议。时张齐贤言:"为人后者为之子,安得宗庙中有伯氏之称?"诏礼官详定。礼官引《春秋》闵、僖同为一代及晋惠、怀、唐中、睿故事,请太祖、太宗昭穆同位。诏都省复集议,议同齐贤;又诏礼官再讨典故。礼官言:"按太宗祫祀太祖二十有二年,称曰孝弟,此不易之制。唐玄宗谓中宗为皇伯考,德宗谓中宗为高伯祖。伯氏之称,复何不可!臣等参议,自今合祭日,太祖、太宗依典仪,同位异坐,太祖位仍旧称孝子。"奏可。宗讷,昉子也。

秋,七月,丁巳朔,辽主录囚听政。

广西转运使陈尧叟上言:"所部诸州,土风本异,地少蚕桑,其民除耕水田外,惟种麻苎,周岁三收。布出之时,每端只售百钱,盖织者众而市者少故也。今臣以国家军须所急,布帛为先,因劝谕部民广植麻苎,以钱盐折变收市之,未及二年,已得三十七万馀匹。望自今许以所种麻苎顷亩折桑枣之数,诸县令佐依例书历为课,民以布赴官卖者,免其算税。如此,则布帛上供,泉货下流,公私交济,其利甚博。"诏从之。

八月,丁亥朔,诏三司:"经度茶、盐、酒税以充岁用,勿得增加赋敛,重困黎元,诸色费用并宜节约,并条析未尽事件以闻。"

辛卯,京西转运使合肥姚铉上言:"诸路官吏或强明莅事、惠爱及民者,则必立教条,除其烦扰。然所更之弊,事多不便于狡胥,俟其罢官,悉藏记籍。害公蠹政,莫甚于兹。应知州、府、军、监、通判、幕职、州县官,于所在有经画利济,事可经久者,岁终书历,替日录付新官,俾之遵守,不得妄信下吏,辄有改更。若灼然不便,州以上闻,幕职以下闻于长吏,俟报改正。《语》曰:'旧令尹之政,必以告新令尹。'此实圣人之格言,国家之急务也。"从之。

乙巳,工部侍郎、集贤院学士钱若水等上《太宗实录》八十卷。帝览书流涕,赐诏褒谕。时若水判集贤,因用院印,史馆无所预,才九月而毕。初,太宗有畜犬甚驯,常在乘舆左右,及驾崩,犬辄号叫不食,因送永熙寝宫。李至尝作歌纪其事以遗若水,其断章云:"白麟朱雁且勿书,劝君书此惩浮俗。"若水不为载。吕端虽为监修,未尝莅局,书成不署端名,至抉其事以为专美。若水称诏旨专修,不隶史局,又援唐朝故事以折之,时议不能夺。

癸丑,诏:"监仓京朝官,无得以羡馀为课。"

九月,丁巳朔,辽主驻得胜口。

己未,秦国延寿保圣夫人刘氏卒,发哀苑中,辍朝三日,给卤簿以葬。

先是太宗命张泊重修《太祖实录》,未成而卒。己巳,诏宰相吕端、集贤院学士钱若水同领其事。若水恳辞,帝曰:"卿新修《太宗实录》甚周备,太祖时多缺漏,故再命卿,毋多让也。"

豹林谷隐士种放母死,贫不克葬,遣僮奴告于翰林学士宋湜等。湜与钱若水、王禹偁同上言:"先帝尝加召命,今无以葬母,欲行私觌,恐掠朝廷之美。"壬申,优诏赐放粟帛缗钱。

令绫锦院改织绢。甲申,始以新织绢进御。

旧制,国子监、开封府举人有与发解官亲戚者,止两司更互考试,帝虑涉私徇,是秋,特选官别试。

冬,十月,丙戌朔,日有食之。

382

宰相吕端久病,诏免朝谒,就中书视事,累疏求解,戊子,罢为太子太保。初,李惟清自知枢院左迁御史中丞,意端抑己,及端免朝谒,乃弹奏常参官有疾告逾年受俸者,又教人讼堂吏过失,欲以累端。端曰:"吾直道而行,无所愧,风波之言,不足虑也。"

加张齐贤兵部尚书,与参知政事李沆并平章事。参知政事李至,罢为武胜节度使。至以目疾解机务,及授旄钺,入见恳辞,帝曰:"此唐朝故事,废久矣,特命振举,示优贤也。"又赐御制诗宠其行。

己丑,参知政事温仲舒,罢为礼部尚书;枢密副使夏侯峤,罢为户部侍郎。以枢密副使向敏中为兵部侍郎、参知政事;翰林学士杨砺为工部侍郎,宋湜为给事中,并为枢密副使。

先是有攀附居近职者,乘宠放恣,民家子既定婚,强娶之,其家诣开封诉焉。知府事毕士安即请对,白其事,卒得民家子还其父母,使成婚。攀附者日夜诉士安于帝前,士安因求解府事,帝许之,复入翰林为学士。翰林学士承旨宋白,尝献《拟陆贽榜子集》,帝察其意欲干事任,乃命白权知开封府。既而白倦于听断,不半岁,亦丐罢云。

庚寅,帝谓辅臣曰:"群臣中有谤言达于朕听者,询之似得其实。然人谁无过,能迁革则善矣,朕固不以一眚废终身之用也。"

乙未,宰相张齐贤、李沆入对,帝谕之曰:"先朝皆有成宪,但与卿等遵守,期致和平耳。"时戚里有分财不均者更相讼,又入宫自诉,齐贤请自治之,乃坐相府,召而问曰:"汝非以彼所分财多,汝所分少乎?"曰:"然。"命具款。乃召两吏令甲家入乙舍,乙家入甲舍,货财无得动,分书则交易之。明日,奏闻,帝大悦,曰:"朕固知非卿莫能定也。"

初,张齐贤为户部尚书,诏同监察御史王济编(敕)〔次〕、删定制敕。旧条,持杖行劫,不计有赃无赃,悉抵死,齐贤议贷不得财者。济曰:"以死惧之尚不畏,可缓其死乎?"与齐贤廷诤数四,词气甚厉,手疏言齐贤腐儒,不知时要。帝问辅臣:"孰可从者?"吕端请诏百官集议,并劾济。未几,齐贤入相。丁酉,齐贤奏:"臣今在中书,不欲与庶僚争较曲直,愿收前诏。"帝嘉其容物,遂罢集议,济得免劾。刑名卒如齐贤之请,而犯盗者岁亦不增。

己酉,崇政殿视事,至午而罢。帝自即位,每旦御前殿,中书、枢密院、三司、开封府、审刑院及请对官以次奏事,至辰后还宫进食;少时复出,御后殿视诸司事,或校阅军士武艺,日中而罢;夜则召儒臣询问得失,或至夜分还宫,率以为常。

癸丑,命钱若水等覆考开封府得解进士试卷。故事,京府解十人已上,谓之等甲,非文业优赡有名称者不取。时以高辅尧为首,钱易次之。易不平,遂上书指陈发解官所试《朽索驭六马赋》及诗、论、策题,意涉讥讪。又进士数百辈诣府讼荐送不当。辅尧亦投牒逊避,请以易为首。开封府以闻,故有是命。时翰林学士承旨宋白深右易,考官度支员外郎冯拯奏易与白交结状,帝大怒,遣中使下拯御史狱。拯力言易无行,不可冠多士,帝亦以士流纷竞,不可启其端,且欲镇浮俗,乃诏释拯,罢两制议及覆考,止令若水等擢文行兼著者一人为首。乃以孙暨为第一,辅尧第二,易第三,馀并如旧。暨,开封人也。

十一月,丙辰朔,河西军右厢副使、归德将军折逋游龙钵来朝。河西军,即西凉府也。龙钵四世受朝命为酋长,虽贡方物,未尝自行,今始至,献马二千馀匹。加龙钵安远大将军。

戊午,帝谓辅臣曰:"国家所谨,俭约为先,节用爱人,民俗自化。"张齐贤曰:"《书》称大禹克俭于家。老氏三宝,俭居其一。上之所好,下必从之,上好俭则国有馀财,下不僭则家有馀资,自然廉让兴行,盗贼鲜少。"

三司上经费之数,帝曰:"先帝以财赋国之大本,莫不求诸中道而为永制。"辅臣曰:"先帝非止爱人啬费,至于节损服用,御浣濯之衣,盖前古哲王莫能偕也。"帝初命三司具中外钱谷大数以闻,盐铁使陈恕久不进,帝命辅臣诘之,恕曰:"天子富于春秋,若知府库充羡,恐生侈心,故不敢进。"帝闻而善之。

甲子,诏葺历代帝王陵庙。

是月,置估马司,估蕃部及进贡马价。凡市马之处,河东府州、岢岚军、陕西秦、渭、泾、原诸州,川峡益、黎等州,皆置务,岁得五千馀匹,以布帛茶它物准其直。

辽遣使册王诵为高丽国王。

十二月,丙戌朔,辽裕悦宋国王耶律休格薨,辍朝五日。休格有公辅器,及膺边塞重任,知略宏远,料敌如神。每战胜,让功诸将,故士卒乐为用。身更百战,未尝戮一无辜。高梁河之捷,尤为南军所畏,白沟以南欲止儿啼,辄曰:"裕悦至矣!"休格以燕民疲弊,省赋税,恤孤寡,戒戍兵无犯宋境,虽马牛逸于北者,悉还之,边境以宁。辽主诏立祠南京。

辽进封皇弟恒王隆庆为梁国王,南京留守;郑王隆祐为吴国王。

丙午,给事中柴成务奏上《新定编敕》共八百五十六条,请镂板颁下,与《律令格式》《刑统》同行;优诏褒答。

甲寅,知制诰王禹偁,坐修《太祖实录》以意轻重其间,落职知黄州。

是岁,以如京使柳开知代州,至,葺城垒,修战具,诸将多沮议不协。开谓其从子曰:"吾观昴星有光,云多从北来犯,境上寇将至矣。吾闻师克在和,今诸将怨我,一旦寇至,我其危哉!"因上言请徙它州。寻改知忻州。

辽放进士杨文立等二人。

二年　辽统和十七年【己亥,999】　春,正月,乙卯朔,辽主如长春宫。

甲子,诏:"尚书丞、郎、给、舍,举升朝官可守大州者各一人,俟使三任有政绩,当议奖其善举;有赃私罪,亦连坐之。"

乙丑,命礼部尚书温仲舒知贡举,御史中丞张咏、刑部郎中、知制诰师颃同知贡举,仍当日入贡院。始封印卷首。颃,内黄人。

礼部侍郎杨徽之,以衰疾求解职,甲戌,授兵部侍郎,依前兼秘书监。及造谢,便殿命坐,劳问久之,且曰:"图书之府,清净无事,可以养性也。"徽之纯厚清介,尤疾非道干进者,尝言:"温仲舒、寇准用搏击取贵仕,使后辈务习趋竞,礼俗浸薄。"世谓其知言。

二月,丙申,以赵普配飨太祖庙庭。

辛丑,太常丞、判三司催欠司王钦若,表述帝登位以来,放天下逋欠钱物千馀万,释系囚三千馀人,请付史馆。帝谓近臣曰:"兹事先帝方欲行之,朕奉成先志耳。"因命学士院召试钦若。及览所试文,谓辅臣曰:"钦若非独敏于吏事,兼富文词;今西掖阙官,可特任之。"即拜右正言,知制诰。

己酉,帝谓宰相曰:"闻朝廷中有结交朋党、互扇虚誉、速求进用者。浮薄之风,诚不可长。"乃命降诏申警,御史台纠察之。

秘书监杨徽之荐著作佐郎、通判泰州戚纶,文学纯谨,宜在儒馆。三月,甲寅朔,以纶为秘阁校理。纶父同文,隐居教授,学者不远千里而至,登科者五十六人,门人追号曰坚素先生。

丙辰,命度支郎中裴庄等分诣江南、两浙,发廪粟赈饥民,除其田租。

癸亥,诏:"今岁举人颇众,若依去年人数取合格者,虑有所遗落。进士可增及七十人,诸科增及一百八十人。"礼部寻以孙暨二百五十人名闻,内诸科一举者六人,特黜去之,馀并赐及第。

京西转运副使、太常博士、直史馆眉山朱台符上言："陛下受命,与物更始,授继迁以节钺,加黎桓以王爵,咸命使者镇抚其邦;惟彼契丹,未蒙渥泽,非所以昭王道之无偏也。臣愚以为宜因此时,择文武才略习知边境之士,为一介之使,以嗣位服除,礼当修好,与之尽弃前恶,复寻旧盟,利以货财,许以关市,如太祖故事,则两国既和,无北顾之忧,可以专力西鄙,继迁当自革心而束手,是一举而两获也。"台符又自请北使,时论称之。

甲戌,诏:"川峡、广南、福建路官丁忧,许给驿归。"先是小官远任遭丧,多芒屦策杖,流落不能归,故有是诏。

秦悼王旅葬涪陵,闰月,诏择汝、邓间地改葬。

庚寅,诏有司:力役无名、营缮不急者,悉罢之。

皇太后居西宫嘉庆殿,宰相引汉、唐故事,上宫名曰万安;从之。

帝以亢旱,诏中外臣庶并直言极谏。时有上封指中书过失请罢免者,帝览之,不悦,谓宰相曰:"此辈皆非良善,止欲自进,当谴责以警之。"李沆进曰:"朝廷比开言路,苟言之当理,宜加旌赏,不则留中可也。况臣等非才,备员台辅,如蒙罢免,乃是言事之人有补朝廷。"帝曰:"卿真长者!"

以河北转运使、右谏议大夫索湘为户部使。湘质朴少文,而长于吏事,历任边部,所至必广储蓄,为备豫计,出入军旅间,著能名。先在河北,凡扰民事,多奏罢之。又,自京辇茶至榷场,事最烦扰,复多损败,湘建议,请许商贾缘江载茶诣边郡入中,既免道途之耗,复有征算之益。又,威虏、静戎军,岁烧边草地以虞南牧,言事者请于北寨山麓中兴置银冶;湘以为召寇,亦奏罢之。

诏三馆写四部书二本,一置禁中之龙图阁,一置后苑之太清楼,以备观览。

京西转运副使朱台符上疏,请重农积谷,任将选兵,慎择守令,考课黜陟,轻徭节用,均赋慎刑,责任大臣,与图治道;优诏褒答。

丙午,诏:"江、浙饥民入城池渔采勿禁。"

夏,四月,丙辰,诏:"文武群臣封事,阁门画时进入,勿致稽留。"

辛酉,御史中丞张咏上言:"请自今御史、京朝使臣受诏推劾,不得求升殿取旨及诣中书咨禀。"从之。

丙寅,河东转运使掖人宋抟言:"大通监冶铁盈积,可供诸州军数十年鼓铸,请权罢采取以纾民。"诏从其请。时西北二边屯师甚广,抟经制馈饷,以干治称,朝廷难其代,凡十一年不徙。

丙子,帝谓辅臣曰:"庶官中求才干则不乏,询德行则罕见其人。夫德为百行之本,德行之门必有忠臣孝子,岂无德行者能全其忠孝乎? 又,庶官所掌之务,多不修举,而捃拾它局利害,以图进身。若能自干本局,则百职不严而肃,又何患乎政事之挠渎哉?"

以御史中丞张咏为工部侍郎,知杭州。

咏既至,属岁歉,民多私鬻盐以自给,捕犯者数百人,咏悉宽其罚而遣之。官属请曰:"不痛绳之,恐无以禁。"咏曰:"钱唐十万家,饥者八九,苟不以盐自活,一旦蜂起为盗,则其患深矣。俟秋成当仍旧法。"有民家子与姊讼家财,婿言:"妻父临终,此子才三岁,故命掌资产,且有遗书,令异日以十之三与子,七与婿。"咏览之,以酒酹地曰:"汝妻父,智人也。以子幼甚,故托汝,倘遽以家财十之七与子,则子死于汝手矣。"亟命以七分给其子,馀三给婿。皆服咏明断。

先是左正言耿望知襄州，建议："襄阳县有淳河，旧作堤截水入官渠，溉民田三十顷。宜城县有蛮河，溉田七百顷，又有屯田三百馀顷。请于旧地兼括荒田，置营田上中下三务，调夫五百筑堤，仍集邻州兵，每务二百人，开河，市牛七百头分给之。"帝曰："屯田废久矣，苟如此，亦足为劝农之始。"令望躬按视，即以为右司谏、京西转运使，与副使朱台符并兼本路制置营田事。是岁，种稻三百馀顷。汝州旧有洛阳南务，遣内园兵士种稻，雍熙中，以所收薄，且扰人，废之，赋贫民。于是从台符之请，复募民二百馀户，自备耕牛，就置团长，京朝官专掌之，垦六百顷，导汝水浇溉，岁收二万三千石。

五月，丙戌，诏："天下贡举人应三举者，今岁并免取解，自馀依例举送。"

帝谓宰相曰："近闻风俗侈靡，公卿士庶服用逾制，至有镂金饰衣，或以珠翠者。"张齐贤曰："此弊当亟惩。先责大臣之家，使各遵朴素，则可以导民宣化矣。"丁亥，令有司禁臣庶泥金铺翠之饰，违者坐其家长。

丁酉，以殿中丞马元方权户部判官，从户部使陈恕所奏也。元方尝建言："方春民乏绝时，请预贷库钱，约至夏秋令输绢于官，公私便之。"朝廷因下其法于诸道，令预买绢，盖始于此。

乙巳，幸枢密使曹彬第问疾，赐白金万两，问以后事，对曰："臣无事可言。臣子璨、玮，材器皆堪任将帅。"又问其优劣，曰："璨不如玮。"先是知雄州何承矩奏辽谋入边，帝以问彬，对曰："太祖英武定天下，犹委孙全兴经营和好。陛下初登极时，承矩常发书道意，臣料北鄙终复成和好。"帝曰："此事朕当屈节为天下苍生，然须执纪纲，存大体，即久远之利也。"尝有诏听民越拒马河抵契丹中市马，承矩言："缘边战棹司，自淘河至泥姑海口，屈曲九百里许，天设险固，真地利也。太宗置(塞)〔寨〕二十八，铺百二十五，命廷臣十一人，戍卒三千馀，部舟百艘，往来巡警，以屏奸诈，则缓急之备，大为要害。今听公私贸市，则人马交度，深非便宜。若然，则寨、铺为虚设矣。"帝纳其言，即停前诏。

【译文】

宋纪二十 起戊戌年(公元998年)正月，止己亥年(公元999年)五月，共一年有余。

宋真宗，名恒，是宋太宗的第三个儿子，他的母亲是元德皇后李氏。元德皇后梦见自己用裙裾承接太阳，于是就怀了孕，于开宝元年(公元968)十二月二日在开封府第生了真宗皇帝。真宗出生时红光映空，左足趾上有"大"字形的纹路。他从小就聪明睿智，和兄弟们一起玩耍喜欢摆战阵的样子，并自称元帅。宋太祖喜欢他，曾抚摸着问他说："天子好做吗？"他回答说："听由天命罢了。"真宗最初取名德昌，太平兴国八年(公元983年)被授予检校太保、同中书门下平章事的职务，封爵为韩王，并改名为元休；端拱元年(公元988年)，改封襄王，又改名为元侃；淳化五年(公元994年)九月，晋封为寿王，加官检校太傅，开封府尹；至道元年(公元995年)八月，被立为皇太子，改为现在的名字(恒)，仍然负责开封府尹的职事。

咸平元年 辽统和十六年(公元998年)

春季，正月，辛酉朔(初一)，改年号为咸平。

癸亥(初三)，真宗在宰相吕端府第赏赐近臣年节酒宴。从此就成为常例。

乙丑(初五)，辽国主前往长泊。

丙寅(初六)，礼部官员敬上皇太后李氏的谥号为元德。

翰林学士杨砺等接受诏令主持贡举，请求皇帝诏对。真宗召见赐座，对他们说："贡举应当选拔寒门俊士，精心寻求真才实学之人，以称我心愿。"

壬申（十二日），昭宣使王延德呈上《太宗皇帝南宫事迹》三卷，诏令转送实录院。

癸酉（十三日），真宗首次命令各王府记室、翊善、侍读诸官分别兼任南、北宫宅的教授。当时还有伴读，但无定员。

甲戌（十四日），宋真宗诏令："各路场务所欠官府财物，责令主管官吏悉数赔偿，监临官不曾参与欺骗隐瞒的，就不必让他们赔偿。"

起初，李至判管国子监，校定各种经书的音读义疏，曾向宋太宗赵炅推荐说："国子博士杜镐、直讲孙奭、崔颐正，都刻

宋真宗像

苦好学，博通《九经》，考究意义和提出疑问，都有依据。希望让他们把各经重新校正，以消除错讹之处。"太宗皇帝准其荐举。杜镐是无锡人；崔颐正是封丘人。丁丑（十七日），宋真宗在群臣中寻访通晓经书义理的人，李至再次推荐了崔颐正，真宗就立刻召见崔颐正到皇宫后苑，令他讲解《尚书·大禹谟》，赏赐他五品官服。有一天，宋真宗对辅臣们说："崔颐正的讲解诵读都很精妙，你们可在同列朝臣中再挑选通晓经书有德行操守的人士，把他们的名字都报上来。"从此，每天让崔颐正到御书院侍候应对，讲解《尚书》达十卷。

戊寅（十八日），宋真宗驾临崇政殿，传令御龙卫士二百七十余人，检阅比试他们的武艺，其中有二十六人受到迁升提拔。

庚辰（二十日），监察御史韩见素上表请求退休，当时他四十八岁。宋真宗问辅臣们说："韩见素年岁尚轻，就急求辞官，是什么原因呢？"吕端说："韩见素生性恬淡谦让，喜好修身养性。"宋真宗感到为难。李至说："近年来朝臣行列中急于升迁的人多，知晓退让的人少，若准允他的请求，也有助于阻止不良世俗。"宋真宗没有应答，就授予他刑部员外郎，准其退休。韩见素是凤翔人，退休后住在华山，到八十多岁才去世。

甲申（二十四日），有彗星出现在营室星座的北面，光芒有一尺多长。

二月，壬辰（初三），宋真宗召集辅臣们说："彗星的出现很奇异，怎么办？"吕端等说："有灾异发生在齐、鲁一带地方。"真宗说："我以天下为忧，哪里只为一个地方担心呢？"李至说："陛下此言，足可以却除妖星了。"甲午（初五），真宗诏令百官畅议朝政的得失利弊，并避离正殿，节减平时膳食。

丙午（十七日），辽圣宗任命监门卫上将军耶律伊啰为中书省左相。

乙未（初六），宋真宗讯察囚犯的案状，凡是年老、幼、患病且判处流放以下刑罚的准许用钱赎罪，杖刑以下的予以释放。诏令各州府长官公平断案，申理冤情滥刑。

吏部郎中、直集贤院田锡出任泰州知府，还未去赴任，适逢星象变化，他上疏说："不该给李继迁授予夏州，也不该称他为'赵保吉'。以臣之拙见，估计他诡诈多变，一定不肯长久地服从朝廷的命令，永保边塞疆土的安宁。这是当前政事中的一大失误。"他又说："枢密院的

387

军机,宰相不能过问;中书省的政务,枢密使不准参议,导致了军事谋划的不精当,治国策略的不完善。去年灵州的战役,关西有十五万多黎民百姓死于无辜,这过失由谁来承担!这是政治教化遭到阻塞的最主要的表现啊。"奏疏呈上,宋真宗当日就召他入朝策对了好几个时辰。将要启程时,田锡又呈上密封奏章,宋真宗再次召见应对,对他说:"爱卿只管去上任,不过半年,就召你回朝。有事需当面呈奏的,准许乘坐驿车回朝。"再次派使臣给他很丰厚的赏赐。

丁酉(初八),彗星消失。

戊戌(初九),宋真宗下诏说因为长时间停止贡举,选拔人才受到阻碍,命令礼部从合格人选内放榜录取进士五十人,其他各科一百五十人,来年不得援为成例。

三月,壬申(十三日)宋真宗在琼林苑赐宴汝阳的新进士孙仅等人,孙仅是孙何的弟弟。

在这以前,吏部考核拟议官员,在他们的任职凭证上都要写明他们的过失,癸酉(十四日),宋真宗诏令今后不再写了。

当初,宗正少卿赵安易进言说:"在别庙祭祀,把懿德皇后的神位排在淑德皇后的神位之上,为臣不明这升降的缘由,请求予以改正。"宋太宗没有准允。等到商议三年一次的合祭时,有关官员都奏请将懿德皇后升配太宗。赵安易又说:"次序应按先后,应当以淑德皇后升配太宗祭享。"真宗诏令尚书省官员集议并和礼官一起详细商定。然后上奏说:"淑德皇后,生前没有封号,死后才得追尊,况且在皇上即位之前就已去世。而懿德皇后生前享受大国封号,作为先帝的配偶,虽然没等到皇上登极之时,却早就表现出她的贤淑美德。敬请将懿德皇后的神位升配太宗庙室享祭。"宋真宗降诏听从其议。淑德皇后仍旧在别庙享祭。

辛巳(二十二日),因赵保吉归顺朝廷,宋真宗派遣使者晓谕陕西官府,释放绥、银一带流亡百姓还乡,每家给米一石。

当月,女真国派遣使者向辽国进贡。

夏季,四月,己丑(初一),宋真宗诏令各州府官吏清扫牢狱,处理长期关押的囚犯,对有疾病的囚犯给以治疗,对贫困的犯人给以资助。

壬寅(十四日),赵保吉派遣他的弟弟李继瑗入朝谢恩。

癸卯(十五日),辽国因崇德宫所辖州县遭到水灾,真宗发粮赈济。

宋真宗对宰相说:"各路拖欠的赋税,先朝每当有赦罪宽宥之时,都下令随之免除,但是有些主管官员还在催办督交,我听说百姓们很是哀愁叫苦。"己丑(初一),真宗派遣使者乘坐驿站车马清查百姓欠租问题,全部予以免除。这是采纳了判理欠司王钦若的建议。免除欠税共一千多万银两,释放在押囚犯三千多人。宋真宗由此对王钦若更加宠爱。

丁未(十九日),辽国君主废除了由百姓输纳官员的俸银,改由内库支付。

己酉(二十一日),辽圣宗祈天降雨。

乙卯(二十七日),辽圣宗前往木叶山。

五月,戊午朔(初一),发生日食。

甲子(初七),因天旱,宋真宗到大相国寺祈祷降雨,刚登上大殿,就下起了雨。

丁卯(初十),辽圣宗到木叶山祭祀,祝告明年将率兵南下伐宋。

庚辰(二十三日),女真铁骊部向辽国进贡。

乙酉(二十八日),辽圣宗返回上京临潢。皇太后下令对九十岁以上的妇女赏赐物品。

六月,戊子朔(初一),辽圣宗祭祀祖陵和怀陵。

庚寅（初三），密州发解官鞠傅，因所举荐的人不当受到牵连，应当交钱赎罪，宋真宗特此降旨停止任用。真宗对辅臣们说："凡所举荐的官员，常听说有错举滥荐的，应该选好负责荐举的人，再由他们用同类的标准去选取人才。现在地方官中最重要的是转运使，你们可先挑好人选，然后让他们再举荐人才。"辛卯（初四），宋真宗诏令在常参官内举荐能胜任转运使的人，名额不限。

宋真宗降诏令朝臣商议宋太祖赵匡胤的庙号。在此之前，判太常礼院李宗讷奏请更改僖祖赵朓以下各帝的称号，真宗交付尚书省集议。当时张齐贤说："继人之位就是那人的儿子，宗庙中怎能有伯父的称号呢？"真宗诏令礼官详细议定。礼官援引《春秋》鲁闵公、僖公同为一代以及晋惠帝、怀帝，唐中宗、睿宗的例子，奏请奉太祖、太宗昭穆同位。真宗诏令尚书省再次集议，所议与张齐贤的意见相同。真宗又诏令礼官再去讨究过去的旧例。礼官说："根据太宗奉祀太祖二十二年，称为孝弟，这已是不可更改的制度。唐玄宗称中宗为皇伯父，唐德宗称中宗为高伯祖。伯的称呼，又有何不可！我们这些人商议，从今以后的合祭之日，太祖、太宗依据典制仪礼，同位分坐，太祖位前仍旧称孝子。"真宗准奏。李宗讷是李昉之子。

秋季，七月，丁巳朔（初一），辽圣宗审理囚犯，处理政事。

广西转运使陈尧叟上奏朝廷说："此间所属各州，民风习俗本就特殊，因当地很少种桑养蚕，百姓们除耕种水田外，只种苎麻，一年收获三次。苎麻织成布出售时，每端只卖一百钱，此乃织布的人多而买布的人少的缘故。如今臣下认为国家军需所急，首先是布帛，因此鼓励当地百姓多种苎麻，官家用钱或盐折价收买，不到二年，已收得三十七万余匹。希望从今以后允准这里用所种苎麻的土地折抵原来种植桑、麻的田地亩数，各县官吏照例登记征税，百姓把布匹卖给官家的，可免收赋税。这样，就能做到布帛上供国家，货币下流民间，公私相济，其利甚多。"真宗诏令准从。

八月，丁亥朔（初一），宋真宗诏令三司："筹划茶、盐、酒税用作每年的财政开支，不得增加赋税，加重百姓负担，各项费用都应节约，并且要条陈一切未详事宜呈奏朝廷。"

辛卯（初五），京西转运使合肥人姚铉上书说："各路官吏有明察事理、精明强干、对百姓施予恩惠的人，就必定订立政教条规，废除冗杂烦琐的法令。但因为弊端的更改，往往不利于狡猾的胥吏，等到他们罢官去职，他们便把有关记载的簿籍全部收藏起来。损公害政，莫过于此。应当告知州、府、军、监、通判、幕职、州县官，在其位上有利政便民之事，且可长久实行的，年终应记载在历书上，职务更替时抄录交付新任官员，让他们遵守，不得轻信下属胥吏，随便改革。若有明显不适当的，州以上上奏朝廷，幕职以下的报告主管官员，等待批复后改正。《国语》上说：'旧令尹的行政情况，必须告知新令尹。'这确是圣人的格言，国家的当务之急啊！"宋真宗准其奏言。

乙巳（十七日），工部侍郎、集贤院学士钱若水等呈上《太宗实录》八十卷。宋真宗读此书时感动地流下了泪，特下诏褒奖编纂官员。当时钱若水兼管集贤院，所以用了集贤院的印章，史馆没有参与，只用九个月就编成了。当初宋太宗有一条蓄养的狗很驯顺，经常跟随在他的銮驾左右，到太宗驾崩，这狗就嗥叫不食，因而将其送到永熙寝宫中。李至曾作歌记此事，并赠送钱若水，其中有这么两句："白麟朱雁且勿书，劝君书此惩浮俗。"钱若水没把此歌编进实录。吕端虽然是实录的监修官，但没有亲临史馆视事，所以此书编成后没署吕端的名，李至抓住这件事，认为钱若水独占美名。钱若水声称奉圣旨专修，不隶属史馆，还援引唐朝的先例来反驳李至。当时议论纷纷，不能定夺。

癸丑(二十七日),宋真宗诏令:"监管仓库的京朝官,不能把赋税盈余部分计为劳绩。

九月,丁巳朔(初一),辽圣宗进驻得胜口。

己未(初三),秦国延寿保圣夫人刘氏去世,在宫苑内发丧志哀,停止上朝三天,赐给仪仗送葬。

此前宋太宗曾命张洎重修《太祖实录》,没完成此书就去世了。己巳(十三日),宋真宗诏令宰相吕端、集贤院学士钱若水一起主持此事。钱若水恳切推辞,真宗说:"爱卿新修成的《太宗实录》很周详完备,太祖朝的事多有缺漏,所以再命您重修,不要太谦让了。"

豹林谷隐士种放的母亲去世,家贫不能葬埋,派僮仆向翰林学士宋湜等报告。宋湜与钱若水、王禹偁一起上书说:"先帝曾对种放下过召见令,现有他无钱葬母,我们想要私下馈赠,恐怕有损朝廷礼贤重孝之美。"壬申(十六日),真宗降诏优赐种放粮食、布帛和钱。

宋真宗下令绫锦院改行织绢。甲申(二十八日),开始进呈新织的绢给皇帝使用。

按旧制规定:国子监与开封府举人有与发解官为亲戚的,仅由这两方面互换考试,宋真宗考虑到事关徇私舞弊,这年秋季,特选考官,另行考试。

冬季,十月,丙戌朔(初一),有日食。

宰相吕端患病日久,宋真宗下诏免他上朝谒见,只在中书省处理事务,吕端多次上疏请求解职,戊子(初三),免除相职,任太子太保。先前,李惟清自从任枢密院而降为御史中丞,认为是吕端压制了自己,等到吕端被免入朝谒见后,就上章弹劾常参官中有病假超过一年还享受俸禄的,又指使人告发丞相府中官吏的过错,想以此牵连吕端。吕端说:"我做事走正道,心中无愧,兴风作浪的流言,不足为虑。"

加授张齐贤兵部尚书,与参知政事同为平章事。参知政事李至,免去相职,为武胜节度使。李至因眼病被解除机要职务,待到授予他节度使时,他入朝恳切推辞,宋真宗说:"这是唐朝的旧例,废止已久,特重新恢复,以表示优待贤才。"并赏赐自己撰写的诗篇以尊崇他的德行。

己丑(初四),参知政事温仲舒,罢免相职为礼部尚书;枢密副使夏侯峤,罢免相职为户部侍郎。任命枢密副使向敏中为兵部侍郎、参知政事;任命翰林学士杨砺为工部侍郎,宋湜为给事中,都为枢密副使。

此前有人攀附朝中近臣,凭借宠幸而放纵恣行,把已经定婚的民家之女,强行娶走,女家到开封府告状。知府事毕士安立即请求皇上召对,禀告此事,终于将民女送还她的父母,使她成婚。那位攀附者日夜在宋真宗面前告毕士安的状,毕士安因此要求解除知府之职,真宗答应了他,让他又入翰林院做学士。翰林学士承旨宋白,曾进献《拟陆贽榜子集》,宋真宗觉察他的意思是想谋求官职,于是任命宋白暂任开封府知府。不久宋白懒于理事断案,不到半年,也请求免去他的职务。

庚寅(初五),宋真宗对宰辅大臣们说:"我听到群臣中有指责他人过错的话,经查询好像也是事实。但是谁没有过错,能改正就好,我当然不会一点过错就废黜对他终身的任用。"

乙未(初十),宰相张齐贤、李沆入朝应对,宋真宗晓谕他们说:"先朝都有成法,只求与你们共同遵行,期望达到天下太平而已。"当时,皇室亲戚中有人因分配财产不均衡而相互诉讼的,还有进宫亲自诉告的,张齐贤奏请独自审理此事,于是他在相府坐堂,唤来诉讼者问道:"你们不是认为别人所分的财产多,而你自己所分得少吗?"诉讼者都说:"是的。"命他们具结条款。于是派遣两名胥吏让甲家住入乙的宅舍,乙家住进甲的宅舍,所有财物不准移动,把两家的分家文书作了交换。第二天,张齐贤奏知真宗,真宗非常高兴,说:"我原本知道这件事非你不能平定啊!"

起初,张齐贤任户部尚书,宋真宗诏令他与监察御史王济一起收编、删定制书敕令。按原来条令,凡持凶器进行抢劫,不论有无赃物,一律处死,张齐贤提议应宽免未得财物的人。王济说:"用死刑来威慑他们他们尚且不怕,还能宽其死刑吗?"他和张齐贤在朝廷上争辩多次,言词语气非常激烈,给真宗上手疏说张齐贤是迂腐书生,不知时务。宋真宗问宰辅大臣:"可听从谁的?"宰相吕端请求诏令百官集议,一起弹劾王济。不久,张齐贤入主相府。丁酉(十二日),张齐贤向宋真宗呈奏:"臣现在中书省任职,不想与同僚争论是非曲直,希望收回先前所下的诏令。"宋真宗赞许他宽宏大量,于是停止集议,王济免受弹劾。刑法名称最后采纳张齐贤的建议,而每年犯抢劫罪的人也没增多。

己酉(二十四日),宋真宗在崇政殿听理政事,到午时才退朝。真宗自即位以来,每天一早就到前殿听政,中书省、枢密院、三司、开封府、审刑院以及请求应对的官员轮流奏事,到辰时过后回宫进餐;一会儿又再出来,驾临后殿视理各司事务,有时检阅军士的武艺,到中午才休息;晚间则召见儒臣询问朝政得失;有时到半夜时分才回宫,大抵成了常事。

癸丑(二十八日),宋真宗命钱若水等人复核开封府所发送的进士试卷。按原来科考制度,京都府发送十人以上,称之为等甲,不是文章学业优异博洽享有盛名的不能录取。当时将高辅尧排为第一名,钱易为第二名。钱易不服,就上书朝廷指控发解官所考的《朽索驭六马赋》和诗、论、策等试题,题意有涉于讥讽朝廷。又有进士数百人到开封府讼告荐送不当。高辅尧本人也呈送简札辞让,请将钱易列为第一名。开封府将此事上奏朝廷,所以有此诏命。当时翰林学士承旨宋白很尊崇钱易,考官度支员外郎冯拯奏呈钱易与宋白交往的情况,宋真宗大怒,派宦官将冯拯投入御史狱中。冯拯极力声言钱易没有德行,不可列士人之首,宋真宗也认为读书人纷争好胜,不能开此肇端,而且想震慑一下不良习俗,于是降诏开释冯拯,制止内外两制议及复核工作,只让钱若水等选拔一个文章品行兼优的人为第一名。结果以孙暨为第一名,高辅尧为第二名,钱易为第三名,其余名次一并如旧。孙暨是开封人。

十一月,丙辰朔(初一),河西军右厢副使、归德将军折逋游龙钵来朝谒见。河西军就是西凉府。折逋游龙钵家已四代受朝命做酋长,过去虽进贡过当地特产,但未曾亲自来过,这是第一次来,进献了二千余匹马。朝廷加封折逋游龙钵为安远大将军。

戊午(初三),宋真宗对宰辅大臣们说:"国家谨严之事,首先是俭朴节约;节省开支体恤人民,民风民俗自会转化。"张齐贤说:"《尚书》上说大禹居家克俭。老子所说的三宝,节俭是其中之一。上面喜好什么,下面必效而从之,上面喜好节俭,国家财政就富裕,下面不超支挥霍家庭就有节余,这样自然清廉谦让之风盛行,盗贼也就很少了。"

三司呈报国家收支的数目,宋真宗说:"先帝认为财税是国家的根本,无不寻求中正之道,而使之成为永久的定制。"宰辅大臣说:"先帝不仅只是爱护人民节俭费用,至于在服饰器用方面的节省,穿着洗过的旧衣,大概古代圣哲帝王也是无人能比的。"宋真宗当初命三司统计中央与地方钱粮总数来奏报,盐铁使陈恕迟迟不入朝禀报。宋真宗命宰辅大臣去责问,陈恕说:"天子正值青春年少,如果知道国库充足有余,恐怕滋生奢侈之心,所以不敢进见呈报。"真宗听后认为这种看法很对。

甲子(初九),真宗降诏整修历代帝王的陵庙。

同月,设置估马司,对蕃部和进贡的马匹做出估价。凡是买卖马匹的地方,河东府州、岢岚军、陕西的秦、渭、泾、原各州,川峡的益、黎等州,都设置务所,每年得马五千多匹,用布帛茶叶等其他物品折换成马的价钱。

辽圣宗派遣使者册封王诵为高丽国王。

十二月,丙戌朔(初一),辽国裕悦宋国王耶律休格逝世,停止上朝五天。耶律休格有公相之材,在他接受边塞防守重任时,他深谋远虑,料敌如神。每打胜仗,总把功劳推让给众将领,因此官兵都乐意为他所用。身经百战,未曾枉杀一个无辜。高梁河大捷,尤使宋军感到胆战心惊,白沟以南的百姓要制止小孩啼哭,就说:"裕悦来了!"耶律休格认为燕地民力疲惫困乏,就减少赋税,抚恤孤寡,告诫守卫部队不要侵犯宋朝边境,即使有马牛跑到北边的,都予以送还,因而边境安宁。辽圣宗降诏在南京析津府为耶律休格建立祠庙。

辽圣宗晋封皇弟恒王耶律隆庆为梁国王、南京留守;封郑王耶律隆祐为吴国王。

丙午(二十一日),给事中柴成务呈奏上《新定编敕》共八百五十条,请求刻板印刷颁发下去,与《律令格式》《刑统》一起施行。宋真宗传旨嘉许。

甲寅(二十九日),知制诰王禹偁,因在撰修《太祖实录》中随意性太大,撤掉原职,改知黄州。

这一年,宋真宗任如京使柳开知代州,柳开到任后,修筑城池堡垒,制作战具,众将多有异议而不配合。柳开对其侄子说:"我观察昂星有光芒,云多从北方来侵犯,边境上敌寇即将来到。我听说挥师作战取胜在于团结,现在众将抱怨我,一旦敌寇到来,我们就危险了!"因而向朝廷奏言,请求调任别州,不久改任忻州知府。

辽国放榜录取进士杨文立等二人。

咸平二年　辽统和十七年(公元999年)

春季,正月,乙卯朔(初一),辽圣宗到长春宫。

甲子(初十),宋真宗诏令:"尚书丞、郎、给、舍,各自从朝官中推举一名堪任大州知州的人,等到他连续三任有政绩,对其善举者应当给予奖励;有贪赃犯罪的,荐举者也要受到牵连治罪。

乙丑(十一日),宋真宗命礼部尚书温仲舒为知贡举,御史中丞张咏,刑部郎中、知制诰师颃一同知贡举,仍旧应当每日都入贡院办事。开始封印卷首。师颃是内黄人。

礼部侍郎杨徽之,因体衰多病请求辞职。甲戌(二十二日),宋真宗授予他兵部侍郎,依旧例兼任秘书监。等到入朝称谢时,宋真宗召他到便殿就座,慰问很长时间,并且说:"藏存图书的地方,清净无事,可以修身养性啊。"杨徽之纯厚清正,尤其痛恨那些不求正道求取进升的人。他曾说过:"温仲舒、寇准靠打击他人取得高官。使后辈们争相仿效而相互竞逐,礼仪风俗日益轻薄。"世人都认为这话富有卓见。

二月,丙申(十二日),宋真宗诏令将赵普神主在太祖陵庙享受配祭。

辛丑(十七日),太常丞、判三司催欠司王钦若,上表陈述宋真宗即位以来,宽免天下拖欠赋税钱物一千余万,开释囚犯三千余人,请将这些政绩交付史馆。朱真宗对近臣们说:"此事本是先帝要做的,我只是奉行完成先帝之志罢了。"于是命学士院召试王钦若。待真宗看到王钦若的考试文章后,对宰辅大臣们说:"王钦若不仅对行政事务干练敏捷,还富于文采辞藻,现在中书省有缺位,可以破格任命他。"当即任他为右正言,知制诰。

己酉(二十五日),宋真宗对宰相说:"听说朝廷中有结交朋党、互相吹捧、求取虚誉、急于升迁的人。这种浮躁轻薄之风,实不可长。"于是真宗命令下诏书申明警诫,由御史台进行纠察。

秘书监杨徽之荐举著作佐郎、通判泰州戚纶，富于文学，为人纯正严谨，适合在馆阁任职。三月，甲寅朔(初一)，任命戚纶为秘阁校理。戚纶之父戚同文，隐居教授学生，学生们不远千里来求教，学成登科及第的有五十六人，弟子们在他死后追称他为坚素先生。

丙辰(初三)，宋真宗命度支郎中裴庄等人分别到江南、两浙，开仓放粮赈济饥民，免除他们当年的田租。

癸亥(初十)，宋真宗诏令："今年举人很多，若按照去年的人数录取合格者，恐怕人才会有所遗落。进士可增到七十人，其他各科可增到一百八十人。"礼部随即将孙暨等二百五十人的名单呈奏上去，其中各科被举送一次的有六人，真宗只废除这六名，其余的一律赐及第。

京西转运副使、太常博士、直史馆眉山人朱台符上书说："陛下受天之命，与万物同运，授予李继迁节钺，加封黎桓王爵，都派使者去安抚其邦国；唯独那契丹，未曾蒙受我大宋王朝的恩泽，这不是昭示王道无偏无倚的做法啊。愚臣认为应趁此时机，选择具有文才武略并熟悉边境情况的人，作为一名使者，以新即帝位，服丧已满，礼当互通友好，抛却前嫌，恢复往日盟约，给以财货之利，许以边关买卖，按照太祖旧例，两国和好以后，我们就没有受北边侵扰的忧虑，而可以集中力量对付西边的戎人，李继迁自会改变心意而束手称臣，这是一举两得的事啊。"朱台符又自己奏请北上出使，当时人们谈论此事，都一致称赞他。

甲戌(二十一日)，宋真宗诏令："川峡、广南、福建各路官吏要为父母服丧守孝的，准许提供官家驿车送归。"以前小官在远地任职遇到父母之丧，往往穿着草鞋、撑着拐棍赶路，甚至有流落他乡不能回家的，因此有了这个诏令。

秦悼王赵廷美当初葬于旅居之地涪陵，闰月，宋真宗诏令在河南汝、邓二州一带择地改葬。

庚寅(初七)，宋真宗诏令有关官员：无正当名义的劳役，不急需修建的工程，一律取消。

皇太后住在西宫嘉庆殿，宰相引汉、唐旧例，上奏宫名为万安，宋真宗准允了。

宋真宗因大旱，诏令京朝内外臣民都来直言进谏。当时有人上奏指陈中书过失要求罢免其职的，宋真宗看后不高兴，对宰相说："这些人都不是善良之士，只求自己进升，应当给以谴责来警告他们。"李沆进言说："朝廷才开言路，如所进言之有理，应加以表彰奖赏，否则留在朝中就可以了。况且臣下并非贤才，充数作为台辅大臣，如蒙恩准解除职务，正是那位上书之人对朝廷的补益。"宋真宗说："爱卿真是个忠厚长者！"

宋真宗任命河北转运使、右谏议大夫索湘为户部使。索湘为人质朴真率，但擅长于处理官府公事。他历任边塞部、将，所到之处，必定广为储备积蓄，进行准备谋划，出入于军旅之中，以干练闻名。先前在河北，凡扰民之事，多奏请朝廷废止。再有，从京城用车将茶叶运到榷场，此事最烦扰害民，又有很多损耗，索湘建议，请准许商贩顺江用船载茶到边地州、县进入市场，既可避免道途上的损耗，又有税收之利。还有，威虏、静戎军每年都烧掉边境草地来防范契丹南下放牧，有人上奏请求在北寨山麓中兴办开矿炼银之事，索湘认为会招致敌寇，也奏请朝廷废止。

宋真宗降诏三馆抄写四部之书二套，一套放在宫中的龙图阁，一套放在后苑的太清楼，以备阅览。

京西转运副使朱台符上疏，请求重视农业多积粮食，任用良将调选精兵，慎重选择郡守县令，根据考核升降官吏，减轻徭役节省开支，平均赋税慎用刑罚，大臣各负其责，共同谋划

393

治国之道;宋真宗降诏嘉许。

丙午(二十三日),宋真宗诏令:"江、浙饥民到城内池塘捕捞鱼虾,不要禁止。"

夏季,四月,丙辰(初四),宋真宗诏令:"文武群臣向皇上上密封奏章,阁门使要写明日期进呈,以免稽留耽误。

辛酉(初九),御史中丞张咏上书说:"奏请从现在起,御史、京朝使臣接受诏令推究弹劾,不得要求上殿领取圣旨,也不得请求到中书省咨访禀报。"宋真宗准从。

丙寅(十四日),河东转运使掖县人宋抟说:"大通监冶炼之铁积存甚多,可供各州军几十年铸造兵器所用,请求暂停开采以宽解民力。"宋真宗降诏准奏。当时西、北两面边界上驻军很多,宋抟经管军需供养,以精明强干著称,朝廷很难找到代替他的人,共十一年之久没有调迁。

丙子(二十四日),宋真宗对宰辅大臣们说:"一般官员中寻求有才干的不乏其人,但询访有德行的人就很少了。德是一切品行的根本,有德之家必出忠臣孝子,哪有没有德行的人能保全他的忠孝? 再者,众官所掌管的事务,大多没有办好,却挑剔其他部门的利害得失,来谋取个人的升迁。如能各自办好本职之事,那么各个部门不必严责而自会整肃,还担心什么政事的挠阻不行呢?"

宋真宗任命御史中丞张咏为工部侍郎,任杭州知州。

张咏到任时,适值歉收,许多百姓以私自卖盐来维持生计,被逮捕的有几百人,张咏都从宽处罚并遣送他们回家。下属们请求说:"不严加惩办他们,恐怕不能禁止。"张咏说:"钱塘十万人家,挨饿的十有八九,假若不靠卖盐自救,一旦纷起成为盗贼,那祸患就严重了。等秋收后自当遵用旧法。"有一民家的儿子与他的姐姐为家财而引起诉讼,他姐姐的丈夫说:"岳父临终时,此子才三岁,因此命我掌管家产,且有遗书为证,将来拿十分之三的家产给儿子,十分之七给女婿。"张咏看过遗书,将酒奠地说:"你岳父是个聪明人啊。因为他儿子太小,所以托付给你,如果当初就把十分之七的家财给他儿子,他儿子就会死在你手里。"马上下令将家产的十分之七给那个民家之子,十分之三给女婿。大家都佩服张咏的明断。

此前左正言耿望任襄州知府,他曾建议:"襄阳县境内有条浮河,原来筑堤截水引入官渠,灌溉民田三千顷。宜城县境内有条蛮河,灌溉民田七百顷,还有屯田三百多顷。请求以原有耕田再加上荒地,设置营田分上中下三务,调派五百人筑堤,仍然调集邻近州郡的兵力,每务二百人,开挖河道,买七百头牛分给他们。"宋真宗说:"屯田之事废止好久了,如能这样,也足以算作督劝农业的开端。"命令耿望亲自巡察办理,当即任命他为右司谏、京西转运使,与副使朱台符一起兼管本路内屯田事宜。当年种水稻三百多顷。汝州原有洛阳南务,派遣内园兵士种稻,太宗雍熙年间,因收成少,且扰害人民,就废止了,将田分给贫民耕种。在这种情况下听取了朱台符的奏请,又招募二百多户农民,由他们自备耕牛,选置团长,由京朝官专门掌管,垦田六百顷,引汝水灌溉,一年就收粮二万三千石。

五月,丙戌(初五),宋真宗诏令:"全国贡举已应举三次的人,今年一律免予取解之试,其余的照例举送。"

宋真宗对宰相说:"近来听说世风习俗奢侈靡费,公卿士民服饰用品都超出规定的标准,甚至有用黄金饰物或用宝珠翠玉来装饰衣服的。"张齐贤说:"此问题应当尽快惩治。先责令大臣之家,使他们各自遵循朴素之规,这样就可以引导民众宣扬教化了。"丁亥(初六),真宗传令禁止臣民穿戴涂金铺翠的服饰,违犯者家长要牵连受罚。

丁酉（十六日），宋真宗听取户部使陈恕所奏，暂时委任殿中丞马元方为户部判官，马元方曾建议：“正当春季百姓穷困时，请把国库的钱先借给他们，约定夏秋季节用绢帛偿还官府，公私各有其利。”朝廷因而将他的办法下达于各道，命官府预买绢帛，即始于此时。

乙巳（二十四日），宋真宗驾临枢密使曹彬府宅探问病情，赐予一万两白银，问他身后之事，曹彬回答说：“为臣没什么可说的。我的两个儿子曹璨、曹玮才干器度都可任将帅。”真宗又问他俩的优劣，曹彬说：“曹璨不如曹玮。”先前，雄州知府何曾矩奏报辽国企图入侵边境，宋真宗拿这件事询问曹彬，曹彬回答说：“太祖英明威武平定天下，尚且委派孙全兴办理谋划睦邻友好之事。陛下初登极时，何承矩时常向辽国发书陈说此意，我预料北方辽国最终会和我们恢复和平友好。”宋真宗说：“这件事我自当为天下百姓着想而屈己下人，但必须坚持法度，保存国之大体，这才是长久之利啊。”宋真宗曾经降诏允许百姓越过拒马河到契丹国中去买马，何承矩说：“沿边战棹司，从淘河到泥姑海口，弯弯曲曲约有九百里，这天然的设置如此险固，是真正的地利条件啊。太宗皇帝曾在此设置边寨二十八处，一百二十五个驿站，派朝廷官吏十一人，守边士卒三千多，统领船只一百艘，往来巡逻警戒以除灭奸诈之人，这样缓急有备，十分重要。现在听任官民越境贸易，人马往来渡河，实在不妥。如果这样下去，营寨、驿站也就形同虚设了。”宋真宗采纳他的进言，立即停止先前的诏令。

续资治通鉴卷第二十一

【原文】

宋纪二十一　起屠维大渊献【己亥】六月,尽上章困敦【庚子】三月,凡十月。

真宗膺符稽古神功让德　文明武定章圣元孝皇帝

咸平二年　辽统和十七年【己亥,999】　六月,丁巳,宰臣监修国史李沆等上《重修太祖实录》五十卷,帝览之,降诏嘉奖,赏赐有差。

戊午,枢密使兼侍中曹彬卒。帝临其丧,哭之恸,赠中书令,追封济阳郡王,谥武惠。

彬仁恕清谨,被服雅同儒者。尤疏财,未尝聚蓄,伐二国,秋毫无所取。位兼将相,不以等威自异,造其门者皆为揖客。不名下吏,每白事,不冠不见。其为藩帅,遇朝士于途,必引车避之,过市则戒驺御不令传呼。北征之失律也,赵昌言表请行军法;及昌言知延州还,因事被劾,不得入见,彬在宥密,遽为帝请,乃许朝谒。彬归休闭阁,门无杂宾。保功名,守法度,近代良将,称为第一。

秘书丞何亮,初通判永兴军,诏与转运使陈纬同往灵州经度屯田。及还,乞召对,因上安边书曰:"臣窃料今之议边事者不出三途:以灵武居绝塞之外,宜废之以休中国飞挽之费,一也;轻议兴师,深入穷追,二也;厚之以恩,守之以信,姑息而羁縻之,三也。

"臣以为灵武远隔塞外,有飞挽之劳,无毫发之利。然地方千里,表里山河,水甘土厚,草木茂盛,真牧放耕战之地。一旦舍之以资西戎,则以豺狼之心,据广饶之地,以梗中国,此西戎之患未可量者一也。自环、庆至灵武仅千里,西域戎人剖分为二,故地隘势弱,不能为中国之大患。如舍灵武,则西域戎人合而为一,此西戎之患未可量者二也。冀之北土,马之所生,自契丹分据之后,无匹马南来,备征带甲之骑,独取于西戎之西偏。如舍灵武,复使西戎合而为一,夏贼桀黠,服从诸戎,俾秦、泾、仪、渭之西北,戎人复不得货马于边郡,则未知中国战马从何而来,此西戎之患未可量者三也。若夫深入穷追,则夏贼度势不能抵,必奔遁绝漠,王师食尽,不能久留,师退而贼复扰,此轻议兴师之不利者一也。寇至而不战,则边郡被其害,寇至而战,则边郡之兵不足以当西戎之众,此轻议兴师之不利者二也。清远西北曰旱海,盖灵武要害之路,而白、马二将奔败之地也。如王师薄伐,无功而还,则夏贼必据要害之路以阻绝河西粮道,此轻议兴师之不利者三也。自国家有事于西戎,关右之民未能息肩,而一旦薄伐无功,河西路阻,则必干运飞挽,大兴征讨以通粮道。疲民重困,盗贼多有,此轻议兴师之不利者四也。若示恩信,姑息而羁縻之,则戎人贪婪无厌,虽存臣事之名,终多反覆之志,必将服从诸戎,为中国大患,此不可一也。自白、马二将奔败之后,夏贼得志,择灵武山川之险而分据之,侵河外膏腴之地而垦辟之,逼近城池,意在吞噬,譬犹伏虎,见便则动,如国家止以恩信羁縻之，则一朝之患卒然而作，此不可二也。

"夫以三患、四不利、二不可为防边之重，既未见其可，则在臣愚虑，不出二策。自清远至灵武，有溥乐，有耀德，盖水草之地，为河西之粮道，而悉有古城之迹存焉。夏贼西掠诸戎，则此其要害之路，故每扬言曰，朝廷如修溥乐城，我必力争。如以修护清远为名，而时纳修城创宇之具，延、环、清远多积军储，且以数岁渐计之，使民无所伤而贼不能知。一旦兴师数万以城溥乐，朝发清远，日未中而至。其师则战士三居其一，以备寇也；役卒三居其二，以荷器具而赍军储也。计城之功，不过十日，而使战士自赍三〔十〕日粮，则城毕功而食有徐矣。"

又曰："国家之城溥乐也，必潜师于延、环、清远以观贼之变，宜分环州、清远为二道，一道傍山而北，军于贼之后，一道过长岭直趋溥乐，军于贼之前，而使城溥乐之兵军其中。贼以溥乐孤军悉众来寇，而卒然三军鼎峙，则其心骇矣。又令延州之师入其境，驱其畜产，俘其老弱而空其巢穴，灵武之众收河外之地，复贺兰之境，杜三山之口以断其奔路，则其众必起携贰之志，其将必无制胜之方，而独使保吉桀黠，志在决战，能无败乎！破而擒之，此万世之功也。"

令秘书省正字邵焕于秘阁读书，从其请也。秘阁读书自焕始。焕，睦州人，以童子得官，时年十二。

癸酉，都官郎中刘蒙叟上言曰："陛下已周谅闇，方勤万务。伏望崇俭德，谨守前规，无自矜能，勿作奢纵；厚三军之赐，轻万姓之徭，使化育于生灵，声教加于夷夏。且万国已观其始，惟陛下慎守其终，思鲜克之言，戒性习之渐，日谨一日，虽休勿休，则天下幸甚！"帝嘉纳之，召试学士院，命以本官直史馆。

秋，七月，帝闻契丹将入边，甲申，以马步军都虞候傅潜为镇、定、高阳关行营都部署，富州刺史张昭允为都钤辖。

宰相张齐贤请给外任官职田，诏三馆、秘阁检讨故事，申定其制，以官庄及远年逃田充，悉免其税。

己丑，以横海军节度使王显为枢密使。

甲辰，幸国子监，召学官崔偓佺讲《尚书·大禹谟》。还，幸崇文院，登秘阁，观太宗圣制墨迹，恻怆久之。赐秘书监、祭酒以下器币。偓佺，颐正弟也。

丙午，置翰林侍读学士，以兵部侍郎杨徽之、户部侍郎夏侯峤、工部郎中李文仲为之。置翰林侍讲学士，以国子祭酒邢昺为之。初，太宗命文仲为翰林侍读，寓直禁中，以备顾问，然名秩未崇。帝特建此职，择老儒旧德以充选，班秩次翰林学士，禄赐如之。设直庐于秘阁，侍读更直，侍讲长上，日给尚食珍膳，夜则（造）〔迭〕宿，令中使日具当宿官名，于内东门进入。自是召对询访，或至中夕焉。

是月，帝谕宰臣，令写录内外官历任功过，编册进内，其该恩复用者，别编以备观览。

八月，辛亥朔，帝御文德殿，百官入阁，右司谏、直史馆孙何次当待制，献疏曰："六卿分职，邦家之大柄也。故周之会府，汉之尚书，立庶政之根本，提百司之纲纪，令、仆率其属，丞、郎分其行，二十四司粲然星拱，六职举而天下之事备矣。有唐贞观之风，最为称首。于时封疆甚广，经费尤多，亦不闻别分利权，改创使额，而军须取足。明皇北事奚、契丹，南征阁罗凤，召发既广，租调不充，于是萧景、杨钊始以它官判度支，而宇文融为租调地税使，虽利孔始开，然版籍根本尚在南宫。肃、代之世，物力萧然，于是有司之职尽废，而言利之臣攘臂于其间矣。征税多门，本于专置使额。故德宗之初，首降诏书，追行古制，天下钱谷，皆归文昌，咸谓太平可致。而天未悔祸，叛乱相仍，经费不充，使额又建，于是裴延龄以利诱君，甚于前矣。

397

宪、穆而下,或迫于军期,切于国计,用救当时之急,率以权宜裁定。五代短促,曾不是思。国家三圣相承,垂统立制,宜罢三司使额,还之六卿。"

"或曰:禄百辟,赡六军,皆是物也。臣亦有其说。夫盐铁者,盖管榷山海之谓也,物非自集,须假牢盆。户部者,盖均一征税之谓也,而财非自生,须计田赋。度支者,盖供亿军国之谓也,而粟非自行,须资漕运。但检押专一,相沿置之耳。今莫若谨择户部尚书一人,专掌盐铁使事,俾金部郎中、员外分判之。又择侍郎二人,分掌度支、户部事,各以本曹郎中、员外分判之。则三使洎判官,虽省犹不省也。仍命左右司郎中、员外总知帐分,句稽遗失。则进无掊刻之虞,退有详练之名,职守有常,规程既定,周官唐式,可以复矣。"

癸丑,右正言、知制诰、判大理寺王钦若上言:"本寺公案常有五十至七十道,近者三十日内绝无。昔汉文帝决狱四百,唐太宗(族)〔放〕罪三百九十人,然犹书之史册,号为刑措。当今四海之广,而刑奏止息,逮乎逾月,足彰耻格之化。请付史馆,用昭圣治。"从之。

己卯,群臣上尊号曰崇文广武圣明仁孝皇帝。

丁巳,大宴崇德殿,始作乐。

癸亥,判大理寺王钦若上言:"本寺案牍简少,请罢详断官四员,止留八员。"从之。

丙寅,大阅。丁卯,近臣、诸军将校、内职皆赐饮。诏:"大阅所践民田,蠲其租。"

癸酉,枢密副使、工部侍郎杨砺卒。帝谓宰臣曰:"砺介直清苦,方当任用,遽此沦谢,甚可悼也!"即冒雨临其丧。砺僦舍委巷中,乘舆不能入,帝为步进,嗟悯久之。赠兵部尚书,中使护葬。

乙亥,以曹彬配飨太祖庙庭,薛居正、潘美、石熙载配享太宗庙庭。

丙子,以司封郎中、知制诰朱昂为传法院译经润文官。始,太宗作《圣教序》,帝亦继作。又尝著《释氏论》,以为释氏戒律之书,与周、孔、荀、孟迹异道同。盐铁使陈恕尝建议,以为传法院费国家供亿,力请罢之,言甚恳,帝不许。

九月,庚辰朔,日有食之。

辽主如南京,以皇弟梁王隆庆为先锋,率师南伐。

枢密都承旨开封王继英,以契丹大入,请北巡,帝纳之。丙戌,命继英驰传诣镇、定、高阳关路视行宫顿置,宣慰将士。

甲午,奉安太宗圣容于启圣院新殿,帝拜而恸,左右皆掩泣。

辽北院枢密使魏王耶律色珍从太后南伐,癸卯,卒于军。色珍威名亚于休格,其殁也,太后亲为哀临,仍给葬具。以韩德让兼知北院枢密使事。

初,傅潜遣先锋田绍斌、石普等戍保州,普阴与知州杨嗣议出兵击敌,及夜,普、嗣未还,绍斌疑其败衄,即领众援之。普、嗣果为敌所困,渡严凉河,颇丧师徒。及绍斌至,即合势疾战,斩首二千馀级,获马五百匹。

冬,十月,戊午,增置福建路惠民仓,从库部员外郎成肃之请也。

癸酉,辽师攻遂城,城小无备,众恟惧。杨延朗集丁壮护守,时冱寒,延朗命汲水注城外,及旦,冰坚不可攻,辽师解去。

萧继远攻狼山镇石砦,破之。初,耶律铎轸性疏简,不修小节,人多短之,至是命总赢师以从。及战,铎轸取绯帛被介胄以自标显,驰突出入,格杀甚众。太后望见,喜而召语曰:"卿戮力如此,何患不济!"厚赏之。

398

丙(子)〔寅〕,令诸路转运使申淳化惠民之制,岁丰熟则增价以籴,饥歉则减直而出之。

如京使柳开上言："臣蒙陛下自代州移知忻州，每见北界归明人言契丹排比南侵，又闻河北边上屯结甚众，数侵犯雁门、宁化等军。度其阴谋，必不轻退，深恐大寒之际，转肆冲突。臣愚，乞陛下速起圣驾，径至镇州，躬御六师，奋扬威武，勿生迟疑之虑，勿听犹豫之谋，周世宗及我太祖、太宗近事，皆可法也。况陛下谅阴三年，礼无违者，复此顺动，其谁敢当！圣驾若过河北，契丹当自引退。四方无思不服，正在此举矣！"

十一月，丙戌，合祭天地于圜丘，奉太祖、太宗并配，大赦天下。御朝元殿，受册尊号。

乙未，诏以边境驿骚，取来月暂幸河北。命宣徽北院使周莹为随驾前军都部署，邕州观察使刘知信副之，内侍都知杨永遵为排阵都监，保平节度使、驸马都尉石保吉为北面行营先锋都部署，磁州防御使康廷翰副之，沼州团练使上官正为钤辖。

己酉，以宰相李沆为东京留守，濠州刺史李著为大内都部署，权知开封府魏羽判留司，三司盐铁使陈恕为随驾转运使。十二月，辛亥，以太子太师分司西京张永德为京城内外都巡检使。

甲寅，车驾发京师。辛酉，宴从臣于行宫。以王超等为先锋，仍示以阵图，俾识其部分。甲子，次大名府，帝御铠甲于中军，枢密史王显、副使宋湜分押后阵，横亘数十里。

西川自李顺平后，人心未宁。益州钤辖符昭寿，彦卿子也，骄恣，不亲戎务，多集锦工，织作纤丽，所须物辄抑市人买配，逾时不给其直，又纵部曲略取之，仆使凌忽军校，其下皆怨。知州牛冕，宽弛无政事。时神卫军戍成都者两指挥，都虞候王均及董福分主之。福御众整肃，故所部优赡；均纵其下饮博，军装悉以给费。甲子，冕与昭寿大阅于东郊，蜀人聚观，两军衣服鲜、弊不等，均所部惭愤，出不逊语。

初，河北转运使裴庄屡条奏傅潜无将略，恐失机会；枢密使王显庇之，奏至，辄不报。潜屯于定州，缘边城堡悉飞书告急，潜畏懦，闭门自守，将校请战者辄丑言詈之。辽师既破狼山寨，遂引兵趋宁边军及祁、赵，大纵钞劫，游骑出邢、洺间，百姓惊扰，携挈老幼争入城郭，镇、定路不通者逾月。朝廷屡间道遣使督潜会诸路兵合击，其都监秦翰及定州行营都部署范廷召等屡促之，皆不听。廷召怒，因诟潜曰："公惬怯乃不如一妪耳！"促之不已，潜乃分骑八千、步二千付廷召，令于高阳关逆击，仍许出军为援；卒逗留不发。

丙子，诏百官各上封章直言边事。于是工部侍郎、集贤院学士钱若水言："傅潜领数万雄师，闭门不出，坐视契丹俘掠生民，上则孤委注之恩，下则挫锐师之气。军法曰：'临阵不用命者斩。'今若申明军法，斩潜以徇，然后擢取如杨延朗、杨嗣者五七人，增其爵秩，分授兵柄，不出半月，可以坐清边寨。然后銮辂还京，则天威慑于四海矣。"右司谏梁颢亦言："用兵之道，在明赏罚。兵法曰：'罚不行，则譬如骄子，不可用也。'昨者命将出师，乘秋备塞，而傅潜奉明诏，握重兵，逗挠无谋，迁延玩寇，以致边尘昼惊，圣主栉沐，此所谓以贼遗君父者也。以军法论，合斩潜以徇军中，降诏以示天下。"

府州言官军入辽地五合川，拔黄太尉砦，歼其众，焚其车帐，获马牛万许。

丁卯，召见大名府父老，劳赐之。

戊寅晦，知益州牛冕以酒犒队伍，而钤辖符昭寿则无所设，军士益忿，故赵延顺等八人谋作乱。

是岁，辽放进士初锡等四人。

三年　辽统和十八年【庚子，1000】　春，正月，己卯朔，驻跸大名府，诏并代都部署高琼等分屯冀州、邢州。

益州戍卒赵延顺等为乱，击杀钤辖符昭寿，据甲仗库取兵器。是日，益州官吏方贺正旦，闻变，皆奔窜，知州牛冕及转运使张适缒城出奔，惟都巡检使刘绍荣冒刃格斗。延顺等即欲奉绍荣为帅，绍荣摅弓大骂曰："我燕人也，比归大朝，肯与汝同逆邪？亟杀我！"延顺等亦不敢加害。都监王泽闻变，召王均谓曰："汝所部兵乱，盍自往抚之！"延顺见均至，即率众踊跃，奉均为主。指挥使孙进不从，杀之；绍荣缢死。均僭号大蜀，改元化顺，署置官称，以小校张锴为谋主。辛巳，率众陷汉州。牛冕等奔东川。

辽师至瀛州，范廷召自中山分兵御敌，结方阵以出，辽梁王隆庆问诸将谁敢当者，萧柳曰："若得骏马，则愿为之先。"隆庆授以中骑，柳揽辔谓诸将曰："阵若动，诸君急攻。"遂驰而前。阵少移，隆庆乘势攻之，廷召军遂乱。柳中流矢，裹创而战，众皆披靡。

先是廷召乞援于高阳关，都部署洛阳康保裔即选精锐赴之。壬午，至瀛州西南裴村，廷召约以诘朝合战。及夕，廷召潜师遁，保裔不之觉。迟明，辽师围之数重。左右请易甲突围出，保裔曰："临难无苟免，此吾效死之日矣！"遂大呼决战，凡数十合，兵尽矢穷，士卒以劲弩击敌，杀伤甚众，而援兵不至，与部将宋顺俱被执。高阳关钤辖张凝、高阳关副部署李重贵，率援兵从后至，亦为辽师所围，力战，乃得出。辽师遂自德、棣济河，掠淄、齐而去。

帝初闻保裔被擒，密诏走马承受太原夏守赟廉问，守赟遽言保裔定死。于是优诏赠侍中，以其子继英为六宅使、顺州刺史，馀子孙悉加秩，又遣使存问其母。继英奉告命，泣谢曰："臣父不能决胜而死，免罪及孥，幸矣，顾蒙非常之恩！"帝慰劳之。

乙酉，镇、定、高阳关路行营都部署傅潜、都钤辖张昭允并削夺官爵，潜流房州，昭允通州。潜子内殿崇班〔从政〕从范亦除名，随父流所，仍籍其家。钱若水等议潜等罪当斩，诏特贷其死，中外无不愤慨。

辽师退，帝使贝、冀行营副部署王荣以五千骑追蹑之。荣受命惧怯，数日不敢行，伺辽师渡河而后发。辽师剽淄、齐者数千骑，尚屯泥泊，荣不欲见敌，遂以其骑略河南岸而还。

庚寅，范廷召遣使告捷，言大破契丹于莫州，夺还所掠老幼及鞍马兵仗无算。帝作《喜捷诗》，群臣称贺。廷召以功加检校太傅，馀将校恩赐有差。李重贵叹曰："大将陷殁而吾辈计功，何面目也！"

王均自汉州引众攻绵州，不能克，直趋剑门。先是知剑州李士衡，闻寇作，以城难守，即焚仓库，运金帛，东保剑门。是日均至，士衡与剑门都监裴臻逆击，败之，斩首数十级，揭榜招降胁从者，得千馀人，悉置麾下。均众乏食疲弊，不敢由故道，径由阴平还成都。

壬辰，枢密副使宋湜卒于师。

辽主还，次南京，赏有功将士，罚不用命者，命诸军各还本道。

甲午，驾发大名府。是日，次德清军，帝始闻王均反，即以户部使、工部侍郎雷有终知益州，兼提举川、陕两路军马，并命御厨使李惠、洛苑使石普、供备库副使李守伦并为川、峡两路捉贼招安使，帅步骑八千往讨之。

初，知蜀州杨怀忠闻成都乱，即调乡丁会诸州巡检兵刻期进讨。丙申，攻成都，先锋自北门入，遂烧子城。时王均从剑门还，犹未至，怀忠与贼将崔照、鲁麻胡等阵于江渎庙前，自晨至夕，战数合，怀忠兵势不敌，引众退保江原。

庚子，至自大名府。李沆为东京留守，不戮一人而辇下清肃。

癸卯，翰林侍读学士、兵部侍郎兼秘书监杨徽之卒。赠兵部尚书，谥文庄，赐其家钱绢，遣中使护丧事，录其外孙宋绶为太常寺太祝。绶，平棘人也。徽之无子，而宋氏妇贤明知书，有礼法,子绶能自立于时。

乙巳,王均复入成都。

二月,辛亥,翰林学士王旦等三人权知贡举。

杨怀忠檄嘉、眉七州调军士民丁再攻成都。时王均方遣赵延顺攻邛、蜀州,怀忠逆击之,贼稍却。怀忠与转运使陈纬退军筰桥,背水列阵,寨于楮木桥南,以扞邛、蜀之路。贼党三道来攻,出官军后,焚江原神祠,断邛、蜀援路。怀忠三道分兵以抗之,斩首五百馀级,驱其众入皂江,获甲弩甚众,乘胜逐贼至成都南十五里,寨于鸡鸣原以俟王师。均亦闭成都东门以自固。

己未,命宰相李沆为元德皇太后园陵使。始议立陵名,礼官引汉、唐故事,言"帝、后同陵谓之合葬,同茔兆谓之祔葬,今园陵鹊台在永熙陵封地之内,恐不须别建陵号"。从之。

绵、汉、龙、剑都巡检使张思钧引兵克复汉州,雷有终等与思钧帅大军进讨,列寨升仙桥;壬戌,贼众来袭,有终击走之。

癸亥,枢密使王显罢。以周莹为宣徽南院使,王继英为北院使,并知枢密院事;翰林学士、中书舍人王旦为给事中,同知枢密院事。

甲子,诸军校以次迁补,多自陈其劳绩者,御前忠佐马步军都军头呼延赞独进曰:"臣月俸百千,所用不及半,忝幸多矣。自念无以报国,不敢更望升擢,正恐福过灾生。"拜谢而退,众嘉其知分。赞初从太宗征太原,左右言:"自此取幽州,犹热鏊翻饼耳!"赞独曰:"此饼难翻,言者不足信也。"太宗不从,卒无功而还。

丁卯,王均开益州城,伪为遁状,雷有终与上官正、石普等率兵径入;李继昌疑有备,亟止之,不听,因独还。官军多分剽民财,部伍不肃,贼闭关发伏,布床榻于路口,官军不得出,颇为贼所杀,李惠死之。有终等缘堞而坠,获免,遂退保汉州。益州民人迸走村落,贼皆遣骑追杀。或囚系入城,支解族诛以恐众。均又胁士民、僧道之少壮者为兵,先刺手背,次髡首,次黥面,给军装,令乘城,与旧贼党相间。有终乃揭榜招胁从者,至则于其衣袂署字释之,日数百计。杨怀忠度贼众复南出,引所部屯于合水尾、浣花等处,树机石、设篦篱以拒之。有终等复入汉州,遣军列寨弥牟镇;贼党来攻,有终击败之,斩首千馀级。

丙子,曲宴近臣于后苑,帝作《中春赏花钓鱼》七言诗,儒臣皆赋,遂射于水亭,尽欢而罢。自是著为定制。

是月,辽主如延芳淀。

三月,戊寅朔,日有食之。

帝之在大名也,有诏调丁夫十五万修黄、汴河。盐铁判官、监察御史王济以为劳民,请徐图之;乃命济驰往经度,还奏减其十之七。

宰相张齐贤以河决为忧,因对,并召济入见。齐贤请令济署状保河不决,济曰:"河决亦阴阳灾沴所致,宰相若能和阴阳,弭灾沴,为国家致太平,河之不决,臣亦可保。"齐贤曰:"若是,则今非太平邪?"济曰:"北有契丹,西有继迁,两河、关右岁被侵扰。以陛下神武英略,苟用得其人,可以驯致,今则未也。"帝动容,独留济,问以边事。济曰:"陛下承二圣之基,拥万方之众,蠢兹小丑,敢尔冯陵,盖谋谟当位之臣,未有如昔人者,众皆谓国家所恃独一洪河耳。此诚急贤之秋,不然,臣惧敌人将饮马于河渚矣!"退而著《备边策》十五条以献。于是选官判大理寺,帝曰:"法寺宜择当官不回者,王济有特操,可试之。"甲申,以济权判大理寺。

礼部上合格举人,甲午,帝御崇政殿亲试,赐陈尧咨以下二百七十一人进士及第,一百四十三人同本科及《三传》、学究出身。尧咨,尧叟之弟也。又命侍读学士邢昺等考校诸科,得四百三十二人,赐及第、同出身。又试进士五举、诸科八举及尝经廷试而不录者,得九十七人,赐同出身。赐宴日,出御诗褒宠之。帝连日临轩,初无倦怠之色。所擢凡千百馀人,其中有自晋天福中随计者,推恩之广,近代所未有。

是春,帝以手诏访知开封府钱若水备御边之策。若水上言曰:"臣闻唐室三百馀祀,魏博一镇,戎兵少于今时,而无边患者,何也?盖当日幽蓟为唐北门,命帅屯兵,陁其险阻,是以边马不敢南牧。自晋祖割地之后,朝廷自定州西山东至沧海,千里之地,皆须应敌,是以设三关,分重兵以镇之。少失堤防,则戎人内侵,晋末直渡长河,汉初屡侵边徼,周祖在位,复扰中山,世宗临朝,来寇上党,此皆见于史氏,陛下之所明知也。臣愚以为不得幽州城,敌不可灭。今之急务,一曰择郡守,二曰募乡兵,三曰积刍粟,四曰革将帅,五曰明赏罚。略陈大纲,如可施行,则当详具条奏。"

【译文】

宋纪二十一 起己亥年(公元 999 年)六月,止庚子年(公元 1000 年)三月,共十个月。

咸平二年 辽统和十七年(公元 999 年)

六月,丁巳(初六),宰臣监修国史李沆等人上呈《重修太祖实录》五十卷,宋真宗看了以后,降诏嘉奖,分别给予赏赐。

戊午(初七),枢密使兼侍中曹彬去世。宋真宗亲临吊唁,痛哭失声,赠授曹彬中书令,追封为济阳郡王,谥号武惠。

曹彬为人仁厚宽恕,清正严谨,平素穿着同一般读书人一样雅净。尤其看轻钱财,不聚家产,先后去征讨后蜀、南唐,秋毫无取。位兼将相,不以官高威重而自夸。到他家造访的都是以揖礼相见的客人,他不直呼下属官吏的姓名,每当下属们禀报事情,不穿戴齐整不去会见。他身为封疆大吏,在路上遇到朝中官员,一定把车牵过一边避让他们,经过街市就告诫车夫侍从不要高声呼喝。当年北征契丹失利,赵昌言上表朝廷请求对他按军法处置;待到赵昌言从延州知州任上回京时,因事受到弹劾,不能入朝觐见,曹彬在枢密院,马上为他奏请皇上,才允许赵昌言入朝谒见。曹彬退归在家闭门休养,家中没有闲杂宾客。保持功绩名声,遵守法令制度,近代良将中,当称第一。

秘书丞何亮,初为通判永兴军,宋真宗诏令他与转运使陈纬同往灵州经营筹划屯田事宜。回来后,请求皇上召见应对,趁机上奏安边书说:"为臣私下料想现在议论边防之事的不外乎三种想法:一是认为灵武地处遥远的边塞之外,应放弃它以停止中原长途运输的费用;二是轻率提议举兵,深入塞地而穷追猛打;三是对边敌赐恩厚待,以信义相约束,宽容笼络他们。

"为臣认为灵武远离塞外,只有长途运输的劳顿,没有丝毫的实际利益。可是那个地方方圆千里,有山河为屏障,水土肥美,草木茂盛,实在是放牧耕战的好地方。如一旦舍弃奉送西戎,他们就会以豺狼之心,占据这广阔富饶之地来阻隔中原的来往,这是西戎后患不可估量的第一点;从环州、庆州到灵武仅有千里,其间西域戎人分为两部,所以各自地窄势单,不能成为中原的大患。但如果放弃灵武,那么西域戎人就会结成一体,这是西戎祸患不可估量的第二点;冀州北部是产马之地,自从契丹占据瓜分之后,再无马匹南来,备战披甲的战马,只能从西戎的西部取得。如果舍弃灵武,再使西戎结为一体,西夏贼寇强暴狡诈,控制西戎各部，使秦州、泾州、仪州、渭州西北的戎人再不能来边郡卖马，那样中原的战马将从何而来就不得而知了，这是西戎祸患不可估量的第三点。至于说深入穷追，那么西夏贼寇估计他的力量不足以抵挡，必然奔逃到绝远的沙漠中去，大宋军队粮草吃尽，不能久留，大兵一退，而贼寇又来侵扰，这是轻言兴师的第一不利。敌寇到来，如不迎战，那么边郡州县就要深受其害；敌寇来犯就去迎战，那么边郡的兵力不足用来抵挡西戎军队的人多马众；这是轻言兴师的第二不利。清远军的西北称为旱海，是通往灵武的要害之路，也就是当年白守荣、马绍忠二将领失利奔逃之地，如果王师不用重兵征讨，无功而还，那么西夏贼寇必定占据这一要害之路来割断河西运粮的通道，这是轻言兴师的第三不利。自从国家征讨西戎以来，关右的百姓一直未能摆脱重负，如一旦征讨无功，河西粮道又被割断，就一定要加速运输，大举征讨来开通粮道，疲惫的百姓再受困苦，盗贼就会增多，这是轻言兴师的第四不利。如果表示恩施守信，宽容而笼络他们，那么戎人贪得无厌，虽然保持臣服的名义，但终究又生反叛之心，必将控制诸戎，成为中原的大患，此乃一不可；自从白守荣、马绍忠二将战败以后，西夏贼寇更为嚣张，选择灵武山川险要之地分兵据守，侵占河外肥沃之地开垦耕种，步步逼近我方城池，并想一一吞并，如同卧虎，一有可乘之机就行动起来，如果国家只用恩信笼络他们，那么总有一天祸患会突然发生，此乃二不可。

"以上三患、四不利、二不可是防边最重之事，既尚无可行之策，那么以臣下愚见，不外乎如下二策：从清远到灵武之间，有溥乐、耀德，都是水草之地，是河西的粮道，而且都有古城遗迹的存留。西夏贼寇向西劫掠戎人各部，这里是他们的要害通道，所以他们常常扬言说：'朝廷如果修筑溥乐城，我们必定极力相争。'如果我们以整修防护清远城为名，时常运进修城盖房的用具，在延州、环州和清远多储存军备，并用几年的时间逐渐谋划，使百姓不受损害而贼寇不能知晓。有朝一日我们发兵数万去修筑溥乐城，早晨从清远出发，不到中午便能到达。派去的军队用于战斗的士兵占三分之一，以防敌寇；用于搬运器具、运送军备的役卒占三分之二。预计筑城所用的时间，不超过十天，而让战士自带三十天的粮食，这样修城竣工而粮食还有剩余。"

何亮又说："国家在溥乐修城时，必须派兵潜伏在延州、环州、清远一带以观察敌情的变化，应兵分环州、清远两路，一路依山往北，进驻到敌人后方，一路越过长岭直奔溥乐，进驻到敌人前方，而使修溥乐城的军队居于中间。敌寇以为溥乐城内是孤军必调动全部兵力前来侵犯，却突然遇到我三支军队如鼎足而立，他们就胆战心惊了。再令延州军队直入其境，驱赶他们的牲畜，抓获他们的老弱并掏空他们的老窝。灵武的军队收回

金丝笼式便帽　北宋

河外的土地，恢复贺兰的疆域，堵住三山路口以断绝他们的逃路，这样他们的部众必然产生叛离之心，他们的将领也必然失去取胜的方法，因而即使赵保吉凶残狡诈，想和我们决一死战，能不失败吗？将其击败并擒获，这是千秋万代的功业啊！"

宋真宗诏令秘书正字邵焕在秘阁读书，这是准从了他的奏请。允许入秘阁读书从邵焕开始。邵焕是睦州人，以童子科中试得官，当时十二岁。

癸酉（二十二日），都官郎中刘蒙叟上书说："陛下守丧已满，正在勤理各项政务。为臣由衷希望陛下崇尚节俭美德，谨慎遵守先帝的规章，不称能自夸，不放纵奢侈，加重三军的赏赐，减轻百姓的徭役，使生灵万物得到哺育和滋润，使声威教化加施于华夏蛮夷。况且各国

已看到了我大宋王朝的初始,希望陛下谨慎保持王业的成果,想一想'靡不有初,鲜克有终'这句古语,警惕惰性陋习的潜移默化,一天比一天谨慎,虽有可庆之喜也不自满,那就是天下的大幸了。"宋真宗赞赏并采纳了他的意见。召他到学士院考试,命他以原来的官职当直史馆。

秋季,七月,宋真宗听说契丹将要入侵边境,甲申(初四),任命马步军都虞候傅潜为镇州、定州、高阳关行营都部署,富州刺史张昭允为都钤辖。

宰相张齐贤奏请分给外任官职田,宋真宗诏令三馆、秘阁查考寻找以往的成例,申明并订立制度,用官府庄田和多年闲荒之田作为职田,一律免征租税。

己丑(初九),宋真宗任命横海军节度使王显为枢密使。

甲辰(二十四日),宋真宗驾临国子监,召学官崔偓佺讲解《尚书·大禹谟》。回朝,又驾临崇文院,登上秘阁,观看宋太宗的御书墨迹,悲痛了很长时间,赐赏秘书监、祭酒以下官员器物、钱币。崔偓佺是崔颐正的弟弟。

丙午(二十六日),设置翰林院侍读学士,由兵部侍郎杨徽之、户部侍郎夏侯峤、工部郎中李文仲充任。设置翰林院讲学士,由国子监祭酒邢昺充任。当初,宋太宗任命李文仲为翰林侍读,住在宫中当值,准备皇上随时召对问讯,然而名位不高。宋真宗特设这一职位,选择年高德劭的儒士充任,品阶次于翰林学士,但俸禄一样。在秘阁设立值宿的房间,侍读学士轮流当值,侍讲学士常值不替,白天供给佳食美肴,晚上轮流值宿,命太监每天具报值宿官员的名字,当值者由内东门进见。从此召见学士应对咨询,有时直到半夜。

本月,宋真宗晓谕宰相,令抄录内外官员历任期间的功过,编成册子进呈,其中应该加恩再次任用的,另编一册以备阅览。

八月,辛亥朔(初一),宋真宗驾临文德殿,百官跟随入见,右司谏、直史馆孙何依次担任待制官,向皇上献疏说:"六卿分行其责,是国家的重要权柄。所以周朝的会府,汉代的尚书,确立各种政务的根本,统领各个官署的纲纪,尚书令、仆射率领他们的属官,丞、郎之官分理实施,二十四司有如明星拱月,六卿之职振举而天下之事也就完备了。唐代贞观年间的政风,堪称首屈一指。当时疆土甚广,所需费用特别多,也没听说另分利权,改创增设使者名额,而军需供应充足。唐明皇李隆基北伐奚、契丹,南征阁罗凤,征召调遣军队既多,租税征调又不足,于是萧景、杨钊用另外的官员来主管财政开支,因而宇文融被任为租调地税使,虽然收钱取利的来源有了新的开辟,然而作为收税依据的户口、土地簿册还在南宫尚书省。唐肃宗、唐代宗的时候,国家物力空虚,于是有关官署的职务全都废弃,而好利之徒就在其间大显身手了。征税出于多门,源于专设税使名目,所以唐德宗即位之初,就首先降诏书,追令实行古制,天下钱粮赋税,一律由尚书省统管,人们都说这样可达到天下太平了。可是老天没有追悔已生灾祸,叛乱接连不断,国家经费不足,又设立税使,于是裴延龄用财利引诱国君,情况比以往更为严重。唐宪宗、唐穆宗以后,有时由于军期、国计的迫切需要,为缓解一时之急,就都用权宜之法做出定夺。五代时间短促,不曾想到此事。我朝太祖、太宗及陛下三位圣主相继承祚,垂法统立制度,应该取消三司使的名目,把权力还给六卿。

"有人说:百官俸禄,六军供给,都是依靠税收。为臣也有一些说法。如盐铁,是指专营山海之利,而物产不会自行聚集,就像出盐必须借助于牢盆一类的器具一样。户部,是指统一征税,可是钱财不会自生,必须依靠计田纳赋。度支,是指军国的供养,而粮食也不会自来,必须借助漕运。这些名目只是因为管理专一,相沿设置罢了。现在不如谨慎选择户部尚书一人,专门掌管盐铁使事宜,让金部郎中、员外郎分别办理。再选择侍郎二人,分管度支、户部两使之事,各以本曹郎中、员外郎分别办理。这样从盐铁、度支、户部三使到分别办理的官员,虽在名义上省去了,但在职责上却没有省去。仍旧让左右郎中、员外郎总管账目,查索遗漏,这样进则没有聚敛苛刻的顾虑,退则又有详明练达的名声,职责分明,规章既定,周、唐时代的官职制度,就可以恢复了。"

癸丑(初三),右正言、知制诰、判大理寺王钦若上书说:"本大理寺公案往常总有五十到七十道,而近来三十天内一道也没有。过去汉文帝判决狱讼案件四百,唐太宗释放罪犯三百九十人,但还写进史册说弃刑不用。当今全国这么大,而刑事案件的奏报已停息了一个多月,足以彰明羞耻感格的教化。请求交付史馆记载下来,用以显示圣德之治。"宋真宗准从。

己卯(二十九日),群臣给宋真宗呈上崇文广武圣明仁孝皇帝的尊号。

丁巳(初七),宋真宗在崇德殿大宴群臣,自宋太宗驾崩后第一次奏乐。

癸亥(十三日),判大理寺王钦若上书说:"本寺案卷文书稀少,请求免去四名详断官,只留八名。"宋真宗准奏。

丙寅(十六日),举行大型阅兵。丁卯(十七日),宋真宗对近臣、各军将校、内职官员都赏赐宴饮。诏令:"阅兵时所踩坏的民田,免除田租。"

癸酉(二十三日),枢密副使、工部侍郎杨砺去世,宋真宗对宰臣说:"杨砺为人耿直清廉,艰苦朴素,正该任用,就这样快地去世,深可哀悼。"当即冒雨亲临吊唁。杨砺租住的房子在弯曲的小巷里,车驾进不去,宋真宗就步行而入,叹息恻悯良久,追赠兵部尚书,派太监送葬。

乙亥(二十五日),宋真宗诏令将曹彬的神位送进太祖庙庭配享,薛居正、潘美、石熙载配享太宗庙庭。

丙子(二十六日),宋真宗任命司封郎中、知制诰朱昂为传法院译经润文官。以前,太宗作《圣教序》,真宗也续做过。真宗还曾写过《释氏论》,认为佛教中关于戒律的书,与周公、孔子、荀子、孟子形迹有异而道理相通。盐铁使陈恕曾建议,认为传法院浪费国家开支,极力要求裁撤,言词十分恳切,宋真宗没有答应。

九月,庚辰朔(初一),出现日食。

辽圣宗耶律隆绪前往辽国南都析津府,派他的弟弟梁王耶律隆庆为先锋,率师南伐宋朝。

枢密都承旨开封人王继英,因契丹大举入侵,奏请皇上到北方去视察,宋真宗采纳了他的意见。丙戌(初七),宋真宗命王继英乘驿站车马前往镇州、定州、高阳关一路视察行宫住所,宣诏慰问将士。

甲午(十五日),将宋太宗的遗像放到启圣院新殿内,宋真宗叩拜痛哭,左右官员都掩面而泣。

辽国北院枢密使魏王耶律色珍跟从皇太后南下征伐,癸卯(二十四日),死在军中。耶律色珍的威名仅次于耶律休格,他死后,太后亲临致哀,依例供给殡葬器具。由韩德让兼知北院枢密使的职务。

起先,傅潜派先锋田绍斌、石普等保卫保州,石普暗自与知州杨嗣计议出兵攻击敌军,到夜间,石普、杨嗣没有回来,田绍斌怀疑他们挑战失败,立刻领兵去救援他们。石普、杨嗣果然被敌军围困,渡严凉河时,兵士损失很多。等田绍斌赶到,就合力拼杀,斩敌首级两千多,缴获战马五百匹。

冬季,十月,戊午(初九),宋真宗听从库部员外郎成肃的奏请,增设福建路惠民仓。

癸酉(二十四日),辽军攻打遂城,城墙矮小且无防备,守城部众十分惊慌。杨延朗召集青壮男子守城,时值天寒地冻,杨延朗命令打水往城外倾倒,到次日早晨,冰冻坚硬,不可攻打,辽军只得撤退离去。

萧继远攻打狼山镇石寨,攻破了。起初,耶律铎轸性情散漫,不拘小节,人们多看不起他,到这次出征命他统领羸弱兵卒随行。战斗开始,耶律铎轸用红布披在铠甲上来突出自己,冲进冲出,杀死杀伤很多宋军。太后望见,高兴地召他前来,说:"爱卿如此奋力拼杀,何愁不能成功!"厚加奖赏。

丙寅(十七日),宋真宗命各路转运使重申太宗淳化年间的惠民制度,年成丰收就提价买进粮食,饥荒歉收就减价卖出粮食。

如京师柳开上书说:"为臣蒙陛下之恩从代州迁知忻州,常见北方从辽归宋的人说契丹接连南犯,又听说北部边境上屯结很多辽军,多次侵犯雁门、宁化等地的宋军。推测他们的阴谋,必定不肯轻易退走,最担心的是严寒到来,转为大肆进攻。为臣愚笨,请陛下速起圣驾,直接到镇州,亲率六师,振奋远扬威武之名,不要产生迟疑不定的思虑,不要听取犹豫不决的计谋,周世宗和我太祖、太宗近年亲征之事,都可效法。况且陛下守丧三年,礼仪上没有违逆,再有此顺天行动,谁还敢抵挡! 圣驾如过河北,契丹定会自动撤退,要使四面八方无不思念归服,就在此举啊!"

十一月,丙戌(初七),宋真宗在圜丘合祭天地,尊奉太祖、太宗并列配祭,大赦天下。驾临朝元殿,接受册立的尊号。

乙未(十六日),宋真宗降诏,因边境持续骚扰,择于下月暂时驾幸河北。命宣徽北院使周莹为随驾前军都部署,邕州观察使刘知信为副都部署;内侍都知杨永遵为排阵都监;保平节度使、驸马都尉石保吉为北面行营先锋都部署,磁州防御使康廷翰为副都部署,沼州团练使上官正为钤辖。

己酉(三十日),宋真宗任命宰相李沆为东京留守,濠州刺史李著为大内都部署,权知开封府魏羽为判留司,三司盐铁使陈恕为随驾转运使。十二月,辛亥(初二),真宗任命太子太师分司西京张永德为京城内外都巡检使。

甲寅(初五),宋真宗车驾从京师出发。辛酉(十二日),在行宫宴请随从官员。委任王超等为先锋,依旧拿阵图给他们看,让他们熟悉各部的分布。甲子(十五日),到达大名府,宋真宗在中军身着铠甲,枢密使王显、副使宋湜分押后阵,队伍横贯数十里。

西川自平定李顺后,人心还不安宁。益州钤辖符昭寿,是符彦卿的儿子,骄傲放纵,不亲理军务,召集许多织锦工匠,为他织作精细艳丽的织品,有他需要的物品就向商人强行派买,过后不给钱,还纵容部下抢掠,他的奴仆欺压军校,军校的部下都怀恨在心。知州牛冕,懒散不理政事。当时守卫成都的神卫军的两个指挥,由都虞候王钧和董福担任。董福治军严格整肃,因此他的部队的给养显得十分充足;王均放纵部下饮酒赌博,军队的装备都变卖花掉了。甲子(十五日),牛冕与符昭寿在东郊举行大型阅兵,蜀地人聚集观看,两军所着服装新、旧不同,王均的军士惭愧怨愤,说了一些不中听的话。

当初,河北转运使裴庄屡次上疏奏告傅潜没有将帅才略,担心贻误军机,枢密使王显包庇傅潜,奏疏送到,总是不呈报皇上。傅潜在定州驻军,沿边城堡都用飞书告急,傅潜畏惧懦弱,闭门自守,对请战的将校恶言相骂。辽军攻破狼山寨后,随即引兵直赴宁边军和祁州、赵州,大肆劫掠,流动巡逻的骑兵出没在邢州,洺州一带,百姓惊恐不定,扶老携幼争相往城里逃奔,镇州、定州道路阻塞月余。朝廷几次派使臣从小路去定州督促傅潜会合各路兵力合击敌人,其都监秦翰和定州行营都部署范廷召等多次督促他,他都不听。范廷召愤怒,因而责骂傅潜说:"你这样胆小怯懦还不如一个老太婆呢!"催促不止,傅潜才分与范廷召八千骑兵、二千步卒,令他在高阳关迎击敌人,还答应出兵援助,而终究延滞没有发兵。

丙子(二十七日),宋真宗诏令百官齐上密封奏章直言边防之事,于是工部侍郎、集贤院学士钱若水进言:"傅潜统领数万雄兵,闭门不出,坐视契丹人俘掠百姓,对上则辜负朝廷委任的恩典,对下则挫伤军队将士的锐气。《兵法》上说:'临阵不听取命令者斩首。'现在若是申明军法,斩杀傅潜以示众,然后提拔杨延朗、杨嗣等五人或七人,提升他们的爵位,分别授予兵权,不出半个月,就可以坐待边塞肃清,然后御驾回京,天子的威望就能震慑天下了。"右司谏梁颢也进言:"用兵之道,在于赏罚分明。《兵法》上说:'刑罚不施行,就好象娇惯的孩子,不能派用场。'过去任命将帅出动军队,乘秋季防备边塞,而现今傅潜奉承明诏,掌握重兵,却逗留观望,没有谋略,贻误军机,视敌寇为儿戏,以至边境日夜惊恐,圣主栉风沐雨,这就是所谓把贼害留给君、父啊。按军法论罪,应当斩杀傅潜以宣示军中,降诏告示天下。"

府州奏言官军进入辽国境内五合川,攻取了黄太尉寨,歼灭了他们的兵众,焚毁了他们的车辆帐篷,缴获马牛万匹左右。

丁卯(十八日),宋真宗召见大名府德高望重的父老乡亲,慰劳赏赐他们。

戊寅晦(二十九日),益州知州牛冕用酒犒劳军队,而钤辖符昭寿却一无所备,军士们更加愤怒,因此赵延顺等八人计议作乱。

这一年,辽国放榜录取进士初锡等四人。

咸平三年 辽统和十八年(公元 1000 年)

春季,正月,己卯朔(初一),宋真宗暂驻大名府,诏令并、代都部署高琼等人分别屯驻冀州、邢州。

益州守卒赵延顺等作乱,杀死钤辖符昭寿,占据军械库夺取兵器。这天,益州官吏正在庆贺新年,听到兵变,全都逃窜,知州牛冕和转运使张适从城墙上悬绳而下出逃,只有都巡检使刘绍荣冒刃搏斗。赵延顺等当即就想奉请刘绍荣为帅,绍荣持弓大骂道:"我是燕地人,已归顺大宋朝,岂肯与你们一同叛逆? 快杀掉我吧!"赵延顺等也不敢加害。都监王泽听说兵变,召来王均对他说:"你所辖的部队兵变,为何你自己不去安抚他们?"赵延顺见王均到来,立即率领士卒们跳跃起来,奉请王均为主帅。指挥使孙进不服从,被杀死,刘绍荣自缢而死。王均僭越名号称大蜀,改年号为化顺,设置官吏称号,任用小校张锴为谋主。辛巳(初三),率领队伍攻陷汉州。牛冕等逃奔东川。

辽军到瀛洲,范廷召从中山分兵御敌,结成方阵出战。辽国梁王耶律隆庆问众将谁敢抵挡,萧柳说:"若能得到一匹骏马,我就愿意当先。"耶律隆庆给了他一匹中等战马,萧柳拉住马缰对众将说:"宋军方阵如有移动,诸君便立即攻打。"于是驰马向前。宋军方阵略有移动,耶律隆庆乘势进攻,范廷召的军队就混乱起来。萧柳身中流矢,包扎伤口继续作战,宋军纷纷溃逃。

此前,范廷召向高阳关乞求援军,都部署洛阳人康保裔马上挑选精兵赶来。壬午(初四),到达瀛洲西南的裴村,范廷召相约于明晨合击辽军。当晚,范廷召率师悄悄逃跑,康保裔没有察觉。黎明,辽军将他们重重包围。部下请康保裔更换衣甲突围出去,康保裔说:"面临危难不能苟且逃免,今天是我为国献身的时候了。"于是大喊决战,共战数十回合,刀枪用尽,箭矢射完,士卒们用强弓击敌,杀伤很多,但援兵不到,最后与部将宋顺一起被俘。高阳关钤辖张凝,高阳关副部署李重贵,率援兵从后面赶来,也被辽军包围,奋力拼杀,才冲了出来。辽军于是从德州、棣州渡过黄河,抢掠淄州、齐州而离去。

宋真宗刚听说康保裔被俘,就密令走马承受太原人夏守赟查问下落,夏守赟立即报告说康保裔肯定已死。于是宋真宗下优抚诏书追赠他为侍中,任其子康继英为六宅使、顺州刺史,其他子孙也都加官晋级,还派使者慰问他的母亲。康继英手捧任命书,哭着谢恩说:"臣父不能取胜而死,赦免他和子孙之罪,已感到幸运。现在反而蒙受特殊的恩惠!"宋真宗又慰劳了他。

乙酉(初七),镇州、定州、高阳关路行营都部署傅潜、都钤辖张昭允同被削掉官爵,傅潜流放房州,张昭允流放通州。傅潜的儿子内殿崇班傅从政、傅从范也被撤职除名,随其父到流放之所,还抄没了他们的家产。钱若水等奏议傅潜等人罪当斩首,宋真宗降诏特免死罪,朝廷内外无不愤愤不平。

辽军退去,宋真宗派贝州、济州行营副部署王荣带五千骑兵追击敌军。王荣受命却胆小怯懦,好几天都不敢行动,等到辽军渡过黄河后才出发。辽军抢掠了淄、齐二州的几千骑兵,还屯驻在泥沽,王荣不想与敌军相遇,就带着他的骑兵巡行黄河南岸后返回。

庚寅(十二日),范廷召派使者向真宗报告胜利消息,说在莫州大破契丹,夺回被掠走的老人小孩及鞍马兵器不计其数。宋真宗作《喜捷诗》,群臣称贺。范廷召因功加封检校太傅,其他将校分等恩赏。李重贵感叹地说:"大将战死而我等获功,有什么脸面啊!"

王均从汉州带兵攻打绵州,没能攻下,直奔剑门。此前剑州知州李士衡听说寇兵作乱,认为剑州城难以防守,就焚烧仓库,运走金银布帛,东走保卫剑门。这天王均到来,李士衡与剑门都监裴臻迎击,打败王均,斩敌兵首级数十,张榜招降胁从的人,得到一千多人,都安置在自己手下。王均的兵众疲乏少食,不敢从原道走,直接从阴平返回成都。

壬辰(十四日),枢密副使宋湜死于军中。

辽圣宗返回途中,驻在南京析津府,奖赏有功将士,惩罚不服从命令的人,命令各路军队各自返回本道。

甲午(十六日),宋真宗御驾从大名府出发。当天,驻扎在德清军。宋真宗才听说王均反叛,就命户部使、工部侍郎雷有终为益州知州,兼提举川、峡两路军马,同时任命御厨使李惠、洛苑使石普、供备库副使李守伦同为川、峡两路捉贼招安使,率领步、骑兵八千人前往讨伐叛军。

当初,蜀州知州杨怀忠听说成都作乱,当即调集乡丁会同各州巡检兵限期进军征讨。丙申(十八日),攻打成都,先头部队从北门攻入,就烧毁子城。这时王均从剑门返回,还没到达,杨怀忠与贼将崔照、鲁麻胡等在江渎庙前对阵,从早到晚,交战了几个回合,杨怀忠的兵力抵挡不住,带领部众退守江原。

庚子(二十二日),宋真宗自大名府返回京都。李沆为东京留守,没杀一个人而京城安定整肃。

癸卯(二十五日),翰林侍读学士、兵部侍郎兼秘书监杨徽之去世,宋真宗追赠他兵部尚书,谥号文庄,赏赐他家钱绢,派太监护送丧葬事宜,录用其外孙宋绶为太常寺太祝。宋绶是平棘人。杨徽之无儿子，而嫁给宋家为妇的女儿贤惠聪明，知书达礼。儿子宋绶能自立于世。

乙巳（二十七日），王均又进入成都。

二月，辛亥（初三），宋真宗诏令翰林学士王旦等三人为权知贡举。

杨怀忠向嘉、眉七州发布檄文调集军士民丁再次攻打成都。当时王均正派赵延顺攻打邛、蜀二州，杨怀忠迎敌出击，贼兵稍退。杨怀忠与转运使陈纬率军退到笮桥，背水列阵，在楮木桥南扎寨，来守卫邛、蜀之路。贼众分三路来攻，从官军背后袭来，焚烧了江原神祠，断绝了邛、蜀的授军道路。杨怀忠兵分三路来抵抗贼兵，斩敌首级五百多，将其士兵驱入皂江，缴获甲胄弓弩甚多，乘胜追击贼兵至成都以南十五里，在鸡鸣原扎寨以等候朝廷的军队。王均也关闭成都东门而自行固守。

己未（十一日），宋真宗任命宰相李沆为元德皇太后陵使。开始商议为园陵立名，礼官援引汉、唐两朝的先例，说"帝、后同一陵庙叫作合葬，同一墓穴叫作祔葬，如今园陵鹊台在太宗永熙陵范围之内，恐怕不必另立陵号。"宋真宗听从此议。

绵、汉、龙、剑都巡检使张思均带兵攻克收复汉州，雷有终等和张思均率领大军进击征讨，在升仙桥排设营寨；壬戌（十四日），贼兵来袭击，雷有终将其击退。

癸亥（十五日），枢密使王显被罢免。任命周莹为宣徽南院使，王继英为北院使，同为知枢密院事；翰林学士、中书舍人王旦为给事中，同知枢密院事。

甲子（十六日），各军校依次迁升补授官职，好多人都陈述自己的劳绩，只有御前忠佐马步军都军头呼延赞进言说："为臣每月俸禄有成百上千，所花费的不到一半，愧领太多了。自己感到无以报国，不敢再望升迁，正担心享受过了头就会滋生灾害。"拜谢后就退出去了，大家赞许他知晓分寸。呼延赞当初跟从太宗征讨太原，左右侍从说："从这里攻取幽州，就像热锅上翻饼一样容易！"只有呼延赞说："此饼难翻，那些说法信不得啊！"太宗没有听从，最终无功而还。

丁卯（十九日），王钧打开益州城门，假装逃跑的样子，雷有终与上官正、石普等领兵直入；李继昌怀疑城中早有防备，赶紧劝阻，雷有终等不听，因而独自撤回。官军中有很多分抢民财，队伍散乱不整，贼兵关闭城门出动伏兵，在路口上摆放床榻等物，官兵不能退出，被贼兵杀伤甚多，李惠战死。雷有终等从城墙上坠下，才免于死难，于是退守汉州。益州百姓纷纷逃向村落，贼军就派骑兵追杀。有的被囚禁押解进城，用肢解灭族来吓唬百姓。王均还胁迫士人庶民、僧侣道士中年轻力壮的当兵，先在手臂上刺字，接着剃光头发，再在脸上刺字涂黑，发给军衣，登上城墙，与原来的贼兵混编在一起。雷有终就贴出告示招募胁从的人，一天就收到了数百人。杨怀忠估计贼兵又要从南门出来，就带领他的部队驻扎在合水尾、浣花等处，设立打石的机关，架起篱笆来抵抗。雷有终等再次进入汉州，派兵在弥牟镇布列营寨；贼兵来攻，被雷有终击败，斩敌首级一千多。

丙子（二十八日），宋真宗在宫中后苑设私宴招待左右近臣，并做了一首《中春赏花钓鱼》七言诗，文臣也都赋了诗，然后在水亭作射覆游戏，尽兴而罢。从此以后，这就成为定例。

本月，辽圣宗前往延芳淀。

三月，戊寅朔（初一），出现日食。

宋真宗在大名府时，曾降诏征调民夫十五万修治黄河、汴河。盐铁判官、监察御史认为这是劳民，奏请缓办此事；于是真宗就命王济速往筹划，回来奏报，减少民夫十分之七。

宰相张齐贤担心黄河决口,因而请向真宗策对,同时召王济入朝进见。张齐贤请王济立下字据担保黄河不决口,王济说:"黄河决口是阴阳实变所造成,宰相如能调和阴阳,消除灾变,为国家带来太平,为臣也就可保证黄河不决口。"张齐贤说:"这样说来,那就是当今不太平啰?"王济说:"北有契丹,西有李继迁,两河、关右地区年年遭受侵扰,凭着陛下的神武英略,假若用人得当,可使贼寇驯服而实现天下太平,如今则还没有办到。"宋真宗很是感动,单独留下王济,向他询问边防之事。王济说:"陛下继承太祖、太宗的基业,拥有万方民众,这等蠢动小丑,竟敢如此恣意侵凌,其原因就在于在位的谋臣比不上前人,人们都说国家所依靠的只有这条大河罢了。现在确实是急需贤才之时,不然,为臣担心敌人将要在黄河之滨饮马了。"王济退下后撰《备边策》十五条进献。于是挑选判大理寺的官,宋真宗说:"大理寺应当选择为官正直的人,王济有特殊的节操,可以试用。"甲申(初七),任命王济为试判大理寺。

礼部呈上考试合格的举人名单,甲午(十七日),宋真宗在崇政殿亲自主试,赐陈尧咨以下二百七十一人进士及第,一百四十三人同本科及《三传》、学究出身。陈尧咨是陈尧叟的弟弟。又命侍读学士邢昺等考核诸科,录用了四百三十二人,赐及第同出身。又对曾经应举五次的进士、诸科曾经八次应举的以及曾参加过廷试而落选的举人进行考试,录用了九十七人,赐同出身。赐宴的那天,拿出宋真宗的御诗表示对他们的褒扬和宠幸。宋真宗连日亲临殿前,始终没有倦怠的神情。共选拔了一千一百余人,其中有自后晋天福年间就在应举的数目内的,施恩之广泛,为近代所未有。

这年春季,宋真宗用手诏向开封府知府钱若水询问准备防御边界之策。钱若水上书说:"为臣听说唐朝三百余年,北边的魏博一镇,守兵比现今少,但没有边患,是什么原因呢?是因为当时幽蓟为唐朝的北大门,因而命将帅在此屯兵,扼守险阻,所以边外马匹不敢南下放牧。自后晋高祖石敬瑭割地之后,朝廷从定州西山东到沧海,千里之地,都必须应付敌人,因此设立三关,分别派重兵镇守,稍失防备,戎人就向内地入侵。后晋末年他们直接渡过黄河;后汉初期多次侵犯边界;后周太祖郭威在位时又侵扰中山,周世宗柴荣临朝时,上党地区也来过敌寇,这些都见于史书,是陛下都明知的。为臣认为不能取得幽州城,敌寇就不可能被消灭。当今的急务,一是选择郡守,二是招募乡兵,三是积储粮食,四是更换将帅,五是申明赏罚。粗略陈述概要,如果可以施行,当再详细逐条呈奏。"

续资治通鉴卷第二十二

【原文】

宋纪二十二 起上章困敦【庚子】四月,尽重光赤奋若【辛丑】十二月,凡一年有奇。

真宗膺符稽古神功让德 文明武定章圣元孝皇帝

咸平三年 辽统和十八年【庚子,1000】 夏,四月,以梁鼎制〔置〕陕西青白盐事。初,解州池盐通商贩易,鼎请官自鬻,朝廷是其议,故用之。鼎至解池,禁止商贩,官运赴鄜、延、环、庆等州,公私大扰。

知雄州何承矩上言曰:"臣闻兵家有三阵:日月风云,天阵也;山陵水泉,地阵也;兵车士卒,人阵也。今用地阵而设险,以水泉而作固,建设陂塘,亘连沧海,纵有边骑,何惧奔冲!昨者契丹入边,高阳一路,东负海,西抵顺安,士庶安居,即屯田之利也。今顺安至西山,地虽数军,路才百里,纵有丘陵冈阜,亦多川渎泉源。傥因而广之,制为塘埭,则可戢敌骑、息边患矣。

"今缘边守将,多非其才,伏望遴择疆吏,出牧边民,厚之以俸禄,使悦其心,借之以威权,使严其令。然后深沟高垒,秣马厉兵,为战守之备;修仁立德,布政行惠,广安辑之道;训士卒,开田畴,劝农耕,蓄刍粟,以备凶年;完长戟,修劲弩,谨烽燧,缮堡戍,以防外患。来则御之,去则备之。如此,则边地安堵矣。

"且边鄙之人,多负壮勇,识外蕃之情伪,知山川之形势,望于边郡置营召募,不须等其人才,止求少壮武力,令及万人,俟契丹有警,任知勇将统而用之,乃中国之长策也。"

庚戌,太子太保吕端卒,赠司空,谥正惠。端有器量,虽屡经摈退,未尝以得丧介怀,平居不蓄资产。及为相,持重识大体,以清净简易为务。太宗时,欲相端,左右或曰:"端为人糊涂。"太宗曰:"端小事糊涂,大事不糊涂。"遂决意相之。赵普在中书,端时为参政,普尝谓人曰:"吾观吕公奏事,得嘉赏未尝喜,遇抑挫未尝惧,真台辅器也!"端两使绝域,其国叹重之,后有使往者,每问端为宰相否,其名显如此。

乙卯,改葬元德皇太后。

丙辰,王均自升仙桥分路来袭官军,雷有终率军逆击,大败之,杀千馀人,均单骑还城。

初,供备库副使李允则知潭州,将行,帝召谓曰:"朕在南衙,毕士安道卿家世,今以湖南属卿。"

允则始至,州大火,民无居舍,多冻死。允则亟取官竹假民为屋,及春而偿,民无流徙,官用亦不乏。马氏暴敛州人,岁出绢,谓之地税;及潘美定湖南,计屋每间输绢三尺,谓之屋税;营田户给牛,岁输米四斛,牛死犹输,谓之枯骨税;民输茶,初以九斤为一大斤,后益至三十五斤。允则请除之，税茶则以十三斤半为定制。又，山田可以莳禾而民惰不耕，乃下令，月给马刍，皆输本色，由是山田悉垦。会岁饥，欲发官廪，先赈而后奏，转运使以为不可，允则曰："须报必逾月，则饥者无及矣！"不听。明年，又饥，复欲先赈，转运使固执不可，允则请以家资为质，乃得发廪贱粜。因募饥民堪征役者隶军籍，得万人。转运使请发所募兵御邵州蛮，允则曰："今蛮不扰，无名益戍，是长边患也。且兵皆新募，饥瘠未任出戍。"遂奏罢之。

至是民列允则治状，诣安抚使者请留，使者以闻；诏书嘉奖。及召还，连对三日，帝曰："毕士安不谬知人矣！"

壬戌，赐应制举人林陶同进士出身。陶就试学士院，不及格，帝方欲求俊茂，特奖之。

壬申，知益州牛冕，削籍流儋州；西川转运使张适，削籍授连州参军。初，张咏自蜀还，闻冕代己，曰："冕非抚众才。"既而果然。

五月，丁丑朔，诏："天下死罪减一等，流以下释之。益州军民为王均胁从者，如能归顺，并释之。"

先是宰相张齐贤上言："今之所患，钱货未多。望择使臣往，逐处相度添价，及招诱人户淘采铅锡，仍按行铜山易得薪炭处，置监铸钱，如此，二年间可得百五十万贯。"即遣虞部员外郎冯亮、内供奉官白承睿往干其事。庚（申）〔辰〕，亮等言："饶、池、江、建州岁铸钱百三十五万贯，铜铅皆有馀羡。"乃以亮为江南转运副使兼提点江南、福建路铸钱事，承睿同提点。

六月，户部判官、右司谏孙何，出为京东转运副使。

何上疏曰："国家共治之任，牧守为本；亲民之官，令长为急。前代刺史人为三公，郎官出宰百里，其遴选可知也。今则兼隋、唐取士之法，参周、汉考绩之制；然而资荫登朝，居千骑之长，胥徒祗役，分百里之封，目不知书，心惟黩货。望令审官院、吏部铨，凡京朝官藉荫入仕者，非灼然绩状，勿与知州、州县官。流外出身者，非有履行殊常，不拟县令。庶分流品，用劝士民。又，三司掌钱刀，笼天下货财，古之李悝、耿寿昌、刘晏、第五琦之流，虽名聚敛之臣，颇负经通之略，皆民不加赋，兵有羡粮。厥后三建使额，分其利权，胥吏千馀，官僚兼倍，各为刑狱，迭下符移，行之于外，滋章颇甚。臣权莅计局，尝与丁谓、朱台符共酌，三部文移之类，可以减半。望择近臣识治体干敏者，与三部众官减省。又，法官之任，人命所悬，今吏部拟授之际，但问资历相当，精律令者或令捕盗，懵章程者或使详刑，动致纷挐，即议停替，小则民黎负屈，大则旱暵延灾。欲望自今司理、司法，并择明法出身者授之，不足，即于见任司户、簿、尉内选充，又不足，则选娴书判、练格法者考满无私过，越资拟授。庶臻治古之化，用开太平之基。"未几，徙两浙转运使。何性卞急，不容物，为使者，专任峻刻，所至州郡，刺察苛细，胥吏日有捶楚，官属多罹遣罚，人不称贤。

秋，七月，丙申，江南转运使任中正言："准诏，以饶州置场，买纳浮梁、婺源、祁门县茶，不便于民，令臣与三班借职胡澄审行计度。今臣等亲到饶、歙二州茶仓，询问逐处民俗，皆言溪滩险恶，转输艰阻，愿各复往日仓廒，就便输纳。及浮梁县民李思尧等各愿自备材木，起创仓廒。"从之。仍降诏曰："山泽之征，所宜公共，苟便于民，岂图羡赢！而言事之臣，不明大体，务为改革，罔恤蒸黔。特命使车，往询疾苦，用循旧制，式遂舆情。已令制置茶盐、江南转运使并依任中正所奏。"

八月，乙卯，以济州贼魏捷补龙猛军队长。捷趫勇过人，众目为"撼动山"。至是诣登闻院，自陈为恶党所胁制，愿首罪效力。帝召见，赐锦袍、银带而录之。

王均自升仙桥之败，撤桥塞门。雷有终等率官军直抵城下，造梯冲洞车攻具，遣诸将分路攻城。贼尽驱凶党以拒官军，赵延顺中流矢死。然每攻城则雨甚，城滑不能上。官军为洞屋以攻城，贼凿地道出掩之，多溺壕中死，军势小衄。贼大宴其党，歌吹之声达于城外。时方暑湿，攻城者多被疾，有终市药它州，自合以疗之。

诏复遣人内副都知秦翰为两路捉贼招安使。翰既至，与有终协议，于城北鱼桥别筑土山，是月，克城北羊马城。遂设雁翅势敌棚覆洞车以进逼其城，贼亦对设敌棚，号"喜相逢楼"。九月，戊寅，官军焚其敌楼，贼气始夺，乃筑月城自固。

庚寅，始置群牧司，令枢密直学士陈尧叟为制置使。马政旧皆骐骥两院监官专之，至是，内外厩牧之事，自骐骥院而下，悉听命于群牧司。

王均多为药矢射官军，中者必死。雷有终募敢死士穴城，间道蒙毡秉燧而入，悉焚其守具。甲午，令东西南寨鼓噪攻城，有终与石普分主二洞屋以进。普乃穴城为暗门，门成，贼攒戟拥路，众未敢进，有二卒出请行，许以厚赏，乃麾戈直冲之，贼锋稍却，遂克其城。有终登城楼下瞰，贼犹以馀众寨于天长观前，密设炮架于文翁坊。高继勋白转运使马亮，愿得秸秆油秸粃，合众执长戟巨斧，秉炬以进，悉焚之。杨怀忠又焚其天长观前寨，追至大安门，复败之，前后杀贼三千馀人。是夕，均突围而遁，有终疑有伏，遣人于街郭纵火。诘朝，与秦翰登门楼，牙吏有受官职者，捕得，立楼下，乃积薪于旁，厝火其上，尽索受伪署者，命左右捽投火中，自辰至晡，焚数百人，颇为冤酷。李继昌严戒部下，无扰民者，获妇女童幼，置空寺中，分兵守卫，事平，遣还其家。

是秋，辽主猎于诸山。北院枢密使韩德让举南院侍郎萧和绰为中丞，和绰起家刀笔吏，无完行，不为时议所许，惟德让称其谨恪。辽主以德让所荐，遂见擢用。

冬，十月，王均自成都趋富顺监，所过胁军民断桥塞路，焚仓库而去。雷有终先命杨怀忠领虎翼军追之，后二日，石普继往，以全军为后援。均党至富顺监，将结筏渡江，趋戎、泸蛮境。怀忠距富顺六〔十〕〔七〕里，于杨家市少憩，贼众在后者邀战，怀忠遣亲信五骑登高原觇贼。怀忠语左右曰："纵贼渡江，后悔无及。石侯将至，当以奇兵取之。"乃临江列阵击之，贼众散走。有挐舟将渡江而遁者，怀忠合强弩射之，溺者数艘。怀忠张旗鸣鼓入城，均方在监署，其党多醉，均穷蹙，缢死，虎翼军校鲁斌斩其首以诣怀忠。又获僭伪法物旌旗甲马甚众，擒其党六千馀人，逆徒歼焉。怀忠旋军，出北门，石普始至，夺均首，驰归成都，枭于北市。辛亥，有终遣官驰奏益州平，赐锦袍、银带、器帛。

命翰林学士承旨宋白等修《续通典》。

乙丑，诏赦川峡路死罪，以雷有终为保信留后，秦翰等九人并迁秩。是役也，杨怀忠之功居最，为石普所掩，帝廉得其状，擢怀忠崇仪使、领恩州刺史。它日，帝谓宰相曰："雷有终顷居三司，自谓公干廉洁；昨两川盗起，因命夔除，颇闻有终乘其扰攘，贪黜财货。如是，则王泽安得下流，远俗何由丕变！言行相戾，乃如是邪？"

丙寅，以翰林学士王钦若、知制诰梁颢分为川、峡安抚使。

延州言破大卢、小卢等十族，获人畜二十万。

十一月，甲戌朔，辽授李继迁子德明为朔方节度使。

壬午，令常参官转对如故事。

门下侍郎兼兵部尚书、平章事张齐贤，与李沆并相，情好不协。辛卯，日南至，群臣朝会，齐贤被酒，冠弁欹侧，几颠仆殿上。御史中丞劾齐贤失仪，齐贤自陈，因感寒，饮酒御之，遂至醉，顿首谢罪。帝曰："卿为大臣，何以率下？朝廷有宪典，朕不敢私。"甲午，齐贤罢守本官。

十二月,壬子,诏有司别录转对章疏一本留中。

庚申,罢京畿均田税。

丙寅,开封府奏狱空,诏嘉之。

兵部郎中、知兖州韩援上言:"迩者亢旱伤稼,天其或者以陛下春秋鼎盛,兆民乐业,万一圣心忽生骄佚,故暂加灾眚,用儆睿聪。昔魏郑公对唐太宗曰:'贞观之初,闻善若惊;五六年间,犹悦以从谏;自兹厥后,渐恶直言。'此讥其渐怠于政也。臣伏睹先帝享国久长,未尝一日旷于万几。愿陛下守太祖之丕图,遵太宗之遗训,兢兢业业,无怠无荒。臣又闻治国在远佞人,今朝廷无邪佞之徒,然事生隐微,宜防未兆,勿使小人乘间而进。居安念危,在治防乱,天下幸甚!"疏奏,召援归阙,授史馆修撰。

初,濮州有盗夜入城,略知州王守信、监军王昭度。知黄州王禹偁闻之,以为国家武备不修,故盗贼窃发近辅,因奏疏曰:"《易》曰:'王公设险以守其国,'又曰:'重门击柝,以待暴客,'《传》曰:'预备不虞,古之善教也。'自五季乱离,各据城垒,缮治兵甲,豆分瓜剖,七十馀年。太祖、太宗削平僭伪,当时议者,乃令江、淮诸郡毁城隍,收兵甲,撤武备者三十馀年。书生领州,大郡给二十人,小郡减五人,以充常从。号曰长吏,实同旅人;名为郡城,荡若平地。虽则尊京师而抑郡县,为强干弱枝之术,亦匪得其中道也。救弊之道,在乎从宜。汉高惩暴秦郡县之失,封建其子弟;及七国势强,文、景乃行削夺。唐德宗乘安、史厌兵,遂有贞元姑息之政;宪宗睹齐、蔡巨猾,遂有元和讨贼之议。盖见几而作,为社稷远图,疾若转规,不可胶柱。今江、淮诸郡,大患有三:城池堕圮,一也;甲仗不完,二也;兵不服习,三也。濮贼之兴,慢防可见。望陛下特行神断,参之庙算,如且因而修治,不欲张皇,凡江、浙、荆湖、淮南、福建等郡,约民户众寡,城池大小,并许置本城守捉军士三五百人,勿令差出,止于城中阅习弓剑。然后渐葺城垒,缮完甲胄,郡国张御侮之备,长吏免剽略之虞。"疏奏,帝嘉纳之。

河北、河东强壮,自五代时瀛、霸诸州已有之。是岁,始诏:"河北民家二丁、三丁籍一,四丁、五丁籍二,六丁、七丁籍三,八丁以上籍四,为强壮。五百人为指挥,置指挥使。百人为都,置正副都头二人,节级四人。所在置籍,择善射者第补校长,听自置马,胜甲者蠲其户。"后寻募其勇敢,团结附大军,为栅,官给铠甲。

辽以四军都指挥使萧柳为北女真详衮,政济宽猛,部民畏爱。后迁东路统军使,秩满,百姓愿留复任,从之。

是岁辽放进士南承保等三人。

四年 辽统和十九年【辛丑,1001】 春,正月,中外官上封事者甚众。诏枢密直学士冯拯、陈尧叟详定利害以闻。

庚寅,知河南府、武胜节度使李至卒,赠侍中。至好贤乐善,为学精力;然刚严简贵,人士罕登其门。

召西川转运使、兵部员外郎马亮入朝,问以蜀事。初,雷有终既平贼,诛杀不已,亮多所全活。城中米斗千钱,亮出廪米,裁其价,人赖以济。及至京师,会械送为贼诖误者八十九人,知枢密院事周莹欲尽诛之,亮言:"愚民胁从者众,此特百之一二,馀皆窜伏山林。若不贷此,则反侧之人,闻风疑惧,一唱再起,是灭一均,生一均也。"帝悟,悉宥之。二月,加直史馆,复遣还部。时诸州盐井岁久泉涸,而官督所负课系捕者,州数百人,亮尽释之而废其井,又除属郡旧通官物二百馀万。

宰相李沆等以旱,表求罢,不许。戊午,雨。自去冬旱,帝每御蔬菜,忧问切至。是日,方临轩决事,雨沾衣,左右进盖,却而不御。

壬戌,枢密直学士冯拯、陈尧叟上言:"请令群臣子弟奏补京官或出身者,并试读一经,写家状,以精熟为合格。"从之。

秘书丞、知金州临川陈彭年上疏言五事:一曰置谏官,二曰择法吏,三曰简格令,四曰省官员,五曰行公举。疏奏,并从之。帝因谓辅臣曰:"自今谏官宜精择其人。"

甲子,三司都催欠司引对逋负官物人,帝亲辨问,凡七日。释二千六百馀人,蠲所逋负物二百六十馀万;已经督纳而非理者,以内库钱还之,身殁者给其家。

丙寅,诏:"学士、两省、御史台五品,尚书省诸司四品以上,于内外京朝、幕职、州县官及草泽中,举贤良方正能直言极谏各一人,不得以见任转运使及馆阁职事人应诏。"

三月,辛巳,分川、峡为益、利、梓、夔州四路。

兵部尚书张齐贤上言:"终南山处士种放,守道遗荣,栖迟衡泌,愿备贤良方正之举。"诏赐装钱五万,令京兆府遣官诣山备礼发遣,放辞不至。

先是三院御史多出外任,风宪之职用它官兼领,乃诏本司长吏自荐其属,俾正名而举职。壬午,以太常博士张巽为监察御史,从新制也。

己丑,宴射后苑,帝言及大射、投壶、乡饮酒之礼,因命直馆各赋《射宫诗》。凡节序赐宴,则宗室、禁军大校、牧伯、诸司皆令习射。

庚寅,以左仆射吕蒙正、兵部侍郎、参知政事向敏中并守本官、同平章事。国初至是三人相者,惟赵普及蒙正焉。

初,《乾元历》气朔渐差,诏判司天监京兆史序等编新历。于是历成来上,赐名《仪天》,颁行之。

辛卯,参知政事王化基罢为(兵)〔工〕部尚书。化基任中书,不以荫补诸子官,然能训导,皆有所立。

以同知枢密院事王旦为工部侍郎、参知政事,枢密直学士冯拯、陈尧叟并为给事中,同知枢密院事,礼部郎中薛映、兵部员外郎梁鼎、左司谏杨亿并知制诰。帝初欲用著作佐郎、直集贤院梅询,命中书召试映、鼎及询等。宰相李沆素不喜询,言于帝曰:"梅询险薄,不可用;杨亿有盛名。"帝惊喜曰:"几忘此人!"又以亿望实素著,但召映、鼎就试,翼日,与亿并命。

以国子监经籍赐潭州岳麓书院,从知州李允则请也。

壬辰,辽皇后萧氏,以罪降为贵妃。

辽赐大丞相韩德让名德昌。德昌自拜大丞相,进王齐,总二枢府事,宠任益隆。

先是有图鲁卜者,从伐宋,尝以言触德昌,德昌怒,诘之,图鲁卜词无所挠,德昌笑而释之。至是德昌荐图鲁卜材可任统军使,太后曰:"彼尝不逊于卿,何善而荐?"德昌曰:"于臣犹不屈,况于其馀!若任使之,必能镇抚诸藩。"太后从之。

夏,四月,丁未,以吏部员外郎陈省华为鸿胪少卿。时省华子尧叟擢任枢密,故特优宠之。

壬子,诏:"京朝官及吏部选人,亲老无兼侍者,特与近任。"

回鹘来贡,请助讨李继迁。

审官院初引对京官于崇政殿,迁秩有差。京朝官磨勘引对自此始。

乙未,翰林学士王钦若使西川还,对于崇政殿;即日,以钦若为左谏议大夫,参知政事。

辛未,帝御崇政殿试制举人,得秘书丞查道、进士陈越入第四等,定国军节度推官王曙入次等,以道为左正言、直史馆,越将作监丞,曙著作佐郎。曙,河南人。

五月,庚辰,翰林学士、吏部郎中、知制诰朱昂罢为工部侍郎,致仕。昂有清节,淡于荣利,初为洗马,十五年不迁,不以屑意,及在内署,非公事不至两府。帝知其素守,故每加褒进。昂累章告病,帝不得已从之,谓辅臣曰:"昂侍朕左右,未尝以私事干朕,今其归老,可给全俸。"诏本府岁时省问,如有奏章,许附驿以闻。又命其子正辞知公安县,使得就养。旧制,致仕官止谢殿门下。于是帝特延见,命坐,劳问久之,令候秋凉上道,复遣中使锡宴于玉津园,两制、三馆儒臣皆预,仍诏赋诗饯行。

丙戌,辽册萧氏为齐天皇后。后即太后弟平州节度使辉依之女,韩德昌之甥也,年十二选入掖庭,美而才,至是册为后,事太后甚谨,太后亦以德昌故深爱之。后尝以草莛为殿式,密付有司,令造清风、天祥、八方三殿,既成,益宠异。所乘车置龙首、鸱尾,饰以黄金,又造九龙辂、诸子车,以白金为浮图,各有巧思,夏秋从行山谷间,花木如绣,车服相错,人望之以为神仙。

六月,汰冗吏,诸路计省十九万五千八百二人。

丁巳,诏:"东川民田先为江水所害者,除其租。"

辽以所俘将康昭裔为昭顺军节度使。

初,黄州境二虎斗,其一死,食之殆半;群鸡夜鸣,经月不止;仲冬,雷震暴作。知州王禹偁手疏言之,引《洪范》陈戒,且自劾。帝亟命中使乘驿劳问,醮禳之。又询于日官,言守土者当其咎。帝惜禹偁才名,即命徙知蕲州;至未逾月,卒。戊午,讣闻,帝嗟悼,厚赙其家,赐一子出身。禹偁词学敏赡,为后进宗师,直躬行道,遇事敢言。虽履危困,封奏无辍,尝云:"吾若生元和时,从事于李绛、崔群间,斯无愧矣。"然性刚直,不能容物,太宗尝命宰相切戒之。其为文亦多涉规讽,以是不容于时。

初,田锡知(秦)〔泰〕州,几三年不得代。锡上章自陈,即诏归阙。屡召对言事,尝奏曰:"旧有《御览》,但记分门事类,臣愿钞略四部,别为《御览》三百六十卷,万几之暇,日览一卷。又采经史要切之言为《御屏风》十卷,置扆座之侧,则治乱兴亡之事常在目矣。"帝善其言,诏史馆以群书借之,仍免其集贤校雠之职。至是先上《御览》三十卷,《御屏风》五卷;手诏褒答之。

丁卯,诏:"州县学校及聚徒讲诵之所,并赐《九经》。"

戊申,出阵图示宰相,命督将练士以备北边。

秋,七月,庚午朔,以河朔馈运劳民,诏转运使减徭役存恤。

己卯,边臣言契丹谋入边,以山南东道节度使王显为镇、定、高阳关三路都部署,天平节度使王超为副都部署。

丙戌,辽以东京统军使耶律诺衮为南府宰相。

八月,帝以边臣玩寇,朔方馈道愈难,辛丑,命兵部尚书张齐贤为泾、原等州、保安等军安抚经略使,知制诰梁颢副之,即日驰骑而往。

己酉,复亲试制举人,得成安县主簿丁逊、舒州团练推官孙仅入第四等,并为光禄寺丞、直集贤院;秘书丞何亮、怀州防御推官孙暨入第四次等,以亮为太常博士,暨为光禄寺丞。

初,太常寺丞陈尧佐为开封府推官,坐言事切直,贬潮州通判。潮去京七千里,民俗陋鄙,尧佐至州,修孔子庙,作韩愈祠堂,率其民之秀者使就学。鳄鱼复出害人,尧佐捕得,更为文,鸣鼓于市而戮之,潮人以比韩愈。三岁,召还,命直史馆。尧佐,尧叟弟也。

甲子，职方员外郎丹阳吴淑上言："诸路所纳闰年图，当在职方收掌，近者并纳仪鸾司。伏以天下山川险要，皆王室之秘奥，国家之急务，故《周礼》职方氏掌天下图籍，又诏土训以夹王车。汉祖入关中，萧何独取秦图籍，由是周知险要。岂有忽而不顾哉！请令以今闰所纳图并上职方。又，州郡地里，犬牙相入，向者独画一州地形，则不可以傅合他郡。望令诸路转运使每十年各画本路图上职方，使知天下山川险要。"从之。

帝以巴、蜀地远，时有寇盗，丁卯，命户部员外郎南丰曾致尧等分往川、峡诸州提（视）〔举〕军器，察官吏能否。

戊辰，社，宴宰相于中书。

九月，知封驳司陈恕请铸本司印，诏："如有封驳事，取门下省印用之。"因遂改知封驳司为兼门下封驳事。

丙戌，翰林学士承旨宋白等上新修《续通典》二百卷，诏付秘阁。

先是诏国子监祭酒邢昺等校定《周礼》《仪礼》《公羊》《穀梁传》正义；丁亥，昺等上其书，凡一百六十五卷。命模印颁行，赐宴国子监。于是《九经》疏义悉具。

庚寅，诏陕西民家出一丁，号保毅军，凡得六万七千八百九十五人；其缘边军土先选中者并升为禁军，号保捷军。

李继迁陷清远军。

辛卯，辽主如南京。冬，十月，己亥朔，南伐；壬寅，次盐沟。徙封皇弟吴王隆祐为楚王，留守京师。丁未，命皇弟梁王隆庆统先锋军以进。

帝语近臣曰："近者庆州地再震，昨司天奏荧惑犯舆鬼，秦分野当有灾，宜戒边将以静。且上天垂象示戒，可不恐惧修省！"知枢密院王继英曰："妖不胜德。"帝曰："朕何德可恃！"同知枢密院陈尧叟曰："陛下克己爱民，河防十馀溢而不决，岁复大稔，此圣德格天所致也。"帝曰："天不欲困生灵耳，岂朕德能感之？自此益须防戒。"

己酉，张齐贤上言："请募江、淮、荆湖丁壮八万以益戍兵，广边备。"帝曰："此不唯动摇人心，抑又使南方之人远戍西鄙，亦非便也。"遂寝其奏。

庚戌，帝以陕西二十三州图示辅臣，历指山川险易、蕃部居处。又指秦州曰："此州在陇山之外，号为富庶，且与羌戎接畛，昨已命张雁出守，冀其绥抚有方也。"次复指殿北壁《灵州图》曰："此冯业所画，颇为周悉，山川形势如此，安得知勇之士为朕守之乎？"又指南壁甘、伊、凉等府图及东壁幽州已北《契丹图》曰："契丹所据地，南北千五百里，东西九百里，封域非广也，而燕蓟沦陷，深可惜耳！"

甲寅，北面前阵钤辖张斌，与辽师遇于长城口。时积雨，辽人弓用皮弦皆缓湿，斌击败之，渐近界首，辽伏骑大起，而三路统帅未及进，前阵兵少，为辽师所乘，退保威虏军。

诏高阳三路兵增骑二万为前锋，又命将五人各领骑三千陈于先锋之前，别命莫州都部署桑赞领万人居莫州、顺安军，为奇兵，以备邀击，北平寨部署荆嗣领万人以断西山之路。

诏："购馆阁逸书，每卷给千钱；及三百卷者，当量材录用。"

丙寅，辽主以泥淖，命班师。

十一月，丙子，王显奏前军与契丹战，大破之，戮二万馀人，获其统军铁林。

职方员外郎吴淑，上疏请复古车战之法，累数千言，帝称其博赡。

丁亥，御崇和殿，阅张去华所著《元元论》及《授田图》，谓近臣曰："经国之道，必以养民务稼为先。朕常冀边鄙稍宁，兵革粗足，则可以力行其事，使吾民富庶也。"

先是边臣议城绥州，大屯兵积谷以遏党项，朝臣互执利害，久未决。十二月，中书、枢密会议，向敏中、周莹、王继英、冯拯、陈尧叟皆曰修之便。帝以境土遐邈，不可遥度，乃命比部员外郎洪湛、阁门祇候程顺等同往按视。

时灵州孤危，丁卯，诏群议弃守之宜。知制诰杨亿即日奏疏，请弃灵州，退保环、庆。帝访于左右，咸以为灵武乃必争之地，苟失之，则缘边诸州亦不可保；帝颇然之。宰相李沆奏曰：“若继迁不死，灵州必非朝廷所有。莫若发单车之使，召州将部分戍卒居民，委其空垒而归，如此，则关右之民息肩矣。”

闰月，洪湛等使还，言城绥州，其利七而害有二。丙戌，诏筑绥州城。

戊寅，李继迁蕃族讹遇等归顺。

己卯，以兵部尚书张齐贤为右仆射。

壬午，灵州言河外砦主李琼等以城降西夏，帝念其力屈就擒，特释其亲属。

甲午，以王超为西面行营都部署，环庆路部署张凝副之，秦翰为钤辖，领步骑六万援灵州。

是月，以西凉府六谷首领巴勒结为灵州西面都巡检使。会西凉使至，言六谷分左右厢，左厢副使折逋游龙钵实参巴勒结军事，宜授以官，乃以游龙钵领宥州刺史。

辽大丞相韩德昌，以南京、平州岁不登，奏免百姓农器钱，又请平州郡商贾价。是年，诏减关市税，复免南京、平州租税，从德昌之言也。

【译文】

宋纪二十二　起庚子年（公元 1000 年）四月，止辛丑年（公元 1001 年）十二月，共一年有余。

咸平三年　辽统和十八年（公元 1000 年）

夏季，四月，宋真宗任命梁鼎为制置陕西青白盐事。当初，解州池盐由商人贩卖，梁鼎奏请由官府自卖，朝廷赞同他的奏议，因此任用他。梁鼎到了解州盐池，禁止商人贩盐，由官府运到鄜、延、环、庆等州销售，公私之间一时大乱。

雄州知州何承矩上书说：“为臣听说兵家有三种阵法：日月风云是天阵；山陵水泉是地阵；兵车士卒是人阵。现在用地阵来设置险阻，用水泉来做固守，建造池塘，一直连通大海，纵然有边寇兵骑来犯，还怕什么奔突冲击！前不久契丹侵入边境，高阳关一路，东靠大海，西到顺安，士人百姓安居乐业，这就是屯田之利。现在从顺安到西山，地方虽只容得下数军驻扎，路程才上百里，但一路上既有丘陵山冈，又有很多溪流泉水。如能在这基础上加以扩充，修成塘坝，就可以遏制敌骑，消除边患了。

现在的沿边守将，大多不是堪任之才，诚恳希望选择封疆大吏，出任治理边境黎民，给予他们丰厚的俸禄，让他们心中高兴，授予他们权威，让他们严肃军令。然后再深挖沟、高筑墙，喂饱战马磨利兵器，做好战斗防守的准备；修行仁义，树立道德，颁布政令施行恩惠，广开安定和睦之道；训练士卒，开垦田亩，鼓励农耕，积储粮草，用来防备灾荒之年；备齐长矛，修造强弓，谨守烽火，修缮堡垒，以防外患，敌来就抵御，敌去就防备。如能这样，那儿边地就安宁了。

再说边邑百姓，大多强壮勇敢，能识别外蕃敌情的真伪，熟知山川的形势，希望在边郡地区设营招募他们，不必要求他们人人都有同等的才能，只求年轻力壮有武艺，使其招满万人，一旦契丹来犯，就任命智勇双全的将领统率他们御敌，这才是中原的长远之策啊。"

庚戌（初三），太子太保吕端去世，被追赠为司空，谥号为正惠。吕端为人有器量，虽然屡次受到贬官降职，却从未将个人得失放在心上，平素居家不蓄积资产。待到做了宰相，能谨慎持重，晓识大体，处世崇尚清净简朴。宋太宗赵炅时，想用吕端为宰相，左右近臣中有人说："吕端为人糊涂。"太宗说："吕端小事糊涂，大事不糊涂。"于是决意用他为相，赵普在中书省时，吕端为参知政事，赵普曾对人说："我观察吕公奏事的时候，得到嘉奖赏赐不曾高兴，遇到压抑挫折不曾恐慌，真是宰辅之才啊！"吕端两次出使边远外域，那些国家都赞叹敬重他，后来有别的使臣再到那里，常常问及吕端是否还为宰相，他的声名如此显赫。

乙卯（初八），宋朝改葬元德皇太后。

丙辰（初九），王均从升仙桥分路前来袭击官军，雷有终率军迎击，大败王均，杀死一千多人，王均单骑逃回城中。

当初，供备库副使李允则任潭州知州，将去赴任，宋真宗召见他对他说："朕当年在南衙时，毕士安说起过你的家世，现将湖南交托给你了。"

李允则刚到，潭州城发生大火，百姓没有住房，冻死很多人。李允则急忙取来官竹借给百姓建屋，等到第二年春天再偿还。百姓没有外出流浪，官府的需用也不缺乏。有一个姓马的人对潭州的百姓横征暴敛，每年要交绢绸，叫作地税；待到潘美平定湖南，又按每间房屋交纳三尺绢绸，叫作屋税；种田人家按户给牛，每年交纳四斛大米，牛死了还要交纳，叫作枯骨税；百姓交纳税茶，开始以九斤折合一大斤，后来改为以三十五斤折合为一大斤。李允则奏请朝廷免除这种做法，税茶就以十三斤半折合为一斤作为定制。另外，山地能够种稻谷而山民懒惰不去耕种，于是下令，每月供给马草，种植什么就缴纳什么，因此山田都得到了开垦。适逢灾年，李允则打算发放官仓存粮，先予赈济而后上奏，转运使认为不可以，李允则说："等待报准必须一个多月，那样饥民就等不及了。"没有听从转运使。第二年又发生饥荒，李允则又打算先予赈济，转运使坚决不同意，李允则请求拿自家财产作为抵押，才得以开仓用低价粜给百姓粮食。就此机会招募能出征服役的饥民归属军籍，招得一万人，转运使请求派所招募来的兵去抵御邵州蛮人，李允则说："现在蛮人不来侵扰，无端地增加防守，是助长边界祸患。再说兵都是新招募的，饥饿瘦弱不能承担外出守边。"于是上奏朝廷停止此事。

到这时，当地百姓列具李允则治理地方的政绩，谒见安抚使请求留任李允则，使者把此事上奏朝廷，宋真宗下诏书嘉奖允则，到李允则奉召回朝，连续应对三日，宋真宗说："毕士安没有看错啊！"

壬戌（十五日），宋真宗赐应制举人林陶同进士出身。林陶参加学士院考试，不及格，宋真宗正在寻求人才，因而特意奖掖他。

壬申（二十五日），益州知州牛冕，被革职流放儋州；西川转运使张适，被革职授予连州参军。当初，张咏从蜀州回来，听说牛冕去替代自己，就说："牛冕不是安抚士众之才。"不久果如其言。

五月，丁丑朔（初一），宋真宗降诏："天下死罪减刑一等，流放刑罚以下的予以释免。益州军民被王均胁从的，如能归顺朝廷，一律免罪。"

在此之前宰相张齐贤上书说："现在所忧虑的是，钱财物品不足。望能挑选使臣前往，根据各地实际情况增加铜价，招诱民户开采铅锡，同时仍按铜山中容易得到柴炭的办法，设监铸钱，这样，两年内能得到一百五十万贯钱。"宋真宗马上派遣虞部员外郎冯亮、内供奉官白

419

承睿前去承办此事。庚辰(初四),冯亮等人上奏说:"饶、池、江、建四州一年铸钱一百三十五万贯,铜铅都有剩余。"于是任命冯亮为江南转运使兼提点江南、福建路铸钱事宜,白承睿同为提点。

六月,户部判官、右司谏孙何,出任京东转运副使。

孙何上疏说:"共治国家的大任,以养民守国为根本;管理百姓的官员,以州县长官最为紧要,前代刺史入朝则位列三公,朝廷郎官出京则任县令,由此可知挑选人才该如何慎重。现在兼行隋、唐录用人才的方法,参照周、汉两代考核政绩的制度;但是还有人凭借荫升为朝官,位居千骑之长的,胥吏役徒,分封为百里县令的,这些人不识诗书,一心只想发财。望朝廷明令审官院、吏部铨,凡凭靠祖荫做京都朝官,没有显著政绩的人,不授予知州、州县官;九品官以下身份,没有特殊的经历和操行的人,不拟授予县令。庶众划分品类,用以劝化士民。另者,三司掌管钱币,总揽天下财物,古时的李悝、耿寿昌、刘晏、第五琦之流,虽被称作聚敛之臣,却颇有经营通财的谋略,都能做到百姓不加税,军中有余粮。后来三次设立使额,分掌收利之权,设置上千的胥吏,加倍的官吏,各自建立刑狱,连连下发公文,要各地遵照执行,滋生事端十分严重。为臣临时莅任计局,曾与丁谓、朱台符共同商议,三部所发公文之类,可以减半。望在近臣中选择知道治国体要、办事干练精敏的人,给三部众多官员做出裁减。另外,执法官员的责任,关系到人命,现在吏部在准备授官的时候,只问资历是否相当,结果精通法律的有的却被派去捉拿盗贼,不懂章程法规的有的却被派去审案定刑,动辄造成乱抓滥捕,即使停止这种做法,撤掉这些官员,但从小的方面说已使黎民受到冤屈,从大的方面说就会像久旱成灾一样。希望从现在起司理、司法,都要选择通晓法律的官员来担任,如人不够,就在现任司户、主簿、县尉中选择补充,如还不够,那就挑选熟习书制、历练法令的人经全面考核没有隐私过失的人,破格考虑任用。这样就能达到古代治世的教化,以开创太平的基业。"不久,就将两浙转运使调离。孙何性情急躁,遇事不能宽容,担任转运使,专用严刑峻法,所到州郡,察访苛刻琐细,胥吏每天都有受到鞭、杖之刑的,下属官员好多遭到责骂和惩罚,都不称道他贤明。

秋季,七月,丙申(二十一日),江南转运使任中正上书说:"遵照皇上诏令,在饶州设置茶场,收买浮梁、婺源、祁门三县的茶叶,对百姓不方便,令为臣和三班借职胡澄详细审察计议规划。现在臣等亲临饶、歙二州茶仓,到处询问民情,都说溪流河滩地形险恶,运输艰难,希望各自恢复以前的仓廒,就近交纳。并有浮梁县民李恩尧等人各自愿意准备木材,建造仓廒。"宋真宗准从所请。重新降诏说:"对山泽之利的征税,应该让大家都得到好处,如果对百姓方便,哪能贪图多收那么一点点!然而上书言事的大臣,不明大体,只求改旧革新,不体恤黎民百姓。特命使臣速乘驿车前往询问百姓疾苦,恢复旧制,顺遂民情。已令设置茶盐、江南转运使,并依从任中正所奏。"

八月,乙卯(十一日),宋真宗任命济州强盗魏捷充任龙猛军队长,魏捷矫健勇猛过人,众人称他为:"撼动山。"这时他来到登闻院,自己陈说被恶党胁迫挟制,愿意自首认罪为朝廷效力。宋真宗召见,赏赐锦袍、银带而录用了他。

王均自升仙桥战败后,撤掉桥梁填塞城门。雷有终等率领官军直抵成都城下,制造云梯、冲车、洞屋等攻城器具,派诸将分路攻城。贼人驱使所有的凶顽党徒来抵抗官军,赵延顺中流矢而死。但是,每当攻城就下大雨,城墙滑,上不去,官军用特制的洞屋来攻城,贼兵从城内挖地道出来偷袭,官军好多淹死在城壕中,攻势略受挫折。贼将大宴部众,歌唱吹奏之声传到城外。当时正值湿热天气,攻城的官兵好多染上了疾病,雷有终从别的州县买来药材,自行配制来治疗病人。

宋真宗诏令再派内副都知秦翰为两路捉贼招安使。秦翰到后,与雷有终商议,在城北鱼桥另筑一座土山,当月,攻下成都北边的羊马城。于是设计了雁翅状的用敌棚覆盖的洞车来进逼城下,贼军也对设敌棚,称为"喜相逢楼。"九月,戊寅(初四),官军烧毁了贼军的城楼,贼军的气焰才被压下去,于是修筑月城以自固守。

庚寅(十六日),宋朝才设置群牧司,宋真宗任命枢密直学士陈尧叟为制置使。原来有关马的事务都由骐骥两院监官专管,到这时,朝廷内外养马之事,自骐骥院以下,都听从群牧司管辖。

王均制作许多带毒药的箭来射官军,被射中的人必死无疑,雷有终募集敢死队挖穿城墙,从暗道蒙着毡子举着火把进入城内,把贼军的守城用具全部烧毁。甲午(二十日),下令东、西、南三寨擂鼓呐喊攻城,雷有终和石普分别指挥二洞屋向前推进。石普带人在城墙上挖洞作为暗门,暗门挖成后,贼兵攒聚枪戟拥塞通路,官兵不敢前进,有两个士兵站出来请求前往,石普许诺给以厚赏,于是这两个士兵挥戈直向前冲去,贼军锐势略退,随即攻克此城。雷有终登上城楼俯瞰,贼军还将剩余兵卒在天长观前安营扎寨,在文翁坊处密集地布下炮架。高继勋向转运使马亮禀报,希望得到柴草油料,集合部众持长枪巨斧,举着火把向前推进,把贼军的炮架全部烧毁。杨怀忠部又烧掉了贼军的天长观前寨,追杀到大安门,再次大败贼军,先后斩杀贼兵三千余人。当晚,王均突围逃走,雷有终怀疑有埋伏,派人在城边街道放火。第二天早晨,雷有终与秦翰登上门楼,原衙吏中有接受贼人官职的,抓到后,就让他们站在楼下,在旁边堆积柴草,在上面点起火,将接受伪职的人全搜捕来,命令左右军士把这些人投进火中,从上午辰时到下午申时,烧死几百人,极为冤屈残酷。李继昌严令约束部下,士兵没有扰民之事,俘获的妇女儿童,安置在空寺中,派兵守护,战事结束,遣送回家。

这年秋天,辽圣宗耶律隆绪到各山打猎。北院枢密使韩德让向辽主举荐南院侍郎萧和绰为中丞。萧和绰出身于刀笔吏,没有完好的品行,不为时人称许,只有韩德让说他为人谨慎自守。辽圣宗因为是韩德让的举荐,于是提拔任用了他。

冬季,十月,王均从成都奔往富顺监,所过之处胁迫军民拆桥堵路,焚烧仓库然后离去。雷有终先派杨怀忠带领虎翼军去追赶贼兵,两天后,石普部又接着前往,将全军作为后援。王均的人马到达富顺监,准备结扎竹筏渡江,逃奔到戎州、泸州的蛮人境内。杨怀忠距富顺监六七里,在杨家市稍事休息,走在后面的贼军拦截交战,杨怀忠派五名亲信骑兵登上高地观察敌情,杨怀忠对左右说:"如放贼过江,将后悔莫及。石普将军就要来到,我们应当用奇兵消灭他们。"于是临江列阵发动攻击,贼军部将溃散四逃。有的划船准备渡江逃跑,杨怀忠集中强弩射手一起发射,几艘船上的贼兵落水而死。杨怀忠举旗擂鼓冲入城内,王均正在监署中,他们一伙人好多喝得酩酊大醉,王均穷途末路,自缢而死,虎翼军校鲁斌斩下王均的头去见杨怀忠。还缴获王均很多僭越违法的仪仗、旌旗、铠甲和马匹,擒获他的党徒六千多人,叛军全部歼灭。杨怀忠凯旋回师,已出北城门,石普才赶来,夺过王均首级,飞驰奔回成都,将王均首级悬挂在北市示众。辛亥(初八),雷有终派官员飞驰奏报益州已得平定,宋真宗赏赐锦袍、银带、器物丝帛等。

宋真宗命令翰林学士承旨宋白等人编写《续通典》。

乙丑(二十二日),宋真宗降诏赦免川峡路死罪之人,任命雷有终为保信留后,秦翰等九人都加官晋爵。这场战役,杨怀忠的功劳最大,但被石普所掩夺,宋真宗明察真情,提升杨怀忠为崇仪使,兼任恩州刺史。有一天,宋真宗对宰相说:"雷有终才任三司不久,自称公正干练廉洁,前些时两川盗贼闹事,受命去铲除,许多人说雷有终趁着纷扰乱攘,贪污财物。如果这样,那么帝王恩泽怎能下施百姓,边远俗尚从何改变! 言行相背,竟到了如此地步!"

丙寅(二十三日),宋真宗任命翰林学士王钦若、知制诰梁颢为川、峡安抚使。

延州奏报已大破大卢、小卢十个部族,俘获人、畜二十万。

十一月,甲戌朔(初一),辽国授予李继迁的儿子李德明为朔方节度使。

壬午(初九),宋真宗诏令常参官按旧制轮流上朝应对。

门下侍郎兼兵部尚书、平章事张齐贤,和李沆并为宰相,性情爱好不合。辛卯(十八日),冬至日,群臣朝会,张齐贤喝醉了酒,帽子歪到了一边,几乎跌倒在殿上。御史中丞弹劾张齐贤有失礼仪,张齐贤自己陈说,因受寒,饮酒来抵御,就喝醉了,叩头谢罪。宋真宗说:"爱卿身为大臣,拿什么做下属的表率! 朝廷有宪章法令,朕不敢徇私。"甲午(二十一日),张齐贤免相保持原来官职。

十二月,壬子(初九),宋真宗诏令有司另行抄录轮流应对时所上章疏保存宫中。

庚申(十七日),取消京畿均田税。

丙寅(二十三日),开封府奏报监狱已无犯人,宋真宗降诏嘉奖。

兵部郎中,充兖州知州韩援上书说:"近来大旱有害庄稼,上天也许因为陛下年华正茂,黎民安居乐业,万一圣心忽生骄奢淫逸之意,因此暂加灾祸,用来儆诫陛下。从前魏徵对唐太宗说:'贞观初年,听到赞美就好像受惊的样子;贞观五、六年间,还乐意听从谏言;从此而后,就渐渐厌烦直言了。'这是批评唐太宗逐渐懈怠政事。为臣敬观先帝在位时间很久,未曾有一天旷误政务。愿陛下谨守太祖的宏图大业,遵行太宗的遗训,兢兢业业,不懈怠,不荒废。为臣还听说治理国家在于疏远奸佞小人,现今朝廷内虽没有邪恶奸佞之徒,但是事情总从幽隐细微处发生,应该防患于未然,不使小人乘虚而入。居安思危,处治防乱,则天下大幸!"疏章奏上,宋真宗召韩援回朝,授他为史馆修撰。

当初,濮州有盗夜间入城,抓走知州王守信、监军王昭度。黄州知州王禹偁听说此事,认为国家武装防备不健全,所以盗贼胆敢在京畿附近作案,于是上奏疏说:"《周易》说:'王公设置险阻来守卫他的国家,'又说:'重锁门户,敲梆守夜,来防备盗贼,'《左传》说:'防备不测,是古人最好的教诲。'自从五代发生离乱,各自占据城垒,修缮制作兵器甲胄,瓜分势力范围,共有七十余年。太祖、太宗削平僭名伪称的国家,根据当时的论议,就下令江淮各郡拆毁城池,收缴兵甲,撤除武备三十多年。读书人出领州府要职,大郡派给二十人,小郡减少五人,来充作常随官吏。号称州郡长官,实际如同寄旅之人;名为州郡城池,却荡然有如平地。虽然尊崇京师而抑制郡县,是强干弱枝的方法,也没有得到中正之道。补救弊端的途径,在于因时制宜。汉高祖受暴秦郡县制失误的惩戒,将他的子弟封王建侯;等到七国的势力强大,文帝、景帝才实施削藩夺权。唐德宗乘安史之乱后人心厌战,于是有贞元年间的姑息养民之政;宪宗看见齐、蔡二藩镇的狡诈,于是就有元和年间征讨乱贼之议。这些都能见于忽微就采取行动,为国家的宏图大业,采取应变的措施要快得像转动圆规一样,不能胶柱鼓瑟。现今江、淮各郡,有三大祸患:城池塌毁,此其一;兵甲器杖不完备,此其二;兵卒没有训练,此其三。濮州盗贼的发生,可见对防备的轻慢忽视。望陛下神明决断,参考朝廷的筹划,如将趁这次濮州之事而修治,又不想张扬,就让所有江、浙、荆湖、淮南、福建等郡约估民户的多少,城池的大小,都准许设置本城的守卫和捕捉军士三五百人。不差遣他们外出,只在城中习射练剑。然后逐渐修筑城垒,修缮完备甲胄器杖,郡国张设抵御侵扰的防备,使长官免除遭受劫掠的隐患。"奏疏呈上,宋真宗嘉许并采纳。

河北、河东的强壮的乡兵,从五代时瀛、霸各州就早已存在。这一年,宋真宗才下诏令:"河北民户家有两个、三个成年男子的籍征一个,四个、五个的籍征二个,六个、七个的籍征三个,八个以上的籍征四个,成为乡兵,五百人为一指挥,设指挥使;一百人为一都,设正副都头三人,节级四人。在所编置之内,选择善射能手充任校长,准许自己备马,能披甲作战的免除他家的徭役赋税。"后来挑选招募其中的勇敢者,编为正规军的附属部队,设立军营,官府供给铠甲。

辽圣宗任命四军都指挥使萧柳为北女真部的祥衮,其为政宽严相济,部族百姓对他敬畏爱戴。后升迁为东路统军使,任职期满,百姓要求留他连任,辽圣宗准允了。

这一年,辽国放榜录取进士南承保等三人。

咸平四年 辽统和十九年(公元 1001 年)

春季,正月,朝内外官员上密封奏事的人很多。宋真宗诏令枢密直学士冯拯、陈尧叟详细审定其中利害攸关之事呈报。

庚寅(十七日),知河南府、武胜节度使李至去世,被追赠为侍中。李至喜交贤才,乐为善事,治学竭精尽力;但刚正简慢,很少有人登门造访。

宋真宗召西川转运使、兵部员外郎马亮入朝,询问蜀地情况。当初,雷有终平定贼军后,还杀戮不止,马亮多方保全人命。城内米价每斗千钱,马亮放出官仓储粮,平抑米价,人们才得以渡过难关。等他回到京师,遇上由蜀地戴着枷锁押送来京的被乱贼所牵连的八十九人,知枢密院事周莹打算全部问斩,马亮说:"百姓愚昧受胁从的很多,这些人仅是其中的百分之一二,其余的都逃窜隐藏在山林中。如果不宽免这些人,那些反叛的人闻讯而产生疑虑恐惧,一呼再起,这是灭掉了一个王均,又产生一个王均呀。"宋真宗省悟此理,全都宽免了他们。二月,加封马亮直史馆,又派回原部。当时各州盐井长年干涸无泉,而官府催督拖欠盐税而逮捕的人,每州有数百人。马亮全部释放他们并废掉这些盐井,还免除了所辖州郡过去所欠官税财物二百余万。

宰相李沆等因为天旱,上表请求免职,宋真宗没有答应。戊午(十六日),下雨。自从去年冬天遭旱,宋真宗每吃蔬菜时,总要忧切地询问旱情。这一天,宋真宗正临轩处理政事,雨水打湿了衣服,左右侍从进献伞盖,宋真宗推却没用。

壬戌(二十日),枢密直学士冯拯、陈尧叟上书说:"请皇上诏令群臣子弟凡奏补京官或赐及第出身的人,均试读一部经书,撰写一份家世书状,以精练娴熟为合格。"宋真宗准从了。

秘书丞、金州知州临州人陈彭年上疏陈述五件事:一是设置谏官;二是选择执法官吏;三是精简法令条文;四是裁减官员;五是实行公开推举人才。奏疏递上,都被采纳。宋真宗因而对辅臣们说:"从今而后的谏官要精心挑选合格的人担任。"

甲子(二十二日),三司都催欠司引见拖欠赋税官物的人到朝廷应对,宋真宗亲自辨察询问,共达七天。释放二千六百余人,免除拖欠的赋税财物达二百六十余万;已经督令交纳而不合理的,用朝廷内库的钱偿还,本人已死去的交给他们家人。

丙寅(二十四日),宋真宗诏令:"学士,门下、中书两省、御史台五品官员,尚书省各司四品以上官员,在京朝内外的朝官、幕职、州县官和布衣之士中,举荐贤良方正能够直言力谏者各一人,但不得从现任转运使和各馆阁任职的人中举荐应诏。"

三月,辛巳(初九),宋真宗诏令划分川、峡为益州、利州、梓州、夔州四路。

兵部尚书张齐贤上书说:"终南山处士种放,恪守正道,遗弃虚荣,隐居游息山泉之间,臣愿推举他为贤良方正的人选。"宋真宗诏赐行装费五万,令京兆府派官员到终南山备好礼品发解遣送,种放辞让不至。

在此之前,三院御史大多出京城外任职,监察风气、法纪的职务由其他官员兼任。于是诏令本司长吏自己推荐下属,以使名正言顺而各司其职。壬午(初十),宋真宗任命太常博士张巽为监察御史,这是遵行新的规定。

己丑(十七日),宋真宗在皇宫后苑举行习射酒宴。宋真宗谈及大射、投壶、乡饮酒等礼仪,于是命令直馆学士各赋一首《射宫诗》。凡是节令赐宴,就令皇家宗室、禁军大校、州郡长官、各司官员,都练习。

庚寅(十八日),宋真宗任命左仆射吕蒙正,兵部侍郎、参知政事向敏中都保持原官职、同平章事。从宋朝开国到这时,三次入朝为相的人,只有赵普和吕蒙正。

当初,《乾元历》节气月朔渐有差错,宋真宗诏令判司天监京兆人史序等人编制新的历法。到这时编好呈上,宋真宗赐名《仪天》,颁行全国。

辛卯(十九日),参知政事王化基免去原职为工部尚书。王化基在中书省任职,不依荫官之例补授诸子官职,但能训导成才,都有所建树。

宋真宗任命同知枢密院事王旦为工部侍郎、参知政事,枢密直学士冯拯、陈尧叟同为给事中,同知枢密院事,礼部郎中薛映、兵部员外郎梁鼎、左司谏杨亿都为知制诰。宋真宗起初想任用著作郎、直集贤院梅询,命令中书省召试薛映、梁鼎和梅询等。宰相李沆素来不喜欢梅询,对宋真宗说:"梅询阴险刻薄,不能用,杨亿负有盛名。"宋真宗惊喜地说:"差一点忘了这个人!"又因为杨亿名实相副,素有闻名,就只召薛映、梁鼎参加考试,第二天,和杨亿一同任命。

宋真宗听从知州李允则的奏请,把国子监藏的经书典籍赐给潭州岳麓书院。

壬辰(二十日),辽国皇后萧氏,因罪降为贵妃。

辽圣宗赐大丞相韩德让名德昌。韩德昌自从拜为大丞相,进封齐王,总管二枢府事,更受宠幸信任。

此前有个叫图鲁卜的人,跟随伐宋,曾因言语触犯韩德昌,韩德昌十分恼怒,责问他,图鲁卜言词丝毫不屈服,韩德昌笑着释放了他。到这时韩德昌荐举图鲁卜有担任统军使的才干,太后说:"他曾顶撞过你,为什么善待并荐举他?"韩德昌说:"他对我都不屈服,何况对其他人!如果任用他为统军使,必定镇抚各藩镇。"太后准从了。

夏季,四月,丁未(初六),宋真宗任命吏部员外郎陈省华为鸿胪少卿。当时陈省华的儿子陈尧叟提升为枢密,因此对他特别优遇宠信。

壬子(十一日),宋真宗降诏:"京朝官及吏部选人,双亲年老而无人代为侍奉的人,特予就近任职。"

回鹘部前来进贡,请求帮助征讨李继迁。

审官院首次在崇政殿引见应对的京朝官,分别给以升迁。京朝官当面向皇上答问察验政绩从此开始。

乙未(疑误),翰林学士王钦若出使西川回朝,在崇政殿应对;当天,宋真宗就任命他为左谏议大夫、参知政事。

辛未(三十日),宋真宗驾临崇政殿考试应制科的举人,选得秘书丞查道、进士陈越入第四等,定国军节度推官王曙入次等,任命查道为左正言、直史馆,陈越为将作监丞,王曙任著作佐郎。王曙是河南人。

五月,庚辰(初九),翰林学士、吏部郎中、知制诰朱昂免去原职为工部侍郎,退休。朱昂有清廉节操,淡于名利,起初出任洗马之职,十五年没有升迁,毫不介意。待到在内署任职,不为公事不到中书省、枢密院。宋真宗知道他平素的操守,所以常常给以嘉奖和晋升。朱昂屡次上奏章告病退休,宋真宗不得已才答应了他,并对辅臣们说:"朱昂在朕左右侍奉,从未因私事求过朕,如今他告老还乡,可给予全部薪俸。"诏令当地官府逢年过节要去慰问,如有奏章,允许交付驿使奏知朝廷。又任命他的儿子朱正辞为公安县知县,使他能就近奉养。按照旧有规定,退休官员只在殿门下辞谢。这次宋真宗特地延请接见,赐坐,慰劳询问很长时间,嘱咐他等秋凉时候再上路,又派宫中使者在玉津园赐宴,两制、三馆的儒臣都参加,还诏令大家赋诗为他饯行。

丙戌(十五日),辽圣宗册封萧氏为齐天皇后。皇后是萧太后之弟平州节度使萧辉依的女儿,韩德昌的外甥女,十二岁选入后宫,貌美而才高,到这时册封为皇后,服侍太后非常恭谨,太后也因为韩德昌的缘故而格外喜欢她。太后曾用草莛编织成宫殿模型,私下交给有关官员,让他们仿样建造清风、天祥、八方三殿,造成后,她更受太后的格外宠爱。她乘的车装有龙头、鸱尾,用黄金涂饰。又制造九龙辂、诸子车,用银子做成佛塔,每件物品都有巧妙的构思,夏秋之时从行于山谷之间,花木如锦似绣,车服交相辉映,人们远远望去以为是神仙下凡了。

六月,宋朝裁减淘汰多余官员,各路计减十九万五千八百零二人。

丁巳(十七日),宋真宗诏令:"东川民田先前遭江水危害的,免除租税。"

辽国用俘虏来的宋朝将领康昭裔为昭顺军节度使。

当初,黄州境内有两虎相斗,其中的一只死掉了,几乎被吃了一半;群鸡夜鸣,叫了一个多月还不停止;十一月间,响雷突然大作。知州王禹偁手写奏疏向朝廷奏说此事,援引《尚书·洪范》讲陈天谴警诫,并且自求弹劾。宋真宗急忙派宫中使者乘驿车前往慰问,并设醮祭祷免灾。又向掌管天文的官吏询问,说是地方官应负其责。宋真宗爱惜王禹偁的才干名望,就命他调任蕲州知州;王禹偁到任未过一个月就去世。戊午(十八日),讣告奏知朝廷,宋真宗嗟叹伤悼,赏给他家丰厚的丧仪,赐给他一个儿子及第出身。王禹偁文辞敏捷,学识丰富,为后进的宗师泰斗,正直立身,施行古道,遇事敢于直言。即使经历许多艰难危困,但对朝廷的封章奏事从未停过,他曾说:"我倘若生在唐宪宗元和年间,与李绛、崔群等一起任事,也就无所羞愧了。"但他秉性刚直,不能宽宏待人,宋太宗曾命宰相恳切劝诫他。王禹偁的文章也都涉及对时弊的规谏讽刺,因此不合时宜。

当初,田锡做泰州知州,几乎三年了没人来替代。田锡上奏章自己陈请调任,宋真宗便诏令他回朝。屡次召他入宫应对议事,他曾上奏说:"原来有《御览》一书,仅是分门别类地记事,为臣愿选抄经、史、子、集四部之书,另编《御览》三百六十卷,陛下在日理万机之余,每天阅览一卷。另外采集经史中精要切实的言论编成《御屏风》十卷,放在御座旁边,这样历代治乱兴亡之事就常在眼前了。"宋真宗赞赏他的提议,诏令史馆将各种书籍借给他,并免去他集贤院校对的职务。到这时他先呈上《御览》三十卷,《御屏风》五卷,宋真宗亲写诏书褒奖答谢他。

丁卯(二十七日)，宋真宗降诏："各州县的学生以及聚集生徒讲学的地方，都赐予《九经》。"

戊申(初八)，宋真宗拿出军事阵图给宰相看，命令督催将领训练士卒来防备北边的侵扰。

秋季，七月，庚午朔(初一)，因河朔地带运输军饷劳顿百姓，宋真宗诏令转运使减轻徭役以示体恤。

己卯(初十)，边臣奏说契丹谋划入侵宋土，宋真宗任命山南东道节度使王显为镇、定、高阳关三路都部署，天平节度使王超为副都部署。

丙戌(十七日)，辽圣宗任命东京统军使耶律诺衮为南府宰相。

八月，宋真宗因守边大臣轻忽敌寇，北方运送军饷的通道更加困难，辛丑(初二)，命令兵部尚书张齐贤为泾、源等州及保安等军的安抚经略使，任命知制诰梁颢为副使，当日快马驰往。

己酉(初十)，宋真宗再次亲临科考举人，录取成安县主簿丁逊、舒州团练推官孙仅入第四等，都任作光禄寺丞、直集贤院；秘书臣何亮、怀州防御推官孙暨入第四次等，任命何亮为太常博士，孙暨为光禄寺丞。

当初，太常寺丞陈尧佐任开封府推官，因上言奏事峻切直率，贬为潮州通判。潮州远离京都七千里，黎民风俗粗陋野蛮，陈尧佐到潮州后，便修建孔子庙，建造韩愈祠堂，督率当地百姓中的优秀者入学。鳄鱼又出来害人，陈尧佐带人捕获，又特意写了一篇文章，在街市上击鼓聚众将鳄鱼杀死。潮州人因此把他比作韩愈。三年后，召回京都，任命为直史馆。陈尧佐是陈尧叟的弟弟。

甲子(二十五日)，职方员外郎丹阳人吴淑上书说："各路所交纳的闰年图，应当在职方收藏掌管，近来都交到了仪鸾司。为臣认为天下山川险要，都是朝廷的秘密，国家的当务所急，所以《周礼》记载都是职方氏掌管天下图籍，还诏令土训来夹辅王车。汉高祖入关中，萧何只将秦朝的图籍拿来，由此完全了解了山川险要。岂有忽视不关注的道理呢！请诏令将本闰年所交纳的地图都交送职方。另外，州郡之间，犬牙交错，过去只画一州地形，这样就不能与相邻的郡县贴合。希望命令各路转运使每十年绘制一份地形图上交职方，以便了解全国的山川险要。"宋真宗准从了他的奏言。

宋真宗因为巴、蜀地方遥远，时常出现盗寇，丁卯(二十八日)，命令户部员外郎南丰人曾致尧等人分别前往川、峡各州掌管军器，考察当地官吏能否胜任其职。

戊辰(二十九日)，举行社祭，宋真宗在中书省宴请宰相。

九月，知封驳司陈恕请求铸造本司印章，宋真宗诏令："如有封驳之事，取门下省印章使用。"因此就改知封驳司为兼门下封驳事。

丙戌(十八日)，翰林学士承旨宋白等人呈上新修的《续通典》二百卷，宋真宗诏令交付秘阁。

在此之前，宋真宗诏令国子监祭酒邢昺等人校定《周礼》《仪礼》《公羊》《穀梁传》等经正义，丁亥(十九日)，邢昺等呈上所校之书，共一百六十五卷，宋真宗命令刻模印刷颁行各地，在国子监赐宴。至此《九经疏义》全部具备。

庚寅(二十二日)，宋真宗诏令陕西百姓每家出一半丁参军，号称保毅军，共得六万七千八百九十五人;那些先被选中的沿边军士都升为禁军,号称保捷军。

西戎李继迁攻陷清远军。

辛卯(二十三日),辽圣宗到辽南京析津府。冬季,十月,己亥朔(初一),南下征伐;壬寅(初四),驻扎盐沟。改封皇弟吴王耶律隆祐为费王,留守京师。丁未(初九),辽圣宗命令他的弟弟梁王耶律隆庆统率先锋军向南进发。

宋真宗对左右近臣说:"近日庆州又发生地震,昨日司天监奏报荧惑星侵犯舆鬼星,秦地分野当有灾祸,应当告诫边疆静待来敌。再说上天垂现天象表示警诫,怎可不畏惧而修身反省呢!"知枢密院王继英说:"妖孽不能战胜仁德。"宋真宗说:"朕有什么德行可依靠的!"同知枢密院陈尧叟说:"陛下克己爱民,黄河防线十几处漫溢而没有决口,年景还是大丰收,这就是陛下仁德感动上天的结果啊!"宋真宗说:"这是上天不想让天下生灵受困罢了,哪里是朕德所能感动的! 从今而后更须谨慎防范警戒。"

己酉(十一日),张齐贤上书说:"请招募江、淮、荆湖丁壮八万来增加守边兵力,扩宽边境防卫。"宋真宗说:"这样做不仅动摇人心,而且又使南方之人远戍西部边境,也不便利。"于是止其所奏。

庚戌(十二日),宋真宗将陕西二十三州的地图给宰辅大臣们看,一一指点山川险易和蕃部聚居之处。又指着秦州说:"这个州在陇山之外,号称富庶之地,而且与羌戎接壤,日前已派张雍出任知州去守卫,希望他能有办法绥靖安抚。"接着又指大殿北墙上的《灵州图》说:"这张图是冯业画的,很是周详,山川形势如此,可从哪里求得智勇双全之士为朕去守卫它呢?"又指南墙上甘州、伊州、凉州等州府地图和东墙幽州以北《契丹图》说:"契丹所占据的地方,南北一千五百里,东西九百里,地域不算广阔,可是燕蓟沦陷于他们之手,实在太可惜了!"

甲寅(十六日),北面前阵钤辖张斌,与辽军在长城口相遇,当时连连下雨,辽军弓上所用的皮弦都受潮而松弛,张斌击败他们,但快到界口处,辽军埋伏的骑兵大起冲杀,而宋军的三路统帅还未赶到,前阵兵力少,被辽军乘机取胜,张斌只好退守威虏军。

宋真宗诏令高阳三路兵力增加骑兵二万为前锋,又派五名将领各带三千骑兵陈设在先锋之前,另外命莫州都部署桑赞率领一万人驻扎莫州,和安顺军作为奇兵,以备拦击敌人,北平寨部署荆嗣率领一万人来截断西山之路。

宋真宗降诏:"收购馆阁缺逸的书籍,每卷给钱一千;购书达三百卷的人,可量材录用。"

丙寅(二十八日),辽圣宗因为道路泥泞,下令班师回军。

十一月,丙子(初九),王显奏报前军与契丹交战,大破敌军,杀死二万余人,俘获其统军头领铁林。

职方员外郎吴淑,上疏请求恢复古代车战之法,长达数千言,宋真宗夸奖他学识广博丰赡。

丁亥(二十日),宋真宗驾临崇和殿,阅读张青华所著的《元元论》和《授田图》,对左右近臣说:"治国之道,必须以养民务农为先。朕一直盼望边境稍得安宁,军备基本充足,那就可以尽力于他们的农桑之事,使我的百姓富庶了。"

在此之前守边官吏建议修筑绥州城,大量屯兵积粮以便遏制党项的扩张,朝廷大臣对此举的得失利害各执一词,久久不能决定。十二月,中书、枢密两府会同商议,向敏中、周莹、王继英、冯拯、陈尧叟都说修城的好处。宋真宗因为绥州边境太远,不能遥测,于是命令比部员外郎洪湛、阁门祇候程顺等人一同前往视察。

当时灵州处于孤立危困之中,宋真宗诏令群臣商议放弃还是坚守的计宜。知制诰杨亿当天就上奏疏,请求放弃灵州,退兵保卫环州、庆州。宋真宗询问左右近臣,都认为灵武是必争之地,如失去它,那么沿边各州也就不能守住,宋真宗认为说得很对。宰相李沆上奏说:"如果李继迁不死,灵州就必然不为朝廷所有。不如派一单车使者,前往召令守州将领部署戍卒、居民,丢弃那座空城而撤回军民,这样,关右的百姓也就解除重负了。"

闰十二月,洪湛等使臣回朝,说修筑绥州城垒,其利有七而害有二。丙戌(十九日),宋真宗诏令修筑绥州城垒。

戊寅(十一日),李继迁的蕃族讹遇等部归顺宋朝。

己卯(十二日),宋真宗任命兵部尚书张齐贤为右仆射。

壬午(十五日),灵州奏言河外寨主李琼等献城投降西夏,宋真宗念他是力穷被俘,特令开恩宽释他的亲属。

甲午(二十七日),宋真宗任命王超为西面行营都部署,环庆路部署张凝为副部署,秦翰为钤辖,领步骑兵六万出援灵州。

这个月,宋真宗任命西凉府六谷首领巴勒结为灵州西面都巡检使。恰巧西凉使臣到京,说六谷分为左右厢,左厢副使折逋游龙钵实际上参与巴勒结的军事,应该授予官职,于是任命折逋游龙钵兼任宥州刺史。

辽国大丞相韩德昌,因南京、平州年成歉收,奏请朝廷免除百姓的农器钱,又奏请平抑州郡商贾的售价。当年,辽圣宗诏令减少关市税收,还免除南京、平州的租税,这都是听从了韩德昌所进之言。